베트남 : 10,000일의 전쟁
The Ten Thousand Day War

THE TEN THOUSAND DAY WAR

Copyright ⓒ Michael Maclear
All rights reserved.

Korean translation copyright ⓒ Eulyoo Publishing Co.
Korean translation rights arranged with Michael Maclear
through Eric Yang Agency, Seoul, Korea.

이 책의 한국어판 저작권은 에릭양 에이전시를 통한 Michael Maclear와의 독점 계약으로
한국어 판권을 (주)을유문화사가 소유합니다.
저작권법에 의하여 한국 내에서 보호를 받는 저작물이므로 무단 전재와 복제를 금합니다.

베트남 : 10,000일의 전쟁
The Ten Thousand Day War

| 마이클 매클리어 지음 | 유경찬 옮김 |

을유문화사

지은이 마이클 매클리어 Michael Maclear

CBC(Canadian Broadcasting Corporation)의 극동 특파원과 런던 주재원을 지내는 등 약 25년에 걸친 해외 특파원 생활을 하면서 수많은 전장을 현지에서 보도했다.
1959년 미 군사고문단의 남베트남 주둔이 시작되면서 매클리어의 베트남 취재가 막을 올렸다. 확전 과정에서 그의 보도는 진가를 발휘하기 시작했다. 1969년 9월 호치민이 사망했을 때, 북아메리카 기자로는 처음으로 하노이 방문이 허용되어 호치민의 장례식과 미군의 공습으로 폐허가 되어 버린 북베트남 전쟁 지역을 생생하게 취재했다. 이때의 영상은 세계 90개국 이상에서 방영되었다.
매클리어는 북베트남을 두 번 더 방문했다. 1970년 포로가 된 미군 조종사와 인터뷰를 했으며, 평화협상이 결렬된 다음인 1972년에는 B-52 폭격기들의 하노이 공습을 지켜보기도 했다. TV 영상을 통한 '베트남전쟁'의 실상 보도와 함께 〈뉴욕타임스〉가 전한 매클리어의 목소리는 독자들의 폭넓은 반향을 불러일으켰다.
1979년 매클리어는 다큐멘터리 제작자로 하노이를 다시 찾았다. 텔레비전 사상 처음으로 「베트남: 10,000일의 전쟁」이라는 전쟁 기록물 제작을 위한 흔적 수집에 나섰다. 매클리어는 이 기록에, 100여 명이 넘는 베트남전 관련 인사들의 증언을 더하여 이 책을 펴냈다. 미국 '군사서적클럽'과 '문학협회'는 이 책을 필독 도서로 선정한 바 있다. 이때 제작된 텔레비전 시리즈는 지금도 세계 여러 나라에서 방영되고 있다.
매클리어는 태평양전쟁, 한국전쟁, 걸프전, 보스니아내전에 관한 인상적인 텔레비전 제작물로 세계의 이목을 집중시켜 수많은 상을 수상했다.
런던에서 태어난 매클리어는 1959년 캐나다 시민이 된 이후, 지금은 토론토에서 저술 활동을 하고 있다.

옮긴이 유경찬

고려대학교 정경대학을 나와 해태제과를 거쳐 한불종합금융에 근무하면서 기획이사, 투자금융본부장을 역임하였다. 싱가포르에 있는 프랑스 소시에테제너럴은행의 아시아·대양주지역본부에서 일하기도 하였는데, 이때의 경험을 토대로 하여 〈금융은 신음한다〉라는 책을 썼다. 〈금융은 신음한다〉는 갤브레이스 교수의 〈금융 환상의 약사略史〉에 비견할 만한 훌륭한 책이라는 찬사와 함께 서울대학교 경제학부와 경영대학원의 '화폐금융론 연습' 교재로 채택되기도 하였다. 최근에는 20세기 세계사에 관심을 가지고 에드워드 베르의 〈히로히토: 신화의 뒤편〉을 번역하였으며, 현재는 중동 석유전쟁의 실체를 다룬 책의 번역과 '워크아웃과 공적자금'에 대한 저술 작업을 하고 있다.

베트남:10,000일의 전쟁

초판 제1쇄 발행·2002년 8월 10일 | 초판 제14쇄 발행·2021년 5월 5일
지은이·마이클 매클리어 | 옮긴이·유경찬
펴낸이·정무영 | 펴낸곳·(주)을유문화사
주소·서울시 마포구 서교동 469-48 | 전화·02-733-8153
FAX·02-732-9154 | 홈페이지·www.eulyoo.co.kr
ISBN 89-324-6081-7 03340

- 이 책의 전체 또는 일부를 재사용하려면 저작권자와 을유문화사의 동의를 받아야 합니다.
- 책값은 뒤표지에 있습니다. 잘못된 책은 구입하신 곳에서 바꾸어 드립니다.

차 례

역자의 말 · 6
한국어판 출간에 즈음하여 · 11
감사의 말 · 13
서문 · 15

| 1 | 첫번째 전환 · 19
| 2 | 프랑스의 점령 · 51
| 3 | 디엔비엔푸 · 73
| 4 | 초기의 희망 · 99
| 5 | 암살 · 131
| 6 | 결단의 시기 · 155
| 7 | 홍당무와 채찍 · 185
| 8 | 카운트다운 · 203
| 9 | 어려운 동맹 관계 · 235
| 10 | 웨스티의 전쟁 · 271
| 11 | 미로 · 311
| 12 | 포위 · 335
| 13 | 구정 공세 · 359
| 14 | 전선은 미국으로 · 393
| 15 | 게릴라 사회 · 423
| 16 | 촌락의 전쟁 · 453
| 17 | 절규하는 병사들 · 473
| 18 | 4년의 기다림 · 505
| 19 | 가자, 사이공으로! · 559
| 20 | 항복 · 591

저자 후기 · 615
참고문헌 · 620

역자의 말

　1996년 6월 한국 영사관 직원을 만나기 위해 사이공의 한 식당에 간 일이 있다. 식당 분위기는 프랑스 점령 시대 때 지어 놓은 카페 냄새를 그대로 간직하고 있었다. 동행 했던 직원과 포도주 한 잔씩을 마신 뒤 종업원을 불러 이 집에서 권할 만한 음식이 무엇이냐고 물었다. 종업원은 서슴지 않고 '메기 조림'을 권했다. 포도주와 메기 조림, 어울리지 않는다는 생각이 들어 왜 메기 조림을 권하느냐고 물었다. 뜻하지 않게 그 종업원은 호치민이 가장 좋아했던 음식이라는 이야기를 들려주었다.

> "그래 폭격을 해라. 그러면 웅덩이가 파여 연못이 생길 것이다. 우리는 그 연못에서 자란 메기를 잡아먹고 베트남의 통일을 위해 목숨을 바쳐 투쟁할 것이다."

　곧이어 나온 식사는 대바구니에 가득 담은 쌀밥과 조그만 그릇에 담긴 메기 조림이 전부였다. 밥과 한 가지 반찬. 호치민이 즐겨 했던 식단이었다고 한다.
　이어 유명한 관광명소가 된 '구치 터널'을 구경했다. 지상에는 미 지상군 사령부가 자리잡고 있었지만, 지하에는 베트콩 사령부가 총 연장 250km의 땅굴을 파고 활동했던 곳이다. 베트콩의 전통 복장인 검은 파자마에 샌들, 그리고 밀짚모자 차림의 호치민대학교에서 영문학을 전공한다는 여대생이 안내를 맡고 있었다. 단아한 모습과 초롱초롱한 눈망울, 그리고 관광객들이 고맙다는 뜻에서 모아 준 봉사료를 점잖게 사양하던 그 여대생의 자태에서 나는 베트남 민족의 자긍심을 읽을 수 있었다.
　하노이에 있는 호치민이 생전에 살던 집을 가 보았다. 유적이라고 부르기에는 너무 초라한 10여 평 남짓 되어 보이는 숲 속의 누옥이었다. 2명이 자기에는 비좁을 듯한 나무 침대 하나만이 놓여 있는 침실, '책 20여 권과 무전기 1대'가 가지런히 놓여 있는 서재, 회의할 때 사용했다는 조그마한 마루가 80평생을 베트남의 독립을 위해 헌신했던 촌로(?)가 남긴 유산의 흔적이었다. 따로 챙겨야 할 가족조차도 없다고 했다.
　사람이 사는 방법에는 두 가지가 있는 성싶다. 비굴하지만 여유 있게 사는 요령과 궁핍하지만 당당하게 사는 자세로 구별되는 것 같다. 베트남은 후자의 길을 택했다.

어렵지만 대도를 버리지 않았다. 내가 이 책을 열심히 읽고 번역하게 된 동기도 그런 연유에서였다.

　1945년 4월 30일 베트남과 중국 윈난 省雲南省의 국경 지대에 있던 허름한 시골 찻집에서 미군 OSS가 그 지역 정보 책임자로 파견했던 아르키메데스 패티 소령은 카키색 군복을 단정하게 차려 입고 항불, 항일이라는 2개의 멍에를 짊어진 채 인도차이나에서 게릴라전을 지휘하고 있던 한 촌로를 만난다. 구부정한 등, 가냘픈 몸매, 영롱한 눈동자, 듬성듬성한 턱수염, 짚으로 만든 샌들, 고무줄을 넣은 헐렁한 바지 차림의 상냥한 촌로의 입에서 나온 첫마디는 "Welcome, my good friend!"라는 완벽한 영어였다. 그가 20세기의 전설이 된 호치민이다. 〈베트남 : 10,000일의 전쟁〉은 이렇게 시작된다.

　미국의 루스벨트, 트루먼 대통령에게 그는 프랑스의 식민주의에서 벗어나게 해달라고 정성을 다해 애원했다. 민족주의자의 색채가 강했고 패티 소령도 그렇게 확인했던 호치민을 프랑스는 전력을 다해 끝까지 공산주의자로 몰아붙였고, 제2차 세계대전 후 유럽의 식민주의에 대한 집착이 미국을 궁지로 몰아넣었다. 결과적으로 강대국의 대답은 'NO'였다. 그러나 디엔비엔푸라는 라오스 국경 근처의 산골에서 전쟁의 달인 보 구엔 지압 장군은 스스로의 힘으로 식민주의의 쇠사슬을 끊었다. 20세기 전쟁사에 크게 한 획을 그은 장면이었다.

　그러나 베트남을 기다리고 있는 것은 허망하기 그지없는 '도미노 이론'에서 파생된 분단 논리였다.

　추종자 31인의 항불 전과(?) 기록 220년, 7만 명이 지하 30m에서 보낸 3년 반의 세월, 밥 한 공기만으로 미군의 공습을 피해 험난하기 그지없는 산악 지대를 하룻밤에 50km씩 달리는 베트콩 전사들, 6개월 동안 걸어야만 통과할 수 있었던 미로 같은 호치민루트, 포신을 여러 사람의 허리에 묶고 하루에 반 마일씩 3개월을 끌고 갔던 정글 속의 대포, 성년이 된 후에는 베트남의 독립이라는 단 한 가지 생각밖에 안 했다는 그 촌로가 만들어 낸 신화들이 여러 가지 의미로 내게 새롭게 다가섰다.

전선 없는 전장에서, 남베트남의 부패정권을 대리한 미국의 대응전략은 힘의 논리였다. 제2차 세계대전에 사용했던 총 화력의 4배에 달하는 800만 톤의 폭탄 투하, 54만 명의 미군 주둔, 2,400억 달러에 달하는 전비 지출과 8,000명의 공군을 포함한 5만 7,000명의 미군 전사, 5,700대의 비행기 손실, 미군 완전 철수가 미국에게 남긴 베트남전의 손익계산서였다. 아마 군수 재벌들의 손익계산서는 이와는 정반대였을 것이다.

이 전쟁 기간 동안 남베트남의 고 딘 디엠 대통령이 암살당했고, 곧이어 미국 동부 학풍에 젖어 엘리트 의식이 강했던 케네디도 흉탄을 맞았다. 텍사스 목동에서 사범학교를 거쳐 대통령직에까지 오른 존슨과 캘리포니아 산골 마을의 빈한 퀘이커 교도 출신인 닉슨 대통령도 베트남이란 전쟁의 수렁에서 헤어나지 못하고 비운을 맞았다.

국방장관을 지냈던 클라크 클리퍼드는 '목표와 전략이 없는 전쟁'이었기 때문에 승리할 수 없었다는 평가를 내렸고, 군사전략가 브라이언 젱킨스는 "미국은 베트콩 전사들과 전쟁을 한 것이 아니라, 베트남의 민족주의와 이길 수 없는 전쟁을 했을 뿐이다"라는 후회를 남겼다.

한치 앞을 내다볼 수 없는 전쟁 상황 속에서도 호치민은 중국의 지배를 두려워한 나머지 적극적인 지원을 요청하지 않았다. 60년 이상을 베트남 독립에 몸바쳤던 79세의 '호 아저씨'를 1969년 9월 3일 심장마비가 저세상으로 데려갔다. 부모, 형제들의 소식도 항불운동 이후로는 알 길이 없었던 그 촌로는 평생을 홀홀 단신으로 살다가 그렇게 갔다.

1973년 1월 미국은 베트남을 떠나기 위해 파리에서 평화협정을 체결했다. 그 공으로 키신저와 레 둑 토는 노벨평화상 수상자로 공동 지명되었다. 그러나 레 둑 토는 "베트남에 진정한 평화가 정착되지 않았기 때문에 노벨평화상을 수상할 수 없다"는 전문만 보낸 채 식장에 모습을 나타내지 않았다. 위선자인 키신저와는 다르다는 뜻이었을 것이다. 그렇게 해서 동양인에게 처음으로 주어진 노벨평화상은 주인을 잃어버렸다.

착한 아들을 육군에 보냈더니 미국이 그 아들을 미라이 학살 사건의 살인자로 만들어 버렸다는 어느 미군 병사 어머니의 울부짖음, 만삭의 몸으로 전사 통보를 받아 들고 태어날 아기의 아버지가 없어졌다고 오열하는 흑인 미망인, "우리는 정치인들이 가라고 해서 갔고, 싸우라고 해서 싸웠고, 철수하라고 해서 철수했다"는 케산 전투의 지휘관이었던 해병 대령 데이비드 론스의 허탈한 독백, 두 다리를 베트남에서 잃어버린 참전용사가 '두 번 태어난 사람들'이라는 모임을 만들어 정신질환으로 고통받는 다른 참전용사들을 보살피는 인간애, 베트남전에 얽힌 애환은 끝이 없었고 결국 마약과 반전 데모로까지 이어졌다.

1975년 4월 남베트남의 티우 대통령은 금괴 2톤을 가지고 조국을 등진다. 4월 30일 사이공 마지막날, 미국 대사 그레이엄 마틴은 베트남에 대한 의무감 때문에 부인을 마지막 순간에 옷 몇 가지만 챙겨 보낸 후 대사관을 지킨다. 포드 대통령이 헬리콥터 조종사를 통해 마틴 대사에게 긴급 전문을 내려 빨리 탈출하라고 명령했다. 마틴 대사와 대사관의 성조기를 챙긴 2명의 해병 경비대원이 헬리콥터를 탔다. 30년 전쟁의 끝이었다.

호치민 사후 6년 동안 그의 '단결'이라는 유언은 전 국민의 가슴에 비명처럼 새겨졌고, 위계 질서가 정해진 11명의 정치국원들은 추호의 흔들림 없는 자세로 전쟁을 수행했다. 레 두안, 레 둑 토, 팜 반 동, 보 구엔 지압, 반 티엔 둥…….. 베트남을 독립시킨 것은 호치민이 아니라 민중들과 함께 했던 청렴과 희생이라는 '호치민 정신'이었다. 사이공 함락 후 디엔비엔푸의 영웅 보 구엔 지압과 프랑스 점령 시절 방직공장 직공이었다가 사이공 함락의 주인공이 되었던 반 티엔 둥 장군은 소명을 다했다는 말을 남기고 고향에서 여생을 보내기 위해 은퇴를 희망했다.

호치민, 마틴 대사, 디엔비엔푸 전투에서 유일한 간호병으로 블라우스 한 벌, 바지 두 벌, 립스틱 하나를 가지고 프랑스 부상병들을 마지막까지 돌보았던 즈느비에브, 이들은 분명 청아한 정신의 소유자였던 것 같다.

30년이 지난 뒤 패티 소령은 플로리다에서 글을 쓰면서 이런 말을 남겼다.

"베트남은 미국의 얼굴에 남겨진 지울 수 없는 화농 자국이다. 미국의 정가에서 횡행하고 있는 자본주의로 세계를 통솔하겠다는 생각은 잘되어야 미국의 고립만 자초할 것이다."

역사는 비극인가, 희극인가?
자존심 때문에 미국에게 아무런 피해 보상을 요구하지 않은 베트남에게 가해자였던 미국이 먼저 화해의 손길을 내밀었다. 2000년 11월 17일 미국의 대통령 선거가 추태를 보이고 있는 가운데 클린턴 대통령이 하노이를 방문한 것이다. 베트남은 경제적 여유는 없지만 대인다운 의젓한 풍모를 유지한 채 미국의 행동을 주시하고 있는 듯하다. 작지만 큰 나라이다.

한국과 베트남은 여러 가지 사연을 함께 하고 있다. 나는 이 책이 우리가 베트남을 이해하고 가까워지는 데 조금이나마 도움이 되기를 간절하게 기원한다.

2002년 5월 7일
디엔비엔푸의 카트리 벙커에서
유경찬

한국어판 출간에 즈음하여

베트남전쟁이 함축했던 의미는 한국인들에게 한반도 역사를 반추할 수 있는 기회를 제공할 것이다. 어찌 보면 베트남전쟁과 한국전쟁이 20세기 후반부의 세계사를 수놓았다고도 할 수 있다. 21세기가 시작된 지금까지 이 두 전쟁이 남긴 후유증은 사라지지 않고 있다.

1950년대가 시작되자마자 단기간의 유혈극이 한반도를 분단시켰다. 그러나 현대사에서 가장 긴 전쟁으로 기록될 프랑스령 인도차이나의 전운은 오히려 이목을 끌지 못했다. 제2차 세계대전의 혼란에서 어렵사리 구해 낸 자유민주주의의 이상과 협력체제가 공산주의의 마수에 위협을 받게 되자, 미국은 프랑스가 베트남에서 내려 버린 헌 깃발을 다시 들었다. 한국의 분단이 미국에게는 베트남의 해결책으로 보였다. 21세기에 들어선 지금 '이즘'이라고 하는 관념은 '테러'라는 딱지가 붙어 전혀 생소한 얼굴로 다가서지만, 한국전쟁과 베트남전쟁이 남긴 아픔은 세계 질서 유지에 여전히 많은 어려움을 던지는 한편, 해외에서 치르는 전쟁이 얼마나 어려운지를 되뇌게 만든다.

신속하게 개입했다가 철수하는 데 수년이 걸리는 현대전의 역동성과 성격을 묘사하고 있는 이 책의 내용은 무정부 상태를 연상시키는 현재의 세계 질서를 이해하는 데 도움이 될 것이다. 이런 조치들을 회상하게 하는 뜻깊은 기념식이 다가온다. 얼마 있으면 1954년 5월 프랑스가 디엔비엔푸에서 패배함으로써 식민주의가 막을 내린 지도 50년이 된다. 그러나 식민주의의 자리를 '영향력 있는 세력'들이 여전히 차지하고 있다. 미국이 1965년에 첫 전투부대를 베트남에 파병하고 한국군이 맹위를 떨친 지도 어언 40여 년이 흘렀다. 또 사이공 함락 이후 베트남이 재통일된 지도 30여 년이 되어 간다. 이 몇십 년 동안 강대국들은 한국인들의 상처를 치유하는 데 무관심했고, 베트남에는 도움의 손길조차 내밀지 않았다. 미국과 동맹국들은 베트남을 '불화와 불확실'의 진원지로 여기고 있었을 뿐이다.

걸프전, 소말리아전쟁, 보스니아내전, 아프가니스탄전쟁, 그 다음은 어디일까? 어디가 되었건 불가피하다는 명분으로 군사 개입이 이루어질 것이다. 그러나 결과는 또 다른 '베트남전쟁'이 될 것이다. 인명 피해는 물론 세대간 가치관의 차이도 무의미해질 수밖에 없을 것이다. 현재의 세계 질서도 간단치 만은 않다. 환경 또한 복잡하기 그지

없다. 그렇다고 해서 외국의 간섭이 정당화될 수 있을까? 이 책 〈베트남 : 10,000일의 전쟁〉이 독자들에게 가지는 의미는, 베트남전쟁을 규탄했던 사람들의 증언을 통해 정치, 군사 지도자들의 무책임한 행태가 어떠했는지를 잘 보여준다는 점일 것이다.

1980년 텔레비전 역사상 처음으로 제작된 똑같은 제목의 13시간짜리 '베트남전쟁 대하 시리즈'에 기초하여 이 책을 썼다. 내가 텔레비전용 다큐멘터리를 제작하고 책을 썼던 이유는 애매모호하기 그지없고 신비스럽기까지 했던 베트남전쟁을 객관적으로 규명해 보자는 데 있었다. 당시 태어나지 않았던 세대들에게 비이성적이고 혼란스러웠던 시대를 이해시키는 데도 목적이 있었다. 그러다 보면 한두 가지 교훈을 얻을 수 있을 것이라는 생각에서였다. 최근에 토론토에서 영화 페스티벌이 열렸다. 베트남의 젊은 영화 제작자들이 많이 참석했다. 베트남에서 텔레비전 다큐멘터리를 봤던 이들 중 한 사람이 이렇게 말했다.

"우리의 역사를 가르쳐 주셔서 대단히 감사합니다."

2002년 7월 어느 날
토론토에서
마이클 매클리어

감사의 말

피터 아네트P. Arnett 기자의 「베트남, 30년 전쟁」이라는 텔레비전 방송이 이 책을 발간하는 계기가 되었다. 아네트 기자는 13년간 AP 통신에 보도한 베트남 관련 기사로 퓰리처상을 받았으며, AP 통신은 그의 권위를 인정하여 수 개월 동안 특별 휴가를 주어 사상 초유의 대하 다큐멘터리 시리즈를 제작 방송할 수 있도록 지원하였다.

아네트 기자의 지식과 경험, 재치 있는 보도 기술은 그가 몸소 체험한 베트남전의 성격을 진솔하게 전달하는 성공의 요체가 되었으며, 이 책도 그러한 사실을 바탕으로 쓰여졌다. 책임연구원 러맥O. J. Rumak이 보여준 진실을 향한 헌신적인 노력에 경의를 표한다. 또한 관계자 인터뷰를 위해 어떠한 희생도 마다하지 않았던 그의 집념이 이 책과 대하 다큐멘터리의 기초를 다졌다는 것을 밝혀 둔다.

보조작가로 참여하여 원고 작성에 도움을 준 셀리 세이웰S. Saywell에게도 감사를 전한다. 특히 그녀가 보여준 정열과 노력, 여러 가지 아이디어를 생각한다면 사실 이 책은 그녀와 나의 공저라고 할 수 있다.

대하 다큐멘터리의 현장 프로듀서 이안 매클라우드I. McLeod와 프로그램 제작중 나의 심리적 압박감을 해소시키기 위해 온갖 노력을 아끼지 않았던 마이크 페헬리M. Feheley 감독에게도 고맙다는 인사를 전하고 싶다.

초고를 완성하기까지 한마디 불평 없이 원고를 타이핑해 준 줄리 스미스 에디J. S. Eddy, 방송을 보고 한 권의 책으로 엮어 보자는 아이디어를 처음 제공한 템스 텔레비전의 니콜라스 존스N. Jones, 언제나 재치 있는 자문을 해주었고 교열과 교정을 게을리하지 않았던 메튜언 사의 앤 윌슨A. Wilson, 수시로 번득이는 지혜를 발휘한 세인트 마틴 출판사의 레슬리 포켈L. Pockell, 역사적인 하노이 방문에 동행해 주었던 영화 제작자 폴 랭P. Lang, 어려웠던 섭외와 중재에 앞장을 섰던 일본단파방송의 야나기사와 씨와 여러 직원들에게도 이 자리를 빌어 고마움을 전하고자 한다.

이들 외에도 다양한 지원을 아끼지 않았던 수많은 베트남과 미국인들의 이름을 잊을 수 없다. 끝으로 아내 마리코와 딸 쿄의 깊은 인내심과 세심한 배려가 없었다면, 이 책은 햇볕을 보지 못했을 것이다.

전장에서 보다 선명하고 생생한 장면들을 찍기 위해 불철주야 노력했던 카메라맨들, 특히 나를 베트남에 처음 데리고 갔던, 그러나 지금은 고인이 된 나카이 씨, 마지막으로 나와 베트남에 동행했으나 결국은 돌아오지 못한 와쿠 씨에게 머리 숙여 감사드린다. 또한 남북 베트남에서 동고동락했던 후지, 이시가키, 필립 펜드리P. Pendry는 이 책을 탄생시킨 숨은 공로자들이기도 하다.

이 책에 나오는 많은 자료들을 제공해 준 미 육군, 미 국무부, 프랑스 국립문서보관소, 하노이 방송, 존 F. 케네디 도서관, 린든 B. 존슨 도서관, 리처드 닉슨 도서관측의 배려에도 감사드린다.

캐나다 토론토에서
마이클 매클리어

_서문

　베트남전의 주요 사건들은 그 동안 쉽게 접할 수 있는 읽을거리였고, 전쟁에 참여했던 많은 사람들이 그들의 경험을 책으로 펴내기도 했다. 그러나 1945년부터 1975년까지 30년 동안 베트남인들이 프랑스와 미국을 상대로 치러야 했던 전쟁을 다루고 있는 〈베트남 : 10,000일의 전쟁 *Vietnam : The Ten Thousand Day War*〉은 기존의 '베트남 기록'과 그 성격을 달리하고 있다.

　이 책은 20세기 세계사에서 가장 논란이 심했던 전쟁을 계획하고, 투쟁의 대열에 참여했던 사람들이 기나긴 세월 동안 과연 무슨 생각을 가졌었는지를 그들의 직접 증언을 통해 빠짐 없이 기록하고 있다. 그렇게 함으로써 가장 객관적인 진실을 기록할 수 있었고, 기존의 인식을 철저히 검증하는 한편 과거의 많은 출판물들이 소홀히 다루거나 간과했던 '베트남전의 진실'을 보다 많이 실을 수 있었다.

　기본적으로 이 책은 미국이 베트남전에 왜 참전했는지와 오늘날 미국과 베트남, 베트남전에 관여한 국가와 국민들에게 베트남전은 어떤 의미를 가지고 있는지에 초점을 맞추고 있다. 지금까지 발표되었던 여러 가지 사실들을 검증하고 수정하며 많은 자료들을 바로잡는 노력을 게을리하지 않았지만, 그렇다고 해서 30년 전쟁에 관련된 모든 사람과 사건 또는 정책들의 기록이 모두 완벽하게 정리되었다는 뜻은 아니다.

　여기에 나오는 대화들은 인터뷰에 응한 당사자들의 증언을 통해 사건의 전모를 구체적으로 밝히는 데 목적이 있었을 뿐, 증인들 자신에 관한 이야기나 그들의 언급 자체를 성급하게 판단하지 않았다는 점을 밝히고자 한다. 어떤 이들의 증언에는 이기적인 면도 있었지만, 자기 비판적인 면도 적지 않았다. 그들은 전쟁 자체를 후회하기도 했고, 군사적으로 편향된 면을 비판하기도 했다.

　20세기의 가장 길었던 전쟁이자 조그만 지역에서 일어난 전쟁 중 가장 처참했던 베트남전은 아직도 진실이 명확하게 규명되지 않고 있다. 그런데도 진실 추구 자체가 '무의미한 것이 아니냐'는 회의론마저 대두되고 있는 게 현실이다.

　피비린내 났던 전장에서는 아무런 진실도 찾아낼 수 없었기 때문에, 정신적인 면이나 심리적인 면에서 보상을 받으려는 노력만 있었다. 종전 10년이 되어 가는 지금 베트남전에 참전했던 미군의 2/3에 해당하는 175만 명이 아직도 정신과 상담을 필요로 한다. 세계의 초강대국인 미국이 텔레비전 전쟁에서 가장 큰 피해자가 되었다고도 볼 수 있지만, 이 와중에 전쟁 특수로 톡톡히 재미를 본 기업들이 있었다는 사실도 지나쳐서는 안 될 것이다. 군수 산업체들에 대한 은밀한 얘기들이 그것이다.

베트남전은 미래의 전쟁을 연구하는 데 좋은 본보기가 될 수 있을 것이다. 왜 싸울 수밖에 없었는지, 전쟁이 불가피했다면 미국은 지금까지 구축해 온 민주주의 국가로서의 이미지와 다르게 왜 전면전을 선택할 수밖에 없었는지에 대해 답변할 책임이 있다고 본다. 세계의 독자들 역시 이 문제에 대한 빠른 답을 얻고자 할 것이다.

베트남전은 아직 확실하게 끝났다고 이야기할 수 없다. 단순히 기억되는 전쟁이 아니라, 어떤 면에서는 살아 있는 전쟁이기도 하다. 아직도 많은 사람들의 뇌리를 떠나지 않는 망령들과 미래를 불안하게 하는 여러 가지 요인들이 남아 있기 때문이다.

어떤 미국인들은 세계의 도처에서 발생하는 국지전의 소식을 접할 때마다 가슴이 철렁 내려앉음을 느끼는 한편, 많은 사람들은 전쟁에 무감각해진 평화주의자(?) 미국이 필요 없는 재앙을 언제 또다시 불러오지 않을까 걱정하고 있다.

여러 종류의 인터뷰에서 드러난 사실은 초강대국 미국의 역할에 대한 우려를 잘 보여주고 있다. 미국의 전쟁 기록을 살펴보면, 어떤 경우에는 분명히 국민들을 기만한 경우도 있었고, 결단을 내리는 데 우유부단함을 보이기도 했다. 그리고 그러한 혼란 속에서 오직 소수만이 영웅이나 악한으로 묘사되는 잘못된 선악 구도를 보였다. 또한 투쟁과 행동만을 강요하는 집단적인 전쟁 충동 속에서 상처받은 힘없는 인간들의 처절함과 현대전의 신속한 확산에 대한 무기력을 적나라하게 드러내기도 했다.

그러나 전쟁에 직접 관련되었던 수천만 명의 사람들에게 이런 식의 베트남전 회상은 아무런 위안이 되지 못한다. 고위층에 있었던 정책 입안자들을 인터뷰하면서 알게 된 것은 그들이 수시로 접할 수 있었던 사실조차도 은폐하거나, 때에 따라서는 실제로 모르는 경우가 적지 않았다는 점이다. 시간이 흐를수록 '왜 전쟁을 하는가'에 대한 동기와 목적들이 차츰 희석되어 갔고, 또 가끔은 존재하지 않았던 것처럼 보이기도 했다. 왜 희생을 해야만 하는지에 대한 이성적 판단마저 희미해져 가는 경우가 많았다.

역사학자 아서 슐레징거A. Schlesinger는 이러한 현상을 두고 "가장 무의미한 전쟁이 가장 신비스러운 전쟁"이 되었다고 말했다. 그러나 그의 주장 역시 부분적으로만 옳을 뿐이다. 오로지 가장 신기했던 것은 너무 많은 진실들이 지나칠 만큼 오랫동안 은폐되어 집단적인 행동을 막았다는 것이다.

    많은 사람들은 진실이었다고 생각했지만 그들이 본 것은 결코 진실이 아니었다. 이것이 그 동안 베트남전을 바라보는 첫번째 잘못이었다. 이 책은 이러한 미스터리의 실체를 밝히기 위해 쓰여졌다.

1981년
캐나다 토론토에서
마이클 매클리어

01

The Ten Thousand Day War

첫번째 전환

> 우리가 미국에 진정으로 바라는 것은 도덕적인 지원 외에 아무것도 없다.
> _ 호치민(1945년)

    미국이 베트남에서 잃어버린 한 세기의 1/3에 해당하는 30년이란 기간을 처음부터 자세하게 관찰해 보면 아무런 이상한 점을 발견할 수 없다.

    실제로 30년 전쟁은 1945년 4월, 미국 OSS(Office of Strategic Service : 전략사무국)의 아르키메데스 패티A. Patti 소령이 중국의 남쪽 국경 마을의 허름한 찻집에서 한 노인을 극비리에 만나면서 시작된다. 그 노인은 너무 많은 가명을 사용했기 때문에 부하들까지도 그저 '장군'이라고만 불렀는데, 당시 미국이 갑자기 흥미를 가지기 시작한 프랑스령 인도차이나에서 일단의 비정규군 조직을 이끌고 있었다.

    패티 소령은 중국에 막 도착하여 CIA의 전신이라 할 수 있는 OSS가 제2차 세계대전 마무리 과정에서 수행해야 할 임무를 지시받았다. 1940년에 일본이 점령한 인도차이나 지역에 정보망을 구축하는 일이었다. 얼마 후, 패티는 '장군'이 미국의 인정을 받고 싶어한다는 비정규군 집단의 연락을 받는다. 패티 소령은 이때를 "그저 가벼운 정보라도 탐색할 생각이었다"고 회고했다.

    도시에서 멀리 떨어진 어느 외진 시골의 허름한 찻집에 들어섰을 때, 패티 소령은 장소가 너무 초라하여 자기가 잘못 온 것이 아닌가 하는 생각을 했다. 주위를 둘러보니 노인 한 사람이 귀퉁이에 앉아 있을 뿐 아무도 눈에 띄지 않아 그냥 나가려 하자, 그 촌로가 완벽한 영어로 "어서 오시오. 친구!"라고 첫인사를 건네 왔다.

처음 본 그 노인은 자그마한 체구에 얼굴은 창백했고, 등은 구부정했으며, 하늘거리는 수염을 기른 채 짚으로 만든 샌들과 고무줄을 넣은 헐렁한 바지 차림이었다. 이 게릴라 지도자는 자신을 '장군'이라고 부르는 것을 싫어하는 듯한 태도를 보이면서, 비록 가명이었지만 자신의 이름을 20세기의 전설이 된 '호치민(Ho Chi Minh, 胡志明)'이라고 소개했다.

신체적으로 너무나 대조적인 것과는 반대로, 초라한 동양의 한 노인과 카키색 군복을 단정하게 차려 입은 미군 장교는 첫번째 대화를 통해 서로가 다양한 공동의 관심사를 가지고 있다는 사실을 확인할 수 있었다. 곧이어 이들은 수많은 우여곡절과 진솔한 대화를 나누게 되는 기나긴 30년 여정의 따뜻한 동반자로서 첫발을 내딛었다.

패티는 호치민의 나이가 54세라는 것을 알고 있었지만, 60세쯤 되어 보인다고 생각했다. 이야기가 밤늦게까지 계속되면서, 호치민은 패티가 이미 OSS에서 입수한 정보로 자신에 대해 잘 알고 있음을 감지하였다. 패티의 나이보다 약간 많은 34년이란 세월 동안 호치민은 식민지 베트남의 독립을 위해 열강의 지원을 받고자 세계 각지를 떠돌았던 인물이다.

100여 년 전 베트남은 프랑스에 점령당한 후 인도차이나 식민지의 한 지류로 편입되었다. 하지만 그때 이 지역에서 일어나고 있는 여러 가지 상황들은 패티와 호치민의 새로운 협력의 필요성을 예고하고 있었다. 얼마 전 프랑스 유격대가 이 지역의 직접 통치권 탈환을 시도하기 전까지는 일본의 승인하에 이름뿐인 프랑스 괴뢰정권이 베트남을 지배하고 있었다. 그러나 일본이 프랑스의 재탈환 시도를 격퇴하면서 곧바로 일본의 직접 통치가 시작되었다. 이러한 상황의 변화는 패티의 역할을 더욱 어렵게 만들고 있었다.

호치민은 패티에게 일방적으로, 때로는 격렬하게 이렇게 말했다.

"세상에는 알려지지 않았지만 지금 베트남 사람들은 견디기 어려운 시련을 겪고 있습니다."

그는 격앙된 어조로 말을 이어갔다.

"최근 몇 달 동안 베트남에서는 대홍수와 전쟁 때문에 약 150만 명에서 200만 명에 달하는 사람들이 먹을 것이 없어서 죽었지요. 그러나 이런 혼란과 기근 속에서도 베트남에 살고 있는 외국인들은 배고픔이란 의미를 모른다는 듯한 태도를 보이고 있습니다."

패티는 이때 호치민이 '호소하듯 말했다'고 35년 후에 펴낸 책 《왜 베트남인가?Why Vietnam?》에서 회고하고 있었다. 뉴욕의 가난한 이탈리아계 이민 가정에서 태어난 패티는 호치민을 처음 만난 순간부터 그의 깊은 동포애와 일생을 통한 애국심에 지울 수 없는 강한 인상을 받았다.

호치민의 정치적인 목표는 매우 분명했다. 베트남에서 프랑스와 일본을 축출하는 것이었다. 패티는 그의 융통성 없는 목표가 오히려 일본을 힘들게 할 수도 있다고 생각하여 공통의 목표를 추구하자는 데 합의했다.

찻잔 위로는 두 사람이 피우는 체스터필드 담배 연기가 피어올랐다. 시간이 흐르면서 두 사람은 보다 현실적인 협력 방안을 진지하게 논의하기 시작했다. 이 순간 두 사람은 이 만남이 역사적으로 어떤 평가를 받을지, 아직 태어나지도 않은 수백만 명의 베트남인들에게 어떤 심각한 영향을 미칠지 모르고 있었다. 다만 한 사람은 국부國父의 이미지를 가진 미래의 초대 베트남 대통령으로서, 다른 한 사람은 특수 임무를 띠고 베트남에 처음으로 파견된 미군 OSS 책임자로서, 상호 기본적인 관심사에 대해 협력하자는 합의만 했을 뿐이었다.

패티는 이날의 만남과 대화가 서로에게 많은 도움이 될 것이라고 생각했다. 그러나 우연이라고 할 수도 있는 이 운명적인 만남이 몇십 년 후에 풀기 어려운 하나의 숙제가 되리라고는 아무도 예측하지 못했다. 패티는 훗날 TV 인터뷰에서 이날의 만남을 이렇게 회고했다.

"우리 둘이 처음 만난 것은 1945년 4월 30일이었습니다. 그리고 마지막 미군이 베트남을 떠난 날짜가 30년이 지난 1975년 4월 30일이었고요. 그 동안에 나를 따라서 280만 명의 미군이 베트남 땅을 밟았는데, 그 중에서 약 5만 7,000명은 불귀의 객이 되고 말았습니다. 30년이 넘도록 이 조용한 나라에서 벌어진 의문투성이의 전쟁에서 200만 명이 넘는 베트남인들도 희생되었습니다."

패티는 처음 두 사람이 만난 순간부터 호치민의 철학이나 행동 방식에 대한 방대한 자료를 기록으로 남겼다. 오랜 시간이 흐른 뒤 CIA의 패티 후임자들은 베트남 정책이 실패한 것은 수많은 '패티 파일'을 적절히 활용하지 않았기 때문이라고 평가했다.

패티 소령은 베트남에서의 임무 수행을 위해 매우 강도 높은 훈련을 받은 사람이었다. 그는 모국이라고 할 수 있는 이탈리아에서 파시즘과 3년 동안 싸웠다. 그리고 1941년부터 1943년까지는 북아프리카와 시칠리아, 살레르노에서 비밀작전을 수행했다. 이탈리아 안치오Anzio 해변에서 연합군이 새로운 침공 작전을 준비하고 있을 때, 그는 아시아 지역으로 근무지 변경 명령을 받았다.

제2차 세계대전이 한창이던 1944년 1월 21일 연합군은 대공세를 시작했다. 독일과 프랑스를 목표로 한 '오버로드Over Lord' 작전이 마지막 국면으로 접어들면서 이탈리아에서 전투가 전개되었다. 패티 소령은 한밤의 추위를 느끼며 서둘러 군 수송기에 올랐다. 윌리엄 도노번(W. Donovan, 별명 Wild Bill) 장군과 이야기를 나누는 사이 수송기는 이탈리아 해안기지에 도착했다.

OSS 총책임자였던 도노번 장군은 또 다른 지역에서 펼칠 OSS 활동 계획에 대한 구상을 이미 끝내 놓고 있었다. 그는 유럽에서 OSS 활동이 거의 끝나 감에 따라, 아시아 지역에서 새로운 드라마가 곧 시작되리라고 생각했다. 그 중에서도 특히 인도차이나 지역 같은 곳은 경험이 풍부한 사람이 필요하다고 판단했고, 패티 소령을 보낼 계획이었다. 그러나 패티가 인도차이나에 대해 알고 있었던 지식은 그 지역이 아시아의 어느 한 곳에 자리잡고 있다는 것이 전부였다.

도노번이 물었다.

"누가 가는 게 좋을까?"

이미 전출 명령을 받고 불려 온 패티가 되물었다.

"언제 갑니까?"

이 말에 도노번은 무표정하게 대답했다.

"로마를 점령한 다음이지!"

연합군은 로마에서 불과 25마일 떨어진 해안에 상륙했지만, 막상 로마를 점령한 것은 이때부터 5개월 동안이나 격전을 치른 후였다. 연합군이 프랑스에 입성하기 이틀 전 패티 일행은 로마에 비로소 입성할 수 있었다.

그러나 패티는 로마에 앉아서 30년이 걸릴 베트남전을 준비하고 있었다. 패티 소령을 파견하는 목적은 인도차이나 전역에 걸친 효과적인 정보망 구축을 위해서였다. 그는 인도차이나로 가서 일본 점령군과 싸우는 연합군―영국군, 미군, 중국군, 프랑스군 등―을 지원해야 했다.

패티는 인도차이나에 대한 사전 정보 수집을 위해 수 개월 동안 백악관과 국무부 전문가들에게 상세한 브리핑을 받았다. 그래서 인도차이나가 중국 본토와 남태평양에서부터 서쪽으로는 미얀마에 이르기까지 광범위한 전장의 중심에 자리잡고 있는, 전략적 중심이라는 사실을 깨달았다.

미국은 아시아에서의 전쟁이 1947년이나 1948년까지 이어질지도 모른다고 생각했기 때문에 패티의 준비는 광범위하고도 포괄적으로 이루어졌다. 1940년 이후, 일본 제국주의는 인도차이나의 프랑스 괴뢰정부와 인접국 타이의 지원을 받아 네덜란드령 동인도제도와 유럽의 작은 식민지들에 이르기까지 동남아시아 전 지역을 점령하였다. 1942년 2월에는 서쪽으로 나아가 영국군의 요새라고 할 수 있는 싱가포르를 점령한 데 이어 영국령 미얀마까지 진출하고 있었다.

이미 중국의 산업 시설이 집중된 북부와 해안 지역을 장악한 일본은 중국 서 남부 전역을 수중에 넣어 거대한 식민지를 만들 계획을 실천에 옮기던 중이었다. 광활한 중국 농촌 지역에서 일본군은 마오쩌둥毛澤東의 공산당군와 장제스蔣介石의 국민당군을 동시에 상대하는 어려운 싸움을 하고 있었다.

연합군의 작전 범위를 인도차이나로까지 확대하기 위해, 1945년 4월 초 패티는 중국 남부 국경 지역의 중심지인 쿤밍昆明에 도착하였다. 그러나 이미 일본군이 프랑스의 베트남 재탈환 시도를 격퇴한 후 프랑스의 식민지 점령군 8,500명을 수감하였기 때문에, 패티는 호치민을 만나기 전까지는 어떤 협력자도 만나지 못하고 혼자 활동해야 했다.

패티에게는 일본군 진영을 혼란스럽게 만드는 작전 준비 외에 또 다른 임무가 하나 있었다. 그것은 이 지역에 추락한 미군 조종사들을 구출하는 문제로, 조종사들의 탈출 루트 확보가 시급했다. OSS의 자료를 통해 패티는 호치민의 망명조직이 처음에는 프랑스에, 다음에는 일본군에 오랜 세월 저항하면서 넓은 지하조직망을 확보하고 있다는 사실을 잘 알고 있었다. 그래서 그들의 도움을 받아 조종사들을 무사히 탈출시킬 수 있었다.

워싱턴에서 받은 교육 내용 중에는 인도차이나의 오랜 역사도 포함되어 있었다. 패티는 인도차이나의 기나긴 투쟁의 역사를 알게 된 다음부터 호치민이 역사 속에 나오는 전통적인 민족주의자처럼 느껴졌다. 심지어 OSS의 기록에서도 호치민을 베트남의 실질적인 지도자로 묘사하고 있었다.

베트남은 경제적으로는 빈곤한 나라였지만, 호치민의 나이만큼 외세에 투쟁한 역사를 가진 문화적 자존심이 강한 나라였다. 중국의 턱밑에 자리잡고 있으면서, 호치민의 턱수염만큼이나 듬성듬성한 숲을 가진 나라이기도 했다. 호치민은 인민들에게 믿기지 않을 정도의 강인함을 보여 왔기 때문에 '아시아의 삼손'이라는 명성이 따라다니고 있었다.

베트남은 2,000년 이상의 기록된 역사를 가지고 있으며, 역사의 대부분이 봉건주의 중국에 대항해서 싸운 투쟁의 기록이나 다름없었다. 끝없는 전쟁, 폭동, 빈곤 속에서도 빈번하게 게릴라전을 치러야 했던 나라이다. 관목 우거진 늪지대나 끝없는 정글을 보고 있으면, 이런 숲이 마치 강인하고 인내심 많은 베트남 사람들을 상징하는 문화의 일부처럼 보이기도 했다.

패티의 임무는 이렇듯 자존심 강한 나라에서 미국인들의 희생을 막고, 최소화시키는 데 있었다. 그는 베트남 인민들이 프랑스 식민주의에 대항해서 격렬하고 끊임없이 항거해 온 역사적 사실뿐만 아니라, 미국의 전시 동맹국인 프랑스에 대항해 싸우는 호치민의 독특한 투쟁 방식까지도 잘 파악하고 있었다.

패티는 호치민과의 만남을 앞두고 OSS 파일 가운데서 그에 대한 기록을 다시 한 번 꼼꼼하게 읽어 두었다. 이미 사전 정보를 얻고 호치민을 만난 패티는 자신의 베트남 항해가 호치민의 망명 생활만큼이나 순탄하지 않을 수도 있다는 것을 예감했다.

호치민의 본명은 구엔 타트 탄Nguyen Tat Thanh이다. 그의 부친은 중견 공무원이었으나, 민족주의자라는 이유로 면직당했었다. 프랑스 정부의 면직 사유는 '이상한 생각을 한다'는 것이었다. 3남매 중 막내로 태어난 호치민은 식민지 청년 시절, 아버지에게 배운 민족주의를 여러 사람들에게 전파시켰다는 이유로 자신의 형과 누나와 함께 투옥되는 아픔을 겪기도 했다. 호치민의 어머니는 그 무렵 생활고에 시달리다 병사한 것으로 알려진다.

21세 되던 해인 1911년, 호치민은 영국행 프랑스 상선의 요리사가 되어 베트남을 떠났다. 런던에서 그는 칼튼 호텔의 보조 요리사로 일하면서, 아일랜드 독립을 포함한 다른 지역의 독립투쟁을 위한 반식민지 결사단체인 '해외노동자연합Overseas Workers' Association' 결성에 적극 참여하였다. 이때 짧은 기간 동안 미국을 방문하여 흑인 거주 지역인 할렘에서 눈 치우는 일을 하며 생계를 이어가기도 했다. 또한 제1차 세계대전이 일어나자 다시 선원이 되어 프랑스로 돌아가 그곳에서 정원사, 세탁소 종업원으로 생활하였다. 호치민은 외국 생활을 통해 '식민지의 주인인 나라에서도 가난한 사람들의 생활은 베트남 사람들만큼이나 처참하다'는 사실을 깨달았다.

1919년 프랑스 사회당에 가담한 호치민은 1920년 사회당이 분열되자, 프랑스 공산당의 공동 창립자 중 한 사람이 되었다. 망명자들을 위한 신문 〈르 파리아 Le Paria〉('추방된 사람들'이라는 의미 – 역주)의 편집장이 된 호치민은 구엔 아이 쿡 Nguyen Ai Quoc이란 가명으로 민족주의 색채가 강한 기사를 쓰기 시작했다. '아이 쿡'이란 말은 베트남어로 '애국'이라는 뜻이다.

그의 기사는 인도차이나 사람들에게 많은 관심을 불러일으켰다. 그곳에서 그는 카를 마르크스의 사위인 장 롱게 J. Longuet의 도움을 받아 프랑스 공산당의 식민지 문제 전문가로서 유럽 각지를 여행하게 된다. 1922년에는 모스크바에서 열린 코민테른(Comintern : 공산주의 인터내셔널 또는 제3인터내셔널 – 역주)에 프랑스 대표로 참석하였다.

호치민은 당시 모스크바에 2년 남짓 머무르면서 마르크스 강령을 연구하였고, 레닌과 직접 만나기도 하였다. 1925년에는 광동廣東의 소련 영사관 사무원이 되어 모스크바를 떠났고, 뒤이어 중국 상하이上海에 있는 코민테른의 아시아 지역본부 책임자가 되었다.

베트남의 해방을 위해 20년 이상 중국, 타이, 홍콩 등지를 떠돌면서 망명투쟁을 하는 동안 끊임없이 투옥당했던 호치민은 무력투쟁의 필요성을 절감하고, 역사교사였던 보 구엔 지압 Vo Nguyen Giap과 협력하여 일단의 게릴라 부대를 창설하였다. 이 부대는 이후 통킹(Tongking : 북부 베트남) 지역에 수시로 침투하여 무장투쟁을 전개한 것으로 유명하다.

1941년 5월 19일 호치민과 그의 동료 망명 지도자들은 공개적으로 정치적 목적을 대외에 천명하고 망명정부 수립에 착수한다. 이들은 중국 남부 칭시淸溪에 모여 '베트남독립동맹 Viet Nam Doc Lap Dong Minh Hoi' 즉, '베트민 Viet Minh'을 결성하였다.

패티는 호치민의 이름이 처음으로 미 국무부에 기록된 것은 1942년이었다고 증언하고 있다. 중국 국민당 정부가 호치민을 공산주의자로 판단하여 투옥한 다음의 일이었다. 갑작스러운 그의 구속은 워싱턴을 당황하게 만들었고, 이에 미 국무부는 중국에 있는 미국 외교관들에게 호치민을 석방시키라는 훈령을 보냈다.

"미국은 중국 공산당에 대해 관망적인 자세를 취하고 있었다"는 패티의 언급에서 알 수 있듯이 당시 미국은 상당히 유연한 입장을 취하고 있었다. 미국은 마오쩌둥과 개인적으로 접촉하고 있던 OSS 대원들을 포함한 '전쟁연락사무소' 같은 조직을 운영하면서, 중국 공산당 세력과도 '우호적'인 관계를 유지하고 있었다.

미국은 일본과 싸우면서 국민당과 라이벌 관계에 놓여 있는 공산당을 장제스 모르게 지원하고 있었으며, 호치민은 마오쩌둥과 긴밀한 관계를 유지하고 있었다. 호치민의 석방을 요구하는 미국을 위해 중국 공산당은 OSS에 호치민에 대한 상세한 정보를 제공했다. 이 자료에는 그의 행적, 활동, 배경, 최종적으로 지향하는 목표, 베트남 해방에 관한 자료 등이 포함되어 있었다. 더욱 놀라운 사실은 이 자료에서 마오쩌둥은 "인도차이나에서 프랑스보다는 베트민이 미국에게 결정적으로 중요한 역할을 할 것"이라는 제안까지 덧붙여 놓았다는 점이다.

호치민이 미국에게 매우 중요한 인물이라는 사실은 곧바로 입증되었다. 1943년 초 미국은 그를 석방시킨 후 당시 중국 수도였던 충칭重慶으로 보내 그곳에 있던 미국 전시정보사령부의 모든 정보와 통역 업무를 지원하도록 했다. 호치민은 감옥에서 사용했던 '시엠후C. M. Hoo'라는 가명으로 치밀하면서도 왕성한 활동을 펼쳤다.

1944년에는 수시로 쿤밍에 있는 OSS 본부에 일본군 진지의 움직임과 일본군의 동향 등에 대한 정보를 제공하는 한편, 베트민이 사용할 무기와 탄약 지원을 요청하였다. 그러나 미국은 무기와 탄약의 지원 요청을 번번이 거부했다. OSS는 그때까지 인도차이나에서 적극적인 자세를 보이지 않고 있었다. 왜냐하면 정치 활동에는 관여하지 말라는 엄명을 받고 있었고, 쿤밍에 있던 프랑스 정보원들이 베트민을 '믿을 수 없는 조직', 즉 소련이 배후 조종하는 외교전략조직의 한 분파라고 주장했기 때문이다.

따라서 1945년 4월 패티 소령의 쿤밍 도착은 큰 소용돌이를 예고하는 것이었다. 패티의 증언을 들어보자.

"나는 호치민이 공산주의자이며 소련에 체류할 당시 공산주의 학습을 받았고, 그가 창설한 베트민은 공산당의 한 지류라는 것을 잘 알고 있었다. 그러나 베트민은 정보 활동에 큰 도움이 될 수 있었기 때문에, 나는 베트민에 대해 지속적인 관심을 보였다."

패티는 후에 그의 저서 〈왜 베트남인가?〉에서 다음과 같이 이야기하고 있다.

"호치민과 역사적인 만남 이후 실질적인 면에서 호치민과 베트민은 내가 인도차이나에 정보망을 구축하는 데 구체적인 해답이 되었다. 그는 나에게 보낸 편지에서 자신의 생각을 이렇게 피력했다. '진부한 강령이나 외치는 망상적인 혁명주의자나 과격한 행동을 일삼는 과격분자로 생각하지 않기 바란다. 나의 궁극적인 목적은 베트남 독립을 위해 미국의 지원을 받는 것이다. 나의 이런 열망은 미국과 어떠한 충돌도 일으키지 않을 것이다.'"

패티 소령은 워싱턴에서 루스벨트 대통령이 주창한 식민지주의의 종식과 제2차 세계대전 이후 미국이 구상하고 있는 세계 정치 질서에 대한 자세한 설명을 들었다. 루스벨트 대통령의 주도로 국제적인 합의를 이끌어 냈던 「인도차이나 비망록」의 주요 내용은 다음과 같다.

"프랑스는 인구가 3,000만 명인 한 나라를 거의 100년 동안 지배해 왔다. 그러나 인민들의 형편은 과거 독립국이었을 때보다도 훨씬 못하다."

루스벨트의 합의문 정신은 전쟁이 끝나는 즉시 인도차이나의 독립을 위해 국제적인 신탁통치가 이루어져야 함을 주장하고 있었다. 패티의 회고에 의하면 루스벨트 대통령은 1943년 1월 다음과 같이 연설했다.

"오랜 기간 미국은 영국, 프랑스, 네덜란드의 근시안적이고 탐욕스러운 식민지 정책을 묵인해 왔다. 만약 우리가 '그렇지 않다'고 이야기한다면, 그것은 거짓말일 것이다. 그러나 다시는 그러한 행동을 하도록 용납해서는 안 된다. 이제 설립을 눈앞에 둔 유엔이 위임통치를 하건 신탁통치를 하건, 식민지주의자들을 대신해서 이 지역을 일정 기간 관리해야 한다."

카이로, 테헤란, 얄타 등지에서 계속 개최되었던 강대국 정상회담에서 루스벨트 대통령은 신탁통치 문제를 거론했지만 전시 동맹국들은 이를 강력하게 반대했다. 결국 이 문제는 루스벨트 대통령의 공개적인 외교정책 실패로 끝이 났다.

1945년 4월 12일 패티 소령은 베트남 임무를 수행하기 위해 쿤밍에 도착했을 때, 루스벨트 대통령 서거 소식을 들었다. 패티는 개인적으로 루스벨트 대통령을 존경한다면서 이렇게 말했다.

"나는 동남아시아 여러 나라 사람들을 오랜 식민지의 굴레에서 해방시켜야 한다는 루스벨트 대통령의 견해를 전적으로 지지했다."

미국이 베트남의 자치정부 수립을 확고하게 지지한다는 것을 확인한 패티는 워싱턴에 호치민과의 관계 개선을 추진하겠다는 계획을 전달했다. 그는 이와 관련된 모든 정보를 충칭에 있는 미 대사관을 통해 공식 보고했다. 패티의 보고서 내용에는 이런 것이 있었다.

"호치민은 무례한 공산주의자가 아니며, 베트남 독립을 최우선 당면 과제로 삼고 싸우는 민족주의자일 뿐이다."

현지에서 다른 OSS 대원들이 올린 보고서들도 이러한 사실을 뒷받침해 주고 있다. 20여 년이 지난 후 미 상원 청문회에서 이런 보고서들이 일부 공개되었지만, 패티는 자신이 올린 보고서에 대해 아무런 답변도 듣지 못했다. 현지에서 워싱턴으로 올렸던 수많은 정보보고서들이 사장되어 버렸던 것이다.

패티가 워싱턴을 떠나 쿤밍으로 갈 때 백악관이 도노번 장군을 통해 그에게 준 한 가지 특별훈령이 있었다. 그것은 어떤 경우에도 프랑스가 인도차이나를 재점령하려는 시도를 도와서는 안 된다는 것이었다.

베트남전 당시 국무장관이었던 딘 러스크D. Rusk는 그때 아시아 연합군 사령부의 부사령관이었다. 러스크는 "프랑스군이 인도차이나에서의 비밀작전 수행에 미국의 지원을 요청했다. 그래서 우리는 미국에 있는 합동참모본부에 미국의 인도차이나 정책에 대한 구체적인 내용을 알려 달라는 요청을 했다"고 말했다. 그러나 몇 달간 아무런 답신이 없었다.

한참 후에「인도차이나에 대한 미국의 정책」이란 표제의 보고서가 도착했다. 이 보고서에는 이런 내용이 담겨 있었다.

"합동참모본부에서 루스벨트 대통령에게 인도차이나에 대한 미국의 정책이 무엇이냐고 묻자, 대통령은 '나는 이제 인도차이나에 대해서는 아무것도 듣고 싶지 않다'는 말만 했다."

러스크도 패티와 마찬가지로 초기 정책을 자세하게 알고 있었다. 루스벨트 대통령은 아시아의 오랜 식민지들을 독립시켜야 한다는 생각을 확고히 하고 있었다. 그러나 영국의 처칠W. Churchill 수상 같은 반대론자들 때문에 오랜 시달림을 받다가 사망할 때쯤에는 반식민주의 노선을 포기하기에 이른 것이다.

다른 해석에 의하면 루스벨트 대통령은 개인적으로 때를 기다리고 있었다는 견해도 있다. 훗날 국무부의 고위직에 오른 윌리엄 설리번W. Sullivan은 이렇게 회고했다.

"제2차 세계대전 후 많은 젊은 직원들은 루스벨트 대통령이 생각했던 정책에 호감을 가지고 있었다."

설리번은 "루스벨트 대통령이 좀더 강력한 목소리로 프랑스의 인도차이나 통치 종식을 주장했어야 했다"고 말했다. 이에 비해 러스크의 증언은 각도를 약간 달리하고 있다.

"루스벨트 대통령과 트루먼 대통령은 다같이 정책 추진에 실패했다. 그들은 이 정책을 실행하지 않았다. 이것은 결국 영국이 미얀마로 다시 돌아가고, 네덜란드는 인도네시아로, 프랑스는 인도차이나로, 그리고 미국은 전쟁 전의 입장으로 회귀하는 것을 의미했다. 역사는 확실히 달라질 수 있었는데……."

러스크는 이때가 첫번째 역사적 전환점이 될 수 있었는데, 그 기회를 놓친 것을 아쉬워했다. 그는 루스벨트가 '반식민지 정책은 사라졌다'고 기록한 비망록을 가지고 아시아 연합군 사령부에 남아 있었다. 패티 또한 지금까지와는 상반된 인도차이나 문제 처리 방안을 혼자 책임져야 하는 입장이 되었다. 이 바뀐 정책은 철회되지 않았고, 결국 루스벨트 대통령은 6명의 후임 대통령들을 두고두고 괴롭히는 숙제를 남겨 놓게 된 셈이다.

첫번째 후임인 트루먼 대통령은 독일의 유럽 점령과 일본의 태평양 진출에 대한 강박관념 때문에 루스벨트의 '민족자결주의 원칙'을 방치해 두고 있었다. 중국에 있는 야전사령부에 보낸 트루먼 대통령의 초기 훈령은 "미래의 인도차이나 자치를 위해서 적절한 시기에 프랑스에게 적극적인 조치를 취할 것을 요구한다는 것이 대통령의 생각"이라고 쓰고 있다. 그러나 미국 정부도 익히 알고 있었듯이, 프랑스는 이미 인도차이나가 자유를 찾을 수 없는 조치를 적극적으로 취한 후였다.

1945년 5월 장 생트니J. Sainteny라는 이름의 한 패기 넘치는 프랑스군 소령이 쿤밍에 도착했다. 그의 임무는 인도차이나에서 'M-5' 또는 '미션-5'라 불리는 대응작전을 준비하는 것이었다. 프랑스는 이 작전 이전에도 이미 여러 가지 준비를 하고 있었다.

이후 수년간 정치적으로 중요한 역할을 담당했던 생트니는 패티를 방문한 자리에서 "프랑스는 OSS가 파악하지 못한 광범위한 정보망을 인도차이나 국경 근처에 이미 구축해 놓았다"고 이야기하면서, 이번 작전 'M-5'에 미국의 도움이 필요하다고 말했다.

식민지 주둔 병력을 상실한 프랑스는 인도차이나 현지에서 어떤 무력도 행사할 수 없는 형편이었는데, 여기에 일본군의 세력 확장은 프랑스를 더욱 초조하게 만들었다. 일본은 "인도차이나 제국이 현재는 대동아 공영권에 속하지만, 추후에는 독립국가가 될 것"이라고 선포했다. 이에 따라 국가 이름도 베트남, 라오스, 캄보디아로 복원시키는 조치를 취했다.

일본은 프랑스의 통제하에 있었던 옛 베트남 황제 바오 다이Bao Dai가 새로운 베트남의 대통령이 되는 조건에도 동의했다. 그런데 생트니를 난처하게 만드는 문제는 일본이 연합국이 아닌 호치민의 독립운동단체인 베트민과 직접 전투를 하고 있다는 점이었다.

1945년 5월 호치민의 게릴라 부대는 일본군 진지를 공격하기 시작했고, 이는 베트민이 지방에서 세력을 확대 구축할 수 있는 계기가 되었다. 베트민 세력의 확장은 프랑스가 군사적으로 인도차이나를 다시 장악한다는 것이 불가능하다는 것을 뜻했다. 생트니는 호치민과 우호적 관계를 유지하고 있는 패티에게 거칠게 항의하는 한편, 프랑스는 비밀부대를 가지고 있으니 무기가 필요하다면서 적극적인 지원까지 요구했다.

생트니가 미국에 지원을 요청한 대상은 프랑스가 인도차이나 재장악에 필요한 비행기, 선박, 통신 장비 등이었다. 패티는 그에게 미국의 입장을 솔직하게 전하면서 "미국은 프랑스의 식민지 재장악을 위한 어떤 시도에도 동의할 수 없다"고 말했다.

생트니는 패티와 비슷한 30대 초반으로, 프랑스의 OSS라고 할 수 있는 '정보 제2국Deuxième Bureau'의 베테랑 정보장교였다. 두 사람은 각자 자신들의 임무를 수행하기 위해 온갖 기지를 발휘하기 시작했다.

패티의 기본 임무는 점령군 일본의 작전을 교란, 무력화시키는 것이었다. 그는 공개적으로 이러한 일을 할 수 있는 군대라면 프랑스 군대를 포함해서 어느 누구라도 돕겠다고 말했다. 이에 생트니는 패티에게 6월 중순 프랑스에서 훈련받은 약 1,000명의 특수부대 상륙작전에 관한 비밀계획을 상세히 알려주었다. 패티는 해볼 만한 작전이라고 판단하고 워싱턴에 보고했다. 그러자 워싱턴은 이 작전 지원을 허락하는 대신 특별한 조건을 제시했다. 작전을 안전하게 진행하기 위해 미군 장교가 지휘를 맡아야 되고, 통신도 OSS가 이용하는 무전기를 사용해야 된다는 조건이었다.

생트니는 워싱턴의 제안을 거부했다. 이 일로 패티는 프랑스군에게 불신의 대상이 되었다. 이 일이 있은 후부터 프랑스가 수행했던 여러 가지 비밀작전들은 연합군의 작전을 자주 혼란에 빠뜨리곤 했다. 생트니측은 유치한 수준의 훼방을 놓기도 하였다.

 반면에 패티는 쿤밍에 있는 베트민 사람들과 일정한 관계를 유지하면서 그들과 프랑스어로 대화를 이어오고 있었다. 그 즈음 호치민은 프랑스 사람들을 궁지에 몰아넣을 계획을 짜고 있었다. 6월에 있을 프랑스의 작전을 알고 있었던 호치민은 패티에게 "미국이 필요하다면 인도차이나에서 언제든지 약 1,000명의 베트민 게릴라를 지원할 수 있다"고 제안했다.

 그때 패티는 인도차이나에서 최초의 미군 군사작전을 계획하고 있었다. '사슴팀Deer Team'으로 명명된 이 작전은 일본군의 방어선 너머에 있는 중국의 국경과 가까운 통신기지에 소규모의 미군과 프랑스의 연합군 부대를 투입시켜 그 지역에 레지스탕스를 조직하고, 후에 중국 쪽에서 연합군이 진입하기 쉽도록 기반을 조성하자는 것이었다. 그러나 이러한 작전들은 2~3년 뒤에 시행해도 될 것처럼 보였다.

〉〉〉〉 1945년 6월, 북베트남인들에게 수류탄 투척 훈련을 시키고 있는 미군 '사슴팀' 교관들.

시급한 문제는 일본군 방어선을 혼란에 빠뜨려 방어 지역과 범위를 넓게 만드는 것이었다. 그런데 이런 조치들이 지연되자 패티는 초조해지기 시작했다. 더욱이 프랑스군은 패티가 어떤 작전을 반대하면 패티 앞에서 연좌농성을 벌이기도 했다. 후에 한 OSS 지휘관은 "생트니 소령은 정말 황당한 사람이었다. 당시 미국과 프랑스의 협력 관계를 완전히 끝내자고 말한 적도 있었다"고 회고했다.

생트니와 갈등을 겪던 패티는 미국의 군사적 이익에 결정적으로 중요하다고 생각되는 '역사적인 단안'을 내리게 된다. 바로 프랑스군과 베트민을 대등한 수준에서 상대하기로 결정한 것이다.

패티는 당시를 이렇게 회고했다.

"나는 베트민이 아니고는 같이 일할 사람이 없었다. 나는 그들과 매우 긴밀하게 일하기 시작했다."

패티는 호치민에게 미군만으로 '사슴팀' 작전을 수행할 수 있도록 부탁했고, 6월 30일 패티와 호치민은 새로운 조건에 합의하기에 이른다. 호치민은 패티에게 다음과 같이 약속했다.

"사슴팀의 성공적인 작전을 위해 가이드가 동행하며, 그들을 보호하고, 피난처를 제공한다."

프랑스의 '가장 값진 식민지'에서 일어나고 있는 '반란'에 대해 긴급 보고를 하라는 본국의 지시에 파리로 떠난 생트니 소령은 7월 14일 프랑스의 독립기념일에 맞춰 도착했다. 생트니는 귀국 보고에서 "프랑스 정부가 즉시 미국에 압력을 넣어 베트민의 영향력이 더 이상 확대되는 것을 막아야 한다"고 주장했다.

그는 강대국들이 일본의 최종 항복을 이끌어 내기 위해 구상하고 있는 조건과 계획을 잘 파악하고 있었다. 때가 되면 영국군은 남부 베트남(Cochinchina : 코친차이나)과 중부 베트남(Annam : 안남)을 점령하고, 장제스의 국민당군은 북부 베트남(Tongking : 통킹)을 점령한다는 계획이었다.

그런데 일본의 공식적인 항복이 있을 경우 프랑스의 역할을 떠맡을 군대가 현지에는 없었다. 일본군은 수도인 사이공을 점령하고 있었지만 실제 항복은 북부의 하노이에서 하게 되는데, 이는 훗날 정치적인 세력 경쟁에서 중요한 쟁점이 되기도 한다. 아무튼 생트니에게는 승산이 없었다. 전후의 세계 질서 재편에 대한 협의를 하기 위해 포츠담회담 참석을 준비중이던 드골 장군은 너무 바빠 생트니를 직접 만나지도 못했다.

하지만 소련의 동맹국 확대 움직임에 대항하여 서방국가들의 단결을 간절히 바라던 미국이 결국 반식민지 압력을 포기하게 된다. 그러자 프랑스에서는 베트민의 지원 세력이 없어졌다고 판단한다. 생트니는 다시 베트남으로 돌아와 패티 소령과 신경전을 벌이게 되지만, 이번에는 패티 소령이 전면에 나서지 않았다. 미군과 베트민은 이미 적이 아니라 '연합 세력'이 되어 있었기 때문이었다.

7월 16일 패티 소령의 후배 장교인 앨리슨 토머스A. Thomas 소령이 이끄는 50명의 OSS 게릴라 부대가 하노이 75마일 북서쪽 산악 지대의 작은 마을에 낙하산으로 투하되었다. '사슴팀'은 보 구엔 지압 장군이 지휘하는 게릴라 부대와 함께 작전을 수행하였다.

베트민 사령관 지압 장군은 탁월한 전략으로 패티에게 깊은 인상을 남긴 인물이다. 지압은 1940년대 초부터 호치민의 군사전략가 역할을 담당한 이후 군사전략, 특히 '게릴라 전투의 달인'으로 이름을 날린 뛰어난 장군이었다. 특히 그는 프랑스 전쟁을 공부한 전직 역사교사였다.

지압은 정치 활동으로 투옥되기도 했으며, 그의 가족에 대한 프랑스 정부의 박해도 극심했다. 패티는 지압을 호치민보다 더 호전적인 인물이었다고 평가했다. 지압은 미국이나 소위 제국주의 냄새가 나는 국가와의 협력 자체를 거부했었다. 그러나 베트남 독립투쟁에 몸담으면서부터 현실주의자로 변할 수밖에 없었다. 장정長征을 혼자 할 수 없다는 것을 잘 알고 있었기 때문이다. 그는 도움이 필요했고, 미국은 지압이 필요로 하는 모든 것을 지원했다.

패티가 이끄는 50여 명의 OSS 게릴라 용사들은 장기간 작전을 펼치면서 자신들만으로는 독자적인 활동이 쉽지 않다는 것을 알게 되었다. 베트민은 OSS에게 은신처를 제공했으며, 작전 때마다 조언을 아끼지 않았다.

베트민은 작전 이상의 활동에도 적극 협력했다. 패티는 공동작전 수행을 위해 그들을 훈련시키는 한편, 베트민을 현대식 무기로 무장시킬 필요가 있다고 판단했다. 이에 따라 패티는 산악 지역에 은거하고 있는 베트민 게릴라 부대에 기관총, 브라우닝 자동소총, 수류탄 등을 낙하산을 이용하여 제공했다.

자동소총, 기관총, 수류탄 투척기, 화염 방사기 등으로 미군의 훈련을 받은 지압의 게릴라 부대는 몇 개의 일본군 외곽 초소를 공격했다. 이는 항일전을 알리는 신호탄이었다. 규모는 크지 않았지만 일본군에 대항해서 처음으로 싸운 공동 전선이었다. '사슴팀'은 베트민과 계속 공동 작전을 펼치면서 관할 지배 지역을 확대해 나갔다.

패티는 〈왜 베트남인가?〉에서 당시를 이렇게 기록하고 있다.

"우리들 중 몇 사람은 우리가 제공한 무기와 훈련이 언젠가는 프랑스 사람들과 싸울 때 사용될 것이라고 생각했다. 그러나 아무도 그들의 상대가 미국이 될 것이라고는 상상도 하지 못했다."

돌이켜보면, OSS는 불과 1개월 동안 약 200여 명을 선발하여 미래의 베트민 지도자로 양성한 셈이었다. 얼마 후 베트남 국민군 사령관이 된 지압은 '사슴팀'이 자신들을 도와 점령한 마을 이름을 탄트라오(Tan Trao : 탄짜오)라고 명명했다. 그 뒤 호치민이 이 마을에 임시정부를 설립함에 따라 탄트라오는 베트남의 역사적인 명소가 되었다. OSS는 이후에도 계속 호치민의 군대를 훈련, 무장시킨 다음 함께 전투를 펼쳤다. 이와 같은 일은 훗날 베트남과 미국의 관계를 살펴볼 때, 아이러니컬한 일이 아닐 수 없었다.

호치민이 35년 만에 조국 베트남의 탄트라오로 돌아온 지 얼마 되지 않아 1945년 7월 어느 날, 미군이 호치민의 생명을 구했다는 일화 하나가 전해진다. 호치민은 당시 심한 말라리아를 앓고 있었는데 "OSS 대원이 준 설파제와 키

니네로 간신히 건강을 회복했다"고 기록되어 있다.

'호치민의 말라리아 치료 과정'에는 또 다른 이야기도 전해진다. 지압은 OSS의 주장에 대해 아무런 대응을 하지 않았지만 이렇게 회고했다.

"탄트라오의 대나무로 지은 누추한 민가에서 심하게 앓고 있는 '호 아저씨'의 침상 옆에 앉아 하룻밤을 꼬박 세웠다."

지압은 1979년 하노이에서만 출판된 〈잊을 수 없는 날들 Unforgettable Days〉이란 책에서 1945~1946년 사이에 일어났던 일들을 생생하게 묘사하고 있다. 건강을 회복한 호치민의 모습을 회화적으로 그리고 있다.

"갈색 농부 옷을 걸치고 있던 호치민의 상태는 호전된 것처럼 보였다. 그러나 매우 야위어 보였다. 광대뼈는 툭 튀어나왔으며, 이마와 관자놀이의 푸른 혈관이 선명하게 드러났다. 그러나 넓은 이마, 검은 수염, 특히 빛나는 눈빛은 강렬한 도덕성의 상징처럼 보였고 그의 연약한 신체와 좋은 대조를 이루었다."

프랑스 사람들은 호치민의 최면술에 가까운 기질과 언변이 OSS 대원들과 특히 패티를 매료시키고 현혹시켰다고 신랄하게 비난했다. 반면에 OSS는 프랑스가 식민지 전쟁을 촉발시키기 위해 호치민을 확신에 찬 공산주의자라고 과장, 선동하고 있다고 반박했다. 지압은 OSS와 잦은 접촉을 피하고 있었다. 만약 그가 미국을 만만한 상대라고 생각했다면, 종전 후에 그가 말했듯이 빈번하게 만나지 않을 이유가 없었을 것이다.

프랑스군은 인도차이나에 돌아가기를 갈망했던 반면, 미군 소령 패티는 베트민의 항일투쟁에 여전히 우호적인 자세를 유지하고 있었다. 하지만 지압은 당시 "OSS가 결코 프랑스와 대립 관계에 있지 않았다"고 쓰고 있다.

프랑스 '제2국' 사람들은 패티가 백악관 훈령을 제멋대로 해석한다고 비난했다. 7월 24일에 합의된 포츠담회담 역시 향후 인도차이나에서 연합군의 역할만 합의했을 뿐이었다. 다만 한 가지 문서화되지 않은 양해 각서 형식으로 '프랑스가 앞으로 인도차이나가 독립할 때 위탁자의 역할을 할 수 있다'는 묵인이 있었지만, 위탁 기간이나 방식 등 구체적인 내용이 전혀 명시되지 않았기 때문에 법적 강제력이 의문시될 수밖에 없었다.

일본이 베트남의 독립을 선포하자, 아무래도 점령국의 법률이 전 식민주의자 프랑스의 법률보다 효력이 있는 것처럼 보였다. 아무튼 분명한 것은 프랑스 소령 장 생트니는 패티에게 대적할 만한 권위나 현실적인 배경을 인정받지 못했다는 점이다. 두 사람의 숙명적인 라이벌 관계가 상당 기간 유지될 것으로 예상되었으나, 갑작스런 종전에 두 사람 모두 당황한 기색을 감추지 못했다.

8월 6일 히로시마廣島, 8월 9일 나가사키長崎에 원자폭탄이 투하되자 일본은 항복했다. 8월 10일 생트니는 오랜만에 패티에게 만나자는 제안을 해왔다.

베트민에 앞서서 하노이에 도착할 수 없게 된 프랑스는 긴급히 필요한 조치들을 취하고자 했다. 생트니와 몇 명의 '제2국' 사람들은 호치민이 하노이를 접수하기 전에 자기들이 선점하여 현재 상태의 정부조직을 전격 인수할 계획이었다. 그는 병력을 수송할 항공편이 필요했으므로 미국의 보호와 함께 미군 수송기 이용을 희망했다. 그리고 부하들에게 미군 군복을 입히고자 했다.

왜냐하면 그때까지만 해도 일본군은 전투 상태에 있었고 무장을 하고 있었기 때문에, 일본군의 저항을 헤치고 무사히 하노이에 입성하기 위해서는 '미군으로 위장' 할 필요가 있다고 판단한 것이다. 미국은 승자였고, 일본이나 베트남도 그러한 상황을 수용할 자세가 되어 있었다.

패티는 유럽에서 수년 동안 영국의 MI-5와 공동작전을 펼쳤고, 프랑스의 '제2국' 과도 함께 싸웠기 때문에 상당한 동질감을 가지고 있다고 말했다. 일본은 종전 당시 약 4,000명에 달하는 프랑스 전범을 하노이에 감금하고 있었다.

8월 22일 패티는 하노이에서 생트니와 4명의 프랑스 장교들을 만났다. 호치민은 아직 탄트라오에 있었다. 그러나 생트니가 승리한 것은 아니었다. 생트니의 하노이 입성은 마치 '새가 새장으로 날아 들어온 꼴' 이었다(베트남 사람들은 오래 전부터 프랑스 총독 관저를 '금빛 새장La Cage Dorée'으로 불러왔다). 베트민 장교들이 놀라울 정도로 신속하게 이미 하노이를 장악했기 때문에, 생트니와 그의 부하들은 오히려 삼엄한 경비가 이루어지고 있는 총독 관저에 갇혀 있는 신세였다.

'금빛 새장'은 외부 세계와는 너무 큰 대조를 이루고 있었다. 미 상원이 보관중인 문서에 나오는 OSS 정보원의 당시 '하노이 해방 풍경' 묘사를 살펴보면 다음과 같다.

"하노이는 마치 황토색으로 칠을 한 도시처럼 피폐하고 아주 심하게 파괴된 이상한 도시였다. 거리에는 수많은 시위 군중이 연일 이어졌다. 베트남 인민들 대부분은 자신들을 베트민이라고 했다. 한편 수는 적고 조직적이지는 않았지만, 반공산주의자들의 시위 또한 종종 일어났다. 시위대의 행렬은 자신들의 정치적인 배경을 불문하고 언제나 연약하고 외로운 노인 호치민이 살고 있는 검붉은 지붕의 정부 관저로 향했다."

지압은 베트민이 장악한 이후의 하노이를 이렇게 회고했다.

"생명은 소중한 것이다. 굶주림 때문에 죽은 많은 시신들을 외곽 지역에 있는 공동묘지까지 운반할 청소용 차량도 넉넉하지 않았다. 하노이 시가지 진입로에는 기아에 허덕이던 수많은 인민들이 시골에서 홍수처럼 밀려들고 있었다. 그들 대부분은 가을에 시들어 버린 가랑잎처럼 생기 없이 흔들거리고 있었다. 경찰관들이 조금만 밀어도 넘어져서 다시는 일어나지 못했다."

1945년 8월 26일 하노이에 도착한 지압은 그때까지의 호치민의 생애를 실감나게 전했다.

"호치민이 하노이에 상주한 것은 이번이 처음이었다. 킴리엔Kim Lien이란 마을에서 300km 남쪽으로 멀리 떨어진 초라한 가정에서 태어난 이후 하노이까지 오는 데 35년이 걸렸다. 오늘까지 호치민이란 이름은 베트남 사람들에게 생소하게 들린다. 베트민 대원들에게는 '장군', 베트남 사람들에게는 '구엔 아이 쿡', 중국 사람들에게는 '미스터 시엠후', 미국 사람들에게는 '호치민'

이란 이름이 통용되었다. 56세의 구엔 타트 탄은, 베트남 말로 '빛을 발하는 사람' 이란 뜻의 호치민을 공식 이름으로 사용하기로 결정했다."

하루 전인 8월 25일 탄트라오의 언덕에서 미국의 '사슴팀' 이 여전히 작전을 수행하는 가운데 호치민은 자신이 이름 붙인 '베트남민주공화국(Democratic Republic of Vietnam : DRV)' 의 탄생을 선포했다. 그러나 프랑스 연합 내의 작은 공화국이었기 때문에 장차 프랑스와 협의할 수 있는 여지는 남겨 놓고 있었다.

호치민은 9월 2일을 독립기념일로 선포했다. 노란 별을 그려 넣은 베트남의 붉은 국기는 많은 사람들의 열광 속에 서서히 탄트라오의 언덕 위로 향했다. 억압받았던 사람들의 축제답게 집집마다, 거리마다 베트남민주공화국 국기는 바람에 힘차게 나부꼈다.

독립을 준비하는 과정에서 하노이에 도착한 호치민은 미국의 지원이 필요하다고 말했다. 패티 소령은 이때를 이렇게 회고했다.

"호치민측에서 빨리 만나자는 연락이 왔다. 그는 나에게 종이 조각들을 보여주었다. 나는 그 종이 조각들을 읽을 수가 없어서 이것들이 무엇이냐고 물었다. 그가 해석해 주기 시작했다. 그저 조용하게 듣고 있던 나는 내 귀를 의심했다. 그 종이 조각에는 미국의 독립선언서에 나오는 구절들이 적혀 있었던 것이다. 그것도 조물주에 대한 언급이 나오는 대목에서는 더욱 놀라지 않을 수 없었다. 그는 인권이나 자유라는 단어의 뜻을 조금 다르게 해석하고 있었지만 나는 충분히 이해할 수 있었다. 그래서 나는 '그렇게 되어야 하겠지요' 라고 말했다."

1945년 하노이에서 공포된 독립선언문의 첫 구절이자, 훗날 하노이의 역사박물관의 동판기념비에 새겨진 문구는 이렇게 시작된다.

"모든 사람은 평등하게 태어났다. 사람들은 모두 생명, 자유, 행복을 추구할 천부의 권리를 조물주에게 부여받았다."

패티의 회고는 계속 이어진다.

"호치민에게 이러한 민족관, 가치관은 절대적이었다. 자신의 발언이 미국에 대한 제스처일 수도 있었지만, 호치민은 분명한 어조로 확언했다. 이런 행동은 그의 사고와 사상을 정확하게 나타내고 있었으며 그는 베트남 사람 모두가 행복해지기를, 모두가 자유로워지기를 바랐다. 호치민은 베트남 사람 모두가 오랜 세월 쇠사슬에 묶여 있었으며, 현재도 크게 다르지 않다고 생각했다."

독립 선포를 자축하는 의미에서 지압이 이끄는 임시정부의 대표단이 OSS가 주둔하고 있는 빌라로 패티를 찾아왔다. 그 당시를 패티는 이렇게 기록했다.

"그들은 한바탕 연주를 시작했다. 빌라 밖에 대기하고 있던 밴드는 동남아시아 지역에서는 여태껏 들어보지 못했던 미국 국가를 연주했다. 매우 흥겨운 연주였다. 영국 국가와 중국 국가도 연주하기 시작했다. 물론 소련 노동자의 행진곡도 빠뜨리지 않았다. 처음으로 맞이한 뜻깊은 행사에서 붉은 바탕에 노란 별을 그린 베트민의 깃발은 미국, 영국, 중국의 형형색색 깃발과 함께 첫선을 보였다."

독립을 맞이한 거리 분위기는 마치 축제 같았다. 프랑스 사람들은 자제하는 분위기가 역력했고, 일본 군인들은 병영에서 나오지 않아 찾아보기 어려웠다. 1주일 이내에 임시정부는 식량 배급, 시내 교통, 도시 시설들을 재정비하기 시작했다.

그러나 어느 나라도 아직 임시정부를 승인하지 않았기 때문에, 호치민은 이 점을 몹시 안타깝게 생각하고 있었다. 여전히 패티와 그의 참모들은 지압의 참모들과 거의 매일 만났다. 미국은 베트남 독립기념식장의 본부석에 자리가 마련된 유일한 국가였다. 지압은 독립기념식장의 분위기를 이렇게 적고 있다.

"청명한 가을날 바딘Ba Dinh 광장에서 역사적인 행사가 있었다. 불과 며칠 전에 남부에서 주요 마을과 시가지들을 점령했던 우리 전사들이 근로자, 청년, 노동자 계급의 인민들과 어깨를 나란히 하고 참석했다. 수십만 명의 농민들이 하노이로 몰려들었다. 민병대원들은 육척봉, 장검, 언월도偃月刀, 구리로 만든 구식 곤봉, 사찰 무기고에서 가져온 손잡이가 길다란 칼까지 들고 나왔다. 기념식장에는 넓은 이마에 영롱한 눈을 가졌지만, 이미 늙고 야윈 호치민 대통령이 처음으로 인민들 앞에 나타났다. 그분은 듬성듬성한 수염에 목이 높은 카키색 상의를 입고, 구식 모자에 흰 고무 샌들을 신고 있었다."

호치민은 프랑스제 승용차를 타고 오토바이를 탄 호위병들의 안내를 받으면서 입장했다. 그는 평평한 연단에서 아주 쉬운 단어들로 쓰여진 연설문을 읽어 내려갔다. 주로 과거의 일들을 언급하였으나 생명이나 자유에 관한 이야기도 빠뜨리지 않았다. 그는 베트남의 참담했던 과거는 프랑스 식민주의자들이 학교보다 감옥을 더 많이 세웠다는 사실로 충분히 대변될 수 있을 것이라고 말했다.

패티는 이때의 기억을 "호치민에게 열광하는 군중들의 반응은 오히려 아첨같이 보였다"고 이야기하고 있다.

호치민은 베트남이 독립국가가 될 당연한 권리를 가지고 있다고 주장했다. 베트남은 또 충분히 그런 입지에 도달해 있는 듯이 보였다. 그러나 실제로 완전한 독립을 얻기 위해서는 그날부터 무려 10,000일을 더 기다려야 했다. 호치민은 그날을 위해 이미 30년 이상의 세월을 유랑하며 보냈는데, 또 다른 30년을 보내야 했던 것이다. 그때쯤이면 그는 지금 자기가 연설하고 있는 하노이의 바딘 광장에 있는 레닌 사당 Leninesque mausoleum에 아마도 방부 처리된 시신으로 누워 있겠지만, 지압 장군을 비롯한 베트민의 다른 젊은 지도자들은 여전히 그곳에서 활동하고 있을 것이다.

호치민이 연설하고 있는 사이 처음으로 미국의 전투기 편대가 하노이 하늘에 나타났다. 1개 편대의 비행기들이 하노이 상공을 낮게 날아왔다가 곧바로 사라졌다. OSS 대원들은 누가 명령했는지 자기들은 모른다고 발뺌했지만, 프랑스측에서 볼 때는 미군의 축하 비행으로 오해할 수도 있는 일이었다.

독립기념선포식에 군복을 입은 미군들이 참석해서 베트민 깃발이 올라갈 때 호치민과 함께 경례를 했다는 점을 들어 프랑스는 '베트민의 독립에 OSS

가 깊게 관여했다'고 강력하게 항의했다. 프랑스는 또 호치민이 미국을 승전국으로 인정함으로써 어느 국가도 동의해 주지 않은 베트남의 합법성과 승인을 얻어낼 수 있다는 계산을 했다고 주장하는 한편, 호치민이 보여준 미국을 향한 제스처는 일시적인 것으로 아무런 의미 없는 세력 과시에 불과하다고 폄하하기도 했다.

이때부터 26년 후에 공개된 〈펜타곤 페이퍼*Pentagon Papers*〉(제2차 세계대전 때부터 1968년 5월까지 인도차이나에서의 미국의 역할을 기록한 보고서 - 역주)에는 이런 대목이 나온다.

"1945년 말부터 1946년 말까지 프랑스와 베트남의 적대 관계가 소강 상태를 보이고 있을 때, 호치민은 백악관에 베트남 정부의 승인을 요청하는 전문을 계속해서 보냈고, 편지를 쓰기도 했다. 처음에는 대서양헌장에서 천명한 내용을 인용하기도 했으며, 얼마 뒤에는 민족자결주의에 관한 유엔헌장을 발췌하기도 했다. 그러나 호치민은 아무런 회신을 받지 못했다."

인도차이나에서 프랑스는 일본에 패배했다. 그리고 일본은 미국에 패배했다. 1945년 9월 말 하노이의 OSS가 해산되기 전 본부에 보낸 마지막 보고서는 호치민을 베트남의 유일한 합법적인 지도자로 간주하고 있음을 명확하게 보여준다. 이 보고서는 "바오 다이 황제의 퇴위는 황제의 자의에 따른 것으로, 호치민의 임시정부와 완전하게 합의한 것"이라고 적고 있다.

호치민 정부는 연합 점령군이 초래한 정치적 혼란에 직면했다. 포츠담회담의 결과로 영국군이 16도선까지의 베트남 남부를 점령하였고, 10월 들어 다시 단순한 영불 합의에 따라 이 지역의 통치권이 프랑스로 넘어갔다. 전후 어떤 강대국도 호치민의 베트남 정부를 승인하지 않았지만, 프랑스의 인도차이나 점령도 승인하지 않은 상태였다.

인도차이나 3국 중 라오스 정부가 자치를 선언하자, 프랑스군은 라오스를 향해 진군했다. 캄보디아는 재점령당한 후 프랑스 연합 내에서 자치를 선언했다. 그러나 호치민은 자치가 아닌 완벽한 독립을 위한 협상을 시도하는 한편, 프랑스 연합과 연결된 자치 형태도 조심스럽게 모색하고 있었다.

구리로 만든 곤봉과 언월도로 무장한 베트민 지도부는 직면한 상황을 타개하는 데 어려움을 겪고 있었다. 남부에는 아직 군사적인 거점도 마련하지 못한 형편이었고, 영국은 수천 명의 프랑스군을 풀어 남부 베트남의 질서를 유지하고 있었다. 또한 6만 명의 일본군은 무장 해제되었지만, 병영 내에서 그때까지 적의를 버리지 않고 있었다.

20만 명의 중국 국민당 장제스 군대는 독립의 기쁨이 채 가시지도 않은 베트남 북부 지역을 황폐화시키고 있었다. 한마디로 하노이는 약탈이라는 악몽에 시달리고 있는 형국이었다. 북부 지역에 주둔한 장제스 군대의 행패는 마치 "전염병 같았다"고 지압은 기술하였다.

이 시기에 OSS 본부는 종합보고서에서 워싱턴에 '호치민을 옹호할 수 있는 특별성명서의 발표'를 간청한다. '그는 한때 공산주의 이상을 선호하였지만, 그러한 이상은 베트남에서 실행될 수 없다는 현실을 깨닫고 이제는 공화국 체제를 갖춘 민족주의를 지향하고 있다'고 기록되어 있다. 미국 사람들이 그의 이러한 실체를 알게 되기까지 30년이란 세월이 필요했다는 사실은 안타깝지만 역사의 아이러니가 아닐 수 없다.

패티 소령은 '호치민과의 마지막 만남'을 이렇게 회고했다.

"호치민은 나에게 '왜 미국은 우리들을 도덕적으로 지원하지 않느냐'고 계속해서 물었다. '우리가 미국에게 진정으로 바라는 것은 도덕적인 지원 외에 아무것도 없습니다. 당신들이 필리핀에서 했던 일들을 생각해 보십시오. 당신들은 그 사람들에게 독립을 약속했고 또 그것을 실천했습니다. 왜 우리들에게는 그렇게 하지 않습니까?'라고 반문했다."

그 즈음 하나의 미묘한 사건이 발생했다. 패티의 동료인 피터 듀이P. Dewey 대령이 사이공 외곽 프랑스군 진지의 소규모 전투에서 베트민의 공격으로 사망한 것이다. 베트남에서의 첫번째 미군 희생자가 발생한 사건이었다. 듀이 대령은 미군 복장을 하고 있지 않았다. 철저한 식민주의자로 알려진 사이공 주재 영국군 사령관 더글러스 그레이시D. Gracey 장군이 '프랑스 군복과 구별이 안 된다'는 이유를 들어 미군에게 군복 착용은 물론 미국 국기까지 사용을 불허했었다. 그레이시는 심지어 야전 지휘 차량에도 미국 국기의 부착을 금지시켰다.

호치민은 듀이 대령의 사망에 신속하게 대응했다. 미국 대통령에게 개인적으로 애도의 뜻을 표하는 편지를 썼고, 듀이 대령과 같은 죽음이 다시는 일어나지 않도록 하겠다는 서약과 맹세까지 했다. 패티가 베트남을 떠나기 전 호치민은 미국 국민들에게 전해 달라면서 다음과 같은 메시지를 건넸다.

"베트남 사람들은 미국 사람들을 좋아하며, 미국을 지지하고 지원한다. 또한 혁명적인 역사 때문에 미국에 거는 기대도 크다. 미국은 제1차 세계대전에 이어 제2차 세계대전 중에도 많은 것을 약속했고, 제2차 세계대전 중에 한 약속을 충실히 지켰다. 미국 국민들에게 베트남 사람들의 충정을 잘 전해 달라. 베트남 사람들은 결코 미국과 싸우지 않을 것이다."

패티가 베트남 생활을 결산하면서 남긴 말에는 많은 아쉬움이 담겨 있다.

"내가 베트남에서 보고 들은 모든 것은 내가 보낸 보고서에 다 담겨 있으며, 그 보고서들은 공식 문서로서 보관되어 있다."

미국으로 돌아온 패티는 국가 안보에 깊이 관여하다가, 1971년 현직에서 은퇴할 때까지 대통령 보좌관으로 일했다. 중요한 것은 미국이 왜 이러한 초기의 충실한 보고서에도 불구하고 아시아의 잠재적인 '티토Tito'라고 할 수 있는 호치민을 승인하지 않았느냐 하는 데 있을 것이다. 패티의 보고서 내용은 다른 사람들의 주장과 일치하고 있다.

OSS의 임무를 대신해서 미 국무부의 정치 참관인으로 하노이에 파견되었던 프랭크 화이트F. M. White 소령은 26년이 지나 미군의 전투 임무가 사실상 종결된 1972년 5월 11일 상원 청문회에서 1945년 12월 호치민과 나눈 긴 대화 내용을 소개해 강한 인상을 남겼다.

화이트는 당시 호치민의 정치적 입지와 민족주의적 성향을 이렇게 소개했다.

"그는 소련으로 가서 마르크스와 레닌을 공부했습니다. 그는 소련의 혁명으로 많은 노동자들이 혜택을 받고 있으며, 그 또한 공산주의 신봉자가 되었다고 믿고 있었습니다. 그러나 호치민은 공산주의 자체에 큰 비중을 두고 있는 것 같지는 않았던 듯합니다. 호치민은 베트남으로 돌아왔을 때 '소련은 우리가 시도하는 새로운 베트남 건설에 실질적인 도움이 되지 못할 것'이라고 말했습니다."

하노이에 체류하는 동안 화이트는 호치민에게 저녁 식사 초대를 받았다. 화이트가 전하는 만찬장 분위기는 다음과 같다.

"그 자리에는 영국, 중국, 프랑스의 고급 장교들이 많이 참석해 있었는데, 나에 대한 태도는 모두 차가웠다. 모든 좌석이 다 차 있었는데 오직 한 자리만 남아 있었다. 바로 호치민의 옆자리였다. 그 자리에는 '화이트'란 이름표가 붙어 있었다. 그날 만찬 분위기는 어색하기만 했다. 프랑스 장교들은 일체 말이 없었고, 중국 장교들은 만취 상태였다. 그래서 나는 호치민의 옆자리에 배치된 내 좌석을 의식하고 '대통령 각하, 좌석 배치가 좀 이상합니다'라고 말했다. 이에 그는 '나도 알고 있소. 그러나 다른 사람 누구하고 이야기하겠소'라고 대답하면서 쓸쓸히 웃었다."

화이트는 상원의 해외분과위원회 청문회에서 "나는 그 대답이 호치민의 마음을 잘 드러내는 이야기라고 생각했다"고 진술했다. 분과위원회는 하노이에서 근무하다가 1945년부터 1947년까지 미 국무부 동남아국에서 일했던 모펏A. L. Moffat의 여러 가지 진술을 들을 수 있었다. 그의 지위와 특별한 역할 때문에 모펏의 진술은 가장 믿을 만한 것으로 여겨졌다.

"나는 지금까지 호치민을 만난 많은 미국의 기자, 외교관, 군인, 심지어 OSS 대원들까지도 그를 높이 평가한다는 사실을 잘 알고 있다. 호치민은 의심할 여지없이 베트남 역사상 인민들에게 가장 존경받는 지존의 베트남 민족주의자다. 물론 공산주의가 베트남 인민들에게 행복을 가져다 줄 수 있다는 것을 믿는 공산주의자이기도 하다. 하지만 그는 정책의 최우선 과제를 베트남 인민들의 안위에 두고 있는 인물이다. 내가 인도차이나에 근무할 때, 깜짝 놀란 일은 프랑스의 고위 관리들이 하나같이 호치민을 공산주의자로 매도하고 있었다는 사실이다."

미 국무부는 베트남 정부가 공산화될 수도 있다는 우려를 심각하게 하고 있었다. 그러나 현지에서 올라오는 정보들은 전혀 그렇지 않았다. 결국 국무부가 현지의 현명한 판단을 묵살해 버렸다는 뜻이다. 미국은 베트남 사람들의 민족주의 감정을 퇴색시키기 위해 노력했으며, 베트남 사람들이 호치민에 대해 가지고 있었던 '아버지 이미지'의 파괴작전도 도모하게 되었다. 프랑스 정부는 미 국무부에 호치민을 공산주의자로 인식시키기 위해 수단과 방법을 가리지 않았다.

미국은 스탈린의 소련과 대치하고 있던 냉전체제 초기에 유럽 동맹국의 지원이 절실했기 때문에 베트남에 부담을 느끼고 있었다. 그래서 하노이 총영사 제임스 오설리번J. O'Sullivan에게만 정보를 의존하고 있던 미 국무부는 모펫의 경고에는 귀를 기울이지 않았다. 오설리번은 국무부에 보낸 긴급 외교 무전에서 이렇게 보고했다.

"프랑스는 이미 호치민의 배경에 대해 잘 알고 있는 한편, 그와의 협상도 준비하고 있다. 그러나 프랑스 사람들은 프랑스 괴뢰정부를 세우는 조건에 협력하도록 베트남 정부에 압력을 넣을 준비도 하고 있다."

모펫은 이런 증언도 했다.

"내가 쓰다가 폐기한 편지 제목 중에 「프랑스의 공산주의에 대한 관심」이란 것이 있었다. 내용은 '프랑스의 인도차이나 정책에 대한 미 국무부의 우려를 희석시키기 위해, 프랑스는 공산주의 확산에 더 신경을 쓰고 있는 것처럼 위장하고 있다'라는 것이었다."

26년이 지난 후 이러한 내용들을 다시 검토하는 순간 미 상원 청문회장에는 정적이 감돌았다. 위원장 윌리엄 풀브라이트W. Fulbright 상원의원은 이렇게 탄식했다.

"동맹국 프랑스가 자국의 이익을 위해 우리를 기만한 것이다. 이 때문에 우리가 이렇게 어려운 처지에 놓이게 되었다. 미국이라는 대국에서 어떻게 이런 일이 있을 수 있는가, 믿을 수가 없다."

1945년 하노이에서 일어났던 일에 대한 국무부의 기록들도 동시에 공개되었다. 호치민은 치안 유지를 위해 1만 5,000명의 프랑스 군대가 주둔한다면, '북부에 주둔하고 있는 20만 명의 중국군은 철수해야 된다'는 연합군의 협상안에 동의했다.

이러한 동의안에 반대하는 베트남 정부 내의 친중국계 인사들을 호되게 꾸짖으며 호치민은 이렇게 말했다.

"당신들은 왜 이렇게 어리석은가. 중국군이 주둔한다는 것이 무엇을 뜻하는지 모른단 말인가. 당신들은 역사도 모른단 말인가. 그들은 이 나라를 1,000년 동안 지배했다. 프랑스인들은 외국인이다. 그리고 허약하다. 식민주의는 사라지고 있다. 베트남 독립에 대한 세계적인 지지는 아무도 막을 수가 없다!"

지압은 이러한 분위기를 좀더 구체적으로 이해하고자 했다. 말하자면 "영원히 머무를 수도 있는 중국군을 몰아내기 위해 일정 기간 프랑스군의 북부 주둔을 용인한다"는 뜻으로 정리했다. 마오쩌둥의 군대에게 장제스 군대를 축출해 달라고 할 수도 없었고, 그렇다고 중국 공산당에 도움을 청할 입장도 아니었다. 더군다나 소련은 호치민이 미국에 국가 승인을 요청한 지 5년이 지난 1950년까지도 독립국 베트남을 승인하지 않고 있었다.

호치민은 프랑스와 협상을 피할 수 없다고 생각했다. 양측은 구체화되지 않은 협상안의 타결을 위해 마주 앉았다. 프랑스는 베트남을 '자유국가'로 승인했다. 지압은 '자유국가'라는 뜻을 자체의 정부, 의회, 군대와 재정을 가진 프랑스 연합 내에서의 공화국으로 정의했다.

프랑스는 한 걸음 더 나아가 프랑스 군대 1만 5,000명을 5년 동안 연차적으로 철수한다는 데 합의했다. 늦어도 1952년까지는 철수를 완료한다는 뜻이었다. 베트민도 남부에서 게릴라 활동을 중단한다는 데 동의했다. 그런데 이 협정안은 사이공과 하노이에 2개의 정부가 있을 수 있다는 것을 뜻하기도 했다.

그렇기 때문에 파리에서 협정안의 구체적 내용을 조정하기 위한 추가 협상이 필요했다.

화이트 소령은 "이 협정안은 몇 개월이 지난 다음 중국군 주력부대가 철수한 뒤 조인되었음이 상원 속기록에 기록되어 있다"고 말했다. 전반적인 분위기는 폭풍 속에서 반짝이는 불빛을 만난 것처럼 생동감이 넘쳤다. 반면에 어수선한 사회 분위기를 틈타 많은 폭도들이 거리에 넘쳐 나기도 했다. 중국 군인들은 하노이 시가지를 몰려다니면서 약탈에 열을 올렸다. 이들은 약탈품을 마차와 노획한 일본군 트럭으로 운반하는 경우도 있었고, 심지어 등에 지고 가는 병사들도 있었다.

중국 군인들의 행패는 상상을 초월하는 것이어서 지붕의 기왓장이나 빌딩의 파이프, 건물 내외의 부착물까지 뜯어 가는 등 돈이 될 만한 것은 모두 약탈했다. 이런 중국 군대의 만행을 지압은 '전염병' 같았다고 말했다.

그런데 베트민 병사들의 기강은 철저했다. 그들은 약탈하는 중국 군인들에게 발포하지 않았다. 하노이와 인근 항구 도시 하이퐁Haiphong 시민들은 일체의 반응을 보이지 말라는 당국의 지시를 받고 있었다. 실제로 베트남 사람들은 아무런 반응을 보이지 않았다. 프랑스의 전함과 군대가 도착하여 시가행진을 하는데도 지켜보고만 있었을 뿐이다. 화이트 소령은 다음과 같은 이야기를 들려주었다.

"베트남 사람들의 사고와 행동의 중심은 언제나 호치민이었다. 하늘거리는 수염에서 풍겨 나오는 신비스러움은 베트남 사람들을 매료시켰다. 그는 전후에 '미국이 베트남을 도울 수 있는 아주 좋은 입장에 있었다'고 말했다. 그는 민족자결주의에 지지를 보내고 있는 미국 국민들의 처분만 기다리는 신세가 되었다. 그러나 호치민은 '베트남은 멀리 떨어진 나라이고 미국은 긴급하게 처리해야 될 다른 문제가 있었던 것 같다'며 아쉬움을 나타냈다."

1946년 3월 6일 오후 4시 베트남과 프랑스의 합의서 조인식에는 미국 영사만 내빈으로 참석했다. 당시 미군은 모두 떠나 버린 후였다. 미군의 베트남 체류 기간은 1년을 넘지 못했다. 그리고 오직 1명의 미군이 우연히 사망했을 뿐이다.

패티 소령은 다시 냉전이 진행중인 유럽으로 돌아갔다. 그의 새로운 부임지는 유고슬라비아의 트리에스테Trieste였다. 그곳에는 게릴라의 대부 격인 티토가 있었다. 티토는 독립을 우선시하는 공산주의자였다. 미국은 티토에게 지대한 관심을 가지고 있었다.

다시 하노이로 돌아가 지압 장군의 회고를 들어보자.

"색이 바랜 카키색 옷을 입은 가냘픈 노인이 합의서에 서명한 후 그를 주시하고 있던 프랑스 사람을 쳐다봤다. 그 프랑스 사람은 패티 소령의 도움으로 하노이에 입성했던 생트니 소령이었다. 생트니가 마지막으로 서명을 마쳤다. 생트니는 잔을 높이 들어 무력 충돌은 피할 수 있게 되었다는 안도의 기쁨을 표시했다. 호치민은 프랑스어로 이렇게 답했다. '우리는 완전한 독립을 얻지 못했기 때문에 만족하지 못합니다.' 잠시 후 호치민은 낮은 목소리지만 똑똑하고도 분명한 어조로 '우리는 반드시 베트남 독립을 쟁취하고야 말 것이다'라고 말했다."

02

The Ten Thousand Day War
프랑스의 점령

> 우리는 프랑스에게 철수하라는 압력을 가하지 않았다. 우리는 인도차이나를 통제하는 것도 원하지 않았다.
> _ 미 국무장관 딘 러스크

　베트남과 프랑스가 합의서에 서명한 지 1년도 안 되어 호치민은 게릴라 거점이었던 탄트라오로 추방되었다. 미국은 지정학적인 이유를 들어 프랑스를 지원하기 시작했고, 호치민은 탄트라오에서 프랑스에 대항해 8년간 끊임없이 전투를 지휘했다. 베트남과 프랑스가 맺은 자치협정은 '단막극'에 지나지 않았던 것이다.

　미국의 직접 개입으로 이어진 이번의 8년은, 이전에 프랑스가 치른 8차례의 전쟁 기간과 비교해 볼 때 정치적·군사적 의미에서 큰 차이가 있었다. 중요한 차이점은 양측의 정치 지도자들을 에워싸고 있는 것이 동서 진영의 경쟁 관계인 미국과 소련이었던 반면에, 군사적 충돌은 처음부터 자제되었다는 점이다.

　1946년 3월 6일에 조인된 합의서의 정치적 의미는 베트민 내의 친마오쩌둥 계와 사이공에 있는 프랑스 고등판무관 티에리 다르장리외T. d'Argenlieu 제독 양측 모두를 만족시키지 못했다. 다르장리외는 훗날 미국 대사가 그랬던 것처럼 베트남 내에서 프랑스 정부를 대신하고 있었다. 다르장리외는 일본의 항복 직후 드골이 직접 임명했기 때문에, 프랑스 군대가 하노이의 재진입을 앞두고 협상을 벌일 무렵에는 드골의 직접 훈령을 받기도 했다.

양측이 발표한 비난 성명을 보면, 프랑스는 미국과 마찬가지로 군사적 준비를 위장하기 위한 베트남의 정치적 술수에 속았다고 주장하고 있었다. 1945년 말 드골이 실권하자 지지 세력이 약했던 그의 후임자들은 세력이 약화되어 해외 고등판무관들과 식민지에 관한 논쟁을 할 수가 없었다.

드골은 은퇴 후에도 오랜 기간 프랑스 정신을 대변했다. 드골의 권위적인 의사 표시는 종교적인 계명으로 통했다. 한때 목사였으며 수도사였던 다르장리외 제독도 드골과 비슷한 성향을 지닌 인물이었다.

지압 장군은 베트남 내에서 프랑스를 대표하는 최고의 군사적, 정치적 책임자였던 다르장리외의 성향을 잘 말해 주는 일화를 이렇게 소개했다.

"1946년 3월 프랑스 군대가 하노이에 주둔하게 되면서 다르장리외 제독은 프랑스와 자신의 힘을 과시하기로 마음먹었다. 그래서 사이공 주변에 있던 프랑스 전함을 전부 이끌고 사이공에서 하이퐁까지 순항한 다음, 호치민에게 반강제적으로 혼자 와서 사열할 것을 권했다. 다르장리외의 기함에 오른 호치민은 그저 조용히 순항중인 전함들을 쳐다보고 있었다. 간편한 복장에 대나무 지팡이를 짚고 갑판에 선 노인은 넓은 테의 모자가 바람에 날리지 않도록 한 손으로 모자를 꽉 잡고 있었다. 호치민은 하노이로 돌아와 여러 가지 이야기를 들려주다가 이런 말을 했다. '제독이 큰 실수를 한 거야, 그렇게 큰 전함들은 우리의 작은 강을 넘나들 수 없거든' 하는 것이었다."

지압은 프랑스 정부와 다르장리외 제독에 대한 분노와 배신감으로 적개심을 억누르지 못하고 있었다. 그해 4월 지압은 남북 베트남의 정치적인 관계 개선을 위해 1개월 동안 개최된 회의(다라트Da Lat 회의를 말함 – 역주)에서 다르장리외를 개인적으로 만났다. 두 사람은 양측이 치르고 있는 치열한 전투를 중지하고 앞으로 진행시킬 협상 방식을 논의했다. 두 사람의 성격을 말해 주듯 협상은 시작부터 앞날이 밝지 못했다. 양측의 전투는 협상과 상관없이 계속되고 있었다. 이때의 상황을 지압은 이렇게 회고하고 있다.

"제독은 나에 대해 많은 것을 알고 있다는 듯 자랑을 그치지 않았다. 그리고는 내 가족의 안부를 물었다."

만약 다르장리외 제독이 지압에 대해 많은 것을 알고 있었다면, 그의 유년 시절과 청년 시절에 가족이 얼마나 큰 고통을 겪었고, 3년 전에 지압의 아내가 왜 죽었는지 등은 훤히 알고 있었을 것이다.

지압은 1912년 남북 베트남 경계선 근처인 쾅빙Quang Bing 성 안싸An Xa 마을의 빈한한 집에서 태어났다. 가난했지만 학자풍의 아버지는 1888년 대규모 항불운동에 참여했다. 그는 지압을 하노이대학교에 보내기 위해 척박한 땅을 경작하는 일을 게을리하지 않았다. 지압은 아버지의 영향으로 역사교사가 되기 훨씬 전부터 역사에 깊은 관심을 가지고 있었다고 한다.

14세 되던 해 그는 '반식민당'에 가입했으며, 18세 때 정치적인 활동을 했

>>>> 1944년 12월, 첫번째 북베트남 인민군대가 된 소대원들에게 훈시를 하고 있는 보 구엔 지압 장군.

다는 이유로 3년간 투옥되었다. 24세 때는 전국적인 학생운동을 조직하고, 프랑스의 탄압을 피해 지하로 잠적했었다. 31세 되던 해 지압은 반정부 음모로 종신형을 선고받은 후 복역중이던 젊은 아내를 잃었다. 그후 지압은 중국에서 베트민의 공동 창립자로 호치민, 팜 반 동Pham Van Dong과 함께 조국 해방을 위한 무력투쟁 선봉에 본격 뛰어들게 된다.

지압은 제2차 세계대전 직후 프랑스 고등판무관 다르장리외를 신랄하게 비난했다. 그와의 첫 만남을 그는 이렇게 묘사했다.

"전에는 목사였으나 지금은 성직을 박탈당한 그는 주름진 이마, 찢어진 눈, 가느다란 입술을 가지고 있었다. 첫 인상이 교활하고, 교만하고, 천박한 사람인 듯했다."

지압이 남부에서 하나의 베트남을 위한 국민 투표 실시를 제안했으나, 다르장리외가 거부했다. 그들이 합의한 사항 한 가지는 호치민이 6월 하순쯤 파리에서 추가 협상을 할 수 있다는 것이었다. 그런데 협상이 열리기도 전인 6월 1일 다르장리외는 "남부 베트남은 코친차이나로 '자유공화국'이 되었다"고 선포했다. 다르장리외 고등판무관은 프랑스군 사령관 발뤼Valluy 장군에게 이렇게 말했다.

"장군, 나는 우리가 인도차이나에 이렇게 훌륭한 원정군을 가지고 있는데도 불구하고 지휘관들이 전투보다는 협상을 우선해야 한다고 주장하는 데 대해 황당한 심정을 금할 수가 없소."

전투가 확산되어 가자 프랑스 수상 조르주 비도G. Bidault는 뒷날 케네디와 존슨이 그랬던 것처럼 현지에 파견된 장군들의 전투 보고를 판단하는 데 혼란을 겪게 되었다. 비도 수상은 다르장리외 총독을 서둘러 파리로 불러들였다. 파리에 도착한 다르장리외는 베트남 정치고문으로 근무했던 생트니 소령을 만났다. 생트니는 다르장리외에게 "온건한 정책과 상호 신뢰에 바탕을 둔 협상이 우선되어야 한다"고 설득했다.

베트남 연합정부를 추구하고 있었던 연립정권의 비도 수상은 곤경에 처했다. 비도는 어떠한 정책이나 정부의 공식 발언일지라도 영향력이 막강한 드골 개인의 한마디 비판에 흔들릴 수 있다는 것을 잘 알고 있었다.

호치민이 파리에 도착해서 10일이 지난 1946년 7월 6일 드디어 협상(퐁텐블로Fontainebleau 회의를 말함 - 역주)이 시작되었다. 당시 상황을 지압은 후에 이렇게 말했다.

"협상의 상대방 대표가 사이공에서 온 다르장리외 고등판무관의 고위 참모라는 것을 알게 된 호치민은 매우 실망했다."

협상이 8월까지 지지부진하자 다르장리외는 인도차이나로 돌아온 뒤 서둘러 인도차이나 연합국 회의를 소집했다. 본국의 지침을 어기고 성급하게 회의를 소집했던 그는 파리로 소환되어 힐책을 받았으나, 드골의 후광으로 보직은 유지할 수 있었다. 결국 파리평화회담은 아무 결실 없이 끝났고, 20년이 지난 다음에야 재개될 운명을 맞게 된다.

아무런 소득 없이 회담을 끝낸 호치민과 비도는 비공개로 일대일 협상을 시작했다. 이때 드골이 침묵을 깨고 폭탄 발언을 하였다. 그는 프랑스군이 라오스를 재점령한 후 프랑스와 라오스 간 새로운 협정이 체결된 날인 1946년 8월 27일을 택했다. 〈르몽드Le Monde〉에 보도된 드골 선언은 모든 대화를 하루아침에 물거품으로 만들어 버렸다.

"문명 세계에 개방된 해외 식민지와의 연합이 프랑스를 강대국으로 만들었다. 이러한 식민지가 없다면 프랑스는 강대국이 되지 못할 수도 있다."

드골의 충격적인 발언으로 정치적 안정을 모색하던 모든 가능성이 송두리째 사라져 버렸다. 지금까지 있었던 모든 회의나 토론도 더 이상 필요 없게 되어 버린 것이다.

호치민이 파리에서 빈손으로 돌아오자 지압 장군은 9월 2일 제1주년 독립기념일 행사를 베트남 인민들의 결연한 의지를 보여주는 기회로 활용하기로 마음먹었다. 불과 6개월 사이에 베트민이 얼마나 성장했는가를 과시하자는 것이었다. 녹색 제복에 금빛 별이 번쩍이는 모자, 가죽 장화, 장총으로 무장한 베트남군 1개 연대가 군악대의 연주가 이어지는 가운데 사열대 앞을 지나가고 있었다. 각 부대의 선두에는 장검으로 무장한 지휘관과 정치위원들이 함께 행진하고 있었다.

이날 군사 퍼레이드는 프랑스의 붉은 베레모의 공수부대원들이 거리를 활보하고, 기갑 제2사단 소속 군용 트럭들이 하노이 시내를 종횡무진 누비고 다니는 분위기에서도 당당하게 치러졌다는 점에서 베트남 인민들의 결연한 독립 의지를 보여주기에 충분했다.

호치민은 드골의 폭탄 선언으로 회담이 결렬되는 바람에 프랑스에서 돌아오는 중이었다. 지압의 말에 의하면 '호치민은 일부러 천천히 순항하는 프랑스 전함에 몸을 싣고 하노이로 귀환했다'고 한다. 상황이 급속하게 냉각되기는 했으나, 전문가들 사이에서는 다음 해에 다시 프랑스와 베트민 사이의 회담 재개가 있을 것이라는 예측이 나오기도 했다.

어쨌든 프랑스와의 군사적인 충돌 가능성은 수면 아래에서 갈수록 심각해지고 있었다. 11월 20일 무기 수입을 통제할 수 있는 세관 관할권을 둘러싸고 항구 도시 하이퐁에서 프랑스군과 베트민 사이에 무력 충돌이 발생했다. 지역별로 전투와 휴전, 최후통첩을 거듭 보내면서 지역 관할권을 쟁취하기 위한 소규모 무력 충돌이 빈발했다. 당시 베트남 북부에는 프랑스의 통치조직이 없었다.

11월 23일 프랑스는 하이퐁 항을 공습한 후 점령했다. 12월 초 전투는 하노이까지 확산되었다. 12월 들어 호치민은 미국에게 마지막으로 베트남의 독립을 지원해 달라고 호소했다. 호치민은 전투가 소강 상태를 보이던 어느 날 앞으로 8년 동안 마지막 프랑스 손님이 될 공보관이자 역사학자였던 장 라쿠튀르J. Lacouture를 정중하게 맞이해 대화를 나누었다.

호치민은 며칠 동안 그와 많은 이야기를 했으나, 자기가 꿈꾸던 베트남 독립은 가까운 시일 내에 기대할 수 없다는 것을 깨달았다. 그는 프랑스에 대한 마지막 기대도 이제 접어야 할 때가 되었다고 생각했다. 라쿠튀르는 호치민과의 대화를 이렇게 회상했다.

"우리 두 사람은 프랑스 문화에 대해서, 프랑스 혁명에 대해서, 우리들이 좋아하는 책들에 대해서 많은 이야기를 나누었다. 참 기이한 일이었다. 우리들은 전쟁중이었지만 그는 친구처럼 이야기했다. 그는 정말로 매력적인 노인이었다. 나는 호치민을 아시아의 잊을 수 없는 노인이라고 생각했다. 나는 협상이나 평화 유지를 위한 노력 등 여러 가지 질문을 했다. 그는 '지압 장군이 더 잘 알고 있으니 그에게 자세한 내용을 물어 보십시오'라고 대답했다."

프랑스 군대가 마르세유에서 함대에 승선한다는 뉴스를 접한 12월 중순 호치민은 지압 장군을 불렀다. 두 사람은 대응전략을 준비했다.

"만약 프랑스가 전선을 북부까지 확대한다면 얼마나 견딜 수 있겠습니까?"

"대략 한 달 정도입니다."

"다른 도시들은 어떤가요?"

"방어하기가 그렇게 어렵지는 않습니다."

"그러면 농촌 지역은?"

"마찬가지입니다."

호치민은 한참 생각한 다음에 말했다.

"탄트라오로 돌아갑시다."

지압 장군은 여러 가지 형태로 프랑스와 미국을 상대로 10,360일간 계속되었던 전쟁의 정확한 시작 날짜를 이렇게 이야기했다.

"1946년 12월 20일 밤, 탄트라오로 철군하는 도중 하노이에서 멀리 떨어지지 않은 곳에서 「베트남의 소리」라는 라디오 방송을 통해 인민들에게 저항전을 강력하게 촉구하면서부터였다."

그러면서 지압은 엄숙했던 순간을 이렇게 회고했다.

"호치민은 방송 도중에 그가 오랜 감옥 생활중에 자주 암송했던 시 한 구절을 낭송했다. '이 추운 겨울이 지나면 봄의 꽃을 보게 됩니다.'"

당시 56세였던 호치민은 대나무 지팡이를 짚고 고무 샌들을 신은 채 베트민

>>>>> 북베트남 고원 지대의 게릴라 본부에 모인 베트민 지도자들과 호치민(맨 오른쪽). 1946년 프랑스군에 쫓겨 하노이에서 이곳으로 다시 후퇴했다.

을 탄트라오까지 이끌었다.

지압 장군의 군대는 1947년 1월 탄트라오로 완전 철수할 때까지 하노이의 후방 교란작전을 계속했다. 얼마 후 프랑스군 1만 5,000명이 베트민 사령부가 전전하던 중국 국경 지방의 산악 지대에 파견되었다. 어떤 지역에서는 프랑스군이 호치민의 서명을 기다리고 있는 편지를 발견하기도 했지만 '산악 지대의 독수리 같은' 베트민군을 도저히 잡을 수가 없었다.

20년 동안 중국으로부터 침투와 후퇴를 반복하면서 호치민과 그의 참모들은 이 지역이 천혜의 요새라는 것을 알게 되었다. 북쪽 국경 산악 지대 롱손 Long-Son에서 롱손의 서쪽 트루옹손(Truong-Son : 안남산맥安南山脈)에 이르기까지 베트민은 수많은 거점과 은신처를 구축해 놓고 있었다. 수백 마일에 이르는 모호한 전선을 구축한 베트민 게릴라들은 수시로 출몰하여 공격한 후, 트루옹손 지역으로 사라지곤 했다. 프랑스군에 이어 베트민과 전투를 치렀던 미군은 트루옹손 일대의 산악 지역을 '호치민루트'라고 불렀다.

프랑스군은 전쟁 초기부터 베트민과 싸운 것이 아니라 베트남 역사와 싸웠다는 말이 있다. 베트남과 라오스를 가르는 트루옹손 지역은 사람의 골격에 비유하면 척추에 해당하는 곳이었다. 그곳은 지난 2000년 동안 지속되어 온 베트남 민족주의 투쟁의 '중추신경'을 이루었기 때문에 이와 같이 비유되곤 한다.

트루옹손에 널려 있는 수많은 동굴과 적당한 피난처들은 조상들이 나라를 지키기 위해 치렀던 전쟁의 유적지처럼 친근감을 안겨 주는 곳이기도 했다. 이 지역에는 고산족인 모이Moi, 무옹Muong, 먀오 몽골Miao Mongol계가 저지대에서 주로 농사를 지으며 살아가고 있었다.

베트남의 선사 기록은 어떤 중국 전쟁 영웅이 BC 207년에 그의 왕국을 세우고 국호를 '남베트Nam Viet'라고 부른 데서 발원했다고 한다. 건국 초기부터 끊임없는 항쟁으로 중국계를 몰아내고 자신들의 왕국을 세운 것은 10세기 중반인 939년이었다. 이후에도 약 10세기에 걸쳐 중국의 침략에 시달리고, 독립을 반복하면서 잦은 전쟁을 치러야 했다.

1858년 9월 2일 다낭Da Nang 항에 프랑스 군대가 상륙한 데 이어 프랑스 가톨릭의 드 베엔de Behaine 추기경이 이끄는 '파리외방전교회' 선교단이 상륙하게 된다. 다낭 항은 약 1세기가 지난 다음 미군이 수렁에 빠지는 전쟁을 치르기 위해 상륙한 곳이기도 하다.

베트민 인민들에게 다르장리외 고등판무관은 드 베엔 추기경의 유령처럼 느껴져 아무런 친근감도 줄 수 없는 파계 수도승에 불과했다. 루스벨트 대통령이 민족자결주의에서 환기시켰던 것처럼 프랑스가 베트남을 1세기 동안 식민통치한 결과 베트남 인민들의 생활 여건은 악화 일로를 걷게 되었다. 당시 베트민의 젊은 장교였다가 후에 초대 유엔 대사로 근무했던 하 반 라우Ha Van Lau는 이렇게 증언하고 있다.

"궁핍은 베트민을 자극했고, 농민들은 베트민을 지원했다."

하 반 라우의 또 다른 이야기를 들어보자.

"베트남 인민들은 식민주의와 봉건주의라는 두 가지 짐을 지고 있었다. 소작인들은 지주와 농장주들의 노예에 불과했고, 죽으면 시체는 비료로 사용되었다. 베트남은 수천 년의 역사를 가지고 있지만, 식민지 시대에는 베트남이란 이름이 표기된 지도를 가지지 못했다. 국토가 3등분(북부의 통킹, 중부의 안남, 남부의 코친차이나)되어 열강들의 '분할통치정책'이 적용되었기 때문이다."

베트남이라는 독립국가 이름이 이미 사용되었어야 함에도 불구하고 1947년 3월, 동서 냉전이 가시화되면서 베트남 인민들의 염원은 물거품이 되고 말았다. 유럽의 방어는 아시아의 집단안보체제와 연결되어야 한다는 '트루먼 독트린'에 의해 루스벨트의 '민족자결주의 지원정책'은 실종되고 말았다. 트루먼은 이렇게 말했다.

"무장한 소수가 침략을 기도할 때, 여기에 대항해서 싸우는 '자유민'을 지원하는 것이 미국의 정책이다."

트루먼 독트린은 프랑스 지지와 베트남 지지라는 두 가지로 해석될 수 있다.

그러나 프랑스는 자기들에게 유리한 쪽으로 해석하고 효과적으로 선전하였으며, 트루먼이 주장했던 '자유민'이란 단어는 베트남 인민이 아니라 결과적으로 프랑스를 지칭하는 말이 되어 버렸다.

당시 미 국무부에서 정세분석가로 일했고, 훗날 중견 정책 입안자로 이름을 떨쳤던 윌리엄 번디W. Bundy도 '트루먼의 의향은 프랑스가 이해한 것과 동일하다'며 프랑스의 손을 들어주었다. 번디는 새로운 식민지주의의 용인에 대해 이렇게 말했다.

"식민지 베트남의 새로운 고통은 당시 프랑스 정부와 국민들의 생각을 고려해 볼 때, 어쩔 수 없는 일이었다. 프랑스는 결코 베트남에서 철수할 생각이 없었다. 만약 미국이 프랑스에게 '돕지 않겠다'고 말했다면, 북대서양조약기구 NATO 국가들의 효과적인 조직화와 재무장이 상당히 힘들었을 것이다. 우리는 유럽과 연합하는 것 외에 다른 방법이 없었고, 따라서 베트남 통치는 프랑스 방식대로 진행되었다."

그러나 프랑스가 인도차이나전쟁을 바라보는 시각은 미국의 공식적인 입장과는 달랐다. 프랑스의 정책 당국자들과 일반 대중 사이에도 메울 수 없는 간격이 있었다. 호치민은 협상을 제안하면서 프랑스의 새로운 정부에 다음과 같은 메시지를 전달했다.

"만약 프랑스가 베트남의 독립과 단결을 도와준다면, 우리는 권력이나 명예를 결코 탐하지 않기 때문에 우리가 태어난 농촌으로 돌아가겠다."

사회주의 정부의 폴 라마디에P. Ramadier 수상은 3명으로 구성된 조사단을 하노이에 파견했다. 조사단은 트루먼 독트린이 발표될 무렵에 현장조사보고서를 제출했다. 그런데 3명의 보고서에는 합의점이 없었다. 상당한 혼란이 초래되었다. 이것은 훗날 미국이 계속해서 겪게 될 혼란이기도 했다.

첫번째 조사원인 다르장리외는 "프랑스 연합이라는 구조 안에서 전략적 기지들에 의존하는 안보"를 주장하였다. 두번째 조사원인 군사전략가 필립 르클레르P. Leclerc 장군은 "현재 프랑스는 국가적 이상에 지나치게 치우쳐 있다.

이런 자세로는 더 이상 배타적인 베트남 인민들을 무력으로 억누를 수 없다"고 당시 상황을 설명했다.

세번째 조사원은 정치적 전망에 대해서만 조사하라는 지시를 받은 사회당 대표 마리우스 무테M. Mouter였다. 그는 현재의 프랑스 입장에서 수용할 수 없는 것은 호치민의 이데올로기가 아니라 무장 저항이라고 단정했다. 무테는 또 협상 이전에 반드시 필요한 것은 '군사적인 결정'이라면서 이렇게 강조했다.

"베트남에서 행해지고 있는 여러 가지 군사 행동이 아무런 제재 조치를 받지 않고 있다는 사실을 이해할 수 없다."

프랑스에서는 인도차이나 문제에 대한 국민 투표가 이미 행해졌다. 1947년 2월 4일자 〈뉴욕타임스The New York Times〉에 따르면, 결과는 36%가 무력 행사에 찬성했고, 42%가 협상을 원했으며, 8%는 프랑스가 인도차이나를 떠나야 한다고 답했다. 나머지 14%는 무응답이었다.

프랑스 국민들의 여론은 훗날 미국이 그랬듯이 여러 갈래로 나뉘어 있었다. 처음 2년 동안의 전투에서 프랑스는 15만 명의 군대를 파견했는데도, 정부는 '병력은 전투 준비 상태에 있다'고만 발표했다. 그러나 '준비 상태'에서도 부상병은 끊임없이 발생했다. 초기에 부상병들은 국민들의 이목을 피해 조용히 본국으로 후송되었다. 이러한 '국민들 눈속이기' 방식은 이후에 미국이 그대로 답습하게 된다.

부상병들이 본국으로 후송되는 것을 바라보는 프랑스 장병들의 사기는 어땠을까. 프랑스의 유력 일간지 〈나시옹Le Courrier de la Nation〉은 당시 한 프랑스군 대위의 말을 다음과 같이 인용하고 있다.

"우리는 철저히 우리끼리만 살고 있다고 생각했다. 그리고 점차 생명에 대한 위협을 느끼면서 예민해질 수밖에 없었다. 조국 프랑스가 우리의 존재를 망각하고 있다는 절망감 또한 떨칠 수 없었다. 살기 위해서는 우리끼리 철저히 뭉쳐야 한다는 절박함만 감돌았다."

훗날 이 전쟁 역사를 기록해야 될 입장에 있었던 일부 미국인들은 베트민의 게릴라전에 세심한 주의를 기울이고 있었다. 1947년 파리의 미 대사관 자문관이었던 그레이엄 마틴G. Martin은 이렇게 이야기하고 있다.

"20세기 중반에 있었던 게릴라전의 성격을 이해하는 데 흥미로운 사전 교육이었다. 현대식 무기를 갖추었느냐, 재래식 전투 훈련을 받았느냐 하는 것은 게릴라전에서 아무런 의미가 없었다."

마틴은 1975년 사이공에서 베트남 현안에 대한 해답을 찾기 위해 동분서주한 미국의 마지막 대사였다. 하 반 라우는 당시의 게릴라전 양상을 이렇게 설명했다.

"베트민은 물 속의 고기 같았다. '인민들과 함께 한다'는 정신은 우리들의 슬로건이었다. 우리 전사들은 고기가 물 속을 헤엄쳐 다니는 것처럼 인민들 속에서 활동했다."

프랑스 군인들은 간헐적으로 일어나는 비정규전을 훨씬 많이 겪어야 했다. 프랑스군은 베트민을 도와준 촌락에 보복 공격을 가해 인민들을 완전히 소개시켜 버리기도 했다. 주민을 소개시키는 작전은 심각한 난민 문제와 함께, 이들의 저항감만 자극하여 베트민 지원 세력을 확대시키는 결과를 낳았다. 이는 프랑스군이 전혀 예상하지 못한 결과였다. 프랑스군은 농촌을 도저히 장악할 수 없었다. 단지 도시 일부 지역, 그것도 낮에만 장악하는 것이 고작이었다.

프랑스군은 근본적인 검토가 필요했다. 강력한 군대가 강력한 정치 세력을 정말로 무력화시킬 수 있는가 하는 문제에 봉착했다. 베트민은 여러 전투에서 좋은 결과를 얻었지만, 실질적으로는 정치 세력의 성격이 훨씬 강한 집단이었다. 베트민에 대한 속성을 파악하면서부터 지압 장군의 지구전이 갑자기 주목받기 시작했다.

당시 남부 베트남에서 게릴라 전사로 활동했던 하 반 라우는 자신들의 조직을 이렇게 정의했다.

"베트민은 일반에게 널리 알려진 것처럼 순수한 군사조직이 아니었다. 군사, 전투조직은 베트민 조직의 일부였다."

>>>> 1946년, 당 이론가 트루옹 친(가운데), 보 구엔 지압 장군 (오른쪽)과 함께 대 프랑스 군사작전을 세우고 있는 호치민(왼쪽).

베트민 조직은 '인민 자체'라는 뜻이다. 구성원들을 보면 농민, 노동자, 청년, 여성, 심지어 불교도까지 포함하는 복합조직이었다. 참여 계층도 도시 중산층, 문화단체 회원, 지식인, 예술가, 부르주아 성향의 인민들까지 다양했다.

베트민 정규군을 지휘한 지압 장군은 비정규군과 정규군의 강력한 연대를 통해 가장 탁월한 게릴라전을 이끌었던 전쟁 영웅으로 꼽힌다. 1947년 지압 휘하의 연합군은 공식 통계로 100만 명이 넘었다. 지압이 호치민, 팜 반 동과 함께 베트민을 만든 지 불과 2년이 채 지나지 않았을 때였다.

지압은 베트민의 급속한 성장 배경을 이렇게 언급한 적이 있다.

"베트민이 프랑스와 베트남이 상호 화해가 불가능한 목표, 즉 '베트남 독립'이라는 뚜렷한 목표를 가지고 있었기 때문에 가능했던 일이다."

베트민은 프랑스군이 북부 베트남을 점령하기로 결정한 1945년 말부터 본격적인 조직 확대에 착수했다. 지압의 이야기를 좀더 들어보자.

"프랑스의 공격에 대비하기 위해 모든 마을과 공장에는 2개 중대에서 최소 1

개 분대에 이르는 자체 방어조직이 구성되었다. 방어조직은 당의 통제에 따라 움직였으며, 훈련은 상급 기관의 지원을 받았다. 그리고 식량과 무기는 자체 조달로 해결하였다."

당 간부들도 군에서 일할 것을 명령받았다. 군 지휘관과 정치군관의 지휘권 분담은 군 내부에서나 방어부대에서 똑같이 적용되었다. 각 전략 지역에는 정치위원들이 배치되었고, 연대급에서 분대에 이르기까지 방어부대에는 정치군관들이 배속되었다.

민중에 깊숙이 뿌리박은 이 100만 군대에는 지원병도 많았지만 징병하는 경우도 있었다. 이들은 어디에서도 볼 수 있었지만, 어디에서도 볼 수가 없었다. 프랑스군은 이러한 '보이지 않는 사람들'과 재래식 전투를 하고 있었다. 프랑스군은 언제 어디서나 처음에는 우세한 화력을 전개했지만, 곧이어 베트민에게 밀리는 상황이 반복되었다.

역사학자 장 라쿠튀르는 지압의 전략적 천재성을 마오쩌둥과 비교한 적이 있다. 지압이 정치적으로 영향을 받은 사람은 마르크스와 마오쩌둥이었다. 그러나 북베트남 사람들은 중국의 사회주의 제도가 문화적으로 매우 삭막하다고 생각했다. 그래서 중국은 베트남 인민들에게 아무런 도움이나 동기 부여가 되지 못했다고 오히려 중국측을 비난했다.

그러나 지압이 추구하는 군사 지휘관의 모델은 마오쩌둥이 아니라 나폴레옹이었다고 한다. 지압을 만나 본 사람들에 따르면 신장이나 성격 외에 그가 가지고 있는 풍부한 지식 등에서 나폴레옹과 매우 흡사함을 느낄 수 있었다고 한다. 단신인 그는 어느 모임에서도 참석자들에게 외경심을 불러일으킬 정도로 주위 사람들을 압도하는 카리스마를 가지고 있었다는 것이 일반적인 평가이다.

그는 전직 역사교사로서 높은 안목을 지닌 지성인이었을 뿐 아니라 전략의 대가로도 손색이 없는 인물이었다. 시간은 언제나 그에게 중요한 문제였고, 전투에서 시간은 언제나 그의 편이었다. 단기 전투에 능했으며 장기적인 전략 전술 구상에도 소홀함이 없었다.

지압은 실제로 나폴레옹이 구사했던 모든 전략 전술을 줄줄이 외우고 있었다. 물론 그도 몇 번의 전투에서 실수를 했지만, 전쟁에서는 단 한 번도 패배하지 않았다. 탁월한 전략 전술을 구사하는 지압을 그의 동료들은 '눈 덮인 화산'이라고 불렀다.

한편, 전쟁의 열기를 더욱 드라마틱하고 뜨겁게 만들 일이 베트남의 외부에서 일어나고 있었다. 1950년 1월 중화인민공화국이 호치민을 베트남의 유일한 지도자로 인정한 것이다. 소련도 이에 뒤질세라 재빠르게 동일한 조치를 취했다. 그해 2월에는 프랑스 연합 내에서 베트남공화국(남베트남을 지칭)의 수반이 되기 위해 변신을 거듭했던 전 황제 바오 다이가 이끄는 사이공 정부를 미국이 인정했다. 마침내 베트남이 운명의 갈림길에 들어선 것이다.

열강들의 정치적인 입장 정리가 완료되면서 더 이상의 군사적인 혼선은 찾아보기 힘들었다. 이와 같은 상황에서 지압이 게릴라전에서 정규전으로의 전환을 선언했다. 북쪽에서는 중국 공산당의 지원을 받기가 쉬워, 더 이상 소극적인 게릴라 전술은 필요 없다고 판단했기 때문이다.

그러나 이러한 주변 상황 변화에도 불구하고 프랑스가 미국에 요청한 군사 지원은 워싱턴의 주의를 환기시키지 못하고 있었다. 미국이 프랑스 지원 문제를 두고 머뭇거리던 중 한국전쟁이 발발했다. 세계인의 눈길이 한국으로 쏠렸다. 1950년 6월 25일, 북한의 공산주의 정권이 제2차 세계대전 후 수년간에 걸친 남북간의 분쟁 끝에 확정된 38도선을 넘어 남침함에 따라 한국전쟁이 시작된 것이다.

유엔 안전보장이사회는 미국의 의견을 받아들여 회원국의 즉각적인 남한 정부 지원을 결의했다. 공산주의 세력의 확장을 두려워한 미국 정부는 한국전쟁 참전과 함께 인도차이나에도 본격적인 군사 지원을 개시한다고 발표했다. 미국은 바오 다이 정권을 위해 1950년에 1,000만 달러에 육박하는 장비를 지원하는 등 군사 개입을 시작했다. 미 국무부 관리였던 윌리엄 번디는 미국의 정책 변화를 이렇게 설명하고 있다.

"과거에 미국은 정책적인 변경 사항이 있을 때 유럽과 연계하여 진행하였다. 그러나 이번에는 미국이 인도차이나에 직접적이고도 확실한 약속을 한 것이다."

특히 국무장관 덜레스 J. F. Dulles는 '미국의 조치가 중국을 견제하고 공산주의 세력 확산을 막을 수 있다'고 믿었다. '공산주의 세력 확산을 차단하겠다'고 공식 천명하지는 않았지만, 덜레스는 미국의 우려와 의도를 구체적인 행동으로 보여준 것이라고 생각했다.

번디는 "1,000만 달러의 지원 결정은 훗날 엄청나게 비싼 대가를 지불하게 되었다"고 이야기했다. 1960년대 후반 미국 스스로가 베트남 정책을 자유롭게 결정할 수 없게 만든 제약 요건이 되어 버린 셈이다. 덜레스는 이때 여러 가지 전제 조건을 제시하는 한편 미국의 직접적인 군사 개입을 사실상 확정지었다.

역사학자들의 분석은 다음과 같은 각도에서 보고 있다.

"덜레스가 군사적인 원조는 계속될 것이라고 말함으로써 1960년대 베트남전의 구도를 결정지었다."

덜레스는 인도차이나에 직접 참여하는 방법으로 남부 베트남에서 미국이 무장을 담당할 수도 있다는 암시를 주면서 군조직을 정식으로 결성할 것을 요구했다. 그러나 딘 러스크를 포함한 다른 국무장관들은 베트남에서 떠나기 위해 베트남군의 조직 문제를 부각시켰다고 보는 시각도 있다. 러스크는 이렇게 회고했다.

"베트남에 있는 프랑스군을 지원했더라면 미국은 직접 개입할 필요가 없었다. 미국은 베트남 전후 복구를 위해 베트남 내에서 프랑스를 도와주는 한편, 영국이 전후 인도나 미얀마에서 거두었던 관계 개선의 전례에 따라 프랑스도 베트남의 정치적 안정을 지원하도록 촉구하는 것이 미국의 정책이었다. 그러나 미국은 프랑스에게 압력을 넣지는 않았다. 왜냐하면 프랑스가 베트남을 떠나면서 미국에게 베트남 문제라는 부담을 떠넘기는 것을 원하지 않았기 때문이다. 미국은 직접적으로 인도차이나 문제에 개입하는 것을 원하지 않았다."

러스크의 말을 더 들어보자.

"중소中蘇 동맹 관계에 대한 미국의 우려를 감안할 때, 베트남에서는 미국보다 프랑스의 역할에 훨씬 기대를 걸 수 있었다. 중국군 18만 명이 한국전쟁에 참전했던 1950년 11월경, 프랑스의 요청으로 미국이 치른 대가는 수십 배 가량이나 뛰어올랐다. 초기에 지불했던 1,000만 달러의 경비는 매년 수억 달러로 증가했으며, 1954년에는 10억 달러를 초과하여 프랑스가 부담했던 총 전쟁 경비의 78%를 차지했다. 그러나 이런 상황에서도 베트남에 관심을 가진 모든 사람들은 이 전쟁에서 프랑스가 이길 수 없다고 생각했다."

유럽 동맹국들을 대신해서 미국이 베트남전에 쏟아부은 경비 총액은 미국의 마지막 대사가 철수할 때까지 1,400억 달러에 달했다. 1950년대 그레이엄 마틴은 파리의 미 대사관 자문관으로 있으면서 프랑스가 부담한 전쟁 경비의 증가를 눈여겨보았다.

"아무래도 너무 많은 액수라는 생각이 들었다. 미국이 마셜 플랜Marshall Plan에 따라 프랑스에 지원한 금액과 맞먹는 액수를 인도차이나에 쏟아붓고 있었다. 한 면만 본다면 미국은 프랑스가 인도차이나에서 고생한 대가를 지불했다고 말할 수 있을 것이다. 그러나 만약 그러한 지원이 없었다면 아마 프랑스 경제는 제2차 세계대전 후 독일이 경험했던 어려움보다 더 큰 곤경에 처했을 것이다."

당시 '미국의 전비 증가가 베트남전에 영향을 미칠 것으로 생각했느냐'는 질문에 미 상원 재정분과위원회의 윌리엄 풀브라이트 의원은 이렇게 대답했다.

"당시 베트남은 지엽적인 문제에 불과했다. 우리는 단지 프랑스를 만족시키기에 급급했다."

베트남전을 수년간 직접 목격한 프랑스의 역사학자 베르나르 팔B. Fall은 그의 저서 〈두 개의 베트남The Two Vietnams〉에서 "미국의 전비 지원은 전쟁의 결과와 아무런 상관이 없었다"고 말했다.

　1950년 10월 한국전쟁이 전 국토를 휩쓸게 되자, 미국은 한국전쟁 지원에 모든 노력을 쏟았다. 한국전쟁 때문에 인도차이나전쟁은 미국의 관심에서 멀어져 있었다. 지압은 이때 프랑스군을 공격하는 첫번째 대공세를 펼쳤다.

　중국에서 지원받은 중화기로 무장한 지압의 군대는 북베트남 끝에 있는 프랑스군 관할의 몇 개 항구를 하나씩 유린했다. 그는 몇 차례의 지역 전투 패배에도 불구하고 신속하게 반격 자세를 가다듬는가 하면, 수 개월이 걸리는 교착 상태도 놀라울 만큼 성공적으로 극복해 냈다. 베르나르 팔은 6,000명의 프랑스군이 전사했거나 포로로 잡힌 '10월 전투'를 이렇게 묘사하고 있다.

　"캐나다 퀘벡에서 몽캄Montcalm 장군이 전사한 이후 프랑스가 식민지 전투에서 겪은 최대의 패배였다."

　역사학자 장 라쿠튀르도 '이길 수 없는 전쟁'이었다는 점에 동의하며 이렇게 말했다.

　"전쟁의 첫번째 시련이었다. 그리고 이 전쟁은 이길 수 없다는 생각을 가지게 했다. 왜냐하면 베트민은 배후에 중국이라는 거대한 은신처가 있었기 때문이다. 그리고 1950년대 중반부터 한국전쟁의 영향으로 이 전쟁 자체가 사람들의 관심에서 멀어지게 되었다. 물론 미국의 지원이 있었지만, 프랑스의 전비 부담 또한 지탱하기가 어려웠다."

　미래의 미국 대통령이 될 두 사람이 프랑스 식민지였을 때 베트남을 방문한 적이 있다. 그들은 전비와 전쟁의 원인에 대한 의견을 듣고 돌아갔다. 1951년 11월 베트남을 돌아보고 온 존 F. 케네디J. F. Kennedy 상원의원은 이렇게 선언했다.

　"인도차이나에서 미국은 제국주의 잔재에 의존하고 있는 프랑스 정권과 동맹 관계를 유지하고 있다."

　9년 뒤 대통령이 된 케네디는 첫번째 미국의 군사고문단을 파견했다. 그로부터 또 9년이 지났을 때, 닉슨 대통령은 미군 철수를 결정했다. 그러나 닉슨이 1953년 부통령 시절 하노이를 방문했을 때는 프랑스 사람들에게 '협상을 하지 말라'고 권고했다. 전쟁은 '이길 때까지 싸워야 한다'는 것이 닉슨의 생각이었다. 닉슨은 베트남 상황에 대해 이런 말도 했다.

"협상의 성공은 베트남 인민들을 공산주의 통치하에 방치하는 것과 다름없다."

닉슨이 대통령 특사로 인도차이나 방문단에 동참하기 몇 주일 전 미국 내에서 대對게릴라 전술 전문가로 명성을 날리던 에드워드 랜스데일E. Lansdale 대령은 미국 국민들이 이제까지 들어보지 못했던 색다른 의견을 내놓았다.

"프랑스는 현재 진행중인 인민의 전쟁을 이길 수 없다. 오로지 베트남 인민들만이 이 전쟁에서 승리할 것이다."

랜스데일 대령은 새로 프랑스군 사령관으로 부임한 앙리 나바르H. Navarre 장군에게서 프랑스의 베트남 전략을 평가해 달라는 제안을 받았다. 인도차이나와 게릴라전에 대한 경험이 전혀 없는 앙리 나바르 장군은 유럽 내 연합군 사령부의 프랑스군 사령관으로서 인도차이나의 현재 상황에 대한 타결책을 강구하라는 본국 명령을 받은 상태였다. 1953년 5월 르네 메이어R. Mayer 수상은 앙리 나바르에게 '1개월 내에 돌아와 보고할 것'을 지시했다.

앙리 나바르는 인도차이나전쟁에서 프랑스가 승리할 수 없다는 것을 간파하고 충격을 받았다. 베트민은 특히 기동력에서 프랑스군을 압도했다. 지난해부터 군사적인 상황은 이미 상당히 악화되어 있었다. 프랑스군은 북부 베트남의 모든 지역과 라오스의 여러 지역에서 철수할 수밖에 없었다. 전황은 갈수록 나빠지고 있었다.

당시 나바르의 판단은 15년 후 웨스트멀랜드C. Westmoreland 장군의 견해와 일치했다. 변화하는 국제 정세와 프랑스의 정치적 여건에서 대규모 군사작전이나 총공세는 용납되지 않았다는 뜻이었다. 만약 프랑스가 이러한 여건을 무릅쓰고 베트남전에서 승리할 생각이었다면, 인도차이나에 모든 노력을 기울여야 했다. 그러나 프랑스는 정치, 경제적으로 전혀 그럴 상황이 아니었고,

프랑스군마저도 이미 전쟁에 지쳐 있었다.

나바르 장군이 파리에 돌아왔을 때 르네 메이어 수상은 실각한 다음이었다. 차기 정부의 수상은 그에게 아무런 임무도 부여하지 않은 라니엘Laniel이었다. 당시 나바르가 제출한 권고안은 20년이 지난 후에 미국 전문가, 정치인들에 의해서 거의 똑같이 반복 제안되었다. 나바르의 제안 요지는 이런 것이었다.

"우리는 이 전쟁에서 명예롭게 빠져 나와야 한다. 명예로운 정치적 해결을 위해서는 먼저 군사적 조치를 취하는 게 필요하다."

1953년 7월 한국에서 휴전협정이 조인되었다. 한국전쟁 휴전회담 방식이 하나의 모델로 거론되었다. 성의를 다해서 협상하는 길밖에 없었다. 나바르는 구체적인 안을 마련했다. 미국은 장비를 대규모로 공수해서 프랑스를 지원했다. 미국의 신형 헬리콥터, 공수부대원들을 수송할 수송기, 항공모함에 탑재한 전투기들을 활용하기로 했다. 나바르 장군은 탁월한 기동력을 갖추고 지압의 베트민을 탐색할 계획에 착수했다. 훗날 웨스트멀랜드가 그랬던 것처럼 '찾아서 섬멸한다'는 것이 나바르의 작전이었다. 미군도 20년 후에 똑같은 전략을 구사했다.

몇 개월에 걸친 노력에도 불구하고 실패가 거듭되자 프랑스 내에서 작전에 대한 의구심이 들끓기 시작했다. 나바르 장군은 프랑스 언론의 비판적인 보도 태도를 강하게 비난했다. 그런데 불길한 미래를 예고하듯 나바르의 프랑스군 장병들까지 공개적으로 작전을 비판하였다.

어떤 대대장은 이렇게 말했다.

"사령관님, 우리의 목적이 무엇입니까? 여기 있는 우리 병사들만을 위해서라도 이 전쟁의 도덕적인 타당성을 이해시켜 주십시오."

이미 7년의 전쟁을 치른 프랑스 군부는 7만 4,000명의 전사자와 19만 명의 중상자를 냈다. 그러나 점령군으로서 프랑스군은 미국의 원조를 효과적으로 활용할 수 있는 대중적인 지지가 부족하여, 근본적인 문제는 하나도 개선되지 않았다.

　전투에서 패배하는 근본적인 원인은 프랑스군이 제2차 세계대전 당시의 대규모 재래식 전투에서나 필요한 장비로 무장하고 있었다는 점이다. 나바르 장군의 유일한 희망이자 착각은 '베트민과 어느 한정된 장소에서 전투를 하면 경험 많은 프랑스 보병이 확실한 승리를 거둘 수 있다'는 믿음이었다. 그는 라오스로 통하는 베트민의 주보급로를 차단하면 어떤 식으로든 베트민의 대응이 있을 것으로 생각했다. 그래서 그는 최서북방의 멀리 떨어진 계곡에 위치한 조그마한 마을을 점령하기로 결정했다.

　한마디로 정의하기 어려운 이 아시아 지역의 전쟁에서 이 조그만 마을이 결정적인 역할을 하였다는 것은 시사하는 바가 매우 컸다. 외부 세계에는 전혀 알려지지 않은 묘한 음을 가진 지명이었다. 65년 전에 프랑스에 점령당한 뒤 프랑스 사람들의 기억에서조차 이미 사라져 버린 아무 의미 없는 곳이기도 했다.

　그러나 이 마을의 이름은 인도차이나의 전쟁 역사에서는 오래 전부터 잘 알려져 있었다. 베트남 인민들은 이 마을을 '휴식하기 좋은 장소'라고 여기고 있었으며, '신들의 경쟁장'이라고 불렀다.

　세계인들이 기억하는 이름, 프랑스의 패전 현장 '디엔비엔푸Dien Bien Phu'가 그곳이다.

03

The Ten Thousand Day War
디엔비엔푸

> 나는 계속해서 부하들에게 하루만 더 기다리면 미군이 올 것이라고 말했다.
> _프랑스군 마르셀 비제아 중령

  1953년 11월 20일 오전 6시 30분, C-47 정찰기 1대가 베트남 북부의 작은 마을 디엔비엔푸를 에워싸고 있는 계곡들을 폭격하기 시작했다. 그곳은 며칠씩 안개가 계곡의 바닥까지 낮게 깔리곤 하는 곳이다. 디엔비엔푸에서 170마일 떨어진 하노이에서는 프랑스 공수부대원들이 출동을 대기하고 있었다.

  지난 몇 개월에 걸친 병참 보급과 극비 훈련으로 그들은 오늘의 작전을 준비해 왔으며, 앞으로는 이런 예외적인 작전이 되풀이되지 않을 것이라고 믿고 있었다. 폭격 시작 후 1시간이 흘렀다. 그리고 기지로 돌아오는 데 또 1시간이 걸렸다.

  C-47 정찰기는 폭탄을 투하하고 돌아오는 데 2시간쯤 걸리지만, 작전에 필요한 연료는 충분했다. 안개가 걷히자 회항을 준비하던 C-47 정찰기가 선명한 계곡 위로 마지막 회전을 하는 동안, 조종사들은 유심히 지형 정찰을 하고 있었다.

  이 마을은 라오스 국경에서 뻗어 나온 6마일 길이의 작은 도로에 연결되어 있었으나, 둘레가 7마일쯤 되어 보이는 울창한 숲에 둘러싸여 분지를 형성하고 있었다. 분지는 타원형 프라이팬 같은 모양이었다.

한편 하노이에서는 마르셀 모리스 비제아M. M. Bigeard 소령이 이끄는 800여 명의 제1식민지 공수대대가 은빛 날개가 번쩍이는 64대의 C-47 정찰기에 몸을 싣고 있었다. 그때 '텍사스'란 암호명을 가진 편대장에게 출발 신호가 전달되었다. 이 대대는 지난 밤에 긴급 명령을 하달받기 전까지만 해도 임무를 마치고 프랑스로 귀환할 예정이었다.

오직 비제아 소령만 목적지를 정확히 알고 있었다. 만약 비가 오거나, 안개가 끼어 작전 수행이 어려워지면 기밀 유지가 어렵기 때문에 이 작전은 무기한 연기된다는 지시만 받았다. 비제아는 필자와의 인터뷰에서 이렇게 회고했다.

"나는 자주 스스로에게 묻는다. 왜 그날 비가 오지 않았는지……. 만약 비가 왔다면 디엔비엔푸는 피할 수 있었을 텐데라고."

비제아 소령의 아버지는 한때 목사였으나, 제2차 세계대전 때는 프랑스 레지스탕스 활동을 하였고, 철도 건설 노동자로도 일했다고 한다. 그는 인도차이나에서 9년째 전투를 경험하고 있었다. 그래서 전투와 죽음에 대해서도 독특한 시각을 가지고 있었다. 그는 가끔 자기 부하들에게 이렇게 말하곤 하였다.

"사람들이 죽는 것을 직접 목격해라, 너희들도 그곳으로 가고 있다."

비제아는 처음 공중 투하했을 때를 이렇게 회고하고 있다.

"11월 20일 우리가 처음 투하될 지점에 도착했을 때, 그곳에는 베트남 사람들이 전혀 없다고 들었다. 그러나 막상 우리가 낙하한 지점에는 베트민 2개 중대가 있었다. 부하들 중 여러 사람은 낙하산이 땅에 닿기도 전에 사살당했으며, 또 어떤 부하들은 낙하하자마자 난자당하기도 했다. 전투는 하루 종일 계속되었다. 우리측 사상자는 약 40명에 달했으며 베트민 2개 중대도 박살났다. 정말 힘든 하루였다. 그러나 결국 디엔비엔푸를 함락했다."

1주일 후 나바르 장군이 개인적으로 디엔비엔푸를 방문했다. 1만 명의 군인들이 현지에 주둔하고 있었고 5,000명은 예비부대로 대기중에 있었다. 나바르 장군은 현재의 상황이 훌륭하다고 생각했다. 베트민측의 반격은 없었지만, 나바르는 그들이 분명히 반격해 올 것이라고 예상했다. 라오스로 통하는 주통로이자, 중국과 연결된 주보급로인 디엔비엔푸가 사실상 봉쇄당한 것이다.

국경 근처의 한 면소재지에 해당되는 디엔비엔푸는 대나무로 엮어 만든 100여 가구의 집들이 촌락을 형성하고 있는 보잘것없는 곳이었지만, 수세기 전부터 전략적으로 중요하게 인식되어 온 곳이었다. 먼 옛날에는 중국, 라오스, 타이, 미얀마에서까지 대상들이 모여들었던 요충지로, 이 지역의 관할권을 놓고 주변 세력들간에 끊임없는 투쟁이 벌어지기도 한 마을이었다. 1세기 전에는 라오스의 왕이 1만 명의 군사와 90마리의 코끼리를 보내 타이 사람들을 이 지역에서 몰아내기도 했다.

최근에는 지압이 지휘하는 베트민 병사들이 일정 기간 저항운동을 벌이기도 했지만, 1887년 프랑스 식민지로 예속된 인도차이나의 마지막 지역이었다.

나바르 장군은 보 구엔 지압이 즉시 반격을 개시할 것이라고는 생각하지 않았다. 디엔비엔푸에서 모든 것이 계획했던 대로 잘 진행되었다. 계곡 중앙에 있는 오래된 집들은 벙커와 지휘소들을 새로 짓기 위해 철거되었다.

중앙에 자리잡은 활주로는 주위에 있는 5개의 낮은 언덕에 둘러싸여 있었으며, 포병과 보병대대가 배치된 7개의 초소가 마치 요새처럼 방어선을 구축하고 있었다. 이러한 거점 확보와 우수한 공군력을 바탕으로 베트민의 보급로를 차단하기 위해 프랑스군은 외곽 지대로 움직이기 시작했다. 프랑스는 이런 군사전략을 통해 베트민을 협상 테이블로 끌어낼 수 있다고 믿고 있었다.

그러나 나바르 장군은 이 전쟁에서 이길 수 있다는 확신은 가지고 있지 않았다. 프랑스군은 전반적으로 기동성이 많이 떨어진 상태였다. 그래도 나바르는 이 계곡 전투의 승리가 프랑스나 연합군측 모두에게 정치적 또는 이데올로기적으로 중요한 의미를 가질 것이라는 것을 알고 있었다.

프랑스는 미국 외에 더 이상 자신들을 지원할 군대가 없다는 것도 알고 있었다. 미국은 자기들이 지원한 결과를 하루빨리 보고 싶어했다. 나바르는 '디엔비엔푸 선택'이 프랑스의 마지막 대안이라고 믿고 있었다.

"프랑스군은 기동성에서 열세였기 때문에 전면전으로는 베트민을 격퇴할 수 없었다. 그래서 분지에 자리잡은 디엔비엔푸에서의 제한적인 전쟁이 유일한 전투 수단이었다. 여러 가지 여건에 비추어 봤을 때, 이러한 결정은 합리적인 생각이었으며, 다른 선택의 여지가 없었다. 나는 지금도 디엔비엔푸 방어전이 유일한 대안이었다고 믿고 있다."

나바르의 이런 결정에 대한 역사학자 라쿠튀르의 평을 들어보자.

"프랑스 지휘관들은 베트민이 무기나 식량 등을 수송할 트럭이나 다른 수단을 가지고 있지 않았기 때문에 자기들의 활동 무대에서 멀리 떨어진 지역까지 와서 전투를 수행할 수 없을 것으로 믿었다. 이러한 나바르의 전략은 바보 같은 생각이 아니었으며, 상당히 타당한 판단으로 볼 수 있었다."

그런데 한 가지 중요한 문제가 드러났다. 프랑스군은 모든 것을 공중 수송에 의존할 수밖에 없었다는 점이다. 공중 보급을 위해 하노이까지 왕복하려면 340마일을 비행해야 했다. 일기가 나쁘면 언제든지 불시착해야 하는 불안한 먼 거리였다.

베트민의 공급 거점들은 500마일이 넘는 산과 정글로 이어져 중국 내륙까지 깊숙이 연결되어 있었다. 프랑스군이 주둔한 캠프 주위로는 높은 분지의 테두리가 약 10마일 가량 둘러싸고 있어 멀리서 보면 안전하고 평화로워 보였다.

1953년 12월 초 호치민은 중국 국경에서 동북쪽으로 약 60마일 떨어진 한 베트민 기지에 있었다. 그는 디엔비엔푸 전투상황보고서를 검토한 후, 지압 장군을 불렀다. 지압은 이날 호치민과의 대화 분위기를 이렇게 회고하고 있다.

"우리는 밤을 새며 이야기를 나누었다. 우리의 군대가 일취월장하고 있는데, 적이 우리의 세력 확장을 잠식하게 방치해서는 안 된다고 생각했다. 호치민은 우리가 프랑스를 방어할 수 있는지를 물었다. 나는 한참 생각한 후에 '프랑스군은 우리의 힘을 꺾지 못할 것입니다'라고 말했다. 그런데 문제는 어떻게 기선을 잡느냐는 것이었다. 이때 옆에 있던 한 지휘관이 호치민에게 자기가 약 5만 명의 전투 병력을 디엔비엔푸 근처에 배치시킬 수 있다고 말했다. 그러나 기선을 잡기 위해서는 프랑스의 공중 수송력을 극복하는 것이 급선무였다. 그 지휘관의 작전 계획에 따르면 수 개월이 필요했다. 우리는 당시 전투에서 탄알 하나하나를 세어야 할 정도로 어려운 상황이었다. 그럼에도 불구하고, 우리 장병들은 예전에 이렇게 큰 규모의 작전을 펼친 적이 없었기 때문에 무척 고무되어 있었다."

지압의 명령으로 2개의 부대가 동원되었다. 하나는 군수품과 무기를 수송할 새로운 루트를 개척하는 부대로서 여자와 청년들로 구성된 2만여 명의 농민군이었고, 다른 부대는 산악 지역을 하루에 20마일씩 행군하는 베트민 정규군이었다.

북부 전 지역에서 수천 명의 인민들이 2개의 부대가 몇 개월을 견딜 수 있을 만큼의 충분한 쌀을 공급했다. 이러한 동원 명령은 하노이에서 서남쪽으로 200km 떨어진 탄호아Thanh Hoa 성까지 전달되었다. 그곳 포모이Pho Moi 마을에 있었던 한 정치위원은 당시 동원 상황을 이렇게 증언해 주었다.

"100여 명의 남자들이 '철마 여단'을 구성했다. 이 부대는 쌀을 운반하기 위한 자전거 부대였다."

전형적인 농촌 마을이었던 이곳의 동원 책임자로 딘 반 티Dinh Van Ty가 지명되었다. 그는 후에 당시 상황을 자세하게 기록으로 남겼다.

"내가 책임자로 지명된 것은 너무나 당연한 일이었다. 왜냐하면 당시 나는 마을의 자전거 수리공이었기 때문이다. 준비하는 데는 하루의 여유밖에 없었다. 급선무는 자전거를 200km 이상 쌀을 운반할 수 있는 짐수레로 개조하는 일이었다. 모든 부품을 총동원했다. 대나무 막대기 2개를 이용했다. 하나는 긴 핸들로 이용하여 쉽게 회전할 수 있게 만들었고, 다른 하나는 좌석 옆에 붙여 브레이크 및 평형대 역할을 하게 했다. 모든 것은 나뭇잎으로 위장했으며 밤에만 이동하고 활동했다. 그런데 문제가 발생했다. 첫날 운반하는 과정에서 자전거 타이어가 계속 터졌다. 해결 방안을 곰곰이 생각한 끝에 카키색 바지를 찢어 긴 천으로 만든 다음 타이어에 바람을 넣기 전에 이 천으로 감쌌다. 그런 다음에 타이어에 바람을 넣었더니 공기의 압력을 잘 견뎌 냈다. 그 뒤로는 타이어가 터지는 일이 없었다. 그래서 '철마 여단' 전원은 어쩔 수 없이 팬티만 입어야 했다."

당시 디엔비엔푸 서북쪽 중국 루트에서 투쟁하던 젊은 장교 하 반 라우는 지압 장군과 함께 강행군을 하고 있었다. 그는 전투 체험을 이렇게 들려주었다.

"정글을 통과하는 일이 난관이었다. 폭격 때문에 큰 도로는 이용이 불가능했다. 1인당 5kg의 쌀을 운반했다. 1kg은 전선의 용사들에게 전달하고 나머지 4kg은 등이나 자전거로 운반하는 사람들 자신이 먹을 양식이었다. 처음에는 정글에서 따뜻한 음식을 먹어 보지 못했다. 불을 사용하면 연기 때문에 공습을 당했기 때문이다."

베트민의 활동 가능한 모든 병사들은 멀리 떨어진 계곡에 집결했다. 그들 뒤에는 수백 명의 '인민 포터'들이 짐을 실은 자전거와 짐승들을 이끌면서 산을 넘고 물을 건너 따라왔다. 디엔비엔푸에서 '베트남 인민'을 지휘하던 지압은 한 부하 지휘관에게 이렇게 말했다.

"우리는 프랑스군의 목부터 조여 나갈 것이다."

프랑스군은 곧 압박감을 느꼈다. 디엔비엔푸에 주둔했던 프랑스 공수부대 사령관은 강인한 기풍으로 유명한 프랑스 브르타뉴Bretagne 귀족 출신의 피에르 랑그레P. Langlais 대령이었다. 폭격 6주일이 지났을 때 그는 이렇게 말했다.

"1954년 1월 1일 이후 우리는 디엔비엔푸를 완전히 장악했으며, 외부인의 출입을 일체 불허했다."

랑그레와 그의 부하 1만여 명은 자신들을 포위하고 있는 베트민이 예상보다 훨씬 강하다는 사실을 전혀 모르고 있었다. 이 사실은 오로지 하노이에 있는 프랑스군 사령부에서만 알고 있었다.

나바르 장군의 이야기를 들어보자.

"사태의 악화를 나는 정보망을 통해서 차차 알게 되었다. 디엔비엔푸를 점령했을 때, 우리는 2개 사단이면 충분할 것으로 예상했다. 그런데 곧 2개 사단으로는 부족함을 느꼈다. 그래서 2.5개 사단, 3개 사단으로 증강되었다. 결국 4개 사단이 필요하다는 것을 알게 된 것은 12월 20일 이전이었다. 그때쯤에는 디엔비엔푸에서 철수하는 것이 불가능하게 되었다. 왜냐하면 첫번째 사단이 이미 분지의 중심에 참호를 파고 자리를 잡았기 때문이다. 만약 그때 철군을 단행했다면 모든 병사와 군수품을 한꺼번에 잃었을 것이고, 디엔비엔푸를 포기했다면 확실히 빨리 패전했을 것이다."

지압은 프랑스군의 퇴로를 차단하는 데 필요한 군대를 신속하게 움직였다. 그러나 대대적인 공세를 취하기에는 아직 준비가 덜 된 상태였다. 지압의 말처럼 그의 전술은 언제나 명쾌했다.

"우리는 승리하기 위해 공격한다. 우리는 성공이 확실한 경우에만 공격한다. 그렇지 않으면 일체 공격하지 않는다."

그후 지압은 몇 주일에 걸쳐 화력을 집중 보강하는 데 시간을 보냈다. 시간이 점점 촉박해졌다. 2월 중순 미·소·영·불 등 4대 강국이 인도차이나를 포함한 전후 냉전 문제를 토의하기 위해 4월 말쯤 제네바에서 만나기로 합의했기 때문이었다. 군사적인 승리를 통해 베트민이 우위를 선점할 수 있는 기간은 10주일밖에 없었다.

베트민은 만약 프랑스가 디엔비엔푸에서 패배하면 정치적으로 전혀 새로운 국면을 맞게 된다는 것을 알고 있었다. 승리하면 주도권을 쥘 수 있었기 때문에 모든 위험을 감수하기로 결정했다. 이에 따라 베트민은 병력을 증강시키는 한편, 전에 없던 어떠한 손실이 발생할지라도 이를 감수할 태세를 갖추고 있었다.

중국도 대규모 지원을 약속한 상태였다. 중국의 지원에는 소련제 몰로토바 트럭 600대와 다량의 무기가 포함되어 있었다. 프랑스는 450km에 이르는 전선으로 향하는 정글 같은 도로에 계속 공습을 퍼부었으나 이렇다 할 전과는 거두지 못하고 있었다.

중국에서 트럭 한 대를 얻어 타고 호치민의 지휘본부까지 온 런던의 〈데일리 익스프레스 Daily Express〉의 윌프레드 버체트W. Burchett 기자는 호치민이 강행군에도 불구하고 의외로 편안한 모습인 것을 발견했다.

"내가 그를 만났을 때 그는 정글의 작은 길을 산책하고 있었다. 어깨 위로는 미풍이 불었다. 대나무 지팡이에 베트남 헬멧을 쓰고 고무 타이어로 만든 샌들을 신은 채, 허리에는 바지가 내려가지 않도록 끈을 동여맨 차림이었다."

베트민측이 유일하게 종군 보도를 허용한 오스트레일리아 출신의 서방 기자 버체트는 정글 속을 몇 마일 걸은 후에야 호치민의 본부에 도착할 수 있었다. 버체트가 증언하는 베트민의 전투 태세를 들어보자.

"그들은 항공 관측을 완벽하게 피할 수 있었다. 막사의 지붕은 나뭇가지로 겹겹이 위장되어 있었으며 불빛은 일체 허용되지 않았다. 나는 호치민을 보는 순간 물었다. 하노이 라디오 방송에서 디엔비엔푸라는 장소에 대해 하루에도 서너 번씩 듣고 있는데, 도대체 그곳에서 무슨 일이 일어나고 있습니까?"

호치민은 무엇인가 설명을 하려는 듯 자신의 모자를 벗어 테이블 위에 거꾸로 놓았다. 그리고는 테이블 바닥에 깔려 있는 모자의 꼭지 부분을 가리키며, 이렇게 말했다.

"디엔비엔푸는 천혜의 계곡입니다. 더군다나 사방이 산으로 둘러싸여 있는 계곡이죠. 프랑스의 해외 원정군 정예부대는 그곳 아래의 분지에 있고, 우리는 (호치민은 거꾸로 놓여 있는 모자의 테두리를 만지작거리면서) 이곳 산 위에 있습니다. 그들은 결코 탈출하지 못할 것입니다."

프랑스군은 1만 5,000명으로 증강되었는데 그 중 절반은 알제리인, 남베트남인, 예비역으로 구성되어 있었다. 그들은 병력 수에서 3대 1 정도로 열세라는 것을 알고 있었다. 3월 4일 나바르 장군은 마지막으로 디엔비엔푸를 방문하여 사령관 크리스티앙 드 카트리C. de Castries 대령과 병력 증강 문제를 협의했다. 나바르 장군의 기억을 따라가 보자.

>>>> 1954년의 디엔비엔푸. 완전히 포위되어 버린 프랑스군 진지와 벙커.

"현지 지휘관들은 나보다 훨씬 더 자신감에 차 있었다. 베트민은 원래 매우 규칙적일 뿐만 아니라 획일적인 행동을 해왔었으나, 이번에는 다른 행동을 보일 수도 있다는 판단 아래 3개 대대를 긴급 증강하는 문제를 거론했다. 그러나 카트리 대령은 지금처럼 그대로 예비 병력으로 유지하자는 의견을 개진했다. 나는 그의 의견에 따랐고, 결국 그것이 큰 잘못이었다."

프랑스군은 지압측이 중화기를 가지고 있다는 사실을 뒤늦게 알았지만, 아무튼 지압측의 전체 화력을 과소평가하고 있었다. 당시 하노이의 프랑스군 사령부에 있었던 역사학자 라쿠튀르는 이렇게 평가했다.

"지압이 중국과 소련제 화기로 편제를 갖춘 강력한 포병을 보유하고 있다는 사실을 프랑스군은 전혀 모르고 있었다. 지압은 그들의 포병을 프랑스군이 파괴할 수 없도록 교묘하게 은폐시켜 놓고 있었다."

지압은 당시 호치민에게 보낸 그의 긴급보고서에 이렇게 썼다.

"나바르는 우리의 화력을 전혀 모르고 있는 것 같다. 우리의 화력이 디엔비엔푸에 접근할 수 없을 것으로 착각하고 있는 것 같다."

프랑스군은 미국에서 지원받은 105mm 곡사포로 무장한 자신들이 훨씬 강력한 화력을 보유하고 있다고 믿고 있었다. 나바르는 겨우 28문의 곡사포를 보유하고 있었다. 지압은 비슷한 구경의 대포 48문과 이보다 구경이 약간 작은 대포 150문 이상을 보유하고 있었다. 지압의 대포 수송작전을 들어보자.

"200문이 넘는 '철 코끼리'가 50마일 이상의 정글을 뚫고 도착했다. 초인적인 힘이었다. 오직 인민들의 땀과 힘으로 해낸 것이다. 간헐적인 폭격과 네이팜탄의 위험 속에서 운반 책임을 맡은 인민들은 대포와 몸을 로프로 연결해서 끌고 왔다. 한 번에 1인치씩, 하루에 반 마일씩, 3개월이 걸린 고행 길이었다."

지압은 이제 병력이나 화력에서 프랑스군에 비해 3대 1로 우위를 점하게 되었다. 그의 포병은 프랑스군을 제압할 능력을 보유하게 되었지만, 동굴이나 참호 같은 곳에 잘 은폐되어 있었기 때문에 전혀 노출되지 않았다. 모든 행동은 은밀하게 이루어졌으며 깊게 판 참호들은 언덕 위까지 잘 연결되어 있었다. 반면에 프랑스군의 모든 행동은 완전히 노출되어 있었으며, 참호 또한 어느 곳에서나 훤히 잘 보이는 곳에 자리잡고 있었다.

본격 전투가 벌어지기 하루 전 지압은 계곡 전체를 다시 한 번 시찰했다. 서쪽으로는 위귀에트Huguette, 동북쪽으로는 도미니크Dominique, 남쪽으로는 클로딘Claudine이라 명명된 3개의 거점이 서로 연결되어 상호 지원체제를 긴밀하게 갖추고 있었다. 이 거점들 사이에는 49개의 강력한 초소들이 자리잡았다. 이들 거점 위쪽 언덕배기에는 완전히 격리된 4개의 요새가 있었는데, 앤 마리Anne-Marie, 가브리엘Gabrielle, 베아트리체Beatrice와 6마일 떨어진 곳에 있는 이자벨Isabelle이었다.

3개의 거점 사이에, 엘리앙Eliane이라 이름 붙여진 5개의 낮은 언덕으로 둘러싸인 곳에 프랑스군의 활주로와 지휘소가 자리잡고 있었다. 1954년 3월 12일 카트리 대령은 참모들을 불러 긴급 정보를 하달했다. 지압의 공격이 그날 오후 5시부터 시작된다는 것이었다.

프랑스군 장교들은 오히려 안도의 숨을 내쉬었다. 포도주 4만 9,000병을 포함해서 모든 보급품이 잘 갖추어져 있었고, 막상 전투가 시작되면 그 동안 포위되었다는 공포감에서 해방될 수 있었기 때문이다. 그러나 하노이의 프랑스계 언론은 이러한 베트민의 디엔비엔푸 포위를 보도하면서 '프랑스군은 절망적'이라고 전했다.

랑그레 대령은 "전투는 이미 끝났다"라는 〈르 피가로Le Figaro〉의 보도에 분개하였다. 사하라 사막 전투에서 낙타와 소총 한 자루만 가지고도 살아 돌아왔던 랑그레에게 패배란 있을 수 없는 일이었다. 인도차이나는 그에게 세번째 해외 원정 전투였다. 그가 참가한 전투는 이루 헤아릴 수조차 없을 정도로 많았다.

하노이에 주둔하고 있던 총사령관 나바르 장군은 예측 불허의 여러 정치적 가능성들을 점치고 있었다. '제네바극동평화회의'의 권고안이 받아들여졌기 때문에 군사적인 상황은 프랑스에 유리하게 전개되었다. 디엔비엔푸는 외부 세계에 사하라 사막 정도의 존재밖에 의미가 없었지만, 나바르 장군의 생각은 달랐다. 더 이상 소규모의 지역적 제한전이 아니었다. 이미 세계적인 이데올로기의 대리전이 되어 있었고, 임시 조치나 변통은 허용되는 상황이 아니었다.

미국은 1,400대의 탱크와 340대의 비행기, 350대의 정찰 보트, 24만 정의 소총, 1,500만 발의 탄약 등 군사 지원을 하고 있었다. 그런데 그 중에서 탱크는 단 10대만 디엔비엔푸에 배치되어 있었기 때문에, 나바르 장군이 사용할 수 있는 것은 공군력과 탄약뿐이었다.

반면에 베트민은 1953년 말까지 중국에서 이미 지원받은 중화기 외에 약 800문의 무반동 총과 기관총, 6,000정의 반자동 소총과 자동 권총, 600만 발의 탄환을 보유하고 있었다. 이제 지압은 더 이상 실탄을 한 발씩 세어 가면서 전투할 필요가 없었다. 나바르는 이제 병력과 무기의 수적인 열세를 감안해야 했다.

"나는 지휘권 포기 문제를 두고 여러 번 고민했다. 만약 군비 증강이 즉각

거절당했다면 그렇게 했을 것이다. 여러 차례 군비 증강을 약속했고 보내 줄 날짜까지 다짐받았었다. 그런데 두 달이 지난 후에도 필요한 군수품은 도착하지 않았다. 이제 디엔비엔푸 전투는 시작되었다. 전투중에 지휘권을 포기한다는 것은 군인의 명예를 더럽히는 행동이었기 때문에, 나는 부하들에게 자기 자신을 잘 관리하라는 명령을 내리고 그대로 지휘권을 유지했다. 디엔비엔푸 전투는 나의 판단 착오였으며 일은 그렇게 진행되어 갔다."

지압의 공격 예상 시간인 3월 12일 오후 5시가 다가왔다. 랑그레 대령은 부하들에게 "시간이 되었지만 아무 일도 없지 않느냐? 나는 이제 샤워를 좀 해야 겠다"고 말했다고 한다. 랑그레 대령은 이 순간에 일어났던 일을 회고하면서 눈을 지그시 감았다.

"갑자기 지압의 대포 200여 대가 포문을 열었다. 평지에 있어 공격하기 쉬운 활주로와 중앙 참호를 향해 약 5마일 밖에서 집중적으로 포격이 가해졌다. 지압의 공세는 일몰 전까지 약 1시간 동안 계속되었다. 끔찍한 시간이었고 완전한 패배였다."

첫번째 전투에서 선임부대 지휘관이 희생되었다. 랑그레 대령이 그 자리를 대신했다. 베트민의 대포가 화력을 퍼붓는 순간에도 프랑스 포병은 포탄이 날아오는 위치조차 파악할 수 없었다. 하노이에 있었던 나바르 장군은 이렇게 회고했다.

"모든 장병들이 경악을 금치 못했다. 디엔비엔푸를 방문한 적이 있는 하노이 주둔 프랑스와 미군 포병들은 베트민이 중앙 참호를 공격하기 위해 언덕 뒤쪽에 포진하고 있을 것으로 예상했다. 그러나 우리가 예상했던 지점보다 베트민은 훨씬 더 가까이 접근해 있었고, 우리 모두는 경악할 수밖에 없었다. 이것은 프랑스 포병들의 잘못된 예측의 결과였고, 내가 책임자였기 때문에 모든 잘못은 내게 있었다."

포격이 시작된 지 1시간 만에 한쪽 언덕에서 약 500명의 프랑스군이 전사했다. 해질 무렵 베트민 보병은 중앙본부에 가까운 베아트리체 요새로 물밀 듯이 쳐들어 왔다. 밤 12시쯤 베아트리체 요새는 무덤이 되었다. 700여 명의 대원 중 생존자는 200여 명에 불과했다. 유격대 포병 지휘관 샤를 피로트C. Piroth 대령은 이러한 참패를 목격하고 자살했다.

3월 15일에는 다른 2개의 요새 가브리엘과 앤 마리도 공격을 받고 붕괴되었다. 지압이 명명한 '죽음의 특공대'는 엘리앙의 목을 조르기 위해 중앙 참호 쪽으로 서서히 접근해 갔다.

한편 자신의 대대와 함께 하노이에 돌아온 비제아 중령은 프랑스로 귀환하기 위해 짐을 꾸리고 있었다. 그러나 3월 16일 그는 나바르 장군에게 소환되어 이런 지시를 받는다.

"비제아 중령, 다시 한 번 디엔비엔푸로 가야겠네."

"장군님, 저는 준비가 되어 있습니다. 그러나 저의 부하들은 복무 기간이 다 끝나 가고 있습니다. 다른 대대를 인솔하게 해주십시오."

"안 돼! 당신 대대는 훈련이 잘되어 있어. 그들과 함께 가도록 하시오!"

나바르 장군은 이때의 상황을 이렇게 이야기하고 있다.

"상황은 극히 좋지 않았다. 누가 그곳을 지휘하는지조차 모르고 있었다. 한마디로 혼란 그 자체였다."

1954년 3월 16일 비제아 중령과 그의 부하들은 다시 디엔비엔푸에 투입되었다. 피로트의 죽음은 비제아에게 비장한 결의를 심어 주었다. 비제아는 피로트를 영웅으로 생각하고 있었다.

"나는 피로트가 베트민의 대포를 발견하는 즉시 몸을 던져서라도 파괴하겠다고 말했다는 이야기를 들었다. 그러나 베트민의 대포는 결코 발견할 수가 없었다. 피로트는 사명감이 투철했고 뜨거운 가슴을 가지고 있었다. 우리는 100여 발의 대포를 퍼부었지만 도저히 베트민의 포 진지를 파괴할 수 없었다. 반면에 지압은 모든 여건이 완벽했을 때만 포 사격을 퍼부었다. 곧은 사람이었던 피로트는 결국 수류탄의 핀을 뽑아 현장에서 자살하고 말았다."

디엔비엔푸에서 비제아는 겁에 질려 참호에서 나오지도 못하는 한 지휘관을 발견했다. 그는 아직 장군이 되지 못한 카트리 대령이었다. 그는 항상 깨끗하게 면도를 하고 있었고, 복장은 늘 단정하여 나무랄 데 없는 프랑스 신사였다.

비제아는 다시 디엔비엔푸로 돌아와 침투부대를 지휘하고 있던 친구 랑그레 대령을 만났다. 반격을 주로 담당했던 침투부대는 극도로 지쳐 있었지만, 항상 정력적인 랑그레 대령은 공격 준비를 하고 있었다. 계급은 대령이었지만 중령이 해야 할 일까지 하고 있었다.

랑그레 대령과 비제아 중령은 배경은 달랐지만 서로 잘 통했고, 그들의 행동은 군인 정신의 본보기가 되었다. 랑그레와 카트리는 '생시르 육군사관학교'의 동창생으로 서로 비난하는 말은 일체 하지 않았다. 이 세 사람은 포위당한 1만 5,000명 부하들의 안전을 위해 서로의 임무를 효과적으로 분담했다. 비제아는 이렇게 회고했다.

"사실 나와 함께 지휘한 사람은 랑그레였다. 카트리 대령은 자신이 지휘권을 가지고 있다는 인상을 심어 주기 위해 '요새는 랑그레가 지킬 것이니 자네가 연락 책임을 맡아 주게!' 라고 말했다."

베트민은 지휘본부의 동쪽을 물밀 듯이 공격해 왔다. 비제아는 그의 지휘 아래 보병과 포병, 공군력을 동원하여 그 지역을 방어하라는 명령을 받았다.

"나는 카트리가 나를 매우 신임한다고 생각했으며, 그것이 그에 대한 유일한 좋은 기억이다."

그러나 그것은 일시적인 작전이었다. 비제아는 4시간 동안 반격했다.

"나는 포병의 모든 화력을 일시에 집중시켰다. 적의 한 진지에 한꺼번에 2,000여 발의 포탄을 퍼부었다. 공군의 공격이 그 진지에 뒤따랐다. 그리고 나서 또 공격하기 시작했다. 전투는 하루 종일 지속되었다. 정말 지긋지긋했다. 우리는 베트민 1개 대대를 섬멸했고, 이것은 디엔비엔푸에서 얻은 첫번째 승리였다. 베트민은 분쇄되었다."

비제아는 또 다른 이야기를 들려주었다.

"카트리는 내게 '여보게, 자네만이 이렇게 할 수 있어'라고 말했다. 이에 나는 '예, 대령님. 그러나 매일 이런 작전은 할 수 없습니다. 유능한 초급 장교와 중견 장교들을 많이 잃어버렸습니다'라고 대답했다. 이러한 유능한 장교들을 완전히 충원시켜 준다면 모르겠지만, 이러한 작전을 장기간 계속할 수는 없었다."

그러나 더 이상의 충원은 없었다. 3월 27일 가장 가까운 요새를 초토화시키고 엘리앙-1 기지를 거머쥔 베트민은 활주로 중앙에 포탄을 퍼부었다. 디엔비엔푸에 있는 프랑스군은 낙하산에서 떨어지는 보급품을 제외하면 외부 세계와 완전히 단절되었다. 그런데도 사기는 저하되지 않았다고 실질적인 사령관 역할을 담당했던 랑그레 대령이 말했다.

"이렇게 악화된 상황이 나와 내 동료들에게 전투의 종말을 뜻하지는 않았다. 왜냐하면 비행기가 착륙하지 못하면 낙하산으로도 보급품은 받을 수 있었기 때문에, 활주로의 폐쇄가 전투의 결정적인 장애물이라고 생각하지 않았다."

어쨌든 상황은 시간이 흐를수록 심각해지고 있었다. 부상자들을 더 이상 후송할 수 없었다. 가장 어려운 순간이 다가왔다. 부상자를 가득 실은 후송 비행기가 활주로 가운데에서 폭격당했다. 그 비행기에는 디엔비엔푸에서 유일한 여성인 공군 간호사 즈느비에브 드 갈라르G. de Galard가 타고 있었다. 살아남았던 그녀의 회고를 들어보자.

"부상자들은 디엔비엔푸를 떠난다고 생각했기 때문에 희망에 가득 차 있었다. 그들은 이 지옥 같은 디엔비엔푸를 떠난다는 기쁨을 이루 표현할 길이 없었지만, 현실은 그것마저 허락하지 않았다. 더 처참한 지옥이 시작되는 순간이었다. 프랑스군의 지하 병동은 병상이 40여 개에 불과했다. 살아 있는 부상병과 장병 1만 2,000명을 치료할 외과 의사는 겨우 4명밖에 없었다. 위생병들은 병원의 바닥을 파서 진흙으로 틀을 만들어 그곳에 부상당한 동료들을 눕혔다. 살육이 벌어졌던 3주일간 그들 곁을 정말 떠날 수가 없었다. 매일 밤을 폈다 접는 간이 침대 위에서 잤다."

즈느비에브는 병사들의 사기를 고무시켰다. 5세기 전 십자군의 한 사람으로서 잔 다르크와 함께 싸웠던 오제 드 테로브O. de Terraube 자작의 후손인 그녀는 이렇게 회고했다.

"병사들은 나를 그냥 즈느비에브라고만 불렀다. 이름을 모르는 병사들은 마드무아젤이라고 불렀다. 나를 천사라고 부르는 것은 과장된 말이다. 천사라는 이름은 미국 기자들이 지어 준 이름일 뿐이다."

4개의 요새인 베아트리체, 가브리엘, 앤 마리, 도미니크가 함락되자, 프랑스군은 아직 함락되지 않은 남쪽의 클로딘, 이자벨과 함께 위귀에트와 엘리앙 일부의 방어에 매달려 있었다. 그러나 4월 1일부터 4일간 펼친 지압의 제2차 공세로 프랑스군 주력부대는 엘리앙-4 기지에서 포위당했다.

베트민이 포위를 좁혀 오면서, 프랑스군의 지역은 점차 축소되기 시작했고 보급품도 줄어들었다. C-47 수송기들은 지압의 포격망을 피하기 위해 갈수록 높은 곳에서 낙하산으로 보급품을 떨어뜨렸기 때문에 이들 보급품은 베트민 병사들의 수중으로 들어가는 경우가 많아졌다. 어떠한 대가를 치르더라도 프랑스군은 엘리앙-1 기지와 활주로 부근의 주요 낙하 지점을 확보해야만 했다.

비제아 중령은 다시 한 번 반격작전을 시도했다. 동원할 수 있는 대포는 모두 동원해서 3,000~4,000발의 포탄을 퍼부었다. 또한 공격하기 쉬운 지역을 향해서 120문의 기관총 사격을 개시했다. 참호에서 나온 병사들이 공격 대열에 참가했다. 베트민 병사들도 참호에서 뛰어나왔다. 그들의 절반은 죽었으나 아직 절반은 남아 있었다. 익히 알려진 대로 양측 병사들은 용감하게 싸웠다.

양쪽 병사들은 대검을 들고 하루 종일 육박전을 치렀다. 프랑스 병사들은 놀랄 만한 힘을 발휘했다. 드디어 엘리앙-1 기지를 탈환하는 데 성공했다. 프랑스 병사들은 참호를 점령하고 시체를 밖으로 끌어냈다. 바닥은 프랑스군과 베트민 병사들의 시체로 덮여 있었고 피비린내가 계곡에 진동했다.

랑그레 대령은 침통한 표정으로 그날 전투 상황을 설명했다.

"시체들을 묻기 쉬운 곳에 파묻었다. 그러나 4월 중순 이후부터는 그대로 방치할 수밖에 없었다."

　4월 초 양측에서 약 2,000명씩의 전사자가 발생한 뒤 지압 장군은 잠시 휴식 시간을 가졌다. 4만 명의 베트민군에게 의사는 단 1명뿐이었다. 지압은 지금까지 있었던 작전 성과를 비판적으로 분석하고 새로운 작전 구상에 착수했다. 그는 전격적으로 작전을 변경하기로 결정했다. 바로 지하 공격의 시작이었다. 오른쪽에서 계곡 중앙으로 연결되는 총 길이 100마일의 참호를 파는 데 모든 병력을 투입했다.

　프랑스군의 지하 병원은 악몽 그 자체였다. 사용할 수 없는 공동묘지 밑까지 부상병들로 가득 찼다. 부상병들의 상처 부위를 감싼 붕대 사이로 지하 무덤에서 나온 하얀 구더기가 기어다니기도 했다. 비제아의 표현을 들어보자.

　"구더기가 부상병들의 다리를 기어다녔다. 하지만 의사들은 그대로 방치했다. 그래서 나는 구더기가 상처의 부패를 방지해 주는 줄 알았다. 구더기가 모든 환자들의 다리 위를 기어다녔고 정말 참혹한 광경이었다."

　랑그레 대령은 참호에 있는 병사들 중에서 움직일 수 있는 사람은 전부 지상에서 부상병들을 돌보라는 명령을 내렸다. 프랑스 병사들에게는 오랜만에 기사도 정신을 발휘할 수 있는 기회였다. 블라우스 한 벌, 바지 두 벌, 립스틱 하나만을 가지고 있던 즈느비에브 간호사에게도 지하에 조그마한 자신의 휴식 공간이 주어졌다. 랑그레 대령은 침대 하나와 자신의 지휘소에 있던 팔걸이 의자 하나를 그녀의 방에 가져다 놓았다.

　장교들은 못쓰게 된 낙하산 천을 일일이 꿰매서 축축한 진흙 벽의 습기를 차단했다. 그날은 4월 13일로 즈느비에브가 29세가 되는 날이었다. 즈느비에브는 "조그만 공간에서 열어 준 생일 파티는 나를 깜짝 놀라게 했고 너무 기뻤다"고 회고했다.

　지상에서는 프랑스군 항공기가 찍은 베트민의 땅굴 사진을 분석한 결과 범위가 점차 확대되고 있다는 사실을 확인했다. 하노이의 프랑스군 사령부는 이 정보를 디엔비엔푸에 알려준 뒤에 '낙하산에 소리 탐지기를 매달아 감시하자'고 제안했다. 이 제안을 검토한 디엔비엔푸 사령부는 정중하게 회신을 보냈다.

"땅 파는 소리는 멀리서도 잘 들리기 때문에 필요 없다."

지압은 자신이 지휘하는 산 정상의 상황실에서 호치민에게 이렇게 보고했다.

"우리 전사들은 100마일의 참호를 완성했다. 이제 우리는 하늘이 보이는 곳에서 적의 네이팜탄이나 포격을 피해 안전하게 이동할 수 있게 되었다."

몇 마일 아래에 자리잡고 있는 프랑스군은 하루하루를 끔찍하게 보내고 있었다. 비제아의 생생한 증언을 들어보자.

"매일같이 부상당한 부하들이 죽어 갔다. 나와 함께 낙하했던 대대 병력이 처음에 800명이었는데 700명, 600명, 400명, 300명…… 그리고 180명까지 남아 있는 것을 봤지만, 최종 생존자는 80명이었다."

세계 각지에서 디엔비엔푸 전투에 관한 분노, 비웃음, 허탈감을 담은 드라마 같은 기사들이 신문 지면을 뒤덮었다. 1954년 5월 3일자 미국 주간지 〈타임 Time〉은 「냉전」이란 제목으로 이렇게 묘사하고 있다.

"패배의 깊은 밤은 디엔비엔푸의 용맹했던 유격대원들에게 견딜 수 없는 아픔을 안겨 주었다. 봄을 맞아 새싹이 돋아나는 파리의 분위기는 6,000마일 떨어진 인도차이나에 오랜 기간 드리워졌던 음울한 그림자만큼이나 어두웠다."

당시 〈르몽드〉에는 이런 기사가 실려 있다.

"디엔비엔푸의 외과 의사들은 인내의 한계에 도달해 있었다. 환자들은 상처 부위에 단순한 소독 처리만 받기 위해서도 지상까지 줄을 서야 했다. 시체가 여기저기 널브러져 강물이 피로 물들었기 때문에 정수淨水를 할 수가 없어 부상과 갈증으로 목이 타는 사람 외에는 나누어 줄 식수도 없었다."

정치적인 고통도 뒤따랐다. '제네바극동평화회의'가 소집되었던 당시 〈타임〉의 보도를 다시 보자.

"공산주의자들은 얼굴에 웃음을 띠고 슬며시 회의장에 들어왔다. 그리고 평화를 이야기했다. 피를 뚝뚝 흘린 채 들어와서 평화라는 말을 목청껏 소리쳤다'고 미국의 한 외교관이 분개했다."

1953년 1월 20일 취임한 아이젠하워 대통령은 일찍이 영국 수상 처칠이 한 말을 메모해 두고 있었다.

"만약 역사에 대해서 이야기한다면, 우리는 부적절한 시기 선택과 단결력 부족 때문에 히로히토, 무솔리니, 히틀러를 제압하는 데 실패했다. 그래서 수년에 걸쳐 절망적인 위험과 참담한 비극을 맛보아야 했다."

아이젠하워 대통령은 연합국의 참전을 원했으며, 군사적 분쟁이 발생할 때마다 영국의 적극적인 참여를 요청했다. 워싱턴은 폭격을 계획했다. 당시 하노이에 있었던 역사학자 라쿠튀르는 이렇게 기억하고 있었다.

"독수리 작전이란 이름 아래 미국은 마닐라에서 200여 대의 폭격기를 동원하여 디엔비엔푸에 있는 지압의 진지와 보병, 포병을 공격할 계획이었다."

〈펜타곤 페이퍼〉는 공식적으로 '독수리' 작전을 공개하지는 않았지만, 당시 부통령이었던 닉슨은 자신의 회고록에 그 작전이 강력하게 추진되었었다고 적고 있다.

"워싱턴의 합동참모본부는 베트민의 진지들을 파괴하고 프랑스 유격대원들을 구출하기 위해 3개의 전술 핵무기를 사용하는 내용의 '독수리 작전 수정안'을 준비중에 있었다."

닉슨은 그 작전에서 자신이 어떤 역할을 했는지에 대해서는 입을 다물었지만, 아이젠하워 대통령에게 이렇게 권고한 것으로 전해졌다.

"의회와 국민을 이끄는 대통령의 지도력을 대통령 스스로가 과소평가해서는 안 된다."

라쿠튀르의 진술을 들어보자.

"폭격은 의회 지도자들의 반대로 좌절되었다. 특히 하원의 지도자였던 린든 B. 존슨L. B. Johnson이 강력하게 반대했다. 한때 전사였던 처칠도 그 계획은 불가능하며 너무 위험하다고 판단했다."

젊은 상원의원이었던 케네디도 그 안에 반대하면서 이렇게 말했다.

"끝없는 미국의 인도차이나 지원으로도 흔적을 발견할 수 없는 적을 이길 수는 없다. 인도차이나의 적은 아무 곳에서도 눈에 띄지 않지만, 모든 곳에 다 있다. 우리가 '인민의 적' 이라고 부르는 사람들은 사실은 모든 사람들의 동정과 은밀한 지원까지 받고 있다."

5월 초 아이젠하워 대통령은 미국이 베트남전에 참전할 것인지를 결정하는 첫번째 대통령이 되었다. 미국에서 가장 권위 있는 시사주간지 〈타임〉은 5월 3일 독특한 스타일로 결론을 유도하는 기사를 썼다.

"안도의 기회가 있을까? 공산주의자 지압 장군이 이끄는 병력이 프랑스 유격대만큼 지쳐 있을까? 결과는 세 가지의 참혹한 방법으로 죽느냐, 포로가 되느냐로 끝날 가능성이 높지 않을까? 심야의 공격을 받거나, 겹겹이 둘러싼 포위에 의해서 죽거나, 전쟁포로로 항복하거나……. 디엔비엔푸의 황혼에 불확실성만 커지고 있다."

계곡에서는 한동안 확성기를 이용한 신경전 공방이 있었다. 지압의 병사들이 파 들어온 참호는 프랑스군 지휘소에서 400야드까지 접근해 왔으나, 서로 간에 총격전은 벌어지지 않았다. 확성기로 감정을 건드리는 '말싸움' 이 극치를 이루고 있었다.

성능이 탁월한 베트민의 확성기에서는 제2차 세계대전 당시의 프랑스 레지스탕스 노래가 흘러나왔다. "동지여, 자유는 우리의 소리를 밤에 듣는다"라는 구절이 자주 반복되는 노래였다. 프랑스군은 그들의 마지막 거점인 엘리앙 기지에서 프랑스 국가를 부르면서 밤을 지새웠다. 비제아는 이렇게 말했다.

"나는 부하들을 계속해서 설득했다. 하루를 더 견뎌야 된다고……. 서방 세계는 우리를 지켜보고 있으며, 미국은 우리가 패배하는 것을 보고만 있지는 않을 것이다. 그들이 곧 올 것이다. 우리가 지금까지 여기를 지킨 이유는 바로 그것이다."

프랑스 정부는 카트리 대령을 장군으로 진급시키고 모든 장병에게 무공십자훈장을 수여했다. 비제아는 훈장 수여에 대한 불편한 심경을 이렇게 표현했다.

"정부에서는 우리가 전부 죽은 줄 알았나 보다. 그래서 모두에게 훈장을 준 것 같다."

장교들은 즈느비에브 간호사에게도 훈장을 주기로 결정했다. 그녀는 지휘본부로 호출되었던 때를 이렇게 회고했다.

"내가 도착하자 다른 장교들이 나에게 말했다. '우리가 당신에게 줄 선물을 준비했다.' 카트리 장군이 나에게 봉투를 하나 주었다. 봉투를 열어 보니 레지옹 도뇌르 훈장이 들어 있었다."

랑그레 대령의 회고를 들어보자.

"훈장을 받을 것으로 전혀 예상하지 못했던 즈느비에브 간호사가 들어서자, 카트리 장군이 훈장을 그녀에게 달아 주었다."

프랑스 병사들의 후일담에 의하면, 디엔비엔푸에서 가장 의미 있었던 일은 '스스로 명예스러운 일'에 훈장을 수여했다는 것이다. 랑그레의 계속 이어지는 전투 회고를 들어보자.

"마지막 전투는 이틀간 이어졌다. 5일 밤, 6일 하루 종일, 그리고 7일 아침에 끝났다. 우리 주위의 진지는 하나 둘씩 함락되었다."

비제아는 마지막 전투 상황을 이렇게 이야기하고 있다.

"어떤 병사는 병상에서 겨우 일어났고, 한쪽 눈을 잃어버린 사람, 팔을 잃어버린 사람들도 있었다. 우리는 한쪽 눈을 잃어버린 사람에게 '애꾸눈, 우리는 지금 후퇴를 해야 돼!'라고 말했다. 그러나 그들은 모두 '전투를 계속해야 하니까 무기를 달라'고 말했다. 놀랄 만한 일이었고 대단한 정신력이었다. 5월 6일 우리는 랑그레를 만나러 갔다. 우리 모두는 지쳐 있었다. 정말로 녹초가 되어 있었다. 더 이상 견딜 수 없다는 것을 잘 알고 있었다. 탄약도 없었고 병사들은 자신의 총을 들고 다닐 힘도 없었다. 그래서 5월 7일 베트민이 공격해 왔을 때, 전투는 사실상 끝이 났다."

프랑스군은 죽음을 무릅쓴 육탄 돌파도 계획했었다. 2개 부대가 종대로 라오스 쪽을 향해 돌진한 다음 기회를 엿본다는 계획이었다. 항복하던 날인 7일 아침 일찍 랑그레 대령은 이 계획을 감행하기 위해 생존한 모든 장교들을 소집했다. 랑그레는 이렇게 증언하고 있다.

"생존한 장교들도 더 이상 서 있을 수조차 없었다. 그래서 카트리 장군에게 상황을 보고했다. 장군은 하노이에 전투가 즉시 종결되어야 한다고 말했다."

비제아의 증언은 계속된다.

"버틸 수 있는 대대의 몇몇 고참들이 모여 돌파를 결행하자는 주장을 했지만, 많은 장교들이 그럴 가치가 없다고 했다. '돌파는 고사하고 100m도 갈 수 없을 것'이라고 말했다. 그래서 카트리가 하노이에 무전을 보냈다. '전투는 끝났다'고."

나바르 장군이 무선으로 말했다.

"전투를 중단하라, 그러나 백기는 올리지 말라!"

랑그레 대령이 말하는 항복의 순간은 이랬다.

"'백기를 올리지 않는다'는 프랑스의 조건부 항복에 하노이 베트민 사령부가 동의했다. 그날이 5월 7일 오후 1시였다."

장교들과 즈느비에브 간호사는 지휘본부에 모여서 기다렸다. 오후 5시가 막 지났을 때였다. 전투가 시작된 지 55일째 되는 날이었다. 주위에서 베트민 병사들의 함성이 들리기 시작했다. 랑그레는 당시 상황을 다음과 같이 이야기하고 있다.

"벙커의 천장에서 무엇이 구르는 소리가 들렸다. 나는 의자에 앉아 아무것도 생각하지 않았다. 출구로 통하는 계단이 내 앞에 있었는데, 나는 그 사이로 조그만 하늘을 쳐다보고 있었다. 수류탄 하나가 계단을 굴러 내려와 벙커에서 폭발할 것 같았다. 그러나 그런 일은 일어나지 않았다. 우리는 총에 대검을 꽂고 베트남 모자를 쓴 의기양양한 베트민 병사들을 봤다. 그들이 소리쳤다. '밖으로 나와!'라고."

디엔비엔푸 평원에 자리잡은 텅 빈 프랑스군 사령부를 감싸고 있는 것은 침

>>>> 1954년 5월 7일, 백기를 앞세운 프랑스군이 베트민군에 투항하고 있다.

묵과 안개뿐이었고, 구부러진 대포의 포신들이 여기저기 널려 있었다. '1954년 5월 7일 오후 5시 30분'이라고 쓰여진 조그만 동판 하나가 있었다.

물론 제2차 세계대전 때는 이보다 더 오랫동안 포위 공격을 한 적이 있었다. 영국은 리비아의 토브루크Tobruk에서 241일간 버텼었고, 독일은 100만 명을 투입하여 스탈린그라드Stalingrad를 67일 동안 지켰었다. 그리고 미국은 필리핀의 바타안Bataan을 66일간 방어한 일도 있었다.

그러나 프랑스군의 패배는 전투의 규모에 비해 상상을 초월한 것이었다. 55일간의 전투에서 프랑스군은 3,000명의 전사자를 냈고, 또 다른 3,000명은 영구 불구자가 되었다. 베트민측 전사자는 8,000명에 달했으나 프랑스를 함락시켰다. 그리고 인도차이나를 되찾았다.

냉전의 시각으로 보면, 디엔비엔푸 패전은 서방 세계에 식민지 상실 이상의 의미를 던져 주었다. 10년간 계속되었던 전쟁의 결과가 또 다른 20년간 이어질 전쟁의 씨앗을 뿌리고 있었던 것이다.

처음부터 베트남전에서 프랑스가 이길 수 없다고 생각했던 나바르 장군은 적당한 시기에 미국이 지원할 것이라고 기대했지만, 적극적인 지원을 얻지 못해 결국 패전을 감수해야만 했다. 아이러니컬하게도, 초기에 미온적이던 미국은 훗날 참여하지 말아야 할 베트남전에 프랑스를 대신해서 빠져들어 프랑스의 전철을 밟게 된다.

프랑스는 병사들만 싸웠지만 베트민은 정치적인 조직과 배경, 인민의 경제적인 후원 속에서 선전술까지 동원하며 총력전을 펼쳤다. 이것이 프랑스 패배의 핵심 원인이었다. 이 점은 결국 훗날 미국의 패배 원인이 되기도 하였다. 미국이 프랑스와 똑같은 방법으로 전쟁을 전개하지는 않았지만, 전체의 줄거리를 보면 비슷한 역사의 되풀이를 확인할 수 있다. 프랑스의 패장 나바르 장군의 이야기는 어떤 교훈을 주었을까?

"나는 디엔비엔푸 전투의 모든 패전 책임을 감수하겠다. 다만 사전 협상이나 협의도 없이 '제네바극동평화회의' 개최를 결정하지만 않았다면, 내가 바라는 형태는 아니더라도 최소한 다른 형태의 승리는 가능했을 것이다. 따라서 나는 패전 책임의 당사자라는 사실은 통감하지만, 잘못을 저질렀다고는 생각하지 않는다."

제네바극동평화회의에서 1954년 5월 8일 협상이 시작되었다. 7월 들어 4대 강대국들은 베트남의 일시적인 분리안에 합의했다. 그러나 미국만 분리안에 조인하지 않았다. 역사학자들은 베트남의 정치적인 혼란이 발생한 곳은 디엔비엔푸가 아니라 제네바라고 비웃었다.

제네바극동평화회의가 개최되자 8,000여 명의 디엔비엔푸 생존자들은 500마일 떨어진 홍 강(紅河 : 중국어로는 위안장 강元江, 영어로는 Red River – 역주) 삼각주 지역의 베트민 포로 수용소까지 60일간의 행진을 하게 된다. 베트민은 프랑스 야전병원으로 비행기가 지원 물자를 싣고 올 때까지 심하게 다친 부상자들을 돌볼 수 있도록 즈느비에브 간호사를 남겨 놓았다. 카트리, 랑그레, 비제아도 60일 행진에 포함되어 있었다. 종전 후 3개월의 억류 생활에서 프랑스군 포로의 절반이 사망했다.

비제아가 "프랑스군 생존자 중 절반이 포로 상태에서 죽었다"고 주장한 포로 행군 이야기를 들어보자.

"부상병들 중 일부는 지치고 자포자기한 채 길가에 누워 버렸으며, 서로 부축하거나 돕는 행동 자체가 일체 허용되지 않았다. 베트민군에는 의사가 없었다. 포로들은 넘어진 자리에서 바로 죽었다. 베트민은 시체를 그대로 방치했으며, 생존자들에게는 생쌀 한 줌씩을 식량으로 주었다. 불쌍한 동료들이 길가에서 그대로 죽어 갔다."

당시 가장 명성을 얻었던 〈르몽드〉의 로베르 길랭R. Guillain 기자는 "그 전투는 프랑스 병사들에게 아무 의미가 없었다. 의미가 있었다면 그것은 '살았다는 기대'를 상실한 것밖에 없다"라고 썼다. 포로들이 행진하면서 쓰러지자 그는 하노이에 돌아와 어느 죽은 병사의 처절한 고별사를 인용해서 이런 기사를 본사에 송고했다.

"우리는 세상의 모든 사람들에게 보여줄 것이다. 특히 프랑스 국민들에게 보여줄 것이다. 프랑스 정치 지도자들의 게으름, 믿을 수 없는 무감각, 환상 그리고 더러운 정치가 인도한 것이 무엇이었는지 밝혀야 한다. 우리가 어떻게 해야 그런 것들을 가장 잘 보여줄 수 있을 것인가? 죽음으로써 명예는 지킬 수 있을 것이다. 그러나 디엔비엔푸에서의 우리들의 죽음은 아무런 값어치가 없게 되었다. 사랑하는 프랑스의 이름으로 나는 오늘의 프랑스에 호소하고 항의한다. 유일한 승리는 우리의 명예뿐이라고."

한때 사무관이었던 용감한 비제아는 베트민에게 존경심을 가지고 있었으며, 그들의 뛰어남을 인정했다. 그리고 또 몇 사람들도 그런 생각을 공유하고 있었다. 그는 베트남이 30년 전쟁을 끝냈을 때, 베트민 병사들에 대한 자신의 평가를 이렇게 들려주었다.

"그들은 사냥총과 같은 치졸한 무기를 가지고 전투를 시작했다. 그러나 시간이 지나자 전쟁 준비를 확대하기 시작했다. 분대에서 중대로, 대대에서 연대로, 그리고 마지막에는 완전한 사단으로 성장해 가는 것을 보았다. 나는 이 모든 것을 보았기 때문에 여러분에게 이렇게 말할 수 있다. 베트민은 세계에서 가장 훌륭한 보병이었다고. 이 인내심 강한 병사들은 운동화에, 밥 한 공기만으로 하룻밤에 50km를 행군했다. 그리고 전투에 임해서는 군가를 불렀다. 이처럼 뛰어난 보병이었기 때문에, 디엔비엔푸에서 우리를 패배의 수렁으로 몰아갔다고 생각한다. 물론 우리가 병력에서 수적으로 열세였고 프랑스에서도 너무 멀리 떨어져 있었지만, 그들이 미군도 격퇴시켰다는 사실을 인정해야 한다. 그들은 아주 뛰어난 보병이었다."

〈타임〉은 디엔비엔푸 전투가 끝난 다음 다른 시각의 기사를 내보냈다. 이 기사는 '베트민은 우리가 생각했던 것처럼 그렇게 강한 군대가 아니었다'는 반베트민 인사의 말을 인용하면서, 당시 횡행했던 도미노 이론에 입각한 해설을 덧붙였다.

"포탄이 타마린드 잎새를 살랑살랑 건드리는 동안에도 하노이는 드러누워서 전투가 끝나기만을 기다렸다. 아시아의 개들은 밤을 새워 짖었다. 4월의 어느 날 밤 개 짖는 소리와 포성 속에서 난징南京이 함락되었고, 5월에는 상하이가, 12월에는 평양이 공산주의자들 손에 넘어갔다. 하노이가 언제 함락될지는 아무도 모른다. 그러나 그 누구도 그렇게 될 것이라는 것을 의심하지는 않는다."

04

The Ten Thousand Day War

초기의 희망

나는 디엠에게 선거 부정에 대해 주의를 주었다. 당신이 필요로 하는 건 깨끗한 다수이지 투표권자의 99.99%가 아니라고.
_ 미 군사고문단 단장 에드워드 랜스데일 대령

 베트남 30년 전쟁의 제1막에 해당하는 디엔비엔푸 전투의 마감은 임무 교대를 위한 무대 장치의 전환이었다. 10년에 해당하는 제2막은 미국이 프랑스의 뒤를 이어 고 딘 디엠Ngo Dinh Diem을 남베트남의 대통령으로 추대하면서 시작되었다. 미국이 짠 각본의 주역인 고 딘 디엠의 등장으로 베트남에는 새로운 비극의 막이 올랐다.

 디엔비엔푸 전투 종료 5개월 후 호치민은 하노이에 입성했다. 이보다 훨씬 이전에 워싱턴과 남베트남의 사이공 정권은 새로운 동맹 관계를 엮어 가고 있었다. 남베트남에서 초기의 주역은 두 사람이었다. 한 사람은 고 딘 디엠이었으며, 다른 한 사람은 베트남에 파견된 미 군사고문단의 에드워드 랜스데일 대령이었다.

 랜스데일은 예전에 OSS에서 일했던 사람이다. 9년 전에 호치민을 만났던 선임자 패티 소령처럼 랜스데일 대령의 중요한 과제도 빠른 시간 안에 디엠과 개인적인 친분 관계를 탄탄하게 구축하는 것이었다. 패티가 그랬던 것처럼 그도 디엠을 "신비스럽고, 자신감에 가득 차 있는 가슴이 따뜻한 사람"이라고 추켜세웠다.

그러나 한 사람에 대한 잘못된 판단이 9년 동안 미국을 혼란스럽게 만들었다. 디엠의 재임 기간은 길었다. 그 기간 동안 미국에게 디엠은 베트남에서 마르크스에 대항할 수 있는 유일한 인물이었다. 불교 신자가 95%인 나라에서 독실한 가톨릭 신자인 디엠은 결국 '꼭두각시 수상' 이었던 셈이다. 미국은 다른 대안이 없다는 이유로 그를 지원하여 베트남에 민주주의를 전파하려 했으나, 오래가지 못하고 절망에 빠지게 된다.

미국의 초기 희망이 어떤 것이었는지는 아직 분명하지 않다. 남베트남 지도자를 미국이 직접 뽑는 것이었는지, 아니면 디엠의 등장 자체가 미국이 만들어 낸 기회였는지는 지금까지도 1950년대 인도차이나 수수께끼의 일부로 남아 있다.

프랑스와 베트민을 싫어한 민족주의자로 알려졌던 디엠은 프랑스가 베트남을 다시 점령했을 때 망명길에 오른다. 그 이전에는 약 20년간 고위 공무원으로 일했고, 망명 초기에 벨기에에 정착했다가 미국으로 건너갔다. 미국에서 존 F. 케네디 상원의원의 보좌관이었던 아서 슐레징거를 만난 것이 그에게는 행운이었다. 슐레징거의 회고를 들어보자.

"디엠이 미국에서 망명 생활을 할 때 우리를 찾아왔다. 그는 마이크 맨스필드M. Mansfield 상원의원과 빌 더글러스B. Douglas 대법관 같은 저명인사들의 지원을 받고 있었다. 그때 케네디 상원의원도 만났다. 디엠이 베트남으로 돌아갔을 때, 케네디 상원의원은 그의 열렬한 후원자가 되어 있었다."

파리에 오랜 기간 체류하면서 국내의 부정 부패를 방치하는 등 무능력한 왕으로서 신망을 잃고 있었던 바오 다이 국왕은 1954년 7월 7일 전격적으로 고딘 디엠을 수상으로 임명한다. 그로부터 2주일 후인 7월 21일, 제네바협정이 타결된다. 체결된 협정의 주요 내용에는 베트남을 분리시키되 2년 안에 재통일을 위한 남북 총선거를 실시한다는 결의가 포함되어 있었다. 미국과 남베트남의 사이공 정부는 조인에 참석하지 않았다. 그러나 미국은 제네바에서 이렇게 선언했다.

"미국의 지속적인 입장은 베트남 국민들이 자신들의 미래를 결정할 자격이 있기 때문에, 이에 반하는 어떠한 행동도 지지하지 않는다는 것이다."

하지만 미국의 실질적인 입장은 6월의 〈펜타곤 페이퍼〉에 잘 나타나 있다. 미국은 24만 명에 달하는 남베트남 정규군ARVN을 훈련시키는 한편, 재정 지원을 지속하고 필요한 경우에는 프랑스와도 협력하기로 결정했던 것이다.

랜스데일 대령이 미국 군사고문지원단MAAG 단장으로 사이공에 도착했다. 미국이 취한 모든 조치는 제네바협정을 위반하는 행동으로 비쳤으나, 랜스데일은 이런 지적들을 완강하게 부인했다.

"사람들은 미국의 조치를 음모라고 생각했다. 미국이 디엠을 수상으로 만들고 내가 그를 지도해 결국은 그를 권좌에 앉혔다고 말하지만, 나는 어떤 음모도 전혀 모른다."

랜스데일은 고 딘 디엠을 이렇게 말했다.

"나는 디엠이 수상이 되기 전까지 그를 전혀 알지 못했다. 그러나 모든 베트남 사람들은 디엠을 잘 알고 있었다. 어떤 사람들은 그를 매우 좋아했던 반면 증오했던 사람들도 적지 않았다. 내가 발견한 일반적인 평판을 말한다면 '그는 개인적으로 정직하다'는 것이었다."

랜스데일은 필리핀이 독립을 쟁취하는 데 많은 도움을 주었던 OSS의 대게릴라 전술을 지휘한 경험이 있었다. 호치민은 필리핀 독립 과정을 지켜봤기 때문에 미국을 극찬하기도 했다. 국무장관 덜레스는 랜스데일에게 이런 지시를 내렸다.

"베트남에 가서 필리핀에서 했던 것처럼 하라."

그는 덜레스의 지시를 받고 베트남으로 떠나면서 이렇게 말했다.

"나는 프랑스 사람들과 일하기 위해서 베트남에 가는 것이 아니라, 베트남 사람들을 돕기 위해서 간다."

이 말을 들은 덜레스는 이렇게 말하면서 랜스데일을 격려했다.

"그곳에 가서 베트남 사람들을 잘 도와주기 바란다."

필리핀에서 랜스데일은 군사적인 도움뿐 아니라 필리핀의 정치, 사회, 경제 등 전반적인 국정 후원자로서의 역할을 했었다. 베트남에서 그의 역할은 젊은 이상주의자 디엠에게 힘을 실어 주고 활동에 불편이 없도록 날개를 달아 주는 일이었다.

프랑스 세력이나 공산주의자들을 압도할 수 있는 제3세력을 조성하여, 그레이엄 그린G. Greene이 말한 '조용한 미국인The Quiet American' 정신을 전파시키고 각인시키는 일이 주임무였다. 이와 관련해 랜스데일의 설명을 들어보자.

"나는 디엠이 그러한 힘의 근원이 될 수 있기를 희망했던 한편 그렇게 만들기 위하여 그에게 힘을 집중시킬 때라고 생각했다. 나는 베트남 사람들과 함께 일하는 데 있어서 안정적인 영향력을 가지기를 원했다."

프랑스 정부는 베트남에서 국민 총선거가 실시될 경우 호치민을 확실한 승리자로 일찍부터 점찍어 놓고 있었다. 거의 한 세기 동안 베트남을 점령했던 프랑스는 1년 내에 베트남에 주둔한 모든 병력을 철수하기로 제네바에서 합의했다.

베트민은 10월 11일 북위 17도선을 기준으로 남북 베트남이 분리되기 전까지 3개월 동안 남북간 합법적인 교류를 인정했다. 역사학자 라쿠튀르의 견해를 들어보자.

"당시 분위기는 제네바극동평화회의에서 공산주의자들이 서방 세계나 프랑스에 대대적인 양보를 했다는 감상주의가 지배적이었다. 모든 베트남 사람들은 총선거가 북측의 승리로 끝나 통일이 이루어질 것이라고 확신하고 있었다. 아이젠하워 대통령도 그의 회고록에 '호치민 정권이 통일 베트남을 지배할 가능성이 있다' 고 서술했으며, 90% 이상의 미국인들도 그렇게 믿고 있었다."

미국의 여론은 호치민이 통일 베트남의 실력자가 될 것으로 인정하고 있었던 반면, 미국 정부는 도미노 이론을 철저히 믿고 있었다. 그래서 아이젠하워 대통령과 덜레스 국무장관은 호치민이 남북 베트남을 장악하는 사태를 단호하게 차단하기로 결심하게 된다.

워싱턴은 하노이가 중국의 동남아시아 진출의 관문이 될 것으로 예상했었다. 독립적으로 발전할 수 있는 모든 기회가 주어지지 않는다면, 남베트남은 조그마한 국가로 세력이 약화되어 결국 도미노 이론에서처럼 쉽게 전복될 수 있다고 판단했다.

덜레스는 '프랑스가 제네바극동평화회의에서 모든 것을 너무 쉽게 포기하여 하노이의 편을 들어준 결과를 낳았고, 이것은 호치민의 주도권만 강화시켜 주었다'고 생각하고 있었다. 이와 때를 같이하여 피에르 망드-프랑스P. Mendès-France 수상은 제네바에 있던 생트니를 하노이에 급파하여 새로운 문화, 경제적인 관계 개선을 위한 화해 안건을 제시했다.

미국은 프랑스가 9년간의 전쟁을 끝낸 직후 이렇게 갑자기 친하노이 성향으로 방향 선회를 하는 까닭을 이해할 수 없었다. 프랑스는 그 동안 투입했던 엄청난 전쟁 비용과 희생이 헛되지 않았다는 논리로 미국을 설득하려 했지만 미국의 동의를 구할 수는 없었다.

오랜 전쟁으로 정치·경제적인 곤경에 처한 프랑스는 우선 시급한 국내 문제들을 처리해야 했다. 효과적인 실천 방법은 베트남과 먼저 화해하고 조화를 이루는 것이었다. 프랑스는 디엔비엔푸에서의 패배가 제네바에서 불명예로 이어지지 않기를 원했다. 제네바협정 자체가 평화의 보장이 되어야 하며, 상호 친선을 과시하는 계기가 되어야 한다고 생각했다.

프랑스의 화해 안건은 보다 현실적이며 실천적인 내용으로 제시되었다. 베트남은 아직 프랑스가 베트남 전체에 미치는 포괄적인 영향력을 인정하고 있었다. 경제적인 면에서 프랑스는 베트남 북부에 석유, 시멘트, 중공업 등의 산업 시설을 가지고 있었고, 남부에서는 고무 산업과 농업 분야 등에 대규모 투자를 해놓은 상태였다.

이러한 사업들이 아직까지 경제적 과실을 거둘 단계는 아니었지만, 평화롭고 통일된 베트남에서 안전하게 상호 공동 이익을 도모할 수는 있었다. 만약 정치적 협상이 결렬될 경우에도 프랑스가 이러한 산업 기반과 전문 기술을 그대로 유지, 가동한다면 호치민은 경제적인 보상을 하겠다고 약속했다. 당시 6,500명 이상의 프랑스 기업가와 기술자들이 하노이에 상주하고 있었다.

생트니는 3개월이라는 과도 기간에 하노이측과 협조해 "프랑스가 구축해 놓은 제반 산업 시설을 손상 없이 유지하라"는 명령을 받고 있었다. 프랑스의 대베트남 경제 협력 사업이 혼미를 거듭하고 꼬이는 과정에서 생트니는 자기가 하노이에 주재하는 미국 정보원들과 강력하게 대립하고 있다는 사실을 간파했었다. 이제 서로의 입장이 바뀌어 있었던 것이다. 프랑스는 어느덧 미국이 베트민에 대하여 강력한 군사작전을 취하는 것을 반대하는 입장이 되어 있었다.

제네바극동평화회의 후 덜레스 국무장관은 랜스데일을 사이공에서 하노이로 재배치시키면서 '10월에 베트민이 하노이를 접수하기 전에 심리전에서 주도권을 잡아야 한다'고 판단하여 적절한 조치를 취하라고 지시했다.

OSS가 CIA로 바뀌자, 랜스데일은 군사고문단 단장과 베트남 내의 CIA 총책임자가 되었다. 우선 급한 임무는 북측 난민을 남쪽으로 많이 내려보내는 것이었다.

CIA는 하노이 삼각주 지역에 거주하는 대규모 가톨릭 신자들에게 지대한 관심을 집중시켰다. 이 지역에서는 가톨릭 교회와 신자들이 30%가 넘는 토지를 소유하고 있었다. 세력 기반 확대에 열심이었던 가톨릭 신자 디엠은 이들에게 '남부에 있는 프랑스인들의 토지를 나누어주겠다'고 약속했다.

디엠이 북베트남 인민들을 회유하기 위해 강력하게 활용했던 슬로건은 "신은 남으로 갔다"는 것이었다. 신앙만으로는 쉽게 움직이지 않을 것이라고 판단한 CIA는 북베트남 인민들을 설득시켜 남베트남으로 데려오기 위해 교묘한 전략을 구사하기 시작했다.

북베트남 인민들에게 "그대로 북쪽에 남아 있으면 반역자로 몰려 큰 재앙을 당할 것"이라는 소문을 퍼뜨렸다. CIA는 이러한 첫번째 작전이 거짓으로 드러나 실패하자 다음에는 베트남 인민들이 잘 믿는 점성술을 활용하기로 했다. 이 부분에 해당하는 랜스데일의 회고를 살펴보자.

"우리는 책 한 권을 출판했다. 이 책은 '공산주의 지도자들의 미래는 어두우며 결국 베트남 공산주의 지도자들에게 큰 재앙이 닥칠 것'이라는 내용을 담고 있었다. 공산주의자들의 종말은 매우 불행하다는 내용이었는데, 이 책은 불티나게 팔렸고 우리는 수익금을 어떻게 해야 할지 모를 정도였다. 그러나 먼 훗날 이 예언은 아이러니컬하게도 정반대로 드러났다. 베트남의 모든 지도자들 중 디엠만 비극적인 종말을 맞이했기 때문이다."

디엠과 CIA가 펼친 북베트남 주민이주작전은 성공적으로 진행되었다. 1주일도 되지 않아 소지주와 가톨릭 신자 등 85만여 명이 남쪽으로 내려왔다. 이와 반대로 프랑스에 대항해서 레지스탕스 활동을 전개했던 게릴라와 베트민 병사 가족들이 주축을 이룬 8만 명은 북쪽으로 돌아갔다.

이 시기에 CIA는 '북쪽에서 기업 활동을 하고 있는 프랑스인들의 블랙리스트를 만든다'는 루머를 은밀하게 퍼뜨렸다. CIA의 공작은 파리와 하노이에서 일대 혼란을 불러일으켰으나, 효과는 탁월했다. 드디어 10월 11일 2개의 베트남이 현실로 다가왔을 때, 하노이에 잔류한 프랑스 기업인은 114명에 불과했다.

프랑스는 마지막 병력을 아무런 사고나 마찰 없이 북쪽에서 철수하는 등 제네바협정을 순조롭게 준수했는데, 이러한 정부 방침은 국내에서 "전후 화해정책이 효과를 발휘하지 못하고 있다"는 여론으로 나타나기도 했다. 그러나 좌익계 언론인 윌프레드 버체트는 '철군 행사는 매우 화기애애했다'고 회고했다.

"프랑스군은 구역별로 철수했다. 한 구역을 철수하고 나면 베트민이 뒤따라 바로 접수했다. 가끔 프랑스군과 베트민 병사들이 서로 손을 흔드는 모습도 볼 수 있었다. 구역마다 프랑스군이 철수함에 따라 거리는 생동감과 형형색색의 깃발로 넘쳐 났다."

11월 들어 호치민과 생트니는 문화와 경제에 관한 조약을 체결했다. 양측의 성실한 약속 이행에 따라 프랑스군 철수는 계속되었다. 당시 맺은 조약의 실질적 가치는 프랑스인 거주자들의 감소로 효력이 일시적으로 약화되기도 했지만, 호치민은 프랑스와 평화적인 관계를 유지하는 것이 제네바협정의 성실한 준수라고 생각하고 있었다. 한편, 프랑스는 미국의 베트남 개입을 중지시키기 위해 미국을 설득하고 있었다. 프랑스가 미국을 설득하는 데 내세운 논리는 이런 것이었다.

첫째 미국이 베트남에 개입하는 것은 베트남을 너무 가볍게 보는 것이고, 둘째 디엠은 사이공을 대표하는 인물로 적합하지 않다는 것, 셋째 프랑스나 서방 세계가 호치민을 인정하지 않으면, 그는 공산 진영으로 갈 수밖에 없다는 것이었다. 이러한 지적은 매우 적절한 것이었지만, 미국은 끝내 이해하려 들지 않았다.

프랑스는 미국을 설득하는 한편 남부에서 디엠을 반대하는 여러 정파들을 지원하고 있었다. 이것은 쿠데타를 일으켜 디엠과 미국의 의도를 좌절시키기 위한 교란작전을 펼쳤다는 뜻이다. 그러나 프랑스의 후방 교란작전의 결과는 그 이후 몇십 년에 걸친 상호 비난과 의심을 유발하는 요인으로 작용하였다. 〈펜타곤 페이퍼〉에 인용된 미 국무부 비망록에는 이렇게 기록되어 있다.

"프랑스는 제네바극동평화회의에서 협의한 1956년 총선거를 지연시키거나 파기하는 어떤 계획도 반대했다. 그래서 덜레스 국무장관은 과감한 조치를 내리기로 결정했다."

프랑스의 행동을 못마땅하게 여긴 미국은 앞으로 베트남 원조를 프랑스를 거치지 않고 사이공의 디엠 정부에 직접 제공한다고 선언했다. 알제리 문제로 골머리를 앓고 있던 프랑스는 베트남 문제를 '미국의 지갑'에 의존할 수밖에 없는 처지였다. 경제적 압박에 직면한 프랑스는 남베트남에서 모든 정치적 지위를 포기하기로 합의했다.

1955년 1월 1일, 프랑스 연합 내의 인도차이나라는 법적 지위 자체를 포기하고 남베트남의 주권을 디엠에게 이양했다. 국면의 완전한 반전 속에서도 프랑스는 북베트남과 외교 관계를 발전시키기 위해 애를 썼다. 반면 남부에서는 군사 원조를 앞세운 미 군사고문단의 역할이 확대되어 갔고, 워싱턴 정부도 6개월 전부터 계획했던 디엠의 군대 훈련에 착수했다.

첫해의 미국 군사 원조는 2억 1,400만 달러로 책정되었다. 디엠이 전면적인 사회개혁을 실시한다는 약속 아래 대규모 경제 원조를 지원키로 한 것이다. 당시 상원 재정분과위원이었던 윌리엄 풀브라이트는 허술했던 미국의 군사 원조 확대 과정을 이렇게 증언했다.

"하루에 100만 달러씩 제공한다는 약속이 상원에는 통보조차 되지 않았다. 인도차이나라는 말은 하나의 수사에 불과했다. 나를 포함한 재정분과위원 중 사이공에 가본 사람이 아무도 없었다. 문제의 핵심은 인도차이나에 대해 우리가 아는 것이 아무것도 없었다는 것이다."

1955년부터 2년간 국무부 연락관으로 일했으며, 훗날 베트남 주재 미국 대사가 된 그레이엄 마틴은 미 국무부가 게릴라전을 연구하고 있던 당시의 분위기를 이렇게 전하고 있다.

"공군에서는 적을 섬멸하기 위해서는 가공할 만한 화력만 퍼부으면 된다는 주장이었고, 육군에서는 재래식 전투가 적절하다는 전술이 지배적이었다. 한마디로 미국은 당시 게릴라전에 맞는 적절한 대응전략을 가지고 있지 않았다."

미국이 디엠 정권에 직접적인 군사 원조를 제공한다고 발표했지만, 디엠에 대한 첫번째 의문이 당시 미국 대사였던 로턴 콜린스L. Collins 장군에 의해서 제기되었다. 〈펜타곤 페이퍼〉에 의하면 콜린스 대사는 1954년 하반기에 '디엠 정권 외의 다른 대안을 시급하게 고려해야 한다'고 워싱턴에 보고했다. 콜린스는 디엠이 자기 집안의 영향력과 세력 있는 정파의 지원을 언급하면서 권력을 분산할 생각이 없음을 시사했다고 전했다. 이와 관련해 덜레스는 이렇게 말했다.

"베트남에 대한 투자는 인도차이나 지역에서 미국의 교두보를 구축하는 데 필요한 시간을 벌기 위한 경비였다고 볼 수 있다. 우리는 디엠 정권을 지원하는 외에 다른 대안이 없었다. 우리가 선택할 마땅한 인물이 없었기 때문이다."

1955년 초 미국과 디엠 정권은 정치적으로 유리한 입장에 서야 한다고 느꼈다. 그래서 2월 들어 8개국으로 구성된 동남아시아조약기구(Southeast Asia Treaty Organization : SEATO)를 결성하였고, 이 기구는 미국에게 힘을 실어 주게 되었다. 이때 체결된 라오스, 캄보디아 및 베트남 인접국가들을 보호해야 한다는 마닐라조약(동남아시아집단방위조약)은 이후 미국의 남베트남 군사 지원의 발판이 되었다.

4월 들어 디엠은 CIA의 지원을 등에 업고 자체 병력을 보유한 반체제 집단과 반정부 종교인 및 일단의 범죄자 집단 등 반대 세력을 제거하기 시작했다. CIA의 설명에 의하면, 디엠은 미국의 도움으로 제네바협정에 대응하는 한편, 북쪽에 도전하는 첫걸음으로 여러 가지 반대 정파의 분쇄 계획을 세웠다고 한다.

후에 사이공 주재 CIA 책임자를 지냈던 윌리엄 콜비W. Colby는 당시 워싱턴에 있었다. 미 군부와는 다르게 CIA는 디엠의 통치 방법이나 적대 세력을 제거하는 교활한 방식을 신뢰하고 있었다. 콜비의 증언을 들어보자.

"디엠이 수상에 취임했던 초기에 그는 자기가 살고 있는 수상 관저를 조금 벗어난 지역밖에 통치할 수 없었다. 사이공에는 경찰서를 약탈하는 갱단도 있었다. 시골 변두리 지역에는 여러 분파의 종교 무장 세력이 창궐했다. 디엠은 자기가 공산 세력으로 넘어가는 과도기적인 지도자가 되지 않겠다고 결심했다. 그래서 그는 정국을 장악했고 미국은 직접 개입을 피하면서 디엠을 지원하기로 결정했다."

몇 달 동안 디엠과 랜스데일은 수상 관저에서 여러 가지 음모를 진행시켰다. 체격으로 볼 때 둘은 어울리지 않는 짝이었다. 디엠은 키가 너무 작아서 의자에 앉으면 다리가 바닥에 닿지 않았다. 반면 랜스데일은 거구였으며, 그가 차고 있던 권총만큼이나 매력적인 외모를 하고 있어서 마치 산림 경비대원 같았다. 랜스데일은 험난한 늪과 산악 지대를 통과해 반정부 종교인 카오다이Cao Dai의 지도자를 만나러 간 적이 있었다. 그가 관찰한 카오다이교는 어떤 모습이었을까?

"우리는 지도자를 첫눈에 알아봤다. 카오다이교 지도자들은 바오 다이 황제까지도 조심스러워하는 호전적인 종교인들로 황제 측근들과 연합 세력을 구성하고 있었다. 그들은 바오 다이의 경찰을 내쫓거나 매수하기 위해 자기들의 통치 지역에서 언제든지 약 4만 명 정도의 병력을 동원할 수 있었다. 그들의 신앙은 종교라기보다는 우상 숭배에 가까웠다. 이를테면 카오다이, 호아하오 Hoa Hao, 단싸Dan Xa의 신도들은 현실적으로 이해하기 어려운 행태를 보이는 집단이었다. 카오다이교는 움직이는 소설처럼 보였다. 타이닌Tay Ninh 근처의 어떤 사찰에서는 셰익스피어와 빅토르 위고의 흉상을 만들어 놓고 숭배하기도 했다. 빈쑤엔Binh Xuyen이란 집단은 강을 거스르는 일단의 선박을 이용하여 사이공의 상업 지역, 사창가, 도박장과 아편 소굴을 장악하고 있었다. 그 집단의 지도자 바이 비엔Bay Vien은 매춘을 금지하는 포고령이 발표되자마자 디엠 궁을 기관총으로 공격하기도 했다."

디엠은 일련의 포고령 발표와 함께 친척들을 요직에 조심스럽게 기용해 여러 집단을 분리시키는 등 반대파들의 행동을 점차 축소시켜 나갔다. 1955년 3월 디엠은 미국의 재정 지원을 받고 있던 군부를 동원하여 사이공 경찰본부를 장악하고 있던 마피아 집단 빈쑤엔을 공격했다.

잠시의 휴전 기간 동안 콜린스 대사는 워싱턴에 다시 한 번 지도자 교체를 검토해 달라고 요청했다. 랜스데일에 의하면, CIA는 이러한 제안을 반대했다고 한다. 4월 들어 디엠은 다시 빈쑤엔에 대한 공격을 계속했다. 이틀 동안의 전투 끝에 그는 빈쑤엔 세력을 섬멸했다. 랜스데일은 이러한 일이 있기 바로 전에 디엠을 만났다.

"디엠이 반체제 인사들을 숙청하는 동안에 나는 수상 관저에 있어서는 안

되겠다고 생각했다. 내가 수상 관저에서 무전기로 명령을 내리고 있는 모습을 연상하는 사람도 있었지만, 그런 일은 정말 없었다."

국가 수반이었던 바오 다이는 당시 파리에서 디엠을 비난하는 전문을 보냈다. 그는 '디엠이 베트남 사람들의 피를 팔아먹는다'고 힐난하면서 그에게 사직하라고 명령했다. 그러나 디엠은 빈쑤엔 소탕작전 후 여론의 지지를 받고 있었다. 디엠은 랜스데일에게 자신의 문제를 상의하면서 어떻게 해야 될 것 같으냐고 물었다. 랜스데일은 이렇게 대답했다고 말했다.

"당신의 직속 상관은 바오 다이이지만 더 위에 있는 상관은 국민이다. 당신이 수상 자리에 남아 있기 위해서는 국민 투표를 통해서 국민의 의사를 물어보는 길이 최상의 방법이다. 디엠도 이 제안에 동의했으므로, 나는 부정 투표를 방지할 것을 강조했다. '당신에게 필요한 것은 공정한 투표에서 얻은 절대 다수이다. 나는 워싱턴에 있을 것이다. 내가 워싱턴에 있는 동안 당신이 갑자기 99%의 지지를 받았다는 소식을 듣지 않기 바란다. 만약 그런 소식을 접하면, 나는 당신의 국민 투표 결과를 인정하지 않을 것이다.'"

그런 대화가 있었던 것은 1955년 5월이었다. 6월 들어 하노이는 1956년으로 예정된 국제 감시하의 선거를 준비를 하기 위해 공식회담을 가지자고 제의해 왔다. 10월에 디엠은 자체 국민 투표를 실시했다. 디엠은 98%의 지지를 받았다고 발표했다. 랜스데일의 증언을 들어보자.

"10월 국민 투표에서 디엠은 부정 투표를 할 필요가 없었다. 그런데 그의 동생 고 딘 누Ngo Dinh Nhu가 전국 조직을 동원하여 많은 수의 투표함을 조작하고, 반대표가 많은 투표함은 없애 버리기도 했다."

호치민처럼 독신이었던 디엠은 수년의 망명 생활 동안 권력의 조작술을 연구한 인물이다. 그는 망명 생활 중 잠시 벨기에의 브뤼헤Bruges에 있는 수도원에서 '인격주의Personalism'를 연구했다고 한다. 디엠의 가계는 17세기에 가톨릭으로 개종했으나, '후에Hue 왕조' 시대 내내 상류 계급에 속했었다.

부정 투표로 54세의 나이에 대통령이 된 디엠은 자신이 생각하는 '인격주의'를 이행하기 시작했다. '사회는 상층부에 있는 남자들의 인간 관계에 의해 움직인다'는 것이 디엠의 생각이었다.

디엠은 동생 고 딘 누를 수석보좌관으로, 고 딘 누의 부인 마담 누를 공식적인 행사가 있을 때 퍼스트 레이디로, 마담 누의 아버지는 미국 대사로, 어머니는 유엔 옵서버로, 자기의 친형은 후에의 추기경으로, 다른 2명의 형제들은 지방의 권력자로 임명하였으며, 사촌들과 일가친척들에게는 내각의 주요 직책과 지방 관공서의 요직을 내주었다.

디엠의 수석보좌관 고 딘 누는 디엠 집권 즉시 '칸 라오Can Lao'라고 부르는 비밀경찰을 조직했다. 랜스데일은 이 조직이 국민 투표를 조작한 원흉이라고 의심했다. 디엠은 북부와의 총선거를 거부하고 남부 단독의 국회의원 선거를 통보했다.

랜스데일은 미국 정부에 디엠의 계획을 보고했다. 디엠은 자신의 계획을 강력하게 밀고 나갔다. 지방 주민들의 분위기가 호의적이지는 않았지만 이렇다 할 반대도 없었다. 공산주의자들의 태도 또한 호전적이지 않았기 때문에 남베트남 단독 선거가 진행되더라도, 공산주의자들의 일부 선거 방해가 예상되긴 했지만 디엠은 무난히 승리할 수 있을 것으로 전망되었다. 그러나 남북 총선거를 할 경우 디엠의 승리는 전혀 기대할 수 없었다. 디엠은 자신의 부정 투표처럼 공산주의자들도 선거를 조작할 것이라고 생각했다.

하노이에서 수상 팜 반 동은 1956년 3월에 있을 디엠 정권의 국회의원 선거를 미국의 사주에 의한 음모라고 보고 예의 주시하고 있었다. 그는 "미국이 제네바협정을 뻔뻔스럽게 위반하고 있다"고 비난했다. 하노이의 반응에 대해 CIA의 콜비는 이렇게 요약했다.

"공산주의자들은 2~3년 동안 북베트남을 완전하게 조직화할 계획을 가지고 있었다. 엄청난 기근을 겪었던 그들은 집권 직후 토지개혁을 단행했다. 그들은 많은 지주들을 살해했으며, 이후에도 이러한 성격의 처형이 계속 이어졌다."

미국 정보기관은 자신들의 추계에 의하면, 약 3만 명의 지주와 반체제 인사들이 북부에서 숙청되었다고 주장했다. 그러나 미국의 역사학자 개리스 포터 G. Porter는 자신의 저서 〈평화는 거부되었다 Peace Denied〉에서 "이러한 추산은 베트남을 탈출하여 미국에서 연금을 받고 있는 사람들의 증언에 기반하고 있다"면서, 자신의 계산으로는 북부에서 숙청당한 사람은 2,500명을 넘지 않을 것이라 말했다.

3년에 걸친 디엠의 내정개혁 노력은 농촌 지역에서 민중 봉기와 반정부 시위를 유발했다. 그는 85만 명에 이르는 북부 난민을 성공적으로 정착시켰지만, 1956년 중반부터 시작된 토지의 재분배 계획은 고질적인 족벌체제와 관리들의 심각한 부패로 실패하고 말았다.

정부가 불하하는 토지는 높은 가격을 써내는 입찰자들에게 낙찰되었다. 중앙정부의 방대한 통제체제에 따른 경비 증가 때문에 주민들이 내야 하는 세금은 토지 금액의 60%를 차지하기도 했다. 프랑스 점령 시대보다 더 많은 세금을 내는 것에 분노한 농민들은 마을의 수장 선출 방식을 바꿔 줄 것을 강력하게 요구하였다. 즉, 사이공 정권이 지명한 사람이 아닌 과거의 직접 선출 방식으로의 회귀를 요구했다. 프랑스 식민지 시대에도 어느 정도의 지방 자치는 인정되었다. 이전까지만 해도 디엠은 정직한 사람으로 인식되었지만, 이후 점차 고립되어 가기 시작했다.

고 딘 누의 비밀경찰들은 베트민의 전략촌으로 알려진 1만 6,000개의 마을을 조직적으로 소개시켜 버렸다. 알렉산더 켄드릭 A. Kendrick이 쓴 〈미국의 갈등 The Wound Within〉이란 책에 의하면, 고 딘 누는 7만 5,000명을 살해했고 5만 명을 투옥했다고 한다. 한참 후에 나온 〈끝없는 전쟁 Our Endless War〉이란 책에서 디엠의 마지막 육군참모총장이었던 트란 반 돈 Tran Van Don 장군은 "미국은 민주주의라고 생각했던 디엠 정권이 저지른 지나치게 폭력적인 행동까지도 인정했다"고 주장했다. 이에 관한 내용을 좀더 살펴보자.

"그들은 제멋대로 체포했고, 집단수용소에서는 아무런 법적인 보호 조치도 받을 수가 없었다. 기간도 정해지지 않은 채 감금했다. 공산주의자로 의심이 가는 사람이 있으면 암살도 서슴지 않았다."

고 딘 누의 비밀경찰이 자행한 게슈타포 같은 행동이나 고문 이야기가 널리 퍼지면서 비난이 쏟아지기 시작했다. 확실한 공산주의자들이나 공산주의 동조자들에게 국한하여 이런 행동을 했다면 사람들이 그런대로 이해했을 것이다. 그러나 억압은 단순히 다른 정당의 대표나 대변인처럼 정권을 비판하는 사람들에게까지 확산되어 갔다. 또한 정부의 학정에 항거하는 보통 사람들을 탄압·투옥하는 일이 일상적으로 자행되었다.

촌락의 파괴는 현실적으로 많은 문제점을 남겼다. 뒤에 CIA 총책임자가 된 콜비는 지방 자치 실시 시기를 통일을 위한 총선거 이후 1년이 지난 1957년쯤으로 잡았다. 콜비의 구상이 알려지자 북베트남은 남부에 대해 신경을 쓰기 시작했다. 1957~1958년에 작성된 국무부 서류에는 "북베트남은 남쪽에서 그들의 조직망을 재가동시키는 문제를 고려하기 시작했다"는 콜비의 증언이 들어 있다.

"지금 생각해 보면 당시 북베트남은 두 가지 접근 방식을 구사했다. 정치적인 회담에서 자기들의 방식대로 해결점을 찾을 수 있으면 좋지만, 그렇지 못할 경우는 인민전쟁으로 전환할 수밖에 없다는 것이었다."

개리스 포터는 하노이 지도자들이 정치적인 해결 방안을 꾸준히 모색했던 한편, 무장 봉기를 주장하는 남쪽의 항불 레지스탕스 출신의 게릴라들에 대해서는 철저하게 함구했다고 전했다. 일련의 공산주의자 검거 열풍은 하노이의 지도자들에게 엄청난 압박 요인이 되었다. 검거 열풍의 후유증으로 사이공 정부가 지명한 촌락의 지도자들이 계속해서 암살당했다.

1957년 1월 인도, 폴란드, 캐나다에서 온 참관인들로 구성된 '국제감시위원회(International Control Committee : ICC)'는 "남쪽이고 북쪽이고 휴전협정을 전혀 지키고 있지 않다"고 보고했다. 위원회의 지적은 양측 모두에게 구실을 준 셈이었다. 당시 캐나다 위원 크리스토퍼 대그C. Dagg는 "양측의 화해 정신 부재가 처음부터 위원회 활동을 비효율적으로 만들었다"고 불평했다.

디엠은 이제 북측 게릴라 활동의 증거를 내놓을 수 있게 되었다. 그는 300명의 미 군사고문단 교관들에게 훈련받은 13만 5,000명의 병력을 보유하고 있었다. 디엠은 워싱턴에 미 군사고문단의 지원 규모를 강화시켜 줄 것과 미국의 원조를 과시해 달라고 요청했다. 5월 들어 디엠은 미 상원 합동위원회의 연설 초청을 받는다. 미국 정부는 이 위원회를 통해 아이젠하워 대통령의 선언을 발표했다.

"자유를 수호하기 위해, 미국을 수호하기 위해, 여러 곳에서 여러 가지 형태로 비용이 지불되어야 한다. 베트남은 생존에 필수적인 군사체제를 갖추고 있지 못하다. 현재 베트남이 필요로 하는 것은 경제적인 원조와 더불어 군사적인 도움이다."

디엠은 곧이어 자신이 미국에 주장했던 북측 게릴라 활동에 대한 확실한 증거를 보여줄 수 있게 되었다. 10월에 테러리스트들이 사이공에 있는 미군 시설물들을 파괴한 것이다. 1958년 1월에는 일단의 게릴라들이 사이공 북쪽의 농장을 공격했다. 이때 디엠은 처음으로 '베트콩Viet Cong'이란 말을 사용하기 시작했다. 이 말은 '베트남 공산주의자Vietnamese Communist'라는 의미의 경멸 섞인 약어이다. 결국 이 말은 그 전까지 사용하던 '베트민'이라는 말을 대신하여 세계적으로 널리 퍼졌다.

1958년은 남북 양측이 서로의 의도를 판단하는 데 아주 어려운 한해였다. 3월 7일 고 딘 디엠 대통령은 북베트남 팜 반 동 수상의 편지를 받았다. 이 편지에서 팜 반 동은 '통일을 위한 준비 단계로 상호 군비 감축과 무역 거래 재개를 위한 대화'를 제안했다. 4월 26일자 회신에서 디엠은 '남쪽에서 실시하고 있는 민주주의적 기반을 구축하기 전까지는 북쪽의 어떤 제안도 받아들일 수 없다'는 뜻을 분명히 했다.

당시 워싱턴에서 동남아시아 정세를 누구보다도 깊이 관망하고 있던 외교관 출신의 케네스 갤브레이스J. K. Galbraith는 남북 베트남 상황을 이렇게 적고 있다.

"내 견해는 매우 간단하다. 동남아시아도 대혁명의 시대에 휩싸이게 되었다는 생각이다. 그리고 이 혁명은 중국과 소련의 '힘의 독점체제'에서 연유한 것이다. 중국의 혁명이나 소련의 혁명과 아무런 차이섬을 발견할 수 없다."

개리스 포터는 이렇게 주장했다.

"북베트남은 미국을 자극하지 않는 범위 내에서 가능한 한 소련의 정책을 많이 따랐다. 그러나 날이 갈수록 전쟁 압력의 수위는 높아만 갔다. 1959년 초 하노이측은 남쪽에 있던 세포요원들에게 '만약 공격을 당하면 정치 활동의 근거 확보를 위해 자신들을 방어하라'고 지시했다. 그러나 그들은 곧바로 남부의 농촌 마을까지 점령하기 시작했다."

사이공에 돌아온 콜비는 전국 곳곳에 공산주의자들이 뿌리를 내리고 있는 것을 발견했다. 콜비와 포터의 견해에는 약간의 차이가 있었을 뿐이다. 콜비가 가장 심각하게 우려했던 것은 1954년 북베트남으로 갔던 사람들 중 많은 사람들이 다시 돌아왔다는 사실이었다. CIA의 추측으로는 약 5,000명의 남부 출신 세포요원들이 1959년에 다시 침투해 온 것으로 판단했다. 콜비는 북베트남 세포요원들의 활동은 정치적인 것에 국한된 경우가 많았다고 말했다.

그들은 처음에 농촌에서 정치적인 결사단체를 만드는 일부터 시작했다. 농촌 마을들을 돌아다니면서 이번에는 프랑스가 아니라 미국과 디엠에 대한 투쟁과 혁명을 계속해야 한다고 선동하고 다녔다. 그들은 디엠을 '미국의 앞잡이'라고 비난했다.

이것은 매우 정치적인 접근이었다. 그들은 지금의 투쟁을 전에 있었던 항불운동 당시의 국민적인 투쟁과 동일시하기 위해 노력했다. 저항운동은 촌락에서 치열하게 벌어지고 있었다. 강연회를 개최해서 동조자들을 늘려 나가는 한편 간헐적으로 마을의 수장이나 부패 공무원들을 살해하는 일이 2~3년간 지속되었다.

미국의 정책에 대한 문제점 비판은 당시 CIA의 자문 책임자였던 콜비는 자문 내용이 가장 통렬했던 것으로 밝혀졌다. 콜비가 '비판'했던 당시 상황을 들어보자.

"나는 베트남 역사에서 매우 비관적이라고 할 수 있는 사태가 지금 발생하고 있다고 생각한다. 베트남에 있는 무력의 대부분을 차지하고 있는 미군은 한국전쟁을 상기하면서 '베트남에서 긴장이 고조될수록 북베트남의 공세에 대비하기 위해 군비를 보강해야 한다'고 주장했다. 그러나 나는 끝이 보이지 않는 병력과 화력의 증강을 우려하지 않을 수 없다. 미국은 베트남에서 근본적인 실수를 저질렀다고 생각한다. 한마디로 우리의 주체성이 없었다. 만약 전쟁이 계속된다면 그것은 순전히 군인들의 몫일 것이다."

콜비는 1960년에도 이렇게 말했다.

"중국과 소련의 동맹 관계는 깨지고 미국은 베트남 군사고문단을 685명까지 배로 늘렸다. 나는 디엠의 승인을 얻은 '전략촌 계획 Strategic Hamlet Program'에 따라 촌락 유지들을 정치적으로 설득시켜 나가는 전략을 수행중이었다. 당시 디엠이나 호치민 양측을 잘 아는 사람들은 상호간에 전투를 피할 수 있다고 생각하는 것처럼 보였다."

남쪽에서 활동하던 게릴라들이 '베트남민족해방전선(National Liberation Front : NLF)'을 결성한 뒤 버체트 기자는 하노이에서 호치민을 다시 만났다. 버체트는 베트남민족해방전선이 주장하는 '중립 외교 노선'을 읽어보고 그에게 물었다. 호치민은 이렇게 대답했다.

"그것은 남쪽 사람들의 문제이고, 그들이 결정해야 할 문제다. 무엇이 가능한지 우리보다 훨씬 잘 알고 있을 것이다. 우리는 중립 외교가 남쪽 인민에게도 타당한 것이라고 생각한다. 베트남 중립은 이미 중립 노선을 표방한 캄보디아나 라오스 등 인접국가와도 선린 관계를 잘 유지할 수 있는 정책이다. 일반적으로 서방 세계가 수용하는 데도 전혀 문제가 없을 것이다. 그래서 우리는 이 정책을 대단히 긍정적으로 생각하고 있지만 어쨌든 결정은 그들이 해야 할 것이다."

사이공은 중립안에 대한 의견 표명을 유보하고 있었다. 남쪽 사람들은 디엠이 미국의 정치적·군사적 의도를 어떻게 반영할 것인지 궁금해했다. 당시 디엠의 공보비서였던 톤 타트 티엔Ton That Thien의 진술을 들어보자.

"1960년 이후 미국은 디엠 정권에 강력한 개입을 시작하면서, 남베트남으로 대거 몰려들기 시작했다. 디엠과 누는 속수무책이었다."

군부 실력자의 한 사람으로 디엠의 통치에 회의적이었던 트란 반 돈 장군은 다음과 같이 회고했다.

"큰 전쟁은 피해야 한다는 데 합의가 이루어졌으며, 당시 우리가 정말로 필요로 했던 것은 외국의 군대가 아니고 우리 스스로 화해하는 것이었다. 1960년대에 시작된 혼란은 디엠의 실책 때문이었다. 그는 국민의 85%를 차지하는 농민들에게 대중적인 인기를 상실했다. 자신의 야심 때문에 점차 독재로 다가갔고 베트남의 왕이 되고자 했다. 남베트남에서 특별한 사명을 완수하라는 신의 계시가 있었던 것처럼 믿고 있었다."

디엠의 가장 친한 미국인 친구였던 랜스데일 대령은 그를 수상 관저 안에만

>>>> 1963년 초, 전략촌 방어에 나선 남베트남 병사들이 수로에 죽창을 세우고 있다.

있는 '은둔자'라고 묘사한 바 있다. 1960년 12월 베트남의 정확한 정세를 파악하기 위해 사이공으로 돌아온 랜스데일은 게릴라 활동과 반디엠 운동에 대한 강경 조치 사이에 커다란 연결고리가 있음을 발견했다. 랜스데일은 그때의 심경을 이렇게 털어놓았다.

"나는 워싱턴에 '디엠 자신이 지도력을 발휘해야 한다'고 보고했다. 그런데 디엠은 실질적인 권한을 그의 동생 누에게 맡기고 모든 것을 누에게 의존하고 있었다. 비밀경찰 총책 누와 CIA의 콜비는 전혀 호응을 얻지 못하던 '전략촌 계획'을 공동으로 추진하고 있었다. 멀리 떨어진 게릴라 활동 지역의 주민들은 요새화된 캠프나 집단농장에 재수용되었다. 주민들은 요새 방어용 해자垓字를 파고 철조망과 대나무로 울타리 치는 일에 동원되었다. 이런 작업은 주민들이 스스로 자기 방어를 한다는 차원이었으나, 자발적으로 하는 경우는 매우 드물었다. 대부분의 주민들은 밤에는 게릴라 편에 서고, 새벽부터는 대나무 바리케이드를 쳐서 남베트남 정부 편인 것처럼 위장했다."

전체적인 분위기는 사이공과 워싱턴이 서서히 포위되어 가는 모습이었다. 이런 상황에서 1961년 1월 20일 케네디 대통령의 취임식이 있었다. 아이젠하워 대통령 시절 미국은 자유 수호와 미국 방어의 대가로 베트남을 지원한다고 했다. 그러나 베트남에 있는 미국인이나 언론들은 디엠 정권하의 국민들에게는 아무런 자유가 없다고 보도했다.

2개월 전에 디엠 휘하의 정예 공수대대가 반디엠 쿠데타를 일으켰으나 미수에 그쳤다. 케네디 대통령 취임 2주일 후 디엠은 재선거 준비에 착수하였고, 베트남민족해방전선은 게릴라 공세를 발표했다. 케네디는 베트남에서 미국의 손실을 줄이는 문제를 전혀 고려하지 않았다고 그의 보좌관들이 증언했다. 왜냐하면 그때까지 게릴라 활동으로 숨진 미국인은 군사고문단원 1명뿐이었기 때문이다.

케네디 대통령은 군인들의 대부처럼 인자한 인상을 풍기는 전임 아이젠하워 대통령의 영향을 크게 받은 것으로 알려져 있다. 케네디 대통령은 취임과 동시에 전체주의 테러의 긴박한 위협을 방지하기 위해 미국이 세계의 경찰국가가 되어야 한다고 생각했다. 케네디의 취임 며칠 전 소련의 흐루시초프Khrushchov는 세계 혁명을 지원하겠다는 강력한 어조의 연설을 하였다. 이와 때를 같이 하여 라오스에서는 라오스 정부군Royal Lao Army과 좌파 세력인 파테트라오Pathet Lao 사이에 예상치 못한 내전이 발발했다.

케네디의 보좌관 로저 힐스먼R. Hilsman에 의하면, 케네디 취임식날 아이젠하워는 케네디를 따로 만나 긴급한 몇 가지 정보를 주었다고 한다. 아이젠하워는 "동남아시아에서 미국의 군사적 개입을 억제하기 위해 꾸준히 노력했으나, 라오스는 공산주의자들에 대항해서 강력한 정책을 구사할 정당성을 제공했다"고 지적했다. 힐스먼은 아이젠하워가 케네디에게 조언한 내용을 이렇게 전했다.

"아이젠하워는 케네디에게 두 가지 조언을 했다. 첫째 라오스는 케네디가 풀어야 할 큰 문제이며, 둘째 이 문제는 아주 시급한 것으로 라오스에 군대를 파견하라는 것이었다. 더불어 아이젠하워는 케네디가 그렇게 하면 적극 돕겠다고 하였다."

케네디의 또 다른 보좌관이었던 슐레징거는 이러한 사실을 확인하면서 다음과 같이 말했다.

"아이젠하워는 라오스를 매우 강조했는데, 미국의 안보에 예민하게 작용할 것이라는 게 그 이유였다. 케네디에게 필요하다면 단독 개입을 하라고 주장했다. 그러나 케네디는 맥밀런MacMillan 영국 수상에게 부탁해서 아이젠하워에게 편지를 쓰도록 했다. 맥밀런이 보낸 편지는 '반공산주의 군대를 이러한 곳에 투입하는 것은 현명하지 못한 행동'이라는 내용이었다."

케네디 집권 초기 수석군사고문이었던 클라크 클리퍼드C. Clifford의 견해에 따르면, 아이젠하워는 케네디에게 큰 영향력을 미쳤다고 한다. 클리퍼드는 두 사람의 만남을 수차례 주선했으며, 마지막 보고는 케네디 취임 하루 전에도 있었다. 클리퍼드는 상세한 메모를 남겼다.

"아이크(Ike : 아이젠하워의 애칭)의 주요 과제 중 첫번째는 동남아시아였다. 그는 아시아에 중요한 의미를 부여했다. 세계 평화 유지에 엄청난 위험이 되기 때문이라고 했다. 아시아의 공산화 방지를 위해 동남아시아조약기구에 협조를 요청해야 된다는 말은 매번 만남의 마지막을 장식했다. 내가 한 마지막 보고에 대하여 아이젠하워는 '만약 우리가 동맹국들을 설득해서 우리를 돕게 하지 못한다면, 단독으로라도 행동해야 한다'는 말로 끝을 맺었다."

후에 국방장관이 된 클리퍼드는 "아이젠하워는 도미노 이론에 매우 심취해 있었다"고 회고했다.

"아이젠하워는 미국이 만약 남베트남이 함락되도록 방치한다면, 그 다음의 도미노는 라오스, 캄보디아, 미얀마가 될 것이며 이어서 주변의 섬나라들로까지 확산되어 간다는 것이었다. 필리핀에 뒤따라 오스트레일리아, 뉴질랜드도 영향권에 속할 것이라고 말했다. 아이젠하워의 생각은 대통령 당선자 케네디의 사고에 큰 영향을 미쳤다. 그날은 1961년 1월 19일로 대통령 취임 하루 전이었다."

1961년 4월 9일 디엠은 압도적인 지지로 대통령에 다시 당선되었고, 게릴라의 즉각적인 반격은 없었다. 케네디 행정부의 신임 대사로 사이공에 부임했던 프레더릭 놀팅F. E. Nolting은 이렇게 회고했다.

"디엠은 나에게 베트남은 미국의 전투 병력을 원하지 않는다고 말했다."

한 달 후인 5월 5일 케네디는 기자회견에서 "필요하다면 미국은 남베트남이 공산주의와 싸우는 데 도움을 주기 위해 미군의 파견을 고려하겠다"고 발표했다. 부통령 린든 존슨이 디엠과 회담을 가지기 위해 곧바로 사이공으로 향했다. 존슨과 디엠의 회담에 배석했던 놀팅 대사의 이야기를 들어보자.

"회담 결과를 정리한 공동 선언문은 매우 강력한 것이었다. 미국에는 도덕적인 정당성을 부여하면서도 실질적인 지원 약속이 담겨 있었다. 여느 때와 마찬가지로 축배가 뒤따랐다. 이 자리에서 존슨은 디엠을 '베트남의 조지 워싱턴'이라고 극찬했다. 모든 참석자들은 흐뭇한 분위기에서 축배를 들었다."

4일 후 존슨이 워싱턴으로 돌아오기 직전에 라오스에서 종전 뉴스가 흘러나왔다. 5월 16일 제네바에서는 라오스 문제를 토론하기 위한 14개국 회의가 개최되었다. 이어 케네디와 흐루시초프가 비엔나에서 '라오스 중립화 문제'를 확인하기 위해 단독회담을 가졌다. 케네디 대통령 취임 5개월이 지나기 전에 아이젠하워가 우려했던 문제들이 해결된 것이다. 아이젠하워는 케네디가 취임하기 전 '미국이 즉시 전쟁에 참여해야 된다'고 주장했었다.

　흐루시초프가 떠난 뒤 케네디는 파리에서 드골을 만났다. 드골은 젊은 대통령 케네디에게 이렇게 말했다.

　"당신이 노심초사하는 이데올로기는 아무것도 변화시킬 수 없을 것이다. 미국은 얼마 전까지만 해도 인도차이나에서 우리의 자리를 차지하려고 했고, 지금은 우리가 이미 꺼 버린 전쟁의 촛불을 다시 붙이려고 한다. 내가 당신에게 하고 싶은 말은 '미국은 끝없는 전쟁과 정치적인 수렁에 천천히 휘말리게 될 것'이라는 것이다."

　그러나 케네디는 베트남을 매우 민감하게 느끼고 있었다. 그는 한 국가의 자유가 공산주의자들이 주도하는 폭동에 의해 결국 박탈될 수도 있다는 생각을 했다. 제2차 세계대전 당시 OSS 대원이었고 케네디 대통령의 주요한 해외 정책 입안자였던 힐스먼은 미국의 피그스 만 침공(Bay of Pigs invasion : 미국 정부의 재정 지원을 받아 약 1,500명의 반카스트로 쿠바 망명객들이 쿠바의 남서부 해안인 피그스 만을 침공했다가 실패한 사건 - 역주)을 케네디 대통령이 '미국의 정책을 다시 조정하는' 첫번째 시험대로 봤다. 쿠바 위기 내내 케네디와 함께 일했던 힐스먼의 이야기를 들어보자.

　"케네디는 나에게 '피그스 만이 많은 것을 가르쳐 주었다'고 말했다. 첫번째는 장군들이나 CIA를 믿을 수 없다는 것이었고, 두번째는 만약 미국 국민이 우리의 해안에서 90마일 떨어진 곳에 있는 공산주의자들을 제거하는 데 미국의 무력 사용을 동의하지 않는다면, 어떻게 9,000마일 떨어진 곳에 있는 공산주의자들을 제거하는 데 미국의 무력을 사용하자고 말할 수 있겠느냐는 것

>>>>> 존 F. 케네디 대통령과 동생 로버트 F. 케네디. 군사고문 맥스웰 테일러(가운데) 장군은 1964년부터 1965년까지 남베트남 대사를 지냈다.

이었다."

그러나 다른 한편에서 케네디는 해외 문제에 대한 강경한 조치가 국내에서도 정치적으로 상당한 영향력을 발휘하게 될 것이라고 생각했다. 케네디 대통령의 특별고문이며 경제학자인 갤브레이스는 어떤 의미에선 항복이라는 비판을 받고 있던 쿠바와 라오스 위기에 대한 케네디 대통령의 대응을 주시했다.

갤브레이스는 대통령에게 이렇게 말했다.

"베트남은 상대적으로 중요하지 않다."

그러자 케네디가 대응했다.

"나도 당신 생각에 동의한다. 그러나 정치적인 문제가 남아 있다. 잘못하다간 1년 내에 돌이킬 수 없는 정치적인 패배를 자초할 수 있다."

1961년 후반부터 케네디는 정치적인 문제와 군사적인 문제가 서로 매끄럽지 않게 진행되고, 제안하는 대응책들이 서로 상충되는 것에 지쳐 있는 듯이 보였다. 미국 군부는 그에게 지난 2년 동안 게릴라 병력의 90%가 현지에서 충원되어 당시 1만 7,000명 정도라고 말했다. 2년 전에 비하여 300%나 증가한 숫자였다.

사이공측의 병력도 2만 명으로 증원되었지만, 베트콩은 60마일밖에 떨어지지 않은 지방 도시를 아무런 저항 없이 약탈하곤 했다. 치안 부재에 빠진 디엠은 국가비상사태를 선포하고 개인적으로 케네디에게 양국간 안전보장조약을 요청하는 서신을 보냈다. 디엠의 요청을 받은 케네디는 군사고문 맥스웰 테일러M. Taylor 장군을 불러 상의했다. 테일러 장군의 회고를 들어보자.

"어느 날 아침 백악관에서 대통령을 만났다. 케네디는 복도를 걸어가면서 '디엠이 보낸 편지가 여기 있소' 하면서 대답할 방법을 가르쳐 달라고 말했다. 우리는 이 문제에 대한 해답을 구하기 위해 11년을 소비했다. 미국이 베트남에 민주정부를 세우기 위해서 군비를 증강할 것이냐의 문제였다."

베트남에서 테일러 장군은 디엠의 자문에 충실했다.

"시련은 항상 뒤따랐다. 디엠은 언제나 2세기 전의 상황과 당시를 비교했다. 대화는 프랑스어로 이어졌다. 그는 언제나 담배를 물고 있었는데 눈매는 졸린 듯 흐릿했다. 딱딱한 대화가 계속되었다. 그럼에도 불구하고 나는 이 조그마한 사람에게 깊은 존경심을 나타냈다. 그는 분명 강인한 애국자임에 틀림없었다."

테일러와 디엠은 새로운 출발에 합의했다. 미국의 새로운 군사 지원의 대가로 정치개혁을 조속히 단행한다는 조건이었다. 1961년 11월 케네디에게 전달된 테일러의 권고안에는 전투 개입이 포함되어 있었다.

케네디의 특별고문 슐레징거는 "새로운 제안은 1만 명 정도의 병력을 홍수 통제단원으로 위장하는 것이었다"고 말했다. 케네디는 이러한 아이디어에 반대한다고 말했다. 그러나 몇 주일 후에 케네디는 테일러의 권고안을 받아들여 '독수리 비행단Eagle Flights'으로 명명한 첫번째 헬리콥터 부대를 파견했다. 300명의 조종사들에게는 베트남 병사들을 전투 현장에 '실어 나르는' 역할만 주어졌다.

자체 방어 외에는 전투 참가가 엄격히 금지되었다. 1962년 초에는 베트남에 파견된 미 군사고문단 소속 인원이 종전의 10배인 4,000명으로 늘어났다. 이 숫자는 테일러 장군이 주도한 게릴라 진압부대의 선봉이었던 특수부대 '그린베레Green Beret' 를 제외한 병력이었다.

그린베레의 한 사람이었던 브라이언 젱킨스B. Jenkins 대위는 "케네디의 결정에 많은 사람들이 만족해했다"고 말했다. 사람들은 케네디 시대의 수사학적 용어들을 상기해 볼 필요가 있다고 말한다. 케네디 시대가 만들어 낸 평화봉사단은 예외로 치더라도 '개입한다는 의지를 감춘' 상징적인 특수부대의 이름들이 충분한 근거가 될 것이다.

조국에 봉사한다는 애국심의 개념이 있었고, 지원자들도 예전에 비하여 훨씬 많았다. 케네디와 특수부대 간에는 특별한 관계가 있었다. 미국에서 특수부대는 케네디와 가장 밀접한 거리에 있었으며 게릴라 문제를 처리하는 데 특별한 능력을 지니고 있었던 것도 사실이다.

그러나 케네디는 자기 행동에 자신감을 가지지 못했다. 국방부와 최근의 군사전략을 놓고 자주 협력했던 국무부의 케네디 지지자 그레이엄 마틴은 다음과 같은 충고를 한 적도 있었다.

"그린베레의 활용은 큰 잘못이었다. 그들은 대게릴라 작전보다는 게릴라 위장 침투 훈련을 훨씬 많이 받았기 때문이다."

국무장관 러스크는 케네디를 "세계의 이목이 집중되자 힘에 겨운 나머지 멍한 상태에 있었다"고 묘사했다. 베트남은 미국이 집단안보체제에 관심이 있는지를 심각하게 물었다. 러스크는 이렇게 강조했다.

"만약 미국이 베트남에 아무것도 도와준 것이 없었다면 동맹국들은 이렇게 말했을 것이다. '자, 보십시오. 여러분, 미국은 믿을 수 없습니다' 라고."

미국이 딜레마에서 탈출할 수 있는 길은 9,000마일 떨어진 1,700만 명의 인구를 가진 나라의 은둔자 수상이 약속한 확실한 내정개혁 작업뿐이었다. 케네디는 디엠의 목적과 '전략촌 계획' 이 상충된다는 보고서를 받았다. 1962년 사이공 정부는 자기들이 계획했던 1만 1,000개 마을 중 4,000개의 전략촌을 세워서 남베트남 총인구의 39%를 그곳에 다시 정착시켰다고 보고했다. 1962년 필자와 카메라맨이 전략촌 중 한 곳을 방문했을 때 근처에서 갑자기 게릴라의 공격이 있었다. 여기에 대응하는 소년 방위병들의 기는 소총 길이에 불과했다. 그들은 요새의 문을 활짝 열고 총을 버렸다.

44개 성의 3/4을 방문하고 난 다음 놀팅 대사는 '디엠은 가장 존경받는 지도자'라고 확신했다. 그는 디엠을 아주 정직한 귀족이라고 옹호하면서 다른 사람들이 말하는 '디엠 가족 비판'을 일축했다. 놀팅 대사는 이렇게 생각했다.

"디엠 형제들의 영향력은 대체로 나쁘지 않았다. 예컨대 고 딘 누는 전략촌 계획에 열중했는데, 나는 그 계획이 베트콩의 약탈에서 농민들을 방어하는 데 매우 효과적이라고 생각했다."

케네디는 이제 북베트남의 팜 반 동 수상이나 미 국무부 차관보 로저 힐스먼의 주장과 완전히 다른 의견을 제시하는 미국 대사의 판단을 검토해야만 했다. 팜 반 동도 남베트남이 '번영의 마을', '전략촌', '농업 정착지'라고 이름 붙인 위장된 집단 거주지를 만들어 놓고 있다고 주장했다.

힐스먼은 디엠과 그의 동생 누가 대게릴라 작전에는 적극 반대하면서, 집단 거주지를 만들고 주민을 이주시키는 '전략촌 계획'을 꾸준히 추진했다고 말했다. 그러한 일은 미국이 주장하는 정책에 완전히 반대되는 일이었다. 콜비와 마찬가지로 힐스먼도 이렇게 말했다.

"미 군부와 웨스트포인트 육군사관학교 졸업생들은 군사적인 해결책밖에 없다고 생각했다. 누군가는 승리를 해야 되니까. 군부는 '전략촌 계획'을 점차 회피하기 시작했고, 심지어 거짓 보고까지 했다. 실질적인 비극은 이보다 훨씬 컸다. 케네디 대통령은 나를 부르더니 현지 사령관인 폴 하킨스 P. Harkins 장군에게 이 '전략촌 계획'의 배경에 대해 설명을 잘하라고 했다. 나는 하킨스가 이 정책을 오해하고 있다고 생각하지는 않았다. 몇 년 후 나는 그와 그의 부하들이 이러한 일은 다른 사람의 몫이라고 생각하고 있었다는 것을 뒤늦게 알 수 있었다."

케네디는 군사, 정치고문이나 대사, 현지 사령관, 국무부 사람들을 마치 개인적으로 지휘하는 것 같았다. 그래서 국무부와 CIA는 온갖 비난을 다 받고 있었다. 케네디는 1962년 후반부터 아무도 정의할 수 없고, 동의할 수도 없는 전술을 수행하기 위해서 1만 2,000명의 군사고문단을 베트남에 파견했고, 감독관을 파견하기도 했다. 국방부 차관보 폴 니츠P. H. Nitze는 이렇게 말했다.

"북베트남군의 침투는 점차 수위를 높여 갔다. 그들은 마을의 시설들을 하나 둘씩 파괴해 가는 소극적인 목표도 부분적으로 달성하고 있었다. 이런 행동은 세계의 다른 지역에서도 볼 수 있었던 정치적인 테러 활동의 하나였다. 따라서 군사적인 행동으로 이런 문제를 해결할 수 있을 것이라는 고위층의 판단에 강한 의구심을 가지지 않을 수 없었다."

케네디의 군사고문을 지낸 맥스웰 테일러 장군도 니츠의 의견과 비슷했다.

"미 대사관에 근무했던 직원들이나 사이공에서 임무를 수행중이던 미군들 모두가 미국의 원조와 군사적인 지원 없이 남베트남 사람들만으로는 베트콩의 공세를 막을 수 없다고 생각했다."

케네디의 특별고문 갤브레이스도 이렇게 비판했다.

"당시에 사이공 정부의 병적인 무기력함과 국민들의 정부에 대한 비판을 누구나 쉽게 느낄 수 있었다. 전국에 몇천 명의 베트콩 게릴라들이 숨어 있었다. 이들의 행패를 보면서 아무런 조치도 할 수 없는 수많은 무장 군인들만 전국 각지에 포진해 있었다."

백악관의 보좌관 슐레징거에 따르면, 1963년 초 상호 모순되는 보고서들을 보고 혼란스러워했던 케네디는 조사원 두 사람을 베트남에 파견했다. 한 사람은 대게릴라 전술 전문가인 빅터 크루랙V. Krulak 장군이었고, 또 한 사람은 베트남 경험이 있는 국무부 직원 조지프 멘던홀J. Mendenhall이었다. 그들이 조사를 마치고 귀국하자 국가안전보장회의가 그들의 보고를 받기 위해 소집되었다. 크루랙 장군은 모든 일은 잘 진행되고 있다고 말했다. 그의 보고 내용은 이런 것이었다.

"디엠은 국민들에게 많은 지지를 얻고 있었으며 군인들의 사기도 높았다. 미국이 할 수 있는 일은 끝까지 디엠을 지원하는 것이다. 그렇게 하면 전쟁은 승리할 것이라고 생각한다."

멘던홀은 상반된 내용을 보고했다.

"디엠은 전혀 인기가 없었다. 정부가 아주 위험스러운 상태였다. 불교도들과 자유민주주의를 신봉하는 사람들은 디엠을 비난했다. 디엠은 미국의 정책이 성공할 수 있다는 아무런 근거를 제시하지 못했다."

두 사람의 이야기를 매우 신중하게 듣고 난 케네디는 마지막으로 이렇게 물었다.

"당신 두 사람은 같은 나라를 다녀온 거죠?"

베트남이라는 늪이 똑같은 문제를 바라보는 케네디 보좌관들의 판단을 확연하게 다른 두 갈래로 나누어 놓은 것이다. '미국은 공산주의를 억제하는 경찰국가의 역할을 맡을 것이다' 라는 케네디의 초기 발언마저 비난하는 사람들이 있었다.

1963년 여름 종교 박해에 항의하는 불교도들의 시위가 거세지자 디엠을 반대하는 의견이 힘을 얻게 되었다. 문제의 발단은 석가탄신일 행사에 단순히 불교 깃발을 올리는 것을 정부가 허가하지 않은 데서 비롯되었다. 디엠의 군대가 40명의 불교도 시위자들을 사살하고 수천 명을 체포했다. 로저 힐스먼의 이야기를 들어보자.

"인구의 95%가 불교도인 나라에서 프랑스어를 사용하고 가톨릭을 믿는 사람이 승려와 불교 신자들을 살해하고 불탑을 파괴한다면, 통치가 가능하겠는가? 불교의 위기가 발생한 초기부터 케네디는 확실하게 실망했다. 위기가 중반쯤 진행되었을 때는 모든 것을 포기해 버렸다."

그러나 디엠은 필자와 이야기하는 중에 "불교도들은 공산주의자들의 선동에 동조하는 반정부 세력"이라고 완강하게 주장했다.

6월 11일 케네디와 세계 여러 나라의 지도자들을 놀라게 한 사건이 발생했다. 사이공 시내 한복판에서 틱 쾅 둑Thich Quang Duc이란 승려가 온몸에 기름을 붓고 분신 자살하였다. 디엠의 계수李嫂 마담 누는 승려의 분신 자살을 "바비큐"라고 비웃었다. 그 당시 CIA의 콜비는 워싱턴에 있었다.

디엠 정권의 전복에 결정적인 역할을 한 것은 승려의 분신 자살 장면을 보도한 사진이었다. 승려의 분신은 디엠 정권을 반대하는 극단적인 표현이었다. 이 승려는 자신의 사건을 가능한 한 크게 다루어 줄 것을 간곡하게 요구했다고 한다. 하지만 놀팅 대사의 다음과 같은 견해는 그가 여전히 디엠 편에 서 있었다는 것을 보여준다.

"내가 볼 때 그 사건은 베트콩에 의해서 치밀하게 획책된 것이었다. 또한 종교적인 동기보다는 정치적 목적으로 발생한 정치적인 사건이었다."

놀팅과 디엠의 관계가 너무 가깝다는 소문이 나자, 케네디는 놀팅 대사를 긴급 소환했다. 놀팅은 자신의 후임자가 누구인지 소문으로 대충 알고 있었다. 놀팅의 말을 들어보자.

"나는 베트남에서 정말 정직하게 일했다. 국무부의 영향력 있는 몇몇 사람들은 나를 멀리할 수 있게 되어 매우 기뻤을 것이다. 왜냐하면 그들은 디엠에게 목매달아 죽을 수 있는 넉넉한 로프를 주고 싶어했기 때문이다. 나는 디엠의 움직임이 둔화되었다는 것을 국무부의 애버럴 해리먼A. Harriman, 로저 힐스먼을 비롯한 몇 사람과 백악관을 통해서 느낄 수 있었다. 그것은 CIA의 권고와는 아주 다른 것이었다. 나는 이런 것들을 기록으로 남기고 싶었다."

힐스먼은 다음과 같은 이야기를 했다.

"케네디 대통령이 구상하는 새 모델에는 두 가지가 있었다. 하나는 7년 전에 사문화된 제네바협정이고, 다른 하나는 동서간의 전쟁으로까지 확대될 수도 있다는 우려를 완전히 불식시키고 2년 전에 성공리에 수습된 라오스 사태였다. 나는 베트남에서의 철수를 심각하게 고려할 때가 되었다고 말하는 케네디의 이야기를 들었다. 극동 문제 담당 차관보였던 내 사무실에서 우리는 적극적으로 철수 방법을 모색했다. 라오스의 중립적 인사인 수바나 푸마S. Phouma 수상 같은 사람을 찾기 시작했다. 그런 사람을 중심으로 하여 베트남을 중립국으로 만들면 우리는 제네바협정을 준수할 수 있었기 때문이다."

국방부 차관보였던 윌리엄 번디는 이렇게 회고했다.

"백악관의 디엠 처리 문제는 1963년 8월 말까지 이어졌다. 마침 그때 6명의 승려가 디엠 정부에 항의하여 자살하는 사건이 일어났다. 우리는 디엠이 개혁 조치를 취하도록 모든 영향력을 동원하여 압력을 가했다. 그러나 디엠은 개혁은커녕 8월에 들어서자 사이공에 있는 싸로이Xa Loi 사찰을 장악한 후 강압 조치를 취했다. 케네디는 정말 심각한 고민에 빠졌다. 디엠과 관계를 단절하고 협조적인 정부로 대체할 것인지를 심각하게 검토했다. 케네디에게는 당장 민주주의를 표방하는 정부보다 협조적인 정부가 필요했다."

콜비는 1년이 넘도록 지속된 당시의 위기 분위기를 이렇게 회고했다.

"디엠 정권으로는 전쟁을 이길 수 없다고 주장하는 세력과 민주적인 정권은 아니지만 그를 지원하는 방법 외에는 다른 선택이 없다는 주장이 팽팽하게 맞섰다. 양측은 바람직한 결과를 위해 열띤 논쟁을 계속하였다. 그러나 우리는 이 문제를 공산주의자들의 위협을 격퇴시킨 한참 후에야 해결할 수 있었다. 아무튼 그 논쟁은 1963년 내내 지속되었다."

1963년 테일러 장군은 연합사 사령관이었다.

"우리는 끔찍하고 충격적인 승려들의 자살 장면을 담은 사진들을 봤다. 모두 디엠의 전제통치에 항거하는 것이라고 판단했다. 그 결과 앞으로의 방향을 놓고 케네디 보좌관들 사이에 두 가지 의견이 격돌하였다. 하나의 주장은 디엠으로는 전쟁을 이길 수 없다는 것이고, 다른 하나는 디엠으로 이길 수 없다는 것은 아는데, 그럼 대안은 누구인가 하는 것이었다. 나는 후자에 속했다. 모두들 대안에 이야기가 미치자 침묵했다."

테일러의 이야기는 계속된다.

"워싱턴이 결정할 문제였기 때문에 우리는 결코 직접 관여하지 않았다. 케네디 대통령은 문제가 스스로 해결되기를 희망했고 미국이 책임지지도, 관련되지도 않은 군사 쿠데타가 일어나는 것에 기대를 걸었다."

05

The Ten Thousand Day War

암살

> 물론 이것은 남베트남 장군들의 쿠데타입니다. 그러나 기본적인 계획은 백악관에서 수립했다고 생각합니다.
> _CIA 국장 윌리엄 콜비

    1963년 8월 21일 하와이 태평양함대 사령부에서 열린 베트남전 관련 회의는 호놀룰루의 온화한 기후도 달래 주지 못할 만큼 고위 관료 세 사람의 마음을 짓눌렀다. 그들은 국무부 차관보 힐스먼, 베트남 대사 놀팅, 그리고 놀팅의 후임 대사로 임명된 헨리 캐벗 로지H. C. Lodge였다.

    이들의 표정에는 각자의 견해 차이로 무거운 긴장감이 흘렀다. 대사 자리를 떠나는 놀팅은 후임자 로지를 쳐다보고 있었다. 사이공 대사 취임을 앞두고 있는 로지는 여느 때와 마찬가지로 자신감 넘치는 표정이었지만 한동안 침묵을 지키고 있었다. 그의 머릿속은 '디엠'이라는 한 사람의 이름으로 꽉 차 있었다.

    언제나 감정을 숨기지 않는 놀팅은 그날 몇 마디 비아냥거리는 말을 통해 로지에 대해 평소에 가지고 있었던 좋지 않은 감정을 드러냈다. 이어 놀팅은 디엠 대통령이 불교도들에게 상당한 부분을 양보할 준비가 되어 있으므로, 위기는 거의 끝나 가고 있다고 말했다. 힐스먼은 자신의 '디엠 불신론'을 드러낼 입장이 아니라 침묵을 지켰다.

놀팅이 발언에 나서 "디엠은 언제나 약속을 잘 지켰다"고 말하는 순간 베트남 긴급 뉴스가 흘러나왔다. 사이공에 있는 신성한 불교사원 싸로이 등 전국의 유명 사찰이 특수경찰의 공격을 받아 30명의 승려가 부상하고 승려와 신도 1,400명이 체포되었다는 소식이었다.

"사찰을 공격하는 것을 보니 좋은 일이 없을 것 같다"고 힐스먼이 말했다. 힐스먼은 후에 이 뉴스를 접한 순간 놀팅의 표정을 전하면서 "충격을 받은 목소리로 '하지만 디엠이 나에게 약속했는데……, 약속했는데……' 라는 말을 중얼거렸다"고 말했다.

힐스먼과 놀팅은 분명한 결론 없이 회의를 끝내고 다음 비행기로 워싱턴으로 돌아갔다. 베트남 대사로 부임하기 위해 몇 시간 만에 사이공에 도착한 로지는 통행 금지가 선포된 것을 알았다. 거리의 교차로마다 군인들이 포진해 있었다. 로지 대사의 부임 초기 사이공 분위기를 들어보자.

"검거 선풍으로 고등학교 고학년 학생들까지 투옥되고 있었다. 비밀경찰의 사찰 공격은 미국 대사 부재중에 일어났다. 미국은 결단의 시기를 맞이하고 있는 것처럼 보였다. 디엠이 과거에 두려워했던 미국의 권위에 도전하는 것인지, 그렇지 않으면 미국이 보내고 있는 경고를 잘못 이해하고 있는 것인지를 우선 판단해야 했다."

워싱턴 정가에서는 한때 케네디 대통령이 놀팅과 로지에게 각각 다른 지시를 내림에 따라 대사 교체의 중요성이 모호해졌다는 말이 무성했다. 예상보다 2년이나 빨리 사이공을 떠나는 놀팅에게 디엠은 '미국의 원조나 지원이 계속될 것인가'를 물었다. 놀팅은 디엠을 안심시켜 놓고 국무부에 전문을 보냈다.

"매우 급한 문제라고 말해서 케네디 대통령 측근 고위층의 답변을 얻었다. 그는 나에게 '미국의 정책에는 변화가 없다. 그러한 면에서는 디엠에게 확신을 주어도 된다' 고 말했다."

한편 케네디는 신임 대사 로지에게 이렇게 말했다.

"나는 당신을 믿는다. 베트남에 가서 우리가 베트남 정부를 잘 이끌 수 있는

지 살펴보기 바란다."

보스턴 명문 출신으로 공화당 지지자였던 로지는 소신이 뚜렷한 사람이었다. 그에게 미국 지원의 흐름을 좌지우지할 수 있는 통제권을 포함해 특별한 권한이 부여되었다. 즉, 남베트남과 디엠의 생사 여탈권이 그에게 주어졌다고 해도 과언이 아니었다. 이것은 디엠에게 유리하게도, 불리하게도 작용할 수 있었다. 남베트남 정부의 힘은 미국 원조의 처방전에 달려 있었다.

사이공에 도착한 로지는 외교적 관행을 활용하여 상징적인 강경 조치들을 하나씩 취해 나갔다. 밤에 도착한 로지는 이튿날 아침, 거리에 나가 일반 행인들에게 프랑스어로 불교도의 위기와 디엠의 통치에 대한 반응을 물어 보며 여론 파악에 나섰다. 그는 전격적으로 싸로이 사찰을 방문하기도 했다. 워싱턴의 불쾌감을 노골적으로 드러낸 행동이었다.

다음 날인 8월 24일 로지는 워싱턴의 힐스먼에게 전문을 띄웠다. 내용은 미국 대사관에 베트남 장군들이 각종 정보를 가지고 접근해 오고 있다는 것이었다. 장군들이 가지고 오는 정보에 의하면 비밀경찰의 총수인 고 딘 누가 조만간 군부의 반대파를 숙청할 것이라는 내용이 들어 있었다. 장군들 스스로에게도 문제가 있었지만, 로지는 이들이 쿠데타를 일으킬 수도 있다고 생각했다.

사이공에 부임하기 전 국무부에서 약 1개월 동안 설명 및 보고를 들었지만, 막상 현지에서 듣게 되는 남베트남 장군들의 정보는 긴급한 내용이었기 때문에 힐스먼도 알고 있어야 한다고 생각했다. 힐스먼은 로지의 전문을 토요일 아침에 받았지만 발빠르게 처리했다. 케네디 대통령과 러스크 국무장관, 로버트 맥나마라R. McNamara 국방장관은 워싱턴에 없었다. 힐스먼은 애버럴 해리먼과 제임스 포러스틀J. Forrestal의 도움을 받아 강한 어조의 긴급 회신 전문을 작성했다.

워싱턴은 디엠을 제쳐놓고 설치는 비밀경찰 총책 고 딘 누의 영향력을 더 이상 묵인하거나 좌시하지 않겠다는 점을 분명히 했다. 디엠이 비밀경찰을 지휘하는 그의 동생 누를 권좌에서 물러나게 해야 한다는 암시였다. 누의 영향력이 갈수록 확대되자 남베트남 장군들은 디엠에게 미국의 원조가 중단될지도 모른다고 얘기했다.

　이런 정황을 파악한 힐스먼은 보고서 작성을 끝낸 후, 케네디 대통령과 러스크 국무장관을 방문했다. 회답을 승인받은 힐스먼은 로지에게 '청신호green-light'로 알려진 회신을 보냈다. 회신에는 쿠데타를 경고하는 내용이 포함되어 있지 않았다.

　의사 결정은 매우 신속했다. 그러나 이렇게 신속한 회신은 여러 사람이 생각하는 것처럼 미국 외교정책에서 드문 일은 아니었다. 남베트남의 새 정부가 가져야 할 장점에 대한 여러 가지 주문 사항이 포함되어 있었고, 많은 부분은 위장에 가까운 표현들을 썼다.

　힐스먼은 로지에게 보낸 무선 전문에서 "귀하의 전문 내용은 충분히 파악되었다"고 말했다. 러스크가 "만약 사이공에 문제가 생긴다면 군수품을 다른 곳으로 직접 보낼 것"이라는 강력한 내용을 추가했다. 이것은 반정부투쟁 세력을 지원하겠다는 의미로도 해석할 수 있었다.

　회신 전문은 '디엠 정권을 지지하지만 장군들이 다른 선택을 한다면, 새로운 정권의 장점에 대해서도 검토해 보겠다'는 완곡한 내용을 담고 있었고, 이런 '양다리 걸치기'식 표현은 남베트남 장군들을 고무시켰다. 당시 버지니아의 랭글리Langley에 있던 CIA의 극동 담당 책임자 콜비는 백악관이 로지 대사에게 보낸 메시지를 다음과 같이 이해했다고 말했다.

　"쿠데타가 일어났는지 확인해 보라. 일어났다면 CIA를 파견하겠다."

　콜비는 회신 전문을 자기 사무실에서 다시 읽어봤다. 말썽 많았던 8월 24일자 회신의 한 대목은 로지 대사에게 이렇게 당부하고 있었다.

　"불교 위기를 치유하기 위해 디엠을 압박해서 신속하고 극적인 조치를 취하기 바란다. 이와 함께 군부 지도자들에게는 '신속한 조치가 취해지지 않을 경우 군사 원조가 불가능해질지도 모른다'는 사실을 주지시키도록 하라."

　로지 대사는 미군 사령부의 폴 하킨스 장군과 다른 사람들에게 워싱턴의 의도를 전화로 설명해 주었다. 다음 날인 8월 25일 미 대사관은 회신문의 지시를 워싱턴의 기본 방침으로 정의하고 이를 수용해서 적극 실천하겠다는 답신을 발송했다.

8월 26일 아침 사이공에서는 한 미군 방송이 "사찰 파괴의 책임은 고 딘 누의 비밀경찰에게 있다. 사찰 파괴에 군부는 아무 책임이 없다"는 내용을 발표했다. 남베트남의 반半관영방송은 미국의 지원이 중단될지도 모른다는 추측 방송을 내보냈다.

사이공에 도착한 지 5일이 지난 8월 26일 월요일, 로지 대사는 신임장을 제정하기 위해 디엠 대통령을 만난 자리에서 고 딘 누를 대통령 고문에서 해임할 것을 요구했다. 그러나 이때 고 딘 누는 이미 '은둔자' 디엠 대통령의 눈과 귀를 대신해서 철권통치를 휘두르고 있었다.

디엠으로서는 로지의 요구를 도저히 받아들일 수 없었다. 두 사람의 첫번째 만남에서 구체적으로 무엇이 거론되었는지 더 이상 알려지지 않았지만, '서로 추상적인 이야기만 나누었다'고 로지가 말한 적이 있다. 로지의 이야기를 들어보자.

"디엠은 자신의 동생 누를 옹호했다. '내가 동생을 가깝게 두고 자문을 받든 안 받든 그것이 당신네들과 무슨 상관이 있느냐'면서, 그는 '당신네 미국 대통령이 분명히 베트남 통치는 나의 일이라고 말했다'고 했다."

월요일 아침 케네디 대통령은 여러 가지를 심사숙고했다. 로지가 디엠 대통령을 만나고 있을 즈음 백악관은 국가안전보장회의를 소집했다. 케네디는 '미국의 의도를 남베트남 장군들에게 설명하고 이해시켰다'는 CIA의 사이공 주재 루시언 커네인L. Conein 대령의 보고를 받았다. 회의에서는 '일이 너무 빨리 진행된다'는 의견이 주류를 이루고 있었다.

백악관은 남베트남 장군들이 쿠데타를 기도하고 있다면 어느 범위까지 어떻게 개입되었는지, 또 그들이 어떤 계획을 구상하고 있는지 확실한 사전 정보가 필요했다. 그리고 디엠이 장군들의 뜻을 수용할 가능성이 있는지 보다 구체적인 상황 보고를 요구했다. 이에 대한 정확한 정보는 결국 로지 대사가 답변해야 될 문제였다.

그러나 8월 24일자 백악관 지시, 즉 원조 방법 변경 가능성과 관련된 전문은 철회되지 않았다. 당시 국무부에 복귀했던 놀팅 전 베트남 대사는 "청신호 회신은 케네디도 이미 철회할 수 없을 만큼 막강한 영향력을 발휘해서, 각계각층의 사람들에게 미국에 대한 편견을 가지게 하는 빌미를 제공했다"고 회고했다.

가령 케네디가 '청신호'의 철회를 원했다 하더라도 노련한 로지 대사나 국무부의 해리먼은 케네디가 '넘기에는 너무 높은 벽'이었을 것이다. 케네디가 자신의 지시를 수정하거나 고위 보좌관들을 설득하기 위해 어느 정도 노력했는지는 알 수 없는 일이었다. 디엠의 잦은 실정에 대한 백악관과의 견해 차이로 국무부를 떠난 놀팅은 국무장관 러스크가 당시의 일반적인 분위기에 휩쓸려 있었다고 말했다.

그러나 러스크는 '청신호' 회신이 있기 오래 전부터 디엠에 대한 백악관의 불만이 남베트남 장군들에게 이미 알려져 있었다고 주장했다. 거사를 꾸민 것은 남베트남 장군들이란 암시도 했다. 당시 상황에 대한 러스크의 판단은 다음과 같았다.

"남베트남 군부는 만약 자기들이 디엠을 실각시키면 미국이 자기들을 인정하려고 노력할 것이란 사실을 알고 있었다."

CIA에 따르면 '남베트남 장성들은 처음에 CIA가 자신들의 사후 신변 보장을 어떻게 해줄 것인가에 많은 신경을 썼다'고 한다. 콜비의 회고를 들어보자.

"많은 장성들이 깜짝 놀랐다. 그리고 이런 정보가 정부측에 누설되어 숙청과 투옥으로 이어지지 않을까 전전긍긍했다. 그래서 어떤 장군들은 쿠데타에 가담하지 않겠다고 했다. 그러나 곧이어 조금 더 생각한 후에 연락하겠다고 말했다. 장성들은 쿠데타 실행과 포기 사이에서 어느 것이 더 위험한가를 놓고 저울질하기 시작했다."

남베트남 장성들은 미국 원조 삭감이 단행되면 디엠은 물론 자신들도 똑같이 설 땅을 잃을 것이란 사실을 잘 알고 있었다. 그러나 그들에게 있어 더 직접적인 위험은 디엠이 미국의 경고를 눈치채고 그들을 먼저 제거해 버리는 경우였다. 장성 중 한 사람인 트란 티엔 키엠Tran Thien Khiem 장군이 처음으로 CIA의 루시언 커네인을 만났다. 키엠은 그를 잘 알고 있었지만, 이런 만남을 인정해 줄 수 있는 대사관이나 워싱턴 고위층의 입장 표명을 원했다. 커네인은 키엠의 요구를 승인할 위치가 아니었다. 1971년 12월 NBC 텔레비전과의 인터뷰에서 커네인은 이렇게 말했다.

"어느 한순간에라도 미국의 진심을 보였다면 모든 일은 일순간에 아수라장이 되었을 것이다. 따라서 로지 대사는 나에게 간곡한 당부를 잊지 않았다. 일이 잘못되면 그는 자신의 존재마저도 부정할 준비가 되어 있다고 말했다."

8월 26일 키엠을 만난 커네인은 쿠데타 문제에 대해 로지에게 특별히 보고할 사항이 아무것도 없었다. 그러나 로지는 '디엠이 전복될 것이냐'는 노골적인 표현은 하지 않았지만, 더 자세한 정보를 요구하는 워싱턴의 거듭되는 독촉을 받고 있었다.

커네인에게 아무런 정보가 없자 가장 당황한 사람은 하킨스 장군이었다. '쿠데타 세력이 자체적으로 성공할 수 있을 만큼 강한가'를 하킨스는 의심하고 있었다. 그는 이러한 자신의 뜻을 로지에게 전달하고 국무부의 자제를 요청하는 전문을 국방부로 보냈다. 워싱턴은 27일자 회신에서 '결정적인 순간까지' 로지와 하킨스 두 사람의 긴밀한 협력을 당부했다.

CIA와 남베트남 장성들은 28일 다시 만났다. 이번에는 커네인이 디엠의 군사고문인 두옹 반 민Duong Van Minh 장군을 만났다. 민 장군은 6피트 정도의 키와 거대한 체구 때문에 '빅 민Big Minh'이란 애칭이 있었다. 커네인은 또 다른 많은 군 실력자들을 만났다. 그가 처음 만났던 트란 티엔 키엠 장군을 포함해서, 연대장들인 구엔 칸Nguyen Khanh, 레 반 킴Le Van Kim, 구엔 반 티우Nguyen Van Thieu 등을 접촉했다. 남베트남의 군 실력자들은 로지 미 대사가 직접 확인해 주는 미국의 공식적인 지원 약속을 요구했지만, 아직까지 미국의 입장에는 분명한 변화가 없었다.

로지와 하킨스는 다시 협의한 후 워싱턴에 미국의 확실한 태도를 강력하게 요청하는 전문을 보냈다. 국방부 문서에서 발췌한 로지의 전문 요지는 다음과 같다.

1. 우리는 더 이상 명예롭게 후퇴할 수 없는 길에 들어섰다.
2. 장성들이 기도하는 디엠 정권 전복 쿠데타가 성공할 수 있는가는 그들에게 달려 있다. 그러나 그만큼의 가능성이 미국에게도 달려 있다.
3. 우리는 장성들이 신속하게 움직일 수 있도록 최선의 노력을 해야 한다.

이외에 '요점 8'에는 하킨스 장군이 로지에게 쿠데타 발생 전에 디엠에게 동생 누의 제거를 권유해야 된다고 말한 내용이 들어 있다. 그러나 로지는 그러한 조치는 바람직한 결과를 얻지 못할 수도 있고, 또 남베트남 장성들에게는 '미국이 아직도 결정을 내리지 못하고 있다'는 의구심을 불러일으킬 수도 있다고 생각했다. 그래서 로지는 하킨스도 동의할 것이라고 판단해 '요점 8'을 제외시켰다.

워싱턴에서는 국가안전보장회의가 신속하게 소집되었다. 하루 종일 긴박한 토론을 벌인 결과 로지 대사에게 정책을 결정할 수 있는 상당한 권한을 부여하자는 결론이 났다. 국무장관 러스크는 개인적으로 로지에게 전문을 보냈다. 그런데 이 전문에서 그는 약간 다른 견해를 피력하고 있었다. 장성들이 준비가 다 되면 디엠에게 동생 고 딘 누와 그의 부인 마담 누를 제거하라고 말하면서, 미국의 원조 삭감과 연결시키면 좋은 효과가 있을 것이라고 썼다.

그리고 이런 압박작전을 통하면 장성들이 직접 디엠과 고 딘 누 부부 문제를 협상할 수도 있을 것이라고 말했다. 그러나 러스크는 장성들의 거사 준비가 완료되기 전까지는 미국 원조의 삭감 문제를 거론하지 말라고 명령했다. 만약 디엠이 미리 경고를 받으면 '북베트남을 방문하여 미국을 몰아내는 것을 도와 달라'는 말도 안 되는 행동을 할 수 있다는 가능성을 제기했다.

곧이어 케네디 대통령은 '베트남을 중요하게 생각한다'는 내용을 공개 석상에서 언급했다.

"우리는 베트남이 중국과 같은 전철을 밟지 않기를 바란다. 왜냐하면 베트남 문제는 금세기 들어 우리들에게 가장 큰 충격을 준 사건이기 때문이다."

3개월 전 남베트남에서는 단순한 종교 행사에서 성조기 게양 여부를 놓고 주민들끼리 다투다가 끝내 불태워 버리는 불미스러운 사건이 발생했었다. 반미 감정을 심화시키는 비슷한 사례가 계속된다면 게양할 성조기조차 없어질지도 모른다는 우려가 나오기도 했다.

이러한 혼란 속에서 케네디는 개인적으로 베트남 철수를 생각하고 있었던 반면, 이에 따르는 커다란 위험 부담에 대해서도 심각하게 고민했다고 한다. 케네디는 자신의 우려를 로지 대사에게 보낸 전문에서 인정하고 있다.

미 상원의 연구보고서는 케네디가 로지 대사의 권고안을 확인한 8월 29일, 다음과 같은 전문을 로지에게 보냈다는 사실을 확인해 주었다.

"오늘 귀하가 보낸 전문의 내용을 승인한다. 나는 귀하의 전문에 포함되어 있는 모든 사항을 전력을 다해 지원할 것이다. 귀하가 그 작전을 성공리에 끝마칠 수 있도록 우리가 총력 지원하겠다. 남베트남 장성들이 작전을 개시할 때까지 나는 이미 내린 지시나 명령의 방향을 변경시킬 수 있는 긴급 조치권을 유보하겠다. 그러한 갑작스러운 변화가 어떠한 결과를 초래할 것인지에 대해서는 귀하가 이미 설명했지만, 나는 경험상으로 실패보다는 결정의 취소가 더 낫다는 것도 알고 있다. 물론 내가 이 작전이나 그 결과에 대해서 모든 책임을 지기로 한 이상 중간에서 변경으로 인한 모든 책임 또한 나의 몫이라는 것을 인정한다."

대통령 자신이 계획을 인정했고 그 결과에 책임을 지겠다는 말에 CIA의 커네인은 다시 장성들을 만나 그들의 생각을 타진했다. 이틀 후인 8월 31일 커네인은 백악관의 의중을 전하는 회신을 두옹 반 민 장군에게 보냈지만, 이번에는 전략상의 이유를 들어 그들이 주춤했다. 자신들의 병력은 아직 준비가 되어 있지 않고 거사 일자도 확정할 수 없다는 것이었다. 긴박한 시간을 보냈던 로지 대사의 회고를 들어보자.

"남베트남 장성들은 미국인들의 신뢰를 의심하는 눈치였다. 왜냐하면 '말이 너무 많아 비밀을 지킬 수 없다'는 것이 그들의 불만 요지였다. 그래서 쿠데타는 한동안 증발되어 버린 듯했다."

장성들은 케네디 대통령이 디엠을 강력하게 비판해 줄 것을 요구했다. 케네디는 9월 2일 CBS 텔레비전 월터 크론카이트W. Cronkite와의 인터뷰에서 이렇게 말했다.

"미국은 남베트남을 계속 지원할 것이다. 그러나 남베트남 국민의 지원 없이 전쟁을 승리할 수는 없다. 그런데 지난 2개월 동안 남베트남 정부와 국민 간의 거리가 너무 멀어졌다고 생각한다."

케네디 행정부 국무부 차관보 힐스먼은 사이공 정부에 대한 케네디의 공개적인 비판이 장성들을 움직이게 하는 촉매가 될 것이라고 판단했다.

"우리는 쿠데타 음모가 있다는 것을 알고 있었다. 그러나 거사 일자는 몰랐다. 당시 케네디의 텔레비전 인터뷰가 쿠데타 음모에 일조했다고 본다. 케네디는 방송에서 현 상황을 비관적이라고 말했다. 그러나 정책의 변화나 책임자들의 경질이 있을 경우 상황이 바뀔 수도 있다고 말했다. 케네디가 겨냥했던 것은 불교도 정책과 디엠의 동생 고 딘 누의 제거였다. 2차 텔레비전 방송에서는 전쟁 수행을 위해서는 지원을 계속하겠지만, 전쟁 수행에 방해가 되는 경우에는 지원하지 않겠다고 발표했다. 바꾸어 말하면 고 딘 누가 진행하는 사업에는 원조의 손길을 내밀 수 없지만, 군부 지원은 중단하지 않겠다는 뜻이

>>>>> 1962년 5월, 헬리콥터를 타고 베트남 주둔 미군 방문에 나선 로버트 맥나마라 국방장관(앞줄 오른쪽). 라이먼 렘니처 장군과 베트남 주둔 미군 사령관 폴 하킨스 장군(뒷줄 가운데)이 동행하였다.

었다. 이러한 암시는 결국 쿠데타를 격려하는 가장 구체적인 표현이었다."

그러나 격려의 유무에 관계없이 사이공의 장성들은 한동안 침묵을 지켰다. 9월 초 케네디는 국방장관 맥나마라와 일단의 고문단을 현장 답사차 베트남에 파견했다. 10일간의 방문 일정에 참여한 윌리엄 번디는 당시를 이렇게 회고했다.

"디엠을 반대하는 물결이 불교도, 학생 및 고위 공무원까지 휩쓸고 있었다. 그들은 우리에게 은밀하게 접근해 와서 디엠이 현 정부를 대폭 개편하지 않으면 다른 대안이 없다고 강조했다. 나도 디엠이 지금처럼 행동한다면 쿠데타는 현실적으로 불가피하다고 생각했다."

번디는 남베트남 장성들과 미국의 관계는 한마디로 정리될 수 있다고 말했다. "우리들은 당신들이 추진중인 일을 막지는 않을 것이다. 그리고 당신네들이 그 일을 행동으로 옮기면 협조할 것이다. 그러나 마지막 순간까지도 우리는 디엠이 억압 정치를 중단하기를 간절하게 바란다."

파견단이 귀환하자 케네디 행정부는 "가장 힘들고 구체적인 토론에 들어갔다"고 말한 콜비는 이때를 이렇게 회고하였다.

"나는 행정부에서 오랫동안 일했다. 이런 경우 국가안전보장회의가 자세한 계획을 짜야 되지만 구체적인 대안이 없었다. 아무것도 해결되지 않았다. 남베트남 장성들은 침묵을 지켰고, 디엠은 완강했다. 토론은 몇 주 동안 진행되었다. 고집 세고 예측 불허의 디엠이 미국의 지원 없이는 생존할 수 없다는 것을 알면서도, 미국의 퇴장을 요구할 수도 있다는 가능성에 논의가 집중되었다."

디엠에게 압력이 통할 것인가. 원조를 한꺼번에 연기시켜 버릴 수 있을 것인가. 그렇지 않으면 정치적인 현안을 일단 제쳐놓고 농촌 지역의 게릴라전에서 이기기 위해 디엠을 확실하게 지원할 것인가. 콜비의 표현에 의하면 '여러 갈래의 폭넓은 의견'이 집중적으로 대두되었다고 한다.

10월 2일 케네디는 한 달이 넘도록 세밀하게 검토한 수정 계획을 승인했다. 연말까지는 디엠 정부가 지속될 수 있다는 것이었다. 미국은 1,000명의 미국 군사고문단 철수를 발표했다. 군사 지원은 디엠을 반대하는 장성들에게만 돌아갔다. 반면에 로지 대사는 쿠데타 계획을 더 이상 지원하지 말고 대신 새로운 지도자를 물색하라는 케네디 대통령의 지시를 받았다.

그러나 케네디의 새로운 계획은 '1일 천하'로 끝나고 만다. 10월 3일 두옹 반 민 장군이 커네인에게 만나자는 연락을 보내 왔다. 쿠데타가 계획되었다는 것이었다. 커네인의 미 상원 청문회 증언에 따르면, 당시 민 장군은 고 딘 누의 암살을 포함한 여러 가지 구체적인 행동 지침을 이야기했다는 것이다.

CIA 사이공 책임자인 리처드슨Richardson이 본국 소환 명령을 받기 직전 관련 장군들이 강력한 행동 개시 신호를 했던 것으로 알려졌다. 힐스먼은 리처드슨의 소환과 남베트남 장성들의 움직임 등 중요한 변화 조짐이 얼마 후 국무부에 보고되었다고 말했다. 힐스먼의 얘기를 들어보자.

"로지 대사는 리처드슨과 말다툼을 했다. 쿠데타와 직접적인 관련은 없었지만 로지는 리처드슨의 소환을 요구했고, 이것은 남베트남 군부 인사들의 신경을 예민하게 만들기도 했다. 리처드슨은 디엠이나 고 딘 누와 매우 밀접한 관계를 유지하고 있었기 때문에 그의 본국 소환은 남베트남 장성들에게는 긍정적인 신호탄이었다. 미국의 의도와 정확하게 일치하지 않는 방향에서 일이 진행되어 갔다."

장성들은 처음으로 쿠데타의 구체적인 윤곽을 설명했고, CIA 국장 매콘 McCone은 고 딘 누 암살 계획에 관한 보고를 받고 깜짝 놀랐다. 미 상원의 증언에 따르면, 그는 고 딘 누 암살 계획이 있었다는 소식을 듣자마자 케네디 대통령을 찾아가 이렇게 말했다고 한다.

"대통령 각하, 제가 만일 야구팀의 감독이고 투수가 한 명밖에 남지 않았다면, 저는 그가 좋은 투수건 나쁜 투수건 그를 대기석에 남겨 놓겠습니다. 디엠의 실각은 쿠데타의 연속으로 이어질 것입니다."

매콘의 말에 케네디는 자신이 임시변통에 불과한 정책을 채택했다고 생각하게 되었다. 10월 5일자로 사이공에 보낸 CIA의 통신문은 분명히 이렇게 적고 있었다.

"우리는 엄밀히 말해 디엠의 암살을 원하지 않는다. 그러나 임시변통일 수밖에 없는 접근 방법이 현재로서는 최선이라고 믿는다. 하여튼 우리는 그런 종류의 쿠데타에 관심을 가지고 있다."

5일 밤에 민 장군은 커네인을 만났다. 커네인은 미국 정부는 암살을 원하지 않는다는 뜻을 전하자 민 장군은 "좋아요, 당신들은 그런 것을 좋아하지 않지요. 그 문제에 대해서는 더 이상 이야기하지 맙시다"라고 말했다. 민 장군은 한 걸음 더 나아가 가까운 장래에 일어날 쿠데타에 대한 미국의 입장이 무엇인지 자신이 꼭 알아야겠다고 말했다. 커네인은 민 장군의 요구를 로지 대사와 상의했다. 로지는 이렇게 말했다.

"나는 쿠데타를 위협하지 않겠다는 뜻을 민 장군에게 알려주라는 미국의 지시를 받았습니다. 그래서 이 뜻을 전합니다."

그때부터 커네인은 인상 깊은 중재자로 새롭게 등장한 트란 반 돈 참모총장을 만나게 되었다. 10월에도 수차례 만났는데, 이 대화 창구는 다른 장성들에게 또 하나의 중요한 신호탄이 되었다.

10월 17일 미국은 사이공 정부에 미국의 지원 방식 변경을 통보했다. 앞으로 고 딘 누의 비밀경찰에게 제공하는 미국의 지원은 육군 지휘부를 통해서만 가능하다는 것이었다. 장성들은 평소 미국이 자기들을 충분하게 지원해 주지 않는다는 데 불만을 가지고 있었다.

돈 장군은 한 파티에서 로지 대사를 만났다. 개인적인 대화를 나누는 자리에서조차도 로지는 쿠데타 계획을 눈치채고 있다는 암시를 하지 않았다. 돈 장군의 말을 들어보자.

"10월 25일 커네인이 다시 나에게 와서 '언제 거사할 것이냐' 고 물었다. 어떻게 대답해야 할지 당황스러웠다. '워싱턴이 당신에게 쿠데타에 대해서 나에게 물어 보고 상의하라는 위임을 했느냐' 고 그에게 다시 물었다. 커네인은 '로지가 그렇게 하라고 했다' 고 대답했다. 그래서 나는 '로지가 나에게 아무 말도 안 하던데' 라고 말해 주었다."

돈 장군은 26일 공항 귀빈실에서 로지 대사와 만나기로 약속되어 있었다. 돈 장군은 로지 대사를 만났을 때 나눈 이야기를 이렇게 전하고 있다.

"커네인과 만난 다음 날 공항으로 가서 로지를 만났다. 나는 단도직입적으로 그에게 물었다. 커네인과 같이 일하느냐고 물었더니, 그는 '커네인은 자기를 대변하고 있다' 고 말했다. 나는 알겠다고 대답한 후 그에게 다시 말했다. 불교도 사건 때문에 군의 사기가 많이 떨어져 무엇인가는 변해야 한다고 이야기했다. 로지는 이에 대해 '우리는 당신들을 도울 준비가 되어 있다' 고 말했다. 그래서 나는 로지에게 '이 문제는 베트남 사람들의 문제다. 그러니 간섭하지 말아 달라' 고 말했다."

로지 대사에게 직접 접근할 수 있다는 확신을 가지게 된 돈 장군은 3일이 지난 10월 28일 커네인을 자신의 사무실로 불렀다. 커네인이 도착했을 때 긴급 회의중이었다. 커네인은 그 자리에서 거사가 임박했음을 느낄 수 있었다. 돈 장군은 "정확한 거사 시간은 몇 시간 전에 대사관으로 알려주겠다"고 말했다. 돈 장군은 거사가 성공하기 위해서는 워싱턴을 방문할 예정인 로지 대사가 그 계획을 취소해서는 안 된다고 강조했다. 거사 일정은 10월 31일로 잡혀 있었다.

쿠데타는 초읽기에 들어갔고, 워싱턴은 다시 한 번 혼란에 빠졌다. 10월 30일 미군 사령관 하킨스 장군은 분노에 찬 전문을 보냈다. 내용은 남베트남 장성이나 로지 대사를 믿을 수 없다는 내용이었다. 돈 장군이 거짓말을 하거나 어부지리를 노리고 있다는 것이었다. 커네인에게는 거사가 11월이라고 말해 놓고 자기에게는 거사 계획이 없다고 말했다는 것이다. 이미 쿠데타가 진행중인데 하킨스는 로지 대사가 알고 있는 사실조차 통보받지 못하고 있었다. 그의 이야기를 들어보자.

"로지는 아무것도 모른다고 주장했다. 그들은 존경할 정도로 철저히 보안을 유지했다. 나는 하루 전까지 완전하게 소외당했다."

백악관은 국무부와 국방부 사이의 심각한 견해 차이에 깊은 관심과 우려를 가지고 있었다. 10월 30일에 로지는 1장의 전문을 받았다. 거사의 성공에 확신이 설 때까지 남베트남 장성들의 행동 개시를 중지시키라는 내용이었다.

곧이어 두번째 긴급 전문이 도착했다. 미국은 쿠데타를 지연시킬 힘이 없다는 결론을 받아들이지 않겠다는 내용이었다. 로지는 이미 늦었다는 대답과 함께 '거사는 이미 베트남 사람들의 수중에 들어갔고, 그들은 미국이 간섭하는 것을 원하지 않는다'고 회신했다. 로지의 말을 들어보자.

"그들은 거사 준비 과정에서 누구의 도움도 원하지 않았고 자기 자신들의 힘으로 하기를 원했다. 베트남 사람들의 손에 의해서 진행되기를 원했다. 워싱턴도 직접 관련되는 것을 원하지 않았다."

콜비는 CIA의 책임자였기 때문에 남베트남 쿠데타를 다른 각도에서 이해했다.

"이것은 물론 남베트남 장성들이 주도한 쿠데타이다. 그러나 기본적인 각본은 백악관에서 결정했다고 생각한다. 왜냐하면 몇 주일 전 케네디 대통령이 기자회견에서 남베트남 정부는 새로운 인물을 고려할 때라고 말했기 때문이다. 그렇다면 교체 대상 인물은 물어 볼 것도 없이 디엠과 고 딘 누였다."

CIA는 고 딘 누의 육군 특수부대에 대한 지원을 삭감했고, 이러한 조치에 만족하지 못한다면 미국은 남베트남 정부에 대한 지원까지도 삭감할 수 있다는 의미로 해석될 수 있었다. 이제 남베트남 장성들은 그들의 질문에 대한 미국의 답변, 즉 케네디의 기자회견을 자신들의 거사를 위한 청신호로 받아들였다. 장군들은 이런 질문을 계속해 오고 있었다. "미국은 후속 정권도 지원할 것인가?" 백악관의 대답은 "그렇다"였다.

사이공에서는 로지 대사가 10월 31일로 예정되어 있는 그의 출발 계획을 연기시켰다. 11월 1일 오전 10시 로지 대사, 하킨스 사령관은 베트남을 방문한 태평양함대 사령관 펠트Felt 제독과 함께 디엠 대통령을 방문했다. 그 자리에는 공보비서관 톤 타트 티엔이 배석했다. 디엠과 로지 일행의 대화는 12시까지 이어졌다. 펠트 제독이 일어서려고 할 때마다 로지 대사는 다른 질문을 던져 대화 시간을 지연시켰다. 이 순간을 〈펜타곤 페이퍼〉는 이렇게 적고 있다.

"로지 대사는 당시에 쿠데타가 이미 시작되었음을 알았고, 디엠이 자신의 참모들에게 접근할 수 없는 조치가 취해졌다는 것도 알고 있었다."

아래층에서는 우연히 만난 티우 대령이 고 딘 누에게 다양한 질문을 쏟아 놓고 있었다. 여러 사람들이 무엇인가 이상한 일이 벌어지고 있다는 사실을 보고하기 위해 디엠이나 고 딘 누를 만나려고 했으나 불가능했다. 디엠은 쿠데타군이 사이공 외곽 지역을 장악할 때까지 아무런 보고도 받을 수 없었고, 명령을 내릴 수도 없었다. 이러한 일련의 상황이 결코 우연의 일치일 수는 없었다. 로지 대사의 설명을 들어보자.

"워싱턴에 정기 보고를 위해 가야 했기 때문에 디엠 대통령에게 인사차 갔었다. 그리고 펠트 제독도 인사시켜야 했다."

디엠은 이날 로지에게 이렇게 말했다.

"대사들이 워싱턴에 갈 때마다 쿠데타 소문이 있었다. 요즘도 그런 소문을 듣고 있다. 쿠데타가 일어날 것이란 것은 알고 있지만 누가 주역인지, 무엇을 지향하는지를 알 수가 없다. 이번에 관련된 사람들은 이전의 주모자들보다 훨씬 영리한 것 같다. 여러 사람들이 연관된 것 같은데 누가 진짜인지 찾아낼 수가 없다."

디엠이 로지에게 이 말을 하던 시간은 11월 1일 정오쯤이었다. 로지의 회고를 좀더 들어보자.

"오후 1시 30분, 내가 대사관에서 점심을 먹고 있는데 바로 옆방에서 나는 듯한 기관총 소리가 우리를 놀라게 했다. 하늘에는 전투기가 떴다. 이것이 디엠 정권 전복의 시작이었다."

중개 역할을 맡았던 돈 장군은 당시 쿠데타가 매우 시의 적절했다고 판단했다.

"오후 1시 30분이었다. 세상의 모든 쿠데타는 대개 밤에 일어나지만, 우리는 이 쿠데타에 대의명분이 있었기 때문에 대낮에 단행해야 한다고 생각했다. 많은 사람들이 놀랐는데, 특히 대통령 경호원들이 더욱 놀랐던 것 같다. 그들은 밤에는 철저한 경비를 하지만 낮 시간에는 잠을 자기 때문이었다. 시간 선택은 절묘했다. 주요 시설들을 장악한 뒤 우리는 대통령궁을 포위했다. 구엔 반 티우 대령은 1개 사단을 지휘했는데, 거사 이후 그의 이름을 모르는 사람이 없어졌다. 돈 장군과 다른 장성들은 지휘본부에 모든 중견 장교들을 소집해 놓고 거사를 지원해 줄 것을 당부했다. 오직 한 사람 통 도Tung Do 대령만이 거사 참여를 거부하여 후에 처형당했다."

쿠데타가 진행되는 동안 커네인은 지휘본부의 장성들과 함께 있었다. 그는 대사관과 직접 연결할 수 있는 고성능 무전기를 가지고 있었다. 커네인은 군사혁명위원회의 허가를 받아 대사관과 직접 연결된 특수 전화도 이용하게 되었다. 로지 대사가 이런 사실을 확인해 주었다.

"내가 집무실에 있을 때나 집에 있을 때, 24시간 커네인과 연락이 가능했다. 나는 지방이나 백악관까지도 언제나 연락이 가능한 통신 장비를 가지고 있었다."

오후 3시 돈 장군이 로지 대사를 방문해 "만약 디엠이 항복한다면 그와 그의 가족들을 국외로 내보낼 수 있는지"를 물었다. 로지 대사는 비행기가 준비되어 있다고 말했다. 로지 대사는 워싱턴을 방문하기 위해 이미 비행기 1대를 대기시켜 놓고 있었다.

오후 4시 디엠이 2번이나 항복을 거부하자 쿠데타군의 사격이 시작되었다. 대통령궁 수비대의 반격도 만만치 않았다. 디엠 대통령은 이제 로지 대사에게 호소하기 시작했다. 로지 대사의 말을 들어보자.

"전화벨이 울려서 받았더니 디엠 대통령이었다. 쿠데타가 시작되었다고 말했다. 자기가 어떤 행동을 해야 되는지 알고 싶다고 했다. 나는 '쿠데타는 현실'이라고 말해 주었다. 그러나 나는 지시를 받은 것이 아무것도 없다고 말했다. 워싱턴은 새벽 4시여서 처리할 방법이 없다고 얘기했다. 그러자 디엠은 '미국의 정책이 무엇인지 말해 달라'고 물었고, 나는 '모든 상황에 알맞는 정책이 있는지 모르겠다. 각하의 안전을 위해 국외로 나갈 수 있는 준비는 해두었다. 만약 이러한 조치가 싫으면 명예직으로 국가 원수를 유지할 수 있는 조치도 취해 두었다. 그런 형태로 국내에 머문다면 안전할 것'이라고 말했다. 이에 디엠은 '나는 그렇게 할 생각이 없다. 나는 질서 회복을 원한다. 지금부터 질서 회복을 하겠다'라고 말했다."

디엠은 상황 파악을 하지 못한 듯 권력 유지에 매달려 있었다. 돈 장군은 "디엠은 로지를 설득해 보려고 노력했다"고 말했다. 돈 장군의 얘기를 더 들어보자.

"거사가 진행중일 때 디엠은 대통령궁에서 나에게 전화를 걸어 왔다. 그래서 나는 '조건 없는 항복'을 권유했다. 일이 이렇게 되어 대단히 죄송하지만 상황을 정확하게 판단해서 대처하는 것이 좋겠다고 말했다. 아무런 조건 없이 우리들이 하는 일에 승복한다면 대통령과 대통령 가족을 안전하게 국외로 보낼 수 있도록 비행기 1대를 준비해 두었다는 이야기도 해주었다."

디엠과 고 딘 누는 계속되는 항복 권유를 거부하고 있었다. 어둠이 내려앉자 디엠 일행은 비상구를 이용해서 대통령궁을 빠져 나간 다음, 중국인 집단 거주 지역인 초론Cho Lon에 있는 친구 집으로 몸을 피했다. 여기서 디엠은 밤 시간을 이용해 쿠데타군 장성들과 접촉을 시도했다. 한때는 그들에게 전화를 걸어 오히려 항복을 권유하기도 했다.

그러나 11월 2일 새벽 3시 30분, 대통령궁에 전투기와 탱크를 이용한 공격이 시작되자 디엠은 대통령궁 경비대에 전화를 걸어 교전하지 말라는 명령을 내렸다. 오전 6시 디엠과 고 딘 누는 돈 장군에게 전화를 걸어 항복하겠다는 뜻을 전달했다. 돈 장군의 말을 들어보자.

"우리는 디엠의 행적을 모두 파악하고 있었다. 그래서 병사들에게 명령하여 디엠 일행을 지휘본부로 데려오게 했다. 지휘본부에는 그들이 쉴 수 있는 방이 준비되어 있었다. 병사들은 초론에 있는 친구 집에서 그를 발견하지 못하고, 조금 후에 인근 가톨릭 성당에서 찾았다. 무조건 항복 의사를 표시한 디엠과 누는 무장 호송차에 태워졌다."

돈 장군은 이런 주장을 펼치기도 했다.

"솔직히 말해서 민 장군은 디엠의 생포를 원하지 않았다. 그들은 지휘본부로 호송중 살해되었다."

민 장군은 특이한 구석이 있는 사람이었다. 그는 사이공이 함락되던 1975년 4월 30일 쿠데타에 참여했던 모든 사람들 중 유일하게 베트남에 남았었다.

로지는 민 장군의 행동에 충격을 받았다고 말했다.

"나는 디엠 암살 보고를 받았다. 도저히 믿어지지 않는 민 장군의 디엠 암살에 관한 발표가 이어지는 가운데 쿠데타는 마무리 단계에 접어들고 있었다. 암살이 개인적인 조치였는지, 혁명 세력의 공식 조치였는지 우리는 자세한 내막을 모르고 있었다."

쿠데타 주체 세력이 발표한 첫번째 성명은 디엠 형제가 무기를 탈취하려는 돌발 행동 과정에서 발생한 우발적 사고사라고 주장했다. 그러나 CIA는 훗날 디엠 형제의 시신을 찍은 사진을 입수했는데, 손이 뒤로 묶인 채 살해되어 있었다.

돈 장군은 군사위원회에서 미국 대사에게 디엠 암살을 설명할 사람으로 선출되었다.

"11월 2일, 나는 미 대사관으로 갔다. 로지 대사가 거사 결과에 대한 상세한 내용을 듣기 위해 기다리고 있었다. 대사관 정문에서 우리는 환대를 받았다. 그러나 사무실에 들어서자 로지는 쉴 틈도 없이 케네디와 미국 국민들이 큰 충격을 받았다고 쏘아 댔다. 나는 처음부터 디엠이나 고 딘 누의 살해는 계획에 없었다고 말했다. 내가 무슨 말을 할 수 있겠는가. 그저 가족들에게 죄송하다는 말밖에 할 말이 없다고 했다."

워싱턴에서 케네디 대통령은 국가안전보장회의를 주재하던 중 디엠의 살해 소식을 들었다. 군사고문 테일러 장군도 배석한 자리였다. 보좌관이 살해 내용이 담긴 전문을 케네디 앞에 놓았다. 케네디가 전문을 읽는 동안 회의장에는 침묵이 흘렀다. 대통령은 분명히 흔들리는 표정이었다. 갑자기 일어나더니 아무 말 없이 밖으로 나가서 한참 동안 그냥 서 있었다.

케네디는 로지가 베트남 대사로 취임할 때 자신이 보낸 전문에 '모든 결과에 책임을 지겠다'고 한 말을 생각하고 있었다. 케네디는 쿠데타를 실질적으로 승인했고, 거부했다가 다시 승인한 셈이었다. 케네디는 몇 주일을 고민한 끝에 여러 가지 정책을 결정했는데, 디엠 형제를 포기하게 된 결정은 최근 며칠 내의 일이었다. 케네디는 미국 고문단의 철수를 포함한 정치적 해결책을 모색하고 있었다.

한편 케네디는 완전히 다른 방향의 정책도 추진했었다. 잘 알지 못하는 남베트남 장성들에게 군사 지원을 약속했지만, 그들은 자신들은 물론 미국의 이미지에도 피를 뿌린 셈이었다. 이러한 이미지가 결국 미국이 이상을 수호하기 위해 베트남에 남아 있는 명분이 되어 버렸다. 이런 과정에서도 케네디는 조국에 봉사하려고 여러 가지 노력을 했다. 다시 회의실로 돌아온 케네디는 "9년간 공산주의와 싸운 디엠은 최소한 암살보다는 더 나은 대우를 받을 자격이 있다"고 침묵을 지키고 있던 보좌관들에게 일갈했다.

그 자리에는 콜비도 참석했었다.

"케네디는 매우 흥분한 상태였으며 머리가 복잡한 것 같았다. 그는 개인적인 책임감을 느끼고 있는 듯했다. 케네디는 디엠 암살을 전혀 예상하지 못했다. 쿠데타에 책임이 있느냐 없느냐는 별개의 문제였다."

케네디 안보보좌관 슐레징거는 이렇게 진술했다.

"디엠 암살은 우리의 계획에 포함되어 있지 않았으며 예상도 하지 못했다. 장성들이 개인적인 이유나 목적 때문에 살해한 것이다. 디엠의 죽음은 케네디를 충격과 흥분으로 몰아갔다. 왜냐하면 케네디는 성정이 부드러웠고 살상을 싫어했기 때문이다. 특히 이번에는 외국의 원수가 그렇게 되었으니 더 말할 나위가 없었다. 그리고 이번 사건 때문에 미국이 베트남에 계속 개입해야 한다는 걱정도 놀란 이유 중에 하나였다."

이날 회의에 참석한 테일러 장군의 말을 들어보자.

"우리들 모두 충격이 컸다. 그러나 디엠 정권의 전복을 묵시적으로 격려한 것이 위험한 행동이었다는 것을 케네디가 전혀 인식하지 못했었기 때문에, 그의 충격은 더욱 컸다. 당시 1만 6,000명의 미 군사고문단이 남베트남 육군에 배속되어 있었다. 그러나 케네디 취임 당시에는 900명에 불과했었다. 케네디 취임 이후 1963년 말까지 베트남 전투에서 사망한 미군의 숫자는 75명이었다. 그런데 이 숫자는 그 뒤의 전사자들 숫자와 비교하면 하찮은 것이었다."

우유부단한 케네디 행정부가 들어선 지 3년이 지나서야 쿠데타를 막고 디엠에게 마지막 기회를 주기 위한 조치가 취해졌었다. 미국이 요구하는 정치개혁을 2개월 이내에 디엠이 수용하지 않으면, 케네디가 개인적인 결정으로 미군 철수의 신호탄이 될 수도 있는 1,000명의 병력을 우선 철수시킨다는 것이었다. 그러나 실제로 미군을 철수시킬 수 있었을까?

국무부 차관보였던 힐스먼은 이렇게 증언했다.

"우리는 미군 철수를 위한 수많은 계획을 세웠지만, 그 중에 단 하나도 국방부에 전달하지 못했다. 케네디는 군부를 믿지 못했다. 하지만 맥나마라 국방장관은 신뢰했기 때문에, 우리는 맥나마라 아랫선에서 누군가가 우리의 계획을 방해하고 있다고 생각했다. 그래서 철군을 주장했던 어떠한 증거나 기록도 보관된 것이 없다."

이렇게 일관성 없는 미국의 정책 과정에서 디엠이 살아남을 수 있었을까? 마지막 단계에서 철군 계획을 모르고 있었던 대부분의 케네디 보좌관들은 디엠의 몰락은 베트남 사람들의 문제라고 생각했다. 그러나 남베트남 장성들은 이 쿠데타가 미국의 각색에 의한 것이라고 짐작하고 있었으며, 자기들이 미국의 원조를 계속해서 받을 수 있다는 것을 알게 된 이후에는 더욱 확신하게 되었다. 디엠의 공보비서였던 티엔은 쿠데타 주역의 한 사람이었던 킴 장군의 참여 동기를 이렇게 쓰고 있다.

"나는 평소에 킴 장군이 디엠의 충성스러운 장군이라고 생각해 왔기 때문에, 어느 정도 시간이 지난 후 물어 보았다. 킴 장군은 미국이 자기들에게 미국의 원조와 디엠 중 선택하라고 해서 할 수 없이 미국의 원조를 택했다고 말했다."

미국은 이제 다른 선택의 방안이 없었다. 민, 킴, 돈 3명의 장군으로 구성된 군사평의회가 주도하는 사이공의 새로운 정부를 인정하는 수밖에 없었다. 로지 대사는 워싱턴의 어느 누구도 사이공에 대해 불길한 느낌을 가지지 않았다고 말했다.

"모든 지역이 환호에 들떠 있었다. 한 사람의 독재자가 권좌에 9년간 있다 보면 모든 일을 '혼자 다할 수 있다'고 착각하게 된다. 그래서 독재자를 몰아낸 사람들의 기쁨은 더 컸다. 미 대사관의 인기는 대단했다. 지나가는 모든 사람들이 환호성을 지르며 성조기를 흔들어 댔다."

환호 속에서 군사정권은 3개월간 지속되었다. 디엠은 권력을 가졌던 마지막 민간인이었다. 그 이후 20개월 동안 남베트남은 10번의 정권 교체가 있었고, 그때마다 장성들은 서로 권좌에 올랐다가 축출되는 파행이 계속되었다. 초기에 디엠이 베트남의 희망으로 비쳐졌을 때, 그를 옆에서 도왔던 에드워드 랜스데일은 베트남의 비극을 일찍이 예견한 바 있다. 워싱턴 CIA에 복귀한 그는 이렇게 말했다.

"CIA는 쿠데타 진행 방법에 반대했다. 디엠의 몰락과 함께 장성들은 헌법도 바꿔 버렸다. 새 헌법에 따라 그들은 성장省長이나 지방 고위 관리들을 대부분 재임명하는 수법으로 개혁을 피해 갔다. 국가 원수를 제거하기 위한 정치적 투쟁이 드디어 세련되고 막강한 힘을 가진 적, 북베트남의 면전에서 정치적인 분열로 이어졌다."

콜비에 따르면, 북베트남은 쿠데타에 미국이 개입했다는 사실에 경악했다고 한다. 당시 CIA 극동 담당 책임자였던 콜비는 서둘러 베트남으로 갔다. 그는 워싱턴에 '전쟁은 조만간 패배로 끝날 것 같다' 라고 보고했다. 콜비의 흥미로운 정세 판단과 회고를 들어보자.

"어떤 정권이 들어설 것인지에 대한 검토도 없이 디엠 정권의 전복에만 관심을 쏟았다는 사실이 도저히 믿어지지 않는다. 물론 몇 명의 장성들이 보다 민주적인 정부를 세울 것이라는 막연한 기대에서 우리가 디엠 정권 전복에 개입한 것은 사실이다."

혼란과 무질서가 당시 남베트남 정부의 모든 곳에 스며들어 있어서 단합된 힘이라고는 어디에서도 찾아볼 수 없었다. 1964년에 이미 모든 상황이 재빠르게 변화하고 있었기 때문에 1965년 말쯤이면 공산주의자들이 전쟁을 승리로 이끌 것이라고 예측했었다.

1964년 가을 무렵부터 북베트남은 남쪽에 최후의 일격을 가하기 위해 게릴라들이 아닌 정규군을 호치민루트를 통해 남파하기 시작했다. 이때는 고집 세고 완강한 성격의 텍사스 출신 존슨이 대통령직을 승계한 뒤였다. 대통령이 되기 전까지 그는 베트남에서 미국 역사상 '가장 치욕스러운 전쟁' 이 있으리라고는 전혀 예상하지 못했었다.

06

The Ten Thousand Day War
결단의 시기

우리가 만약 이 음험한 전쟁에 개입한다면 우리의 위대한 사회는 종말을 고할 것이다.
_ 린든 존슨 대통령 회고록에서

사이공에서 유혈 쿠데타가 발생한 지 3주일이 지난 후, 호놀룰루에서 개최 예정이었던 케네디의 고위 보좌관 회의가 긴급 취소되었다. 1963년 11월 22일, 미국의 35대 대통령 존 F. 케네디가 암살당했기 때문이다. 이날 오후 텍사스 댈러스에서 워싱턴으로 가는 에어포스원(Air Force-1 : 미 대통령 전용기) 안에서는 부통령이던 린든 B. 존슨이 서둘러서 미국의 제36대 대통령 취임 선서식을 가졌다. 이때부터 미국은 예상하지 못한 권력 이양으로 남북전쟁 이후 가장 어려운 10년을 경험하게 된다.

존슨은 대통령 취임 선서를 하는 순간부터 베트남 문제에 빠져들 수밖에 없었다. 베트남은 그의 대통령직을 송두리째 파괴했고, 왕성했던 활력을 고갈시켰으며, 존슨이 일생을 두고 노력했던 민주주의 실천 노력도 후퇴시켜 버렸다. 결국은 민권에 뿌리를 두었던 정치인 존슨을 권력에 의존하는 비참한 인간으로 바꾸어 놓았다. 또한 그가 섬기는 대상으로 삼았던 '대중'과 격리되는 계기가 되었을 뿐 아니라 '대중'을 장기간 속이는 요인이 되기까지 했다.

존슨은 워싱턴으로 가는 에어포스원 안에서 대통령 취임 선서를 하는 순간부터 베트남 문제를 '헌법을 준수하는 신성한 의무'로 생각했다. 존슨에게 베트남은 부패에 휩싸인 골칫거리였다. 남베트남 지도자들에게 불변의 확고한 목표가 없었기 때문에 유혈사태가 발생했고, 이로 인해 무고하고 선량한 수많은 사람들이 희생되는 등 원상 회복이 불가능한 상황으로 발전했다는 생각이 존슨의 마음속에 깊게 자리하고 있었다.

갑자기 대통령이 된 존슨이 워싱턴에 도착한 후 가장 먼저 해야 했던 일은 그의 고향 텍사스에 깊은 상처를 안겨 준 '케네디 암살이 남긴 후유증을 치유하는 것'이었다. 존슨이 제시한 국정 목표는 평등한 시민권에 기초를 둔 '위대한 사회' 건설이었다.

자서전 작가 도리스 커언스D. Kearns에 의하면, 존슨은 미국 역사에서 위대한 사회개혁자로 기억되기를 바랐다고 한다. 그리고 존슨은 베트남을 그렇게 중요한 문제로 인식하고 있지 않았으며 오히려 흑인 문제, 극빈자들의 식생활 해결, 교육 문제 등 '위대한 사회 건설'에 필요한 문제들에 더 큰 관심을 가지

〉〉〉〉〉 딘 러스크(왼쪽) 국무장관, 로버트 맥나마라(오른쪽) 국방장관과 함께 고민하는 존슨 대통령.

고 있었다고 했다.

존슨은 대통령에 취임한 지 24시간이 지난 후에야 비로소 과거에는 추상적으로만 생각했던 베트남 군사 개입에 따른 역학 관계를 현실적인 문제로 느끼기 시작했다. 12월 3일부터 시작하기로 한 미국 군사고문단의 철수 등 케네디의 마지막 결정들을 케네디 보좌관들까지 비판하고 나섰다. 러스크 국무장관과 맥나마라 국방장관도 이런 견해에 동의하면서, 케네디가 내린 지시들은 존슨이 구상하는 '공산주의 억제'와 상당히 배치된다는 뜻을 내비쳤다.

호놀룰루에 다시 모인 러스크와 맥나마라는 군사고문단 철수 문제를 놓고 로지 대사, 하킨스 장군 등과 협의했다. 이들은 디엠 암살 이후 남베트남의 정치 기류가 예상했던 것과 다르다는 데 의견 일치를 보았다. 사이공은 의외로 평온을 유지했지만, 하노이에 가족 관계가 깊은 것으로 알려져 있던 군정 지도자 민 장군을 두고 '중립주의자'란 말이 끊이지 않고 떠돌았다.

존슨 대통령이 취임하기 3일 전에는 캄보디아의 노로돔 시아누크N. Sihanouk가 폭탄 발언으로 찬물을 끼얹고 나섰다. "CIA가 자신을 축출하기 위한 쿠데타를 기도했다"고 비난하면서 미국의 군사 지원과 경제 원조를 포기하겠다고 발표한 것이다. 시아누크의 발언은 미국인들에게 '동남아시아 공산화' 우려를 한층 더 깊게 했다. 더 나아가 그의 발언은 공산주의자들이 언제라도 쉽게 제압할 수 있는 중립주의자들을 정치적 목적을 위해 동남아시아에 대규모로 배양하고 있다는 추측을 낳았다.

케네디와 마찬가지로 존슨도 공격적이며 집단주의적인 성격의 공산주의가 확대되어 가는 시나리오를 끊임없이 그려보고 있었다. 결국 남베트남은 자유세계의 결의를 보여줄 수 있는 하나의 방안으로 굳어지고 있었다. 그러나 존슨도 초기에는 직접적인 군사 개입보다 중립정책을 강력하게 주장한 인물이었고, 케네디도 뒤늦게나마 군사 개입을 분명히 반대했었다. 익명의 소식통에 의하면, 케네디는 맥나마라 장관에게 전투에 직접 참가하기도 했던 헬리콥터 조종사들의 철수를 분명하게 지시했다고 한다.

존슨은 두 가지 현안 중 하나를 선택해야 했다. 케네디의 철군 시나리오가 잘못된 것인지, 아니면 남베트남이 군사적으로 개입할 만큼 중요하지 않은 것인지 판단해야 했다. 돌이켜보면 케네디도 맥나마라의 철군 연기 권유를 받았다면 철군 명령을 철회했을 것이다. 존슨의 취임과 함께 힘을 얻게 된 맥나마라의 발언을 들어보자.

"케네디의 철군 명령은 지금 남베트남에 사형 선고나 다름없다."

존슨은 취임 이틀이 지나지 않았을 때, 남베트남 군사평의회 지원을 계속하겠다고 발표했다. 외형적으로는 1,000명의 철군이 이루어졌지만, 그 인원은 모두 비전투요원이었고 존슨은 곧바로 대체 인력 파견을 승인했다. 실질적인 미군의 감축은 없었다. 이렇게 시작된 존슨의 선택으로 그의 베트남 시대가 열렸다.

3개월이 지나자 케네디의 눈치를 살폈던 보좌관들이 이제는 직접적인 군사 개입 쪽으로 선회하였다. 9개월이 지나자 아무런 사전 예고도 없이 존슨이 베트남전을 직접 진두 지휘하게 된다. 존슨은 결국 미국에서 9,000마일 떨어진 곳에 공산주의와 대치하기 위해 54만 3,000명의 미군을 배치하게 되고, 이런 베트남 파병 확대는 미국 사회에 끊이지 않는 충격과 비극을 안겨 주었다.

존슨은 도미노 이론에 젖어 있는 일단의 케네디 보좌관들과 함께 2번의 암살에 뒤따른 혼란을 승계했기 때문에 모든 상황은 극히 불안정했다. 원거리 전쟁을 수행하기 위한 존슨의 갑작스런 여론 조성이나 자원 활용은 그가 오랫동안 꿈꾸어 왔던 국내 정책들과 확실하게 대립되는 관계에 있었다. 그러나 당시 상황은 그의 결단을 요구하고 있었다.

존슨이 초기에 의사 결정을 할 때 가장 관심을 가졌던 것은 당의 정치적 이해 관계였다고 한다. 이후에 존슨이 커언스에게 말한 내용을 들어보자.

"나는 백악관이 직면한 문제와 대안들을 보좌관들보다 훨씬 많이 알고 있었다. 처음부터 베트남전과 관련된 선택의 범위를 알고 있었다. 나는 우리가 만약 원거리에서 벌어지고 있는 이 추잡한 전쟁에 개입한다면 우리의 위대한 사회는 종말을 고할 것이라고 말했다. 반대로 전쟁을 포기하여 남베트남이 패한다면 전통적으로 민주당을 싫어하는 사람들로부터 온갖 비난이 쏟아질 것이 분명했다. 당신은 중국도 잃어버리고, 베트남도 잃어버렸다고."

이러한 발언으로 판단해 볼 때, 존슨의 베트남전 참전 동기는 자유 세계의 방어라는 숭고한 목적과 함께 자신의 정치적 입지 강화에 있었음을 알 수 있다. 국가적인 자존심을 유지하고 백악관을 지키기 위해서라도 존슨은 베트남을 수호해야 했다. 그가 취임했을 때 국내 정치는 군사적 상황과 마찬가지로, 베트남에서 패배했을 경우 돌아올 지도력 누수 현상에 대한 위기감을 느끼게 했다. 이러한 정치적 상황은 존슨을 단호하게 만들었다. 그러나 미국 국민을 위한다던 존슨의 결심은 결과적으로 엄청난 사회적 문제를 야기했다.

존슨이 주장한 '위대한 사회의 건설'이 베트남의 정글 속에서 이루어져야 한다는 모순을 어떻게 설명해야 하는가? 존슨의 이러한 모순된 결단은 단순한 그의 성격 문제가 아니라, 제도의 문제였다. 존슨과 케네디 사이의 예기치 않은 권력 이양은 지도체제의 취약점을 있는 그대로 노출시켰다.

후임자 존슨은 부통령 시절, 고급 정책 수립이나 결정 과정에 무지한 상태였고 특히 베트남 관련 의사 결정 과정에는 전혀 참여한 적이 없었다. 어느 정책 하나 제대로 위임받은 것도 없었다. 다만, 밤사이에 갑작스럽게 권력만 이양받았을 뿐이다. 이어지는 존슨의 행동이나 전쟁에 직접 참여하게 된 원인은 이런 맥락에서 설명할 수 있을 것이다. 커언스의 이야기는 이렇다.

"존슨이 아무 생각 없이 이런 일을 맹목적으로 추진했던 것처럼 말하는 것은 사려 깊은 행동이 아니다."

커언스는 존슨의 가족을 제외하고 존슨의 성격이나 개인이 안고 있는 문제점들을 가장 잘 알고 있는 사람이었다. 그녀는 '존슨 문제'에 가장 정통한 사람이다. 어떤 대통령의 전기작가도 커언스만큼 사건의 실체를 탁월하게 꿰뚫어 보고, 솔직한 연구를 하지 못했을 것이다. 존슨이 커언스에게 말한 베트남에 대한 인식이 미국이 갑자기 전쟁에 개입하게 된 동기를 이해하는 데는 큰 도움이 될 것이다. 존슨과 커언스의 인연부터 살펴보자.

1967년 그들이 처음 만났을 때, 커언스는 20대 후반이었고 존슨은 회갑을 앞두고 있었다. 그들의 첫 만남은 매년 유능한 소장 학자들 중에서 대통령과 각료들을 도울 수 있는 인재를 선발하기 위해 열었던 백악관의 '펠로 프로그램Fellow Program' 파티에서였다. 그녀는 당시 하버드대학교에서 박사 과정을 밟고 있었으며, 〈뉴 리퍼블릭New Republic〉에 「1968년에 존슨 제거 방법」이란 반전反戰 관련 기사를 공동 집필하고 있었다. 존슨도 그녀의 기사를 잘 알고 있었다. 존슨은 신좌파(New Left : 뉴레프트. 1960~1970년대에 급진적 사회개혁을 요구했던 좌익 정치운동 - 역주)인 그녀에게 왈츠를 청했고, 춤을 추면서 그녀에게 이렇게 말했다.

"워싱턴에 한번 와 주었으면 좋겠군요. 내가 만약 당신 같은 하버드 재학생들을 납득시키지 못한다면, 나는 아무것도 주장할 수가 없을 겁니다."

그후 커언스는 존슨의 사회개혁정책을 굳게 믿고 노동부에서 근무하게 되었고, 그곳에서 도시 흑인들을 위한 교육 프로그램을 만들었다. 존슨은 은퇴 후 1년쯤 되었을 때 그녀에게 회고록 작업을 도와 달라고 부탁했다. 커언스는 이 작업에 4년여를 바쳐 자신의 이름으로 〈존슨과 아메리칸 드림Lyndon Johnson And The American Dream〉을 출판했다.

커언스는 자서전을 쓰기 위해 존슨의 가족 목장에 머무는 동안 "존슨이 개인적으로 철저히 파괴되어 가는 것을 목격했다"고 한다. 그녀는 자신의 저서에서 사람의 의식이 어떻게 길들여지는지를 묘사하고 있다.

"존슨은 잠이 별로 없었다. 그래서 우리는 대부분 새벽에 많은 이야기를 나누었다. 내가 새벽 5시에 옷을 입고 있으면 존슨이 곧바로 도착했다. 나는 의자에 앉고 그는 침대에 들어가 아이처럼 얇은 이불을 목까지 잡아당겼다. 그리고 나서 그의 꿈과 희망, 대통령 재직시 하고 싶었던 일 등을 말하기 시작했다. 1973년 1월에 서거한 존슨은 몇 개월 전부터 베트남 문제에 대해 별로 관심을 보이지 않았다. 단지, 많은 사람들의 시선을 받고 살아가는 공인으로서 자기와 같은 삶에 만족할 수 있겠는가에 대한 질문을 주로 했다."

커언스와 대화를 나누던 조그만 방에서 한때 자유 세계의 지도자였던 존슨은 이렇게 말했다.

"미국이 아시아의 전쟁에 참여하기로 결정한 근본적인 이유는 많은 국민의 지지를 받기 위해서였다."

존슨은 취임 초기부터 아이젠하워와 케네디의 공동 작품이라고 할 수 있는 '자유 세계의 경찰국가론'의 함정에 깊이 빠져들었고, 어느 면으로 보나 실패한 외교정책이라고 할 수밖에 없는 베트남전에 매달려 국내 정책에 대한 꿈마저 완전히 잃어버렸다.

전쟁이 3년을 넘어서자 국내외 여론은 존슨에게 등을 돌리기 시작했다. 모순이 있다는 걸 알았지만, 존슨에게 다른 선택은 없었다. 베트남을 그대로 방치했었다면 사람들은 존슨을 겁쟁이라고 비난했을 것이다. 그렇게 되었더라면 보수주의자들의 봉기로 존슨이 꿈꾸었던 '위대한 사회'는 첫발을 내딛지도 못했을 것이 분명했다. 커언스는 존슨에 대해 "시작부터 서글픈 운명을 가졌었다"고 단정했다.

취임 초부터 존슨은 대통령으로서 전쟁에 대한 강박관념을 가지고 있었다. 자리가 사람을 만든다는 이야기는 당사자가 잘되었을 때에 해당되는 말이다. 대통령을 꿈꾸고 있던 존슨은 봉사와 훈련을 통해 조직 체계의 운용을 누구보다도 잘 알고 있었다. 그러나 행정부의 관료주의와 여러 가지 권력과 조직 체계가 너무 복잡하게 얽혀 있어, 26년을 워싱턴 정가에서 갈고 닦은 어떠한 경륜도 위기의 지도자 존슨에게 도움이 되지 못했다. 결국 자리가 사람을 만들지 못했던 것이다.

1954년 아이젠하워 대통령 재임 기간 중 상원의 원내총무였던 존슨은 미국의 디엔비엔푸 전투 개입을 막는 데 큰 역할을 했다. 7년 뒤 부통령으로 사이공을 방문했을 때, 그는 동남아시아에서 공산주의자들과의 전투는 힘과 결연함이 병행되어야 한다고 말했다. 그러나 존슨의 이런 주장은 행정부의 정책 결정을 지연시켰을 뿐, 베트남 지원의 물꼬를 막지는 못했다. 마지막 몇 달 동안 케네디 대통령은 혼란에 빠져 있어서 부통령 존슨은 접근할 기회조차 없었다. 또한 부통령은 아무런 실권도 없었기 때문에 그에게 베트남은 하나의 추상화였을 뿐이다.

케네디 보좌관 중 어느 누구도 베트남에 대한 케네디의 진정한 의도를 파악하지 못했고, 측근 몇 사람만 그가 내심 '많은 걱정거리'를 가지고 있다고만 생각하고 있었다. 그러나 '존슨의 무지'는 어쩌면 당연한 것이었는지도 모른다. 존슨이 케네디의 러닝메이트로 권력에 무임승차한 것은 당의 선택일 뿐이었으며, 케네디와 존슨은 상호 보완적인 관계가 결코 아니었다. 성장 배경이나 성격에서도 판이하게 달랐다.

케네디는 평생 명예와 우월감으로 가득 찬 삶을 살았고, 지도자의 위치에서 정치를 할 수밖에 없었다고 보는 사람들이 많았다. 그러나 대학 시절 미식축구 선수를 지낸 참신한 상원의원 출신이었음에도 불구하고 케네디가 대통령이 되었을 때, 육체적·정신적인 면에서 연약함을 보였다는 평을 받기도 했다.

집안의 배경이나 인품은 나무랄 데가 없었지만, 이러한 배경이 문화적 상류 엘리트 기질로 인식되어 과민하다는 평판을 얻었다. 그리고 지나치게 동부 학풍에 물들어 있었다고도 전해진다. 케네디에 대한 평론들은, 그의 엘리트 의식이 확신과 합의를 이끌어 내는 정책 조정 능력에 문제를 일으키기도 했으며, '신화를 만들어 내지 못하면 안 된다'는 강박관념으로 대통령 취임 이후 점점 더 소심한 성격으로 변해 갔다고 쓰고 있다.

반면 존슨은 텍사스의 가난하고 조그마한 농가에서 어린 시절을 보냈다. 정신적, 육체적으로 그는 영원한 텍사스인의 본보기였다. 후임 대통령 누구보다도 키가 크고 성격은 강인했지만 소박한 인품을 지닌 사람이었다. 정열적이었으나 인내심은 약한 편이었고, 가끔 거만한 태도를 보이는 경우도 있었다. 사범학교 출신으로 대통령까지 오른 그는 '서민들이 미국을 만들 수 있다'는 확신을 가지고 있었다.

케네디와 존슨은 대통령 취임 초기에 거대한 이상들을 가지고 있었지만, 내용은 그들의 성격만큼이나 달랐다. 그러나 2명의 대통령이 자신들의 이상을 실현할 가능성은 시간이 흐를수록 멀어지고 있었다는 것이 일반적인 평가이다. 케네디는 홍해를 갈랐던 모세가 되기를 원했고, 존슨은 흑백 갈등을 수습하는 미국 가정의 수호자가 되는 꿈을 가졌는지도 모른다. 그러나 이것들은 이룰 수 없는 이상으로 물거품이 되어 갔다.

베트남은 존슨에게 성전이 아니라, 자기의 꿈을 실현하기 이전에 해결해야 할 악몽이었다. 급한 성격 탓에 존슨은 대통령직에 오르기 전에 2번이나 심장마비를 경험했다.

부통령으로서 그 동안 존슨에게 부여된 조직 내의 역할은 현실적으로 케네디의 흉내조차 낼 수 없는 상시 대역에 불과했다. 대통령 유고시 언제라도 대통령직을 수행해야 할 위치에 있었음에도 불구하고 존슨은 케네디와 개인적으로나 공적인 관계에서 밀접한 사이가 아니었다. 이것은 텍사스 카우보이와 동부 엘리트의 성장 배경만큼이나 다른 업무 스타일을 보여주는 대목이기도 하다.

지금까지 베트남 문제를 처리해 온 정부의 일관성 없는 방침과 케네디의 미결 문제들이 존슨의 갑작스러운 등장과 맞물리면서 정책 혼선으로 이어졌다. 존슨은 백악관 업무를 '의회를 다스렸던 노련한 경험과 솜씨'로 지휘했다. 커언스의 말을 들어보자.

"여러분은 존슨이 자신의 과거 행동을 어떻게 인식하고 있었는지 기억할 필요가 있다. 그는 역대 상원의원들 중 가장 영향력 있는 막후교섭의 실력자였다. 그의 협상 조정 기술은 항상 놀랄 만했다. 그는 자기가 하는 일은 남들이 모르는 것이 좋다고 생각했다. 그래서 위대한 사회에 대해서, 시민권 확대에 대해서, 자기가 가정에서 하는 일에 대해서 미국인들의 관심을 유지시키는 한 베트남전은 국민들의 관심사가 되지 않을 것이라고 믿었다."

그런데 하룻밤 사이에 미국의 대통령이 바뀌었고, 존슨은 아무런 사전 지식도 없이 전쟁을 계속 수행해야 하는 막중한 책임을 떠맡게 되었다. 또한 모든 결정을 내릴 수 있는 엄청난 권한이 주어졌다. 존슨은 오랜 의회 경험으로 헌법상 부여된 대통령의 권한을 잘 알고 있었으나, 자신이 막상 헌법 기관들을 통솔하는 위치에 오르자 여러 과정에서 많은 취약점들이 노출되었다. 그러나 그는 이러한 취약점을 안은 채 견제와 균형을 헤쳐 나갔다. 존슨의 자서전을 써서 존슨의 대변인이라고까지 불렸던 커언스는 이렇게 말하고 있다.

"20세기 들어 전쟁에 관한 모든 결정이 백악관으로 집중되었다. 수없이 많은 해외정책이 의회보다는 백악관에서 결정되었다. 존슨의 힘이 너무 막강해져서 반대론자들의 입지는 아주 어렵게 되었다. 존슨은 이미 누구의 이야기도 들으려 하지 않았다."

존슨이 수행하고 있는 전쟁 방법을 두고 비난이 일부 있기는 했지만, 그가 취하고 있는 베트남 문제에 대한 공식 입장은 대체로 인정을 받았다. 그러나 베트남 문제는 점차 비극적 실패로 폭넓게 인식되어 갔다. 만약 직접 개입만 없었다면, 미국의 의사 결정은 최고 점수를 얻었을 것이고 전쟁에 대한 평가는 정책 입안자들과 참고문헌들의 몫이 되었을 것이다.

존슨이 외교정책으로서 전쟁을 수행하는 방법은 닉슨이 워터게이트 사건을 처리할 때 취했던 방법과 다를 것이 없었다. 최소한 초기에는 정치적인 자기 보신을 위해 미국 국민과 의회를 속였다. 커언스의 말을 들어보자.

"존슨에게 가장 바람직한 일은 영국이나 다른 나라처럼 의회에 귀를 기울일 수밖에 없는 정부 구조를 가졌어야 했다는 점이다. 그렇게 되면 그의 할 일은 반대론자들이나 불평분자들에게 귀를 기울이면 되는 것이었다. 그러나 그는 불행하게도 모든 힘이 그의 수중에 있다는 것을 알았다."

존슨 행정부의 행동을 면밀하게 관찰한 커언스는, 자유 세계의 지도자로서 미국 대통령이 의회를 속이고 권력을 남용하는 민주주의 체제 전반에 대해 많은 문제점을 제기했다. 예전에도 자주 그랬던 것처럼 체제 운영의 맹점과 함축적인 문제점들이 점차 현실로 나타났다. 미국이 우연한 계기로 가장 장기적이며 살육적인 전쟁에 개입하게 되는 과정은 여러 증거 서류에 여실히 드러난다.

군사 개입 규모가 점차 확대되자 존슨과 백악관 보좌관들은 초기 개입의 불가피성을 억지로 확대 해석하는 데 부질없는 노력을 쏟아부었다. 그들은 '공산주의에 대한 뚜렷한 공포감을 느끼고 있었으며, 그들의 행동에 걸맞게 나름대로 조정된 역사 의식을 공유하고 있었다'고 커언스는 말하고 있다. 존슨은 베트남을 제1차, 제2차 세계대전 당시의 독일 상황에 비유하였다. 그는 미국이 양 대전을 빨리 종식시키기 위해 노력했던 것처럼, 베트남에서도 제3차 세계대전의 방지를 위해 힘써야 된다고 생각했다.

그녀에 의하면, 존슨의 원초적인 전쟁 공포는 초기 의사 결정을 촉구한 공산주의자들의 행동과 마찬가지로 눈앞의 여러 가지 조언들에 연유하고 있었다. 존슨은 케네디 보좌관들을 그대로 연임시켰는데, 그는 케네디의 신임을 받았던 명망 있는 보좌관들이 자신의 정책을 인정한다면 최소한 무능력하다는 소리는 듣지 않을 것으로 생각했다.

백악관에 더 이상 현명한 정책을 기대할 수 없다고 판단하여 존슨 취임 직후 사임했던 케네디 보좌관들은 케네디를 싸고돌았던 주변 인물들이 존슨의 방패가 되기보다는 오히려 그를 포위하고 있다고 생각했다.

케네디의 가까운 친구로서 특별보좌관이었던 슐레징거는 존슨과 짧은 기간 같이 일한 적이 있다. 그에 따르면, 존슨은 초기에 케네디가 당연히 했어야 할 일을 추진한다고 주장했다고 한다. 존슨은 그럴 만한 이유가 있었다. 왜냐하면 '베트남전은 이길 수 있다'고 확신했던 맥나마라나 번디 같은 케네디 주변 인물들을 당시에 그대로 기용하고 있었던 것이 이를 잘 말해 준다. 물론 이 사람들은 후에 생각을 달리하게 되었다. 당시 국방부에 있었던 윌리엄 번디는 이렇게 말했다.

"존슨은 케네디가 추구했던 중국 봉쇄정책을 그대로 답습했다."

그러나 케네디가 적극적으로 중국 봉쇄정책을 추진했는지는 아직 의문으로 남아 있다. 번디는 존슨이 택했던 결정을 케네디가 먼저 취했어야 했다고 말한 적이 있다. 그 역시 케네디나 존슨처럼 '베트남을 지켜야 된다'는 기본적인 판단에는 의문을 가지지 않았지만, 군부의 행동에는 회의적이었다.

힐스먼은 "케네디도 마지막 순간, 즉 텍사스에서 비명에 운명하기 직전에는 베트남 문제 해결을 모색하는 많은 질문을 던졌지만, 맥나마라나 번디는 이런 뜻을 파악하지 못했다"고 말했다. 힐스먼의 지적은 이런 것이다.

"케네디의 보좌관들은 정확한 숫자나 날짜 등 케네디의 병력 철수 계획을 국방부에 통보하는 데 주저하지 않았다. 그러나 존슨 시대보다 훨씬 군사적 역학 관계가 복잡했던 때 케네디가 그것을 잘 견디어 낼 수 있었을 것이라고 생각하는 데는 무리가 따른다."

존슨이 취임했을 때는 미국과 북베트남 사이에 실질적인 전투가 없었다. 전쟁의 방아쇠는 오히려 존슨이 국내와 대외정책의 실패에서 오는 두려움과 위협 때문에 당겨졌다. 아마 존슨이 가지고 있었던 이 두 가지 문제에 대한 두려움이 베트남이란 실체를 더욱 확실하게 부각시켰을 것이다. 존슨은 선거로 선출되지 않은 대통령으로서 국민들이 자신에게 바라는 것을 피상적으로 느끼고 수행했을 뿐이라는 지적이다.

베트남 지원 세력이나 반대 세력 모두 '존슨은 전쟁을 원하지 않았으며 문제를 조기에 해결하려고 노력했다'는 데에 의견 일치를 보이고 있다. 국무장관 러스크를 제외하고 힐스먼이나 다른 사람들은 전쟁 문제가 구체적인 현안으로 대두되자 곧 사직하게 된다. 러스크는 존슨이 '전쟁을 너무 추상적으로 생각했었다'고 강조했다. 러스크의 말을 들어보자.

"존슨 대통령은 그가 하루하루를 위태롭게 살고 있다고 생각했기 때문에 매우 서둘렀다. 전쟁을 수행하는 사람들과 그의 가족들을 제외하면 어느 누구도 대통령보다 더 심각하게 베트남 문제를 고민하는 사람은 없었다. 당시 존슨은 처리해야 할 중요한 문제들이 적지 않았지만, 많은 일들이 베트남 문제 때문에 우선 순위에서 밀리거나 지장을 받았다. 존슨은 '자신이 짊어지지 않아도 좋을 짐들을 인계받았기 때문에 수행할 수밖에 없다'고 생각했다."

존슨은 대통령의 임무를 수행한 지 6개월이 지난 뒤, 사실상 비밀전쟁 수행을 위한 비상 조치를 취하게 된다. 이러한 상황 진전은 지금까지 진행되었던 전투는 문제가 되지 않을 만큼 확실한 승리를 예고했고, 분위기 또한 갈수록 고조되어 갔다. 존슨 휘하의 전쟁론자들도 나름대로 논리를 내세우고 있었다. 그러나 이런 논리도 따지고 보면 순전히 국내 정치 상황에 입각한 방편이었을 뿐이다.

존슨이 군사적인 강화 조치를 지연시켰던 처음 몇 주일 동안에 몇 사람의 보좌관과 동맹국들이 자문을 통해서 군사 지원을 후퇴시킬 만한 이유와 정당성을 제기했다. 중국과 소련의 균열로 도미노 이론에 근거한 세계 공산화라는 단순한 시나리오가 빛을 잃었기 때문이다. 비록 도처에서 이념투쟁이 산발적으로 발생했고 중국은 베트남을 계속 지원하고 있었지만, '서방 세계의 가치 수호를 위해 남베트남을 전선으로 삼아야 한다'는 논리에 호응하는 세력은 많지 않았다.

당시 사이공에서는 장성들 사이에 정권 이양이라는 악순환이 계속해서 일어났다. 그들은 정치적인 단결력도 없었고 투표로 선출된 지도자들이 아니었기 때문에 남베트남 국민들에게 공식적인 위임을 받았다고도 할 수 없었다. 이름 없는 지도자들 사이에 벌어지는 권력놀음에 워싱턴은 하루에 100만 달러를 퍼붓고 있었다.

장성들이 서로를 축출하는 쿠데타가 빈발하자 미국은 '회전문에서 황급하게 뛰어나오는 처지'가 될지도 모른다는 우려를 했다. 아마 미군 철수가 몇 주일 전에만 계획된 대로 진행되었어도 미국은 완전 철수를 할 수 있었을 것이다. 사이공의 정치적인 혼란과 함께 게릴라 활동이 거세지자 한때는 미국이 베트남에서 철수할 것이라는 루머가 보도되기도 했다.

만약 미국이 지정학적 관계를 이유로 철군을 단행했다면, 국내 정치에 미치는 영향은 충격적이었을 것이다. 그러나 실제 결과를 놓고 보면 철군하지 않앉아도 똑같은 충격을 주었다. 하지만 국내 정치 상황을 고려해서 내린 '철수하지 않는다' 는 존슨의 첫번째 결정은 수렁에 깊이 빠져 버린 어리석음 외에 아무것도 아니었다.

디엠의 암살 후 9주일, 그리고 존슨 취임 후 6주일이 되면서 존슨은 사이공의 허약한 새 정부를 상대하는 당사자가 되었다. 이후 사이공에서는 2년 동안 평균 2개월마다 새로운 정부가 들어섰다. 이러한 현상은 점차 존슨의 선택권마저 축소시키는 결과를 낳았다. 1964년 1월 6일 남베트남 군사평의회는 3명의 장성에게 모든 권한을 이양하면서 수뇌부가 개편되었다. 그 결과 '중립주의자' 로 미국의 의심을 받고 있던 두옹 반 민 장군이 새로운 정부를 장악하게 되었다.

일이 이렇게 되자 1월 30일 사이공에서는 일단의 장교들이 거사를 일으켰다. 이 두번째 쿠데타에서는 구엔 칸 장군이 민 장군을 몰아내고 실세로 등장했다. 디엠 축출 쿠데타에서 소규모 장교들을 이끌었던 칸은 연대장이었으며, 미국은 그에 대해 아는 것이 거의 없었다.

미 대사관은 기자들에게 군사평의회의 새로운 실세로 등장한 칸 장군의 간단한 신상명세서를 제공했다. 보도자료에는 키가 작고 뚱뚱한 중년 장성이라고만 되어 있었다. 칸 장군의 집권은 1년 동안 계속되었다. 미국이 더 이상 유혈 쿠데타를 방치하지 않을 것이라는 사실을 잘 알면서도 일련의 남베트남 장성들은 끊임없이 권력에 도전했다. 칸 장군에게는 극도의 긴장을 요구했지만, 미국에게는 무기력한 상황만 안겨 준 셈이었다.

일단의 장교들이 디엠을 몰아내는 데는 성공했으나, 그후 구성된 군사평의회는 구성원간에 히드라(Hydra : 그리스 신화에 나오는 괴물로 물 속에 사는 뱀. 9개의 커다란 머리를 가지고 있어 구두사九頭蛇라고도 함 – 역주)처럼 물고 물리는 난맥상을 보였다. 쿠데타의 원조인 민 장군은 중립주의자라는 미국의 의심에도 불구하고 명목상의 국가 원수 자리를 유지하는 데는 충분한 세력을 가지고 있었다. 그러나 새로운 실세로 등장한 칸 장군은 선거를 치르지도 않고 스스로 수상에 취임함으로써 나름대로 정통성을 갖추기 위한 인기몰이와 미국과의 관계 개선 노력에 심혈을 기울였다.

칸은 최소한 미국이 듣기 좋아하는 발언을 자주 함으로써 미국의 지원을 지속시킬 수 있었다. 칸 장군은 이전의 민 장군이 이끄는 군사평의회가 남베트남에 부담을 안겨 주고 자유 우방이 우려하는 '중립주의 노선'에 너무 깊이 빠져 있어서 통치권을 박탈했다고 주장했다. 1964년 2월 칸 장군은 사이공에서 있었던 필자와의 인터뷰에서 "중립주의라는 병아리가 부화하기 전에 나쁜 달걀을 깨뜨려야 했다"고 말했다.

결과적으로 11년 후 '나쁜 달걀'인 민 장군과 육군참모총장 돈 장군은 미국의 정책에 따라 '북베트남을 제압해서 중립주의적인 해결 방법을 모색하라'는 주문을 받는다. 그러나 1964년 2월 기자회견에서 칸 장군은 미국의 지원으로 북베트남을 제압해야 한다고 주장했었다. 칸의 북베트남을 무력 침공해야 한다는 성명은 워싱턴에서 아무런 비난을 받지 않았다.

칸의 북침 성명 이후 게릴라들의 공격이 점차 확대되어 사이공까지 접근하게 되었다. 공격 범위도 변화를 보여 미군 시설물과 미군 병사들까지 공격 대상으로 삼기에 이른다. 처음으로 사이공의 한 술집 '투도Tu Do'와 일부 장소를 대상으로 미군의 순찰이 시작되었고, 일부 시설에는 가시 철조망이 씌워졌다. 드디어 최루탄과 화염병들이 시내에 등장하기 시작했다.

게릴라들이 도심에서 서서히 준동하는 양상과 때를 같이하여 미국이 주장하던 도미노 이론이 한층 복잡한 양상을 띠고 전개되었다. 프랑스의 드골은 라오스처럼 베트남 또한 중립화 해결 방안을 모색해야 한다고 주장했고, 캄보디아의 시아누크도 중립이 지켜진다면 치안 유지를 위해 미군을 받아들일 용의가 있음을 발표했다.

이러한 여론의 압박에 국방장관 맥나마라가 공개적으로 대응하고 나섰다. 그는 "현재 상황의 심각성으로 볼 때, 남베트남은 균형 상태에 있는 세계 평화 유지를 위해 다른 각도에서 처리해야 한다"고 주장했다. 그는 백악관에서 개최된 군사조정위원회에서 이렇게 말했다.

"베트남이 동남아시아나 자유 세계의 안보에 중요한 의미를 가지고 있다고 생각한다. 따라서 미국은 동원 가능한 모든 군사적인 조치를 취하여 공산주의의 승리를 막아야 하는 것이 유일한 대안이라고 생각한다."

맥나마라의 성명에 프랑스는 불편한 심기를 드러냈고, 곧바로 중국과 외교 관계를 복원한다고 발표한다.

3월경 맥나마라는 다섯번째 베트남 현장 답사에 나섰다. 베트남에서 중립화 논의가 바람직한 하나의 대안으로서 조용히 거론되고 있다는 사실을 발견한 맥나마라는 사이공에서 존슨에게 위험한 중립화 해결 방안들이 퍼지고 있다는 전문을 보냈다. 존슨의 반응은 단순했다. 어떠한 방법을 동원해서라도 베트남 문제의 해결 방법으로 대두되고 있는 중립화 논의를 중지시켜야 된다는 것이었다. 존슨의 즉각적인 조치는 미 군사고문단을 1만 6,000명에서 2만 3,000명으로 증강시키는 것으로 나타났다.

베트남 중립화 방안은 케네디가 1년 전쯤에 구상했던 희망 사항이었다. 그러나 케네디의 보좌관 윌리엄 번디는 1년 후 그 방법은 더 이상 현실적이지 않다고 생각했다. 그는 힐스먼의 사직으로 국무부의 차관보가 되어 있었다. 번디의 직책은 여러 가지 현장보고서를 검토해야 하는 힘든 자리였다.

번디의 검토보고서는 존슨의 구상에 막대한 영향을 미쳤다. 하버드대학교를 졸업하고 CIA에서 일했던 번디는 의회가 존슨의 군사 행동을 승인하도록 하는 데 많은 역할을 해냈다. 어떤 정치평론가는 번디를 이렇게 혹평하였다.

"그는 CIA의 전력 때문에 은밀한 방법을 선호했다. 그는 미국이 어떤 은밀한 계략을 쓰더라도 공산주의자들은 훨씬 더 나쁜 책략을 쓴다고 굳게 믿고 있었다. 번디의 베트남 보고서는 CIA의 보고서와 현격한 시각 차이를 보여주고 있다. 번디는 이렇게 말하고 있다. '역사는 베트남의 중립화 방안을 불가피한 조치였다고 기록할지 모르지만, 북베트남은 단호한 입장으로 남베트남에 대한 통제를 구상하고 있다. 결국은 인도차이나 전체 지배도 꿈꾸고 있다. 북

>>>>> 케네디 행정부에서 국방차관보를 지낸 윌리엄 번디(오른쪽). 그는 존슨 행정부 초기 북베트남에 대한 미국의 군사작전을 강력히 옹호했다.

베트남의 새로운 군사전략을 차단하기 위해 중립화 해결 방안에 대한 단호한 조치가 강화되지 않으면, 우리의 구상은 하나의 신기루에 불과할 것이다' 라고."

CIA의 콜비에 따르면 "그때까지 실제로 북베트남은 군사적으로 아무런 새로운 전략을 구상하지 않았다"고 한다. 그는 북베트남 정규군NVA이 남쪽으로 움직이기 시작한 것은 미군이 50%의 군비 증강을 마친 수 개월 후인 1964년 하반기였다고 증언했다.

콜비는 "1965년 말경에 공산주의자들이 이 전쟁에서 승리할 수도 있다"고 생각했다고 말했다. 그리고 번디도 "1964년 초에 이미 북베트남은 무기와 정치장교들을 남쪽으로 보내기 시작했으며, 전쟁은 분명히 하노이가 이기고 있었다"고 말했다. 번디와 콜비의 말을 유추 해석해 보면 '미국은 이미 시작하지도 않은 전쟁에서 패하고 있었던' 셈이었다.

맥나마라 장관은 3월 중순경 베트남을 시찰하고 돌아왔다. 그의 판단이나 해결 방안 모두 상상을 초월하는 것이었다. 맥나마라의 브리핑을 듣기 위해 존슨은 3월 17일 국가안전보장회의를 긴급 소집했다. 맥나마라가 "남베트남이 총체적인 괴멸 위기에 처해 있다"는 보고를 마치자, 전쟁 지원 조치에 따르는 긴급 승인이 필요하게 되었다.

맥나마라는 매우 논리 정연한 사람이었다. 그는 베트남전에 신기술을 적용하자고 주장했지만, 종반에는 철저한 반전론자가 되었다. 하버드대학교 경영대학원을 졸업하고 제2차 세계대전에 참전했던 맥나마라는 독일과 일본을 대량 폭격으로 굴복시키기 위한 병참관리체제의 발전에 큰 공로를 세우기도 했다.

케네디가 그를 국방장관에 임명했을 때 그는 포드자동차의 사장이었다. 그의 전기작가에 따르면 "존슨은 맥나마라의 현실 파악 능력과 정열적인 업무 수행 자세에 전폭적으로 동조했다"고 한다. 맥나마라는 "케네디의 철군 계획은 완전히 철회되어야 한다"는 주장을 펼쳤고, 그 주장을 존슨이 수용했다.

맥나마라는 또 남베트남의 새로운 군대는 미국의 신병기로 무장하여 기동성을 갖추어야 한다고 제안하여 동의를 얻기도 했다. 그는 북베트남의 후방 교란을 위한 은밀한 계획도 필요하다고 강조해서 승인을 받았다. 결국 맥나마라는 존슨에게 "전쟁을 북베트남까지 확대시켜야 한다"는 주장까지 펼쳐서 이를 관철시켰다.

맥나마라의 제안에 따라 2단계 폭격 계획이 수립되었다. 1단계는 미 공군이 72시간 전에 통보하고 라오스와 캄보디아 국경 내에 있는 게릴라 성역聖域과 북베트남의 군사 시설물을 보복 공격하는 것이었다. 30일 전에 통보되는 2단계 계획은 북베트남을 집중적으로 폭격하여 대대적인 압박을 가한다는 시나리오였다. 치밀하게 계획된 맥나마라의 폭격 계획을 존슨은 아무런 주저 없이 승인했다.

펜타곤(미국 국방부)에서 맥나마라의 생각을 실천에 옮기던 터프가이 대니얼 엘즈버그D. Ellsberg가 북폭 준비 계획을 돕도록 지시받았다. 엘즈버그는 하버드 출신이자 겁 없고 콧대 높은 해병 출신으로 동료들에게 상당한 인기가 있었다. 엘즈버그의 박사 학위 논문 제목은 「위험, 불분명 그리고 결정」이었다. 그는 재미있는 제목의 이 논문 한 편으로 랜드(RAND : Research and Development Corp. 미국의 대표적인 민간 조사 연구 기관 - 역주)의 전쟁분석가가 되었다. 그는 1964년 국방부에서 맥나마라의 심복이 되어 매파(강경파)의 한 사람으로 일을 시작했고, 정보 관리로 베트남에서 2년여 근무하게 된다.

폭격 대상을 두고 맥나마라에게 심복들의 질문이 쏟아졌지만, 공개된 것은 아무것도 없다. 확전 초기의 비교적 정확한 준비 대책이 세상에 알려진 것은 7년이나 지난 후였다. 이러한 사실은 엘즈버그가 〈펜타곤 페이퍼〉라는 소문으로 떠돌던 맥나마라의 '후회가 가득 담긴' 국방부 내부 검토보고서를 훔쳐보면서부터 베일이 서서히 벗겨지기 시작했다. 엘즈버그는 "1964년 3월 맥나마라는 북베트남 폭격이 당연하다고 생각했고, 단지 초기에 단호하게 실행하지 않았던 것을 아쉬워했다"고 증언했다. 북폭 계획을 순전히 국내의 관점에서 분석했던 엘즈버그는 〈펜타곤 페이퍼〉에 대해 이렇게 말했다.

"나는 1964년 그 계획서를 내 금고 속에 보관하고 있다가 한참 후에 국민들이 얼마나 기만당했는지를 증명할 수 있는 중요한 부분들을 〈펜타곤 페이퍼〉란 이름으로 발간했다. 북폭 시나리오는 전쟁과 평화라는 가장 기본적인 문제 속에서 우리의 민주주의가 철저히 파괴되어 가는 과정을 잘 보여준다. 의회와 국민은 정치 조작의 대상이 되었고, 더욱이 이러한 조작극이 대통령 선거 기간 중에 일어났다."

존슨의 북폭 명령이 떨어지자 미 합동참모본부는 불과 60일 만에 방대한 폭격 대상을 선정했다. 합참본부가 지휘한 이 작업에는 호놀룰루에 있는 태평양함대 사령부도 참여했다. 태평양함대 사령부는 30일 만에 별도의 병참지원전략 계획을 만들어 냈다. '작전 계획 37-64'는 각 단계별 폭격작전에 필요한 전투기의 수와 폭탄의 양을 컴퓨터로 계산해 냈다. 그리고 '작전 계획 32-64'는 폭격 후에 있을 수 있는 공산주의자들의 반격 가능성을 분석했다.

특히 눈여겨볼 것은 중국의 반응이나 예상되는 반격 가능성 등 당연히 언급되었어야 할 사항이 없었다는 점이다. 이에 비해 이후에 필요하게 될지도 모르는 미국 군부의 보완 사항은 구체적으로 준비해 놓고 있었다. 보완 사항에 미 지상군의 사용도 포함되어 있었다는 것은 매우 중요한 의미를 지닌다. 호놀룰루가 이미 워싱턴보다 한 발짝 앞서 나갔다는 것을 여실히 보여주는 대목이 아닐 수 없다.

합참본부의 작전 계획은 타격 목표를 수정하는 내용도 포함하고 있다. 침투지원 시설을 마비시키는 데 모든 우선권이 주어졌다. 서태평양에 자리잡은 7함대의 집중적인 함포 사격과 공중 폭격으로 북베트남의 모든 지원 시설은 12일 이내에 완전히 파괴할 수 있다는 계산이 나왔다.

5월 중순 북폭을 위한 완벽한 계획서가 대통령에게 전달되었다. 존슨은 이 계획을 재고할 생각이었다. 의회가 어떤 견해를 가지고 있으며 의회의 반대를 어떻게 설득시킬 것인가, 그리고 국민들이 11월에 있을 대통령 선거에서 어떤 반응을 보일지 등이 주요 검토 대상이자, 북폭 계획 재고의 이유였다. 그 당시 동맹국들의 사소한 참견이나 폭격에 대비하는 하노이의 반응은 이미 파악되어 있었다.

5월 4일 사이공에서는 로지 대사가 칸 장군을 만났다. 그는 육군 일변도의 군사평의회 구성원에 변화를 구하고 있었다. 칸 장군은 로지 대사에게 남쪽 지역에서의 전쟁은 승산이 없으므로, 폭격을 빨리 북쪽으로 확대해야 한다고 주장했다. 그리고 즉각적인 폭격과 국경 봉쇄를 위해 1만 명의 미군 특수부대 투입을 요청했다. 그러나 로지 대사는 폭격은 고려해 볼 수 있지만, 지상군 투입은 힘들다고 대답했다. 로지 대사는 칸 장군의 반응이나 군의 정황 등으로 봐서 사이공측이 워싱턴의 북폭 계획을 전혀 모르고 있다고 생각했다.

2주일 후 칸이 국경 침범에 대한 우려와 두려움을 말하자 워싱턴은 그럴 만한 근거가 있다고 판단했다. 5월 17일 라오스에서는 공산당 파테트라오 군대가 우익 세력을 상대로 소규모의 응징용 공세를 펼쳤다. 3년밖에 되지 않은 중립 라오스 왕국은 언제라도 붕괴될 것만 같았다. 파테트라오의 무차별 살상이 계속 이어졌다. 미국은 외부 세계에 알려지지 않게 수년간 라오스 내에서 공중작전을 수행하고 있었다. 처음에는 정부군에게 물자를 공급하는 것에 주력하였고, 그후에는 적군이나 호치민루트에 폭격을 감행했다.

미군 조종사와 CIA가 고용한 아시아의 조종사들이 라오스 왕국 마크가 새겨진 구형 T-28 전폭기들을 이용해서 파테트라오의 진지와 북베트남에서 무기와 병력을 공급하는 국경 통로에 출격, 기총 소사를 단행했다. 양측은 라오스의 중립성을 명백하게 훼손하고 있었으나, 모두 침묵을 지켰다. 이러한 북폭 선례에 따라 공산주의자들의 공세가 점차 수위를 높여 가자, 존슨은 지금까지 보여준 제한전을 확전하기로 결심하게 된다. 펜타곤의 확전 시나리오에 따라서 존슨은 지상과 바다와 하늘에서 첫번째 조그마한 조치를 취했다.

전선에서 나타난 두 가지 조치는 하노이와 미국 국민들에게 미국이 추진하는 해결책의 경직성을 그대로 보여주었다. 남베트남 주둔 미군은 엄격한 새 사령관 웨스트멀랜드 장군을 맞이하게 된다. 번디는 그를 '무감각한 기계'라고 묘사한 바 있다. 남베트남 대사도 로지에서 합참본부장이던 테일러 장군으로 교체되었다.

첫번째 전투 명령에서 존슨은 공군과 해군에게 T-28 전폭기를 이용한 라오스 공중 정찰을 승인했다. 해상에서는 작전 34-A가 강화되었다. 34-A는 남베트남의 상륙정(PT 보트)이 북베트남의 해안을 기습공격하는 작전의 코드 번호였다. 이 작전은 5개월 전 베트남 중립화에 대한 논란이 있었을 때 이미 시작되었다.

존슨은 철저히 보안을 유지하는 가운데 이런 작전을 준비시켰으며, 타격 목표에 대한 정보는 펜타곤에서 특급 정보를 취급하는 '심복'들에게만 전달되었다. 그들 중 한 사람이었던 엘즈버그는 이렇게 말했다.

"우리는 미군이 CIA 임무를 수행하기 위해 운영중인 수중 어뢰정과 다른 전투함들을 북베트남 항구들을 향해서 발진시켰다. 포격, 납치, 암살 등이 여러 곳에서 일어났다."

엘즈버그는 특공대의 이런 행동을 전면전을 촉발하기 위한 전초전으로 생각했던 반면, 국무부의 번디는 대수롭지 않게 여겼다. 번디는 이렇게 말했다.

"작전 34-A로 명명된 기습공격은 북측의 남측 대항 행동들을 응징하고, 게릴라 지원 물자의 수송을 담당하던 기지들을 차단하기 위한 정면 대응이었다. 국제법을 기준으로 봤을 때, 물자의 침투는 분명 침략 행위로 간주될 수 있었다. 그런데도 우리는 합법적인 조치를 통해 최소한의 보복을 할 수 있는 방법을 찾아내기가 쉽지 않았다."

그러나 번디는 미국의 기습공격이 국제법을 위반한 행위였는지에 대해서는 언급하지 않았다. 보복 조치가 본격적으로 시작되자 번디의 새로운 상사가 된 러스크 국무장관은 본격적인 전쟁에 돌입하기 전에 현지에 대한 신중한 판단을 하기 위해 베트남을 3일 일정으로 방문한다. 러스크는 케네디 시대에는 유연한 대응 자세로 그림자 국무장관이라는 비판을 받았지만, 존슨은 러스크를 중심으로 자신의 자문체제를 본격 구축했다.

존슨은 커언스에게 시간이 있을 때마다 케네디 주변의 하버드 인맥을 은근히 비난했다. 보통 사람들을 결코 이해하지 못하는 이기적인 철부지들이라는 말을 자주 했다고 한다. 러스크는 대학 시절부터 착실하게 공부만 열심히 하는 '로즈 장학생Rhodes scholar'이었다. 존슨과 마찬가지로 러스크는 가난한 장로 교회 목사의 아들로 평범한 가정 출신이었다.

러스크는 전임자인 덜레스와 마찬가지로 급팽창하는 공산주의 위협을 심각하게 생각하고 있었다. 그는 중국 본토의 핵무기로 무장한 10억 인구에 대응해야 한다는 기존 논리로 베트남에서 미군의 역할을 강조했다. 러스크는 끝까지 존슨 행정부를 옹호하고 여론이 불리할 때마다 방어 임무를 맡았으며, 존슨이 끝까지 나쁘게 이야기하지 않은 유일한 사람이었다. 존슨은 러스크를 좋아한다고 자주 말했다.

러스크는 이제 역사 앞에서 존슨을 방어해야 하는 임무를 부여받게 되었다.

1964년 5월 17일 라오스에서 벌어진 새로운 전투가 중립주의자들의 위상을 약화시키고 있었다. 러스크는 중대한 임무를 앞두고 현재 진행중이거나 고려 중인 여러 가지 보복 조치에 대해, 로지 대사의 의견을 들어보고 최종 결론을 얻기 위해 사이공으로 갔다.

　이임하는 로지 대사를 두고 차기 대통령 선거에서 공화당 후보로 나설 것이라는 소문이 돌았다. 앞으로 존슨에게 로지의 지원과 협력은 절대적으로 필요한 상황이었다. 디엠 정권 전복을 위한 비밀계획 후, 전황이 확대되어 가는 것에 주의를 기울이고 있던 로지 대사는 북폭 시나리오에 대한 설명을 듣고 러스크에게 강력한 충고를 하였다. 먼저 북쪽에 직접 경고한 다음에 유인책을 쓰라는 것이었다. '채찍과 홍당무' 작전의 시작이었다.

　러스크와 존슨은 현재의 공중전과 병행하여 하노이측과 대화를 가져야 한다는 데 이미 의견을 같이하고 있었다. 러스크는 캐나다에 간접 지원을 부탁했다. 4월 30일 러스크는 캐나다 사절단을 하노이에 파견하겠다는 캐나다 수상 레스터 피어슨L. Pearson의 수락을 받았다. 러스크는 피어슨 수상에게 기밀 유지를 부탁했다.

　로지도 캐나다 사절단 이야기를 들었지만 만족하지 않았다. 그는 러스크에게 미국은 솔직해야 된다고 말했다. 로지는 지나치게 성급하고 직선적으로 움직였다. 로지는 가능한 한 모든 전투는 베트남 사람들이 책임져야 한다고 생각했다. 이 점에서는 러스크의 생각도 마찬가지였다. 러스크는 일단 발을 들여놓은 이상 미군의 증강을 단호하게 주장했지만, 세계 공산주의는 무력 사용보다는 무력 시위로 억제할 수 있다는 믿음과 정책을 가지고 있었다.

　베트남전의 승리는 미국의 안보에 필수적이었지만 그것은 아마 심리적인 투쟁의 승리를 의미한다고 보아야 옳을 것이다. 러스크는 폭격 계획을 지원했다. 그는 "선제 공격이나 위협이 북베트남을 협상 테이블로 끌어내는 수단이 될 것으로 믿었다"고 말했다. 러스크의 이런 행동은 남베트남에 떠넘겨야 되는 짐을 더 많이 짊어지는 결과를 낳았다.

로지는 러스크에게 특별한 조언을 했다. 캐나다 사절단이 메신저로 하노이에 가기 전에 남베트남 공군을 내세워 먼저 "가벼운 채찍질을 가해야 한다"고 말했다. 즉, 북측의 테러를 유도해서 적당한 규모의 파괴 행동이 일어나면, 사이공의 공군이 캐나다 사절단이 도착하기에 앞서 북쪽의 특수 목표물을 공격해야 한다는 것이었다. 로지는 존슨 대통령에게 지금까지 알려지지 않은 이런 내용의 전문을 보내, 러스크를 더욱 강하게 밀어부쳤다. 필자가 입수한 전문 사본들을 들여다보면 이런 내용들이 있었다.

"로지는 국무부가 북폭 시나리오를 미 공군의 개입으로 윤곽을 잡았다는 이야기를 들은 뒤 큰 우려를 표했다. 그리고 나서 퉁명스럽게 말했다. 미군이 아닌 남베트남의 공군이 이런 행동을 취할 수 있을 만큼 강해져야 하며, 그들이 이런 임무를 맡아야 된다."

로지의 주장을 좀더 들어볼 필요가 있을 것 같다.

"1954년 이후 북베트남에 건설된 모든 시설을 파괴하려는 미국의 계획이 가능하기 위해서는 남베트남 공군을 적절하게 활용했어야 했다. 왜냐하면 미군의 직접적인 개입은 중국이나 소련에게 참전의 기회를 줄 수 있었기 때문이다. 더욱이 미국이 전 국토를 황폐화시켰을 때는 베트콩들 사이에서 결사 항전이나 옥쇄玉碎 작전의 분위기를 조성할 수도 있었다. 결국 펜타곤 시나리오는 강대국 사이에 전쟁을 유발할 위험이 있었기 때문에 남베트남군이 중심이 되어 폭격을 했어야 했다."

로지는 평범한 대사가 아니었다. 정당원도 아니었다. 외교적인 표현을 동원하여 그는 핵전쟁으로까지의 확대를 고려했는지 묻고 있었다. 그리고 미국만이 핵 보유국이었던 1948년 베를린에서 미국의 우월한 지위는 이제 무시하는 것이 좋을 것이라는 이야기도 빠뜨리지 않았다. 로지는 직접 북베트남을 공략하는 것은 비교적 단순한 논리라고 주장하면서, 쉽지는 않겠지만 특별한 효과를 얻기 위한 현실적인 방법은 미군을 가능한 한 전면에 내세우지 않아야 한다는 것이 그의 일관된 주장이었다.

러스크는 북쪽의 군사 시설은 물론 남쪽에서 전쟁 수행을 지원하는 비밀 시설들에 대한 우선적인 폭격을 계속 검토했다. 결국 러스크의 조치는 실행에 옮겨졌고, 북베트남의 전쟁 준비 노력은 타격을 받게 되었다. 이것은 12일 동안에 이루어진 계산된 행동이었는데, 이에 대해 로지는 매우 회의적인 견해를 비췄다. 크게 보아서 미국 정부는 도덕성을 세계에 보여야 했지만 그렇게 하지 못했다. 무엇보다도 먼저 남베트남은 북베트남과 대등한 협상 노력을 보였어야 했다.

이러한 최소한의 절차만 거쳤다면 미국 국민과 의회, 그리고 유엔에 대해 미군은 떳떳한 도덕적 입장을 견지할 수 있었을 것이다. 로지는 러스크에게 "미국은 호치민에게 정당한 경고를 했었고, 협상 테이블로 유도하기 위해 노력했음이 문서로 기록되어 있어야 한다"고 충고했다. 로지는 또 "만약 하노이가 전쟁을 할 생각이 없다는 것이 확인되면, 미국은 경제 원조나 식량 지원을 통해 북베트남을 폐허에서 구출해야 한다"고도 주장했다.

로지의 '홍당무' 정책에 러스크도 동의했다. 그러나 러스크는 워싱턴으로 돌아온 다음 날 대통령과 의견 조율을 마치고 로지에게 다음과 같이 통보했다.

"미국이 '채찍' 정책을 사용하면 끝까지 밀고 나갈 것이다."

5월 28일로 예정된 캐나다 피어슨 수상과 존슨의 회담을 준비하던 5월 22일, 러스크는 로지에게 아래와 같은 제목의 긴급 전문을 보냈다.

"국무장관이 대사 개인에게. 표현대로 이해하기 바람."

이 전문은 남베트남군을 먼저 비밀작전에 투입하자는 로지의 제안을 거부한다는 내용이었다. 거부 이유는 남베트남군을 형식적으로 앞에 내세운다고 해도 실질적인 공격을 미국이 주도한다는 사실은 알려질 수밖에 없고, 그렇게 되면 미국이 결국 손가락질을 받게 된다는 것이었다. 미국이 지탄받게 되면 국민들이나 의회에 대한 존슨의 입장은 당연히 어렵게 될 것이라는 내용도 추가되어 있었다.

러스크는 또 호치민에 대한 경고가 너무 노골적인 것이 아니냐는 의문을 제기했다.

"우리는 당신이 제안한 아이디어를 가지고 캐나다 수상에게 접근하면서 어떤 어려움이 있는지를 검토해 볼 생각이다. 그러나 이런 행동은 비밀에 부치겠다."

로지는 전쟁과 평화에 관한 문제에서 주재국 대사가 단순한 전달자 취급을 받는 것이 불쾌했다. 로지는 러스크가 했던 것처럼 똑같은 제목의 회신 전문을 보냈다.

"대사가 국무장관 개인에게. 표현대로 이해하기 바람."

거칠게 항의한 로지의 회신 전문 내용은 이렇다.

"캐나다의 동의 여부가 불필요하다는 이야기는 아니다. 중요한 것은 캐나다가 자진해서 껄끄러운 의사 전달 임무를 맡을 것인지, 또 대화 내용을 우리에게 정확하게 보고해 줄 것인지가 불분명하다는 것이다."

러스크는 캐나다 사절단이 최후통첩을 전달해야 된다고 결정내렸다. 그러나 캐나다인들을 설득할 일이 남아 있었다. 하노이에 이 통첩의 중요성을 은밀하게 전달해야 되었기 때문에 캐나다인들의 임무는 철저히 비밀에 가려져 있었다. 공개든 비밀이든 정당한 사전 경고가 선행되었다는 공식적인 기록이 필요했다. 러스크는 어느 날 로지에게 가벼운 선제 공격을 거부하는 전문과 함께 아래와 같은 취지를 전했다.

"베트남에서 취할 수 있는 여러 가지 대안이 있다, 그 중 확전도 한 가지 방안이 될 수 있을 것이다. 공산주의자들이 만약 현재의 공격적인 자세를 계속 유지한다면, '확전'이 '결과'가 될 것이다."

캐나다의 피어슨 수상은 5월 28일 뉴욕에서 우연히 존슨 대통령을 만나는 것처럼 위장했다. 이 자리에서 러스크의 연설과 이에 관련된 정보들을 보고받은 피어슨 수상은 경악을 금할 수가 없었다. 그러나 우여곡절 끝에 하노이로 가는 캐나다 사절단의 기본 임무의 사전 합의가 이루어졌다.

정전감독기구인 국제감시위원회 소속 캐나다 위원들은 정기적으로 사이공과 하노이를 내왕하고 있었다. 여기에 캐나다의 새로운 중견 대표로 제임스 블레어 시본 J. B. Seaborn이 임명되어 자신의 임무를 시작할 준비를 하고 있었다. 그는 6월 18일 하노이를 방문할 예정이었고, 북베트남 수상 팜 반 동과 회담이 주선되어 있었다.

피어슨 수상은 오랜 친구 존슨에게 시나리오 전모를 듣지 못했다는 느낌이 들었다. 그는 미국의 폭격 시나리오가 어느 정도 진전되었는지, 어떤 위험이 도사리고 있는지를 파악하지 못한 상태였다. 피어슨도 로지와 비슷한 정보와 두려움을 가지고 있었다. 기밀문건 중 유일하게 공개된 미국측의 참고 자료는 존슨과 피어슨이 나눈 짤막한 대화가 전부였다.

존슨이 피어슨과 나눈 대화는 몇 분 후 국무부에서 로지에게 통보되었다. 「국무부 2133호, 5월 30일 오전 10시 40분 사이공 대사에게 긴급 통보」는 이런 내용을 담고 있었다.

"미 국민은 베트남의 평화를 원하고 있으며, 북베트남이 동남아시아 전역을 점령하는 것을 허락하지 않을 것이라는 뜻을 분명히 하노이에 전해 달라."

존슨 대통령은 기밀을 유지하고 책임 있게 대화할 수 있는 사람이 미국의 뜻을 담은 메시지를 하노이에 전달하기를 희망했다. 미국의 입장을 정리하는 과정에서 '홍당무와 채찍'을 놓고 상당한 토론이 벌어졌다.

피어슨은 미국의 이러한 노력에 동참할 의사가 있음을 표시했지만, 채찍의 성격에 대해서는 우려와 관심을 표했다. 피어슨은 '핵무기 사용에 대해서는 극도로 유보적인 태도를 취했으나, 선별적인 목표에 대한 응징 공격은 또 다른 문제'라고 이해하고 있었다. 그는 만약 캐나다가 전달한 메시지가 북베트남의 공세를 약화시키지 못한다면 단순 전달 행위로 그칠 수밖에 없다고 생각했다.

베트남 문제에 잘못 개입함으로써 캐나다는 물론 피어슨의 명예와 체면까지 손상을 입을 수 있는 상황이었다. 캐나다는 국제감시위원회의 회원국과 평화 유지 세력으로서 명예가 퇴색됨은 물론 노벨평화상 수상자인 피어슨 수상 또한 존슨이 일찍이 서명한 북베트남 폭격 계획을 중지시키지 못했다는 비난까지 받을 수 있는 처지였다. 그러나 피어슨의 입장을 옹호하는 사람들은 그가 존슨의 핵무기 사용 가능성과 옳지 못한 선택을 자제하도록 만들 것이라는 기대를 가지고 있었다.

국무부 문건 2133호에 제기된 질문은 피어슨이나 로지의 개인적인 공포감을 떠나서 실제로 '채찍'에 핵무기의 사용 가능성을 포함시키고 있느냐 하는 것이었다. 피어슨은 핵무기 사용에 대해서는 강한 경고의 메시지를 보내기도 했다. 캐나다 사절단에게 부여된 '홍당무와 채찍' 임무는 오직 고위 관료들과 펜타곤의 대니얼 엘즈버그를 포함한 소수에게만 알려졌다. 전반적인 북폭 계획을 수정 보완하는 일을 계속했던 엘즈버그는 이렇게 말했다.

"당시 나는 캐나다 사절단의 임무가 아주 민감하다고만 이해하고 있었다. 그들은 북베트남에 '최후의 통첩'을 전달하는 통로 역할을 했기 때문이다."

사절단에 관한 기록은 일부 공개되었지만 〈펜타곤 페이퍼〉에는 나타나 있지 않다. 그러나 후에 극단적인 반전론자가 된 엘즈버그는 이렇게 말했다.

"1964년 5월 로지와 맥나마라 등이 참석한 회의에서 핵무기 사용 가능성을 검토한 적이 있었다."

엘즈버그 자신이 이날 회의에 참석했다고는 말하지 않았지만, 그의 직책상 동조할 수밖에 없었을 것이다. 이러한 관점에서 캐나다는 미국의 맹방으로 간주되었다. 1946년 프랑스가 베트남을 재점령할 때 미국이 프랑스를 지원했던 것처럼, 이번에는 반대로 캐나다의 시본 사절단이 미국을 지원하는 것은 '유사 식민주의적인 발상이었고 개입이었다'고 엘즈버그는 묘사하고 있다. 시본 사절단은 존슨의 입장을 옹호하기 위한 형식에 불과했다는 것이다.

시본은 자신이나 캐나다 정부를 위해 임무를 피할 수 없었다고 말했다. 그는 하노이와 워싱턴이 서로의 의도를 파악하게 하여 상황의 악화를 막아야 했다. 시본은 이렇게 주장했다.

"캐나다 입장에서 보면, 존슨과 피어슨의 의견 교환에 대한 아무런 서면 기록이 없다. 솔직하게 말하면 나는 핵무기 사용에 대한 심각한 토의가 있었다는 것조차 믿지 않았다. 어떤 사전 지식이 있어서 이러한 결론에 도달한 것은 아니지만, 핵무기를 사용할 수도 있다는 양자택일의 시나리오와 가능성이 미군 내부의 생각이었다고 보지 않는다."

존슨은 피어슨에게 전쟁 억제를 모색중이라고 말했다. 존슨이 자서전 작가에게 베트남 문제를 회고한 대목을 보면 '그는 모든 면에서 물러설 곳이 없게 되었다' 는 표현이 있다. 존슨은 극적인 경고나 행동이 전쟁의 막을 내리게 할 수도 있었다고 본 것이다. 그는 사랑받는 카우보이가 소원이었던 어린 시절의 이야기를 하면서, 자신감을 드러냈다. 존슨은 소떼들보다 빨랐기 때문에 획획 소리나는 채찍질로 소떼들을 안전한 곳으로 몰고 갈 수 있었다는 이야기를 하곤 했다.

두 정상이 뉴욕에서 만남에 따라 오타와에서는 국무부 관리들이 캐나다 외무장관 폴 마틴P. Martin과 시본에게 자세한 브리핑을 하고 있었다. 마틴은 확전 가능성에 신경질적인 반응을 보였고, 시본은 북베트남 수상 팜 반 동에게 전해야 할 「입장 표명서」를 받았다. 거기에는 다른 지시 사항도 포함되어 있었다. 미국인들은 이제 메시저의 역할을 뛰어넘는 활동을 요구했다. 북베트남의 전쟁 수행 능력을 잘 관찰하여 달라는 까다로운 주문이었다. 미국 관리들은 만족한 상태로 오타와를 떠났다. 그들은 워싱턴에 이렇게 보고했다.

"시본은 우리를 경계하는 눈치였지만, 우리의 조건에 동의한 정보 관리들은 곧바로 떠날 준비를 서두르고 있었다."

출발을 앞둔 시본은 양측에 보고를 해야 되는 입장이기 때문에 어느 한 편을 옹호할 수 없다는 것을 잘 알고 있었다. 어느 한쪽이 사안의 심각성을 모르거나 외면하여 관심을 기울이지 않는다 하더라도, 이번 북베트남 방문길은 분명 마지막 기회처럼 보였다.

07 홍당무와 채찍

The Ten Thousand Day War

> 인민들의 투쟁 정신은 상상을 초월하여 우리를 놀라게 하고 있다.
> _북베트남 수상 팜 반 동(1964년 6월)

　6월 중순이 되자 초여름의 열기가 하노이의 졸리는 듯한 분위기를 더욱 맥 빠지게 만들었다. 시내 중심가까지 정오의 무기력함이 가득했다. 손님을 태운 차들이 가끔 오갈 뿐, 교통경찰이 서 있던 곳도 텅 비어 있었다. 가끔 질주하는 군용 차량만이 이 나라 어디선가 전쟁을 하고 있다는 암시를 하고 있었다. 넓은 도로들이 공허감을 더욱 깊게 느끼도록 만들었다.

　정부 청사로 사용하고 있는 식민지 시대의 맨션들은 프랑스 사람들이 남겨둔 그대로 먼지투성이였는데 역시 텅 비어 있었다. 길가의 집들과 가게들은 문을 닫았고 정오의 햇살만 눈부시게 빛나고 있었다. 바쁜 여행중인 나그네가 길을 잘못 들어선 것 같은 느낌이었다. 보이는 것은 피곤의 흔적뿐, 아무런 변화가 없다는 듯 모두 시에스타(낮잠)를 즐기는 시간이어서 정적만 가득했다.

　공항에서 베트남의 재통일을 의미하는 퉁나트Thung Nhat 호텔까지 타고 간 소련의 모조품 승용차 뷰익Buick은 공산주의자들이 오랫동안 사용한 자동차로 시본에게 친근감을 주었다. 시본은 16년 동안 캐나다 외무부에 근무했으며, 1959년부터 1962년까지 3~4년간은 모스크바 주재 캐나다 대사관의 참사관으로 일했다. 모스크바 근무를 마치고 국제감시위원회 캐나다 대표로 부임하기 전까지는 오타와에서 동유럽 과장으로 근무했다.

그의 전력은 워싱턴과 하노이 사이의 의사를 타진하는 데 최적이었고, 스스로도 흡족해 하고 있었다. 시본은 국제감시위원회 일에 특별히 만족하지는 않았지만, 전문성을 키울 수 있는 좋은 기회라고 생각했다.

국제감시위원회는 제네바협정에 따라 설립된 기구로 캐나다, 인도, 폴란드가 평화 감독 트로이카 국가였다. 위원회의 성격은 중립적이었지만 서방 세계, 공산주의 국가, 제3세계로 이루어진 지정학적 구성을 반영하고 있었다. 회원국들 서로간의 관계는 소원한 편이었고, 회의가 언제 열렸는지에 관해서도 관심들이 없었다. 분쟁 당사국을 조사할 권리가 있었지만 활동은 거의 없었다. 또한 위원회가 보여준 현장 조사는 상당히 제한적이었고 편향성까지 보였다.

사이공에서 하노이까지 시본이 타고 온 위원회 비행기는 위원회의 형식적인 실체를 상징하고 있었다. 26년 된 헬리콥터는 갑자기 내리는 소나기를 피하거나 국경의 산악 지대를 무사히 넘어간다고 보장할 수 없는 상태여서 비행 자체가 위험할 정도였다. 라오스의 비엔티안Vientiane을 통과하는 낡은 헬리콥터는 산악 통로 지역의 사진 촬영을 금지하고 있었다.

그 통로는 북베트남이 남쪽으로 물자를 공급하는 중요한 보급로였기 때문에 미군 정찰기들이 감시의 눈을 번득이는 곳이기도 했다. 국제감시위원회는 그런 감시 비행은 하지 않았다. 그 비행기는 에어프랑스의 조종사들이 조종하고 있었다. 프랑스 조종사들이 그 루트를 아는 유일한 사람들이었고 양측에게 중립주의자들로 인정받고 있었다.

1954년 전쟁 당시와 달라진 확실한 증거는 남청색 미니스커트를 입은 파리지엔 스튜어디스가 함께 타고 있었다는 점이었다. 하노이까지 약 1시간을 비행하는 동안 스튜어디스가 나누어준 것은 사탕 몇 개뿐이었다. 위원회는 에어프랑스에 60만 달러의 부채를 지고 있었다.

하노이까지 1주일에 2번씩 비행이 허용되어 있었고 편도 비행 시간은 1시간이었다. 북베트남에서 국제감시위원회 위원들은 외교관 대우를 받지 못했고, 특히 캐나다 위원들은 불신까지 받았다. 위원들은 초라하기 그지없는 숙소에 머물러야 했다. 밖에는 무장한 북베트남 병사들이 누가 출입을 하는지 경계를 늦추지 않고 있었다. 숙소 내부에는 사탕수수대로 만든 가구 몇 개가 전부였다.

무료한 분위기 속에서 웃는 사람이라고는 액자에 들어 있는 영국 여왕과 캐나다 수상의 초상화뿐이었다. 3명의 상주 직원, 1명의 정치위원, 2명의 장교, 1명의 상사와 1명의 하사가 질서정연한 분위기를 연출하고 있었다. 그들은 아무에게도 아는 체하지 않았다. 시본은 분기마다 방문하는 대표단의 수장도 이 딱딱한 분위기를 감수해야 한다는 것을 잘 알고 있었다. 시본의 존재가 보여주듯이 위원회는 필요에 대비해서 만든 형식적인 기구였다. 더욱이 그가 말할 수 있는 내용이나 뉴스거리가 없어서 그의 캐나다 동료들마저도 매우 실망하는 눈치였다.

국무부의 자세한 지침을 전달받은 미국의 전령으로서 하노이에 왔지만, 시본은 캐나다가 미국의 앞잡이라는 불공정한 대우를 받고 있다고 느꼈다. 그의 회고에 의하면 캐나다를 추천한 사람은 중국 수상 저우언라이周恩來였다고 한다. 저우언라이는 캐나다를 호감이 가는 서방국가로 생각했고, 국제감시위원회에서 공정한 역할을 수행하고 서방의 견해를 잘 대변할 것으로 기대했었다. 시본도 자신의 임무를 정확하고 공평무사하게 처리하겠다고 다짐했다.

그는 팜 반 동 수상을 기다리는 동안 하노이의 분위기가 미국 언론에서 묘사되는 것보다 훨씬 활기차다는 것을 느낄 수 있었다. 오후 5시가 되자 상점과 시장이 문을 열었고, 시내는 저잣거리로 나가기 위해 종종걸음으로 걷는 사람들과 길가의 찻집이나 과일가게 주위를 어슬렁거리는 사람들로 활기를 띠기 시작했다. 시본은 거리를 거닐면서 보고서를 작성했다.

가끔 줄을 선 사람들이 보였지만 식량 부족의 증거는 아무 데서도 찾을 수 없었다. 도시는 통제된 것처럼 보였으나 예상했던 것보다는 훨씬 자유스러운 분위기였고, 호수를 둘러싸고 있는 중심 도로에는 수많은 사람들이 자전거를 타고 빙빙 돌고 있었다. 자전거 1대에 두세 명씩 타고 있는 경우도 종종 눈에 띄였지만, 수천 명의 인파가 황혼의 퇴근길을 달리고 있는 모습은 매우 인상적이었다. 시본은 전쟁에 지친 하노이의 표정을 조사해 달라는 부탁을 받은 입장이었다. 전쟁의 분노가 얼마나 큰지는 모르지만 겉으로 나타난 하노이의 분위기는 여전히 태풍의 눈처럼 고요하다는 느낌이었다.

  메시지 전달과는 별도로 시본은 북베트남의 현지 사정을 조사해 달라는 의뢰도 받고 있었다. 국무부의 특급비밀로 취급되었던 이 지시 사항은 「캐나다 대담자들을 위한 지시 사항」이란 제목 아래 13개의 비망록으로 구성되어 있었다. 필자는 이 문서를 시본의 자체 평가서와 함께 미국측 정보통에게 입수했다. 외교상의 미묘한 절차에 대한 충고에 이어 비망록 4호는 시본에게 이렇게 요구하고 있다.

> 북쪽 사람들의 태도를 잘 관찰하고 그들의 주장을 경청한 뒤, 그들의 결연한 의지에 대한 자세한 평가서를 작성해 달라. 특히 아래의 5개 사항들에 주의를 기울여 달라.
> 첫째, 중소 분쟁에 대한 태도 변화.
> 둘째, 전쟁의 피로감이나 좌절감.
> 셋째, 서방 세계를 접촉하고자 하는 어떤 징후.
> 넷째, 당이나 정부 내의 세력들간 균열 조짐.
> 다섯째, 정치권과 군부의 의견 대립 증거 등.

  이러한 요점들은 초안에 들어 있던 내용들을 외교상의 용어들로 바꾸어 놓은 것이었다. 초안은 시본에게 상대 대담자가 호치민이나 누가 되었든 간에 그들이 중립화나 전쟁의 승리를 지나치게 믿고 있는지, 또는 중국이 끝까지 지원해 줄 것이라고 믿고 있는지를 확인해 달라는 제안이었다. 미국은 현재 호치민이 보이고 있는 열정이 그의 캠프에 있는 친중국계 인사들의 강요나 압력에 따라 마지못해 움직이는 행동인지, 그렇지 않으면 순수한 자신들의 생각에 의한 것인지를 알고 싶어했다.

시본과 캐나다 정부는 미국이 요구하는 지시 사항을 유보시킬 만한 여유가 없었다. 대표단 대부분은 미군의 증강이 남북간에 정치적인 협상을 유도할 수 있을까라는 의구심을 가지고 있었던 한편, 확전 가능성에 대해서도 큰 관심과 선입견을 가지고 있었다. 결국 베트남 상황은 확전으로 치닫게 되었다. 이러한 상황에서 캐나다 정부는 시본에게 부여된 과제를 거부할 수 없었다.

그러나 캐나다에서는 시본이 전체 메시지 중에서 상대적으로 중요하지 않은 부분만 전달했다는 사실을 모르고 있었다. 군사적인 최후통첩과 이 문제를 조심스럽게 다루기 위한 협상을 유도하는 유인책들은 워싱턴에서 미리 취소해 버렸다.

시본의 대담 일정이 6월 18일로 정해졌지만, 그의 메시지 내용은 포괄적인 평화협상 방안을 담고 있던 두번째 비밀 「입장 표명서」 내용과는 사뭇 달랐다. 「입장 표명서」는 분쟁 해결 방안을 냉전체제와 상관없는 것으로 분석하고 있었고, 만약 남베트남에서 전쟁이 계속되면 미국은 북베트남에 군사적인 조치를 취할 수밖에 없다고 자세하게 설명하고 있었다. 또한 적대 행위가 종식되면 미국도 많은 양보를 할 것이라는 점도 강조했다.

미국이 준비했던 「입장 표명서」와 비교해 보면 시본이 가져온 '홍당무와 채찍'은 위로도, 협박도 아니었다. 시본은 존슨과 피어슨의 대화를 어림짐작해서 미국의 북폭 계획은 알고 있었지만, 이러한 경고를 하라는 지시는 받지 않았다. 그래서 미국의 인내심이 많이 약화되어 있다는 정도로만 이야기할 수밖에 없었다. 그리고 유고슬라비아처럼 인접국가들을 침범하지 않는다면, 경제적인 지원과 다른 혜택들도 제공할 수 있음을 암시했다. 베트남에 군사기지를 마련할 생각이 없으며 하노이 정부를 전복시킬 계획도 없다는 뜻도 전달했다.

구닥다리 소련제 승용차가 시본을 회담 장소까지 데려다 주었다. 그는 말해야 할 요점을 다시 한 번 가다듬었다. 메시지의 가장 중요한 부분은 베이징北京과 모스크바를 겨냥하고 있었다. 미국은 베트남 분쟁을 자유 세계에 대한 도전으로 생각하고 있었다. 세계적인 비중에서 볼 때 크지 않은 미개발국에서 이런 형태의 격렬한 정부 전복 시도에 확고한 자세로 대치할 정도로 미국이 베트남에 기울이는 관심은 지대한 것이었다. 시본은 팜 반 동에게 미국이 이 지역에서 전쟁이 계속되는 책임을 하노이에 물을 것이라고 말해야 했다.

전에 프랑스 총독 관저로 쓰였으나 지금은 외빈이나 특별한 기념식을 할 때에만 사용하고 있는 방에서 팜 반 동은 시본을 기다리고 있었다. 방은 베르사유 궁전의 무도회장만큼이나 컸고, 베트남 골동품과 깊숙한 팔걸이 의자들로 장식되어 있었다. 회담 배석자는 국제감시위원회 파견사무소 부책임자 마이 람Mai Lam 중령 한 사람이었는데, 그가 기록을 맡았다.

시본은 기밀 유지를 위해 혼자 갔으며 질문하고 기록하는 일도 혼자 했다고 말했다. 대담은 프랑스어로 진행되었으나, 팜 반 동의 프랑스어는 나무랄 데가 없었다. 베트남어는 단 한마디도 나오지 않았다. 40세의 시본은 경직된 외모에 딱딱하고 괴팍한 성격이었는데, 그는 마오쩌둥식 제복을 입은 중국어 학자의 아들 팜 반 동에게 높은 점수를 주었다. 팜 반 동은 시본의 이야기를 경청했다. 대화 도중에 어떤 불쾌감도 표시하지 않았다.

시본은 주제와 관련 없는 이야기는 피하면서 캐나다 수상이 보낸 승인서를 제시했다. 팜 반 동이 2번을 읽고 나서 "캐나다의 역할이 중요하고 매우 바람직하다"고 대답했다. 시본의 이야기가 시작되었다.

"수상 각하, 캐나다가 미국과 매우 가깝고 우호적이라는 것을 잘 알고 계시리라 생각합니다. 캐나다는 통찰력이 있다고 생각하는데, 미국이 무엇을 생각하고 있는지가 느껴집니다. 존슨 대통령은 평화주의자입니다. 그는 강대국 사이의 적대 관계를 피하고자 합니다만, 게릴라전이나 국가 전복을 통해서 동남아시아 국가들이 공산주의자들의 통제하에 들어가는 것은 용납하지 않겠다는 결의가 대단합니다."

당시 시본이 세계적인 맥락에서 미국이 베트남을 어떻게 보고 있는지를 설명한 내용을 극비문서들은 잘 보여주고 있다. 시본의 말이 이어졌다.

"미국의 욕망에는 한계가 있습니다. 그러나 그들의 인내심 또한 한계가 있습니다."

미 국무부의 메시지를 확실하게 전달했다고 생각한 시본은 개인 메모장에 이렇게 적었다.

"팜 반 동은 확전을 두려워했다. 이러한 일은 한 사람의 관심사가 아니며, 만약 이러한 일이 일어나면 베트남은 큰 어려움에 처하게 될 것이라고 생각했다. 혹시 미국에 전달할 메시지라도 있는지 물었다. 그는 아무것도 없다고 대답했다."

그러나 두 사람은 오랜 시간 대화를 나누었다. 시본은 모스크바에 있을 때 많은 공산주의 고위 간부들을 만난 경험이 있었다. 그는 팜 반 동의 지적 수준과 외형에서 드러나는 실체 등 어느 면으로 보나 인상적인 지도자임에 틀림없다고 말했다.

나이는 58세, 머리 색깔은 철회색, 눈은 젊은 날 프랑스 식민지 시절 감옥에서 당한 고문 때문에 푹 꺼진 상태였으나, 상냥하고 정중함과 자주 웃는 모습이 10년은 더 젊게 보였다. 베트남 인민들 사이에서 팜 반 동은 '호 아저씨가 가장 좋아하는 조카'로 통했다. 그는 40년 전부터 호치민의 측근이었다. 베트남의 국제 문제 협상가로 20년 이상을 국가 대변인 역할을 한

〉〉〉〉 북베트남 수상 팜 반 동.

인물이었다. 그는 시본에게 지금까지 제기된 문제들에 대해서 이야기하고자 했다. 시본이 들을 차례였다.

"우리는 공존하는 것을 배워야 합니다. 우리들을 오랜 세월 곤경에 처하도록 만들었던 문제를 해결하는 방안도 찾아내야 합니다. 정확한 해결 방안이 있어야 합니다."

그는 미국 사람들이 들어보지 못한 하노이의 광범위한 견해를 거침없이 털어놓았다. 팜 반 동은 계속 말을 이었다.

"우리가 말하는 정확한 해결책이란 이런 것입니다. 첫째가 미군의 철수입니다. 둘째 남베트남의 문제는 남베트남 사람들이 해결해야 하며, 베트남민족해방전선의 참여가 보장되어야 합니다. 다른 어떤 세력들도 인민들의 광범위한 바람을 대변하지 못합니다. 남베트남에도 캄보디아 같은 방식의 평화와 중립이 보장되어야 합니다. 셋째 정확한 해결 방안이란 조국의 통일을 의미합니다. 이것이 가장 기본적인 요소입니다."

팜 반 동은 베트남 문제의 해결 원칙과 국제적인 협조 방안도 논리적으로 언급했다.

"우리는 군사적인 압제가 없는 평화적인 통일을 원합니다. 다자가 참여하는 원탁회의를 제안합니다. 활발한 조정 과정을 거쳐 진정한 만족을 얻을 수 있는 해결 방안이 모색되어야 합니다. 우리는 서두르지 않습니다. 우리는 대화를 원하지만 남베트남이 준비가 될 때까지 기다릴 것입니다. 그러나 나는 이러한 조건을 미국이 수용하기 쉽지 않다는 것도 알고 있습니다."

팜 반 동이 캐나다 대표단에게 한 말을 더 들어보자.

"미국은 남베트남에 대한 지원을 증가시킬 것이고, 미군 숫자도 늘어날 것입니다. 나는 전쟁이 지속되고, 확대되고, 격화되는 것을 보는 것이 매우 안타깝습니다. 하지만 우리 인민들도 싸울 결의를 다지고 있습니다."

팜 반 동은 몸을 앞으로 내밀고 '미국은 이 전쟁에서 결코 이길 수 없을 것'이라면서 말을 이어갔다.

"불가능합니다. 절대로 불가능합니다. 이렇게 말해서 대단히 미안합니다만, 당신네 서양 사람들은 우리 인민들의 저항력과 투쟁심이 얼마나 강한지 이해하기 힘들 겁니다. 우리 인민들의 투쟁 정신은 상상을 초월하여 우리를 놀라게 하고 있습니다."

팜 반 동 수상은 시본에게 최근 남베트남에서 일어난 일들을 한번 검토해 보라고 말했다. 디엠 대통령의 암살 이후 사이공이 종속화의 길을 걷고 있다는 것이었다. 그리고 이 부분은 미국도 논쟁거리로 문제삼을 수 없을 것이라고 말했다. 북베트남 인민들은 얼마든지 많기 때문에, 칸의 군대를 증강시키는 것은 결코 도움이 안 된다는 것이었다. 라오스의 연립정부를 모델로 한 중립 정부가 남베트남에도 만들어져야 한다는 주장도 했다. 북베트남은 파테트라오에 병력을 파견하지 않았는데, 미국은 이것을 트집잡고 있다고 항의했다.

"미군은 매일 라오스 국경을 통해서 우리의 하늘을 침범하고 있으며, 특공대들은 파괴를 일삼고 있습니다. 지금 우리 베트남에서는 미국이 절대로 이길 수 없는 전쟁을 할 것이냐, 그렇지 않으면 중립화시킬 것이냐가 거론되고 있습니다."

자신감 넘치는 표정으로 팜 반 동은 말을 이어갔다.

"월터 리프먼W. Lippmann의 '터널의 끝에 불빛이 안 보인다'고 한 말은 매우 높은 통찰력에서 나왔다고 봅니다. 우리 정부는 아직 전진을 위한 계획을 구체화하지 못하고 있습니다. 이것이 우리의 생각이고 현실입니다."

시본이 말을 이어받았다.

"귀국 정부의 여러 가지 견해를 밝혀 주셔서 감사합니다. 수상 각하, 저는 이런 견해를 성실하게 전달하겠습니다."

팜 반 동이 대답했다.

"당신은 내가 한 말을 안 믿을 수도 있습니다. 그러나 모든 진실함과 솔직함을 동원하여 우리 베트남 인민들의 생각을 전달하기 위해 노력했다는 사실을 당신이 믿어 주었으면 합니다."

시본이 몇 가지 개인적인 질문을 던졌다.

"수상 각하께서 평화 회복을 위한 선결 조치로 통일에 앞서 남베트남이 중립화되어야 한다고 말씀하셨는데, 이 점에 관심이 가는군요."

팜 반 동이 서둘러서 말을 막았다.

"나는 첫번째 조치로 중립화를 언급하지는 않았습니다. 남베트남이 중립화를 하느냐 마느냐 하는 문제는 철저히 남베트남 사람들의 의사에 달려 있다는 것을 강조한 것입니다. 나는 미리 판단하지 않을 것입니다."

시본이 조심스럽게 자신의 생각을 말했다.

"좋습니다. 베트남민족해방전선은 남베트남에서 일정 세력을 대변하고 있습니다. 그러나 다수 세력도 아니고, 인민 전체의 의사를 대표하고 있지도 못합니다."

시본이 말을 계속 이어가자 팜 반 동은 이 문제에 대해서는 아무런 대답을 하지 않았다. 시본은 이렇게 말했다.

"연립정부가 있었던 곳에는 항시 해방전선이 먼저 있었습니다. 그런데 우리가 두려워하는 것은 연립정부는 하나같이 해방전선으로 접수되었다는 것입니다. 이러한 일은 다른 나라에서도 일어났습니다."

팜 반 동이 간단하게 대답했다.

"그렇게 두려워할 필요가 없습니다."

시본은 미국이 우려하는 도미노 이론을 끄집어 냈다.

"수상 각하, 귀하께서는 남베트남에서 미국이 지고 있는 짐이 동남아시아를 넘어 전체 아시아, 아프리카, 라틴 아메리카 등지에서 게릴라전으로 국가 전복이 일어나는 일에 대한 하나의 예방 조치라는 사실에 동의하지 않으십니까?"

팜 반 동의 대답이 이어졌다.

"예, 그렇게 생각합니다."

시본은 미국의 주문을 언급했다.

"미국이 남베트남을 상실한다는 것은 핵분열 같은 시작에 불과하다고 봅니다. 연쇄 반응이 있겠지요. 우리는 그 연쇄 반응에 대비해야 한다고 생각합니다."

팜 반 동은 메시지에 대한 이야기를 계속했다.

"그러나 미국이 개입하는 원칙이나 관심 못지않게 남베트남에서 해방전선과 그 지지자들이 가지고 있는 열정도 크다는 것을 이해하시기 바랍니다. 미국이 북베트남을 공격하지 않겠다는 말로 들려서 다행입니다."

이때 시본은 수상이 한 말을 정정하고자 했다.

"미국은 전선을 북베트남까지 확대하길 원하지 않는다는 뜻을 말씀드린 겁니다. 그러나 만약 미국이 계속해서 밀린다면, 북베트남을 공격할 수밖에 없을 것입니다. 미국의 인내도 한계가 있을 것입니다."

음성에 아무런 변화도 보이지 않고 팜 반 동은 이렇게 응수했다.

"전쟁이 북쪽까지 확대되면 그때는 우리도 우방이 있습니다. 우리는 미국이 그런 행동을 하지 않게 하겠습니다. 우리는 미국을 자극하지 않을 것입니다."

팜 반 동 수상은 이렇게 끝을 맺으면서 시본에게 다시 이런 말을 했다.

"더 많은 대화를 가졌으면 좋겠습니다. 다음 번에는 호치민 대통령을 만날 수 있을 것입니다. 대통령께서는 지금 여기에 안 계시지만 당신에게 안부를 전해 달라고 하셨습니다."

회담을 마치고 이틀 만에 사이공으로 돌아온 6월 20일, 시본은 오타와를 통해 미 국무부에 2통의 길다란 첫번째 전문을 보냈다. 이것은 90분 동안 팜 반 동과 가졌던 대화를 요약한 것이었다. 두번째 전문은 자신이 대화중 팜 반 동이 한 말을 메모했던 내용을 근거로 요점 정리식으로 인용한 형태였다. 6월 22일 그는 마지막으로 「북베트남의 행태와 전망」이라는 제목으로 된 장문의 전문을 보냈다. 이 마지막 전문에서 그는 북쪽의 분위기를 분석하고 자신의 개인적인 평가로 결론을 맺었다.

"확전은 성공할 수도 없고 위험하다."

첫번째 전문에서 시본은 인터뷰 내용과 함께 침착했던 분위기를 이렇게 전달했다.

"팜 반 동은 인터뷰 내내 성실한 인상을 주기 위해 감정적인 발언을 참는 것처럼 보였다. 그는 우리의 대화가 심각하다는 것을 충분히 깨닫고 있었는데, 이에 대해 호전적이거나 예의에 벗어나는 태도는 전혀 보이지 않았다."

시본은 첫번째 전문을 이런 말로 끝맺었다.

"다음 번에 다시 하노이를 방문할 때, 내가 해야 될 이야기가 무엇인지 지침을 알려주기 바란다."

그러나 시본의 전문에 대한 회신이 있었다는 기록은 없다. 시본의 모든 전문은 7월 11일 국무부 문서 115호로 사이공의 미 대사관에 다시 전송되었다(미 국무부는 거의 3주일 동안 시본의 전문을 검토했다. 미국은 캐나다에 공개하지 않았던 포괄적 평화협상 방안에 기초해서 '지속적인 대화를 요구할 것인지'를 결정하는 데 시간을 보내고 있었다). 정확하게 3주일 후 전쟁의 뇌관은 상당한 논쟁을 불러일으키는 상황에서 발화되었다.

첫번째 전문보고서에서 자기가 전달한 미국의 확고한 결의를 '팜 반 동이 정확하게 받아들이지 않았다'는 항간의 소문에 대해 시본은 "팜 반 동이 미국의 견해와 의도를 모른다고 할 수 없다"라고 했다. 그는 첫번째 브리핑을 받았던 날짜에 준비된「시본을 위한 고급 정보 개요」란 제목의 별도 지침을 보지 못했다. 국무부는 이 지침에서 이렇게 말하고 있었다.

"우리는 하노이에 있는 캐나다 사절단들이 본국으로 돌아가기 전에 이 지침을 캐나다 정부에 넘기지 않을 것이다. 이 자료는 만약 하노이가 협상할 의사가 있다면, 워싱턴 또한 협상할 준비가 되어 있다는 내용을 포함하고 있다."

그러나 이 자료에는 하노이측으로부터 첫번째 협상에서 무엇을 얻어낼 것인가에 대한 윤곽이 전혀 그려져 있지 않았다. '홍당무와 채찍'에 관한 명확한 언급의 유보는 협상을 시도했을 때 하노이가 확고하게 고려해야 할 사항이 무엇인지, 워싱턴의 변하지 않는 확고한 의도와 신념이 있었는지에 대한 어려운 문제를 야기했다.

만약 실질적인 협상이 이루어졌다면 워싱턴이나 하노이는 준비된 조건들의 조정을 통해 전쟁을 피하기 위한 분위기 조성을 할 수 있었겠지만, 몇 주일간의 기회에도 불구하고 결국 아무런 결실을 맺지 못했다.

미국은 전쟁 시나리오와 함께, 일반인들은 알 수도 없었고 한번도 북베트남 측에 제안하지 않은 평화협상안을 가지고 있었던 셈이다. 두 가지 내용 모두 비중을 따질 수 없이 중요하지만, 평화협상안에 포함된 정치적 분석과 군사적 분석은 워싱턴이 국민들에게 발표한 내용과는 사뭇 달랐다. 시본에게 강하게 주장하라고 주문했던 '베트남 문제의 세계적 관심사'로의 결부는 이 협상안의 어디에도 언급되어 있지 않았다. 심지어 북베트남이 공산주의 정부라는 단어조차 나타나 있지 않았다.

대신 이 안은 남베트남의 독립과 영토의 보존을 위해 반대 세력의 철수를 제안하고 있다. 미래의 안전이나 공산주의자들을 안심시킬 수 있는 보장 방안에 대해서는 일체의 언급이 없었다. 하노이는 전쟁을 종식시킬 만한 힘을 실제로 가지고 있었다. 왜냐하면 과거 2년간 구정舊正 기간에 보여준 완벽한 휴전은 '의지만 있으면 이룰 수 있다'는 하노이의 능력을 과시했기 때문이다.

이러한 전제 아래 미국은 두 가지 선택안 중 하나를 취하기로 했다. 그 하나는 만약 하노이가 전쟁을 종식시키지 못하면, 종전에 합의할 때까지 미국은 공군과 해군을 이용하여 북베트남에 대한 군사적인 조치를 선행한다는 것이었다. 그리고 나서 적대 관계가 끝나면 미국은 아래의 조치를 취한다는 내용이었다.

— 남북간에 통상적인 교류가 보장될 수 있도록 사이공의 합의를 얻을 것.
— 현지 화폐나 구호 물자를 통한 북베트남 식량 지원 계획 주도.
— 미국의 북베트남에 대한 통상 제한의 해지.
— 외교적으로 북베트남을 승인하고, 원한다면 외교대표부 설치.
— 미군을 남베트남에서 철수시키고 제네바협정에 따라 350명 수준의 군사

고문단이나 훈련교관들만 유지.

존슨 행정부는 케네디 때 세운 이 계획을 수용해서 가속화시키려고 했으나, 결국 햇빛을 보지 못한 채 '문서'로만 끝나고 말았다. 그 문서는 1년 이내에 2만 3,000명에 달하는 미군을 철수하기로 되어 있었고, 남베트남에 있는 10만 3,000명의 게릴라들을 전면 사면할 것을 보장하는 한편, 베트남공화국이 베트콩 추방을 원하면 그들이 원하는 기간 안에 이루어질 수 있도록 노력해야 된다는 내용도 담고 있었다.

미국의 제안은 철저히 양측의 체면 유지를 위한 것이었다. 협상 타결의 필요성에 대한 공식적인 발표는 일체 없었고, 전쟁은 자연히 사라지는 것으로 되어 있었다. 그 문서에 의하면 남베트남이 만약 베트콩의 종전 거부를 유발할 수 있는 합의문 공포를 원하지 않는다면, 미국은 북베트남에 제공할 여러 가지 양보 조치를 단계적으로 공포한다는 내용이었다. 반대로 생각하면 만약 하노이가 이 평화협상안에 동의했을 경우, 워싱턴은 종전 3일 이내에 사이공과 하노이가 평화협상안을 공동 발표할 것을 제안한다는 것이었다. 이 문서에는 협상안 타결에 관해서 사이공과 상의한다는 어떤 언급도 없었다.

그러나 이 모든 '홍당무'들은 무거운 '채찍' 끝에 매달려 있었다. 계획 일정으로 볼 때, 미국측이 하노이 당국과 접근한 지 1주일 이내에 하노이측의 모든 적대 행위가 중단되어야 했다. 그렇지 않으면 미국의 공군과 해군이 즉각 북베트남을 공격하기로 되어 있었다. 사실상 신축성을 일부 인정한다 하더라도, 워싱턴과 하노이가 제시하는 조건들은 양립하기 어려워 보였다.

미군과 북베트남군은 직접적인 대립 관계에 있지는 않았다. 팜 반 동은 이미 시본에게 하노이는 미국을 자극하지 않을 것임을 밝혔고, 이 말은 북베트남은 지금까지 해왔던 것처럼 직접적인 군사 개입을 하지 않겠다는 뜻이었다. 그리고 북베트남에 있는 소련과 중국도 미군의 철수나 일시적인 휴전으로 미국에게 이념적으로 패배했다고 생각할 만큼 깊이 개입되어 있는 상태가 아니었다. 북베트남 입장에서는 공산주의의 지원이 영원히 중단될 수도 있었고, 미국이 엉뚱한 행동을 할 수 있는 위험도 있었기 때문에 하노이측은 사이공에 발판을 구축할 수 있는 중립주의 정부를 고려했었다. 그래서 팜 반 동은 눈앞의 목표가 중립주의 성격을 띤 연립정부라고 강조했던 것이다.

미군 철수에 뒤따르는 모든 조치들은 재통일을 목표로 한 대중적인 지원을 얻기에 충분한 전시 효과가 될 수 있었다. 그러나 시본은 '미국이 노리는 대중적인 인기'에 대해 이견을 제시했다. 이러한 현상을 냉소적으로 분석해 보면, 미군이 철수한 다음 평화협상안이 결렬되면 미군은 다시 돌아올 수 없었기 때문에 하노이는 이미 미군 철수는 불가능한 일이라는 것을 알고 있었다는 뜻이기도 했다.

미국측 입장에서 보면, 평화협상안 파기로 미국이 다시 군사적 개입을 해야 될 경우에는 로지 대사가 강하게 주장했던 정당성을 얻을 수 있게 되는 것이었다.

시본의 첫번째 현지조사보고서에 국한해서 포괄적 평화협상 방안을 심사숙고한 워싱턴은 이제 이 안을 마지막으로 손질해야 했다. 프랑스의 인도차이나 전쟁이 발발하기 이전부터 거의 20년 만에 미국은 처음으로 하노이측의 생각을 정리해 놓은 지침서를 입수한 것이다. 시본의 견해에 따르면 북베트남은 미국에게 호전적인 생각이 전혀 없으나, 워싱턴이 참고해야 할 중요한 사항은 하노이가 외부의 압력 없이 스스로 결정을 내릴 수 있느냐 하는 점이었다.

시본은 다양한 질문을 통해 하노이의 의사를 타진했었다. 「북베트남의 행태와 전망」이라는 개인 평가서에서 그는 이렇게 이야기하고 있다.

"하노이를 방문했을 때 내가 이야기해 본 사람들 중에서 소련이나 중국을 언급한 사람은 아무도 없었다."

시본은 팜 반 동조차도 만약 미국이 전선을 북베트남으로까지 확대했을 때 초래되는 후유증을 말하면서 모호한 어조로 사회주의 우방국가라는 이야기를 했을 뿐이었다고 지적했다. 팜 반 동 수상은 하노이에서 프랑스 사람들을 만났을 때, 중소 균열에 대해 하노이 지도층이 많은 관심과 걱정을 하고 있다고 말했다. 서방국가들 중에서 하노이와 가장 우호적인 관계를 맺고 있었던 프랑스에 의하면, 북베트남이 가장 두려워했던 것은 중국과 소련의 완전한 결별이었다. 만약 상황이 이렇게 되면, 하노이측은 끝까지 항쟁해야 하는 숙명적인 상대인 중국의 통제하에 놓일 수밖에 없었기 때문이었다.

시본은 프랑스의 패배 이후 10년 동안의 북베트남 생활상을 보여주는 박람회를 관람하러 갔다. 오랜 시간에 걸쳐 돌아보는 동안 안내원은 최소한 30분을 할애해서 다른 사회주의 국가들의 지원 없이 이룩한 자신들의 경제 발전 경험과 실적을 설명했다. 중소의 지원이 있지 않았느냐는 질문에 실제로 경제 발전에 큰 도움이 되었음을 인정했다. 시본은 하노이에 나와 있는 소련 책임자를 만났다. 시본은 이렇게 보고했다.

"안내원은 기술자와 학생들을 소련에서 교육시키던 소련의 지원은 북베트남 자체의 교육 능력이 많이 향상됨에 따라 눈에 띄게 감소했으나, 중국의 지원은 아직도 굉장히 활발하다고 했다."

하노이의 지도자들 가운데 친중국계나 친소련계의 분파 활동을 바라보는 워싱턴의 관심에 대해 시본은 팜 반 동의 말투나 온건성 등으로 살펴봤을 때, 통상적으로 인정되는 위계 질서 외에는 특별히 언급할 것이 없었다고 말했다.

북베트남에서 호치민의 권위는 모든 분파 활동을 초월하여 반신반인半神半人의 존재로 존경받고 있었다. 서방국가 사람들은 간혹 하노이의 분파 활동에 따른 반작용으로 '혹시 있을지도 모르는' 반사 이익을 기대하기도 하였다. 그러나 하노이에 머물고 있던 비공산주의 국가의 대표들은 그런 기대를 하는 사람들에게 간곡하게 충고하는 것을 잊지 않았다. 하노이에 분파 활동은 없었다. 팜 반 동이 주장하는 경제적인 자립이나 그가 언급한 다른 분야의 이야기를 감안해 봤을 때, 북베트남 인민들의 민족적 자존심은 대단한 것이었다.

미국이 추측하는 전쟁의 피로 증세 같은 침체된 분위기도 느낄 수 없었다. 모든 북베트남 인민들은 필요할 경우 투쟁을 계속한다는 침착한 결의를 다지고 있었고, 인민들 스스로 그렇게 믿고 있었다. 시본은 남베트남 사람들에 비해서 북베트남 사람들이 특별히 슬프다거나 심각한 표정을 짓고 있는 것을 발견할 수 없었다. 국제감시위원회의 현지 관리들도 북베트남 사람들이 정부에 불만족스러워하는 증거를 발견하지 못했다고 말했다.

보고서의 결론 부분에서 시본은 '북베트남이 내부 요인으로 인하여 어떤 제안을 급작스럽게 수용할 수도 있다'고 가정하는 것은 현명하지 못한 판단이라고 지적했다. 그는 공개되지 않은 보고서에서 당시 확전으로는 평화 보장은 물론 전쟁 수행도 불가능하다고 하였다. 그는 미 국무부에 주저하지 않고 이렇게 알렸다.

"북측에 전달된 여러 가지 전쟁에 대한 전망은 그들에게 충분히 생각할 시간을 줄 것이다. 그러나 베트남민주공화국은 미국의 공개 성명이나, 행동, 내가 전달한 메시지 등에도 불구하고 미국이 결국은 제3차 세계대전을 치르기 위한 예비 조치로서 이런 단계를 밟고 있다고 생각하고 있다."

시본은 후에 자기의 중요한 임무는 자신이 직접 대면했던 상황을 정확하고 객관적으로 보고하는 일이었다고 했다. 그는 1964년 6월 그의 보고서 결론 부분에서 말한 "하노이에 다시 오면 호치민을 만날 수 있다"는 대목을 더 이상 언급하지 않았다. 왜냐하면 팜 반 동이 말한 '호치민을 만난다'는 것은 공식적인 대화를 의미했는데, 시본은 그의 첫번째 보고서에서 북베트남과의 대화를 계속하자는 권유를 하지 않았기 때문이다.

캐나다는 시본의 하노이 방문으로도 아무런 해결책을 찾지 못했다고 생각했다. 그러나 미국은 그들이 미리 작성해 놓은 문서대로 되었다고 생각했다. 캐나다 사람들은 자기들이 심리적인 충격 완화 도구로 이용된 것을 깨닫지 못하고 있었다. 첫번째 보고서에 대한 워싱턴의 반응이 어떠했느냐는 질문에 시본은 이렇게 말했다.

"많은 것을 얻지 못했다. 메시지는 북베트남 사람들의 전쟁 수행 결의를 더욱 침착하게 만드는 효과를 가져왔다. 나도 어느 정도는 인식하고 있었지만, 워싱턴 일각에서도 하노이의 완강한 태도를 이미 짐작하고 있었기 때문에 그런 결과가 나왔다고 본다. 내가 보고한 내용은 워싱턴의 생각과 대칭을 이루고 있었다. 협상 테이블로 끌어들이기 위한 임시 조건들을 팜 반 동이 하나도 수용하지 않았다. 워싱턴은 놀랄 정도는 아니지만 실망을 감출 수 없다는 표정이었다."

되돌아보면 하노이는 미국이 토의하고, 협상하고, 수용하기 위한 방법을 모색한다는 의지의 표현으로 제안한 '일시적이고 명분만 있는' 협상 조건에 일체의 관심이나 회신을 주지 않았다. 물론 북베트남은 이런 문제를 꼭 집어서 지적하지는 않았다.

하노이가 이런 조건들을 갑자기 수용하리라고 기대하지는 않았기 때문에 실제로 시본은 미국의 평화 조건을 설명함으로써 얻어야 할 소득이 처음부터 없었다. 후에 미 국무부는 그의 보고서 표지에 붙여 놓은 메모에 다음과 같은 모순되는 기록을 남겼다.

"양측은 첫번째 대화에서 협상하고 조화를 이끌어 낼 수 있는 충분한 탄력성을 보였지만, 서로가 실제 제안을 내놓았을 때는 근접한 적이 한번도 없었다. 미국의 입장이 어렵다. 군사적 조치에 대한 토론이 먼저 이뤄지고 그 결과로 초래될 사태를 감안할 때, 협상의 실효성이 의문시된다."

미국의 관심 부재와 의사 표명 지연으로 시본의 역사적 임무에 관한 상세한 이야기들은 결국 햇볕을 보지 못했다. 1964년 여름 인도차이나의 평화를 위한 마지막 기회는 미묘한 기류 속에 통킹 만Gulf of Tongking으로 사라져 버렸다. 미국은 9년간의 전쟁 속으로 스스로 걸어 들어갔다.

08

The Ten Thousand Day War

카운트다운

> 우리가 일단 군사 개입을 시작하게 되면 끝내 미국과 베트남 사이에 주객이 전도되는 사태가 벌어질 것이다.
> _맥스웰 테일러 미국 대사

1964년 7월 31일 자정쯤 일단의 남베트남 공격 보트들이 C자형의 통킹 만 남쪽에 있는 다낭 항을 쾌속으로 떠나고 있었다. 이들의 공격 목표는 북위 19도선에서 60마일 떨어진 북베트남 연근해의 섬들이었다. 해안에서 최소한 8마일은 떨어져 있어야 한다는 호놀룰루의 지시에 따라 구축함 매독스Maddox 호는 해안에서 동남방으로 100마일 떨어진 해역에서 통킹 만을 향해 배치되었다.

고성능 레이더와 첨단 정보 수집 장비로 무장한 매독스 호는 태평양함대 사령부의 '눈' 역할을 하고 있었다. 매독스 호는 남베트남 무장 보트들이 혼메Hon Me와 혼니우Hon Nieu라는 2개의 조그만 섬을 공격했을 때 불과 수시간 거리에서 정상 임무를 수행중이었다.

새벽 3시의 정적을 깨뜨리는 집중적인 포격이 몇 분 동안 이어지는 사이 상륙정PT를 타고 뭍에 오른 병사들은 후퇴하던 게릴라들을 송두리째 섬멸하였다. 이날 밤 북베트남 해안 시설을 겨냥한 은밀한 공격은 통상적인 소규모 작전의 하나로 여겨졌다. 왜냐하면 이 시기에는 '작전 34-A'가 6개월째 계속되고 있었기 때문이다. 그런데 이번에는 예전과 다르게 육상 어딘가의 신경을 자극하고 있었다.

36시간이 지난 8월 2일 구축함 매독스 호는 해안에 접근하면서 호놀룰루에 있는 미 태평양함대 사령부에 전문을 보냈다. 워싱턴은 이 전문으로 초긴장 상태에 돌입하게 된다. 매독스 호가 3척의 북베트남 어뢰정과 교전을 벌인 것이다. 구축함은 베트남 영해에서 30마일 떨어진 곳에서 작전중이었다.

워싱턴 시간은 자정을 가리키고 있었지만 합참본부는 잠자고 있던 대통령 존슨을 깨웠고, 이어 국방부와 국무부의 긴급 조치 관련 지휘부 인사들은 본격적인 베트남전 비상근무체제에 돌입하게 된다. 존슨 대통령의 명령과 지시를 수행하던 윌리엄 번디는 의심의 여지없이 통킹 만에서 미국과 북베트남 사이에 드디어 교전이 벌어졌다는 것을 감지하였다.

번디의 말을 들어보자.

"미 구축함에 대한 공격이 8월 2일 발생했다. 폭격 흔적이나 모든 상황을 검토했을 때 매독스 호에 대한 공격이 분명했다."

첫 전문에 이어 "매독스 호가 3척의 북베트남 쾌속 어뢰정을 격퇴했다"는 전문이 들어왔다. 존슨 대통령은 또 다른 구축함 '터너 조이Turner Joy 호'에게 매독스 호와 합류할 것을 명령했다. 8월 4일 이른 시간, 2척의 미국 군함이 암호명 '데 소토DE SOTO'라는 정보 수집 임무를 띠고 급파되었다. 번디는 "이 군함들은 해안에서 50~75마일 떨어진 해상에서 합류했다"고 말했다. 군함들이 다시 통킹 만으로 되돌아갈 때쯤, 작전 34-A에 동원된 남베트남의 전투함들은 북베트남 시설들을 공격하기 시작했다.

태평양 시간으로는 다시 자정이었지만 워싱턴은 12시간이 빠른 시각이었다. 해군 사령부는 데 소토와 관련하여 두번째 적색 경보를 발령했다. 구축함 1척이 자정쯤 다시 공격을 받았다는 보고가 들어왔다. "수많은 어뢰정으로 공격해 오고 있다"고 번디가 보고하자 즉각 안보 관련 책임자회의가 소집되었다. 대통령의 승인하에 제1단계 폭격 계획을 발진시키기로 결정했다. 이것은 단순 보복 공격을 의미했다. 미 7함대의 전폭기들이 미리 선정해 놓은 공격 목표를 우선 공격 대상으로 확정했다.

워싱턴은 호놀룰루에 미리 조정해 놓은 주파수로 무선 전문을 보냈다.

"날카로운 화살을 쏠 준비를 하라."

서북 태평양 시간으로 새벽 3시였다. 8월 5일 오전 10시 30분 함재기들이 발진에 앞서 폭탄을 탑재하기 시작했다. 새벽 4시, 호놀룰루가 합참본부에 또 다른 긴급 무전을 보냈다. "일기 불순으로 공격하기 곤란하고, 타격을 줄 수 있을지 의문"이라는 내용이었다. 펜타곤 전쟁상황실에서 맥나마라 국방장관은 대통령에게 전화를 했다. 상황실에서는 구축함들이 다시 공격을 받지 않을 것이라는 확신은 가지게 되었지만, 한편으로는 북폭을 위한 초읽기가 계속되고 있었다.

태평양 시간으로 새벽쯤 호놀룰루에서 거친 바다 때문에 타격 목표를 정확하게 찾기가 어렵다는 무전을 다시 보내 왔다. 교신된 모든 무전들을 종합해 봤을 때, 미 구축함들이 북베트남 전투함들을 실제로 발견했는지는 불명확했지만, 구축함 매독스 호가 초기에 입수한 북베트남의 무전에 따라 워싱턴은 대기 상태에 있었다. 이 무전들이 완전 해독되었을 때 존슨은 의회 지도자들을 백악관 집무실로 불러들여서 북폭 계획을 통보했다. 4시간의 여유밖에 없었다.

백악관 대변인은 전국적인 망을 가진 텔레비전 방송국에 대통령의 '대국민 특별생방송'에 대비해 달라는 부탁을 했다. 국방부에서는 맥나마라가 '스터디 그룹'이라고 부르던 조직이 공격 목표 지역과 위치를 확인해서 전달하고 있었다. 국방부 스터디 그룹에는 대니얼 엘즈버그도 포함되어 있었다.

국무부에서 연락을 맡고 있던 번디는 폭풍우에 휩싸여 있는 구축함들로부터 더 이상의 연락이 없자 이미 입수된 무전 자료의 해독에 들어갔다. 폭격 카운트다운 30분을 앞두고 존슨은 텔레비전 카메라 앞에 서기 위해 분장을 해야 한다는 이야기를 들었다. 적색 경보가 계속되고 있는 동안 메시지 하나가 태평양을 건너 전해졌다.

"날카로운 화살을 쏴라."

존슨이 대국민담화를 발표하는 시간은 이미 폭격기들이 발진한 다음이었다.

"오늘 통킹 만의 공해상에서 미국 군함들을 공격하는 새로운 적대 행위가 있었습니다. 나는 미국 군대에게 이에 상응하는 군사적인 조치를 취하라고 명령했습니다."

첫번째 북폭에서 64대의 해군 전폭기들이 17도선 위에 자리잡고 있는 빈 Vinh의 항구 시설과 유류 저장 시설들을 폭파했다. 국방부는 북베트남 유류 공급 시설의 10%가 파괴되었다고 평가했다. 10분 동안 올린 전과였다. 미국은 1964년 8월 5일 오전 11시, 아무런 선전 포고도 없이 베트남전에 직접 참전하게 된 것이다.

실제로 멀리 떨어진 태평양에서 어떤 일이 일어났는지, 존슨 대통령이 전쟁 참여를 승인하는 '통킹 만 결의안'을 지원받기 위해 의회를 어떻게 기만했는지에 대한 본격적인 토론이 일어난 것은 한참 후의 일이었다. 그 결의안을 작성한 번디는 존슨이 행동할 수 있었던 합법적 근거를 이렇게 설명하고 있다.

"우리는 8월 4일 연달아 북베트남의 무전을 입수했는데, '공격 준비, 전진'으로 되어 있었다. 당시 무전 분석 자료는 공개할 수 없었지만, 정부에서 일하는 우리 모두는 이 정보 자료를 북베트남이 이미 2차 공격을 시작한 것으로 판단했다. 이러한 상황에 근거해서, 그리고 미국에 대한 도전이라는 분위기 속에서 존슨 대통령은 의회 지도자들에게 설명한 후 소규모였지만 중요한 폭격을 지시했다. 북베트남의 행동은 분명히 우리의 구축함에 대한 공해상의 아무런 이유 없는 공격에 해당된다고 생각했다. 대응할 수밖에 없었다."

스터디 그룹의 엘즈버그는 이렇게 말했다.

"북베트남의 공격은 이유 없는 공격이 아니었다. 매독스 호의 임무도 일상적인 성격을 띤 순항이 아니었다."

국방부에서 극비문서를 담당했던 그는 정보 수집을 하고 있던 구축함들이 작전 34-A에 의한 기습공격을 지원하고 있다는 느낌을 받았다. 엘즈버그에

의하면, "8월 4일 발생했던 그 사건에 대해서도 국방부 계획 입안자들 사이에서는 실제로 북베트남의 공격이 있었는지에 대한 확신이 거의 없었다"고 한다. 확실한 것이 전혀 없었기 때문에 전투함대의 제독조차도 '낮에 실제 공격이 있었는지 여부를 확인할 때까지 폭격을 보류하자'는 의견을 내놓기도 했다는 것이다.

증언을 종합해 보면 2차 공격은 분명히 없었던 것처럼 보인다. 그러나 그렇게 믿는 사람은 극히 드물었다. 공격이 있었다 하더라도 선전 포고도 없는 그렇게 신속한 대응을 정당화한 성명은 당시에도 거짓에 불과했다. 엘즈버그는 이런 주장을 펼쳤다.

"2차 공격이 있었다고 주장했던 것은 선전 포고와 동일한 효과를 의회에서 얻기 위한 것이었다. 존슨 대통령은 토론의 재발을 피하기 위해 의회에 선전 포고를 의뢰하지 않았다. 이런 교묘한 방법에 의해서 의회는 백지수표를 내놓게 되었다."

엘즈버그의 계속된 증언을 들어보자.

"존슨은 폭격을 하고, 그것을 통해 경미한 살상을 함으로써 하노이에 위협을 가하고자 했다. 그러나 폭격으로 어마어마한 부담이 따르는 끝없는 전쟁의 그림자에 다가가는 것은 바라지 않았다. 그래서 통킹 만은 존슨에게 소규모의 폭격 기회를 주는 것일 뿐, 대규모 폭격의 일부가 될 것이라고는 생각하지 않았다. 그러나 결과는 대규모 폭격의 서막이었다."

존슨의 수많은 정책을 현실화시켰던 국무부 차관보 번디는 이미 수 개월 전에 의회의 결의가 필요함을 느꼈다고 말했다. 현 상황을 안정시키고 미국의 미래 정책을 분명히 하기 위해서는 대통령도 의회의 동의가 꼭 필요하다고 생각했다. 5월쯤 정부 내에서도 그런 동의안에 대한 토의가 있었다. 존슨이 '완벽한 북폭 계획'을 알게 된 것도 5월이었다. 그러나 동의안을 놓고 초기에 벌였던 토론들은 완전히 자취를 감춘 뒤 방치되어 버렸다.

번디의 설명에 따르면 정부 내에서는 기존 정책에 아무런 변화 없이 최소한 대통령 선거 때까지는 무난하게 지낼 수 있다는 기대감이 있었다. 그러나 두 차례의 공격이 국회 동의안 문제를 현실화시켰고, 그 단계에서는 의회의 동의가 선결 과제로 등장하게 되었다. 번디는 자신이 믿고 있던 것을 제안한 것은 아주 정직한 행위였다고 말했다.

의회의 동의를 받는 데 핵심이 된 인물은 상원 해외분과위원장이었던 윌리엄 풀브라이트였다. 8월 5일 북폭이 시작되기 약 4시간 전에 풀브라이트와 다른 상원의원 그리고 하원 지도자들은 백악관의 초청을 받고 대통령이 참석한 가운데 열린 회의에서 국무장관과 합참의장, 국방장관 등에게 북베트남 공격에 앞서 간략한 설명을 들었다.

맥나마라 국방장관은 브리핑에서 '북베트남 전투함의 미 구축함 공격은 격퇴되어야 한다'는 주장을 펼쳤다. 미국과 미국의 전함에 대한 무례한 공격이라는 것이 맥나마라의 브리핑 요지였다. 풀브라이트는 번디가 초안을 만들고 행정부가 발의한 국회 동의안에 대해 번디에게 직접 설명을 들었다.

풀브라이트와 다른 사람들은 번디에게 '비밀기습작전 34-A'에 관한 이야기와 북베트남의 첫번째 공격이 있기 직전에 남베트남 보트들이 34-A의 일환으로 북베트남의 섬들을 공격했다는 이야기를 들었다. 번디는 그 자리에서 상원의원들에게 "미 구축함과 남베트남 보트들의 공격에는 아무런 연계성이 없었다"고 말했다.

풀브라이트는 '미 구축함들이 공해상에서 아무런 도발 행위도 하지 않았는데 공격당했다'는 번디의 말을 상기시켰다. 변호사로서 18년간 상원에서 존슨의 가까운 친구로 지냈던 풀브라이트는 지난 선거에서 존슨의 중요한 선거 유세 연사였다. 풀브라이트의 말을 들어보자.

"나는 존슨이 세계 평화를 유지하기 위해 노력하는 사람이라는 논지의 연설을 했다. 상원의원 배리 골드워터B. Goldwater 후보는 호전주의자였다. 그는 평화협상안을 위협하고 핵무기 사용을 옹호했다. 그래서 나는 의회에서 골드워터를 비판했고, 존슨을 지원하는 연설을 한 것이다."

>>>> 1964년 8월 존슨 대통령의 북폭이 상원의 승인을 받는 데 큰 도움이 되었던 윌리엄 풀브라이트 상원의원. 그는 훗날 미국의 베트남 정책을 맹렬하게 비난했다.

풀브라이트가 했던 존슨 옹호 발언을 좀더 들어보자.

"나는 의회에서 지상군을 베트남에 파견할 생각이 전혀 없다고 연설했다. 내 기억에 맥아더MacArthur 장군도 의회 연설에서 아시아에서 대규모 지상전을 하는 것은 어리석은 짓이라고 말한 적이 있었다. 그래서 나도 '통킹 만 결의안'이 의회의 동의를 얻기 위해 상정되었을 때, 토의 과정에서 그렇게 연설했다."

풀브라이트는 친구들에게 존슨이 자기를 속일 사람이라고는 생각하지 않는다고 말했다. 그는 존슨의 말을 이렇게 전했다.

"나는 의회가 동의안을 빨리 통과시키면, 이 문제를 조속히 처리하여 베트남의 평화 분위기를 조성할 수 있을 것이라고 확신한다."

풀브라이트의 발언에서 보듯, 존슨은 북폭을 확전 방지 수단으로 생각했다. 존슨이 판단했던 북폭의 의미를 살펴보자.

"인구 1,700만 명을 가진 조그마한 나라를 거대한 미국이 상대하려고 한다.

그들은 분명히 타협하여 전쟁을 피하려고 할 것이다. 다시 말해서 미국이 단합된 힘만 보여주면 큰 전쟁은 피할 수 있다."

한때 변호사였던 번디는 만약 구축함에 대한 비슷한 공격이 다음에 또 있을 경우에 쉽게 이해를 얻기 위해, 국무부에서 작성한 문건을 풀브라이트와 공동으로 검토했다고 말했다. 데이비드 헬버스텀D. Halberstam은 그의 저서 〈뛰어난 사람과 빛나는 사람 The Best and The Brightes〉에서 "번디는 다른 어떤 사람들보다 베트남에 대해 잘 알고 있었다"고 말했다. 수뇌급 인사들에게조차도 북베트남 폭격 문제는 자신들이 처리해야 할 문제가 아니고, 항상 가정假定의 언저리를 넘나드는 추상적인 문제로 인식되고 있었다.

번디는 의회가 결의안의 각 조항을 2년 전 '쿠바 미사일 위기' 때와 마찬가지로 한마디 한마디 빠짐없이 확인했을 것이라고 생각했다. 그러나 그도 '통킹 만 결의안'은 위임의 범위가 너무 포괄적이라는 사실은 인정했다. 대통령에게 지금까지 없었던 전폭적인 권한이 부여된 것이다.

결의안의 요지는 이렇다.

"의회는 동남아시아에서 미군이 공격을 받을 경우, 이를 격퇴시키는 데 필요한 모든 군사적인 조치를 취할 수 있는 권한을 대통령에게 위임한다. 또한 동남아시아조약기구 동맹국들의 지원 요청이 있을 경우에도 똑같은 조치를 취할 수 있게 위임한다."

번디는 두 가지 중요한 점을 지적했다. 첫째는 결의안의 골격 구성을 함께 작업했기 때문에 의회는 행정부가 무엇을 요구하는지 잘 알고 있었으며, 둘째는 당시 의회 지도자들에게조차 밝히기 어려운 사실들이 있었다는 것이다. 그러나 어쨌든 이 두 가지 사항이 "북베트남이 두 차례에 걸쳐 미국을 공격했다"는 믿음 자체에는 영향을 주지 못했다고 한다.

풀브라이트는 이렇게 말했다.

"나는 이 결의안을 전쟁 선언이라고 믿는 사람은 아무도 없을 것이라고 생각했다. 또한 이 결의안이 현재 미국이 치르고 있는 제한전에서 존슨에게 '무한 위임권'을 주는 것도 아니라고 생각했다."

사이공의 전쟁 수행 능력에 의심이 없었던 것은 아니지만, 풀브라이트와 의회는 미국의 힘의 과시와 지원을 통해 남베트남이 전쟁을 이길 수도 있다고 믿었다. 풀브라이트의 관점은 매우 단순했다.

"행정부는 이러한 의도에서 의회에 결의안을 제출한 것이지, 전쟁을 선언하기 위해 제출한 것은 아니었다."

8월 7일 416대 0으로 하원을 통과한 결의안은 풀브라이트에 의해서 상원에 상정되어 88대 2라는 압도적인 표 차이로 통과되었다. 상원에서 웨인 모스W. Morse와 어니스트 그루어닝E. Gruening이 반대표를 던졌다.

3일 사이에 존슨 행정부는 5월에 세웠던 북폭 관련 계획 중 두 가지 중요한 사항을 실행에 옮겼다. 첫번째가 북베트남에 대한 폭격이었고, 다음이 결의안 통과였다. 〈펜타곤 페이퍼〉를 요약하면 결의안은 실질적으로 모든 행동에 대한 미국 정부의 지원을 의미했다.

풀브라이트는 몇 개월이 지나서야 존슨 행정부가 자신을 기만했다고 주장하면서, 의회에서 보였던 자신의 행동을 사과했다. 그러나 존슨 개인에 대해서는 긍정적으로 평가했다. '존슨은 자기 스스로 성장한 사람이며 독자적인 조직 운영 체계를 가지고 있는 사람'이라고 말했다. 풀브라이트의 존슨 '인물평'을 더 들어보자.

"그는 매우 유능한 사람이다. 건장한 신체와 상당한 지력을 가졌지만, 대통령직을 수행하기 위한 훈련이나 경험은 많지 않았다. 대통령이 되기 전까지 멕시코와 베트남을 제외하고는 외국에 나가 본 적이 없었다. 해외 문제에 봉착할 때마다 그는 어려움에 직면했다. 텍사스 사람들의 기질인지는 확실하지 않지만, 존슨은 특히 어떤 일이나 할 수 있다는 자신감을 먼저 내세우는 버릇이 있었다고 생각한다. 이런 사고 방식을 가진 존슨은 원시 상태를 벗어나지 못한 베트남이 막강한 미국을 상대하기는 어렵다고 믿었다."

풀브라이트는 "존슨이 국제 관계에서는 강대국도 함부로 힘을 쓸 수 없는 미묘한 경우가 있고, 제약을 받을 수도 있다는 현실을 파악하지 못했다"고 말했다. 그러나 국무장관 러스크는 존슨이 대통령이 되자마자 여러 가지 '제약'들을 미리 설명했다고 말하면서 풀브라이트의 주장을 반박했다. 그는 존슨이 이렇게 말했다고 전했다.

"우리가 만약 베트남에 오래 주둔하거나 보다 많은 노력을 기울여야 할 경우, 의회의 승인이 꼭 필요하다."

존슨의 이러한 발상과 지시가 '통킹 만 결의안이 의회의 동의를 거치게 된 동기가 되었다'고 러스크는 말했다. 러스크는 또 번디와 마찬가지로 의회의 동의 과정에 아무런 기만 행위가 없었다고 주장했다. 몇 년 후 러스크는 상원 청문회에 소환되었다. 그의 발언으로 논쟁이 일어났기 때문에 몇 가지 진실 규명이 필요했다. 러스크는 여러 가지 질문을 받았는데 주요 내용은 이런 것이었다.

"북폭이 초읽기에 들어갔을 때 행정부는 자신들의 판단으로 모든 일을 처리했는가? 소환이 가능했음에도 불구하고 군부나 존슨의 보좌관들은 왜 구축함 함장들을 소환하지 않았는가? 함장들은 왜 군부 지도자나 보좌관들에게 현장을 확인시키지 않았는가?"

상원 청문회 답변을 러스크는 이렇게 회고했다.

"질문 자체가 너무 황당하여 당황스러웠다. 그러나 어떤 질문에도 나는 내가 믿었던 것이 진실이었다고 당당하게 말했다. 풀브라이트가 혹시 '기만당했다는 생각이 잘못된 것이 아니냐는 질문'에 대해서는 '그렇다'고 대답했다."

풀브라이트는 '통킹 만 사건'이 발발한 이후에 존슨은 케네디가 앞서 그랬던 것처럼 베트남 문제를 놓고 자신의 보좌관들 중 누가 옳으냐 그르냐로 분열된 상황에 굉장히 곤혹스러워했다고 전했다. 두 가지 생각으로 분열되어 있었기 때문에 존슨이 정확히 판단할 근거가 없었다는 것이다. 한편에는 풀브라이트와 상원의 다수당 원내총무 마이크 맨스필드가 버티고 있었고, 반대편에는 러스크를 필두로 번디, 맥나마라, 테일러가 있었다.

테일러는 3주일 전에 로지 대사의 후임으로 사이공에 부임했다. 그는 폭격 작전에 전적으로 동의하고 있었다. 테일러가 말했다.

"나는 세 가지 측면에서 공군력을 사용하는 이점이 있다고 확신했다. 첫째, 북베트남을 공격함으로써 남베트남의 사기를 부양시킬 수 있었다. 둘째, 북베트남이 장비와 인력을 남파하고 있는데도 뚜렷한 저지책을 동원하지 못하고 있었다. 따라서 최소한의 공습으로 북쪽에 손실을 입힐 수 있고 남침 속도를 지연시킬 수 있다고 생각했다. 셋째, 공습을 점진적이고도 결정적으로 사용하면 우리가 상당히 유리해질 수도 있었다. 하노이에 도발의 대가가 비싸다는 인식을 심어 줄 수 있었다. 하노이가 해결책을 모색하기 위해 협상 테이블에 나올 때까지 그들에게 재산상의 손실을 가할 수 있는 집중적인 공습을 가시화시켜야 했다."

1922년 웨스트포인트 육군사관학교를 4등으로 졸업한 테일러 장군은 미국의 4성 장군들 중 인텔리에 속했다. 앞의 두 행정부에서도 그는 군부의 '싱크탱크'라는 명성을 얻고 있었다. 1955년 아이젠하워 행정부에서 육군참모총장을 지낼 때는 강력한 재래식 무기 대신 유사시 핵무기를 사용할 수도 있다는 일부의 주장을 강력히 반대한 인물이다.

또한 케네디 행정부에서는 쿠바의 '피그스 만 침공 사건'을 강력하게 비난하기도 했다. 그는 케네디의 군사고문으로서 디엠 정권의 전복을 반대한 몇 안 되는 사람 중에 한 명이었다. 1962년 7월에는 존슨 행정부의 합참의장에 취임했다. 그는 계속해서 북측에 대한 군사적인 압력과 동시에 남쪽에서는 민간 분야의 개혁 프로그램이 조화를 이루어야 한다고 강조했다. 테일러는 존슨에게 사이공 주재 미국 대사로 안성맞춤이었다.

테일러 대사와 야전군 사령관 웨스트멀랜드 장군의 도착으로 남베트남에서는 미군의 지휘 체계가 안고 있던 문제점들이 해결되는 것처럼 보였다. 전임 대사와 지휘관은 정책 수행과 지휘 체계에서 분열되는 모습을 보였기 때문이다. 이러한 분열 양상이 사이공과 워싱턴에 긴장감을 불러일으켰던 것이 사실이다.

 이에 비해 테일러는 베트남에 대한 여러 가지 임무를 수행한 적이 있어서 직접 경험이 풍부했다. 제2차 세계대전 당시 신속한 보병작전 경험이 많은 웨스트멀랜드 장군은 남베트남 육군을 빠른 시간 안에 정비하고 게릴라 대책을 세울 것으로 기대를 모았던 한편, 정치적으로는 테일러 대사의 지시를 받았다. 하노이는 남쪽과 북쪽에 대해 똑같이 강경 조치가 있을 것으로 예상했다.

 그러나 존슨 대통령은 새 지휘관과 참모들의 보고서에서 불길한 예감을 느꼈다. 테일러는 최근 공산주의자들의 침투가 급격하게 증가하고 있다는 전문을 보냈다. 최근 게릴라 숫자가 3만 4,000명 정도로 30%가 증가되었다는 내용이었다. 사령관 웨스트멀랜드 장군은 테일러와 거의 동시에 '베트남전투지원사령부(Military Assistance Command of Vietnam : MACV)'의 병력이 추가로 4,000명 더 필요하다는 전문을 보내 왔다. 웨스트멀랜드 장군은 모든 것이 정치적으로 처리되는 바람에 사태가 어렵게 꼬여 있다는 것을 직감했다. 그의 상황 인식은 이랬다.

 "존슨 행정부는 전쟁을 자제하려고 하였다. 행정부 관리들은 미국 국민들이 전쟁에 신경 쓰도록 만들고 싶지 않았기 때문이다."

 웨스트멀랜드 장군은 맥나마라 장관에게 '일이 장기화되려 한다'는 점과 북베트남이 미국인의 인내심을 시험하려고 한다는 자신의 판단을 전달했다. 테일러 대사는 '전쟁이 너무 빨리 끝날 것 같다'고 보고했다. 테일러는 남베트남의 칸 정부가 연말까지 지탱할 가능성은 50%밖에 안 된다고 대통령에게 전문으로 직접 보고했다. 군사적인 조치가 정치와 사회적인 부패로 빛을 잃고 있었다. 테일러 대사는 이렇게 말하고 있다.

 "나는 신출내기가 아니어서 일반적인 문제와 분위기를 알고 있었다. 디엠 정권의 전복 이후 혼란 외에는 아무것도 없었다. 남베트남 정부는 방향을 잃은 채 내리막길을 가고 있는 것이 분명했다. 그들이 방향을 수정하지 않는다면 우리가 목표를 바꿔야 했다."

첫번째 북폭이 있었던 날부터 5일이 지난 8월 10일 테일러는 2차 폭격을 권유하는 무전을 대통령에게 보냈다. 대사는 1965년 1월 1일경 적절한 준비를 갖춘 다음 북베트남에 대한 긴급 조치를 취하겠다는 제안을 대통령에게 건의한 것이다.

존슨은 이제 스스로 확전 여부에 대해 결단을 내려야 했다. 확전을 반대하는 보좌관은 한 사람도 남아 있지 않았다. 존슨은 집무실 책상에서 테일러의 전문과 함께 드라마틱한 미 국민의 여론조사 결과를 읽고 있었다. 해리스 여론조사Harris Poll가 신문을 요란하게 장식하고 있었다. 내용은 존슨이 보여준 '통킹 만 위기에 대처하는 확신에 찬 행동'에 대한 국민들의 열화와 같은 지지였다. 하룻밤 사이에 존슨의 인기는 42%에서 72%로 치솟았다.

선거는 3개월 앞으로 다가와 있었다. '통킹 만 사건' 이후 존슨은 가능한 한 미국의 개입을 자제하겠다고 약속했다. 그러나 테일러는 불가능하다고 말했다. 그는 디엠의 경우를 상기시키면서 칸에 대한 의문을 제기하는 한편, 베트남을 상실하면 언제든지 미국 내 여론이 반전될 수 있다는 점을 주지시켰다.

웨스트멀랜드는 여론의 지지를 받는 전쟁을 원했고, 존슨은 실제로 여론의 지지를 받고 있었다. 존슨은 선거에서 여론이 중도적인 노선을 지지하거나 매파인 공화당의 골드워터를 경계할 것이라고 예상하고 있었지만, 실제로 존슨 행정부도 이미 전쟁 불가피론으로 경직되어 있었기 때문에 오히려 골드워터 측의 견해를 뒤좇아가는 입장으로 변질되고 있었다. 그들은 비밀리에 확전 계획을 세웠고, 이제는 그 실행 방법을 모색하고 있었다.

존슨이 케네디에게 인계받은 보좌관들은 전쟁 억제를 위한 방패가 되기는커녕 오히려 확전의 족쇄가 되어 버렸다. 군 수뇌부를 구성하고 있는 맥나마라, 테일러, 웨스트멀랜드는 존슨에게 폭격과 확전이 지상 과제라고 주장하고 있었다.

적절한 날짜를 잡아 북폭을 해야 한다고 주장한 8월 10일자 테일러 대사의 전문은 시기상으로 상당히 중요한 의미를 지니고 있었다. 테일러는 캐나다 사절단의 시본이 2차 비밀임무를 띠고 그날 하노이로 떠났다는 것을 이미 알고 있었다. 존슨은 이제 하노이와 협상할 의지가 없었고, 그렇게 하지도 않을 생각이었다. '홍당무'는 사라져 버리고 '채찍'만 기다리고 있었다.

8월 5일자 북폭과 캐나다 사절단을 활용한 것은 상호 깊은 관계가 있었다. 폭격을 한 지 몇 시간이 지난 후, 미국은 캐나다와 협의하여 강력한 메시지를 보낸 다음 하노이의 의중을 탐색해 보기로 했다. 이 메시지에는 미 구축함 2척이 공격을 받았다고 분명하게 못박고 있었다.

시본은 통킹 만의 대결은 바람직하지 않을뿐더러 그렇게 되면 미국은 불가피하게 남베트남에서 군비를 증강할 수밖에 없다는 뜻을 하노이에 전해야 했다. 결과적으로 하노이측에 미국의 여론은 폭격을 지지한다는 것을 알리는 기회를 가지자는 것이었다.

시본의 1차 하노이 방문을 겨냥하여 6월에 작성된 평화협상 관련 문건들은 송두리째 파기되어 버렸다. 파기된 문건에는 지금 당장은 아니지만 언젠가는 해야 할 최후통첩과 특별경고를 담고 있었다. 회담장에 나간 시본은 북폭이 곧 있을 것이라는 사실을 알고 있었지만 이러한 내용을 언급하지 말라는 지시를 받았다.

테일러는 8월 8일 사이공에 전달된 시본의 휴대 메시지 사본을 정독한 다음, 8월 10일 자신의 북폭 제안서를 보냈다. 테일러가 받아 봤던 시본 특사의 휴대 메시지 사본은 이런 내용이었다.

    극비 국무부 문건 번호 383호
    수신 : 사이공 대사관
    날짜 : 8월 6일

    미국 정부는 시본에게 아래의 요지를 긴급히 전달하도록 요청함.

1. 구축함 매독스 호와 다른 구축함은 북베트남의 도서 지방 공격과 아무런 관련이 없다.
2. 지난 8월 5일 있었던 북베트남의 미 구축함 2척에 대한 공격은 그 동기를 도저히 이해하기 어렵다. 우리가 생각할 수 있는 유일한 가능성은 북베트남이 미국을 종이호랑이로 만들어 보겠다는 의도가 있었거나, 그렇지 않으면 이유 없는 공격이었거나 둘 중 하나일 것이다.
3. 당분간 우리의 대응은 제한적이며 적절한 수준을 유지할 것이다.
4. 북베트남이 취한 고의적인 공격의 성격을 감안하여 미국은 남베트남과 타이에 추가적으로 필요한 공군력을 배치했다.

하노이에서 시본은 눈에 띄는 변화를 발견했다. 도처에서 인민들이 공습 대비 훈련을 하고 있었다. 길가에서는 참호를 파고, 벽돌로 벙커를 쌓고 있는 모습이 자주 목격되었다. 부녀자와 어린이들에게 대피 훈련도 시키고 있었다. 정치적으로 하노이는 다시 움츠러들고 있는 것이 역력했다. 팜 반 동을 만나기 위해 3일을 기다린 후, 시본이 메시지를 전달하자 팜 반 동은 분노에 가득 찬 표정이었다.

팜 반 동의 표정은 북베트남이 도발한 흔적은 어디에도 없으며, 오히려 미국이 국내의 정치적 어려움을 타개하기 위해 남베트남에서 돌파구를 찾고 있을 뿐더러 오히려 북쪽으로 전쟁을 확대했다고 말하는 것 같았다. 당시 존슨의 큰 걱정거리는 다가오는 선거에서 '공화당 골드워터 후보를 어떻게 제압하느냐' 하는 것이었다.

팜 반 동은 분노에 찬 목소리로 시본에게 이렇게 말했다.

"전쟁이 북쪽까지 확대되면 미국은 굉장히 위험한 상황에 부딪치게 될 것이다. 우리는 미국의 잘못된 판단이 초래할 매우 위험스러운 국면을 우려하고 있다. 지금까지 우리는 최악의 충돌을 피하려고 많은 노력을 기울였다. 그러나 불행하게도 전쟁은 우리의 영토까지 번지고 있다."

　전쟁 회피를 위한 노력을 역설하던 팜 반 동은 자신의 경고를 시본에게 이렇게 강조했다.

　"만약 전쟁이 북쪽으로 확대되면, 이 전쟁은 곧이어 동남아시아 전역으로 퍼질 것이며 결과는 아무도 예측할 수 없을 것이다."

　시본의 비밀보고서에 따르면 '팜 반 동은 후퇴하는 것을 제외하고는 모든 노력을 다하고 있었다'고 쓰고 있다. 팜 반 동은 흥분해서 가끔 주먹을 흔드는 제스처로 시본에게 자신의 요점을 힘주어 말했다.

　"우리 인민들이 많이 희생당할 것이라는 명백한 사실을 숨기지는 않겠다. 우리는 수동적으로 '전쟁을 당하고 있기 때문에' 이제부터는 합법적인 방어를 할 것이다."

　시본은 팜 반 동이 너무 흥분하는 것 같아서 순간적으로 끼어 들며 이렇게 말했다.

　"수상 각하, 옛말에 사자使者는 박대하지 않는다는 말이 있습니다."

　당시 보고서에서 시본은 '팜 반 동이 미국과 분명하고도 공개적인 대화 통로를 원했다'고 쓰고 있다. 시본은 '통킹 만 사건'이 아주 기묘한 사건이었고, 자신조차도 그곳에서 정확하게 어떤 일이 일어났는지 알 수 없었다고 회고했다. 그리고 이 '통킹 만 사건' 후의 두번째 임무를 되돌아보면서 그는 다음과 같이 말했다.

　"북베트남 인민들이 부드럽게 대처할 이유가 없었다. 북베트남 인민들은 만약 전쟁이 오래 계속된다면 사태는 자신들이 원하는 방향으로 몰고 갈 수 있을 것이고, 역사 또한 자신들의 정당성을 입증할 것이라는 자신감을 가지고 있었다."

　시본은 미국 국민들이 자신의 임무 수행에 희망을 걸고 있으며, 베트남에 대한 해결을 간절히 바라고 있다고 느꼈다. 북폭 이후 8월 13일자 공식보고서에서 시본은 '북베트남 사람들은 자기들이 화해할 이유가 없다고 확신했다'고 쓰고 있다. 시본의 2차 보고서에 대한 국무부의 극비 메모에는 두번째 기회를 잃어버렸다고 적혀 있었다.

"두번째 협상 내용은 시기적으로 무의미할 수밖에 없었고, 모든 관심은 북폭에 있었기 때문에 6월 1차 협상 때와 같이 폭넓은 의견은 거론조차 할 수 없는 분위기였다."

국무부의 극비 메모는 '북베트남은 1964년 8월부터 남베트남에 북베트남 정규군을 급파시켰다'고 기록하고 있다. 실제로 8월부터 남베트남에서 일어났던 모든 일은 빨리 돌아가는 오래된 뉴스 영화를 보는 것 같았다. 워싱턴에서는 수시로 조사단을 파견했으나 대사와 야전군 사령관은 모든 일에 쉽게 합의하지 못하고 있었다. 남베트남 정규군 또한 안절부절못하고 있었다. 불교도들은 수시로 폭동을 일으켰고 쿠데타 소문은 꼬리에 꼬리를 물고 돌아다녔다. 정권을 담당하는 장군들 또한 수시로 바뀌었기 때문에 정치개혁은 선언될 때마다 곧바로 파기되곤 했다.

8월 16일 칸 장군이 대통령이 되어 민 장군을 추방하고 새로운 헌법 제정을 약속했다. 그러나 칸 장군이 집권하고 11일이 지났을 때 새로 제정된 헌법은 있으나마나한 과거 이야기가 되어 버렸다. 민 장군이 국가 수반으로 다시 복귀했고, 칸 장군은 이름뿐인 수상으로 밀려났다. 이틀 후 칸은 수상에서 면직되었고 정신이상자라는 누명을 벗기 위해 소송을 제기해야만 했다.

칸은 5일 후 다시 수상으로 복귀했으나, 10일 후 무혈 쿠데타로 추방되었다가, 그 다음 날 역쿠데타로 다시 권력 실세로 등장하게 되었다. 이런 최악의 정치적 혼란 상태가 계속되자 테일러 대사는 자신이 영향력을 행사하고 있었던 조직은 물론 당시 남베트남 정부의 조직까지도 직접 장악하려고 시도했다.

테일러 대사의 증언을 들어보자.

"나는 1년만 대사직을 맡기로 했었다. 그런데 대사 직책을 수행하는 동안 정권이 5번 바뀌었다. 중견 장군들과 44개 성장省長들이 5개의 그룹으로 돌아가면서 정권 다툼을 벌였다. 남베트남 사람들은 상상할 수 있는 혼란을 모두다 겪고 있었다. 정치적 혼란 속에 주민들은 평균 5번 정도 이사를 다녔다. 디엠 정권이 무너진 이후부터 한번도 믿을 만한 정권이 나타나지 않았다."

8월 18일 시본의 2차 보고서가 오타와에서 워싱턴을 거쳐 사이공에 전달되었을 때, 테일러 대사는 다시 북폭만으로는 충분하지 않을 것 같다는 의견을 제시했고, 웨스트멀랜드 장군은 해병대가 필요할 것 같다며 한 걸음 더 앞서 갔다. 존슨 대통령은 새로운 압력에 시달려야 했다. 우 탄트U Thant 유엔 사무총장이 미국과 북베트남 사이의 직접 회담을 랑군(현재 미얀마 양곤)에서 개최하자고 공개 제안을 해왔다. 그러나 하노이의 동의를 이미 받아 두었던 우 탄트는 '직접 협상은 미국 대통령 선거가 끝난 뒤에나 고려해 보겠다'는 미국의 대답만 얻었을 뿐이었다.

8월 27일 수천 명의 데모 학생들이 사이공에 있는 남베트남군 사령부를 공격했다. 존슨은 이날 텍사스에 있는 자신의 목장에서 생일 파티를 겸한 정치 모임을 하면서, 중립적인 자세를 다짐했다.

"어떤 이들은 많은 비행기와 폭탄을 북베트남에 투하하여 미국의 개입을 확고하게 하라고 요구하고 있다. 그러나 그렇게 되면 아시아 청년들이 싸워야 할 곳에서 수많은 미국 청년들이 대신 가서 싸우는 꼴이 될 것이다."

존슨의 생일 파티 3일 후, 사이공 정부는 1주일 사이에 불교도와 가톨릭계의 충돌에 따른 군부의 치안 유지 활동으로 주민 449명이 사망했다고 발표했다.

백악관 긴급 전략회의는 남베트남에서 상황 반전을 꾀하기 위해 한층 강화된 북폭이 필요하다고 결론을 내렸다. 그러나 존슨은 북폭의 날짜를 정하지 않았고, 갤브레이스 등 정치, 군사보좌관들이 직접 수행할 수 있는 최소한의 조치만 취했다. 존슨은 "군사적인 조치는 가능한 제한하려고 노력할 것이다"라고 말했다.

갤브레이스는 모든 면에서 볼 때 존슨에게 믿을 만한 인물이었다. 6피트 9인치의 키에 인도 대사를 역임한 뛰어난 외교관일 뿐 아니라, 탁월한 경제학자이자 역사학자인 그는 존슨 행정부에서 가장 신뢰감을 줄 수 있는 지성의 거봉이었다. 갤브레이스는 '친구' 존슨을 이렇게 평가했다.

"우리는 동갑으로 같은 시기에 워싱턴에 왔다. 존슨은 좋은 친구였다. 그의 자유주의 본능은 나와 같았다."

갤브레이스는 여름 내내 존슨을 위해 맹렬한 선거운동을 펼쳤다. 그는 상원 의원 골드워터보다 존슨이 훨씬 안전한 인물이라고 믿었다. 그가 보기에 존슨은 매우 설득력이 있었는데, 한번은 이렇게 말했다고 한다.

"여보게, 내가 만약 자제시키지 않는다면 공군참모총장 커티스 리메이C. LeMay가 무슨 짓을 할 것이라고 생각하나?"

갤브레이스는 "존슨 대통령이 중도적인 자세를 취하거나 중립적인 결론을 유도하려고 한다"는 인상을 받고 회의장을 나오곤 했다. 존슨은 군부의 압력과 군사 개입을 주장하는 목소리들이 없었더라면 중립적인 입장을 취했을 것이다.

'진짜 사나이 존슨'의 찬미자를 스스로 자처한 갤브레이스는 확전이 되어감에 따라 행정부 내에서 가장 중요한 정치적 감시자로 위상이 높아지게 된다. '민주적 행동을 위한 미국인'이라는 자유주의자 모임의 회장이었던 갤브레이스는 반전운동을 지지하던 자신의 입장을 바꾸었다. 풀브라이트 상원의원, 로버트 케네디R. F. Kennedy 상원의원도 그와 함께 반전운동을 펼쳤던 인물들이다.

선거 2개월 전인 9월 30일, 처음으로 대규모 반전 시위가 캘리포니아대학교 버클리캠퍼스에서 벌어졌다. 그러나 여론은 압도적으로 존슨을 지지하고 있었다. 여론은 존슨의 걱정거리가 아니었으며, 사이공에 있는 비판적인 미국의 언론 또한 그의 근심거리가 아니었다. 백악관은 반전운동을 효과적으로 방어했지만, 결과적으로 존슨을 대중에게서 점점 고립시켜 빠져 나올 수 없는 지경에까지 이르게 만들었다. 주변 세력들이 처음으로 이탈하는 징후들을 나타냈다.

자서전 작가 커언스는 이때부터 "비판에 민감했던 존슨이 점차 외부의 충고와 벽을 쌓기 시작했다"고 말했다. 커언스는 존슨이 이런 표현을 했다고 소개하고 있다.

"누구나 동기가 있기 때문에 일을 하게 된다. 당신이 만약 신문기자라면 전쟁을 반대할 것이다. 왜냐하면 전쟁을 긍정하는 기사로는 퓰리처상을 받지 못하기 때문이다. 만약 당신이 풀브라이트라면 국무부와 색깔이 다른 선거구를 개발해야 할 것이다(당시 존슨은 풀브라이트가 국무장관이 되는 것을 갈망했다고 생각했다). 그리고 당신이 대통령직을 원하는 로버트 케네디였다면 '위대한 사회'에 관해서는 나의 업적이 많아서 나와는 도저히 견줄 수가 없기 때문에, 나에게서 대통령직을 인계받고 싶어할 것이다. 또한 갤브레이스는 당연히 하버드 집단을 상징화시키기 위해 노력할 것이다."

갤브레이스는 "처음부터 우리들 중 몇 사람은 실제로 무슨 일이 일어났는지에 대한 궁금증을 풀어 주기 위해 국민들에게 직접 이야기하자고 주장했다"고 말했다. 그러나 소수의 국민은 관심이 있었지만, 이야기를 직접 들을 준비가 되어 있는 사람은 많지 않았다. 일반 국민들은 골드워터를 경계하고 있었다.

베트남에서 미군의 사망자 수는 급증하고 있었다. 11월 1일 미군의 사이공 근처 비엔호아Bien Hoa 공군기지를 게릴라들이 기습공격함으로써 B-57 폭격기 5대가 파괴되고 4명이 죽었다. 이틀 후 존슨은 '중도적인 후보' 로서 압도적인 승리를 거두었다.

미국인들의 투표로 대통령에 당선된 존슨은 비엔호아 공격에 대한 대응책을 논의하기 위해 합참의장을 불렀다. 그는 대통령에게 공산주의자들에 대한 기본 원칙을 수정하는 문제를 거론했다. 미군이 이미 남베트남에 주둔하고 있기 때문에 게릴라들을 공격하는 것은 의미가 없고, 대신 하노이 근처의 공군기지를 즉시 공격하자는 제안을 하였다. 존슨은 이 자리에서 '보다 새로운 폭격 계획을 세우도록' 명령하면서 국무차관보 번디를 국방부에 파견했다. 11월 5일 번디는 폭격 계획 입안자들에게 1장의 메모를 넘겨주었다.

"비엔호아 같은 공격은 계속될 것이다. 그들은 우리의 수족을 자르려 하고 있으나, 그러한 공격은 우리에게 더 강한 반격 기회를 줄 뿐이다. 대통령은 분명히 통킹 만 사건 때의 합리적 대응 방법을 이번에도 최대한 활용하고자 한다."

계획 수립 과정에서 합리적인 반격 근거를 마련해 나가던 엘즈버그는 번디를 지원하라는 지시를 받는다.

"대통령 선거 당일 나는 국방부에서 즉시 시행할 수 있는 다른 폭격 목표들을 살펴보기 위해 번디를 만났다. 선거 다음 날까지 기다리는 것은 시간 낭비일 뿐이라고 생각했다. 나는 비밀 누설을 방지하기 위해 선거 전날도 번디를 만나지 않았다. 북폭을 제안했던 골드워터는 이제 미국 국민들에게 비난받기 시작했다."

11월 마지막 주, 번디는 수정된 폭격 계획을 대통령에게 보고했다. 수많은 베트남인들을 살상할 수 있는 미국식의 아주 정확하고 신속한 폭격이었다. 목표 A를 공격한 다음 대응이 없으면 목표 B를 공격함으로써 파괴의 속도와 강도를 신속하게 높여 간다는 계획이었다. 존슨은 미국의 폭격은 오산이라고 경고한 하노이가 결국 2개월에서 6개월 사이에 평화협상을 모색할 것이라고 생각했다.

그때 사이공에서는 여러 가지 이해가 엇갈리는 수천 명의 군중이 개혁과 선거를 요구하는 폭동을 일으켰다. 폭동은 다른 인근 도시까지 번졌다. 칸 정부가 1년을 넘기지 못할 것이라는 테일러의 예상이 너무 빨리 증명된 셈이었다. 12월 19일에 있었던 군부 숙청으로 칸은 수상에서 밀려나 몇 주 후 국외로 추방되었다.

너무나 갑작스러운 변화로 어려움에 직면한 테일러는 남베트남군 사령부를 전격 방문해서 누가 쿠데타의 진짜 주역이고 누가 동조자인지 확인할 필요가 있었다. 테일러는 이날 군사령부 방문에서 공군 소장 구엔 카오 키Nguyen Cao Ky와 구엔 반 티우 준장을 만났다. 이 자리에는 많은 참모들도 참석해 있었다. 미국의 전 육군참모총장이었으며, 현재는 독립국가 베트남 주재 미국 대사인 테일러는 잠시나마 4성 장군 제복을 입고 후배 장군들이 하는 이야기를 듣고 있다는 생각이 들기도 했다. 테일러는 이들을 무시하는 태도로 이렇게 말했다.

"당신들에게 강조하는데, 우리 미국 사람들은 쿠데타에 이제 지쳐 버렸다. 나는 실언을 한 사람이 되어 버렸고 당신들은 큰 혼란을 초래했소."

최근까지 준장과 대령이었던 키와 티우는 그 이후 10년 동안 남베트남을 지배하게 된다. 테일러 대사에게는 정중하게 그의 외교적인 의무를 다해 줄 것을 통보했다. 혼란을 신속하게 줄여 나간다는 목적으로 새로 구성된 군사위원회는 지금까지 민간인으로 구성되었던 국가최고위원회를 즉시 해산시켰다. 이에 대한 후속 조치로 육군 사령관이 수상 자리를 승계하도록 하였으나, 국회의 동의를 받아야만 했다.

어떤 의미에서 보면 미국은 더 이상 쿠데타가 없었기 때문에 독자 영역을 확보했다고 볼 수도 있었지만 실제에 있어서는 장군들의 명령을 따를 수밖에 없었다. 미국의 '마지막 동맹자'였던 칸 장군은 '남베트남은 외국의 정책을 수행하기 위해 전쟁을 하지는 않는다'고 주장하면서 군사통치를 확실히 했었다. 최고사령부가 민간인 항의 시위 진압에 착수하자 존슨도 케네디와 마찬가지로 새로운 어려움에 봉착하게 된다.

존슨은 베트남에서 철수하든지, 아니면 베트남에는 자유 세계에 필수적인 민주주의가 없다는 사실을 인정하고 케네디가 자유의 가치를 보장하기 위해 어떤 대가라도 치른다고 약속했던 이 전쟁을 계속하든지 두 가지 방법밖에 없었다. 하지만 미국이 지금 철수하는 것은 더 많은 어려움만 남길 뿐이었다.

1965년 들어 자유 세계의 많은 국가들은 참전하거나, 최소한 미국의 우산 아래에 의존하는 현상을 보였다. 한국이 2,000명의 비전투원을 파견했다. 타이와 필리핀은 연대 규모를 파견할 준비를 하고 있었으며, 오스트레일리아는 병력 파견을 앞두고 비상대기 상태에 있었다.

새해가 시작되자 야전군 사령관은 존슨에게 여러 가지 정보를 전해 왔다. 협상 외에는 다른 방법이 없을 것처럼 보였다. 북폭의 위협에도 북베트남은 아랑곳하지 않는다는 것이었다. 북베트남 병력이 남쪽으로 이동하고 있다는 보고가 뒤따랐고, 웨스트멀랜드의 야전군 사령부는 북베트남군이 직접 개입하기 시작했다고 전해 왔다. 곧이어 북베트남군 4개 사단이 목격되었다는 속보도 있었다.

웨스트멀랜드 장군은 남베트남군 1개 연대의 참패에 큰 충격을 받았다고 말했다.

"1주일 사이에 국경 근처에서 베트콩과 북베트남 정규군의 공격으로 남베트남 정규군 1개 연대가 괴멸되었다. 이런 추세가 계속된다면 충격적인 결과가 나올 것으로 보였다."

웨스트멀랜드 장군의 사령부는 '1965년 1월 1일 미군은 지상전에 개입하기 위한 중요한 첫발을 내디뎠다'고 기록하고 있다. 미군은 전투 병력 파견을 위한 비상 계획(암호명 OPLAN 32-64)에 따라 첫번째 경계 태세에 들어갔다. 1월 1일은 테일러가 북폭 시행일로 주장했던 마지막날이었다.

웨스트멀랜드 장군은 병력 증강을 주장했던 반면, 점진적인 북폭을 강하게 주장했던 테일러는 선거 당일 하노이 근처의 북베트남 공군기지를 폭격하자는 합참의장의 권유를 지나친 행동이라고 반대했다. 존슨 대통령은 국가안전보장회의를 항상 개최할 수 있도록 위원들을 대기 상태에 있게 했다. 왜냐하면 여러 가지 의견이 상호 충돌하고 있었고, 존슨 자신도 공습과 지상전이라는 양자 사이에서 결정을 못하고 있었기 때문이었다.

이 문제는 단순하게 결정할 사항은 아니었으나, 하여튼 빠른 시간 안에 선택해야 할 과제였다. 실제로 미국은 하노이의 분석을 그대로 따랐다. 하노이는 미국의 확전을 이렇게 분석하고 있었다.

"미국 동맹국들의 연약함이 확전을 불러일으켰고, 1월 말쯤 해서 북폭이 가장 큰 성과와 최소한의 논쟁을 가져온다는 결론에 도달했다. 1주일쯤 후 미군이 베트남에 온 이래 최대의 희생을 당함에 따라 북폭 계획은 무르익어 갔다."

게릴라의 공격이 있었던 2월 7일 플레이쿠Pleiku 미군기지에서 9명이 사망하고 76명이 부상을 당한 지 몇 시간이 지났을 때, 존슨 대통령은 '플레이밍 다트Flaming Dart'를 승인했다. '플레이밍 다트'는 펜타곤이 1급 긴급사태를 명명한 암호명으로 '눈에는 눈으로 대응한다'는 작전 원칙이었다. 7함대에서 발진한 49대의 스카이호크Skyhawk와 크루세이더Crusader 기가 17도 군사분계선 위에 자리잡은 북베트남 최대 병력 집결지 동호이Dong Hoi를 공습했다. 동호이는 무방비 상태였다.

동시에 미국은 미리 준비한 계획에 따라 남베트남 전역에서 미군 가족들의 소개작전을 시작했다. 수백 명의 부녀자들과 아이들이 베트남을 떠났고, 존슨 대통령의 명령을 기다리는 2단계 공습이 초읽기에 들어갔다. 다음에 전개될 공습작전의 암호명은 '롤링 선더Rolling Thunder'였다.

3월 2일 새벽, 어둠을 뚫고 출격한 수백 대의 전폭기들이 지난 1년여에 걸쳐 준비한 폭격 계획에 따라 군사분계선을 넘어 북쪽의 교량, 철도, 항구, 수송 설비 등을 닥치는 대로 파괴해 버렸다. 텔레비전 방송에서 존슨은 이렇게 말했다.

"북폭이 불가피했던 점에 대하여 유감스럽게 생각합니다. 우리는 제한적인 목표에 공습을 했습니다. 콘크리트, 철강 시설 등을 목표로 했으며 인명 살상은 철저하게 피했습니다."

'롤링 선더'가 알려지자 세계 각국의 비상한 관심과 비판이 쏟아지기 시작했다. 풀브라이트 상원의원은 기겁했고, 존슨 대통령은 '목적은 확전이 아니라 평화를 보장하기 위한 행동'이라고 주장했다. 풀브라이트는 당시를 이렇게 회고했다.

"존슨은 1965년 초 플레이쿠 사건 이후 확전으로 마음을 바꾸었다."

러스크 국무장관은 대통령의 마음이 변한 것이 아니고, 베트남 상황이 변한 것이라고 주장했다. 러스크의 말을 들어볼 필요가 있을 것 같다.

"대통령 선거가 끝나자마자 북베트남은 실로 위협적인 병력을 남파했다. 이러한 상황에서 우리는 철수를 할 것이냐, 아니면 증강된 북베트남 병력에 대항해서 싸울 것이냐를 결정해야 했다. 우리는 후자를 택했다. 세계 각국의 즉각적인 반응은 초강대국 사이의 긴장 상태 확산에 대한 두려움이었다."

유엔 사무총장 우 탄트는 다시 평화회의를 요청했다. 이번에는 핵 보유국들도 포함시키자고 했다. 대상은 미국, 소련, 중국, 영국, 프랑스와 2개의 베트남이었다. 미국은 북베트남이 먼저 침략적인 행위를 그쳐야 한다고 대응했다. 러스크는 '협상을 지금까지 반대했던 것은 미국이 아니라 중국'이라고 주장하면서 유엔이 나설 문제가 아니라고 말했다.

러스크의 말이 이어진다.

"사실 우리는 수차에 걸쳐 베트남 문제를 유엔을 통해 해결해 보려고 노력했다. 중국이 반대할 때마다 우리는 제네바란 기구를 이용해 보면 어떻겠느냐고 타진했다. 역시 중국의 대답은 부정적이었다. 중국의 태도가 너무 딱딱하고 조금도 양보하지 않아 북베트남을 협상 테이블로 유도한다는 것은 도저히 불가능했다."

관계자들이 특별인터뷰를 통해서도 밝힌 적이 있지만, 하노이의 의견은 러스크가 말한 것과 정반대였다. 하노이는 "미국과 중국 사이에는 이미 미국의 전쟁에 중국이 관여하지 않는다는 묵계가 있었다"고 주장했다.

이렇게 양측의 복잡하고도 상반된 주장은 역사학자들이 풀어야 할 과제가 되었다. 피상적인 의미로만 해석했을 때는 "초기에는 세계 평화를 위협했고, 그 다음 10년 동안은 세계를 초긴장 상태에 빠뜨렸다"고 평가되는 이 중요한 전쟁을 초강대국들이 '왜 해결하지 못했느냐'는 문제로 귀결될 것이다. 아마 역사학자들이 깊은 통찰력을 발휘하여 여기에 숨어 있는 깊은 의도를 발견할 수 있을 것이다.

극비문서로 판단해 봤을 때, 미국은 중국의 지원을 예상하여 하노이와 새로운 협상을 시도한 것이 분명했다. 이 시도는 1월 중 미국과 북베트남이 지상전을 준비하고 있던 심각한 시기에 프랑스가 중국과 접촉하면서 힘을 얻게 되었다. 프랑스는 중국이 국제감시위원회에 폭넓은 재량권을 주는 조건이 포함된 남베트남 중립화 조치를 하노이에 전달하고 확인할 것이란 데에 상당히 낙관적인 태도를 보였다.

'롤링 선더'가 있었던 3월 초 시본은 다시 하노이로 향했다. 중국이 지렛대 역할을 했는지 확인하기 위해서였다. 이번에는 팜 반 동을 만나지 못하고 국제감시위원회 사무소장인 하 반 라우를 만났다. 시본은 중국이 전달한 제안서를 읽어보았다. 프랑스어와 중국어로 되어 있었다. 하 반 라우는 "중국이 주어서 읽어보았더니 새로운 내용이 없었다"고 말했다. 시본은 더 이상 희망이 없다고 느꼈다.

하 반 라우는 만약 존슨 행정부가 취임한 지 1년 이내에 남베트남의 베트남민족해방전선이 주장하는 미군 철수와 평화 유지 및 중립적인 외교정책을 표방하는 연합정부안을 수용했더라면 전쟁은 끝났을 것이라고 말했다. 그는 미국이 이 제안을 너무 오랫동안 해결하지 않고 방치했다고 주장했다. 후에 유엔 주재 베트남 대사가 된 하 반 라우의 주장을 들어보자.

"존슨은 연합정부안을 방치하고, 대신 베트남민족해방전선을 섬멸하는 방안을 모색했다. 미 해군과 공군의 공격은 종전의 마지막 기회를 송두리째 삼켜 버렸다."

중국은 미국의 폭격 이후에야 베트남전에 관심을 가지기 시작했고, 미국을 장기전이란 함정에 빠뜨렸다고 하 반 라우는 설명하고 있다. 그리고 베이징은 워싱턴에 "미국이 중국을 공격하지 않는 한 미국과 전쟁은 하지 않겠다"는 내용을 확인해 주었다고 한다. 중국 카드를 한 손에 쥔 존슨은 전쟁 쪽으로 기울어졌다. 하 반 라우의 말을 계속 들어보자.

"존슨에게 진실한 충고를 해준 사람들이 없었다. 그것 또한 존슨의 책임이었다. 그는 외교정책 전반에 피할 수 없는 책임이 있었다."

실제로 존슨도 그 점을 통감하고 있었다. 3월 2일 북베트남에 대해 고단위 폭격으로 알려진 '롤링 선더'가 시작되면서, 존슨은 '국민들이 수용할 수 있는 수준에서' 전투 병력을 동원한 지상 전투를 해야 된다는 압력에 시달렸다.

해병대의 첫번째 물결이 베트남을 향했다. 1단계 북폭 이후 북베트남 병력의 남파가 눈에 띄게 늘어났고, 이것은 다시 2단계 북폭인 '롤링 선더'의 구실이 되었다. 이에 따라 보복에 대비한 기지 방어를 위해 해병대의 파병이 결정되었다. 2월 하순 북폭이 초읽기에 들어갔을 때, 이미 해병대의 긴급 배치 계획이 추진되고 있었다. 존슨은 다낭에 있는 미 해군과 공군기지의 방어를 위해 해병대 2개 대대의 파견을 승인했다. 상륙 일정은 3월 8일이었다. 그런데 존슨은 3월 2일에 있었던 대국민텔레비전방송에서 이러한 사실을 발표하지 않았다.

미국 국민들은 1주일 후 두번째의 이 운명적인 결정을 알게 되었다. 러스크 국무장관이 "해병대는 전투에 참여하지 않고 공격을 받을 경우에만 발포한다"고 발표했기 때문이다. 이보다 훨씬 전에 방어 병력의 파병을 승인해 놓고 있었던 존슨은 주변의 여건상 '매파'가 되지 않을 수 없는 상황이었다.

전투 병력의 파병은 이어졌고 이후에도 이런 결정은 반복되었다. 존슨은 가장 어려운 결정을 눈앞에 두고 혼자서 몹시 고민했다. 눈에 띄게 늙어 버린 것 같아 보였다. 보좌관들은 공습과 지상전의 동시 수행을 놓고 의견이 양분되어 있었다. 존슨의 의사 결정이 있을 때마다 후속 조치에 대한 논쟁이 만만치 않게 벌어졌다. 존슨은 군부 강경파에게 휩쓸려 현재 자신의 앞에 놓여 있는 장애물들을 전혀 돌파할 수가 없었다.

사이공의 정치 혼란과 칸 정권 몰락 이후 현지 군 관계자들의 권유는 존슨이 전선을 북쪽으로까지 확대하는 데 결정적인 요인으로 작용했다. 그는 지상전을 피하기 위해 공습을 선호했다. 최근 2개월 사이 북베트남의 힘이 많이 약화되었다는 정보도 듣고 있었다. 시간이 촉박했다. 사이공의 젊은 매파들은 존슨의 정책적인 혼선을 매섭게 비난하면서 확전으로 몰아붙였다. 미국이 머뭇거리는 사이에 남베트남이 붕괴된다는 협박이었다. 국방부 또한 비극적인 종말이 있기 전에 빨리 파병을 하자고 주장했다. 러스크도 '남베트남 내의 국론은 분열되고 롤링 선더는 아무런 효과를 보지 못한 것'으로 생각했다.

북폭은 일정하지 않은 간격으로 이어져 갔다. 이런 고도의 교란작전이 일정 기간 후에 북쪽의 유화적인 대응을 유도하리라는 기대에서였다. 그러나 미군의 예상은 빗나갔고 초기부터 북쪽이 보인 반응은 집중적인 대공포화였다. 공군의 보고도 북베트남의 대공포화가 예상보다는 강하다는 것이었다. '롤링 선더'는 더 이상 효과가 없다는 이유로 바로 중단되었지만, 이와 유사한 공습은 이후에도 8년간 35만 회에 걸쳐 실시되었다.

남북 베트남에 미군이 투하한 총 폭탄량은 제2차 세계대전 중 사용된 폭탄량의 4배에 해당하는 약 800만 톤에 달한 것으로 최근 집계된 바 있다. 북쪽 상공에서만 손실된 비행기가 1,000대였는데, 전체적으로는 3,750대의 비행기와 5,000대의 헬리콥터가 사라져 버린 것이었다. 비행기 피해와 함께 전사한 공군도 8,000명을 넘었다.

CIA는 북폭으로 하노이에서 해결책을 얻어내기는 더욱 어렵게 되었다고 판단했으나, 북폭을 처음 기획했던 맥나마라 국방장관은 공습만으로는 부족하다면서 지상전의 필요성을 강하게 주장함으로써 웨스트멀랜드 장군의 의견을 옹호하고 나섰다.

웨스트멀랜드 장군은 처음부터 북폭만으로는 실효를 거둘 수 없다는 소신을 가지고 있었다. 그는 공습이 있다는 것을 북베트남이 알게 되면, 일단 폭격 대상물을 분산시켜 피해를 최소화할 것이라고 예상했었다. 한 가지 예를 들어 석유 저장 시설에 대한 폭격이 있을 경우 시설을 지방으로 분산시킬 것은 자명한 일이었다. 그는 이렇게 말했다.

"나는 시종일관 적이 굉장히 강하다고 생각했다. 그들은 실제로 어떤 폭격도 능히 견딜 수 있을 만큼 적응력과 인내력이 대단했다. 북폭으로 워싱턴이 전달하고 기대했던 협상 메시지는 무용지물이 되었다. 논리적으로 보았을 때, 북폭은 남부에 있는 미군기지에 대한 보복 공격을 가져왔다. 특히 게릴라들의 비엔호아와 플레이쿠 기지 공격 이후 남부에 있는 미군기지의 방어 임무를 더 이상 남베트남군에 의존할 수 없다는 결론에 도달했다. 북위 17도 군사분계선

남방 100마일 지점인 다낭에 있는 기지들은 완전히 노출되어 있었다."

웨스트멀랜드 장군을 지원하는 입장이었던 합참본부는 처음부터 미군기지 방어를 위해 탁월한 기동타격대의 성격을 가진 해병대를 다낭 기지로 파견할 것을 제안했다. 펜타곤도 찬성함에 따라 공습에 대한 보복 공격을 차단하기 위한 병력의 배치가 골격을 잡아갔다. 참으로 역설적이지만 지상 전투를 피하기 위해 공습이 필요했고, 공습을 위해 미군기지의 방어가 우선되어야 했다.

난처한 사태에 직면한 테일러 대사는 존슨 대통령에게 위험하다는 '경고성 메시지'를 전달했다. 미군기지 방어 임무를 맡고 있는 남베트남 정규군의 역할을 미 해병대가 떠안는다면, 사이공 정부에게 큰 면책을 준다는 내용이었다. 남베트남의 정규군이 충분히 훈련될 때까지는 공습에만 의존해야 된다는 주장도 함께 했다. 지금까지의 공습은 효율성이 전혀 없었기 때문에 다양한 계획을 다시 수립해야 한다는 의견도 내놓았다.

국방부는 공습 계획을 수정했고, 테일러는 서방의 평화협상안이 거론되는 동안에는 공습이 효과가 있을 것으로 판단했다. 반면에 그는 영국과 프랑스가 추진중인 적극적인 외교 활동은 오히려 북베트남의 사기를 부추길 수 있다는 우려를 나타내기도 했다. 만약 이 협상안이 결렬되면 전투부대의 요청이 뒤따를 것이며, 그런 다음에는 또 무슨 일이 일어날 것인지에 대해 존슨에게 이렇게 말했다.

"현지 베트남인들과 동질화가 어려운 우리 백인 병사들은 우군과 적군을 구분하지 못할 것이다. 해병대 병력 또한 게릴라전에 대비한 훈련과 장비를 전혀 갖추지 못하고 있다."

〈펜타곤 페이퍼〉에 따르면, 테일러는 미군도 프랑스군과 마찬가지로 현지에 전혀 적응하지 못할 것이라고 예상했었다. 그런데 그 동안 테일러의 주도로 잘 조정되던 합참본부도 이번에는 테일러의 생각에 동의하지 않았다. 해병대의 주둔은 전투부대로서의 활용 여부를 떠나 4개 대대 규모의 남베트남 병력을 대게릴라 작전에 투입할 수 있는 여유를 만들어 낼 수 있고, 그렇게만 된다면 해병대 또한 대게릴라 작전에만 전념하여 뚜렷한 기록을 남길 수 있다는 것이 합참의 생각이었다.

가장 신뢰하는 군인 테일러 합참의장을 사이공에 파견함으로써 존슨은 워싱턴에서의 어려움을 벗어났다. 4년간 육군참모총장을 지낸 후 케네디와 존슨의 군사고문으로 일했으며, 1962년 합참의장이 되었던 테일러는 당시 미 군부가 권위주의적이고 혼란스러운 분위기에 휩싸였다고 판단했다. 테일러의 주장은 이런 것이었다.

"1961년부터 강경파들이 득세하기 시작하더니, 그때쯤에는 미 지상군의 활용을 강력하게 주장했다. 나는 옳은 판단이 아니라고 생각했다. 시간이 지날수록 미국은 베트남이 치러야 할 전쟁의 책임을 더 많이 떠안는다는 느낌이 들었다. 일단 병력을 투입하기 시작하면 한계를 긋기가 어렵게 되어 결국은 주객이 전도될 것이 분명했기 때문이었다."

존슨은 야전군 사령관과 대사의 의견 충돌을 막기 위해 노련한 군부 인사를 새로운 사이공 대사에 임명했다. 새로운 대사로 임명된 테일러는 군작전에 대한 조정 책임을 맡았다. 그러나 사이공에 있던 미군 장성들은 테일러를 반대하고 나섰다. 테일러는 정책 보조자로, 웨스트멀랜드는 정책 집행자로 파견되었으나 존슨이 그들의 역할을 바꾸려는 것처럼 보였기 때문이다. 웨스트멀랜드 장군은 맥나마라 장관이 '필요한 것이 있으면 무엇이든 말하라'고 했을 때 병력 지원을 요청했다. 국무차관 번디는 '동남아시아가 곧 붕괴될 수도 있다'는 진단을 함으로써 웨스트멀랜드의 입장을 지지하고 나섰다. 번디의 말을 들어보자.

"당시에 동원 가능한 미군 군사력을 전부 투입해야만 남베트남의 부패를 척결할 수 있고, 발전을 기약할 수 있을 것처럼 보였다."

사이공의 새로운 군사 지도자로 등장한 티우 장군도 웨스트멀랜드 장군을 옹호했다. 그가 주장한 근거는 이런 것이었다.

"국토의 75%를 공산주의자들이 지배하고 있었다. 우리는 그저 주요한 몇 개

도시만을 통제하고 있을 뿐이었다. 정부가 곧 전복될 것 같은 느낌이 들었다. 미군의 지원이 절대적으로 필요한 상황이었다."

결국 테일러는 해병대의 상륙을 허용했다. 그는 웨스트멀랜드와 막역한 친구 사이였다. 두 사람은 항상 여러 가지 생각을 공유하고 있었다. 한국전쟁의 참전 동지이기도 했으며 두 사람 모두 웨스트포인트 육군사관학교의 교장을 지냈다. 테일러가 해병대 투입을 동의하게 된 동기를 들어보자.

"웨스트멀랜드가 다낭에 주둔한 남베트남군의 부패상을 일일이 열거하는 한편 북베트남 병력의 남파가 기승을 부리고 있다고 말했다. 실제로 다낭이 위태로운 처지에 놓여 있었다. 나는 대안을 찾을 수 없어서 '그렇게 하자'고 말할 수밖에 없었다."

해병대 투입을 놓고 테일러는 1개 대대를 추천했고, 웨스트멀랜드는 2개 대대를 고집했다. 결국 합참이 2개 대대를 주장하자 존슨은 2개 대대의 파병을 결정하기에 이른다. 테일러의 비유를 들어보자.

"공개적인 발표도 없이 첫번째 해병대 파병을 승인했던 존슨은 모든 수단을 강구하기 시작했다. 세계 각국에 주둔하고 있는 미군 부대에게 '언제든지 베트남전에 참전할 수 있는 준비 태세를 갖추라'는 전문을 보냈다. 그러자 곳곳에서 불만이 터져 나왔다. 대사관과 아무런 사전 조율도 없이 갑작스럽게 훈령이 떨어졌기 때문이다. 정치적인 관점에서 볼 때, 사이공 정부도 망연자실할 수밖에 없었다."

웨스트멀랜드 장군의 회고를 들어보자.

"첫번째 병력의 파병은 공군기지를 방어하는 것이었다. 그러나 일단 배치가 끝나자 해병들이 참호를 파고 방어적인 자세만 취한다는 것도 모양이 우스웠다."

첫번째 파병을 전후해서 존슨은 국방부에 추가로 44개 대대 병력을 파병하도록 지시했다. 이때 존슨은 비밀리에 파병 병력을 전투에 투입하라고 명령했다. 존슨의 자서전 작가 커언스는 저서에서 이렇게 묘사하고 있다.

"이때부터 존슨은 그의 대통령직이 '무너질 때까지' 한번도 뒤돌아보지 않고, 아무런 의심 없이 전쟁에만 몰두했다."

주변에서 지혜를 발휘하라는 주문은 있었지만, 미국의 우세를 심각하게 의심하는 사람은 아무도 없었다. 존슨은 이제 혼자가 아니었다. 테일러 대사도 전투 병력에 대한 자신의 생각을 바꾸었다.

"나도 전쟁에 대한 입장을 전환하게 되었다. 미국은 충분한 자원을 가지고 있었기 때문에 전쟁을 충실하게 치르기만 한다면 빨리 끝마칠 수 있다고 생각했다."

해병대의 상륙과 더불어 존슨은 자신의 모든 참모들을 워싱턴에 모이도록 명령했다. 차후의 문제에 대한 의견을 듣기 위해서였다. 테일러도 참석했다. 테일러는 이때 '우리의 진정한 목표가 무엇인지, 미국은 과연 어디로 가고 있는지' 답답했다고 한다. 대통령과 다른 의견을 가진 보좌관은 아무도 없었다. 대통령은 상황이 안정적이라는 현지 야전사령관의 보고가 있을 때까지 지상군의 파병은 물론 모든 지원을 아끼지 않겠다는 결의를 다지고 있었다.

1965년 3월 8일 아름다운 휴양 도시 다낭의 해변에 상륙정의 뒷문이 열렸다. 10년 전 프랑스군이 상륙했던 그 베트남 해변으로 첫번째 미국의 전투부대가 상륙한 것이다. 3,500명 규모의 용감한 미국 해병들이었다.

09

The Ten Thousand Day War
어려운 동맹 관계

> 상호간의 이해는 정말 찾아볼 수 없었다. 신뢰도 '제로' 상태였다.
> _구엔 카오 키 수상

　1965년 3월 1일 해병대 상륙 1주일 전, 해병대가 준비 태세에 들어간 지 2개월이 지났을 때 테일러 대사는 남베트남의 수상 서리 판 후이 콰트Phan Huy Quat에게 놀랄 만한 소식을 전달했다. 미 해병대가 남베트남에 곧 상륙할 것이라는 내용이었다. 테일러가 전한 메시지는 '미국이 자국의 권익을 제3국에서 보호하기 위해 남베트남에 병력을 파견하기로 결정했다'는 일종의 통보였다.

　미 해병대는 승선 준비를 하고 있었다. 남베트남 정부는 미 해병대의 전투 병력이 남베트남에 곧 상륙한다는 통보를 받고 특별한 반응을 보이지 않았다. 테일러 대사는 정중하고 부드러운 용어를 사용해서 친절하게 설명했지만, 2월 26일자 국무부 훈령 1840호는 테일러에게 이렇게 지시한 것으로 되어 있다.

　"파병을 승인했음. 남베트남 정부의 승인을 받을 것."

　3일 후 테일러 대사는 통상적인 접촉 창구인 수상 집무실에서 미국이 요식 행위로 간주하는 질문을 하게 된다.

　"남베트남 정부는 미국에게 해병대의 파병을 요청합니까?"

　당시 남베트남에 주둔하고 있던 미군 병력은 2만 명을 약간 넘는 수준이었

Chapter 09 어려운 동맹 관계_**235**

지만, 이런저런 이유로 계속 증가 추세에 있었다. 이들은 미 군사고문단 소속이었으나, 이번에 파병하는 해병대는 전투 준비를 갖춘 방어군의 임무를 띠고 있다는 점에서 성격이 전혀 다른 '전투병'이었다. 수석비서관 부이 디엠Bui Diem에 따르면, 콰트 수상은 미국의 군사 계획에 대해 아는 것이 아무것도 없었다. '모든 것이 결정된 다음 마지막 순간에 통보를 받았다'는 것이다.

10일 전에 군사위원회의 추대로 수상에 지명된 그는 테일러의 얘기를 듣고 잠시 놀란 표정으로 감사하다고 말했다. 그리고 군사위원회의 지도자인 티우 장군과 상의하겠다는 이야기도 덧붙였다.

테일러가 떠난 뒤 콰트 수상은 부이 디엠에게 이 뉴스를 말했다. 두 사람은 몹시 당황했다고 한다. 과연 이 나라는 누가 운영하는가? 부이 디엠은 어쩔 수 없이 패배의 길로 달려가고 있다는 무력감을 느꼈다고 한다. 미국은 사이공이 스스로 져야 할 짐을 지지 않은 데 지쳐 있어서 이제 직접 통제할 수밖에 없다는 생각을 하고 있었다.

부이 디엠이 각료로 2년을 지내는 동안 미군의 증강은 놀랄 만큼 빠른 속도로 진행되었다. 첫번째 6주일 사이에 8만 2,000명으로, 4개월 만에 12만 명으로 증가했다. 이 숫자는 1965년 말까지 18만 4,000명이었던 것이 1966년 중반에는 30만 명으로, 1967년 부이 디엠이 워싱턴 주재 대사가 되어 떠날 때까지는 50만 명 이상으로 늘어났다. 병력 증강은 대부분 미국이 결정하고, 남베트남은 사후에 통보받는 형식이었다.

테일러 대사에게 3,500명의 해병대 파병 통보를 받은 후 두 사람은 여러 가지 이야기를 나누었으나, 콰트는 '해병대가 3월 2일 상륙정을 타고 3월 8일 다낭 항에 오른다'는 사실 외에 더 이상 알고 있는 것이 없었다. 4개월간 수상을 맡았던 콰트는 자기를 내세우지 않는 온화한 사람이었다. 그는 이 사실을 군부 실세인 티우 장군에게 말하고 군부의 승인을 받아야 했다. 남베트남인들과 미국 사람들은 해병대가 상륙했을 때 비로소 이 사실을 알게 되었다. 부이 디엠은 이렇게 말했다.

"우리가 할 수 있는 일이라고는 앉아서 성명서를 작성하는 것이 고작이었다. 미래의 불안에 휩싸여 있던 남베트남 장성들은 주저하지 않고 미군의 파병 요청서에 서명했다."

당시 남베트남 정규군은 50만 명 정도였다. 미군은 해병대의 상륙에 즈음해서 게릴라 정규군이 3만 7,000명, 비정규군은 10만 명에 달한다고 발표했다. 1964년에만 33% 증가한 숫자였다. 티우 장군은 남베트남 제2의 도시 다낭에서 청년 학생들 움직임과 불교도들의 반응이 매우 걱정스러웠다. 그래서 '미 해병대 상륙은 가능한 눈에 띄지 않는 방법으로 조용하게 진행시켜야 한다'고 말했다.

웨스트멀랜드 장군이 현지에서 해병대를 환영했다. 그는 〈한 병사의 보고서 A Soldier Reports〉에서 해병대 상륙을 제2차 세계대전 당시 이오지마(硫黃島) 상륙작전에 비유했다. 워싱턴은 상징성이 부각되기를 원했다. 암흑 같았던 제2차 세계대전 당시 미국의 청년들이 이오지마의 백사장에서 상상할 수 없는 투혼을 발휘했었지만, 이번에는 텔레비전 카메라들이 현장 취재에 열을 올렸다.

다낭 기지 근처에서의 소규모 게릴라 활동에 관한 보고가 있었으나, 해병대는 기지의 안전에 필요한 지역을 완전히 장악해서 방어에 만전을 기하라는 명령을 받고 있었다. 3월 8일 오전 9시 수십 대의 수륙양용 장갑차가 다낭의 모래밭을 가르자 완전 군장에 M-14 소총을 손에 든 해병대가 해안으로 몰려들었다.

백사장에 상륙한 병사들은 전장이라고 느끼기에는 판이한 광경을 목격하게 된다. 아름다운 베트남 소녀들이 반기는 가운데 "당신은 꼭 여기 있어야 합니다"라는 현수막이 걸려 있는 팜 나무를 배경으로 위풍당당한 환영식이 거행되었다. 베트남 소녀들은 호박색 피부와 장난기어린 동그란 눈, 허리까지 내려오는 삼단 같은 머리칼에, 허리 아래에서부터 갈라지는 살랑거리는 원색 아오자이를 실크 바지 위에 차려입고 있었다.

>>>> 1965년, 다낭 백사장에 상륙한 미 해병대원들을 꽃다발로 환영하는 베트남 소녀들.

소녀들은 젊은 병사들의 대열을 핑크빛과 하얀색의 난초로 장식하듯 돌아다녔다. 선정적이며 원색적인 아오자이 차림의 소녀들이 예쁜 눈으로 상냥한 웃음을 지을 때마다, 미군들은 환각 상태에 빠지는 기분이 되어 '싸워서 꼭 지켜 줘야 할' 전쟁의 목적을 찾은 듯한 표정이었다.

베트남 주둔 미군은 12개월 단위로 교체되었기 때문에 연인원 280만 명이 거쳐간 꼴이었다. 그래서 대부분의 병사들은 롤러 코스터를 타는 기분이 들었다고 말했다. 해병들은 부대 내의 호사스러운 환경에서 지내다가 갑자기 작전이 떨어지면 종종 정글로 나가기도 했다. 그렇게 정글을 다녀온 밤에는 휴식을 취하면서 영내에서 영화를 보기도 했다. 물론 그들이 서부 영화에 나오는 존 웨인 같지는 않았지만 비슷한 느낌을 가졌던 병사들도 많았다.

대부분의 병사들은 병영 밖이 '인디언 마을처럼' 위험했기 때문에 외부를 경험할 기회가 많지 않았다. 총 병력이 54만 3,000명에 이르러 전투가 극에 달했던 때에도 기껏해야 25% 정도의 병력만 전투 현장에 배치되었다. 5%를 약간 웃도는 숫자만 실제 전투를 체험했다는 통계도 있다.

해가 거듭될수록 전장의 가혹함과 잔인함은 더해 갔다. 미군의 인기는 끝없이 추락했으나, 지원 병력이 도착할 때마다 다낭 해변에서는 어리둥절하고도 짜릿한 느낌을 안겨 주는 환영 행사가 계속되었다. 한 병사는 '이상한 전장의 분위기'를 이렇게 전했다.

"처음부터 전쟁 자체를 그렇게 심각하게 생각하지 않았다. 대부분의 병사들은 잠깐 지내다가 미국으로 돌아가면 된다는 안이한 생각을 가지고 있었다. 특히 사이공에 배속된 장교들은 시간표에 맞춰 비행기만 타고 왔다갔다하면 되었다."

해병대 소대장으로 참전했던 작가 제임스 웨브J. Webb의 말을 들어보자.

"사실 마음속으로 가장 적응하기 어려웠던 일은 냉방 장치가 잘되어 있는 비행기에서 개봉되지 않은 영화를 재미있게 보다가, 사이공에 도착해서 '몸조심하세요'라는 스튜어디스의 말을 들으면서 내려야 할 때였다."

보병 중위였던 로버트 산토스R. Santos는 이렇게 회고했다.

"도착한 곳이 어딘지조차 몰랐다. 기착지는 비밀에 부쳐졌기 때문에 개인 화기로 사격 자세를 취한 채 비행기의 뒷문으로 내렸다. 그런데 어이없게도 민간 공항이었다. 주위에는 많은 베트남 사람들이 미국 사람들과 함께 콜라를 마시면서 걷고 있었다. 처음에 나는 '주위의 저 사람들이 적인데, 그들도 우리가 적이라는 것을 알고 있을까' 하고 생각했다. 참으로 신기하다는 생각이 들었다. 공항의 조립식 장교 식당에 점심이 준비되어 있었다. 본토의 그럴듯한 음식점에나 있음직한 뷔페 음식들이 준비되어 있었다. 두려운 전쟁을 치르기 위해 긴장하고 왔는데 정말 큰 충격을 받았다."

팀 오브라이언T. O'Brien 상사의 말은 가히 낭만적이다.

"첫번째 작전을 나갔을 때 정말 놀랐다. 비포장 지대를 걷고 있었는데 호텔만 없었지, 풍경은 마치 마이애미 해변을 연상케 했다. 티없이 깨끗한 백사장, 멀리 떨어져 있는 완만한 경사의 짙푸른 정글, 정말이지 환상적이었다."

대부분의 병사들은 처음에 이렇듯 해변가의 경사진 곳에 주둔해서 휴양지 같은 분위기를 즐기면서 동네 꼬마들과 아이스크림 장사들이 졸졸 따라다니는 가운데 순찰을 돌곤 했다. 본토에서 집중적인 훈련을 받으면서 테러에 심리적으로 대비한 많은 미군 병사들은 현지의 분위기가 전혀 다르다는 것을 느꼈다. 특히 후방 지원부대에 배치된 대부분의 병사들은 전장의 현장감을 좀처럼 느낄 수 없었다.

미군이 베트남 사람들을 접촉하는 것은 극히 피상적이어서 현지의 문화나 감정을 이해할 수가 없었다. 또한 갑자기 늘어난 미군의 존재와 영향력은 현지 정서와 문화에 많은 부패와 균열을 전염시켰다. 대부분의 베트남 사람들은 미군 병사들을 전쟁이라는 정신분열적인 상황을 통해서 알게 되었고, 이어 문화적인 충격을 겪게 되었다. 한순간에는 사탄과 같이 무자비한 총질을 하다가, 다음 순간에는 산타클로스처럼 변하는 미군들을 목격한 것이다.

일찍 파병되었건 늦게 파병되었건, 미군들이 민간인들을 접촉하는 것은 철저히 미군 당국의 필요에 따라 이루어졌다. 팀 오브라이언의 회고를 다시 들어보자.

"기지 주변 순찰을 할 때면, 으레 100명이나 150명 정도의 베트남 사람들이 따라다녔다. 인근 주민이거나 주변 마을에 사는 사람들이었다. 매춘부도 있었고 꼬마들도 있었다. 1회용 코카인을 1달러에 파는 소녀들도 있었다. 그들은 우리를 죽이는 거나 다름없었다."

오브라이언은 베트남을 소재로 두 권의 책을 썼다. 〈만약 내가 전장에서 죽는다면 If I Die In A Combat Zone〉과 풍자적인 〈카치아토를 쫓아서 Going After Cacciato〉(1978년에 출간한 반전 및 사회개혁에 관한 책자)였다. 그의 이야기가 이어진다.

"병사들은 개인 마스코트처럼 꼬마 아이 1명을 데리고 다녔다. 7~8세 되는 아이들과 단짝이 되었다. 그들은 양말을 빨고 소총을 닦기도 했으며 병사들이 지쳐 있을 때는 대신 소총을 들고 다니기도 했다. 밤에는 병사들 대신 참호를 파기도 했다. 우리는 그들에게 먹을 것을 주었다. 상부상조의 관계가 유지되었다. 언어라는 것은 환경의 산물이었다. 나는 조그맣고 착한 한 베트남 아이와 친하게 지냈는데, 그 아이는 엉터리 영어를 배운 것 같았다. 몇 마디 단어밖에 몰랐으나, 의사 소통에는 큰 지장이 없었다."

오브라이언의 경험은 많은 것을 이야기해 주고 있다. 기지 주변의 비교적 느슨한 분위기와는 다르게 인구의 85%가 살고 있는 농촌 지역에서는 미군과 현지인 사이에 대화가 거의 없었으며, 신뢰 또한 찾아볼 수 없었다. 웨브의 이야기를 들어보자.

"미군들이 아는 베트남 말은 몇 마디에 불과했고 베트남 사람들 또한 마찬가지였다. 우리와 마주친 베트남 농민들의 태도는 하나같이 무표정한 침묵뿐이었다."

많은 훈장을 받았으며 〈포화의 들녘 Fields of Fire〉이라는 저서까지 발간한 웨브는 또 이렇게 말했다.

"진짜 베트남이라고 할 수 있는 농촌 지역에 가보면, 농민들은 미군들을 보자마자 쪼그리거나 웅크리고 앉아 버렸다. 그들은 움직이지 말라고 배운 것 같았다. 만약 미군들이 그들에게 무엇인가를 원할 경우에는 조심스럽게 먼저 다가가야 했다."

미군의 숫자가 증가함에 따라 신참 병사들은 고참들이 베트남 사람들에게 심어 놓은 적개심 때문에 민간인을 접촉하거나, 그들과 협력하기가 어렵다는 것을 알게 되었다. 특히 수송 업무만 맡고 있던 미군 헬리콥터 조종사들 때문에 생긴 좋지 않은 이미지를 곳곳에서 발견할 수 있었다. 농촌 지역에서는 헬기 조종사와 군사고문단 단원들이 '무서운 존재'로 형상화되어 있었다. 헬리콥터의 기관총은 게릴라 여부에 상관없이 전통적으로 검은 파자마를 입은 농민들에게 수시로 죽음을 선사했다.

조종사들은 남베트남 정규군을 전투 현장에 수송하는 임무만 하는 것으로 알려져 있었지만, 사실 그들은 특별한 목적 없이 실제 전투에 자주 참가했다. 베이스캠프에서는 매일 밤 조종사들이 15센트짜리 캔 맥주를 마시면서 그날 있었던 전투를 공공연히 자랑하는 것으로 그들의 일과를 마무리하는 것 같았다.

헬리콥터 지원 중대의 장교 클럽에서 한 조종사가 동료, 후배 조종사들과 맥주를 마시면서, "오늘 작전 정말 멋있었지, 그렇지 않아?"라고 말하자, 다른 조종사가 판에 박은 듯이 "정말 잘했어, 로켓포 한 발을 적의 등에 적중시키는 것을 내가 봤지!" 하는 말이 이어졌다. "행운이었어, 10피트쯤 떨어진 다른 녀석도 날려 버렸지. 기관총으로는 또 다른 두 녀석도 잡았고! 너희들도 그렇게 하면 돼!"

1960년대 초반부터 미군들 사이에서는 전쟁의 위험이 점차 커지고 있다는 분위기가 감돌았다. 남베트남 병사들의 야전 경험 부족으로 미군이 직접 전투에 참가해야 된다는 여론이 파다했기 때문이다. 이러한 분위기는 미군 병사들의 남베트남 병사들에 대한 경멸과 무관심, 불만을 잉태하게 했으며, 첫번째 해병 전투부대가 도착했을 때 병사들은 미국의 정책이 돌이킬 수 없는 방향으로 확정되었다고 생각하기 시작했다.

　미군은 초기에 기지 근처에서 벌이는 군사작전을 남베트남 정규군에게 통제받고 있었다. 그래서 군수품의 공중 수송을 담당하는 지역의 지휘권 공유는 마찰을 일으키기도 했다. 이에 따라 부대의 통합 운영과 전략 계획의 공동 수립, 수색 정찰의 협동 필요성 등이 사안별로 논의되기도 했으나, 남베트남은 명분만 주장했을 뿐 실질적인 통제권 행사는 실천하지 않았다. 만약 미국의 지상군과 남베트남 정규군이 통합을 추진했더라도 남베트남군의 작전, 통제권 장악은 성공하지 못했을 것이 뻔했다.

　대외적으로 공포된 미군의 역할은 미군기지를 방어하는 데 있었지만, 이러한 명분은 곧 유명무실해졌다. 초기에 미국과 남베트남 사이의 동맹 관계가 원활하지 못했기 때문에 전투나 지휘권을 분담, 공유한다는 것이 도움이 되기는커녕 오히려 혼란만 일으켰다.

　군사적인 면과 정책적인 면의 분리는 미군의 숫자가 증가할수록 예리하게 부각되었다. 회복 가능성을 넘어서 버린 초기의 심각한 상호 불신이 결국 장기간 수많은 미군이 아무런 성과도 거두지 못하고, 계속해서 병력의 추가 지원만 요청하게 되는 하나의 이유가 된다. 미군은 끝내 남베트남 군부를 믿지 못했다.

　해병대 2개 대대가 다낭에 상륙한 지 한 달 만에 추가로 2개 대대가 합류했다. 존슨은 그들의 임무를 단순한 방어보다는 좀더 능동적인 행동을 하도록 바꿨다. 그러나 이 명령은 매우 신중하게 처리되었고, 비밀에 부쳐졌다. 그로부터 6주일 안에 미군은 다시 4개 여단을 수용할 수 있는 '독립기지'를 만드는 계획과 별도로 8만 2,000명의 병력을 수용할 거대한 '거점기지' 건립 계획을 수립했다.

　다낭에 이어서 주요한 보병과 공군의 통합기지가 추라이Chu Lai, 쾅가이Quang Ngai, 퀴논Qui Nhon, 비엔호아, 붕타우Vung Tau 등 해안 지역에 들어설 예정이었다. 동시에 캄란 만Cam Ranh Bay에 대규모 해군기지도 건설할

>>>>> 1965년, 다낭 남쪽에서 작전중인 미 해병대원이 멀리서 작렬하는 포탄을 바라보고 있다.

계획을 세웠다.

남베트남 국민들의 의구심을 불식시키기 위해 테일러 대사는 사이공 정부에 '미국은 적절한 시기에 병력의 추가 배치를 발표할 것'이라고 통보했다. 추가 병력을 분담하자는 미국의 지원 요청으로 태평양 연안 동맹국들은 7,250명의 병력을 파병하기로 약속했다. 여기에는 오스트레일리아와 뉴질랜드의 '독립기지'에 파병하는 1개 대대 병력이 포함되어 있었다.

9주일이 지난 다음부터 웨스트멀랜드 장군은 자유 세계가 파병한 9만 명의 병력을 부분적으로 통솔하게 되었는데, 나머지도 통합 지휘할 계획을 세우고 있었다. 〈펜타곤 페이퍼〉에 의하면 5월 9일 웨스트멀랜드는 미국의 지상군을 활용하여 남베트남 공군을 지원하는 방법에 대한 세부 계획을 워싱턴에 보고했다. 그의 작전은 3단계로 구성되어 있었다.

첫째 미군기지에 대한 경비를 철저히 하고, 둘째 순찰을 강화하여 공격적인 자세를 갖춘 후, 셋째 '수색하여 섬멸한다'는 치밀한 전략이었다.

존슨 대통령과 가장 친한 보좌관이었던 갤브레이스는 지금까지 백악관이 주장했던 기존 전략이 변경되었음을 알게 되었다. 그는 곧 백악관을 떠날 준비를 하고 있었다.

존슨은 미군이 후퇴하더라도 이 '독립기지'에서는 안전할 수 있기 때문에 이 전략이 나름대로 장점을 가지고 있다고 생각했다. 결국은 약간 조정된 해결 방법이 강구되었다. 미군과 남베트남군의 사상자는 많이 발생하지 않았다. 시간이 흐를수록 문제는 스스로 해결되는 듯이 보였다. 그러나 웨스트멀랜드 장군은 이런 확실치 못한 국방부의 자세에 뚜렷하게 반대하고 있었다.

"주도권을 적에게 넘겨주고 독립기지의 참호에서 방어 임무만 수행한다는 것은 스스로 자멸의 길로 가는 것이나 다름없다."

사이공에서 테일러 대사는 웨스트멀랜드 장군을 지원했다. 그러나 그는 미군 병사들이 지쳐 있고 남베트남 장성들이 연합작전 자체에도 불만을 가지고 있어서 반기를 들 가능성이 있기 때문에 병력 배치는 서두르지 말자고 달랬다. 테일러는 이 문제를 해결하는 데 시간이 필요하다고 생각했다. 5월 24일 그는 국무부에 연락했다. 6월 5일에는 다시 국무부에 전문을 보내 '독립기지 문제는 시간이 없으니 빨리 결정해 달라'고 독촉했다.

〈펜타곤 페이퍼〉에 의하면 테일러와 웨스트멀랜드는 최근에 일어난 일련의 남베트남군의 패배로 티우 정부가 붕괴할지도 모른다는 데 의견을 같이 했다. 남베트남군 예비 병력의 부족으로 미군의 전투력이 더 필요해질 것이라고 판단했다.

기지 방어를 위해 기동타격대 성격의 2개 대대가 더 필요하다던 상황이 정확히 3주일 안에 전국적인 와해 가능성 때문에 '가급적 많은 병력이 있어야 된다'는 긴급 상황으로 변경되었다. 다낭과 다른 주요 기지들이 절반쯤 포위 상태에 있다는 절망적인 보고가 들어왔다. 존슨은 '롤링 선더'를 다시 강화하는 한편 남베트남 내에서 게릴라들의 움직임에 대한 최종 조사를 지시했다.

존슨은 게릴라 동향 조사를 해군장관 폴 헨리 니츠 제독에게 맡겼다. 니츠 제독은 이 일을 다낭부터 조사하기 시작했다. 해병대가 상륙하기 전 다낭에서는 소규모 게릴라 준동이 단 한 번밖에 없었다.

"그렇다면 왜 이토록 많은 병력을 파견했을까? 군사력을 낭비한 것이 아닌가? 그렇지 않다면 언제까지 얼마나 많은 병력을 투입해야 하는가?"

니츠 제독은 곧이어 정밀 조사를 마치고 6월 중순쯤 '다낭은 매우 위태로운 상태에 있다'는 결론을 내렸다. 니츠 제독의 증언은 이렇게 시작된다.

"베트콩이 다낭 공군기지 울타리 밖 외곽까지 통제하고 있었다. 기지가 내려다보이는 주변의 야산들도 장악하고 있었다. 밤에는 기지에서 항구까지 갈 수도 없었고 낮에만 통행이 가능했다. 기지와 바닷가 중간에 있는 원숭이산 Monkey Mountain도 베트콩의 수중에 있었다. 추라이도 상황은 비슷했으며, 푸바이Phu Bai는 베트콩에게 완전히 포위되어 있었다."

서둘러서 워싱턴으로 돌아온 니츠 제독은 우선 맥나마라 장관에게 보고했다. 마음속으로 시급한 단안을 내릴 것을 권유해야겠다고 생각했다. 1950년 국무부에서 정책 입안을 맡고 있었던 니츠는 비공산주의 국가들의 방어를 미국이 독자적으로 떠맡자는 제안을 했던 인물이었다. 그러나 이후 그의 시각은 변하게 된다.

1967년 늦게 맥나마라와 니츠는 힘을 합하여 공습과 지상전을 멈추게 하기 위해 노력했지만, 성공하지 못했다. 그러나 2년 전인 당시에는 맥나마라도 해군장관이 자기에게 제안하는 것을 수용할 수 없었다. 니츠는 20만 명의 병력이면 충분히 방어할 수 있을 것이라는 이야기를 들었지만, 그만한 병력으로 가능할지 의심스러웠다. 그는 철수를 제안할 계획을 세웠다.

티우 군사위원회가 사이공 정부를 인수하고 난 몇 주일 후, 웨스트멀랜드 장군은 합동참모본부에 이렇게 통보했다.

"남베트남의 사회적, 정치적인 조직들은 확실한 목표를 가지고 있는 한편 순수하고 독립적인 자세를 유지하고 있다. 이렇게 탄력성을 가진 사람들과 함께 일한다는 것이 다행이다. 우리가 예상하는 것보다 시간 여유는 많을 것 같다. 잘하면 제대로 된 민족주의 지도자들을 찾을 수 있을 것 같다."

그러나 니츠는 모든 면에서 웨스트멀랜드의 의견에 동의하지 않았다.

"정치체제나 사회의 여러 가지 현상들이 전혀 견고하게 보이지 않았다. 미군의 입장도 위험스럽게 보였다. 솔직히 20만 명의 병력을 가지고 어떻게 상황을 반전시키고 군사적으로 성공을 거둘 수 있다는 것인지 이해되지 않았다. 맥나마라의 반응은 이러했다. '폴, 만약 우리가 병력 증강을 하지 않는다면 무엇을 할 수 있지? 철수한단 말인가?' 나는 이렇게 대답했다. '그렇게 해야 된다고 생각한다.' 맥나마라가 다시 물었다. '우리가 베트남에서 철수한다면 공산주의자들이 어딘가 다른 곳에서 또다시 도발해 오지 않을까?' 내가 그에게 대답했다. '그럴 것 같다.' 맥나마라가 이야기를 계속했다. '그렇다면 우리가 공산주의 확장에 맞서서 싸우기 위해서는 베트남보다 정치적으로나 지정학적으로 나은 곳에 자리잡을 수 있을까?' 내가 대답했다. '보장할 수 없다.' 그는 결국 '좋아, 당신은 결코 대안을 제시하지 않는군' 하면서 우리는 이야기를 끝냈다."

니츠는 이렇게 결론을 내렸다.

"동의할 수밖에 없었다. 나는 그에게 제시할 대안이 없었다. 맥나마라는 남베트남을 지원해야 되는 여러 가지 이유를 모두 동원했다. 그러나 나는 '제한된 자원으로 맥나마라가 말한 것들을 할 수 있겠는가'라는 의구심을 떨쳐 버릴 수가 없었다."

역사학자 슐레징거는 미국의 가정假定 하나가 잘못되었다고 말했다.

"1965년까지도 미국은 베트콩이 중국의 극동 지역 확대정책을 위한 전위조직이라는 생각을 버리지 못하고 있었다. 다른 예민한 감각을 가진 사람들도 비슷한 이야기를 했다. 예를 들어 자유주의 신봉자였던 애들레이 스티븐슨A. Stevenson조차 사후에 발견된 그의 편지에서 중국의 팽창주의를 막아야 된다고 주장했을 정도였다. 당시에도 이미 알고 있었듯이 1세기가 넘는 중국과 베트남 사이의 적대 관계를 감안할 때, 북베트남과 베트콩이 온갖 희생을 감수하면서까지 중국을 위해 싸운다는 것은 참으로 앞뒤가 맞지 않는 이야기였다."

좀더 정확하게 말하면, 당시 풍미했던 도미노 이론은 정부 관리들만 주장했던 이야기가 아니었다. 세태에 민감한 언론에서도 빈번하게 거론되었다. 1964년 중반쯤 〈뉴욕타임스〉의 사이공 특파원이 '베트남은 미국에게 어떤 가치가 있느냐'는 문제를 계속 제기하자, 이 신문의 논설은 "동남아시아에서 미국의 이해 관계는 매우 크다. 만약 라오스와 남베트남이 공산주의자들에게 함락되면 그 다음 차례는 캄보디아, 타이, 미얀마로 파급될 것이고, 거의 1억 1,500만 명의 인구를 가지고 있는 말레이시아와 필리핀도 순식간에 붕괴될 수 있다"고 주장했다.

미국 국민들은 이런 이야기를 오랫동안 들어왔고, 미국 정부, 관리들도 이 논리를 철저하게 믿고 있었다. 존슨도 공산주의 중국으로부터 서방 세계를 보호하기 위해 강력한 방어 수단을 갖추어야 한다고 생각했다. 슐레징거는 존슨의 보좌관들에게 '도대체 어떻게 그런 이야기를 믿게 되었느냐'고 물었다. 그들의 대답은 막연하게 1950년대 한국전쟁 체험을 확대 해석하면서 '대가를 지불하고 있다'고만 말했다.

슐레징거는 "워싱턴이 서방 세계를 호치민에게서 보호해야 한다고 드러내 놓고 주장할 수 없었던 '체면' 때문이었다"고 꼬집었다. 그러나 호치민이 가령 초강대국 미국을 상대로 베트남전에서 승리한다고 해도 그 충격이 곧바로 캘리포니아 남쪽의 말리부 해안까지 퍼질 것으로 생각한 사람은 아무도 없었다는 것이 슐레징거의 생각이었다.

니츠 제독의 보고를 귀담아듣지 않았던 존슨 대통령은 6월 18일 맥나마라 장관에게 남베트남에서 '극적이며 효과적인 행동을 모색해 보라'는 지시를 내렸다. 이에 따라 미군의 행렬이 남베트남 해안에 밀물처럼 밀어닥쳤다. 존슨의 구체적인 명령이 떨어진 날, 합참본부는 5만 1,000명이었던 미군의 숫자를 11만 6,000명으로 증가시켜야 한다고 제안했다.

오스트레일리아 독립연대 제1대대의 도착과 함께 한국, 타이, 필리핀의 병력이 속속 밀려들면서 자유 우방에서 지원하는 총 병력은 거의 2만 명에 육박하고 있었다.

1965년 6월 19일, 남베트남의 장성들은 군부 인사들로만 구성된 새로운 정부를 출범시켰다. 1주일이 지난 후 번디는 국무부에서 테일러 대사에게 전문을 보냈다. 주요 내용은 남베트남 사령관이 타당한 이유로 미군의 지원을 요청할 경우, 필요하다고 판단되면 어떠한 상황에서도 전투에 투입할 수 있다는 요지였다.

바로 그 다음 날인 6월 27일 미 공수부대가 사이공 북쪽 D 전투 지역에서 첫 번째 공세인 '수색과 섬멸Search and Destroy' 작전을 펼쳤다. 미군이 적극적인 방어와 대응전략으로 전투에 임한 지 겨우 한 달 만의 일이었다. 이때까지도 미국 국민들은 전쟁확대정책에 관한 직접적인 대통령의 이야기를 듣지 못하고 있었다. 번디의 말을 들어보자.

"정말 중요한 결정은 1965년 7월 28일 존슨 대통령이 발표했다. 존슨 대통령은 북베트남에서 지금까지보다 많은 병력이 내려올 가능성이 있기 때문에 12만 5,000명의 미군이 참전하게 될 것이라고 말했다. 나는 이 결정이 미 해병대의 파병 이후 존슨 대통령이 내린 두번째 중요한 결정이라고 생각한다."

역사학자들은 순수한 방어 목적으로 파병된 미군이 전면전에 투입되는 이 시점을 존슨과 미국 언론, 국민들 사이의 신뢰감에 결정적인 균열이 발생한 출발점으로 보고 있다. "행정부가 국민들에게 숨기는 것이 없느냐"는 질문을 받고 러스크 국무장관은 "논란의 여지는 약간 있지만 국민들이 충분히 예상할 수는 있었다"고 대답했다. 그리고 러스크는 이렇게 덧붙였다.

"방어 목적으로 무장 해병대를 투입했는데, 다른 사람들이 방어하는 물건을 훔치려고 할 때 발포하고 싶은 심정은 당연하다고 생각한다."

행정부가 느끼는 압박감은 조금씩 둔화되어 갔다. 더 이상 비밀이 아니었기 때문이다. 미군은 드디어 두 주먹을 쥐고 전쟁을 치르는 꼴이 되었다. 하나의 주먹인 미군은 전술적으로 적을 공격했으며, 다른 하나의 주먹인 남베트남 정규군은 기지, 도시, 가능하면 농촌 마을, 또는 다른 중요한 목표물들을 방어하는 임무를 맡고 있었다.

그러나 큰 시각에서 볼 때, 미군과 남베트남군은 사실상 서로의 임무를 바꾸어 수행하고 있었다. 미국의 걱정거리는 적이 아니라 동맹국인 남베트남 정부와 군부였다. 남베트남 장성들이 어떤 반응을 보일 것인가가 문제였다.

사이공에서 부이 디엠은 육군참모총장 티우 장군이 주도하는 17인 전시 내각의 한 사람이었으며, 공군 사령관 구엔 카오 키 신임 수상의 특별보좌관으로 일하고 있었다. 티우와 키는 미군이 필요하다는 데 동의했다. 키 수상은 미국이 남베트남을 포기한 이후에도 오랫동안 미국의 참전이 옳았다고 생각했던 사람이다. 키 수상의 설명을 들어보자.

"자유 세계의 일원인 남베트남이 러시아와 중국의 지원을 받고 있는 공산주의자들의 공격을 받았을 때, 미국이 방어해 주는 것은 당연하다고 생각했다."

그러나 그의 보좌관 부이 디엠은 이렇게 말하고 있다.

"7월에 존슨이 명쾌한 태도로 구원의 손길을 내밀었을 때에야 비로소 키 수상도 처음으로 미국의 자세를 확인하게 되었다."

부이 디엠은 3월에 이어 7월에도 미군의 증강은 남베트남 정부를 어리둥절하게 만들었다고 증언한다. 그는 미국 부대사인 알렉시스 존슨A. Johnson이 전화로 자기에게 존슨 대통령의 연설 내용을 알려주었으나, 키 수상도 미군의 대폭적인 증강에 대해서 알고 있었는지 의심스러웠다고 했다. 부이 디엠은 계속해서 이렇게 말하고 있다.

"이런 중대한 변화들을 국민들에게 어떻게 알리느냐가 중요한 문제였다. 시간이 경과할수록 정부도 미국의 그러한 정책 결정에 적극 대응하려고 노력했지만, 양국간의 협조체제는 전략적인 문제보다 중요도가 덜한 병참 쪽에 기울어져 있었다."

키 수상은 친미 성향이 강해서 미국의 조치에 긍정적이었던 데 반해, 티우는 남베트남 정부가 승인한 사항에 대해 미국이 과연 동의할 것인지에 항시 두려움을 가지고 있었다. 수상임에도 키는 여전히 편대장 시절의 공군 제복을 자랑삼아 입고 다녔다. 장식이 하나도 없는 검은색 제복이나 선홍색 작업복에 보라색 스카프를 두른 차림이었다.

한번은 키 수상이 이런 복장에 한 손에는 코카콜라를 들고 전시 내각 회의실에 들어서자, 장성 한 사람이 다른 장성들에게 '적어도 저 사람을 호치민이라고 오해할 사람은 아무도 없겠군!' 하고 말했다는 이야기가 전한다.

키에 대한 평가가 다소 왜곡된 것도 사실이다. 그는 전투에는 적극적이었으나, 정책 결정 과정에서 미국에게 철저히 소외당하고 있었다. 우수한 지도력이나 역량을 증명할 수 없어 비판론자들에게는 '미국을 지원하는 실속 없는 괴뢰처럼' 보였다.

고위 장성들 중 특히 키와 웨스트멀랜드는 성향이 비슷하여 아주 친밀한 관계였다. 웨스트멀랜드는 키를 '행동하는 사람'이라고 칭찬했고, 약간의 허장성세가 있기는 했어도 매우 지적이었다고 말했다. 두 사람은 1주일에 1번씩 만나 회의를 했는데, 주제는 주로 미군 증강에 대처하는 문제였다. 수석보좌관 부이 디엠의 얘기를 들어보자.

"한쪽에는 키 수상과 나, 그리고 장관 몇 명이 앉았고 반대편에는 테일러 대사, 웨스트멀랜드 장군이 앉았다. 매주일 이렇게 만나 토의하는 내용은 주로 사이공이나 다낭 항에 도착하는 미군들의 환영 방법이었다."

사이공 정부는 20개월 전에 암살된 디엠의 독선적이며 비타협적인 정권과는 약간 다른 모습을 하고 있었다. 전임 미국 대사도 돌아와 있었다. 1년간의 휴식기를 보낸 로지가 7월의 혼란스러운 정국의 와중에 사이공으로 돌아왔다. 전쟁의 주도권은 이미 미군의 손으로 넘어가 있었다.

불교도들은 정부의 억압적인 통치에 다시 반기를 들었다. 모든 시민, 사회단체들에게 집회의 자유는 금지되었다. 로지 대사가 한때 금지시키는 데 공헌했던 다양한 사회악들이 다시 고개를 쳐들고 일어났다. 전시 내각은 계엄령을

선포해서 베트남어로 발행되는 모든 신문을 폐간시켰다. 살벌한 분위기로 바뀌어 있었다

곧이어 수백 명의 반정부 인사들을 체포하기 시작했다. 이미 전쟁을 수행해야 할 합리적인 근거를 모두 잃어버린 듯했다. 정부의 억압적인 조치는 분명 무슨 숨은 목적이 있다는 루머로 확대 재생산되는 등 극도의 혼란으로 사회 불신은 더욱 깊어만 갔다.

이임하는 테일러 대사는 남베트남 정부 관리들이 미군의 파병을 공개적인 발표 없이 비공식적으로 인정하는 떳떳하지 못한 자세에 불만을 가지고 있었다. 그의 마지막 임무는 제2차 세계대전 당시 자신이 지휘했던 '울부짖는 독수리Screaming Eagles'란 애칭으로 통하던 공수 제101사단의 환영식을 개최하는 일이었다.

캄란 만에서 환영식이 열렸다. 테일러 대사의 아들도 그 사단에 배속되어 있었다. 아버지가 떠나는 곳에 아들이 찾아온 것이다. 아버지 테일러는 독수리 마크를 달고 있는 아들을 보고 대단히 기뻐했다. 그는 이번 기회에 아들이 좀더 사내다워지기를 원했다. 테일러 대사는 장병들에게 경각심을 심어 주는 것이 쉽지 않았다면서 "모든 것이 너무 평온했기 때문에 처음 도착한 장병들에게 여기가 전장이라고 확인시켜 주는 데 많은 어려움이 있었다"고 털어놓았다.

새로 도착한 장병들이 호기심어린 눈으로 테일러에게 이렇게 질문했다.

"장군님, 전쟁이 어디에서 일어나고 있습니까?"

테일러는 냉소어린 말투로 이렇게 답변했다.

"사방이 어둠에 휩싸일 때까지 기다렸다가 저 언덕 너머로 가보라. 그러면 여러분은 거기에서 전장을 바로 확인할 수 있을 것이다."

미국과 남베트남에 손실이 갈수록 많이 쌓인다는 사실 외에 외형적으로는 아무런 변화가 없었다. 전장은 '언덕 너머'에 항상 있었지만 전선이나 적은 아무 데서도 확인할 수 없었다. 때때로 잠복중인 적들과 간헐적인 교전이 수분

동안 지속되는 경우가 있었을 뿐이다.

1965년 8월부터 발표되었던 미군의 통계 자료를 보면 분명히 어려운 전쟁이었음에도 불구하고, 대부분의 미군들에게는 여전히 보이지 않는 전쟁이었을 뿐이다. 8월부터 그해 말까지 미군의 사망자 수는 808명에 달했다. 공식적으로 전사자 수를 기록하기 시작했던 1961년 1월부터 그때까지의 전사자가 561명이었던 것에 비하면 놀라운 증가였다.

달러로 환산한 전비도 급증하고 있었다. 1960년대 초에는 하루에 100만 달러 정도가 소요되었으나, 1966년에는 1년 동안 전비가 127억 달러로 35배가 증가되었다. 미국이 투입한 전비는 이렇게 엄청나게 증가했지만, 남북 베트남 상황은 20년 전 프랑스가 베트남을 다시 점령했을 때와 달라진 것이 거의 없었다.

사이공의 지도자급 상류층 인사들은 한 세대 동안 외국 문화에 길들여져 굴종에 가까운 외세 의존적인 의식 구조를 보이고 있었고, 도시 서민들의 의식과 생활 형편 역시 큰 변화가 없었다. 이에 비해 폭격으로 인한 피해가 늘어만 갔던 농촌과 산악 마을에서는 하루도 헬리콥터 소리를 듣지 않는 날이 없었다. 외국 군복을 입은 사람들은 겉모습으로는 도저히 알 수가 없는 공산주의자들을 찾기 위해 열심히 돌아다녔다.

농민들은 논에서 생계 유지를 위해 또 다른 투쟁을 해야만 했다. 전략촌이 프랑스 식민지 시대의 집단농장의 형태로 변질되어 몇 명의 장성들이 봉건 영주들처럼 행세하고 있었다. 도시로 통하는 도로는 세금과 전쟁을 피하기 위한 남베트남 사람들로 장사진을 이루고 있었다.

경작지가 황폐화되자 농민들에게는 쌀과 총이 동시에 지급되었다. 농민들은 최소한의 식량이라도 보장받기 위해 자식들을 전장에 내보낼 수밖에 없었다. 매달 2,000여 명의 농민들이 전장에서 죽었다. 비율로 따져 보면 외국군 1명당 20명꼴이었다. 지방 관리들은 노인들에게 주는 최저생계비를 갈취했고, 이런 비리가 들통나면 이를 감추기 위해 노인들을 죽이고 논바닥에 버리는 짓도 서슴지 않았다.

남베트남 사람들은 자신들이 이해할 수도 없는 어설픈 선진 문화의 유혹에 빠지기도 했으며, 그것을 모르면 안 되는 것처럼 생각하고 행동했다. 그러나 인민들이 느끼는 서양에 대한 '정복자 이미지'는 하나도 바뀌지 않았다.

강압적인 규칙과 이데올로기에서 '베트남 사람들을 구제하기 위한 전쟁'이라는 명분하에 참여하고 있던 미군들은 오히려 그들의 문화를 자신들이 남베트남 사람들에게 은연중에 강요하고 있다는 사실을 망각하고 있었다. 남베트남에서 복무 기간을 연장한 어떤 미군 군사 문제 분석가 한 사람은 이렇게 말했다.

"미군들은 남베트남 사회 어느 곳에도 존재하고 있었다."

남베트남에서 3번씩이나 근무했던 특수부대 장교 브라이언 젱킨스 대위는 미군 주둔이 미국과 미국인에 대한 부정적 인식에 결정적 요인이 되었다고 말했다. 그는 후에 사이공에 있는 군사고문단 소속으로 장기 계획을 챙기는 그룹에서 일했다. 젱킨스는 전쟁과 충격에 대한 수많은 공식보고서를 썼다. 그의 말을 들어보자.

"미군의 주둔과 함께 헤아릴 수 없을 만큼의 잡다한 미국 문화가 유입되었다. 미군은 군사고문단이 아니라 정치고문단으로서 남베트남의 정치에 지나친 간섭을 했다. 미군은 사이공 시내에 있는 분수대의 전기 불빛 색깔까지도 결정했다. 도서관과 국립박물관에서 사용하는 십진법 체계도 확정시켰다. 미군 주차장을 만들기 위해 가로수를 제거하는 경우도 있었다. 이런 행동들은 남베트남인들의 동질성을 파괴하는 역효과를 가져왔다."

키 수상의 수석보좌관 부이 디엠은 '전략에 대한 협의가 없다'고 불평하였다. 그러나 젱킨스 대위는 오랜 야전 임무 수행과 본부에서의 관찰을 통해 '협의할 전략이 없다'는 간단한 해답을 찾아냈다. 그렇지 않다면 그의 보고서에서 지적했던 대로 베트남전 접근 방법 자체에 문제가 있었다.

"최후의 승리를 향한 목표 달성 과정을 측정하는 것이 불가능했다. 왜냐하면 그 목표 자체가 한번도 분명하게 정의된 적이 없었기 때문이다. 그때그때 나가는 군사작전 자체가 목표고 전략이었다."

젱킨스의 지적은 참으로 예리했다.

"언제나 실패 사례에 대한 평가보다는 추가 병력 지원 요청이 앞섰다. 변화의 필요성이 언급되지 않았다. 1965년 말쯤에는 전쟁이 여러 가지 어려움에 봉착해 있었다. 전쟁을 불사하면서까지 주요 서방국가들의 자유를 지킨다는 논리였으나, 막상 '서방국가들이 생각하는 베트남전'은 지극히 부정적이었다. 곧이어 남베트남이 프랑스와 외교 관계를 단절했다. 강대국끼리 회합을 가지자는 유엔의 제안은 북베트남의 침략 행위가 그치기 전에는 비현실적이라는 이유로 거부되었으며, 북베트남이 미 국무부에 제안한 협상 요청도 하노이측의 태도가 신중하지 않다는 이유로 무산되었다. 영연방 국가의 수상들이 마련한 평화계획안도 양국이 주제넘은 행동이라고 깎아 내리는 바람에 성사되지 못했다. 민주주의를 위한 전쟁을 다루는 언론들도 태도가 부정적이어서, 사이공의 미 군사고문단은 미국 언론인들에게 자체 검열을 실시해 줄 것을 요청하기도 했다."

11월 2일 노먼 모리슨N. Morrison이라는 한 퀘이커 교도가 미 국방부 밖에서 남베트남 불교 스님들의 행동에 동조하여 분신 자살했다. 11월 9일에는 '가톨릭노동자운동협회'의 회원인 로저 앨런 라포르트R. A. LaPorte란 사람이 뉴욕의 유엔 본부 앞에서 분신 자살하는 사건이 또 발생했다. 11월 27일에는 미국의 '성자聖子'라는 단체의 3만 5,000명 회원들이 백악관 앞에서 반전 시위를 벌였다.

같은 날 존슨은 전쟁을 끝내는 유일한 방법은 병력 증강밖에 없다는 국방부 보고를 들었다. 1966년 말까지 현재의 병력 12만 명을 40만 명까지 증원해야 한다는 것이었다. 이러한 복안을 가지고 웨스트멀랜드 장군은 임기중 300여 개의 군사작전을 펼쳤다. 작전의 이름도 가지각색이었다. 성광Starlight, 은검Silver Bayonet, 분쇄-흰 날개Masher-White Wing, 쌍독수리Double Eagle,

용화Dragon Fire, 맥아더, 셰넌도어Shenandoah, 새러토가Saratoga, 그리고 나폴레옹이라는 이름까지 동원되었다.

군사분석가 젱킨스는 '전략 부재 속에서 군사작전만이 유일한 전략이었다'라고 남베트남이 봉착한 어려운 현실을 요약하였는데, 당시 남베트남의 상황을 적절하게 표현한 말이었다. 군사작전의 기준이 아주 모호했지만 '미군은 계속 이기고 있어서' 어느 누구도 이러한 전략을 바꾸고 싶어하지 않았.

군사작전에 동원된 미군 병사들 중 최소한 4명당 3명은 비전투요원으로 요리사, 접시닦이, 장비 수선공 등 잡다한 업무를 담당했다. 전쟁이 진행되는 현지의 생활 형태에 적응한다는 것은 꿈도 꿀 수 없었다. 장병들은 공기를 제외하고 전량 미국에서 수입한 물자로 미국 생활 방식을 그대로 유지하고 있었다. 젱킨스 대위는 이렇게 말했다.

"미군이 가는 곳에 미국 문화는 따라가게 마련이지만, 남베트남의 경우처럼 심한 사례는 예전에 없었다. 미국의 부와 기술이 미군들에게 이런 현상들을 지나칠 정도로 부추겼다. 불합리한 사례들은 이루 헤아릴 수가 없었다. 남베트남에 있는 미군 텔레비전 방송은 미국 본토의 일기예보까지 상세하게 보도했다. 디트로이트에는 비가 온다, 시애틀은 저기압에 싸여 있다, 이런 식이었다. 미군들은 특히 긴 다리에 미니스커트를 입은 금발 미녀의 일기예보를 본국에서처럼 시청했다. 어떤 날은 미녀들이 이렇게 말하곤 했다. '건장한 텍사스 사람들은 화씨 68도의 선선하고 화창한 날씨를 즐기고 있습니다.' 그리고 나서 그 아가씨는 이렇게 끝을 맺었다. '일기예보가 맞는 좋은 밤이 되십시오. 혹시 예보가 약간 다를 수도 있다는 것을 알고 계시겠지요' 하는 식이었다."

베트남의 날씨는 화씨 90도를 오르내리고 있어서 항상 끈적끈적한 습기가 장병들의 불쾌지수를 높이기 일쑤였다. 그래서 냉방 장치가 잘된 장교 클럽에서 난로를 피우는 일이 그렇게 어색한 장면만은 아니었다. 젱킨스의 회고가 이어진다.

"하얀 페인트를 칠한 나무 울타리로 둘러싸여 있는 중견 장교들의 아담한 이동 캠프, 일요일 오후의 바비큐 파티, 매일 전투 현장으로 맥주와 칵테일용 얼음을 부지런히 실어 나르는 헬리콥터들은 여기가 미국인지, 베트남인지를 헷갈리게 할 정도였다."

모든 미군기지에는 장교 클럽과 레스토랑이 있었고, 주변 마을에는 미군 부대에서 흘러나온 포장 상자나 폐기물 또는 일부 훔쳐 온 자재를 이용하여 날림으로 지어 놓은 판자촌 건물들이 즐비하게 들어서 있었다. 미군 부대의 높은 철조망을 빠져 나간 모든 물건들을 여기에서 팔고 있었다. 섹스와 마약은 꼬마들의 심부름을 통해 언제나 손쉽게 이용할 수 있었고, 이런 기지촌에서는 PX에서 구할 수 없는 물건의 구입도 어려운 일이 아니었다.

모든 미군이 마음만 먹으면 풍요를 누릴 수 있는 여건이었다. 미군기지에서 물품과 장비를 들고 나와 암시장에서 팔면 어떠한 서비스라도 받을 수 있었다. 로버트 산토스 중위의 회고에 의하면, "무엇이든지 기지 내에서보다 기지 밖에서 구입하기가 훨씬 수월했으며, 식료품에서 전투 장비에 이르기까지 구입이 불가능한 것은 하나도 없었다"는 것이다.

마을에 있는 가게들은 PX에서 취급하는 모든 물건을 갖추고 있었고, 흥정하는 것도 어렵지 않았다. 금시계, 다이아몬드, 승용차, 밍크, 마리화나, 양귀비에서부터 99% 순도를 자랑하는 헤로인에 이르기까지 달러와 현금만 있으면 '지상의 모든 것'을 다 구할 수 있었다. 마치 바오 다이 황제 시대의 지방 군주들처럼 각 지역의 책임자, 유지들은 뇌물을 달러나 현찰로 받아서 미군의 무기를 산 다음에 이것을 다시 게릴라들에게 되팔아 이익을 챙기곤 했다.

미군은 군복을 세탁하거나 구두를 닦기 위해, 때로는 게으른 병사들이 개인 소총을 손질하기 위해서 자유롭게 외출했다. 그런가 하면 전쟁의 화약 냄새 대신 화장품 냄새가 풍기는 인근 사창가에 가기 위해 기지 밖으로 자주 나가기도 했다. 사이공과 인근 초론 지역은 마치 소돔과 고모라처럼 확장에 확장을 거듭했다.

한때 인구 50만 명에 불과했던 이곳이 1966년에는 인구 300만 명으로 늘어났다. 생필품 결핍에 시달리는 피난민과 미국 사람들에게 용역을 제공하는 신흥 엘리트들이 뒤섞여 사는 기지촌 도시로 변모하여 커져만 갔다. 나이트클럽의 음악은 모두 미국풍으로 퇴폐적이고 자유분방한 분위기가 깔려 있었다. 그리고 이렇듯 많은 미군이 있으니 전쟁은 이길 수 있다는 막연한 기대가 넘치는 듯했다.

샴페인은 흘러 넘쳤고, 다운타운에서는 「장미꽃처럼 Everything's Coming Up Roses」이라는 노래도 자주 흘러나왔다. 꽃으로 장식된 중심부 도로와 원색의 빌라촌 건너편에는 홍등가가 점차 위력을 과시하기 시작했다. 1966년에 약 3만 명의 전쟁고아 소녀들이 창녀로 전락했는데, 이 숫자는 미군의 증가 속도만큼이나 빨랐다.

또한 이런 사회에 기생하기 마련인 청소년 폭력조직은 오래된 미국의 마피아 조직만큼이나 위협적이었다. 20만 명을 웃도는 폭력조직들이 밤의 세계를 지배했는데, 심지어는 경찰서까지 통제하는 폭력 집단도 있었다. 그렇지만 빈곤한 도시 서민과 농민들의 걱정거리는 막상 전쟁이 아니고 기아였다.

빈민촌에서는 수시로 장티푸스와 이질이 번지는 등 여러 가지 풍토성 질환과 수인성 전염병이 창궐했다. 당시 어느 누구도 정확히 알지는 못했지만, 베트남 어린이 3명 중 1명은 4세가 되기 전에 죽었다는 보고도 있었다. 미군 지휘부는 특히 성병에 관심이 많았다. 1966년에는 미군 3명 중 1명이 성병에 걸려 있었다.

키 수상은 베트남의 빈곤은 1,000년 이상 지속되었다고 했다. 그러나 지금은 가질 수 없는 풍요 속의 '풍토병적인 빈곤'이 인민들의 생활을 더 어렵게 만들고 있다고 말했다. 기자들의 "미군의 급격한 증가가 공산당의 포격만큼이나 충격적이어서 자포자기한 상태인가"라는 질문에, 키 수상은 "그것이 이유 중에 하나인 것은 맞다. 우리는 미군의 지원이 필요하지만, 미군의 문화는 필요하지 않다"고 말했다. 키 수상의 이야기를 더 들어보자.

"남베트남 인민들에 비해 미군들은 월등하게 높은 생활 수준을 유지했다.

그들은 자신들의 생활을 남베트남에 그대로 가지고 들어왔다. 여러 측면에서 그것이 사회 부패의 원인 중 하나라고 본다. 미군의 존재가 우리를 돕기보다 남베트남 정부에 두고두고 크나큰 짐을 지워 주었다."

남베트남 관료들의 부정 부패에 대해서도 키 수상은 부정하지 않았다. 그는 미군 PX가 부패의 근원이라고 말했다. 젱킨스는 이렇게 분석했다.

"이러한 부패에는 당연히 종범이 많기 마련이다. 왜냐하면 경제적, 정치적, 문화적으로 공무원 사회에 신속하게 침투하기 때문이다. 공무원의 부패가 결국 정부의 신뢰를 떨어뜨려 합법적인 정책 시행을 불가능하게 만들었다."

상황은 개선된 것이 없었고 사회적, 정치적 비효율성은 군사적인 목표나 미국의 기대에 반비례하여 커져만 가고 있었다. 존슨 대통령은 자기의 정책적인 목표인 '위대한 사회'를 베트남까지 확대하겠다고 다짐하고 시험중이었다. 식량과 집을 제공하고 일자리를 마련해 주겠다고 약속했다.

키 수상의 대규모 경제 지원 요청으로 1966년 2월 8일 호놀룰루에서 양측은 '경제전쟁'에서 승리할 수 있는 구체적인 계획을 세웠다. 이에 따라 존슨은 남베트남에 즉시 산업기지를 착공하기 위해 필요한 7억 5,000만 달러를 지원하는 데 동의했다. 미국이 지급하는 연간 군사 비용의 1/15에 해당하는 규모였다. 존슨은 키에게 이렇게 말했다.

"우리는 군사적인 전쟁의 승리뿐만 아니라, 기아와 질병, 절망 등을 극복하려고 노력하는 남베트남 인민들을 돕고자 하는 결연한 의지가 있다."

미국의 지원에 부응해서 키 수상은 대대적인 사회개혁을 추진하겠다고 약속했다. 키 수상은 부패한 남베트남 정권에서는 약간은 예외적인 인물이었다. 그러나 문제는 그의 이미지였다. 키의 개인사, 군 경력, 화려함 등은 개혁을 위한 자신의 노력에 전혀 도움이 되지 못했다.

베트남 북부 하노이 근처에서 태어난 그는 18세 되던 해 프랑스 보병학교에 들어갔다. 1952년에는 프랑스와 프랑스령 모로코에서 실시되었던 비행 훈련 과정에 참여하여 베트남인으로는 최초로 조종사가 되었다. 키는 베트남이 남북으로 분리된 후인 1954년 프랑스 공군이 되어 사이공으로 돌아왔다. 귀국 후에는 미국 공군간부학교에서 비행 훈련을 받은 다음, 비밀임무를 띠고 '치사한 30인(Dirty Thirty)'으로 알려진 미국인 그룹과 함께 베트남으로 돌아왔다.

미국은 키 수상을 자산으로 여겼던 한편 부담으로도 생각했다. 1963년 적극적인 성격의 공군 지휘관이었던 그는 미국이 가장 신뢰하는 전투기 조종사였다. 가끔 단정한 작업복 차림에 진주 손잡이로 장식된 리볼버 권총을 차고 다녔던 그는 종종 엉덩이에서 권총을 뽑아 쏘는 카우보이를 연상케 했다. 그는 한때 독일을 통일시켰다는 이유로 히틀러를 유일한 영웅이라고 생각하기도 했다.

공무원 기강 확립을 위해 35세였던 키 수상은 획기적인 강령을 발표했다. 강령은 인민들을 착취하거나 부패한 공무원은 면직시킨다는 내용을 담고 있었다. 이러한 정치적 도덕성 기강 확립 노력은 많은 찬사를 받았다. 그러나 막상 부패 사례에 엄격한 조치를 취하자 지나치게 혹독하다는 비난을 받기도 했다. 미국의 경제 지원이 확대되자 키 수상은 위험 부담을 스스로 감수하면서까지 동료 장성들의 가족이 부패한 경우에는 경고도 서슴지 않았다.

존슨의 지원 약속에 따라 몇 주일 후 상당량의 미국 원조 물자가 도착했는데, 그 중 많은 양이 감쪽같이 사라져 버린 사건이 발생하였다. 미국은 전쟁으로 피폐한 농촌에 식량 지원을 늘리고, 한편으로는 고속도로, 제철소, 화학공장, 제약공장을 건립하도록 여러 종류의 자동차와 산업 시설 기자재 등 원조 물자를 보내 왔다. 모두가 남베트남 경제에 희망을 소생시키기 위한 조치였다. 사이공 언론인 톤 타트 티엔은 당시의 상황을 이렇게 묘사했다.

"매년 베트남에 퍼붓는 10억 달러 이상의 전비 중 많은 부분이 나이트클럽, 레스토랑, 바, 빌딩을 통해 도시 사람들의 호주머니 속으로 들어갔다."

사이공은 40대의 쓰레기차를 지원받았는데 그 중 몇 대는 도착 즉시 도난당했다. 밤사이 도둑들이 훔친 자동차를 팔아 회사를 차리기도 했다. 또 미국이 이미 대금을 지불한 후 보관중이던 물건을 구입할 수 있는 허가증이 고가에 거래되기도 했다.

미국은 키 수상에게 각종 부패 스캔들을 조용하게 조사해 줄 것을 요구했다. 키 수상의 조사 소감이 원조 물자의 요구량과 부패의 상관 관계를 잘 보여준다.

"각 부문에서 요구하는 시멘트 물량을 모두 계산하면 베트남 전체를 시멘트 하역장으로 만들어도 모자랄 판이었다."

디엠 전 대통령 공보비서를 지냈던 언론인 티엔은 「베트남, 사회적인 소외감 확대 경향」이란 기사에서 디엠 정권 붕괴 후 바뀐 것은 하나도 없다고 썼다. 그는 미국 물자의 과다 유입으로 인한 후유증이 심각하다고 우려했다. 이제 티엔은 그러한 우려가 현실로 나타나는 것을 보고 있었다.

"미국의 물자 지원이 베트남 사회에 더 큰 해악을 끼치고 있다. 장성 한 사람이 하룻밤에 포커 게임으로 잃거나 따는 돈이 농부 한 사람의 평생 수입보다 많았다. 도시에서 농촌에 이르기까지 미국의 원조는 사회적 이질감만 가속화시켰다."

그의 말이 이어진다.

"지원은 농촌의 교육 시설, 통신 시설과 도시 노동자들이 시골에 충분히 정착할 수 있는 방향으로 초점이 맞추어졌어야 했지만, 때가 너무 늦었고 관리들의 부패는 이미 너무 깊어져 버렸다."

지원 물자를 횡령하는 부패한 관리들은 새롭게 구성된 반정부 불교도 세력들에게 투쟁 명분을 제공하는 좋은 시빗거리가 되었다. 정부는 불교도들의 불만을 진정시켰던 민간인 선거 약속 일정도 연기해 버렸다.

고위 장성들 중 불교 신도로서는 가장 영향력이 컸던 구엔 찬 티Nguyen Chanh Thi 중장은 북부의 후에와 다낭 지역 사령관이었다. 그는 부패한 장성들을 처벌하지 않으면 지역의 독립을 추진하겠다고 강력하게 반발했다. 키 수상은 티 장군을 해고해 버렸다. 미 대사관은 '군벌을 해체하는 데 공이 컸다'

면서 오히려 키 수상을 치하했다. 미국의 판단은 이렇듯 남베트남 사람들의 생각과 엇갈리기 일쑤였다.

불교도들이 반미를 주장하면서 폭동을 일으킨 북부 지역이 소요에 휩싸였다. 4월 4일 키 수상은 다낭 지역의 데모 군중을 진압하기 위해 4,000명의 남베트남 해병을 긴급 파견했다. 그는 직접 현장에 나가서 진압작전을 지휘하기도 했다.

전국적으로 수천 명의 불교도와 반정부 시위자들이 투옥되었다. 1963년의 불교 지도자의 시위 때처럼 다낭에서의 시위도 요구 사항은 달랐지만, 궁극적인 화살은 로지 대사를 겨냥하고 있었다. 로지 대사는 이렇게 말했다.

"우리는, 라디오나 텔레비전 시청자들이 잠든 한밤중에 다낭을 장악한 다음, 다른 대도시도 계속해서 접수하려는 반정부주의자들의 의도와 계획을 잘 알고 있었다. 농촌은 이미 베트콩들이 장악하고 있었는데, 만약 반정부주의자들이 대도시를 접수하도록 방치한다면 남는 것이 무엇이었겠는가?"

반정부 시위가 진압되자 미 군부는 불교도인 키 수상에게 정치적 안정을 요구하는 강력한 조치를 주문했다. 실제로 이러한 주문이 전쟁에서 패하게 만든 마지막 전환점이 되었다. 반미 폭동을 촉매로 상호 불신이 증폭되는 한편, 문화적인 충돌과 지휘권의 마찰도 점차 회복하기 어려운 방향으로 굳어지고 있었다.

미 대사관은 즉각적인 선거 실시에 대한 기대감과 개혁에 대한 희망을 불러일으키기 위해 방향 전환을 서둘렀다. 실제로 선거는 이보다 17개월 후인 1967년 9월 3일에 실시되었다. 키 수상과 티우 장군측이 서로 대통령에 출마하기 위해 각축을 벌이면서 몇 개월을 더 보내야 했기 때문이다.

우여곡절 끝에 결국은 티우 대통령, 키 부통령이라는 공동 티켓으로 결정이 났다. 81%의 투표율을 보인 이 선거에서 35%를 득표한 군부 세력이 다시 집권하게 되었지만, 사회 발전이나 개혁의 가능성은 여전히 희박했다. 환멸은 부패의 온상이 되었고, 남베트남군은 물론 '우리들만 싸운다는 인식'이 팽배

>>>> 1967년 3월, 괌에서 열린 회의에 참석한 남베트남 수상 구엔 카오 키와 대통령 구엔 반 티우(오른쪽).

해 있던 미군에게까지 오염의 물결이 넘쳐 들었다.

1966년에 미군 전사자는 5,000명을 돌파했다. 불과 1년 사이에 5배로 늘어난 셈이었다. 뒤늦게 베트남전에 투입되었던 해병대 위생병 잭 매클로스키 J. McCloskey의 이야기를 들어보자.

"한번은 다낭에 간 일이 있었다. 18~19세 정도의 남베트남 청소년들이 일제 혼다 오토바이를 멋지게 타고 다니는 것을 봤다. 산화해 버린 내 동료들이 생각이 났다. 도대체 여기에서 무슨 일이 일어나고 있단 말인가. 이 녀석들은 민주주의를 위해 싸우라고 우리를 이곳에 불러 놓고, 자기들은 혼다 오토바이나 타고 다닌단 말인가. 세상에 어떻게 이런 일이 일어날 수 있단 말인가."

해답은 간단했다. 부패의 원인은 사회 전체적으로 '전쟁에서 이겨야만 된다'는 공감대와 동기 부여가 안 되어 있었던 탓이다. 또한 국민들에게는 경제적인 보상이 전혀 없는 사회제도에도 책임이 있었다. 당시 빈딘 Binh Dinh 성의 부성장이었던 구엔 베 Nguyen Be 대령은 불만을 이렇게 털어놓았다.

"내 월급은 70달러 정도였다. 이에 비해 우리 사무실에서 영어 통역을 담당하는 소녀들의 월급은 최소한 200달러에서 300달러 수준이었다."

베 대령은 예편 후에 사회운동가가 되어 농촌의 사기를 진작시키는 한 방편으로 남베트남 평화운동을 추진하게 된다. 그는 징병 대상 청소년들을 농촌에 거주하게 하여 지방 경제도 살리고 자체 방위 임무에 봉사할 수 있는 개혁적인 방법을 내놓기도 했다.

그때쯤 남베트남에 환멸을 느끼기 시작한 미국이 철수 준비를 심각하게 검토하고 있다는 말이 떠돌았다. 남베트남 군부와 장교들은 일대 혼란에 빠져들었다. 당시의 상황에 대해 베 대령의 증언을 들어보자.

"남베트남 장교들의 관심사는 구국을 위한 전쟁이 아니라, 경제적 혜택이 보장된 군대라는 '직장'에 있었다. 장교들 대부분은 사회적인 지위를 잃어버리는 데 두려움을 느끼고 있었다. 그들은 장성들에게 '나와 아내는 어떻게 살아가야 하나'를 묻고 다녔다. 반면에 대부분의 병사들은 부패할 기회조차 없었다. 그들의 수당은 같은 또래 미군 병사들의 1/16에 불과했다."

미국인의 풍요로움과 사이공의 요청으로 연간 10억 달러를 전비로 충당하는 미국의 입장에서 봤을 때, 이러한 불균형에 일면 수긍이 갔을지도 모르지만, 펜타곤에서 온 젊은 장교들의 눈에는 커다란 실책으로 비칠 수밖에 없었다.

1965년에 대니얼 엘즈버그는 전투지원사령부에 미 대사관의 특별연락장교 자격으로 다시 배치되었다. 한때 전쟁 계획의 입안에 참여했던 그는 이번에는 남베트남에 다른 목적으로 와서 실정을 관찰했다. 엘즈버그는 남베트남 병사들의 적나라한 실태를 이렇게 확인했다.

"남베트남 사람들에게 지워진 전쟁의 부담은 참으로 무거운 것이었다. 미국은 남베트남 청년들 누구에게도 이 전쟁에 나가 싸우라고 이야기할 수 없었다. 병사들의 급여는 너무 적었고, 가족들의 주거 환경은 열악하기 그지 없었다. 근무지 근처에 있는 허술한 판자촌 단칸방에 많은 식구가 옹기종기 모여 사는 것이 고작이었다. 이 전쟁에서 고통받는 병사들의 선택은, 정글로 들어가 받아 주건 말건 일단은 애국자들로 보이는 집단에 투항하는 것이었다."

미 국방부 자료에 의하면, 1966년 한 해에 12만 4,000명의 남베트남 병사들이 탈영했다. 남베트남 지상군의 21%에 해당되는 숫자였다. 언론인 티엔은 '당시 남베트남 병사들에게 아무런 사명감이나 동기 부여가 없었다'고 말했다. 사병들은 모두 가난한 농촌 출신이었고, 장교는 도시 출신이거나 부유한 집안의 자제들이었다.

티엔의 얘기를 더 들어보자.

"도시 출신 장교에게는 전투 현장에 파견되기 전에 반드시 '어려움을 이겨낼 자신이 있느냐'는 질문을 했다. 그들의 입장에서 보면 어떤 이유에서건 전사한다는 것은 있을 수 없는 일이었기 때문이다. 그 장교들은 '외국으로 나갈 수 있는 기회를 잃어버렸다'는 것 자체가 큰 불만이었다. 농민들 입장에서 보면 왜 도시 지배 계층의 이익을 위해 자기들이 희생당해야 하는지 이해할 수 없는 노릇이었다. 지휘관들은 도시 지배 계층만 대변하고 있어서 어려운 상황에는 얼굴조차 내밀지 않았다."

티엔은 키 수상이 다른 비판적인 신문들과 함께 폐간시킬 때까지 사이공의 유력 일간지 〈베트남 가디언 Vietnam Guardian〉에서 일했다. 그는 자신이 결코 반미주의자가 아니며, '미국의 잘못은 베트남을 대표할 수 없는 사람을 막무가내로 내세웠다는 점'이라고 지적했다. 대표적인 인물로 키 수상을 지목했다.

티엔과 엘즈버그는 가까운 사이였다. 엘즈버그는 티엔이 당시 뛰어난 기자였다고 기억하고 있었다. 티엔은 엘즈버그에게 키를 이렇게 비난했다고 한다.

"우리를 위해서 미국이 그런 사람을 선택했다는 것은 참으로 모욕적이다. 키 수상처럼 지도 역량이 부족한 사람을 선택하여 베트남 사람들을 이토록 모욕할 수 있는가. 만약 미국이 베트남의 가치를 대변할 수 있는 사람을 선택한다면, 우리는 미국의 입장을 지지하기 때문에 꼭두각시와도 함께 살 수 있고, 높은 자존심을 가지고 당신들과 협력할 수도 있다."

키 수상은 특히 미국 언론마저 자신을 꼭두각시라고 지목하는 바람에 몹시

기분이 상했다. 키 수상은 이렇게 말했다.

"당시 언론은 전쟁에 대해 알고 싶은 것이 있을 때는 언제든지 존슨 대통령이나 웨스트멀랜드 장군에게만 물었다. 우리의 의견은 개의치 않았다. 남베트남의 지도자임에도 우리는 우리의 의견을 개진하지도 못했다. 우스꽝스럽고 비극적인 일이었지만 그것이 현실이었다. 다른 한편 공산주의자들은 우리를 미국의 꼭두각시라고 불렀다. 더욱 한심했던 것은 미국 사람들도 우리를 남베트남 대표라기보다는 자기들의 꼭두각시로 취급했다는 사실이다."

젱킨스는 키 수상과 약간 다른 의견을 내놓았다.

"만약 그들이 꼭두각시였다면 우리는 그들을 우리의 생각대로 움직였을 것이다. 우리가 필요하다고 생각하는 일을 대신해서 시킬 수도 있었고, 정치적인 상황을 개선시킬 수도 있었으며, 군부 지도자들의 자질 향상은 물론 부패의 척결도 강력하게 시행할 수 있었을 것이다. 문제는 그들이 스스로 꼭두각시라고 지레짐작하면서도, '미군의 조작에 놀아나서는 안 된다'고 생각하는 이중성을 보였다는 점이다. 양측 모두에게 최악의 상황이었다. 간단히 말해서 거대한 미군의 존재가 만들어 낸 투영 효과였고 음습한 그늘이었다. 따라서 남베트남 정부가 외국 세력의 부산물처럼 보인 것은 어쩔 수 없는 노릇이었다."

이러한 젱킨스의 견해에 키 수상은 반론을 제기했다.

"미국 사람들은 나를 '존슨 맨'이라고 불렀다. 그들은 원래 인내심이 부족하다. 그래서 나는 존슨에게 전쟁에서 이기려면 속전속결로 처리하라고 수차에 걸쳐 강조했다. '당신들은 인내심이 부족하기 때문에 장기전이 되면 우리가 이길 수 없다'는 점을 주지시켰다. 나는 미국의 정책 결정을 도우려고 많은 노력을 했다. 1966년에 있었던 두번째 회담에서는 내가 존슨 대통령에게 '우리가 전쟁을 꼭 치러야 한다면, 내가 남베트남의 병력을 지휘해서 북쪽으로 확전을 시도하겠다'는 제안까지 했다. 존슨은 중국과 대치하는 것이 두려운 나머지 언제나 지상군의 출동을 반대했다. 그리고 맥나마라나 웨스트멀랜드 장군은 미군 병사들에게 '다음 번 크리스마스 때까지는 집으로 보내 주겠다'고 부추겼다. 이 얼마나 현실적이지 못한 말인가. 본토의 미국인들은 수없이 많은 크리스마스를 기다렸지만, 끝내 터널 끝의 불빛을 한번도 보지 못했다. 결국 그들은 인내심에 한계를 느꼈고, 우리는 주체성을 상실해 버렸다."

키 수상을 상당히 지적인 사람이라고 평가했던 웨스트멀랜드 장군도 점차 남베트남군의 능력을 경시하는 자세로 기울었다.

"전쟁에 속도감이 차차 떨어지기 시작했다. 주말 휴식은 당연했고, 휴일도 늘려 나갔다. 전투에서도 평상시 일하는 태도를 그대로 유지하고 있었다. 남베트남 병사들은 좋은 지휘관을 만나면 능률적으로 싸우는 편이다. 그러나 교육받은 사람들 중에서만 장교와 지휘관을 뽑는다는 프랑스가 남긴 나쁜 전통 때문에 실질적으로 능력 있는 지휘관이 형편없이 부족한 상태였다."

어쨌든 적지 않은 미군 장교들은 미국이 고의적으로 남베트남 군부의 사기를 진작시키는 일에 소홀하다는 것을 느끼고 있었다. 해병대였던 작가 짐 웨브J. Webb는 이렇게 말하고 있다.

"웨스트멀랜드 장군과 다른 정책 결정권자들은 '미군이 주요한 전투를 관장하고 남베트남군은 후방기지에 주둔한다' 는 지침을 마련했다. 나는 이러한 정책이 남베트남군을 항상 무기력하게 만들고 있다고 믿었다. 우리는 실질적으로 남베트남군의 무장을 해제했고, 그들은 싸울 능력을 상실했다. 이러한 현상은 국민성이나 정서에 기인하고도 있었지만, 여러 면에서 우리가 그들에게 강요한 일들 가운데 하나였다고 생각했다."

베트남전에 가장 오랫동안 참전했던 사람 중 한 사람인 에드워드 랜스데일 장군은 전쟁에서 남베트남 군부의 주도권을 빼앗아 버린 일부 미군 고위 인사들을 신랄하게 비난했다. 인내심이 부족하여 뒤치다꺼리 전쟁에 뛰어든 뒤, 자기들 마음대로 일을 하면서 베트남전 자체를 회복할 수 없을 정도로 망쳐 버렸다는 것이다.

미군 전투 장병들에게 베트남은 어느 전쟁보다도 현지 주둔 복무 기간이 짧았다. 불과 1년이었다. 1967년 어떤 미군 장성이 이렇게 짧은 복무 기간을 두고 다음과 같이 비꼬았다.

"10년간 베트남에 있었던 미군은 한 명도 없다. 있었다면 그들은 1년씩 10번 있었다."

키 수상은 미군의 1년 순환 복무제가 불만이었다. '다음 크리스마스 때 집에 돌아갈 수 있다'는 잘못된 인식을 심어 줌으로써, 대규모 병력 배치가 계속해서 필요했다. 그리고 순환 근무했던 총 병력 280만 명 중에서 베트남전의 원인과 실태를 깊이 있게 이해하는 장병들은 극소수에 불과했다. 키 수상은 이렇게 요약했다.

"1년이란 짧은 기간에 베트남의 무엇을 어떻게 이해할 수 있겠는가. 베트남 말 몇 마디도 배울 수 없는 짧은 시간이었다. 결국 상호 이해가 전무했던 상황이었다고 생각한다."

키 수상의 보좌관인 부이 디엠은 어디에서나 마찬가지로 부패와 질이 나쁜 사람들이 있었다는 것을 인정했다. "그러나 수백만 명의 평범한 남베트남 사람들은 전쟁 수행의 고통을 겪으면서도 자기 몫의 책임을 회피하지 않았다"고 말하고 있다.

"남베트남 사람들에게 어려운 실정을 설명하고 그들의 협조를 바랐다면, 아마 그들은 자신들의 몫을 기꺼이 해냈을 것이다."

CIA 내부에는 양측의 입장을 무척 냉정하게 분석하고 평가한 프랭크 스넵 F. Snepp 같은 사람들도 제법 있었다. 그는 사이공 주재 CIA 수석전략분석가가 되었는데, 남베트남의 암적 요소가 된 부패 현상을 워싱턴이 알면서도 외면하고 있음을 간파하였다. 그리고 미군과 남베트남 군인들이 부패의 대가를 대신 치르고 있다고 생각했다. 스넵의 설명을 들어봐야 할 것 같다.

"당시 CIA와 다른 정부 기관들의 일관된 방침은 부패에 대해 광범위한 보고를 하지 않는다는 것이었다. 왜냐하면 미국의 베트남전 개입에 대해 의문이 제기되고 있었기 때문이다. 남베트남에 대한 추가 지원 문제가 상원에서 가결

된다는 보장도 없었다. 그래서 남베트남 장성들의 부패 실태를 알고 있었지만 부패와 관련된 보고는 제한적일 수밖에 없었다."

미국이 남베트남 군부의 부패를 방치한다는 것은 남베트남 장병들의 싸울 의지와 능력을 파괴하는 것과 같았다. 미국이 제공하는 군수 물자를 장성들이 중간에서 가로채 병사들은 맨발로 다니는 사례도 있었기 때문에 문제는 심각했으나 돌파구가 보이지 않았다. 부패한 장성들은 남베트남 병사들에게 전투용으로 지급하는 탄약과 수류탄까지 빼돌렸다. 이런 중요한 정보까지 CIA가 알고도 묵살했다는 사실은 정말 어처구니없는 일이었다.

남베트남 병사들은 전쟁에서 25만 명이 전사했다. 그러나 미군 병사들은 계속 순환되었기 때문에 신참들은 혼란의 원인을 알 수가 없었고 결과만 보았을 뿐이다. 1967년 미국 군부는 남베트남 정규군의 80%가 비효율적이라고 판정했다. 그들의 작전은 '찾으면 피하라'로 알려져 불신과 혹평을 받았다.

그해 남베트남 정규군이 해체됨에 따라 미군의 전사자는 1만 6,000명으로 급격하게 늘어나게 되었다. 1965년 전사자의 3배에 달하는 숫자였다. 1965년의 전사자는 또 1964년의 3배였다. 전사자 숫자는 계속 늘어갔다.

매년 신참내기 미군들은 사이공의 분수대 색깔을 결정하는 일에는 열심이면서, 베트남을 이해하려는 데는 관심이 없었다. 이런 상황에서 남베트남 병사들의 불만 또한 악화될 대로 악화되어 갔다.

웨스트멀랜드 장군은 병력 증강만 주장하면서 다른 해결책은 제시하지 않았다. 웨스트멀랜드의 유일한 해결책은 효과가 입증되지 않은 소모전이었다. 그는 화력이 막강하면 할수록 전쟁을 빨리 끝낼 수 있다는 신념에 사로잡혀 있었다.

그러나 베트남 인민들은 일생을 전화 속에서 살아왔다. 그들은 어떠한 전쟁에도 적응력이 뛰어났다. 베트남전 참전 작가였던 팀 오브라이언의 체험담은 베트남 사람들의 한 단면을 이해하는 데 많은 점을 시사한다.

"나는 심부름하는 한 고아 아이를 보살펴 주고 있었다. 그 아이는 기지 내에서 언제나 나를 졸졸 따라다녔다. 나는 그 베트남 꼬마 친구를 '챔프'라고 불렀다. 어려운 작전이나 행군을 마치고 돌아오면 목물을 쳐주기도 했고 개인 총기를 깨끗하게 닦아 놓기도 했다. 아홉 살밖에 되지 않은 이 꼬마 녀석 '챔프'는 나도 잘 모르는 최신형 M-16 소총의 분해, 결합 방법을 잘 알고 있었다. 그것은 나에게 많은 것을 생각하게 했다."

10

The Ten Thousand Day War
웨스티의 전쟁

> 베트남전을 통틀어 우리는 어떤 전투에서도 지지 않았다.
> _웨스트멀랜드 장군

웨스트멀랜드 장군은 지상 1만 피트 상공에 떠 있는 전용기에서 작전 지역을 돌아보며 항공 정찰을 지시하고 있었다. 이런 종류의 현장 정찰, 조사 때는 으레 공보비서가 추천한 한두 명의 언론인과 동행했다. 출입 기자들 사이에서 그와 함께 하는 항공 정찰은 상당히 인기가 있었다.

왜냐하면 장군은 자신의 전용기에까지 이상한 이름을 붙일 정도로 캐치프레이즈나 정곡을 찌르는 약어 사용 등에 뛰어났고, 이를 즐겼기 때문이다. 군사작전에 이름을 붙일 때도 기발한 명칭을 동원해서 장병들의 이목을 끌었다. 지금 타고 있는 그의 전용기는 C-123 수송기를 개조한 것인데, 동체를 하얀 페인트로 칠했다고 해서 '흰 고래White Whale'라고 불렀다.

지휘권을 맡기 전 몇 달 동안 웨스트멀랜드는 '흰 고래'를 타고 남베트남 이곳 저곳을 직접 살펴보면서 수행 기자들에게 여러 가지 지형과 이에 따르는 전투의 어려움을 설명해 주기도 했다. 〈한 병사의 보고서〉라는 그의 저서에 썼던 것처럼, 그는 군부의 지나치게 낙관적인 전쟁관에 기인한 개탄스러운 문제들을 개선하기 위한 노력도 게을리하지 않았다. 초기에는 언론인들이 미국 관리들보다 진실에 더 가깝게 다가가 있는 경우가 종종 있었기 때문에, 그는 언론인들과 대화할 때면 '전쟁이 조속히 끝날 것이라는 일반 대중들의 환상을 불식시켜 주기를' 희망하기도 했다. 그는 미국인들의 조급함이 패배의 원인이 될 거라고 생각했었다.

베트남은 내륙 지역의 40%가 사람이 살 수 없는 정글과 늪지대 또는 잡목으로 우거져 있거나 게릴라전에 적합한 코끼리풀로 덮여 있었다. 베트콩들은 이런 곳에 숨어 있다가 공격했다. 그래서 미군의 전략은 '수색과 섬멸'이 될 수밖에 없었다.

솔직하며 자신감에 찬 이 미군 야전사령관은 지난 20세기 내내 외국군들에게 죽음의 땅이었던 협소하고 구불구불한 지역의 상공을 정찰하고 있었다. 기자들은 남북으로 분단된 베트남의 모양이 마치 모래시계의 위쪽에 남아 있는 모래들이 아랫부분으로 흘러 내려오는 것 같다고 느꼈다. 그러나 웨스트멀랜드 장군은, 베트남 농민들이 긴 대나무 막대기 양끝에 광주리를 매단 '가인 ganh'을 조심스럽게 어깨에 매고 다니는 모습을 떠올렸다.

>>>>> 메콩 강 지류를 따라 이동하는 게릴라들.

웨스트멀랜드의 시각에 따르면, 물건이 가득한 2개의 광주리는 인구 밀집 지역인 북베트남의 홍 강과 남베트남의 메콩 강 유역의 삼각주를 가리키고 있었다. 그리고 어깨에 맨 긴 대나무 봉棒은 정치적으로 중립적인 자세를 취하고 있던 라오스와 캄보디아의 국경에 비유할 수 있었다.

국경 지대는 수천 킬로미터의 산악 지대로 이루어져 있으며, 북베트남군과 군수품이 유입되는 통로이기도 했다. 길기는 했지만 이 지역은 실질적으로 미군이 대치하고 있던 전선이었다. 웨스트멀랜드는 적군도 이미 넓은 전선에 많이 노출되어 있다고 믿었으며, 인구 밀집 지역으로부터 지원군이 없으면 어려움을 겪을 것이라고 판단했다. 항공 조사를 빈번하게 실시함으로써 문제점들을 발견해 온 웨스트멀랜드 장군은 머지않아 해결책을 보여줄 수 있을 것이라고 전망했다.

존슨 대통령이 12만 5,000명의 미군 파병을 결정한 지 1개월이 지난 1965년 8월 말경, 해병 1개 대대가 쿠논의 상륙 지점을 장악했다. 새롭게 기동력을 갖춘 미군 1개 사단이 해안으로 접근해 오고 있었다. 남베트남 중간 지점인 여기에서부터 1주일 전에 게릴라의 포위망을 극적으로 분쇄해 버렸던 북쪽의 추라이 해병대 기지까지는 해안선이 완만하게 이어져 있었다.

서쪽으로는 중앙고원이 펼쳐져 있다. 이 지역에는 2월에 게릴라의 공격을 받았던 콘툼(Kon Tum : 현 콩툼)과 플레이쿠가 6개 성을 굽어보는 위치에 자리 잡고 있어서 미 공군과 지상군이 관심을 가질 수밖에 없는 곳이었다. 중앙고원 너머 캄보디아와 국경을 이루고 있는 산악 정글은 '이아드랑Ia Drang' 협곡까지 이어졌다. 그 협곡에서 북베트남군 3개 사단이 플레이쿠를 향하고 있다는 정보에, 웨스트멀랜드 장군은 대응할 수 있는 병력과 화력을 배치해 놓았으나 이 사실은 철저히 비밀에 부치고 있었다.

추라이에서는 병력 보강을 마친 미 해병대가 본격적인 전투에 돌입했다. 웨스트멀랜드 장군은 이 전투를 '미국 무력의 상서로운 서막' 이라고 불렀다. 이 날 전투에 해병 지휘관의 한 사람으로 직접 참전한 루이스 월트L. Walt 중령의 이야기를 들어보자.

"상당히 큰 규모의 게릴라 공격이 있을 것이라는 예상에 따라, 해병은 베트콩이 해안에 접근하지 못하도록 1개 대대를 헬리콥터로 공수, 배치하는 한편 새로 도착한 1개 대대는 바로 공격할 수 있는 곳에 위치하고 있었다. 수륙양용 장갑차도 동원되었다. 바다에서는 해군 순양함 1척에서 6인치 포가 불을 뿜었다. 전폭기들은 게릴라 거점에 폭탄과 네이팜탄을 쏟아부었다."

이날 전투에서 미 해병 전사자(Killed in Action : KIA)는 45명이었던 반면 베트콩측 전사자는 688명이었다. 또 다른 전과의 하나는 수색 정찰중 인근 동굴에서 나오는 냄새를 추적해서 수많은 베트콩을 생포한 것이다. 미군이 임시변통으로 펼친 이 전투는 한국전쟁 이후 15년 만에 처음 승리한 대대급 규모 이상의 육해공 합동작전이었다. 미군의 기동력과 가공할 화력의 조화를 극명하게 보여준 하나의 사례라고 할 수 있었다. 작전 이름도 '성광Starlight' 이었다.

퀴논 해안에서는 미 기병 제1사단이 상륙을 서두르고 있었다. 기병 제1사단은 태평양전쟁과 한국전쟁에서 용맹성과 엄청난 화력으로 명성을 얻었기 때문에 적들에겐 두려움의 대상이었다. 이 사단은 가공할 만한 화력을 보유하고 있었으며, 사단 병력 전체와 장비를 한꺼번에 헬리콥터로 이동시킬 수 있도록 이미 기동성 있게 개편되어 있었다.

상륙한 지 몇 시간이 지나지 않아 기병 제1사단은 수백 대의 헬리콥터를 타고 날아가 중앙고원 깊숙이 새로 마련된 플레이쿠를 방어하는 기지에 자리를 잡았다. 언론은 이러한 기민한 작전 배치를 웨스트멀랜드의 전술이라고 평가했다. 불과 며칠 사이에 '해치우는 수법' 은 '기동성＋화력＝소모전' 이라는 웨스트멀랜드의 새로운 전략 전술을 과시한 것으로 이해되었다.

'성광' 작전은 곧이어 기병 제1사단이 이아드랑 협곡에서 북베트남 주력군과 대치하고 있는 사이에 '은검' 작전으로 대치되었다. 협곡 전투에서 북베트남측 전사자는 1,771명이었다. 미군의 B-52 전폭기가 베트남전에서 처음으로 지상군과 공조체제를 취했지만, 한 달이 넘는 전투에서 웨스트멀랜드도 사상 유례없는 격전을 치러야 했다. 한 달에 걸친 전투에서 미군의 사상자 수는 300여 명으로, 늘어난 사망자 수만 본다면 추라이에서 펼쳤던 게릴라 방어작전의 7배에 달했다.

이아드랑 전투 후에 있었던 평가분석회의에서 중견 장교들은 하나같이 가볍고 완전 자동으로 새롭게 개발된 M-16 소총을 치켜들며 "이번 승리는 용감한 병사들과 M-16 소총이 원동력이었다"는 데에 의견을 모았다. 당시만 해도 베트콩이 휴대했던 AK-47 소총에 비해 M-16이 성능이 떨어진다고 믿었기 때문에, 대부분의 병사들은 구형 반자동인 M-14 소총을 개인 화기로 휴대하고 있었다.

지난 2년 동안 M-16 소총 공급이 넉넉하지 못한 면도 있었지만, 초기에는 공산군의 화력이 확실히 우세했다. 웨스트멀랜드가 생각했던 또 하나의 중요한 요인인 기동력으로 인해 완전 평정이 가능한 지역에서는 미군의 우세가 돋보이기도 했다.

그러나 공산군의 침투가 극성을 부리기 전인 1965년 가을쯤 미군의 전황 평가에 중요한 변화가 일어났다. 몇 주일 전까지만 해도 '남베트남 정국이 곧 붕괴될 것'이라거나 '1965년 말쯤에는 공산군이 전 베트남을 장악할 것'이라고 예상하는 사람들이 많았다. 그러나 이러한 추측에도 불구하고 '전쟁은 이길 수 있다' 거나 '승전은 날짜가 문제'라는 여론이 조성되기 시작한 것이다.

웨스트멀랜드는 워싱턴이 여전히 전비 계산을 잘못하고 있다고 생각했다. 그는 회고록에서 맥나마라와 그의 전임자인 하킨스 장군 사이에 있었다는 믿을 수 없는 대화 한 토막을 소개하고 있다.

    맥나마라 : 하킨스 장군, 북베트남을 진압하는 데에 시간이 얼마만큼
              걸릴 것 같습니까?
    하킨스 : 약 6개월쯤 걸릴 것 같습니다. 남베트남 병력의 지휘권만

저에게 이양된다면 상황을 곧바로 반전시킬 수 있습니다
만…….

웨스트멀랜드는 남베트남 병력의 지휘권을 인계받음과 동시에 국방부로부터 '모든 미군 지원에 대한 재량권'도 함께 부여받았다. 미국 국민들에게는 전혀 알려지지 않았지만, 웨스트멀랜드 장군은 이러한 내용을 거론한 인터뷰에서 다음과 같이 말했다.

"맥나마라 장관은 수차에 걸쳐 나에게 '전쟁을 빨리 끝낼 수 있게 필요한 병력을 요청하라'고 말했다. 내가 여론이나 경제 사정을 걱정할 필요는 없었다. 병력 운용의 재량권에 대해서도 신경을 쓰지 않았다. 오로지 맥나마라의 지시에 따라 임무를 수행하는 데 필요한 추가 병력만 계속 요청하면 되었다."

그해 여름, 맥나마라와 웨스트멀랜드는 71개 대대를 파병하는 데 동의했다. 이러한 파병 규모는 이미 발표했던 병력의 2배였다. 1965년 말경에 현지 주둔군과 파병 과정에 있는 미군 숫자가 통틀어 18만 명에 불과하자, 웨스트멀랜드는 대통령과 장관에게 "1966년 말경에는 102개 대대가 있어야 된다"는 병력 요청 계획을 준비하고 있었다. 이 중에서 23개 대대는 이미 지원 의사를 밝힌 오스트레일리아와 뉴질랜드를 포함한 우방에서 지원받는 것으로 계획되어 있었다. 결국 웨스트멀랜드는 42만 9,000명의 미군이 필요하다고 말했다.

웨스트멀랜드는 미군을 무한정 투입할 수 있다는 전제하에 승리를 위한 시간표를 작성했다. 그는 첫 단계부터 대규모의 미군을 투입함으로써 남베트남 정규군의 전투력을 강화시키고 공산군의 진격을 막을 수 있다고 확신했다. 이 계획만 추진된다면, 1965년 말경까지 병참 문제를 해결할 시간이 충분하다고 생각했다. 다음 단계에서 미군은 정글 속에 있는 적을 찾아내서 섬멸하는 한편, 남베트남 정규군은 농촌 지역에서 대게릴라 전술에 주력하여 민심을 얻고 결국 평화를 정착시킨다는 계획이었다.

이러한 양면작전은 1966년 중반까지 미군을 최대한 동원하여 실시되었다.

미국은 화전和戰 양면작전으로 북베트남이 철수하든지 아니면 공개적으로 전면전을 벌이든지 두 가지 중 한 가지를 선택할 것으로 보았다. 그런데 베트콩은 미국의 의도대로 따라 주지 않았다.

북베트남의 게릴라 침투가 끊임없이 이어지면서, 미군은 북폭과 함께 주어진 '풍부한 자원'을 가지고 18개월 동안 지루한 적 진지의 파괴만을 계속하게 된다. 미군은 세번째 단계에 가서야 드디어 철수를 검토하게 되었다.

하킨스 장군은 6개월 이내에 승리할 수 있다고 예상했던 반면, 웨스트멀랜드는 2년 또는 1967년 말까지는 종전이 가능하다고 생각했다. 웨스트멀랜드는 후에 이렇게 주장했다.

"나는 구체적인 약속을 하지는 않았다. 캄보디아와 라오스 국경 내에 있는 게릴라 기지들까지도 공격할 수 있을 정도로, 계획상으로는 아무런 제약이 없었다."

국방부 기록들도 "맥나마라가 진행중인 군사작전들이 잘 진행되고 있기 때문에 가까운 시일 내에 바람직한 결과가 있을 것이라고 존슨 대통령에게 보고했다"는 사실을 보여주고 있다. 맥나마라의 계획이 순조롭게 진행되는 것으로 알고 있던 존슨 대통령은 아무런 제한 없이 전투 병력을 투입하게 된다. 미군의 전략에는 공산군 전력이 증가했을 때 이에 상응하는 미군 병력 투입을 조절할 수 있는 구체적인 규정이 전혀 없었다.

웨스트멀랜드는 공산주의자들이 확전을 위한 준비를 진행시키고 있다는 정보를 가지고 있었다. 그는 아시아에서 공산주의자들의 전쟁 방법을 누구보다도 많이, 열심히 공부한 사람이었다. 웨스트멀랜드의 계획 중에는 마오쩌둥이 주장하는 아래와 같은 세 가지 단계의 전략에 대응하는 것도 있었다.

1. 적들이 접근하기 어려운 원거리에 기지를 만들어 주둔한다.
2. 현지인들과 친밀한 관계를 유지하고 그들을 잘 통솔한다.
3. 적절한 때에 재래식 전투 방법을 사용한다.

웨스트멀랜드의 말을 직접 들어보자.

"여러 가지 정황으로 보았을 때 북베트남이 3단계에 돌입했다는 것은 분명했다. 그들은 최종 목표인 재래식 전투를 위한 준비에 여념이 없었다. 북베트남에서 사단, 연대, 대대 규모의 병력이 속속 남하하고 있었다."

이러한 정보에도 불구하고 미군 사령부는 1966년 초부터는 유리한 상황이 전개될 것이라고 믿고 있었다. 지금까지 있었던 가장 큰 전투에 투입되었던 해병대와 기병 제1사단은 남쪽과 북쪽에서 소탕작전을 치른 다음 중부의 빈딘성에서 합류했다.

이어진 '분쇄' 작전 초기에 예상치 못한 일이 발생했다. 함부로 말하는 자신의 버릇에 별로 신경을 쓰지 않았던 존슨이 '분쇄' 작전의 규모가 너무 크고 어감이 좋지 않다는 이유로 반대 의사를 밝혔다. 결국 이미지 좋은 '흰 날개'라는 말을 붙여 작전이 실시되었다.

'분쇄-흰 날개' 작전이 끝났을 때 웨스트멀랜드의 전투지원사령부는 적의 전사자 수가 2,389명이라고 보고했다. 웨스트멀랜드의 2단계 전략이 순항하는 것처럼 보였다. 초기 전투에서 이 정도의 대규모 희생자를 낸 적들은 저항할 수 없을 것처럼 보였으며, 미군을 목청 높여 비판하던 목소리들도 처음으로 잠잠해졌다. 미군이 전투에 참가한 첫해가 지나자 웨스트멀랜드는 〈타임〉의 '올해의 인물'에 선정되기도 했다.

부하나 동료들 또는 친구들에게 '웨스티Westy'로 통했던 웨스트멀랜드는 1936년 웨스트포인트 육군사관학교 시절에도 학생회 간부를 지냈다. 졸업 성적은 276명 중 112등이었으나, 전술학에서는 8등을 차지했다. 여러 사람들이 그를 장군감이라고 생각했다. 성장하면서 그는 미군의 역사를 정확하게 이해했다고 한다.

그는 미국의 남북전쟁 참전 가문 출신으로 청년기까지도 당시의 가풍과 분위기를 유지하고 있었다. 웨스트멀랜드는 그의 회고록에 이렇게 쓰고 있다.

"한번은 강경한 남부연합 지지자였던 증조부께 북군인 그랜트Grant 장군과 셔먼Sherman 장군이 다녔던 학교에 다니고 있다고 말한 적이 있었다. 긴 침묵이 흐른 뒤 할아버지는 나에게 이렇게 말했다. '좋은 생각이다. 남군인 로버트 리R. Lee 장군과 스톤월 잭슨S. Jackson 장군도 다녔었지!' "

웨스트멀랜드의 원정군 경험은 북아프리카에서 포병장교로 참전한 것이 시작이었다. 두번째 참전은 제2차 세계대전 당시 시칠리아였고, 1944년에는 노르망디의 유타 해변Utah Beach 전투에도 참가했다. 1945년까지는 독일 주둔 미군 대령으로 보병 제9사단의 참모장을 지냈다.

한국전쟁이 터지고 2년째 되던 1952년부터 1953년까지 그는 공수 제187여단장으로 참전했다. 1964년 51세의 나이에 그는 풍부한 야전 경험을 바탕 삼아 4성 장군으로서 베트남전을 책임지게 되었다.

웨스트멀랜드에게 군인이란 '교과서적인 충성과 규율'을 의미했다. 그가 베트남에서 내린 맨 첫번째 지침의 하나는 '모든 병사는 항시 민간인에 대한 행동요령이 적힌 지시 사항을 휴대하고 다녀야 한다'는 것이었다. 그러나 그의 전술은 민간인들에게 '끔찍한 고통을 안겨 주는 것이었다'고 비판자들은 말했다.

베트남에 오기 전에 이미 30년 동안 군인으로 살았지만, 그는 결코 십자군 전사는 아니었다. 그는 평소 수사학적인 말잔치에 휘둘리는 워싱턴 정가의 세태에 회의적이었다. 더욱이 직접적인 군사 문제 등 특별한 사안에 대해서는 정치인들을 불신, 비판하기도 했다. 웨스트멀랜드는 1963년부터 1965년 사이에 남베트남에서 정치적인 혼란이 발생했을 때, 충분한 명분이 있었기 때문에 "미국은 국내 여론에도 불문하고 명예롭고 정당하게 참전 자세를 취할 수 있었다"고 자서전에 쓰고 있다.

베트남전의 중심에 서 있는 웨스트멀랜드에게 이제는 과제가 주어진 이상 전통적인 방법밖에 다른 묘책이 없었다. 웨스트멀랜드는 "병사는 언제나 전쟁의 아픔과 어려움에 대처할 준비를 갖추어야 한다"고 말했다. 그는 흘러간 시대, 군인 정신에 투철했던 유명한 장군들을 떠올렸다. 특히 퍼싱Pershing, 패턴Patton, 아이젠하워, 스틸웰Stilwell, 맥아더의 군인 정신을 높이 평가하고

>>>>> 1964년, 베트남 주둔 미군 병사들을 시찰하는 웨스트멀랜드 장군.

있었다.

그는 과거에 유명했던 장군들의 자식들, 손자들과 함께 베트남에서 전투에 임하고 있었다. 국가의 명령에 따라 배턴을 이어받았을 뿐이었다. 존슨 대통령은 웨스트멀랜드의 임무를 술회하는 대목에서 "미국 전사戰史에서 가장 어려운 시기였다"고 자서전에 기록하고 있다.

이렇듯 '어려운 과제'를 풀기 위해 웨스트멀랜드는 맥아더 장군에게 자문을 구했다. 노장 맥아더는 이렇게 충고했다.

"게릴라전에서 이기기 위해서는 초토화작전도 불사하겠다는 각오가 있어야 한다. 동양인들은 포탄을 두려워하기 때문에 충분한 포병과 화력을 보유해야 한다."

그러나 웨스트멀랜드는 낙관주의에서 비관주의로 선회한 전임 사령관 하킨스에게서는 다른 충고를 들었다. 하킨스는 키플링 J. R. Kipling의 시 구절을 들려주었다.

전쟁의 끝은 고인의 이름이 박힌 하얀 비석뿐.
황량한 비문은 '여기 동방을 시끄럽게 했던
한 어리석은 사람이 누워 있다'라고 적고 있네.

웨스트멀랜드는 하킨스를 만났을 때를 회고하면서 자기 마음을 이렇게 털어놓았다.

"나도 병사 시인이었던 키플링을 매우 좋아했다. 그러나 하킨스의 충고는 내 마음에 썩 들지 않았다."

결국 맥아더도, 하킨스도, 전사 속의 어떤 인물도 웨스트멀랜드가 보유하고 있는 기동력과 화력을 정확히 알고 있는 사람은 아무도 없었다.

웨스트멀랜드는 헬리콥터의 출현으로 현대전이 많이 달라졌다고 생각했다. 신속한 공중 수송으로 수많은 인명을 구할 수 있게 되었고, 공격과 방어에서 수년 전만 해도 상상하기 어려운 기동력을 발휘할 수 있게 되었기 때문이다. 헬리콥터의 기동력과 맥아더 장군의 충고를 참고해서 웨스트멀랜드는 원거리의 산 정상에 포병 진지를 구축했다. 헬리콥터가 건설 기자재와 전투 장비들을 수송했다.

산 정상에 들어선 포대砲隊의 지원 아래 수색작전에 나서는 보병들은 적을 발견하는 즉시 포대와 헬리콥터에 연락만 하면 되었다. 헬리콥터의 공격은 순식간에 적을 섬멸할 수 있었다. 포 진지는 적의 집결지를 관통하는 소로小路가 지나는 곳에 구축되어 있었다. 이 소로에 공군과 포병은 항상 집중 포화망을 구축해 놓고 있었으며, 지상군의 기동력도 언제나 대기 상태에 있도록 했다.

1966년 초부터 베트남전은 약간 다른 양상을 띠기 시작했다. 비난이 쏟아졌던 '소모전의 어두운 면'을 감추기 위해 새로운 전략 전술이 검토되고 있다는 소문이 나돌았다. 포 진지를 만드는 데는 특이한 방법도 동원되었다. 1만 5,000톤에 달하는 대량 살상용 폭탄을 산 정상에 퍼부어 대면 직경 300피트짜리 대형 구덩이가 만들어지는데, 이런 구덩이는 즉시 간이 포 진지로 활용할

>>>> 1970년, 다낭 인근 고원에 있던 포 진지 강화에 나선 헬리콥터.

수 있었다.

이 자리로 '검푸른 색 거인'으로 불린 시코르스키Sikorsky 헬리콥터가 105mm 곡사포를 운반해 오면 포 진지는 간단히 완성되었다. 이곳에 배치된 곡사포들은 사방으로 포탄을 퍼붓기만 하면 되었다.

웨스트멀랜드가 막강한 포병 전술기지를 구축함에 따라 미군의 위용이 순식간에 퍼졌다. 보병 제1사단과 적도의 섬광을 사단 마크로 가지고 있는 보병 제25사단은 사이공 외곽 30마일을 둘러싸는 방어선을 형성했다. 보병 제4사단은 기병 제1사단과 함께 중앙고원 방어에 나섰다. 미 해병대는 해안 방어 임무를 띤 '한국의 맹호부대, 백마부대'와 함께 역할 분담을 훌륭하게 해내고 있었다.

웨스트멀랜드는 인구 밀집 지역의 방어를 맡고 있었던 남베트남 정규군에 대한 우려를 여전히 떨치지 못하고 있었다. 어떤 남베트남 사단장은 전투 출전을 점쟁이의 예언으로 결정한다는 이야기를 듣고는 심한 불쾌감을 표시하기도 했다.

미군 장병들은 자신들이 보유한 막강한 화력에 안도감을 느끼고 있었다. 곧이어 리버린Riverine 포함砲艦들이 델타 지역을 샅샅이 뒤지기 시작했다. 함대는 로마 시대에 사용했던 커다란 갈고리 형태로 진용을 갖추고 정글 곳곳을 밀어붙였다. 고엽제를 뿌려 나뭇잎은 말라 버렸다. 게릴라들과 적 전투 차량의 행적을 추적하기 위한 인간 탐지기와 조그만 풀잎 모양을 한 전자 감응기들이 숲 속에 잔뜩 뿌려지기도 했다.

수색대원들은 기관포를 장착하고 기체에 하얀 이빨을 그린 코브라 헬리콥터로 현장에서 현장으로 이동했다. 야간에는 거대한 공룡으로 알려진 수직 이착륙 전투기 스푸키Spooky가 반경 1마일을 조명탄으로 훤히 비추고 다니면서 1분에 6,000발씩의 기관총탄을 쏘아 댔다.

그러나 시골에서는 이런 화력을 사용하는 데 많은 문제점들을 낳았다. 게릴라 관할 지역으로 알려진 마을은 '사격 자유 지역'이 되어 누구든지 사격의 대

>>>>> 1966년, '수색과 섬멸' 작전에 참가한 미 해병대원들이 비무장지대 근처 마을에서 아녀자와 아이들을 불러모으고 있다.

상이 되었다. 또 게릴라들을 지원한 것으로 의심받은 지역은 현장 수색 지휘관의 명령 한마디로 완전히 파괴될 수도 있었다. 소탕작전을 펼칠 때는 게릴라와 똑같이 검은 파자마를 입은 순수한 농민들과 게릴라를 분간하지 못하여 참혹한 결과를 불러오기도 했다.

'분쇄-흰 날개' 작전을 마친 미군은 인구 밀집 지역인 빈딘 성에서 화력 배치를 조정한 후 후속 작전에 들어갔다. 경이적인 1,126회에 달하는 전폭기 출격에 B-52 폭격기도 가세하여 150만 파운드의 폭탄과 29만 2,000파운드의 네이팜탄을 작전 지역에 퍼부었다. 해안에서는 전함들이 함포 사격으로 지원했다.

이 작전으로 1,884명의 피난민이 발생했다. 이에 앞서 게릴라 통제 지역에서 1만 779명이 안전 지대로 소개되었다. 1967년에는 공산군 포로가 1만 7,000명에 달했다. 그러나 민간인 피난민도 120만 명이나 되어 '수색과 섬멸' 작전은 '슬픔' 이라는 두 글자만 남겼다.

⟫⟫⟫ 1963년 7월, 남베트남 남쪽 끝에 위치한 박리우Bac Lieu에서 포로가 된 게릴라들.

웨스트멀랜드의 '수색과 섬멸' 작전을 계획했던 윌리엄 데푸이W. Depuy 장군은 이렇게 말했다.

" '수색과 섬멸'이란 단어의 선택은 적절하지 못하다고 생각한다. 비난이 쏟아지기 훨씬 전인 1965년에 '별다른 생각 없이' 사용한 말이었다. 미군이나 남베트남 공수부대와 해병대가 인구 밀집 지역이 아닌 정글을 수색할 때 '공산군 주력부대를 일망타진한다'는 뜻이었다. 그러나 전장이 정글에서 1만 6,000개 마을로 확대됨에 따라, 이 전술은 마을을 수색하고 사격하는 병력 배치 문제와 연계될 수밖에 없었다. 나쁜 의도로 시작한 것은 아니었지만, '섬멸'은 결국 미국에게 수치스러운 단어가 되어 버렸다."

웨스트멀랜드 장군도 텔레비전 시대에 적절하지 못한 용어를 사용함으로써 자신이 많은 비난을 받고 있다는 사실을 인정했다. 시대의 변화에 따라 장군들도 정치인들처럼 대중매체를 의식했어야 했는데, 웨스트멀랜드는 군부의 진실보다는 언론이 국민들에게 더 가깝게 접근해 있다는 것을 대수롭지 않게 생각했었다.

「소모전」이라는 제목의 기사에 이어 신문에 실린 몇 장의 사진과 미군이 농촌의 초가집들을 사격하는 장면을 방영했던 텔레비전만으로도 작전 '수색과 섬멸'은 국민들에게 거센 비난을 받기에 충분했다. 그러나 웨스트멀랜드는 이런 말을 덧붙였다.

"그 작전은 기본적으로 벙커, 터널, 보급 창고, 탄약고나 훈련장과 같은 군사 시설물들을 겨냥하는 것이었다."

'군사적인 관행은 기사도 정신이나 기마 무사의 출현 이전부터 전래되어 왔다'는 맥아더 장군의 가르침을 굳게 믿고 있었던 웨스트멀랜드에게 '혹독한 비판'은 정당하지 못했다. '수색과 섬멸'은 신중한 전략의 일부분이었을 뿐이었다.

농촌의 마을들은 이 작전이 끝나기 전에는 평온을 되찾지 못했고, 이미 소개된 마을 주민들은 아무 데서나 다시 자리를 잡을 수밖에 없었다. 웨스트멀랜드는 '맹세한다'는 태도로 이렇게 이야기했다.

"3년간 전장에 있었던 사람으로서 나는 베트남전만큼 민간인의 재앙을 피하기 위해 많은 주의를 기울였던 전쟁은 유사 이래의 전사에서 찾아볼 수 없다고 단호하게 이야기할 수 있다."

고위 지휘관들이 지켜야 된다고 생각하는 원칙과 일반 병사들이 전투 현장에서 느끼는 생각에는 큰 차이가 있을 수밖에 없었다. 이 문제에 관한 많은 참전용사들과의 인터뷰 내용을 종합해 보면, 대다수가 "전투 상황에서 민간인에게 신경을 쓸 겨를이 없었다"고 이야기하고 있다. 이들은 "누가 적이고 누가 아군인지 분간이 되지 않았기 때문"이라고 진술하고 있다.

좌절감과 공포 속에서 살아남아야 한다는 병사들의 생각은 웨스트멀랜드의 원칙이나 명령, 사명감보다도 우선했다. 이국의 정글에 갇힌 상태에서 일어나는 이러한 현상을 젱킨스 대위는 '아파치 요새에 갇힌 백인'에 비유하고 있다. 실제로 미군들 사이에서는 이런 증후군이 팽배해 있었다. '공정하고 정확한 평가가 필요하다'면서 젱킨스는 이렇게 말했다.

"위치가 어디가 되었든 미군들이 기지 밖으로 나가는 것은 인디언 마을로 들어가는 것과 다를 바가 없었다. 안전을 지키기 위해서 총을 휴대할 수밖에 없었고, 항시 무력 대응 자세를 취하고 있었다."

'맥아더도 근대 혁명전쟁의 경험은 없었다'면서 웨스트멀랜드는 이렇게 썼다.

"혁명을 위한 전투에서는 기사도나 동정심 같은 것은 아예 생각할 수도 없다. 본질적으로 소모전 이상의 방법이 없다. 대안이 없었기에 '수색과 섬멸'은 최상의 선택이었다."

작전을 펼칠 때마다 많은 모순들이 드러났다. 1968년에는 '주민을 보호한다'는 명분으로 인구의 1/3 이상이 조상 대대로 내려온 땅을 버리고 이주한 경우도 있었다. 이들은 물론 정처 없이 떠도는 피난민들이 아닌 정착민들이었다.

결국 처참한 상황으로 내몰린 많은 난민들을 어떻게 처리할 것이냐가 큰 문제로 대두되었다. 전략 측정이 가능해야만 필요 경비도 산출이 가능했다. 소모전에서는 전쟁 경비 외에 민간인 소개 등 군사작전 이외의 문제에 대한 판단이 더 중요했으나, 이것은 결코 군부의 주요 관심사가 될 수 없었다.

소모전에 관한 연구 결과에서 웨스트멀랜드는 이렇게 쓰고 있다.

"제1차 세계대전 당시 프랑스의 북서부와 북동부에 있는 '솜Somme과 베르됭Verdun'에서 벌어졌던 독불 간의 전투 이후 소모전은 인력이 많은 아시아 지역 같은 곳에서는 적절하지 못한 전략으로 인식되었기 때문에 '수색과 섬멸' 작전에 대한 평판도 좋지 않았다. 그러나 만약 제1차 세계대전 당시의 소모전을 다시 검토해 보면 누구든지 전비는 과다했지만 작전은 효율적이었다는 데 동의할 것이다. 더욱이 베트남전의 상대는 수많은 아시아 민중이 아니라 제한된 인적 자원밖에 없는 북베트남이었다."

그러나 해를 거듭할수록 북베트남은 미군이 지칠 때까지 미군의 병력 배치에 정면으로 대응하고 나왔다. 물론 제1차 세계대전 때는 분명한 명분이 있었다. 당시 유럽의 동질성, 인적 자원의 혈통, 방어선의 개념 등과 비교해 보았을 때 베트남전에서 미국의 입장은 많은 차이가 있었다.

간단히 정리하면, 베트남전은 영토를 위한 전쟁이었다. 끔찍한 장면과 잔인한 현장이 세계인의 안방에서 목격되었으며 사상자도 시시각각 집계되었다. 베트남전을 보는 전쟁 사가史家들은 미군이 포위와 거점 확보보다는 수색과 섬멸에 중점을 두었기 때문에 비판받는다고 주장한다. 미국의 전쟁 방식은 기동력과 화력을 임의대로 배치함에 따라 '전투가 계획대로 잘 진행되어 간다'는 환상만 증폭시켰다는 것이다.

윌리엄 데푸이 장군은 이렇게 말했다.

"전쟁에서 승리는 특정 장소에서 특정 시간에 벌어지는 전투에 누가 집중적인 힘을 쏟아붓느냐에 달려 있다."

북베트남은 전쟁을 선언한 적이 없었으며, 게릴라를 통한 미군과의 교전은 단지 장기적인 정치 책략이었다고 볼 수 있다. 그러나 데푸이는 하노이측이 이렇게 주장하더라도 '군사적인 면에서만 보면 미국이 승리했다' 고 간주할 수 있었음을 강조했다.

"게릴라들은 힘의 우세가 확보되지 않으면 절대 공격하지 않았다. 그래서 마을이나 통신 시설들을 공격할 시기의 선택은 게릴라들이 우리보다 유리했다."

그러나 데푸이는 헬리콥터의 등장은 미군이 불리한 여건을 개선하는 데 하나의 전환점이 되었다고 말했다.

"우리는 분대, 소대, 중대는 물론 어떤 때는 큰 규모의 정찰대까지 전투 현장에 증파할 수 있었다. 어떤 형태로든지 전투가 시작되면 베트콩이나 북베트남 정규군은 불리한 입장에 있게 마련이었다. 왜냐하면 그들은 갑자기 병력 증강을 할 수 없었기 때문이었다. 게릴라들은 병력 증강은 고려하지 않고 항상 현 위치에서 공격을 감행했다. 미군은 언제든지 폭격기, 공격용 헬리콥터, 포병의 지원 포격 외에도 수시로 병력 증강 요청이 가능했다. 게릴라들의 장점은 곧바로 반전되었는데, 이러한 상황을 잘만 이용하면 그들을 함정으로 몰아넣을 수도 있었다."

데푸이는 자신이 목격한 전투 현장을 이렇게 설명했다.

"보병들의 순찰 과정에서는 특별한 일들이 일어나지 않았다. 찰리(Charlie : 베트콩을 칭하는 미군 은어 – 역주)들은 미군의 움직임을 잘 알고 있었기 때문에 함정에 빠지지 않는 한 일정 장소에 머물지 않았다. 그들은 방어할 영토나 기지가 없었다. 그래서 찰리를 '귀신'이라고도 불렀는데, 그들은 야간에 미군의 포 진지를 공격하곤 했다. 그러면 미군 포 진지의 보초병들은 '귀신이 기지 밖에 있다, 그들이 서서히 다가오고 있다'고 중얼거렸다. 수색중인 미군들은 포 진지의 사정거리 밖에서 매복하곤 했다. 수색하는 동안 게릴라들은 전진과 후퇴를 반복했다."

베트남에서 2년을 근무한 조 앤더슨J. Anderson 소령의 전공 자랑은 극히 예외적인 경우에 해당될 것이다. 1966년 근무 첫해에 정예부대인 기병 제1사단에서 한 소대를 지휘했던 그는 이렇게 말했다.

"가끔 적군의 위치를 정확하게 파악할 때가 있다. 그러면 우리는 서서히 적군에게 접근해 갔고, 곧이어 헬리콥터를 이용한 큰 작전이 벌어졌다. 헬리콥터의 진가가 유감없이 발휘되었다."

그러나 해병 대위 짐 웨브는 "그런 공격은 양측 모두가 피해를 입을 수 있기 때문에 사실은 도박과도 같았다"고 말한다. 수많은 수색작전을 지휘하고 예편 후에 '베트남 작가'가 된 웨브는 그런 유인작전을 '미끼 매달기'라고 소개했다. 그는 유인작전을 이렇게 설명했다.

"우리는 집중 수색 임무를 띠고 있었다. 한 지역에 침투하여 중대를 편성한 다음 소대 규모로 적과의 조우를 기대하면서 주변 수색 작업을 펼치는 것이다. 철저히 적을 유인하는 작전이었다. 일단 적을 유인하면 현재의 위치에서 움직이지 않고 대신 지원을 요청하여 적을 섬멸하는 것이다. 적정 규모의 병력으로 작전을 시작하면 좋은 결과를 얻을 수 있지만, 소규모 병력으로 잘못했을 때는 비극적인 결과를 가져올 수도 있었다."

게릴라들은 미군의 장거리포 사정권 내에서의 수색작전은 무조건 피했다. 미군이 중대 규모로 장거리 수색작전을 나갔을 때도 적과 만나는 것은 쉽게 이루어지지 않았다. 앤더슨 소령의 증언을 들어보자.

"한번은 중대 규모가 수색작전을 나갔었다. 북베트남 정규군 1개 대대가 주둔하고 있는 한가운데 헬리콥터로 투입되었는데, 헬기에서 내리자마자 집중 공격을 받았다. 27명 중 22명이 현장에서 즉사했다."

생존자들이 무전으로 자신들의 위치를 알려 와서 앤더슨이 지휘하는 중대가 이들을 구출하기 위해 즉시 현장에 출동했다. 그 당시의 참혹했던 전투 현장을 목격한 앤더슨은 이렇게 말했다.

"우리는 그런 모험과 희생을 무릅써야만 승리를 얻을 수 있다는 사실을 깨달았다. 우리가 구출하려고 찾아간 소대의 상황은 비극적이었다."

통계 자료에서 보더라도 화력 지원과 부상자 후송용 헬리콥터의 지원이 없었을 때 미군의 피해는 훨씬 컸다. 매복전이나 전면전에서 미군 전사자 비율은 제2차 세계대전과 한국전쟁의 경우 1/3이었지만, 베트남전에서는 1/2로 증가했다. 그러나 베트남전에서 미군 중상자들의 생존 비율은 헬리콥터 후송과 이동병원을 포함한 의료 시설 덕분에 역대 어느 전쟁보다도 높았다.

중상자 생존율은 제2차 세계대전 당시의 71%, 한국전쟁의 74%에 비해 베트남전에서는 82%까지 올라갔다. 역시 미군이 가장 어려움을 겪었던 것은 매복전이었다. 제1차 세계대전과 한국전쟁에서 수족을 절단한 중상자보다도 훨씬 많은 1만 명 이상의 미군 중상자가 베트남전에서 발생했다.

수제 부비트랩은 조잡했지만 치명적이었다. 초기 해안 수색이나 정글 수색을 할 때는 적을 발견할 수 없었음에도 불구하고 피해가 속출했다. 수류탄을 도저히 탐지할 수 없는 조그마한 지뢰로 개조한 다음, 빈깡통에 넣어 땅에 묻고 가느다란 철사줄을 밖으로 연결해 놓은 것이다. 수색중에 눈에 잘 보이지 않는 철사줄을 건드리면 발가락이나 발목이 날아가고 심한 경우 목숨까지 빼앗아 가는 것이 수제 부비트랩이었다.

팀 오브라이언은 가장 무서워했던 지뢰를 삼지창처럼 튀어 오르는 바운싱 베티Bouncing Betty였다고 기억했다.

"원뿔 모양을 한 촉수들이 땅 밖으로 약간 올라와 있었다. 이것을 밟으면 지뢰가 하늘 높이 치솟아 오르면서 사방으로 파편이 튀었다. 손이나 발을 간단히 날려 버리는 무서운 지뢰였다."

게릴라들은 기관총 탄피나 포탄 껍질로도 수없이 다양한 지뢰를 만들었다. 오브라이언이 생생한 목격담을 이야기했다.

"중대 캠프를 설치한 다음 수색을 나갔는데, 200야드쯤 떨어진 곳에서 큰 폭발음이 들렸다. 내가 무전기로 호출해도 아무런 대답이 없었다. 부대에서 실수로 큰 포탄을 떨어뜨린 것으로 생각했다. 약 30분이 지난 뒤 생존자가 헐레벌떡 뛰어들어와서 모두 전사했다고 말했다. 급히 달려가 봤더니 수색 나간 대원 8명 중 2명만 살아 있었다. 차마 눈뜨고 볼 수 없는 참상이었다. 피 반죽을 해놓은 것 같았다. 여기저기 살점과 뼈가 뒤범벅이 되어 있었다."

수색 임무는 예리한 양쪽 날을 가진 칼 같았다. 미군은 수색 임무에 큰 비중을 두고 있었던 반면 게릴라들은 특히 인구 밀집 지역에서 미군의 수색 작업을 훤히 꿰뚫어 보고 있었다. 전면전도 없었던 상태에서 11%나 되는 미군의 높은 전사율을 분석해 본 결과, 기강 해이와 사기 저하가 주원인이라고 판단되었다. 수색작전 때 항명이 자주 일어났고, 마음에 들지 않는 장교들을 살해하는 사건도 발생했다.

일체의 검열 없이, 군부의 모든 사건, 사고가 여과 없이 TV와 신문을 통해 일반에 공개되는 상황에서 미국의 가장 큰 패배 요인은 민간인들 사이에서 확대 재생산되던 불만과 좌절감이었다. 1967년 말경 최악의 전투가 다가오고 있었다. 미군 전사자 수는 3배 늘어난 1만 6,000명으로 증가하고 있었다.

복잡하게 얽혀 있는 상황에서 협상이 타결될 때까지 독립기지에서 대기한다는 전략은 지극히 비효율적으로 보였다. 군부 통제를 위한 다툼은 계속되었다. 이 문제가 해결될 때까지 정치적인 목표로 내세운 '촌락의 평화 정착'은 게릴라의 존재 확인만큼이나 아득하게 느껴졌다. 지상전의 확대가 지연됨에 따라 근본적인 의문이 다시 제기되기 시작했다.

1. 기본적인 전략의 성공을 위한 수색 작업은 현재 효과적으로 수행되고 있는가?
2. 게릴라전에 효율적으로 대응하기 위한 경험 있는 지휘관들은 충분한가?
3. 비효율적인 전투력 때문에 기동성과 화력이 충분한 효과를 보고 있지 못한 것은 아닌가?
4. 기본 전략으로서 집중적인 공격 방법은 그럴 듯하게 들리지만, 실제로 게릴라들이 그만큼 피해를 입고 있는가?

베트남전에 가장 오래 참전했고 가장 많은 훈장을 받은 군인 중 한 사람이었던 앤더슨 소령은 수색작전에 대해 자신의 경험담을 이렇게 들려준다.

"우리 소대는 수색작전 전담이었다. 모든 소대원들이 적과 만나기를 고대했지만, 실제로 만나는 경우는 아주 드물었다. 소대 지휘를 맡고 있었던 몇 달 동안 4~5차례의 교전이 있었지만, 나머지 대부분은 교전 없이 그저 스쳐 지나가는 정도였다."

흑인 장교였던 그는 '베트남의 미군 병사들은 언제나 경험 많은 지휘관들을 잘 따라야 했다'고 말한다. 또 다른 흑인 참전용사로 해병대 소총수로 근무한 찰스 존슨C. Johnson은 '경험 없는 장교들이 큰 문제였다'고 회고했다.

그가 1967년 베트남에 왔을 때 보병들의 평균 연령은 18세였다. 그는 보충대대 소속이었기 때문에 전투와 작전에 자주 투입되었다. 소대 내에서도 가장 어려운 임무를 띠고 있었다. 수색 때는 맨 앞에서 척후병을 했다. 2번에 걸쳐 부상을 입었고 2개의 훈장을 받았다. 두번째 훈장은 존슨 대통령이 직접 수여한 상이군인훈장Purple Heart이었다. 그러나 보병 존슨의 악몽을 치료하는 데는 10년이란 세월이 필요했다.

베트남 근무 초기에 존슨은 정글 수색중에 신임 중대장을 맞이했는데, 그는 본토에서 장교학교를 막 졸업한 신출내기였다.

"하루치 비상식량만 가지고 우리는 3일 밤낮을 꼬박 매복해 있어야만 했다. 길을 잃어버렸기 때문이었는데, 이 신출내기 장교는 누구의 이야기도 듣지 않았다. 나는 여러 가지 방법을 동원하여 퇴로를 찾아내서 이 장교를 설득하려고 노력했지만 결국은 실패했다."

적지에서 지형에 익숙한 게릴라들을 상대로 기술과 기동성에만 의존해서 싸웠던 1년짜리 미군들은 전투 경험이 없었고, 6개월마다 순환 근무하는 장교들은 지휘관 경험이 부족했다. 경험 없는 장교가 신출내기 사병들과 부대를 책임지게 된 것이다. 웨스트멀랜드 장군은 이 점이 대단히 불만이었다. 군사분석가 젱킨스의 얘기를 들어보자.

"펜타곤 관리들의 생각이었다. 보다 많은 장교들에게 전투 경험을 쌓게 한다는 취지에서 취해진 조치였다. 그러나 예상했던 것보다 너무 잦은 교대 근무였다."

젱킨스의 이야기가 이어졌다.

"미국 군부의 많은 고위 관료들은 베트남을 실제로 있었던 제2차 세계대전과 미래의 전쟁 사이에 놓여 있는 이질적인 전쟁이라고 간주했다. 1년 순환 근무제라는 것은 아무런 의미가 없었다. 사기 진작은 되었을지 모르지만 실익이 없었다. 이것은 마치 12개월마다 다시 돌아가는 레코드 테이프 같았다. 똑같은 방식을 계속해서 반복한들 무슨 소용이 있겠는가?"

장기간 특수부대 장교였으며 웨스트멀랜드 장군의 전투지원사령부에서 장기 계획팀의 일원으로 일했던 젱킨스의 말은 정곡을 찌른다. 그는 전투지원사령부에서 "수없이 많은 비판과 보고서를 올렸지만 어느 누구도 읽어보지 않았다"고 말했다. 그는 예편한 후 랜드에서 군사분석가로 일했다.

"상층부로 올라갈수록 베트남전이 가지는 가치를 제대로 평가하는 사람이 많지 않았다. 어떤 중견 지휘관 한 사람은 이렇게까지 말했다. '이 치사한 전쟁을 이기기 위해 미군의 역사, 행동 강령, 조직 체계 같은 것을 간단히 바꿀 수는 없지 않은가?' 라고."

일부 인사들이 주장하는 전투 태세의 기본적인 변화에 대해 미 국방부의 경직된 조직 문화가 큰 장애 요인이 되고 있었다. 이와 관련해서 제기되었던 전투력과 기술 문제에 대하여 데이브 크리스천D. Christian 대위는 다음과 같이 증언했다.

"신속하게 병력을 이동하는 과정을 보면, 베트남 주둔 미군들은 수세적인 입장일 수밖에 없었다. 모든 장비와 전투 병력이 헬리콥터로 공수되었기 때문에 병사들은 점차 수동적으로 되어 갔다."

그는 나토 사령관과 1981년부터 미 국무장관을 지낸 알렉산더 헤이그A. Haig 장군 휘하의 보병 제26사단 1대대 소속이었다. 전투에서 7개의 최고훈장을 받기까지 수많은 부상으로 전장에서 2번이나 의식을 잃었다고 한다. 크리스천은 "대규모 보병부대원들은 전장에 배치되는 순간부터 마치 코끼리떼처럼 움직였다"고 말했다.

게릴라들이 거대한 지하 땅굴 속으로 숨어 버리면 전장에서 적을 찾을 수도 없었다. 미군 수색부대가 땅굴 위를 다 지나간 다음에 게릴라들은 지상으로 나와 캠프를 다시 설치했다. 크리스천은 "새로운 기동성도 베트남에서는 한물간 운영 체계에 지나지 않았다"고 말했다.

"억지로 배치된 경우 보병들은 끝까지 무의미한 사격만 계속했다. 그들은 필요 이상의 엄청난 장비를 운반했다. 베트남의 특수 여건상 이 장비들을 움직이는 데는 엄청난 힘이 필요했다. 18세기에나 통할 원칙들이 그대로 적용되었다. 정글에서 거대한 포를 2개 중대가 앞에서 끌고 가면 1개 중대가 뒤에서 미는 일이 흔히 있었다. 지휘관들은 헬리콥터가 모든 것을 다 해결해 주는 것으로 생각했지만, 지상에서 이동은 훨씬 어려운 문제였다."

예견된 일이었지만 북베트남군은 웨스트멀랜드의 전술을 부정적으로 평가하고 있었다. 당시 팜 반 동 수상은 미군을 눈먼 헤비급 권투 선수에 비유했다. 덩치가 크면 클수록 공격 목표가 되기 쉬웠다. 하 반 라우 대령도 미군에 대한 비판적인 견해를 그대로 가지고 있었다.

"우리는 미군이 이론적인 무장을 하고 있어서 기술에서도 한 수 앞설 것이라고 생각했다. 그들은 우수한 최신 장비를 갖췄고 잘 훈련되어 있었다. 그러나 복잡한 운영 체계는 전투원들에게 아무런 도움이 되지 못했다. 중무장을 한 미군들은 주변 환경에 적응하기가 어려워 쉽게 게릴라들의 목표물이 되어 버렸다. 생수까지 헬리콥터가 수송하는 정글에서 펼치는 작전을 상상해 보라. 이런 자연 조건에서 병사들이 장기간 전쟁의 어려움을 견딘다는 것은 매우 어려운 일이었다."

소규모 게릴라 부대를 수색하여 공격하는 데는 비용이 너무 많이 들었고, 대규모 부대를 공격할 때는 전과에 비해 동원하는 장비와 병력 지원에 너무 많은 힘이 들었다. 웨스트멀랜드가 지적한 대로 미군은 분명히 게릴라 기지들을 공격하여 붕괴시킬 수 있는 완력을 가지고는 있었다. 그러나 점령하고 굴복시킬 방법이 없었다. 크고 작은 다양한 작전으로 게릴라 기지 파괴는 가능했지만 일시적인 현상에 불과했다.

1966년 9월부터 11월에 걸쳐 벌어졌던 '애틀버러Attleboro' 작전은 규모와 기간에서 최대였다. 사이공 서북쪽에서 캄보디아 국경 쪽으로 향하는 울창한 밀림 속의 'C 전투 지구'가 대상이었다. 몇십 년에 걸쳐 구축되었던 그 게릴라 기지 공격을 웨스트멀랜드 장군은 이렇게 회고했다.

"남베트남군은 미군이 없을 때는 감히 게릴라 기지에 들어갈 생각을 하지 못했다. 게릴라들이 완전히 장악하고 있었기 때문이다. 적은 그곳에 어마어마한 땅굴 연결망을 구축해 놓고 있었다. 지하의 본부는 잘 위장되어 있었으며 보급기지도 그곳에 있었다. 우리는 그곳을 파괴해야 했다. 그러나 중대나 대대 규모로는 엄두가 나지 않는 일이었다. 희생을 최소화하면서 대규모 공세로

>>>>> 1969년, 게릴라 땅굴 수색 작업에 나선 미군 병사.

철저히 분쇄해 버려야 했다."

웨스트멀랜드 장군은 2만 2,000명을 동원해서 작전을 개시했다. 2개 사단이 참가하는 가운데 헬리콥터들이 이륙하기 시작했다. 게릴라 저항으로 발생한 부상자들은 헬리콥터가 후송했다. 포격과 공군의 공습에 이어 보병들이 땅굴을 샅샅이 뒤졌다. 동료들 사이에서 '땅쥐'라고 부르는 병사들이 땅굴 입구에 수류탄을 터뜨린 다음, 아세틸렌 가스를 땅굴 속으로 주입한 후 다이너마이트로 가스를 폭발시켰다.

북베트남측에서 취재 기사를 많이 썼던 언론인 윌프레드 버체트는 이 작전 중에 게릴라들의 땅굴 속에 잠시 머물렀다. 그는 '땅굴의 길이는 약 20km에 이르렀고 대나무로 정교하게 만들어져 있었다'고 말했다. 그리고 각 방은 독립적으로 분리되어 있었으며, 여러 갈래로 뻗어 있었다고 한다. 한마디로 거미줄 같은 지하 터널 구조를 갖추고 있었다. 버체트는 게릴라들에게서 이런 얘기를 들었다.

"만약 한쪽이 문제가 되면 다른 통로를 통해서 밖으로 나온 다음에 또 다른 땅굴로 들어가면 되기 때문에 아무런 걱정이 없다."

1966년 9월부터 11월까지 벌어진 애틀버러 작전은 72일간 지속되었다. 이 작전에서 적의 전사자는 초기에 추라이에서 3일간의 작전으로 거두었던 숫자와 비슷한 1,106명에 지나지 않았다. 웨스트멀랜드의 '소모전' 전략은 과연 기대했던 효과를 거두고 있었을까?

브라이언 젱킨스는 이렇게 분석했다.

"군사력의 우세는 유지되었다. 격전이 벌어지면 일단 승리는 했으니까. 그러나 이것은 전체적인 흐름이었을 뿐이다. 적이 포기하면 그 전투는 쉽사리 이길 수 있었다. 그러나 다른 한편에서 보면 전투의 승리가 바로 전쟁의 승리로, 정치의 승리로 연결되지 못했다는 점이다. 통솔하거나 장악할 수 있는 영토의 변화는 전혀 없었다."

1967년 중반에 베트남 주둔 미군 병력은 43만 1,000명으로 늘어났다. 그러나 웨스트멀랜드 장군은 맥나마라 국방장관에게 병력의 상한선을 54만 3,000명으로 증강시켜 줄 것을 요청했다. 전비의 효율성을 심각하게 우려하고 있던 맥나마라는 추가 병력의 필요성을 입증할 수 있는 증거를 요구했다. 그는 정치적인 승리를 보여줄 수 있는 적의 피해 규모나 미군의 전과 등 객관적인 증거가 필요했다. 맥나마라는 웨스트멀랜드에게 워싱턴이 필요로 하는 자세한 자료의 제출을 요구했다.

웨스트멀랜드는 '맥나마라가 기업인들처럼 통계 자료에 대한 의존도가 매우 높았다'고 말했다. 웨스트멀랜드는 미군이 어느 지역을 점령한 다음 그 지역을 계속 장악하기 위해서는 병력이 필요하다고 생각했다. 그래서 추가 병력을 얻기 위해 맥나마라의 요구대로 미군이 실질적으로 어느 정도 장악하고 있는가를 측정할 필요가 있다고 생각했고, 각급 부대에 전과를 '주간 단위로 보고하라'고 지시했다. 웨스트멀랜드는 전임자들이나 각급 지휘관들의 낙관적인 보고 태도와 남베트남 정규군 사령관들에 의해 부풀려진 전과 보고에 지극히 비판적이었다.

그러나 미군 지휘관들은 여전히 전사자 수를 기준으로 평가받고 있었다. 워싱턴이 듣고 싶어하는 이야기를 보고하는 것이 편했기 때문이다. 이것은 지휘관들이 경력 관리나 진급, 특전을 받는 데 가장 유리한 자료가 되기도 했다. 전과 측정을 하는 데 있어서 전사자 수가 가장 중요한 사항이었기 때문에 항상 부풀려지기 일쑤였다. 시간이 흐를수록 이러한 현상들이 어느 정도 묵인되기도 했다. 군부 고위층의 무감각한 태도를 비판했던 젱킨스는 다음과 같이 썼다.

"전략보다는 전술이 측정의 기준이 되었다. 훌륭한 전술의 측정 기준은 전장에서 적의 전사자 수가 무엇보다 중요했다."

반전 분위기와 징병 기피가 유행했던 미국 사회 분위기에서 확실한 전과는 정치적으로 이용 가치가 있었다. 그러나 시간이 지나면서 번디와 같은 고위 정책 입안자들도 베트남이 미국의 큰 걱정거리가 될 것이라는 우려를 나타내기 시작했다. 번디의 우려는 이런 것이었다.

"나는 한국전쟁이 장기전으로 흘렀을 때, 정치적으로 반전 무드가 일어났던 것을 생생하게 기억한다."

번디는 눈앞에 다가올 불안을 예견했다. 그는 미군 사령부가 추가 지원을 받기 위해서는 실제로 베트남에서 어떤 일이 일어나고 있는지에 대해 미국 국민들에게 자세하게 설명해야 한다고 생각했다. 웨스트멀랜드도 같은 생각이었다. 그는 미국 국민들을 감성적으로 동참하게 만들고, 현재 진행중인 상황에 대해 잘 이해할 수 있는 조치를 강구해야 된다고 오래 전부터 주장했었다.

그러나 이러한 제안은 수용되지 않았고 국민들 사이에서는 공포감만 커졌다. 매파들도 흔들리기 시작했다. 미국 국민들에게 어떤 이야기든 해주어야 했다. 존슨 대통령은 텔레비전 방송에서 이렇게 말했다.

"우리 국민들은 전쟁이 되었건, 풋볼 게임이 되었건, 선거가 되었건, 일단 경쟁 관계에 들어가면 빨리 결정되기를 바랍니다. 참여도 빠르고 싫증도 빨리 냅니다. 찬성도 그렇고 반대도 그렇고 수직적인 변화를 보입니다."

전쟁 반대 여론이 거짓말처럼 올라가고 있었다. 미군의 한 연구조사보고서는 적군 전사자가 500명 이상이었던 작전이 1966년에 17회, 1967년에 28회라고 밝히고 있다. 존슨 대통령이 전쟁 억제를 위한 노력을 밝히면서 평화협상을 시작했던 1968년 상반기에는 25회에 달했다.

1966년 하반기에 있었던 가장 큰 규모의 공세적인 성격의 애틀버러 작전에서 적의 전사자는 1,106명이었던 반면, 그 이후에 있었던 비슷한 규모의 작전에서 발생한 적의 전사자는 매 작전마다 3,000명에서 1만 명까지 달했다.

3년 동안 이런 종류의 작전을 통해 전사한 적은 1966년에 1만 5,000명, 1967년에 5만 명, 1968년에는 상반기에만 5만 명 이상으로 급증했다. 같은 기간에 펼쳤던 작전의 횟수는 약 50%가 증가했지만, 적군 사망자는 300%나 늘어났다. 그러나 이런 보고를 검증하는 통제관이 없었기 때문에 숫자 부풀리기가 심했다고 젱킨스는 말했다.

매주 1회씩 적군 전사자 보고를 하라는 압력을 받았던 젱킨스는 한 전투에서 실제 사망한 적군은 19명이었는데, 보고는 30명으로 하는 것을 보았다고 증언했다. 19명이란 숫자가 여러 단계의 보고 과정을 거치면서 30명으로 늘어난 것이다. 소규모의 전투에서도 이런 타락상이 나타났다. 제2차 세계대전 당시 벌지Bulge 전투를 그대로 재현하고 있었다.

종종 '전사자 숫자놀음'은 코미디나 다름없는 경우가 있었다. 필라델피아의 달동네에서 성장한 맷 마틴M. Martin 상병은 해병대에 지원 입대하여 베트남에서 2년차 근무를 하고 있었다. 근무 기간의 절반을 전장에서 보냈다는 맷 마틴은 이렇게 말했다.

"육군이건 해병대건 오래 근무한 사람일수록 전사자 부풀리기에 능숙했다. 한번은 대령에게서 걸려온 무전을 옆에서 들은 적이 있다. 그는 무척 흥분한 상태였다. 우리는 일부러 포탄 소리가 무전기에 잘 들리도록 했기 때문에 그는 크게 소리쳤다. '전사자가 몇 명인가? 적군 전사자가 몇 명인가?' 우리는 대령과 같은 마을에서 전투를 하고 있었다. 대령은 많은 전사자를 원했다. 우리와 함께 있던 소위가 무전병에게 성큼성큼 다가서더니 "300명 이상이라고 해!"라고 지시했다. 그러자 무전병이 '딱 떨어지는 숫자는 안 됩니다' 라고 말했다. 옆에 있던 중위가 '그러면 311명이라고 말해 줘!' 라고 소리 질렀다. 무전병은 그대로 불러 줬다. 대령은 '좋아!'를 큰 소리로 외쳤다. 전사자가 311명으로 확정되는 순간이었다."

격전의 현장을 체험한 맷 마틴의 이야기를 계속 들어보자.

"우리는 무차별 사격만 계속했었고, 실제로 우리에게 일어난 일은 지프가 전복하여 소위 1명이 죽은 것이 전부였다. 적은 1명도 사살하지 못하고 아군 초급장교 1명이 사고사했을 뿐이었다. 적 사살에 공이 많은 사병일수록 특별 대우가 뒤따랐다. 보급품과 스테이크를 많이 지급했고, 심지어 술자리까지 마련해 주었다."

대부분의 전사자 통계가 그런 식이었다. 그러나 그런 개인 기록을 검증할 방법이 없었기 때문에 웨스트멀랜드 장군도 결국은 전사자 통계에 상당한 부풀리기가 있었다는 점을 인정했다. 1967년 11월 워싱턴 방문길에 오른 웨스트멀랜드 장군은 공개 석상에서 이렇게 말했다.

"나는 여러 가지 의미 있는 통계 자료들을 여러분에게 말씀드릴 수 있습니다. 새로운 도로도 여러 군데 개통하였고, 적군의 전사자는 늘어나는 추세입니다. 공산군에서 이탈해 오는 적군들도 증가하고 있으며 무기 노획도 엄청나게 늘어나고 있습니다. 이와 같은 여러 가지 통계 자료들이 우리의 계획이 점차 결실을 보고 있으며, 승리가 다가오고 있다는 사실을 입증해 주고 있습니다."

웨스트멀랜드의 공개 발언에 대해 젱킨스는 이렇게 대응했다.

"게릴라전의 특성상 전쟁의 진행 결과를 측정할 수 있는 방법이 없는 상태에서 우리는 이것저것 숫자로 대신하는 방법을 택했다. 이렇다 보니 미군이 항상 이기고 있는 것으로 나타났다. 실제와는 다르게 미군은 언제나 승리한 것이다."

젱킨스는 부풀려진 전사자 수 때문에 미군이 실제보다 전투를 잘하고 있는 것처럼 보였다고 말했다. 그의 솔직한 지적은 좀더 이어진다.

"전사자나 전과의 집계가 진실이었다고 인정해도 소모전은 태생적인 결점을 지니고 있었다. 왜냐하면 그 전략이 북베트남의 전쟁 도발을 억제하는 효과를 가질 것이라는 전제하에서 출발했으나, 결과는 그 반대였기 때문이다. 큰 계산 착오가 있었던 것이다. 북베트남의 지도자들은 실제로 2000년까지 전쟁을 계속할 준비를 하고 있었다."

젱킨스의 분석에 의하면, 전쟁 현황에 대한 확대 해석은 여러 가지 기본적인 문제점들을 은폐하는 한편, 현실적으로 위급하다는 암시를 확대하기 위한 조처였다는 것이다. 상황에 맞는 지휘 체계와 군사정책에 적응할 능력이 없는데도 불구하고 이미 많은 병력과 자원을 투입한 상태였기 때문에 승리에 대한 조갈증이 나 있었다.

최종적인 책임과 비난은 당연히 워싱턴과 펜타곤에 쏟아졌지만, 정보 수집과 지휘 체계의 혼선에 대해서는 변화를 추구하지 않았다. 워싱턴의 질책은 오히려 항의했던 군부에 돌아갔다. 젱킨스는 이런 맥락에서 웨스트멀랜드 장군을 희생양으로 볼 수도 있다고 말했다. 그의 권한은 매우 제한적이었다. 사사건건 워싱턴에 있는 여러 기관들의 간섭이 하찮은 일에까지 끊이질 않았다. 베트남전을 지휘하는 사람은 너무 많지만 책임지는 사람은 아무도 없었다.

웨스트멀랜드 장군은 테일러 대사에게 종속적인 입장이었으며, 국무부의 여러 관료들이나 호놀룰루의 태평양함대 사령부와의 관계에서도 마찬가지 처지였다. 베트남전에 참전했던 미국의 공군, 해군, 해병대는 태평양함대 사령부의 지휘를 받게 되어 있었는데, 호놀룰루는 이러한 지휘 체계를 당연한 것으로 여기고 있었다.

북베트남에 공습을 감행할 때도 존슨 대통령의 지시를 참작해서 태평양함대 사령부가 관장했다. 웨스트멀랜드 장군은 자신의 임무를 성공적으로 수행하는 데 필요한 작전 지침이나 병력 투입에 대한 결정권이 아무것도 없다고 느꼈다.

웨스트멀랜드는 자신의 지휘권 문제에 대해 이렇게 말한 적이 있다.

"전쟁에 대한 책임이 분산되어 있었다. 대사, 나, 태평양함대 사령관으로 분리되어 있었다는 뜻이다. 군사 원칙에 맞는 통일된 지휘 체계가 훨씬 효율적이라고 생각했던 나는 분리안에 비판적일 수밖에 없었다. 기본 지휘 체계와는 반대 방향으로 가 버렸다."

현지 대사와 야전군 사령관 사이의 의견 대립은 한참 후에야 알려졌다. 1965년부터 1967년까지 사이공 대사로 재임한 로지는 대사 임기를 마칠 때쯤 '전쟁을 빨리 처리하자는 목소리를 내서는 안 된다'는 의사 표시를 했다.

"웨스트멀랜드는 나의 좋은 친구였으며 나는 그를 매우 좋아했다. 그러나 우리는 말레이시아 문제를 해결하는 영국의 지혜를 많이 배워야 했다. 로버트 톰프슨R. Thompson 경은 미국의 자문관이었으며, 말레이시아 주재 영국 사절단의 대표였던 제럴드 템플G. Templar 경의 자문관이기도 했다. 그들이 말레이시아 문제를 해결한 다음 정치와 경제를 안정시키는 데 12년이란 세월이 필요했다. 그들은 우리처럼 일을 서두르지 않았다. 그런데 지금 우리는 시간 여유를 가지지 않고 서두르고 있다. 2년이 채 지나지도 않았는데 이 문제를 성급하게 완전히 해결하려는 태도를 보이고 있다."

로지가 말하는 자신의 주장과 배경 설명을 좀더 들어보자.

"물론 여러 가지 이유 때문에 그렇게 지체할 수는 없다. 그러나 만약 정치적, 경제적 문제에 초점을 맞추어 이 문제 해결하는 데 12년 정도가 걸릴 것으로 예상한다면, 미군의 피해를 최소화시키면서 지속적인 결과를 얻을 수 있을 것이다. 이것은 웨스트멀랜드 장군의 생각이 아니고 나의 생각이다."

확전 기간 동안 웨스트멀랜드 장군은 긍정적인 생각과 부정적인 생각이 교차했던 것 같다고 로지 대사는 암시하고 있다. 1967년 11월 웨스트멀랜드 장군은 기자회견에서 "적군은 목표 달성에 실패했다. 아군은 목표 달성에 성공했다"고 말했다. 이 회견에서 그는 7만 5,000명의 추가 병력을 요청했다.

웨스트멀랜드의 이날 발언은 엄격한 의미에서 보면 워싱턴을 겨냥한 경고였다. 장기전에 대한 준비와 대국민설득을 해달라는 메시지가 담겨 있었다. 선전 포고도 없었고 누구도 확인해 주지 않는 이 전쟁은 규모상으로 보았을 때, 미군에게 불리하게 전개되고 있었다. 방송 매체들은 파괴와 전사 현장을 너무 많이 방영한다는 비난도 받았으나, 실제로 그런 장면이나 이야기 외에는 국민들에게 전쟁의 진실을 전해 줄 방법이 없었다.

베트남전에서도 '정신과 마음'은 또 다른 주제가 될 수 있었지만, 전쟁의 특성상 하나의 추상적인 개념에 불과했다. 웨스트멀랜드 장군은 언론이나 국내의 반동적인 현상들에 대한 전면적이고 적극적인 개선 노력을 기울여야 한다고 생각했다. 만약 그렇지 않으면 언론이나 국내의 분위기가 패전의 직접적인 원인이 될 수 있다고 느꼈다.

미국이 승리의 계기를 잡고 있을 때, 국민들이 식상해하기 전에 다시 한 번 밀어붙여야 했다. 웨스트멀랜드 장군은 자신에게 주어진 시간이 12년은 고사하고 12개월 정도에 불과하다고 생각했다.

로버트 톰프슨 경이 웨스트멀랜드 장군에게 들려준 충고는 이런 것이었다.

"미군과 대규모의 적군이 동일한 지역 안에 섞여 있는 상태는 크게 잘못되었다. 무엇보다도 적군을 구별할 수 있어야 하며, 게릴라들의 기간조직을 와해시켜야 한다(사실 CIA가 그렇게 하려고 노력은 했다). 실제로 그렇게 되면 적의 대규모 부대는 유지가 불가능하게 될 것이다."

웨스트멀랜드 장군은 사뭇 다른 대응 자세를 보였다.

"톰프슨 경은 적군의 대규모 부대들이 어디에서 보급품을 구하는지 설명하지 않았다."

언론 기고에서 웨스트멀랜드 장군은 말레이시아 사태와 베트남 폭동의 차이점을 두 가지로 요약했다. 말레이시아 폭동의 주역은 대규모 화교 집단이어서 구별이 쉬웠으며, 화교들은 국외로 도피할 만한 성역을 가지고 있지도 못했다는 것이다. 실제로 톰프슨 경이 적군 주력부대의 잠재력을 이해하게 된 것은 1968년 2월 구정 공세(베트남어로 구정舊正을 테트Tet라고 하기 때문에 테트 공세라고 한다 – 역주)가 있기 바로 전이었다.

웨스트멀랜드 장군은 베트콩의 구정 공세를 차단했지만 미국의 전비는 늘어만 갔다. 그가 평소에 가졌던 두려움이 현실화되었을 뿐 전술을 확인하는 전투가 아니었다. 구정 공세를 통해 웨스트멀랜드는 확전 논리를 다시 내세웠다. 그 이전까지는 소강 상태를 유지해서 전황이 바람직한 방향으로 흘러가고 있었으나, 구정 공세로 수년간의 노력은 물거품이 되고 다시 확전의 길로 치닫게 되었다.

구정 공세를 통해 공산군은 영국이 미국에게 충고했던 방법대로 도시에 집중 공세를 퍼부어 정부조직과 민간의 사기를 급격하게 저하시켰다. 순식간에 일각이 무너지는 전쟁에서 한순간의 승리나 교착 상태는 큰 의미를 가지지 못했다. 전쟁과 전투의 의미를 잘 보여주는 차이였다. 북베트남의 보 구엔 지압은 이러한 현상을 두고 이렇게 말한 적이 있다.

"우리는 전투에서는 여러 번 패배한 경험이 있지만, 전쟁에서는 한 번도 지지 않았다."

용어의 개념적인 차이점을 웨스트멀랜드 장군은 이렇게 언급했다.

"베트남전에서 우리는 한 번의 전투도 패하지 않았다. 물론 중대 단위로 심하게 타격을 받은 적은 있지만, 우리는 마지막의 전투에서도 지지 않았다."

이들의 주장은 전쟁을 정치적으로 이해했을 때 '이데올로기 투쟁 무대에서는 마지막까지 전쟁만 있을 뿐 전투는 없다'는 사실을 잘 보여준다. 몇 명은 웨스트멀랜드 장군을 아주 신랄하게 비판했다. 그 중에서 역사학자 슐레징거는 웨스트멀랜드를 커스터Custer 장군 이후 미군 역사에서 가장 '최악의 장군'이라고까지 혹평했다.

그러나 보다 공정한 평가라면 '웨스트멀랜드가 이길 수 없는 전쟁을 맡았다' 라고 이야기해야 할 것이다. 그는 정치적으로 편향된 전쟁을 효율적으로 지휘할 수가 없었다. 존슨 대통령의 다각적인 압력은 워싱턴과 백악관의 체면 유지를 위해 '빠른 시간 안에 적당한 방법으로 승리하라' 는 것이었다.

여러 가지 군사적인 조치 또한 웨스트멀랜드가 결정적인 전투는 할 수 없도록 제한하고 있었던 한편, 지휘 책임을 맡았던 1968년 6월까지 그가 요청하는 것은 무엇이든 다 지원되기도 했다. 최근에야 워싱턴이 그의 병력과 화력 지원 요청 및 전술 등에 대해 의구심을 나타내기 시작했다고 알려졌지만, 당시만 해도 웨스트멀랜드는 자기에게 지정학적으로 소규모 확전은 허용된 것으로 이해하고 있었다.

맥나마라 국방장관의 측근으로 베트남전에서 영향력이 컸던 해군장관 폴 니츠는 웨스트멀랜드를 이렇게 묘사하고 있다.

"나는 그를 잘 알고 있었다. 탁월한 지휘관이었다. 명예와 자존심을 중요하게 여기는 대단한 군인이었다. 이런 면에서 사령관으로는 전혀 문제될 것이 없는 사람이었다. 그러나 문제는 그가 미묘한 위치에 있으면서 다른 사람들이 바라는 대로 행동할 수 있는 지혜와 융통성을 가지고 있었느냐는 데에 있었다."

1967년 6월 맥나마라 장관은 〈펜타곤 페이퍼〉로 알려진 베트남전 의사 결정과 전략의 역사적 의미에 대한 내부 평가서를 정리했다. 그는 1966년부터 많은 불확실성 때문에 괴로워했다고 한다. 당시 그의 핵심 보좌관 중 한 사람이었던 애덤 야몰린스키A. Yarmolinsky는 이렇게 증언했다.

"그는 이 전쟁을 이길 수 없다고 믿었다. 전비의 과다를 불문하고 미국 국민들이나 자유 세계의 심판대 앞에서는 떳떳해야 한다고 생각한 맥나마라 장관은 전쟁에 개입한 자체가 큰 실수였다고 말했다. 아무렇지도 않은 조그만 일을 미국 스스로가 크게 만들었다고 후회했다. 그러나 전쟁 지도자들은 실제와는 다른 엉뚱한 이야기들만 떠들고 있었다. 존슨 대통령은 맥나마라 장관의 우려와 분석을 신경과민이라고 거들떠보지도 않은 채, 웨스트멀랜드 장군의 확전 주장에도 반대하면서 올해(1967년) 아니면 다음 해(1968년) 크리스마스 때까지 미군의 철수만을 생각하고 있었다. 1967년 7월 워싱턴은 언론에 미군이 승리하고 있다는 내용을 자랑하고 있었다."

이 시기에 즈음하여 웨스트멀랜드 장군이, 존슨 대통령과 맥나마라 장관이 참석했던 백악관 회의 내용을 공개했다. 공개적으로는 웨스트멀랜드도 낙관적인 태도를 취했지만, 전쟁이 언제 끝날지는 언급하지 않았다. 그의 이런 낙관적인 자세는 공산군의 활동 둔화와 때를 같이 하고 있었다. 그러나 이때 하노이는 지속적인 작전의 하나로서 구정 공세를 준비하고 있었다. 웨스트멀랜드 장군도 드디어 대공세를 취할 때가 되었다고 판단하여 합동참모본부와 공동 작업한 작전계획서를 제출했다.

"나는 두 가지 병력유지안을 세웠다. 하나는 최대한 확대 방안이었으며, 다른 하나는 최소한 유지 방안이었다."

웨스트멀랜드가 주장하는 '최소 유지 방안'은 현재 상태를 강화하는 데에 필요한 54만 3,000명이었고, 최대한은 남베트남 국경을 넘어 확전하게 될 때 보강해야 될 추가 병력이었다. 장군의 회고는 계속된다.

"맥나마라 장관이 나에게 물었다. '2개의 병력 확대 방안을 마련하면 언제쯤이나 전쟁의 바람이 잠잠해질 수 있는가?' 나는 '최소한의 병력으로는 6년이 걸리지만 최대한의 병력으로는 3년이면 가능하다'고 대답했다. '우리는 호치민루트를 차단할 수 있고 캄보디아 내에 있는 적의 성역을 파괴시킬 수도 있다. 그리고 육로나 해로를 통한 적의 보급로도 봉쇄할 수 있으며, 비무장지대 바로 위쪽에 있는 적을 공격할 수도 있다'고 말했다."

존슨 대통령은 '승리하는 데 비록 3년이란 기간을 기다려야 하지만' 북베트남을 공격할 수 있다는 이야기를 비중 있게 들었다. 웨스트멀랜드 장군은 '모든 것을 곧바로 행동에 옮길 수 있는 준비가 되어 있다'고 설명했다.

대통령은 '웨스트멀랜드 장군이 요청하는 병력은 자기도 그러한 조치가 필요한 것으로 생각하기 때문에 곧 충원될 것'이라는 발표만 했다. 충원될 병력은 최소한의 요청 인원이었다. 이날 발표는 존슨과 맥나마라가 베트남 통제를 위해 웨스트멀랜드가 말한 최소한의 요청만 들어준 것으로 비추어졌다. 국무차관보였던 윌리엄 번디는 이렇게 말했다.

"미군이 북베트남을 침공하는 문제가 거론될 때마다 행정부 내에서는 반대 여론이 압도적으로 많았다. 전쟁의 성격을 바꾸어 버릴 수 있다는 것이 그 이유였다. 군사적으로 후유증을 낳을 수도 있었다. 우리는 한국전쟁에서처럼 위기가 도처에 깔려 있다고 생각했다. 만약 우리가 북베트남 쪽으로 치고 올라가면 중공군이 대규모의 지상군을 동원하여 반격할 것만 같았다."

웨스트멀랜드 장군은 "만약 정치적으로 북침을 막지만 않았으면 미군은 충분히 승리했을 것"이라고 결론내렸다. 웨스트멀랜드는 이렇게 주장했다.

"미군은 1966년 초에 확보했던 기동력을 행사할 권한도 없었고, 전장을 확대할 재량권도 없었다. 단지 전쟁 수행 능력만 보유하고 있었다."

전쟁 범위의 제한을 놓고 벌어진 정치권과 군부의 갈등과 견해 차이를 브라이언 젱킨스는 이렇게 기록하고 있다.

"항상 비수가 등을 겨누고 있었기 때문에 군부는 전략상의 결점을 스스로 찾아내, 명예를 지킬 수 있는 조치를 강구해야만 했다. 1970년에 나온 정부측 보고서에서 나는 군부가 희생양이 되는 대목을 보았다. 군부가 전략과 조직상의 경직성을 보였기 때문에 베트남전에서 문제가 발생했다고 적혀 있었다."

국가의 생존이나 영토에 관련된 미래의 전쟁은 재래식 전쟁이 아닐 것이라는 생각들이 지배적이었다. 그런데 "물리적인 대치보다 이념적인 균형을 목적으로 하는 정치적인 색채가 농후한 전쟁에 대한 미국의 준비 태세는 형편없었다"고 젱킨스는 말했다. 우세한 화력과 기동성이 베트남전에서는 별 쓸모가 없었음이 여러 가지 실례로 입증되었다.

베트남전의 승리와 우세한 화력은 무관하다는 것이 판명되자, '자유 세계를 수호하기 위해' 화력에 충당한 지나친 경비가 오히려 서방 세계의 안보를 위태롭게 한다는 의견이 부각되었다. 조사 결과는 단순히 화력이라는 문제만 놓고 봤을 때, 낭비가 많았고 유기적인 협력체제 구축이 어려웠다는 사실을 드러냈다. 한 예로 해군의 함포 사격은 육군이 할 수 있는 일을 대신한 것에 불과했지 어떤 특수한 역할이 아니었다.

또한 전폭기들의 공격이 끝난 후에야 헬리콥터에 의한 병력 배치가 이루어졌다. 각 단계마다 사격이 있었으며 서로가 서로를 기다리는 극히 수동적인 전투 형태가 되어 버렸다는 것을 말해 준다.

전비 측면에서 봤을 때 포병은 하루 평균 1만 발의 포탄을 퍼부었다. 포탄 1발의 비용을 100달러로 계산했을 때, 단순히 여기에만 들어가는 비용이 하루에 100만 달러가 넘었다. 차라리 남베트남 사람들에게 이 비용을 생계비로 제공하고 대신 전쟁을 담당하게 했으면, 경비는 대폭 축소되었을지도 모를 일이었다.

베트남전에서 헬리콥터가 제 기능을 발휘했는가도 문제였다. 남베트남에서만 1대에 25만 달러 하는 헬리콥터 4,865대가 공중전이 아닌, 공산군의 지상군 포화로 추락, 파괴되었다. 헬리콥터는 엄청난 경비에 비하여 그만큼의 기동력을 발휘하지 못했던 것 같다. 베트남전에서 '우세한 화력'을 유지하기 위해 미국은 '재래식 전투의 정상적인 경비' 외에 1,100억 달러를 더 사용한 것으로 나타났다.

멜빈 레어드M. Laird는 국방장관에 취임한 후 "경비의 상당 부분은 승인받지 않은 채 집행되어 자유 우방 안보에 흠집을 냈다"고 말했다.

"많은 부품, 탄약, 항공기, 전함들을 차용했다. 내가 국방장관이 되었던 1969년에 이미 100억 달러 이상의 부품과 장비들이 대금도 지불되지 않은 채, 베트남전에 사용된 것을 발견했다. 베트남전을 지원하기 위해 다음에 지불하기로 하고 나토와 세계 각지의 미군기지에서 가져다 쓴 것이었다. 이것이 국내 경제에 미치는 영향은 매우 컸다."

존슨 행정부는 이런 형편을 오래 전부터 알고 있었음에도 불구하고 계속해서 병력 증강을 승인했다. 웨스트멀랜드 장군은 드디어 20만 명의 추가 병력을 요청하게 된다. 그는 미묘하게 얽힌 이 전쟁을 싼 비용으로 치르고 있다고 주장했다. 북베트남과 호치민루트에 대한 공습은 비효율적이라고 판명되었기 때문에, 적의 침투로 자체를 봉쇄함으로써 적의 전쟁 수행 능력을 소진시켜야 한다는 명분이었다.

웨스트멀랜드는 '행정부가 국민들의 의지를 분열시킨다'고 비판하기도 했다. 군부 지도자들은 어느 정도 웨스트멀랜드의 주장을 수용하였으며, 정치 지도자들 또한 그들 나름대로 군부의 완강한 주장을 반대할 입장이 아니었다.

그러나 베트남 주둔 미군 30만 명에 더불어 추가로 15만 명의 파견이 확정되어 있었던 한편, 베트남전 최종 희생자의 1/8에도 못미치는 7,000여 명이 전사했을 때인 1966년 가을, 정치 지도자들은 '공산군의 침투를 도저히 막을 수 없다'는 것을 이미 알고 있었다. 국방부 정책 입안자이기도 했던 애덤 야몰린스키는 유능한 참모들로 구성된 연구팀에 참여하고 있었다. 그의 얘기를 들어보자.

"북베트남은 거대한 굴뚝이나 깔때기 같아서 호치민루트를 통해 엄청난 보급품을 퍼부었다. 우리 연구팀은 무슨 방법을 동원해야 호치민루트를 효과적으로 봉쇄할 수 있는지 열심히 살펴보았다. 우리는 모든 가능성을 연구, 검토해 보았지만 결론은 언제나 '방법이 없다'였다."

11 미로

The Ten Thousand Day War

> 호치민루트는 가끔 출퇴근 시간대에 먼 섬과 육지를 연결시켜 놓은 고속도로처럼 붐볐다.
> _미군 특전대 용사 아이반 델빅

　1966년 9월 몬순으로 트루옹손 산맥 정상에 우기가 닥쳤을 때, 북베트남의 종군기자 트란 마이 남Tran Mai Nam은 현지 동행 취재를 시작했다. 그는 미군이 호치민루트라고 부르는 긴 산맥 전체에 만연했던 전쟁으로 피폐해진 자연의 음울한 영상들을 추적해 나갔다. 그는 종군 체험을 이렇게 썼다.

　"우리는 어두컴컴한 숲 속을 헤치며 밤낮으로 행군했다. 주위에는 미군이 사용한 화학 가스로 잎이 다 떨어진 거대한 나무들이 사방으로 가지들만 뻗치고 있었다. 물먹은 담요를 끝없이 펼쳐 놓은 듯한 낮은 구름 사이로 앙상한 나뭇가지들이 가득했고, 우리는 오래된 낙엽 위를 소리 없이 걷고 있었다. 낙엽이 빨리 썩기를 재촉하는 듯 비는 줄기차게 내렸다."

　하노이에서 보도된 트란 마이 남의 기사들은 종군 취재중 겪었던 미군 전폭기에 대한 공포감을 생생하게 전하고 있다.

　"폭격기들은 구름 위에 숨어 있었다. 숲 속 여기저기에는 폭격기들이 내는 굉음과 폭탄 터지는 소리가 가득했다. 팬텀기 편대의 제트 엔진 소리는 저승사자의 부름 같았고, 헬기와 정찰기들의 끝없는 으르렁거림은 소름을 돋게 했

다."

그해 초 한 미국 기자가 미군 정찰기를 타고 호치민루트를 답사한 후 '적은 지금 상상을 초월한 행동을 하고 있다'고 지적한 적이 있었다. T-28 프로펠러 비행기의 앞좌석에 앉은 솔 손더스S. Saunders는 1,000피트 상공을 선회하면서 산 정상 부근의 새로 만들어진 도로 위에서 자동차 바퀴 자국이 만들어 놓은 선명한 황토와 석회석 흔적을 볼 수 있었다. 도로의 폭은 자동차 2대가 평행으로 달릴 수 있을 정도로 넓었다.

〈유에스 뉴스 앤드 월드 리포트U. S. News & World Report〉에 기고하고 있던 손더스 기자는 새로운 사실에 다시 한 번 놀랐다. 미군 정보기관에서는 1965년에 이 호치민루트를 통해 3만 6,000명의 북베트남군이 남파되었으며, 1966년에는 9만여 명이 내려온 것으로 추정하고 있었다. 수천 대의 트럭이 보급품을 싣고 사람의 손으로 애써 만든 이 정글의 거미줄 같은 도로를 지나갔다는 것이었다. 그러나 손더스는 정찰 비행중 아무런 움직임도 발견할 수 없었다고 쓰고 있다.

"비행하는 동안 줄곧 적막함으로 등골이 오싹했다. 흔적이 뚜렷한 도로의 상공을 자세히 살펴봤지만 개미 새끼 한 마리도 찾아볼 수 없었다."

북베트남 종군기자 트란 마이 남의 기록은 '호치민루트가 왜 조용했는가'를 잘 보여주고 있다.

"우리는 끝없이 오르기만 했다. 비행기가 사라지고 나면 섬뜩한 정적이 주변을 감쌌다. 포탄과 화학 가스가 야생초들의 흔적을 찾아볼 수 없게 만들었다. 오로지 숨가쁜 헐떡임 소리만 간간이 들렸다. 나는 30여 명의 소대원과 함께 행동하고 있었다. 보급품 수송 통로는 야간에만 안전했다. 우리 일행은 거점 캠프에서 활동하는 게릴라 안내원들을 따라 하루에 12시간씩 행군했다. 행군하는 길은 너무 험난했다. 그곳은 길이 아니라 산비탈의 잡목 숲의 넝쿨 사이로 안내원들이 만들어 놓은 작은 통로들이었다. 가끔은 큰바위 위를 터벅터벅 걷기도 했다."

>>>>> 호치민루트에 있는 거점 캠프에서 휴식을 취하는 북베트남 병사들. 그물 침대는 병사들의 필수 장비 중 하나였다.

그들은 높은 지역의 숲에 숨어 있다가 B-52 폭격기들의 공격이 끝나면 그때서야 하늘을 볼 수 있었다. 뿌리가 뽑힌 나무들은 여기저기 널브러져 있었다. 트란 마이 남의 기록을 좀더 살펴보자.

"폭격이 있었던 자리는 마치 묵시록에 나오는 한 마을을 보는 듯했다. 분노에 가득 찬 복수의 여신이 아무런 이유 없이 이 고요하고 평화로운 숲 속 마을을 도끼로 할퀴어 놓은 것 같았다. 그들은 무엇을 원했던 것일까? 도저히 관통할 수 없는 이 정글을 폭격하기 위해 괌Guam에서부터 먼길을 날아와야 했을까?"

호치민루트를 놓고 펼치는 전면전은 훨씬 후의 일이었다. 1966년 워싱턴에서는 9,000마일 떨어진 정글에서 보이지 않는 적을 길들인다는 것이 불가능하다는 사실을 느끼고 있었다. 2년에 걸쳐 융단 폭격을 실시했지만 게릴라 침투를 지연시키지 못했다.

트란 마이 남이 지적한 바와 같이 미 공군의 한 지휘관도 B-52 폭격기가 호치민루트를 공습하는 것을 날이 예리하지 못한 도끼에 비유했다. 맥나마라 장관은 존슨 대통령에게 간단하지만 중요한 전황을 보고했다. 북베트남의 정규군과 별도로 남베트남에서 게릴라들의 활동을 지원하기 위해 북베트남은 하루에 20트럭분에 해당하는 60톤 규모의 보급품을 남쪽으로 보낸다는 상황 보고였다.

　1966년 후반기에 펜타곤은 이미 북폭이 전쟁 억제책이 되지 못한다는 결론을 내렸다. 유일한 해결책은 호치민루트의 봉쇄였다. 그러나 베트남전에서 전략적으로 문제가 되었고, 끝까지 논란이 된 유일한 전투 또한 호치민루트 봉쇄였다. 헤아릴 수 없는 폭격을 수많은 트럭들이 어떻게 피해 가고 있는가에 대한 의문이 계속 제기되었다.

　미 군사전문가들은 그들의 컴퓨터에 호치민루트의 전장 5,645km에 위치한 모든 협곡과 교차점이 표시되어 있었다고 말했지만, 하노이의 전략가 하 반 라우는 호치민루트를 이렇게 설명하고 있다.

　"그 도로는 총 길이가 1만 3,000km 이상이었다. 수천 킬로미터는 남베트남과 라오스, 캄보디아 국경을 따라 이어졌으며, 지도에서 보면 자동차의 연료 파이프처럼 구불구불했고 북베트남은 주유소 역할을 하는 것처럼 보였다. 양국의 국경을 넘나드는 격자 모양의 도로는 직선 거리보다 13배나 길었다. 1959년에 시작된 도로 건설은 확장과 보수를 계속해서 이 지역에서 활동하는 북베트남군의 주요 교통로가 되었다."

　전쟁 기간에 하노이의 지도자들은 시종일관 북베트남 병력의 남베트남 침투를 부인했다. 그러나 실제로 재통일을 위한 총선거를 실시하기로 한 지 3년이 지났을 때인 1959년, 하노이는 남베트남에서 활동하는 게릴라들을 지원하기로 결정했다. 하노이는 분단 당시 북쪽으로 넘어왔던 남부 출신들을 세포요원으로 남파했다.

　1960년 초 미국이 군사고문단을 342명에서 685명으로 배로 늘리자, 북베트남 지도자들은 이와 때를 맞춰 게릴라 활동도 '베트남민족해방전선'으로 개편 결성하게 된다. 이 단체를 후에 미군은 경멸하는 뜻인 '베트콩'으로 호칭했다. 1960년에 북쪽에서 5,000여 명의 정치기간요원들이 남쪽으로 내려왔다.

이러한 추세는 한때 전쟁 상태에 있었던 라오스에 1962년부터 정치적인 안정이 찾아 들자 더욱 확대되었다. CIA의 비밀공습작전은 침투로인 호치민루트에 집중되었다. 그러나 호치민루트가 중립 상태였던 라오스에 걸쳐 있었던 한편, 북베트남은 남부에서의 게릴라 활동은 베트남민족해방전선의 투쟁이라고 주장했기 때문에 워싱턴과 하노이 모두 호치민루트에서 자신들의 활동을 부인하는 진풍경이 벌어지기도 했다.

호치민루트를 둘러싼 전투가 21세기의 길목에서 다시 일어나고 있었지만, 처음 이곳에서 전투가 발생했던 것은 BC 2세기경으로 기록되어 있다. 그 전투에 참가했던 사람들은 가파른 장애물을 지나 물자를 수송하기 위해 코끼리를 이용했다. 한니발 장군이 알프스를 넘듯이 그들도 라오스로 통하는 1,300피트의 무지아Mu Gia 통로를 넘어야 했다.

라오스는 '코끼리 왕국'으로 알려졌지만, CIA가 주도했던 공습으로 많은 코끼리가 사라졌다. 1964년 호치민루트에서 처음으로 북베트남 정규군이 발견되었다. 그들은 인간의 한계를 시험하는 산악 행군을 하고 있었다. 고도 7,000피트에서 보면, 호치민루트는 북위 17도선에서 남쪽으로 11도선까지 내려와서 사이공 서쪽 끝 지역에 도착하게 되고, 거기서부터는 작은 도로와 연결이 되었다.

수천 킬로미터에 달하는 굴곡이 심한 이 길에는 자연 재해 또한 매우 흔했다. 1964년 윌프레드 버체트 기자는 서양인으로서는 처음으로 이 통로를 종군 취재했다. 그의 회고를 들어보자.

"내가 처음 취재를 시작했을 때 17도선에서 사이공 근처에 도착하는 데까지 거의 6개월 걸렸다. 험난한 산악 지대, 농촌 지역, 머리끝이 쭈뼛쭈뼛할 정도로 흔들거리는 허약한 대나무 다리들을 통과해야만 했다. 몇 년이 지난 다음에는 6주일이면 가능했으나 위험은 마찬가지였다. 특히 우기인 9월부터 2월까지는 대홍수가 나서 통로 곳곳이 유실되었고, 계곡은 흔히 급류가 넘실대는 큰 강으로 변했다. 협곡 사이에 있는 로프 손잡이와 대나무 깔판으로 만들어진 다리들은 폭이 1m 정도 되었는데, 공습을 피하기 위해 자주 거두어 버리곤 했다. 빽빽한 밀림 속을 행군하던 병사들의 배낭은 비에 흠뻑 젖어 도저히 바로 일어설 수 없을 정도로 무거웠다. 햇빛이 나면 한증막에서처럼 질식할 것 같이 숨이 막히기도 했다. 말라리아와 아메바성 이질은 이들에게 크나큰 두려움의 대상이었다. 초기에는 이 병에 걸리면 10%가 사망했다. 의료 시설이나 약품 공급도 형편없었다. 특히 말라리아가 무서웠다. 그러다가 1964년에 약품을 공급하는 정글 속의 진료소가 몇 개 생겼다."

다른 병사들과 마찬가지로 버체트도 몇 주일 동안 혹독한 등반과 심한 운동이 수반되는 여정에 대비해 훈련을 받았다. 출발할 때는 첫번째 베이스캠프에 도달하기 전까지 각자가 가지고 갈 8파운드 무게의 짐을 챙겼다. 랜드에서 발표한 포로 심문과 대화 내용에 따르면 이 짐은 두 켤레의 샌들, 여분의 녹색 군복 한 벌, 전통적인 검정색 파자마 한 벌, 우비 하나, 나일론 텐트 하나, 그물 침대 하나, 모기장 하나, 10m 길이의 밧줄, 그리고 1개월분의 충분한 약과 비타민제로 꾸려져 있었다.

버체트의 체험담을 더 들어보자.

"나 역시 휴대했고 모든 사람들이 가져가야 할 절대적인 필수품 한 가지는 주사위처럼 생긴 정육면체 모양의 해독제였다. 만약 독사에 물렸을 경우, 이 정육면체를 재빨리 깨뜨려 그 절반은 물린 곳에 바르고 나머지는 씹어먹어야 했다. 3분 이내에 조치를 취하지 않으면 뱀독으로 몸이 뻣뻣해져서 곧바로 죽었다."

버체트는 오스트레일리아 출신 기자로 프랑스와의 전쟁 기간에도 베트민 작전을 취재했었다. 그는 서방 특파원으로서는 최초로 디엔비엔푸의 정글에서 호치민을 만난 기자였다. 그러나 버체트는 그의 색다른 현장 취재와 증언, 공적에 대해 값비싼 대가를 치러야 했다. 오스트레일리아가 미국의 요청으로 베트남전에 참전한 뒤 '버체트는 조국의 적을 지지하고 있다'는 주장이 제기되면서 그의 여권이 취소되어 버렸다.

1965년 미국의 동맹국들이 참전함에 따라 버체트는 호치민루트와 게릴라 전술에 대해 상세히 기록되어 있는 〈베트남 : 게릴라전 이야기Vietnam : Inside Story of the Guerrilla War〉를 출판했다. 이 책은 지난 10년 동안 북베트남이 보여주었던 꿋꿋함에 대한 버체트의 설명이자 동맹군들에 대한 경고였다.

1960년대 초반 북베트남의 남베트남 게릴라에 대한 물자 지원은 주로 수천 명의 인민들이 담당했고, 가끔 조랑말과 자전거가 이용되었을 뿐이다. 이 거대한 행렬은 항상 엄격한 규율과 위장술로 잘 은폐되어 있었다. 행렬의 마지막 사람은 항상 나뭇잎과 나뭇가지들로 자신들이 머물렀던 흔적을 지우고 떠났다.

버체트는 "스쳐 지나가는 나뭇가지들에서 작은 물방울처럼 부드럽게 떨어졌던 작은 녹색 거머리들을 절대 잊을 수 없었다"고 말했다. 피가 흐를 때에야 비로소 물이 아니라 거머리인 것을 알았다는 것이다. 유일한 휴식은 가끔씩 볼 수 있는 수채화 같은 경치였다. 겹겹이 안개 덮인 숲이 끝없이 펼쳐지는 자줏빛 노을 속으로 뻗어 나가는 모습은 모든 것을 잊게 하는 장관이었다.

호치민루트의 마지막에 다다랐을 때쯤 갑자기 매우 낮은 고도로 날고 있는 시커먼 형상 4개가 나타났다. 안내인들과 함께 은신처로 달려가 숨었다. 버체트는 미군 헬기를 만났을 때 게릴라들의 대응 모습을 이렇게 적고 있다.

"헬리콥터가 내는 굉음 때문에 귓전에 어떤 소리도 들리지 않았다. 헬기에서 내뿜는 기관총 소리에 비하여 게릴라들의 경기관총 대응은 너무 초라하게 느껴졌다. 헬리콥터들은 마치 가까이 착륙을 결정하려는 듯 빙빙 회전하다가 결국 떠났다. 자신들의 목표를 수직 공격할 수 없었던 반면, 게릴라들의 지상 기관총에 쉽게 노출되었기 때문이었다. B-52 폭격기들의 출현은 몇 달 후의 일이었다."

매년 게릴라의 남부 침투율이 3배씩 증가하고 있었던 1964년 후반, 미군은 호치민루트를 집중 폭격하기 시작했다. 이 폭격은 CIA가 재정 지원하는 라오스 공군의 지원을 받고 있었는데, 주로 T-28형 프로펠러 비행기들이 사용되었다.

라오스는 공식적으로는 연합정부를 표방한 중립국이었다. 그러나 몇 개의 마을과 도시를 통제하고 있던 라오스 정부군과 북베트남의 실질적인 지원을 받으면서 국경의 수송 노선을 포함한 농촌 지역 대부분을 관장하고 있던 파테트라오로 분열되어 있었다.

북베트남이 호치민루트와 수송 노선의 중심부를 차지하게 되자 라오스에서 대리전을 치르는 꼴이었다. 그러나 이러한 사실은 서방 언론에 보도되지 않았고 누구도 시인하지 않았다. 북베트남에 대한 롤링 선더 폭격이 1965년 초 공개된 후에도 이 사실은 장막에 가려 있었다. 암호명이 '강철 호랑이Steel Tiger'였던 라오스에서의 CIA 호치민루트 폭격작전은 여전히 비밀에 부쳐졌다. 하루에 300회씩 출격하는 집중적인 공중 폭격이 있었음에도 불구하고, 끝까지 비밀을 유지했다는 사실은 놀라운 일이 아닐 수 없다.

미국은 공개적으로 남베트남 방어를 천명했으나, 라오스 주재 미국 대사 윌리엄 설리번은 비엔티안에 있는 대사관 안에서 이 비밀전쟁을 은밀하게 지원하는 특수한 위치에 있었다. 그는 1964년부터 1968년까지 임기 내내 베트남전에서 가장 어려운 전투 기간을 그렇게 보냈다. 1965년 이후 대사 설리번이 치른 전쟁은 외교정책의 어두운 면을 내포하고 있었으나, 더 이상 큰 비밀은 아니었다.

설리번은 중립 라오스 내에 있는 목표물을 겨냥하고 있던 미 전략공군 Strategic Air Command의 막강한 힘을 조절하는 일을 돕고 있었다. 라오스를 이용해서 매월 3,000명의 북베트남 병력이 남침하고 있다고 믿던 때였다. 설리번의 설명을 들어보자.

"라오스는 활동의 중심지가 아니었다. 남베트남에서는 대치 상황이 계속되었지만 라오스에서는 미군의 직접적인 개입을 원하지 않았기 때문에, 라오스의 중립성을 공개적으로 훼손시키지 않는 범위 내에서 지금까지 해왔던 비공개 폭격작전을 그대로 유지하기로 결정했다."

설리번은 라오스가 중립적인 자세를 벗어나지 못하도록 철저히 통제하고 있었다. 라오스 내의 폭격 목표물에 대한 최후 승인을 얻어내는 일도 그의 몫이었다. 설리번은 라오스의 중립을 보장하기 위해 열렸던 1961년 제네바극동평화회의에서 미국 대표였다. 대사가 되기 전에는 미 국방부와 CIA 전문가들 사이의 회의를 주재하면서 '베트남전 정책을 어떻게 조정할 것인지'를 논의하기도 했다.

설리번은 한때 북폭 대상에서 인구 과밀 지역은 제외하자는 주장을 했으나 성과를 보지 못했다. 그러나 라오스 대사로서는 확고한 통제권을 장악하고 있어서 호치민루트에 미국의 지상군을 투입하려는 국방부의 계획을 저지시킬 수 있었다. 침투로의 일부분은 그의 관할권에 들어 있었기 때문이었다. 결국 이런 조치들이 남베트남에서의 전투를 확대시켰으나, 때로는 라오스에서 은밀하게 진행중이던 전쟁 상황을 은폐하기 위해 설리번의 명령이 웨스트멀랜드 장군의 명령보다 우선하는 경우도 있었다. 설리번은 이렇게 회고했다.

"나는 B-52 폭격기뿐만 아니라 전술 폭격기의 사용도 제한적이어야 한다고 생각했다. 이 비행기들은 너무 빨랐기 때문에 정글 지역에서 효율적으로 활용하기가 어려웠다. 사실 우리는 이 비행기들이 인구 과밀 지역에서 무차별적인 폭격은 하지 않는다는 것을 확인하고 싶었다. 우리는 이전에 찍었던 사진을 통해서 이러한 사항을 주장했었고, 나 또한 웨스트멀랜드 장군이 라오스에 있는 호치민루트 폭격이 지연되고 있는 사실에 불만이 많다는 것도 수차례 확인했다. 실제로 군부의 비평가들은 호치민루트를 '설리번 고속도로'라고 불렀다."

웨스트멀랜드 장군은 워싱턴의 결정에 조바심을 내고 있었다. 그는 북폭이 호치민루트의 공습보다 훨씬 효과적이라고 말했다. 호치민루트의 차단을 위해서는 그 시발점이라고 할 수 있는 북쪽에 위치한 라오스 내륙을 폭격해야 된다고 주장했고, 1966년에는 실행 계획까지 세웠다. 그는 루트 봉쇄에 최소한 3개 사단 정도가 필요할 것으로 추정했다. 워싱턴은 확전 때 예상되는 사상자의 수와 위험 정도까지 검토했다.

1967년 중반 웨스트멀랜드 장군은 신임 대사 엘즈워스 벙커E. Bunker가 자신과 비슷한 견해를 가지고 있다는 것을 알았다. 벙커는 이렇게 말했다.

"나는 도착 직후 대통령에게 우리가 라오스로 들어가야 한다고 주장하는 문서를 보냈다. 만일 우리가 호치민루트를 차단한다면, 베트콩은 움츠러들 것이라고 생각했다. 그들을 유지시키는 유일한 배경은 하노이에서 오는 공급 물자와 무기, 탄약이었기 때문이다."

한때 설탕업계의 거물이었던 벙커는 뉴저지 주의 항만 사업가로 열심히 일했었다. 그는 자신의 사업 경험을 바탕으로 뛰어난 분쟁 해결사라는 평판을 얻게 되었다. 번뜩이는 영감을 지닌 노련한 협상가로서 유엔 주재 미국 대표, 미주기구OAS 위원장에 이어 미국 적십자 위원장까지 지냈던 그는, 이제 베트남전의 상처를 치유하고자 관심 방향을 크게 돌린 인물이었다.

벙커는 6년을 근무하는 동안 호치민루트만큼은 끝내 타협을 거부했다. 그는 라오스를 침공하는 것은 중립성을 해치는 일이라는 사실을 알았지만, 상대방이 동의서에 서명한 후에도 약속을 지키지 않았다는 데 문제가 있다고 지적했다. 중국의 개입으로 인한 확전 가능성을 벙커는 이렇게 말했다.

"우리는 베이징에 친구들이 있었다. 영국과 프랑스 사람들이 거기 있었다. 그들은, 우리가 중국이나 북베트남에 대해 다른 의도를 가지고 있지 않다는 점과 북베트남 사람들이 원한다면 어떤 종류의 정부도 스스로 세울 수는 있지만 '결코 남베트남 정부를 인수할 수는 없다' 는 사실을 베이징 정부에 설명할 수 있는 입장에 있었다."

존슨 대통령은 라오스 침공에 대해 더 이상의 논쟁이 없도록 할 것을 지시했다. 당시 '맥나마라 라인' 으로 알려진 호치민루트 봉쇄에 원격 조정 장치를 활용하는 방안이 검토되고 있었다. 100km에 해당하는 북쪽 국경을 봉쇄하는 전자 울타리 설치 계획이었다. 10억 달러가 들어가는 이 전자 울타리는 가시 철조망을 친 후 몇 킬로미터 간격으로 지뢰를 매설한 다음, 음향과 진동 감지기를 설치하는 시스템으로 되어 있었다.

웨스트멀랜드 장군은 이 계획에 회의적이었다. 워싱턴이 여전히 유치한 방법만을 추구하고 있다는 생각 때문이었다. 데푸이 장군은 감지기가 죽순 모양 같았다고 말했다. 비행기에서 투하된 감지기들은 각각의 위치를 알려 왔으며, 사람이나 자동차의 위치, 음성을 그때그때 송신했다. 그리고 이 정보에 따라 전폭기나 포병의 지원 사격을 즉시 요청했다.

그러나 웨스트멀랜드는 '맥나마라 라인'이라고 명명된 전자 울타리를 보호하기 위한 지뢰밭은 '현재 자신이 지원할 수가 없고, 대규모의 병력 배치가 선결된 다음에야 가능할 것'이라고 강조했다. 1967년 초 그의 주장이 옳다는 것이 입증되었다. 지뢰밭 매설 공사는 북베트남군의 집중적인 공격으로 시작도 해보지 못한 채 중단되어 버렸다.

이때 웨스트멀랜드 장군의 지휘부는 북베트남의 병력 남파가 연간 9만 명을 넘는다고 추산했다. 워싱턴은 전자전電子戰 계획을 수정하는 한편, 북폭 출격 횟수를 하루 300회에서 점진적으로 늘려 900회까지 강화하라고 지시했다. 트란 마이 남은 당시 증강된 북폭 상황을 이렇게 기록하고 있다.

"호치민루트에 대한 미군 특수부대의 불시 소탕작전은 말할 것도 없었고, 정찰기들의 감시는 매우 집요했다. 우리에게는 접선이 안 될 경우를 대비해서 주야간 암호가 수시로 하달되었고 통행증도 새로 발급되었다. 나는 호치민루트에서 수 개월을 보내고 있었다. 쾅트리Quang Tri 성에 있는 국경이 내려다 보이는 산 정상 캠프에서 소대 규모로 분산하여 내려가다가 공격을 받으면 다시 집합하여 언덕 위로 후퇴하곤 했다. 낮에 하는 행군은 그렇게 힘들지 않았지만 산으로 올라갈 때는 이마 위의 힘줄이 한껏 부풀어올랐다. 가끔 폭풍우를 만나거나 미군 특수부대의 공격을 받으면 며칠이고 숲 속 은신처에서 쌀미음, 풀뿌리, 나뭇잎 등으로 배고픔을 달랬다. 행군중인 병사들에게는 엄격한 시간 제한이 없어서 도중에 혹시 고향 마을이라도 찾을 수 있을까 하고 방황하기도 했다. 정치군관들은 이런 병사들에게 '이 숲과 산은 우리의 고향이고 무기'라면서 정신교육을 시켰다. 소대마다 병사들의 사기 진작을 위해 정치군관들이 반드시 함께 다녔다. 한 정치군관은 호치민루트를 '돼지 먹이로 쓰는 큰 뱀'에 비유했다."

'큰 뱀'은 점차 커지기 시작했다. 호치민루트에 미군의 폭격 횟수가 늘어나자, 북베트남은 암호명 '두안Duan 559'로 명명된 작전에 따라 정예 지상군 2만 5,000명에게 루트 방어 임무를 맡겼다. 본부의 주둔 병력은 B-52 폭격기의 공습이 있을 때마다 이동하였으나, 검문소와 포 진지는 철저하게 운영하고 있었다.

어림잡아 약 1만 발의 포탄을 수천 킬로미터 거리의 산 속까지 운반했다. 탄약과 보급품 수송을 위해 1만 대의 트럭들도 일정한 간격을 두고 공습을 피해가면서 달렸다. 북쪽에서 온 지원병들은 시도 때도 없이 도로 보수에 동원되었다. 이런 상황에 대해 뒤에 하 반 라우는 다음과 같이 회고했다.

"젊은 지원병과 남녀 근로자들이 호치민루트를 쉴 틈 없이 보수했다. 이들은 공습이 끝나기가 무섭게 정찰기들의 감시에도 불구하고 '도로가 파괴된 채 방치될 수 없다'는 신념으로 부서진 도로를 곧바로 말끔하게 단장하곤 했다. 아무리 폭격이 심해도 매일 밤 자고 나면 도로는 통행하는 데 전혀 지장을 주지 않았다."

기습공격에 참가했던 미군 특수부대원 아이반 델빅I. Delbyk은 호치민루트를 이렇게 묘사했다.

"때때로 그 산 속의 도로는 러시아워 때 섬과 육지를 연결하는 고속도로 같았다."

특수부대 장교였던 데이브 크리스천은 자기의 경험담을 털어놓았다.

"간단한 도로가 아니었다. 수천 개의 도로가 미로처럼 얽혀 있었다. 폭격이 심할 때에도 도처에 널려 있는 휴식 공간에서 그들은 피난처를 구할 수 있었고 장비를 추스를 수 있었다. 나는 그들의 행동을 칭찬할 수밖에 없었다. 북베트남 군대는 정말 훌륭했다."

그러나 미국에 귀국했을 때 사람들은 크리스천에게 계속해서 이렇게 물었다. "왜 우리는 호치민루트를 송두리째 파괴해 버리지 못하는 것인가?"

워싱턴에서는 호치민루트의 봉쇄를 비용과 정보 부족이 밀접하게 연결된 문제로 인식하고 있었다.

사이공 주재 CIA 수석분석가 프랭크 스넵은 CIA 본부에서 깜짝 놀랄 만한 이야기를 들었다.

"회의중 거론되었던 아이디어의 하나로 이런 것이 있었다. 북베트남 지도자들을 한꺼번에 납치하자는 제안이었다. 그러나 그들을 어디에서 찾아야 되는지 몰랐다."

스넵은 이런 이야기를 필자에게 솔직하게 소개했다. 필자는 하노이 지도자들이 4년 동안 3번에 걸쳐 하노이 바딘 광장에서 만나는 것을 본 적이 있었다. 그러나 그 사실을 말하지는 않았다. CIA는 하노이의 비밀경찰 총수가 매실주를 매우 좋아한다는 것을 알고 그의 책상 위에 독이 든 매실주를 가져다 놓는 방법을 집중적으로 연구하기도 했다. 몇 가지 아이디어는 가소롭기까지 했다고 스넵은 말했다.

북베트남의 병사들이 미국 맥주 버드와이저를 좋아했기 때문에 라오스 남부 국경 근처 침투로에 버드와이저 맥주를 비행기에서 떨어뜨려 놓으면 침투를 지연시킬 수 있을 것이라는 제안까지 있었다. 그러나 이 제안은 회의장 칠판 위에서 사라졌다. 침투로 전체에 깨끗한 맥주 상자들을 떨어뜨려 놓자는 의견도 빛을 보지 못했다.

백악관의 지시에 따라 '제이슨Jasons'이라고 불리는 새로운 정보팀이 정책 대안 마련과 비용 분석 업무를 장악했다. 1967년 초 이 팀은 보다 기본적인 정보 제공까지 맡았다. 미군의 공습 경비가 북베트남 전비의 10배에 달한다는 분석을 해냈다. 공습 비용만 최소한 1년에 10억 달러가 들어간다는 것이었다. 북베트남이 그때까지 입은 손실은 1억 달러 미만이었지만 동유럽에서의 지원은 그 이상이었다. 수없이 많은 공장과 설비들이 파괴되었음에도 불구하고 북베트남은 전쟁 수행을 위해 지원받은 모든 물자를 남베트남으로 보낼 수 있었다.

존슨 대통령은 다시 한 번 자신이 신뢰하는 전 해군장관 폴 니츠에게 이런 사항을 확인받고 싶었다.

"롤링 선더는 찻잔 속의 태풍이었는가? 내가 피하고 싶은 인구 밀집 지역의 폭격 외에는 다른 효과적인 폭격 방법이 정말 없는 것인가?"

니츠 전 장관은 제2차 세계대전 당시 정확성으로 명성을 날렸던 '전략폭격조사팀Strategic Bombing Survey Group' 을 활성화시켜 달라는 요청을 받았지만, 호치민루트로 들어오는 물자 공급을 중단시킬 방안이 없다는 부정적인 처방만 내놓았다. 니츠는 이렇게 결론 맺고 있다.

"모든 물자는 중국과 소련이 지원하고 있다. 그 물자들을 생산하는 공장들을 파괴할 방법이 없었다. 물론 북베트남을 일시적으로 곤경에 처하도록 만들 수는 있었지만 결정적인 압력을 가할 수는 없었다."

이렇게 명백하게 다른 견해가 있었음에도 불구하고 5년 동안 북폭은 쉬지 않고 계속되었다. 북베트남 상공에서 1,000여 대의 미군 전투기가 사라졌으며, 800명 이상의 미 공군 조종사들이 불귀의 객이 되어 버렸다. 폴 니츠는 공습으로 결코 호치민루트를 봉쇄하지 못했다면서 이렇게 말했다.

"우리는 한국전쟁 때도 공산군의 물자 공급을 봉쇄하려고 많은 노력을 했지만, 결국은 성공하지 못했다. 호치민루트의 구조는 한국전쟁 때보다 훨씬 더 복잡했다."

또 다른 연구보고서는 B-52 같은 폭격기는 호치민루트에서 비용만 많이 들 뿐 효과가 없다고 지적했다. 위도와 경도를 맞춘 좌표 공격을 할 때, B-52 폭격기는 30초 이내에 750파운드짜리 폭탄 100개를 퍼부어 길이 1마일, 폭 1/4 마일에 해당하는 숲을 초토화시킬 수 있었다.

폭격 비용을 계산해 보면 약 100톤 또는 300개의 폭탄을 투하해서 호치민루트를 지나는 적군 1명을 사살한 셈이었다. 이 비용을 달러로 환산하면 14만

3,000달러에 해당되는 금액이었다. 기록에 의하면 북베트남은 약 15만 명을 남파했으며, 남파 행렬이 가장 왕성했을 때 미군은 17만 1,000톤의 포탄을 퍼부었다. 북베트남군 1명당 약 1톤 이상의 포탄을 투하했다는 계산이다.

미군이 집계한 전사자 비율이 정확하다면 미 공군은 그해에 20억 달러를 들여 B-52 폭격기들을 출격시킨 결과 적 1,500명 정도를 사살했다. 북베트남군은 100명 중 1명이 전사했다는 비율일 수도 있다. 정글에 숨어 있는 적을 상대하는 미군의 재래식 무기에 대한 가치와 효용성이 당연히 의문시되었다. B-52 폭격기들도 정찰기들의 사진 정보보다는 현장 정보가 절실히 필요했다. 모두가 이렇게 부정적인 견해를 밝히자 존슨 대통령은 제이슨팀에게 호치민루트에 대한 근본적인 해결책을 제시하라고 지시했다.

몇 년 동안 반관반민半官半民 형태로 지속되었던 제이슨팀은 유명한 대학교수, 노벨상 수상자, 고위 관료, 컴퓨터 기술자, 군사전략가들로 구성되어 있었다.

그러나 1967년에 이 팀은 워싱턴에서 비밀리에 평범한 이름인 '국방통신개발위원회(Defence Communications Planning Group : DCPG)'로 확대 개편되었다. 이 기구에 대해 〈전자 전장The Electronic Battlefield〉의 저자 폴 딕슨P. Dickson은 이렇게 말했다.

"이 위원회에는 재정적으로 백지수표가 주어진 상태였다. 또한 위원들 간에는 자유롭게 토의할 수 있는 분위기도 보장되었다. 원자폭탄을 생산했던 '맨해튼 계획Manhattan Project'에 참여했던 관료들과 매파 인사들은 철저하게 배제되었으며 모든 토론이 자유로운 분위기였다."

이 위원회의 자유로운 위상에 대해 폴 딕슨은 한 위원의 말을 이렇게 인용했다.

"1만 개의 초콜릿 파이를 다음 날 정오까지 가져다 달라고 군부대에 요청하면 아무런 이유나 불평, 지연 없이 정확하게 배달되었다."

명칭은 바뀌었지만 한동안 제이슨팀이라고 불렀던 이 위원회는 확대 개편되어 5년 동안 미국의 베트남전 개입이 사실상 종료될 때까지 전자전에 대한 연구를 계속했다. 위원들이 '맥나마라 라인'을 의식하고 개발한 감지기들은, 호치민루트에 나뭇잎이나 나뭇가지 또는 다른 물체처럼 위장해서 만든 소형 지뢰와 함께 대량 살포되었다.

초기 위원들은 많은 노력을 쏟아부었다. 이때 개발한 소형 지뢰들을 베트남전이 끝난 다음 테러리스트들이 기능을 보완하여 폭발물로 활용하기도 했다.

제이슨팀은 또 환약丸藥 크기의 소형 '단추폭탄Button Bomblets'도 개발했다. 위력은 크지 않았지만 폭죽처럼 큰 폭발음을 내게 만들어서 주위에 살포된 감지기에 영향을 미쳐 폭격기가 곧 출격할 수 있도록 고안된 신무기였다. 실제로는 정글 멀리서 들려오는 전폭기들의 굉음이 단추폭탄의 뇌관을 건드려 폭발할 수도 있었다. 3억 개의 단추폭탄 제작이 결정되었다.

그러나 폭발 시험 과정에서 5,000개짜리 한 상자가 플로리다 해안의 '콕타워치 만Choctawhatchie Bay'에서 분실되어 어느 화창한 일요일 일광욕을 즐기던 1만여 명의 시민들에게 대피령이 내려지는 해프닝이 벌어지기도 했다. 또 공군 폭파전문가가 한 상자를 운반하던 과정에 폭발 사고로 실명한 일이 발생했다. 그래서 단추폭탄 개발도 막을 내리게 되었다.

'라바 계획Lava Plan'은 호치민루트의 습기 많은 축축한 흙을 윤활유처럼 미끌미끌하게 만드는 화학적인 처리 방법을 찾아내는 작업이었는데, 이 계획도 역시 실패했다. '비둘기 작전Project Pigeon'이란 웃지 못할 구상도 있었다. 수많은 폭격기떼를 연상케 하는 공상에 지나지 않는 계획이었다. 소형 폭탄을 비둘기 다리에 묶어서 날려보내면 그 비둘기떼가 북베트남군의 트럭 위에 앉을 것이라는 가정이었다. 비둘기 다리가 조그마한 금속에라도 부딪치면 뇌관이 연쇄적으로 터진다는 어이없는 시나리오였다.

미군 트럭과 북베트남 트럭을 가져다 놓고 비둘기에게 실험을 시킨 결과 비둘기들이 이데올로기에 둔감해서인지 적군과 아군의 차량을 식별하지 못해 결국 작전 자체를 포기했다. 작가 폴 딕슨은 제이슨팀 한 위원의 이야기를 이렇게 전했다.

"혹시 우리가 개발한 개똥 모양의 감지기를 들어본 적이 있는가. 이것은 진동 감지기(Seismic Intrusion Detector : SID)라는 것이다. 우리는 이것을 '개똥 감지기'라고 불렀다. 제이슨팀은 또 하나 특이한 폭탄을 개발했는데 '용의 이빨Dragon teeth'이라는 이름을 붙였다. 무게는 반 온스밖에 나가지 않았다. 호치민루트에 다른 폭탄과 함께 뿌리면 연쇄적으로 폭발하여 엄청난 살상용 폭탄으로 변해 버리는 무기였다. 이 폭탄은 파괴력이 대단히 컸기 때문에 '치즈버거Cheeseburger'라고 부르기도 했다."

1967년 후반에 제이슨팀은 대단한 파괴력을 발휘하는 신무기체제를 발견했다. 재래식 무기를 무력화시키고 핵무기 시대를 예고할 수 있는 변화였다. '이글루 화이트Igloo White'로 명명된 이 체계는 원거리 조정 장치에 의한 공습 체제였다. 제이슨팀의 한 사람에게 들어보자.

"지상에 살포된 감지기에서 송신이 오면, 전투 현장의 상공을 일정한 궤도로 선회하는 비행기들이 수신하여 원거리에 있는 컴퓨터로 다시 발신한다. 컴퓨터의 출력 정보는 즉시 제일 가까운 거리에 자리잡고 있는 폭격기에게 폭격에 필요한 좌표를 통보하는 방식이었다. 또 추가로 움직이는 목표물을 계속 감시하기 위해 이글루 화이트는 '야간전자감식추적장치Iroquois Nighter Fighter And Nighter Tracker'도 함께 작동되도록 연동시켰다."

이 시스템에는 적외선을 통해 별빛과 달빛을 5만 배로 확대해 볼 수 있는 망원경을 장착한 헬리콥터가 텔레비전 모니터를 통해 이동 목표물을 계속 추적하는 기능도 포함되어 있었다. 이글루 화이트에 대한 연구보고서는 이렇게 썼다.

"호치민루트는 실제로 전자전의 새로운 장을 위한 하나의 야전 실험장이 되었다."

재래식 무기의 배치 형태를 기준으로 볼 때도 베트남전은 역사상 어떤 전쟁보다도 규모가 컸었다. 한 지역 전쟁에서 미군이 폭격으로 사용한 전비가 제2차 세계대전에 연합군이 투입한 총 경비를 초과하고 있었다. 제2차 세계대전 때 공중 폭격으로 사용된 폭탄이 약 200만 톤에 육박했던 반면, 베트남전에서는 라오스 국경의 침투로에 1965년부터 1971년까지 쏟아부었던 폭탄만 총 220만 톤이었다. 이 폭탄량은 호치민루트에 대한 공습이 하루에 500회를 넘지 않았을 때까지의 집계였다.

전자전 체제는 남베트남의 도시 인근으로 전쟁이 번지는 1968년 초까지 방대한 침투로 전체에 적용할 만큼 준비가 완벽하지는 못했다. 그러나 기본적인 조치로써 맥나마라 라인에 감지기 2만 개를 우선 살포했다. 눈에 띄지 않는 조그마한 낙하산에 묶어 투하하면 나뭇잎에 걸려 사람이나 자동차의 움직임을 감지해 내는 음성 감지기도 다량 살포되었다. 잡초나 나뭇가지로 위장된 진동 감지기들은 투하된 곳이 지표일 경우 그곳을 지나가는 사람이나 장비들의 압력을 감지해서 적의 규모를 판단할 수 있었다.

개발 장비 중에는 '인간 사냥꾼People Sniffers'이라고 부르는 레이더도 있었다. 헬리콥터에 긴 코 같은 감지기를 매달고 지상의 체취나 체온을 감지할 수 있는 장비였다. 공식적으로는 '인간 감지기'라고 불렸지만, 〈군수품 Ordnance〉이라는 잡지는 이 장비가 보이지 않는 적을 감지하는 기능이 거의 없었다고 쓰기도 했다.

웨스트멀랜드 장군은 필요한 병력 대신에 여러 가지 장비를 지원받았지만, 만족할 수는 없었다. 웨스트멀랜드는 '인간 감지기'를 이렇게 말했다.

"정글에 사람들이 모여 있으면 오물이나 인체에서 나오는 냄새를 감지하여 송신하는 장비였다. 그러나 이 장비들은 사람을 볼 수 있는 시각 장치는 갖추고 있지 못했다."

데푸이 장군 역시 이 장비들은 성공적이지 못했다고 말했다. 성능이 좋았다면 지금까지 사용되었을 것이라는 주장이다. 인간 감지기는 사람의 배설물에서 나는 암모니아 냄새를 맡는 기능이었는데, 동물의 배설물 냄새와 분간하지 못하는 결점이 있었다.

특히 북베트남군의 대응책이 효과적이었다. 그들은 호치민루트의 인적이

드문 지역에 물소의 방광을 걸어 놓았다. 실제로 B-52 전폭기들은 물소의 방광을 열심히 폭격한 경우도 있었다. 웨스트멀랜드의 북베트남군 평가는 눈여겨볼 만하다.

"그들은 매우 강인했고 인내심이 대단했다. 하노이의 정치위원에서부터 호치민루트를 행군하는 말단 사병에 이르기까지 용맹한 군인들이었다. 지휘관들은 훈련이 잘되어 있었으며 기강도 훌륭했다. 다만 명령 체계가 너무 엄격했다."

1968년 초 15만 명의 북베트남 병사들이 호치민루트를 타고 내려온다는 정보를 입수한 웨스트멀랜드 장군은 전자전에 대비해서 개발한 많은 장비들이 큰 효과를 보지 못할 것이라고 판단했다. 그는 후에 이렇게 비아냥거렸다.

"적의 동태가 컴퓨터에 실시간으로 포착되므로 병력 증강은 필요 없게 될 것이다."

1968년은 매우 중요한 해였다. 호치민루트의 상황을 취재한 북베트남 언론인 칸 반Khanh Van은 후에 하노이의 〈콴도이난단Quan Doi Nhan Dan〉(인민군 신문)에 다음과 같이 기고했다.

"군사분계선 동북쪽에 있는 동호이의 출발점에서 호치민루트를 통과하는 데 6주일이 걸렸다. 3년 전에는 6개월이 걸렸던 거리였다. 머리 위로는 폭격기들의 굉음이 쉴 틈 없이 이어졌다. 분계선 근처 호치민루트는 폭격과 고엽제 살포로 거의가 벌거숭이로 변해 버렸다. 호치민루트의 어디도 미군의 감시에서 자유로울 수 없다는 것을 알게 되었다. 길가의 나무들은 잎이 하나도 없는 나목으로 변해 있었다. 나는 어느 날 미군 비행기 3대가 이곳에 독가스를 살포했다는 이야기를 들었다. 밤에는 산 정상의 몇 그루 남아 있지 않은 나무들마저 불길에 휩싸이곤 했다."

칸 반이 호치민루트를 동행 취재하면서 살펴본 북베트남군 병사들 이야기는 매우 감동적이다.

"그들은 전투를 하건 행군을 하건 3명씩 한 조로 행동했다. 병이 나면 서로 돕고 향수병이나 피로에 지칠 때는 서로 사기를 진작시켜 주기도 했다. 병사들의 나이는 어렸는데 17세 이하도 많았다. 3명 단위의 세포조직은 부자나 형제의 관계를 형성하고 있었다. 해뜨기 전에 시작된 행군은 황혼이 질 때까지 강행하는 날이 많았는데, 이럴 때는 전날 밤에 준비했던 주먹밥을 먹는 짧은 점심 시간이 휴식의 전부였다. 병사 1명당 하루 배식량은 쌀 2파운드와 약간의 채소였는데, 가끔 냇물에 수류탄을 터트려서 잡은 물고기를 끓여 먹기도 했다. 행군중 1주일에 하루는 야전 의료 시설과 인쇄 설비가 있고 다음 캠프까지 전화가 가설되어 있는 거점 캠프에서 쉴 수 있었다. 병사들은 캠프에서 머물 때마다 행군 일정에 대한 자세한 설명을 듣고 토론을 벌이기도 했다."

칸 반은 호치민루트의 중요성과 관련, 북베트남군 병사들의 대응 노력과 보고체제를 다음과 같이 들려주고 있다.

"근무중인 세포요원은 일기예보에서부터 행군 과정에 있을 수도 있는 홍수에 이르기까지 모든 것을 알려주었다. 그는 중요 지점에 몇 개의 폭탄이 떨어졌는지, 그 중에서 몇 개가 도로 위에 떨어졌고 얼마만큼의 흙과 돌 등이 도로 보수를 위해서 필요한지, 언제쯤 보수 공사가 끝날 수 있는지 정확히 알고 있었다. 호치민루트가 중요한 기능을 하게 된 바탕에는 기술적인 통신체제가 자리잡고 있었다. 하루에 한 캠프에서 주고받는 통신문이 600여 통에 달했다. 하루는 폭격으로 전화선의 286군데가 절단되었지만 각 캠프의 통신병들이 즉시 수리했다. 각 기능별로 전문가 팀이 있었다."

공산당 언론에 따르면, 15세 이상 약 5만 명에 달하는 젊은이들이 호치민루트에서 3년씩 봉사하기 위해 지원했다고 한다. 이들은 대부분 도로 보수 전담 인원들이었는데, 명칭은 '대미민족구원청년유격대'라는 이름으로 불렸다. 남자들은 18세가 되면 징병되었기 때문에 이 유격대는 거의 여성들로 채워졌다.

칸 반의 현장 취재를 통해서 판단해 보면, 호치민루트에서 청년유격대원들의 희생 비율은 매우 높았던 것으로 보인다. 사상자가 특히 많았던 이유는 미국이 개발한 최신 장비와 폭탄 투하 때 같이 사용했던 감지기와 시한폭탄 때문이었다. 제이슨팀이 개발한 신형 폭탄의 위력을 엿볼 수 있게 하는 칸 반의 기록을 살펴보자.

"미군은 여러 가지 형태의 폭탄을 사용하는 꾀를 부렸다. 폭격으로 패인 웅덩이를 메우기 위해서는 사전에 반드시 적의 시한폭탄을 제거해야 했다. 그러나 시한폭탄의 제거에 앞서 조그마하게 위장된 자기폭탄磁氣爆彈을 먼저 제거하지 않으면 안 되었다. 자기폭탄과 시한폭탄을 제거하기 위해서는 미군이 곳곳에 떨어뜨려 놓은 이상한 모양의 지뢰들을 발견하는 작업도 매우 중요한 일이었다. 소형 지뢰가 많은 사상자를 냈다."

호치민루트에 있는 거점 캠프는 50명 내지 60명의 병력을 관장했다. 이들은 손실을 최소화하기 위해 약 3마일 간격으로 정글처럼 위장된 트럭 주차장, 주유 시설과 식품 및 탄약 보관소의 경비를 담당했다. 트럭은 일정 구간만 왔다 갔다하는 릴레이 방식으로 운용했다. 트럭의 구간제 운행 또한 손실을 최소화하기 위한 조치였기 때문에, 호치민루트의 전 구간을 달려 본 북베트남군 트

>>>>> 호치민루트의 거점 캠프는 자급자족의 형태를 유지했다. 닭과 오리를 기르기도 했고, 채소를 재배하기도 했다

Chapter 11 미로_331

력은 한 대도 없었다.

호치민루트의 전 구간은 중간 중간에 대피 체계를 구축해 놓고 있었다. 한 구간이 폭격을 당하면 수송 트럭들은 그 구간이 보수될 때까지 다른 구간의 위장 정류장에서 안전하게 대피할 수 있었다. 하노이의 전략가 하 반 라우는 이렇게 말했다.

"각 구간 도로변에 운전병들이 휴식을 취할 수 있는 휴게소를 만들었다. 이 휴게소 주위에는 야채농장이 있었고 닭과 돼지를 길렀다. 지극히 평범한 농촌 모습이었다. 항시 공습에 노출되어 긴장은 했지만 일상적인 생활 그 자체로 생각했다."

처음에는 여러 가지 정보를 통해서 상황을 파악했고, 뒤에는 눈으로 직접 보고 호치민루트를 알게 된 버체트 기자는 미군 전폭기의 잦은 폭격으로 호치민루트의 수송 체계는 심각한 타격을 입었다고 증언했다. 북베트남군은 한때 수송 효율을 이렇게 계산했다. 600대의 트럭이 안전하게 목적지까지 가기 위해서는 1,000대의 트럭이 출발해야 된다는 것이었다. 그들은 손실률을 40%까지 감안했었다.

미 공군측은 공습이 한창일 때, 호치민루트를 폭격해서 2만 5,000대의 트럭 중 50%를 파괴했다고 주장했다. 만약 그 주장이 맞는다면, 북베트남은 종전 때쯤에는 1년에 1번씩 전체 트럭 군단을 새롭게 구성해야 된다는 계산이 나온다.

하지만 매년 중국과 소련에서 10억 달러가 넘게 들어오는 경제적·군사적 지원 때문에 트럭 손실로 인한 전비 증가는 크게 문제되지 않았다. 미군은 호치민루트 폭격 도중에 피격으로 500대의 전투기를 잃었다고 공식 보도했다. 이 숫자는 남베트남에서 잃어버린 전체 비행기의 1/7에 해당된다.

1970년대 초부터 미군 병력이 철수를 시작하면서 제이슨팀이 준비한 전자전은 본격적인 돌입 단계에 들어가고 있었다. 새롭게 개발되어 치명적인 위력을 과시했던 호보탄과 스마트탄은 레이저 광선을 이용해서 목표물을 폭격할 수 있는 시스템을 갖췄다. 이 폭탄들은 마지막 단계에서 사용될 계획이었다. 북베트남군도 그때 소련제 샘Sam-2 미사일을 호치민루트에 배치해 놓고 있었다.

호치민루트는 인간이 극한 상황을 극복해 내는 실험장이었다. 이 실험은 대규모 재래식 전쟁에서는 "인간이 어떠한 장비보다도 앞선다"는 사실을 처음으로 증명해 주었다. 웨스트멀랜드 장군은 호치민루트에서 싸운 북베트남 병사들의 정신력을 높이 평가하면서 이렇게 말했다.

"제이슨팀이 개발한 여러 가지 획기적인 폭탄들은 그들에게 두려움의 대상이 아니었다. 이런 폭탄들은 호치민루트의 극한 상황에서 북베트남 병사들이 자연의 시련을 극복한 노력과 비교하면 아무것도 아니었다."

작가 폴 딕슨은 그의 미래 과학에 관한 논문에서 "호치민루트에서 북베트남 인민과 병사들의 음성을 기록한 수많은 감지기가 신속한 분석을 위해 워싱턴으로 보내졌다"고 회고하면서 자신이 만난 제이슨팀 부책임자의 말을 이렇게 인용했다.

"우리는 감지기를 통해 적이 어떻게 반응할 것인지를 미리 알아내고자 수많은 노력을 쏟았지만 농락당하는 기분이었다. 그들은 감지기에 사격 연습을 하기도 하고 불태워 버리기도 했다. 창피한 이야기지만 음성 감지기에 소변을 누는 소리도 생생하게 들렸다. 그런데 1968년 초쯤 수천 개의 감지기가 약간 색다른 신호를 보내 오기 시작했다. 마치 호치민루트의 전체 산악 지역에서 커다란 뱀, 아나콘다가 공격을 준비하듯 '쉿, 쉿!' 하는 이상한 소리가 이곳 저곳에서 계속 이어지고 있었다."

백악관 지하에 모형까지 갖춰 놓고 존슨이 지켜보게 되는 '또 한 번의 참혹한 전쟁' 케산Khe Sanh 전투의 시작을 알리는 가느다란 신호음이었다. 북베트남군 대규모 병력이 이동하는 소리였다.

12

The Ten Thousand Day War

포위

> 포탄이 참호 속에 떨어지고 나면 고향으로 보낼 수 있는 것은 손수건에 싼 한 줌의 가루뿐이었다.
> _케산에서 미 해병대 병사

바람이 심하게 불고 엷은 안개가 끼어 있던 그날, 베트남 서북 국경 산악 지역을 수색했던 정찰기들은 아무런 움직임도 감지할 수 없었다. 다만 푸른 호숫가 물결처럼 일렁이는 키 큰 코끼리 풀밭 풍경이 약간 아름답다고 느낀 것이 전부였다. 날마다 유익한 항공 정보가 있는 것은 아니어서 이날도 정찰기들은 임무를 마치고 돌아와 아무런 정보가 없다고 보고했다.

그러나 지상에서 보내 오는 이상한 전자 감응 신호들이 정찰기들에게 무엇인가를 열심히 찾게 만들었다. 평화로운 계곡은 안전한 것처럼 보였지만, 정글 깊숙한 곳의 어마어마한 움직임은 곧이어 미 국무부로 하여금 "핵무기의 사용만큼은 막아야 한다"는 경고가 나올 정도로 긴급한 상황을 연출하게 된다.

시한폭탄을 연상시키듯 언제나 대규모 전투가 발생할 수 있는 서북부 지방의 한쪽 귀퉁이는 지리적으로 볼 때 분명 위험을 가득 안고 있었다. 그곳은 미군이 전투를 할 수도 있었고, 피할 수도 있어서 지형적으로 미군에게 유리하게 보였다. 국경 침투로 사이에 자리잡고 있는 프랑스군이 옛날 사용했던 활주로와 여기서 서북쪽으로 멀리 떨어진 곳에 있는 디엔비엔푸가 한때 이곳이 프랑스군의 기지였다는 사실을 일깨워 주었다. 그러나 미군은 한동안 이런 사정을 잊고 지냈고, 대부분의 신참 장병들은 멀지 않은 거리에 프랑스군 활주로가 있었다는 사실조차 까맣게 모르고 있었다.

그러나 1년 전 미 해병대 1개 대대가, 13년 전 프랑스군이 디엔비엔푸에서 그랬던 것처럼 이곳을 점령해서 수색전진기지로 활용한 적이 있었다. 주위 환경은 디엔비엔푸와 비슷했다. 가장 멀리 있는 북베트남군 초소는 북쪽으로 14마일쯤 올라간 군사분계선에 자리잡고 있었으며, 가장 가까운 초소는 라오스와 국경을 이루고 있는 서쪽으로 6마일쯤 떨어진 곳에 위치했다. 디엔비엔푸에서처럼 그들 초소가 있는 산등성이에는 포 진지들이 은폐되어 있었으나, 자세히 살펴보면 양쪽 지형에는 약간의 차이점도 발견할 수 있었다. 해발 1,477피트 높이에 길이 1마일, 폭 1/4마일의 비교적 널찍하고 평평한 고원에 자리잡은 해병대 기지는 보급품을 공수에 의존하고 있었지만, 필요하면 언제든지 화력 지원을 받을 수 있어서 북베트남군의 일상적인 공격에도 크게 놀라지 않고 지낼 수 있었다.

1968년 1월 미군은 디엔비엔푸에서의 프랑스군과는 다르게 적군의 이동 상황을 즉시 파악할 수 있었다. 정글에 뿌려 놓은 음성 감지기들이 정찰기가 발견하지 못했던 신호를 송신해 왔기 때문이다. 평온하던 해병대 기지가 순식간에 포위망 속에 빠져들었다. 제임스 헤브론J. Hebron은 처음 순간을 잘 기억하고 있었다. 수색대가 적군 저격수들의 사격을 알아챘을 때, 그는 겨우 18세였다. 심장이 뛰기 시작했다. 무엇인가 밀려오고 있다는 것을 느낄 수 있었다.

어마어마하게 큰 것이 다가오고 있다는 느낌이 들었다. 1만 5,000명 내지 2만 명 규모의 북베트남 정예군 325사단과 304사단이 호치민루트를 따라 내려오고 있다는 것이 확인되었다. 304사단은 디엔비엔푸 전투를 승리로 이끌었던 사단이었다. 해병대는 비상사태에 돌입했고, 곧바로 6개 대대 5,600명으로 증원되었다. 헤브론의 부대에는 적군 규모가 8만 명이라는 반갑지 않은 루머가 떠돌았다. 전통적으로 공격부대였던 해병대가 독 안에 든 쥐처럼 배수의 진을 쳐야 하는 상황으로 바뀌었다.

헤브론은 장교들까지 당황하고 있다는 느낌이 들었다. 총지휘를 책임지고 있던 데이비드 론스D. Lownds 대령에게 물어 볼 수도 없었다. 해병대에는 '질문을 해서는 안 되며, 지시받은 것은 무엇이든지 해야 한다'는 특이한 전통이 있었다. 20년 이상을 전쟁터에서 보낸 해병대원으로서 론스는 명예를 걸고 새로운 명령을 내렸다.

"참호를 파고 들어가 견뎌라. 후퇴는 없다."

헤브론이 아침에 보니 적 공작병들이 기지 주위의 철조망으로 달려들고 있었다. 진풍경을 구경하러 온 것이었다. 그들은 해병이 참호를 파는 것을 믿고 싶지 않았던 모양이었다. 차라리 달아나는 것을 기대하는 눈치였다.

"대령이 우리에게 다가와서 물이나 식품 등 필요한 것이 없느냐고 물었다. 필요한 것은 다 있다고 말했다."

헤브론은 '만약 살아서 돌아간 사람이 있다면, 이곳에서 무슨 일이 일어났는지 우리보다 훨씬 많은 것을 알게 될 것이다'고 생각했다. 그의 소대는 살아서 돌아가지 않겠다고 맹세했다.

"모두가 수류탄을 챙겨 들고 기다렸다. 1968년 1월 21일 새벽 북베트남군 포대의 장거리포들이 놀랍도록 정확한 조준으로 포격해 오기 시작했다. 첫날 전투에서 미 해병대 18명이 전사하고 40명이 부상당했다."

헤브론의 회고는 계속된다.

"그들이 퍼부어 대는 포탄이 폭우처럼 쏟아졌다. 첫날 하루만 300발이 떨어졌다. 77일간 지속되었던 포위는 그저 죽음과 파괴의 연속이었다."

포탄 소리는 워싱턴까지 들렸을 것이다. 포위작전이 시작되었던 초기부터 미국 언론과 국민은 물론 존슨 대통령까지도 피의 살육전을 두려워했다. 존슨 대통령은 이렇게 발표했다.

"미국 국민의 눈과 세계인의 귀가 케산의 통행로를 용감하게 지키는 소규모의 방어 병력에게 쏠려 있다."

그러나 미국 국민들은 케산이라는 지명을 한번도 들어본 적이 없었다. 북베트남군은 무슨 목적으로 그곳을 갑자기 점령했을까? 그들의 포위작전이 벌어지자마자 군부에 비난 여론이 쏟아졌다. 이렇게 쉽게 포위당해 버린 전진기지가 무슨 소용이 있단 말인가? 왜 첫번째 경고 때 대피하지 않았는가? 만약 이 기지를 적을 유인하기 위한 미끼로 사용했다면 미 군부는 여기에서 희생당할 미군의 숫자도 계산해 봤단 말인가? 이것이 미군의 정책이었다면, 왜 하필 북베트남 포병들이 지형을 훤히 알고 있는 프랑스군이 사용했던 기지의 외곽을 활용했는가?

첫 단계부터 케산은 베트남전에서 두고두고 가장 말썽 많은 논쟁거리를 제공한 지역이 되었다. 뿐만 아니라 케산 전투는 베트남에서 실시한 미 군사전략에 대한 심각한 우려를 유발했다. 1968년은 선거가 있었던 해였고, 미국 국민들은 베트남전에 지치기 시작했다. 백악관 집무실에서 존슨 대통령은 미국의 3대 텔레비전 방송과 연결된 대형 화면을 계속 응시하고 있었다. 그는 백악관 지하실에 케산의 입체 모형까지 가져다 놓았다.

합참의장은 디엔비엔푸와 다른 요인들을 설명하기 시작했다. 대통령은 가끔 기분 나쁠 때 취했던 자세를 보이면서 격정적인 어조로 '케산은 함락되지 않는다'는 내용을 담고 있던 문서를 가져오라고 지시했다. 그러면서 웨스트멀랜드 장군의 이름을 손가락으로 가리켰다. 웨스트멀랜드 장군의 답변을 들어보자.

"합참의장이 전화했을 때, 나는 그에게 케산에 대해서는 걱정하지 말라고 이야기했다. 나도 걱정하지 않고 있다고 말했다. 만약 예상하지 못한 일이 발생하면 나에게 모든 책임이 있다고 말했다."

미국 언론에는 3,500명의 미국 해병대와 2,100명의 남베트남 특수부대원들이 철조망 속에 갇혀 있는 우울한 모습의 대형 사진이 나돌았다. 그러나 웨스트멀랜드 장군은 요지부동이었다. 그는 '케산의 방위 병력은 소수지만 보급품이 필요하면 공수 지원을 받을 수 있다'고 말했다. 실제로 공수 지원이 바로 이뤄졌다.

　디엔비엔푸와 다르게 케산은 9번 도로를 통해서 지상 접근이 가능했으나, 대규모의 매복 병력이 길목을 장악하고 있어서 지상군의 지원은 어렵게 만들었다. 북베트남군의 포위와 위협은 계속되었다.

　한 세대 전에 프랑스의 앙리 나바르 장군은 "포위작전이 지속되더라도 일각一角이 무너지지 않는 한 포기하지 않는다"는 결의를 다진 바 있었다. 모든 전쟁에서 대부분의 지휘관들이 그렇듯이 웨스트멀랜드 장군도 자신의 결의를 꺾지 않았다.

　"나는 케산을 수호하기로 결정했다."

　만약 적이 케산을 겹겹이 포위하면 분계선 남쪽의 미군을 동원해서 측면을 공격한다는 전략이었다. 그는 동해안에 자리잡은 쾅트리로 향했다. 이곳에 주둔한 미군은 후에까지 연결된 해안 지역에 주둔하고 있던 다른 미군 부대와 긴밀하게 연락하고 있었다.

　웨스트멀랜드 장군은 케산이 그렇게 적의 침투로를 봉쇄할 수 있는 중요한 위치였다면 '왜 수년간 방치되어 있었는지'에 대해서 명확한 설명을 하지 않았다. 또 북베트남이 케산 공격을 활용하여 남베트남 도시에 대한 위협을 가해 왔을 때도 왜 적절하게 퇴치하지 못했는지를 납득시키지 못했다.

　나바르 장군과 마찬가지로 웨스트멀랜드 장군도 일정한 지역에서 지구전을 모색하고 있었다. 우세한 화력으로 적의 능력과 자신감을 일거에 괴멸시켜 버릴 수 있다고 믿었기 때문이다. 웨스트멀랜드의 대답은 이런 것이었다.

　"나는 인구 밀집 지역에서 멀리 떨어진 곳에서 전투하기를 원했다."

　웨스트멀랜드 장군은 케산이 고원 지대였기 때문에 주둔지로 선택했다. 1962년 초 공수부대 1개 중대가 케산 고원을 기지로 활용했으나, 이 중대는 한참 후에 라오스 국경 지대에 가까운 랑베이Lang Vei의 몽타냐르Montagnard 언덕으로 옮겼다. 랑베이에는 24시간 대기 상태의 미군 특수부대가 주둔하면서 고산족 900여 명을 훈련시키고 있었다. 그때까지 6년 동안 아무 일이 없었다.

1966년 초 북베트남 포병대대가 미군 수색대에 포격을 가하면서 그들의 위치가 노출되었고, 이 지역은 오랫동안 한 판의 격전을 기다리고 있는 듯이 보였다. 그해 10월 해병 제3대대가 케산과 인근 3개 언덕을 점령하자 한동안 북베트남군은 침묵을 지키고 있었다.

그로부터 6개월 뒤 안개가 자욱한 어느 날 아무런 경고도 없이 첫번째 기습 공격이 있었다. 해병대는 고지에서 미 공군 전폭기의 공습을 원활하게 활용, 반격할 수 있었기 때문에 연대 규모 정도의 공격은 어렵지 않게 격퇴시킬 수 있다는 자신감에 차 있었다. 결과적으로 미군은 케산을 사수했지만 치열했던 전투는 11일간이나 계속되었다. 미군은 마을 전체를 마치 화산 분화구처럼 만들어 놓았다. 전과는 적군 940명 사살이었다. 마을은 다시 침묵 속으로 빠져들었다.

이후 별일 없이 3개월이 지나고 난 다음 오키나와沖繩에서 공수해 온 해병 제26대대가 케산을 인수했다. 대대장 론스 대령은 정글 전투의 베테랑이었다. 제2차 세계대전 당시 이오지마에서 일본군과의 전투 경험도 있었다.

론스는 도착하자마자 이 고원 지대를 샅샅이 조사했다. 안개 속으로 보이는 산악 지형에서 위안을 주는 것은 닭벼슬처럼 케산을 둘러싸고 있는 높은 언덕들이었다. 이 언덕들은 북쪽과 서북쪽에서 라오스 국경으로부터 케산으로 들어오는 공격로를 삼각축으로 연결하고 있었다. 5km 떨어진 곳에 위치했던 관측소들은 활주로를 자세히 교차 관측하고 있었다. 화력은 디엔비엔푸에 배치되었던 대포 수보다 2배가 넘는 105mm 곡사포 46문이 별 모양으로 입을 벌리고 있었다.

높은 언덕들은 베트남에서 오랜 기간 싸우다가 이름 없이 사라져 간 무명용사들처럼 이름이 없었다. 그냥 고지 881, 고지 861, 고지 881-S라고만 이름을 붙여 놓았다. 다른 능선들도 피아간에 무조건 빼앗기 위해 싸우는 막연한 목표물들인양 장승처럼 버티고 있었다. 프랑스 병사들이 지켰던 낡은 벙커는 소규모 지휘소가 되어 있었다. 론스 대령은 모든 것에 큰 변화가 없었다고 회고했다.

"관측소에서 보면 수색대가 안개 속으로 내려가는 것이 마치 흙탕물 속의 미끼처럼 보였지만 몇 개월 동안 별다른 충돌이 없었다."

오랜 기간 평온한 상태를 유지했던 론스 대령은 "수색 작업을 나갈 때는 적당한 규모인 1개 대대가 동원되었다"고 말했다. 그러나 지금은 숲 속의 많은 감지기들이 다가오는 위험을 경고하고 있었다. 1968년 초부터 감지기들은 웨스트멀랜드 장군에게 계속해서 경고를 보냈다. 웨스트멀랜드는 당시를 이렇게 회고했다.

"우리는 북베트남군이 케산을 다시 장악하기 위해 2개 사단을 동원했다는 중요한 정보를 입수했다."

웨스트멀랜드는 신속하게 5개 대대를 증원해서 포위작전에 대비했다. 지원병 앤소니 애스턱치오A. Astuccio는 당시 베트남 복무 기간을 2개월 남겨 두고 있었는데, 결국 케산에서 남은 기간을 보내게 되었다. 해병들은 참호를 깊숙하게 팠기 때문에 가장 높은 곳에서도 참호 주위를 서성거리는 사람 외에는 아무것도 보이지 않았다. 땅만 파서 만든 벙커 주변에는 엄폐물이 전혀 없었다. 철조망만 없었다면 구축물 없는 노동자들의 집단 거주지 같았다. 론스 대령은 이렇게 말했다.

"참호는 서로 이야기할 수 없을 정도의 간격을 유지했다. 너무 깊이 파서 중국 쪽에 가까워지는 것 아니냐는 농담들도 했다."

론스 대령은 커다란 수송기 C-130을 불러오기 위해 활주로를 손질했다. 헬리콥터들은 이름 모를 고지에 보급품을 정기적으로 수송하였고, 탱크와 대전차포, 이동 중장비들이 적절하게 배치되었다. 수색과 섬멸 임무를 띤 종래의 정찰 활동은 중단되었다. 지루하고 긴장된 3주일이 지나자 5,600명은 자기들보다 몇 배나 많은 적에게 포위당하고 있다는 사실을 뒤늦게 깨닫게 되었다. 이제 그들은 자기들의 생명을 운명에 맡길 수밖에 없었다.

1968년 1월 20일 미 해병 수색대가 북베트남 수색대와 첫번째로 부딪쳤다.

치열한 교전 끝에 적군 장교 1명을 체포했다. 론스 대령의 이야기를 들어보자.

"수색대가 적군 장교를 데리고 와서 몇 사람이 심문했다. 그 포로는 감지기로 알 수 없었던 몇 가지를 이야기했다. 그날 밤부터 케산 공격이 시작된다는 것이었다. 그래서 내가 정보장교에게 그 포로의 이야기를 믿느냐고 물었다. 그는 잘 모르겠다고 대답했다. 나는 잠시 후에 명령을 내렸다. 좋다, 오늘밤 공격에 대비해서 준비한다!"

사전 정보에 따라 각 포대가 좌표 조준을 다시 점검하는 등 전 부대에 적색경보가 발동되었고, 1월 21일 미명未明에 벌어진 첫 전투에서 해병 18명이 전사하고 케산 병기고가 큰 손실을 입었다. 6마일 떨어진 북베트남의 포대가 자신들에게 익숙한 지형을 이용해서 해병대 기지에 집중 포격을 가한 것이다. 케산의 탄약고가 폭발했다. 작렬하는 포격전에서 탄약 1,500톤을 저장하고 있던 탄약고가 공중으로 날아가 버린 것이다.

론스 대령은 북베트남군의 첫번째 공격 목표가 고지를 장악하는 데 있다는 것을 잘 알고 있었다.

"만약 내가 북베트남군이었고 지휘관이 저 활주로를 탈취하라고 명령했다면, 제일 먼저 취할 조치는 상대방을 언덕 위에서 몰아냄으로써 북베트남군의 동태를 감시하는 '눈'을 뽑아 버렸을 것이다."

론스는 적에게 결코 고지를 내줄 수 없다는 결의와 확신을 가지고 있었다. 그는 무제한의 공습에 기대를 걸고 있었다. 46문의 대포 외에 사정거리 이내에 있는 포 진지에 남쪽과 동쪽에 대한 집중 포격을 요청할 수 있었다.

공로公路를 통해서만 케산으로의 접근이 가능했으나, 보급품을 실어 오는 곳은 멀리 떨어져 있지 않았다. 부상자 수송용 헬기가 극성스러운 종군기자들을 싣고 왔다. 민감한 질문들이 쏟아졌다. 론스 대령이 당시의 상황을 설명해 주었다.

"새로 온 기자들이 케산과 디엔비엔푸를 동일시하려는 것을 알고 있었다. 나는 당시 기자들에게, 그리고 당시의 상황을 모르는 많은 사람들에게 자신

있게 말할 수 있었다. 그 두 군데를 비교하는 것은 전혀 타당하지 않다고. 이유는 지금 케산에서 미군은 고지를 점령하고 있는 반면 디엔비엔푸에서 프랑스군은 그렇지 못했었다. 또한 미군은 충분한 포병과 지원체제를 갖추고 있었던 반면 프랑스군은 지원할 수 있는 병력과 화력이 없었다."

자신 있게 설명하는 론스 대령에게도 한 가지 문제는 남아 있었다. 포위 초기에 그의 지휘하에 있던 100여 문의 크고 작은 대포들이 적이 포 1발을 쏠 때마다 20여 발씩 대응했다는 점이었다. 지나친 화력의 낭비였다. 총 2,000여 발을 북베트남군이 진지로 사용하고 있는 언덕 쪽으로 퍼부었지만, 14년 전 디엔비엔푸 포위 때처럼 적의 '철 코끼리(대포)'들은 산 속 동굴 속에 은폐되어 있었기 때문에 경미한 피해밖에 입힐 수 없었다.

북베트남군의 '철 코끼리'들은 발포를 한 다음에 레일을 타고 산 속 동굴로 숨어 버렸다. 미군의 집중적인 포격에도 불구하고 하루 평균 150발씩 떨어지는 북베트남군의 포격은 해병대원들을 참호 속에 꼼짝 못하게 붙들어매 놓고 있었다.

프랑스군이 겪은 쓰라린 체험이 교훈이 되었지만 미 해병대원들의 벙커 역시 튼튼하지 못했다. 남아 있던 목재를 사방 8인치 널빤지로 만들어 활주로에서 사용하는 알루미늄 판과 함께 3층으로 쌓은 모래주머니 위에 올려놓고 지붕처럼 이용했다. 포격에는 허술하기 이를 데 없는 벙커였다.

활주로는 보수 공사를 했음에도 불구하고 중량이 무거운 C-130 수송기가 이착륙하기에 안전하지 못했다. C-130 수송기는 착륙할 때 날개를 최대한 활용해서 천천히 활주로에 앉아야 했고, 기름 또한 동체 무게를 줄이기 위해 공중에 많이 버려야 했다. 그래서 미 해병대는 케산에서 주로 경수송기 C-123s에 의존할 수밖에 없었다.

이런 애로 사항은 병참 수송뿐만 아니라 보급품의 수송까지도 불안하게 만들었다. 케산에 식료품을 공급할 때 작은 수송기들은 주로 밤에 착륙했다. 밤낮으로 폭격이 너무 심해 수송기들은 오래 착륙해 있을 수도 없었다. 수송기

>>>>> 1968년 1월 21일부터 4월 7일까지 케산은 북베트남군에 포위당했다. 북베트남군의 장거리포가 위력을 발휘하여 미 해병대의 주방어선을 돌파하기도 했으나 미군의 거센 공습에 결국 물러섰다.

들은 화물칸 바닥에 '재치 있게' 롤러 장치를 달아서 비행기가 착륙할 즈음 속도를 줄여 서서히 달리는 동안 뒷문으로 보급품들을 재빨리 떨어뜨렸다. 그러고 나면 수송기들은 쉴 틈도 없이 곧바로 이륙했다.

심한 피해를 입고 깊은 바다에 떠 있는 배 위로 비행기가 착륙하는 한편의 드라마 같은 장면을 연출했다. 언론은 '디엔비엔푸의 망령'을 계속 써 대고 있어서 웨스트멀랜드 장군을 지겹게 만들었다. 웨스트멀랜드는 이렇게 항변했다.

"두 군데는 확실히 유사성이 있지만 많은 차이점도 있다. 디엔비엔푸는 케산에 비해 훨씬 먼 거리에 보급기지를 가지고 있었다."

그러나 웨스트멀랜드의 항변이나 론스의 자세한 브리핑에도 불구하고 '포위된 케산'의 증상은 디엔비엔푸와 비슷하게 나타났다. 케산을 수시로 취재했던 10여 명의 기자 중 한 사람인 피터 브래스트럽P. Braestrup은 이렇게 증언했다.

"케산의 전투 현장은 텔레비전 방송을 위한 멜로 드라마와 최후의 순간을 눈앞에 둔 여러 가지 극적인 요소를 다양하게 갖추고 있었다. 포위된 이 고원 위에 우리의 해병 5,000여 명이 있었다. 북베트남군의 케산 포위작전은 디엔비엔푸의 승리자인 보 구엔 지압 장군이 지휘하는 것 같았다. 우리는 이 점이 궁금했다."

한때 언론에서는 보 구엔 지압 장군이 언덕 어디에선가 이 포위작전을 지휘하고 있는 것처럼 보도했지만, 당시 하노이에 있었던 장군의 보좌관은 필자에게 웃으면서 이렇게 부인했다.

"우리는 야전에서 전투하는 우리의 지휘관들을 철저히 믿고 있었다."

브래스트럽은 '기자들도 공포에 떨었다'면서 이렇게 묘사했다.

"헬기를 타고 케산에 내렸을 때 포탄이 떨어지면 우르르 몰려다니면서 공포를 실감했다. 적군의 철저한 감시하에 있다는 것을 느낄 수 있었다. 우리는 참호 속에 해병들과 함께 있으면서 옴짝달싹도 하지 않았다. 전쟁 드라마의 극치를 보는 기분이었다. 지금까지 미군과 북베트남군 사이의 대치 상황이 이렇게 오래 계속된 적이 없었기 때문에 기자들의 머릿속에는 그저 디엔비엔푸의 망령이 되살아날 수밖에 없었다."

언론 매체들의 시각을 비합리적이라고 일축할 수 있을까? 그들이 케산을 디엔비엔푸와 비교하면서 던지는 질문 공세에는 타당한 면이 있었다. 왜냐하면 디엔비엔푸의 유령은 존슨 대통령까지 괴롭히고 있었기 때문이다. 언론의 보도 태도가 분명히 영향력이 있었다고 생각한 브래스트럽 기자는 이와 같이 말했다.

"케산 전투는, 군부의 승리 보장과 대통령 스스로도 승리를 강조했지만 존슨 대통령에게 베트남전을 치르는 동안 아마 가장 힘든 부분이었을 것이다."

대통령은 합참본부장에게 "웨스트멀랜드 장군은 전투 상황에 대한 모든 것을 나에게 직접 보고하도록 하라"고 지시했다. 웨스트멀랜드 장군은 사이공에 있는 전투지휘본부의 간이 침대에서 두 달째 숙식을 해결하고 있었다. 그는 매일 존슨 대통령에게 자세한 사항을 보고했다.

케산의 활주로 상황, 보급품 전달 상황, 지독한 몬순 기후, 엄청난 폭격 아래서도 헬리콥터가 보급해 주는 식품을 먹고 그 헬리콥터에 부상병들을 실어 보내는 이름 없는 언덕에 배치된 일선 병사들의 사기 문제와 부상 상태에 관한 보고도 가능하면 빠뜨리지 않았다.

이러한 어려움에도 케산의 정신은 디엔비엔푸 때만큼이나 강인했다. 고지 881에 있었던 젊은 해병대 용사 헤브론은 기자들의 방문에 상당히 고무되어 이렇게 말했다.

"기자들이 우리 주위를 서성거리는 것을 보고 '우리가 아주 위험하지는 않구나' 하고 생각했다. 헬리콥터들도 새로운 보급품을 싣고 왔다. 북베트남군이 어느 날 아침 6문의 대포를 쏘아 댔다. 그 다음 날은 또 다른 대포 6문이 가세했다. 그래도 우리의 사기는 결코 저하되지 않았다. 우리는 그들이 다가오기만을 기다렸다."

북베트남군이 겨냥한 목표는 다른 데 있었다. 당분간 언론과 세계의 이목을 양측의 긴장 관계가 팽팽한 곳으로 돌려놓는 데 있었다. 1968년 1월 31일 밤 공산군은 베트남의 명절인 구정에 때를 맞춰 대대적인 공세를 취하기 시작했다.

남베트남의 중요한 도시들은 모두 구정 공세의 대상이 되었다. 8만 명에 달하는 게릴라와 북베트남 정규군이 도시의 미군 방어선 안에서 공세를 취했다. 그러나 후에를 제외한 다른 도시에서의 공세는 공산군에게 큰 피해를 남긴 채 재빠르게 수습되었다. 그럼에도 불구하고 구정 공세는 케산 전투와 함께 미군에게 심리적 압박감과 더불어 엄청난 소모전을 치르게 된 또 다른 이유가 되었다.

CBS 텔레비전의 스튜디오에서는 아버지 같은 인상의 가장 존경받는 뉴스캐스터 월터 크론카이트가 이렇게 보도하고 있었다.

"도대체 무슨 일이 일어나고 있습니까? 저는 미국이 베트남전에서 이기고 있다고 생각했습니다."

크론카이트는 미국인의 목소리를 대변하고 있으며, 케산 전투를 대규모 구정 공세를 위한 양동작전에 지나지 않는다고 생각했던 미국인들의 예상은 텔레비전에 케산 전투의 참혹한 장면들이 계속되면서 산산이 부서졌다. 케산에 배치된 전체 병력의 1/5은 기지 주변의 외곽 언덕에서 방어에 전념하고 있었다.

지휘본부에서 가장 가까운 고지 861에서는 백병전白兵戰이 있기 전인 2월 5일 공산군이 경계선을 넘어서면서 카메라가 그들을 주시하기 시작했다. 이틀 후 케산과 라오스 국경의 중간쯤에 자리잡고 있던 랑베이의 미군 특수부대 기지에 베트남전에서는 처음으로 소련제 PT-76 탱크를 앞세운 공산군이 지뢰밭과 철조망을 헤치고 밀어닥쳤다. 랑베이에 있던 1,000여 명의 병력은 케산에 다급하게 병력 지원을 요청했다.

그러나 사령부는 곳곳에 숨어 있는 복병 때문에 도저히 지원군을 보낼 수 없었다. 백병전을 펼치고 있어서 공군의 지원 사격도 불가능했다. 24명의 미군과 몽타냐르 전사 중 겨우 60명만이 헬리콥터로 구출되었다. 순식간에 900여 명의 장병이 목숨을 잃었다. 웨스트멀랜드 장군은 워싱턴의 당시 분위기를 이렇게 전했다.

"대경실색했다. 공식적인 보고 이전에 언론과 텔레비전 방송을 접했던 대통령은 큰 충격을 받았다. 공식적인 지휘보고서는 여러 가지 검증과 평가를 받았으나, 언론 매체의 보도는 순간적으로 여과 없이 진행되었기 때문이다. 존슨 대통령과 보좌관들은 언론이 케산 전투의 중요성을 너무 과대평가하고 있으며, 패배에 지나치게 초점을 맞추고 있다고 걱정했다."

브래스트럽 기자의 증언도 이와 비슷했다.

"대통령은 디엔비엔푸 망령과 정치적인 반동이 걱정되어 매우 신경질적인 반응을 보였다."

브래스트럽은 후에 〈숨은 이야기 Big Story〉라는 저서를 통해 '케산 전투'와 '구정 공세'에 대한 언론의 부적절한 보도 태도와 정치적인 충격을 비판했다. 그는 이렇게 주장했다.

"북베트남군이 케산을 포위하고 있던 77일 동안 미국 텔레비전 방송의 저녁 시간대 베트남전 보도에서 케산이 차지하는 비중이 1/4이었다. 때때로 CBS는 50%라는 높은 비율을 유지했고, AP 통신은 38%를 케산 이야기로 채웠다."

전쟁 보도 문제에 많은 관심을 기울인 그의 폭넓은 조사 활동을 알아보기 위해 필자는 여러 가지를 물어 본 적이 있다. 그는 이렇게 추론했다.

"지나치게 많은 언론의 보도도 문제였지만, 이에 앞서 대통령은 깊은 충격을 받은 듯했다. 존슨은 웨스트멀랜드에게 '어떤 경우에도 케산을 구하기 위해 핵무기를 사용하자는 말은 하지 말라'고 주문했다. 이에 대해 웨스트멀랜드는 나에게 '그 순간까지 핵무기를 생각해 본 적이 없었다'고 말했다. 사람이란 마음에 없는 생각은 이야기하지 않는 법이다. 핵무기란 말이 거론된 이상 '최악의 상태에 직면하게 되면' 존슨도 핵무기 사용이 허용되는 상황을 가정했다고 본다."

웨스트멀랜드 장군은 핵폭탄이란 용어는 쓰지 않았지만, 케산에서 전술 핵무기를 사용할 가능성은 있다고 말했다. 그는 케산 지역에는 민간인이 거의 살지 않기 때문에 전술적 핵무기 사용을 배제하는 것은 신중한 자세가 아니라고 했다. 그러나 케산 지역에 민간인이 없었다는 웨스트멀랜드의 말은 사실과 다르다. 그때까지 상당수의 민간인이 살고 있었다.

랑베이 함락 이후 주위의 여러 마을이 북베트남군에 포위됨에 따라 그곳에 살면서 미군 특수부대를 지원했던 몽타냐르족은 케산을 떠나 피난길에 올라야 했다. 그러나 공산주의 선동가 몇 사람이 섞여 있다는 이유로 난민 약 6,000여 명의 라오스 피난길이 막혔다. 이에 라오스 주재 미국 대사 설리번이 강력하게 항의하여 난민 전원을 안전하게 보호할 수 있었다. 이러한 난민 숫자나 정황을 미루어 볼 때, 그 지역에는 소수민족을 포함해서 상당수의 민간인이 살고 있었다는 것을 알 수 있다.

웨스트멀랜드 장군은 핵무기 사용 검토를 위한 소규모 대책반 결성을 지시했다. 존슨이 그에게 핵무기 사용을 단념하라고 말한 것은 이런 이야기가 언론에 누설되는 것을 걱정했기 때문이다. 그러나 웨스트멀랜드는 그러한 대안까지 단념한 것은 큰 잘못이라고 느꼈다.

처음으로 이런 대치 국면이 오래 지속되자 예상하지 못했던 부정적인 반응들이 나타나기 시작했다. 미국의 주력 정책이었으며, 웨스트멀랜드 장군이 강력히 지지했던 재래식 소모전 개념이 확실한 효과를 발휘하지 못하고 있다는 현실에 직면하게 된 것이다. 심각한 타격을 입혀서 굴복시켜야 되다는 생각 아래 진행된 정책들이 이론적인 이상에 불과했음이 확인된 셈이었다.

어떤 나라든지 전쟁에서는 민족의 희생보다 영토나 이상의 포기가 우선 할 것이라는 전제가 있었지만, 베트남의 경우에서는 그러한 전제가 북베트남군의 희생을 무릅쓴 구정 공세로 힘을 잃어버렸다.

동북쪽에 있는 옛 수도 후에에서 구정 공세의 마지막 전투가 케산만큼이나 격렬하게 벌어졌다. 그러나 이번에는 1만 2,000명의 북베트남 병력이 포위당했다. 후에의 전투는 처절한 시가전이었다. 웨스트멀랜드 장군은 비록 북베남군이 선택한 곳이기는 했지만, 자신이 바라던 제한적인 국지전을 전개할 수 있게 되었다.

후에 전투에서 미 해병대는 완승을 거두었으나, 미국 국민들은 갑작스러운 시가전을 이해하지 못했다. 지금까지 베트남전은 농촌 마을 소탕작전이라는 이야기만 들어 왔기 때문이었다. 후에의 전투는 여러 가지를 상징했다. 앞으로 전투는 어느 곳에서든지 일어날 수 있으며, 케산 전투도 미국의 힘을 시험해 본 것이 아니라, 실제 포위작전이었다는 인식이 퍼져 나갔다.

케산 전투는 군사력에 앞서 인간적인 유대가 돋보인 전투였다. 국민들이 언론 보도나 사진 등을 통해 볼 수 있었던 것은 철조망밖에 없었지만, 케산 전투는 화력 협조가 가장 잘된 전투로 전사戰史에 기록될 수 있었다.

원활한 협조 속에 케산 지원 공습은 하루 평균 300회 정도 성공적으로 이루어졌다. 매 5분마다 폭격이 있었다는 계산이 나온다. 새로 살포된 전자 감지기들이 송신하는 정보에 따라 폭격기들은 육안으로 볼 수 없는 목표물까지도 신속하게 공격할 수 있었다. 정확한 공격으로 북베트남군 AA대포들의 기동성이 크게 떨어져 미군 전투기의 손실은 2대에 그쳤다.

호치민루트에 배치된 북베트남군 대포들은 전자 감지기들을 잘 피해 깊숙이 은폐되어 있었다. 그러나 병력과 자동차의 행렬은 지속적인 대규모 공습을 피하기가 어려웠다. 미군은 북베트남군의 후속 지원을 차단시켜 케산 주위의 언덕들을 무사히 지킬 수 있었다. 케산 기지 사령관이었던 론스 대령은 그때 상황을 이렇게 요약했다.

"적의 집결지로 의심되는 지역에 전자 감지기를 집중적으로 뿌렸다. 우리는 지도를 꺼내 들고 적이 모여 있을 만한 곳을 찾아냈다. 적 전체를 섬멸해야 했기 때문에 우리는 정확한 정보를 수신할 때까지 기다렸다. 그런데 참 신기한 일이 벌어졌다. 그때쯤 해서 구세주 같은 B-52 폭격기의 공습이 시작되었다. 생각해 보면 참 무서운 순간이었다. 전폭기에서 떨어뜨리는 폭탄들은 목표 지점 위에 정확하게 떨어졌다."

웨스트멀랜드 장군은 B-52 폭격기의 공습작전을 폭포를 연상시키는 '나이아가라 작전Operation Niagara' 이라고 명명했다. 케산에 투하된 폭탄의 총량은 히로시마에 떨어진 원자폭탄의 5배에 해당하는 화력이었다. 인류가 체험한 전사에서 가장 집중적인 폭격이라고 말할 수 있는 하루 5,000개의 폭탄이 작렬했다. 케산 주변 2마일 내의 마을들은 완전히 평지나 황무지가 되었다. 해병대원 제임스 헤브론의 회고를 다시 들어보자.

"하늘에서는 섬광이 작렬했고, 땅은 진동했다. 몸이 튀어 오르는 것 같았다. 폭격기들이 어디에 있는지조차 분간이 안 되었다. 그러나 불과 전방 몇 야드 앞에서 일어나는 일이었다. 정말 무서운 폭격이었다. 참호들이 흔들렸고 모래주머니들은 터져 버렸다. 놀랄 만한 진동을 체험했다."

그러나 북베트남 보병들은 쉬지 않고 접근해 왔다. 디엔비엔푸에서처럼 미 해병대들은 적군이 밤에 땅을 파는 소리를 들을 수 있었다. 그들의 참호는 지그재그형으로 언덕 앞 300m까지 다가섰다. 야간 감시 카메라는 멈추지 않고 탐색했다. 날이 밝아 오면 스카이호크와 스카이레이더Skyraider가 참호 위로 떨어뜨리는 네이팜탄으로 그들의 참호는 깨끗하게 청소되었다. 포위작전의 중반쯤에 북베트남군의 전선에 수천 톤의 네이팜탄이 투하되었다. 이것은 맥아더 장군이 제안했던 '초토화작전' 의 시험이었다.

포위작전 1개월이 지날 때까지도 미군의 공중 폭격은 조금도 줄어들지 않았다. 미군은 가끔 발생하는 부상병들만 헬리콥터로 후송하면 그만이었다. 언론의 관심은 미군 부상병들에게 집중적인 초점을 맞추기 시작했다. 5,600명의 미군에 대한 애절한 사연들이 연일 보도되었다. 앤소니 애스턱치오의 눈물겨운 이야기를 들어보자.

"어느 한 해병은 적이 쏜 포탄 1개를 직접 맞았다. 포탄이 이 해병의 참호에 정확히 떨어졌던 것이다. 그 해병이 고향집으로 보낼 수 있었던 것은 손수건에 싼 한 줌의 가루뿐이었다."

미군 벙커 안에는 큰 쥐들이 많았다. 헤브론의 벙커 주위에도 항상 쥐들이 쉴새없이 왔다갔다했기 때문에 피곤해도 잠이 들어서는 안 되었다. 드러누우면 쥐들이 기어올랐기 때문이다. 병사들은 권총으로 쥐 사냥을 했다. 폭스트로트Foxtrot 중대의 흑인 해병 조니 브라이언트J. Bryant는 "뉴욕에서 쥐를 보기는 했지만 그렇게 큰 쥐는 본 적이 없었다"고 말했다.

잠잘 때는 담요를 꺼내서 누에고치처럼 온몸을 둘둘 말아야 했다. 한 신병은 전입 첫날밤, 얼굴을 감싸지 않고 잤다가 얼굴 한쪽을 쥐에게 물어뜯겼다. 브라이언트는 이렇게 말했다.

"케산은 쥐들이 점령하고 있었고, 우리는 셋방살이 신세였다."

헤브론처럼 상당수의 해병들은 케산에 6개월째 머무르고 있어서 산뜻한 위생 시설을 접할 수가 없었다. 애스턱치오는 이발을 하고 싶었지만 어쩔 수 없었다고 말했다.

"우리 중에 이발병은 없었지만, 짬이 나면 서로 머리카락을 잘라 주었다. 내가 보기에도 참 가관이었다."

헤브론은 비상식량으로 지급되는 C-레이션(C-ration : 통조림 야전식 - 역주)에 질려 버렸다. 그러나 다른 방법이 없었다. 애스턱치오는 이렇게 회고했다.

"벙커에서는 밤에 일체의 불빛이 허용되지 않았기 때문에, 참호 속 깊숙한 곳에 들어가서 C-레이션을 먹었다. 지상에서 C-레이션을 끓이기라도 하면 모든 눈총을 한 몸에 받았다."

그는 그래도 행운이라고 생각했다. 베트남 복무 기간이 이미 끝났기 때문에 언제라도 포위가 풀리기만 하면 떠날 수 있었다. 그는 C-123 수송기가 착륙과 이륙 사이에 속도를 줄이면서 달릴 때 후문으로 뛰어오르려고 시도했으나 실패했다고 말했다. 비행기가 뒷문을 내려놓지 않고 곧바로 걷어올린 뒤 이륙해 버려 결국 실패했다는 것이다. 그는 자기 참호로 돌아와서 바로 옆 중대의 참호에 북베트남군이 쳐들어와 백병전이 벌어졌다는 것을 알았다. 그는 그때를 이렇게 비유했다.

"사람들이 밖에서 얻어맞으면 그 소식은 재빨리 집에 전해진다. 여러 통로를 통해 계속해서 번지기 때문이다. 얼마나 얻어맞았느냐 하는 싸움 내용은 전혀 의미가 없게 된다."

처음 단계에서 얼마 동안 벌어졌던 백병전 소식이 본국에 그대로 전해졌다. 30일이 지나고, 50일이 지나고, 77일이 지나도 백병전 내용은 줄어들지 않고 확대되었다. 이미 모든 국민들이 '목격자'가 되어 버렸다. 6시 뉴스 시간이 되면 안방은 베트남 전장으로 변했다. 텔레비전 화면에 나오는 병사들의 얼굴은 9,000마일 떨어진 곳에서 싸우는 군인이 아니라 옆집 아들이었으며, 자기 자식이었다. 모든 신문과 잡지들에는 젊고 믿음직한 병사들의 얼굴과 함께 아래와 같은 기사들이 대서특필되었다. 상업주의에 충실했던 선동적이고도 충격적인 머릿기사 몇 개를 살펴보자.

「케산 서쪽 500m 지점의 해병기지, 3시간의 사투 끝에 함락」
「해병 C-130 수송기 착륙중 피격, 승무원 6명 전사」
「치열한 전투 임박, 1,307발의 폭탄 케산에 작렬」
「C-123 수송기 활주로 동쪽에서 피격, 48명 전사」

신문의 작은 글자들을 들여다보면 전쟁을 이기고 있는 것은 분명했으나, 너무 오래 끌고 있다는 지적들이 끊이질 않았다. 그리고 케산을 그대로 유지할 수 있게 된다 하더라도 무슨 방법으로 재발을 막을 수 있을 것인가 하는 의구심들이 빗발쳤다. 그렇다고 만약 함락당해 버리면 그 동안의 고통과 희생은 무엇으로 보상을 받을 것인가?

어떤 통신사가 '벙커에 갇혀 있는 병사들이 매일 아침 성조기를 적의 총격으로 못쓰게 될 때까지 게양했다'는 병영 미담을 소개했다. 그러자 수백 장의 성조기가 우편으로 케산에 쇄도했다. 한편에서는 불굴의 해병 정신을 아낌없이 찬양하는가 하면, 다른 한편에서는 사소한 물품까지도 공중 수송을 해야 되는가 하는 문제에 이르기까지 언론 보도는 군부에 적지 않은 영향을 미쳤다.

전사자 운반용 도구까지도 보내야 한다는 것은 의미하는 바가 컸다. 사람들이 말은 하지 않았지만 더욱 심각하게 느꼈던 것은 텔레비전 화면에 비쳐지는 장면들이었다. 어떤 해병대원들의 벙커 위에는 포탄 껍질에 쓴 이런 표지판이 있었다.

"집에 가고 싶다. 다른 사람들에게 제발 이 자리를 물려주고 싶다."

인공위성을 타고 정글에서 가정의 밀실까지 파고 들어간 부정적인 전쟁 이미지는 이제 집단적인 현상으로 나타나기 시작했다. 케산은 이제 자유가 있는 고원이 아니라, 구세대들이 어리석은 짓을 즐기는 산꼭대기 전쟁 놀이터가 되어 버렸다.

2월 중순 해병대 지원 병력을 전송한 존슨 대통령이 "지금은 베트남전에서 가장 결정적인 시기"라고 선언했을 때, 미국 국민들은 처음으로 존슨 대통령의 견해를 지지하지 않았다. 베트남전에 서서히 거부감이 나타나기 시작하던 때였다. 갤럽 여론조사도 케산의 포위작전 이후 대통령에 대한 여론이 반전되고 있는 것을 보여주었다. 베트남전에 대한 지지는 35%였던 반면, 거부감은 50%로 급증했다.

지지자나 반대자를 불문하고 케산 전투의 장기화에 대해 다같이 싫증을 내고 있었다. 미국에게 디엔비엔푸가 되어 버린 케산은 더 이상 공포의 대상도 아니었다. 그 동안 미국이 베트남에서 겪은 3년 전쟁을 크게 조망해 보면, 아주 모호한 명예를 위해 엄청난 전비를 소비한 것처럼 보였다. 그 이후에도 전에 없는 전비 지출과 전쟁 지속 이유에 대한 질문이 계속되었다.

2월 14일 행정부는 1969년 전쟁 비용으로 320억 달러를 책정했다. 15일에는 공군이 북베트남 상공에서 800번째의 미국 비행기 추락 사실을 보고했다. 20일에는 상원 외교분과위원회가 베트남전을 따지기 위한 청문회를 개최했으며, 22일에는 웨스트멀랜드 사령부가 주간 단위로는 최고인 543명의 미군 전사자를 발표했다. 24일에는 후에의 전투가 끝났으나, 케산에서는 미군 수색대가 순찰중 복병을 만나 23명이 전사했다는 뉴스가 이어졌다.

같은 날 웨스트멀랜드 장군은 추가 병력 20만 6,000명을 요청했다. 러스크 국무장관은 매일처럼 충격적인 소식들이 줄을 잇자 당혹감을 감추지 못하고 있었다. 27일에는 미국인들이 가장 신뢰했던 뉴스캐스터 월터 크론카이트가 '더 이상의 확전은 안 된다'는 메시지를 전달했다. 오랜만에 내놓은 개인적인 논평에서 크론카이트는 '전쟁이 교착 상태에 빠졌기 때문에 협상만이 미국이 빠져 나오는 유일한 길'이라고 말했다.

백악관 집무실에서 크론카이트의 말을 들은 존슨 대통령은 공보비서에게 이렇게 말했다.

"크론카이트의 지지를 잃어버리면, 미국 보통 사람들의 지지를 잃어버리는 것과 같다."

케산의 상황이 개선되지 않자, 웨스트멀랜드 장군의 생각을 보여주는 메시지가 전해졌다.

"케산이 미국 내에 너무 자세하게 알려진 바람에, 이곳은 이미 심리적으로 적의 수중에 들어가 버렸다. 국민들은 우리가 케산 전투에서 도저히 이길 수 없다고 생각하고 있다. 프랑스를 정치적인 방법으로 패퇴시켰던 적은 우리 또한 정치적 패배에 아주 민감하다는 것을 잘 알고 있다. 그들은 우리를 똑같은 방법으로 이길 수 있다는 자신감에 차 있다. 실제로 그들은 그렇게 행동하고 있다."

요컨대 웨스트멀랜드 장군이 말하고자 했던 요지는 이런 내용이었다.

"적은 우리의 소모전에 응하고 있지만, 결국 케산은 정치적으로 미국의 디엔비엔푸가 될 것이다."

뛰어난 종군기자였던 피터 브래스트럽은 '언론의 자기 역할에 대한 비판이 부족했다'고 평했다. 한국전쟁에서도 종군기자로 활동했던 그는 하버드대학교 재학 시절 니먼 장학금 Nieman Fellowship을 받았다. 베트남전을 1960년부터 취재했던 브래스트럽은 케산과 구정 공세가 시작되었던 1968년 1월 사이공에 거점을 두고 〈워싱턴 포스트 The Washington Post〉의 기자로 일하고 있었다.

구정 공세 이후 브래스트럽은 "케산은 신문사의 기사나 철조망 사진을 얻기 위한 소재에 불과했다"고 말했다. 그는 저서 〈숨은 이야기〉에 케산은 특히 텔레비전에 풍부한 소재를 제공했다고 썼다. 〈숨은 이야기〉의 한 토막은 이런 내용을 함축하고 있다.

"케산은 한 편의 드라마였다. 언론은 실제로 일어난 중요한 사실에는 별 관심을 보이지 않은 채 흥미만을 돋우었다. 언론 보도는 정상적인 수위를 넘어선 것이었고, 여론을 부추기는 역할을 하고 있었다."

수년간 많은 언론인들은 베트남에 거주하며 베트남전을 취재했다. 최소한 50명 정도는 여러 지역의 크고 작은 취재 과정에서 목숨을 잃었다. 론스 대령은 언론인이라는 집단을 매도하는 사람들에게 "그들은 책임 있는 행동을 했었다"고 말했다.

케산의 지휘관이었던 론스 대령은 식수 공급을 기지 밖에서 하고 있었다. 이런 사실이 알려지면 적이 독을 풀거나 물줄기를 막아 버릴 수도 있었기 때문에 두려움이 상당했다. 그래서 그는 기자들에게 이 사실을 보도하지 말아 줄 것을 부탁했고, 그들은 약속을 지켰다. 론스 대령은 당시를 이렇게 회상했다.

"나를 놀라게 한 것은 내가 부탁했던 대로 그들이 기사화하지 않았다는 것이다. 그래서 나는 그들을 고맙게 생각했다."

그러나 브래스트럽은 다른 견해를 피력했다.

"언론인들은 케산에서 적군의 상대적 강점이 무엇인지 전혀 파악하지 못하고 있었으며, 중요한 변화에 대해서도 감지하지 못했다. 폭격이 일어나면 사람이 죽거나 부상당하는 겉으로 보이는 것만이 전부였다."

또 한 사람의 베트남 관찰자 버나드 널티B. C. Nalty는 "적의 전투 동기를 정확하게 파악하지 못한 것은 미 군부였다"고 말한다. 〈공습과 케산 전투 Airpower and the Fight for Khe Sanh〉라는 책을 쓴 그는 「베트남전The Vietnam War」이라는 연구보고서를 작성하는 데 기여했다. 널티는 공군과 해병대의 전사연구센터에서 근무했다. 그의 말을 들어보자.

"웨스트멀랜드 장군은 공산군의 의도가 케산을 미군의 디엔비엔푸로 만드는 것이라고 생각했으나, 결국에는 패퇴하게 될 것이라고 믿었다."

그러면서 널티는 이러한 반론을 폈다.

"북베트남군은 케산을 디엔비엔푸처럼 포위하지는 않았다. 그들은 케산을 디엔비엔푸처럼 몰아치지도 않았으며, 마지막에는 약간 미온적인 자세까지 보였다. 북베트남군은 서서히 철수했다. 전사자는 공식적으로 1,602명에 불과했으며, 노획한 무기도 실망스러울 정도로 보잘것없었다."

미 군부는 당시 공습이 적군의 의지를 꺾었고, 호치민루트를 봉쇄할 수 있는 거점기지인 케산을 확보할 수 있었다고 주장했다. 그래서 웨스트멀랜드 장군도 기지 장악과 루트의 통제에 필요한 보충 병력 20만 6,000명을 요청했었다고 말했다. 그러나 전쟁 사학자 널티는 이렇게 말했다.

"북베트남은 케산의 포위작전을 장기적으로 끌고 감으로써 웨스트멀랜드 장군을 정치적, 군사적으로 궁지에 몰아넣었다. 이 케산의 포위작전으로 북베트남군은 웨스트멀랜드가 병력과 비행기들을 구정 공세 이후에도 다른 곳으로 돌리지 못하게 만들었다."

그러자 웨스트멀랜드는 "구정 공세는 공산군의 패배였다"고 단정했다. 여기에 대해 널티는 "전략상으로 볼 때 구정 공세는 공산군의 큰 성과였다"고 되받았다.

1968년 2월 28일은 77일간 진행된 케산 포위작전의 절반이 지난 시점이었지만, 아무런 성과가 없었다. 존슨 대통령은 웨스트멀랜드 장군의 병력 지원 요청에 대해 구정 공세의 원인, 미군의 선택 범위, 베트남전의 전망을 다시 분석해 보라는 명령으로 대응했다. 존슨이 하달한 지시에 따라 웨스트멀랜드 장군이 얻은 것은 귀국행 티켓이었다.

13 구정 공세
The Ten Thousand Day War

> 나는 미군에게 승전 가능성이 없음을 알고 경악했다. 우리는 이미 패자가 되어 있었다.
> _ 국방장관 클라크 클리퍼드(1968년)

사이공 시가지, 구정 인파가 서서히 귀가하는 이른 새벽 수많은 바와 카페에서 쏟아져 나온 수천 명의 사람들이 흐느적거리며 걸어가고 있었다. 마지막 꽃송이를 파는 사람들이나 쌀과자를 파는 도로의 상인들은 무척이나 바쁜 듯해 보였다. 원숭이해를 반기는 마지막 폭죽이 터지는 가운데 길가의 가게나 정부 건물 앞에서는 남베트남 병사들이 술에 취해 선잠을 자고 있었다.

어두컴컴한 뒷골목에 밤늦게 서성거리는 몇 사람이 조그마한 트럭과 빈 택시가 있는 곳으로 모여들었다. 차들이 옆에 있는 웅장한 흰색 건물로 향하자 그 사람들은 자기들이 가져온 큰 뭉치들을 풀기 시작했다. 택시가 미 대사관의 철문을 박차고 들어가자 '자살특공대Death Defying Volunteer'가 뛰어나와 총을 쏘기 시작했다. 1968년 1월 31일 새벽 2시 30분, 베트콩의 구정 공세를 알리는 신호탄이었다.

이때의 충격으로 베트남전 미군 개입의 종말이 서서히 다가왔다. 그러나 천천히 왔다가 서서히 물러가는 아시아의 태풍처럼 구정 공세의 피해 회복은 훨씬 오래 걸렸다. 태풍의 힘이 채 수그러들지 않았기 때문에 피해 상황은 계속 늘어났다.

그러나 태풍이 곧 시들해질 것이라고 믿었던 사람들이 있었다. 맥나마라 국방장관, 웨스트멀랜드 장군, 그리고 존슨 대통령이 그들이었다. 역설적으로 보면 이들의 생각이 맞았다. 구정 공세는 결정적인 반전을 이뤄, 명백한 미국의 승리로 끝났다. 급습에 대한 방어는 완벽했다. 단, 경계 태세가 느슨했다는 것만 제외하고 모든 것이 명백한 미국의 승리였다.

베트남전 자체가 수많은 기상천외한 사건으로 점철된 전쟁이었지만, 구정 공세만큼 사람을 놀라게 했던 일은 없었다. 특히 최악의 상황이 이미 끝났다고 자신 있게 여러 차례 발표한 미 대사관을 기습한 상징성이 더욱 그랬다.

벙커 대사는 구정 공세가 시작되었을 때, 해병대 경비병들에 의해서 잠자리에서 깨어났다. 그 경비병들이 대사관 안에 있는 안전 가옥으로 대사를 안내했다. 벙커 대사의 진술을 들어보자.

"당시 내 벙커는 모래주머니로 두껍게 벽을 쌓아 놓은 포도주 저장고였다. 구정 공세 이후 경비병들이 적당한 벙커를 새로 지었다."

정문에 있던 해병대 경비병들은 첫번째 공격을 잘 차단하고 대사관 내에 근무중인 경비들에게 곧바로 경계 신호를 보냈다. 자살특공대가 정문에서 난동을 부리는 동안 다른 게릴라들은 대사관 담을 폭파시키고 영내로 기어들어 갔다. 취재기자들은 6시간 동안 이어졌던 산만한 전투를 직접 목격했다. 급히 증원된 미 해병대가 대사관으로 밀고 들어갔고, 영내에 있던 대사관 직원 몇 명이 창문을 통해서 사격을 가했다. 첫번째 뉴스가 태평양을 건너 본국으로 날아갔다. 그런데 그 보도는 미 대사관이 점령당했다는 오보였다. 웨스트멀랜드 장군은 그 오보에 격분하여 이렇게 말했다.

"전투가 끝나자 나는 곧바로 대사관으로 가서 조사를 시작했다. 한 층도 빠뜨리지 않고 점검한 다음 워싱턴에 전화했다. 곧이어 기자회견을 가졌다. 기자들에게 '지금 대사관 영내에는 한 사람의 적도 없다'고 확인해 주었다. 나는 이 조그만 테러 사건에 속아서는 안 된다고 생각했다."

사이공 외에도 100여 개의 도시와 미군기지들이 동시에 공격을 받고 있었다. 사이공에서는 약 4,000명에 달하는 게릴라들이 인구 밀집 지역에 바리케이드를 치고 있었다. 이들은 농민이나 거리의 상인으로 가장하여 전통적인 명절을 앞두고 시골에서 유입되는 군중 속에 끼여 들어왔다. 미 대사관의 공격이 끝나자 다른 게릴라 특공대가 사이공의 탄손누트Tan Son Nhut 공항과 남베트남 정규군 사령부, 대통령궁을 차례로 공격했다.

대사관에서는 19명의 게릴라와 7명의 미군이 전사했다. 벙커 대사가 현장 조사를 마친 이튿날 아침까지 시체들은 대사관 영내에 그대로 방치되어 있었다. 뉴스 카메라맨들이 대사와 사건 현장을 부지런히 쫓아다녔다. 벙커 대사마저도 사이공 시내와 마찬가지로 영내에 이렇게 많은 게릴라가 침투해 들어왔다는 사실에 놀라움을 금치 못했다. 어수선한 분위기 속에서 벙커 대사는 이렇게 말했다.

"미 대사관 땅에 이렇게 많은 게릴라들이 들어왔다니 놀라운 일이다. 아무튼 격퇴되었으니 다행이다. 웨스트멀랜드 장군의 보고를 들으니 군사적으로는 이미 상황이 끝났다고 한다."

웨스트멀랜드 장군은 이렇게 말했다.

"적군이 갑자기 힘으로 밀어붙이며 공격했지만, 그들은 패하고 돌아갈 것이다. 그런데 언론이 너무 비관적으로 예측하므로, 우리는 언론을 믿을 수가 없다."

첫번째 공격에 약 8만 명의 게릴라가 참가했다. 그들 대부분은 남부 게릴라들로 시가지 곳곳을 훤히 알고 있었다. 문화와 종교의 중심지인 옛 도시 후에에서는 먼저 위장하여 잠입했던 5,000명이 기습적인 공격을 단행한 다음에 농민 복장을 벗어던져 버리고 북베트남 군복을 입고 있었다. 24시간 안에 후에의 대부분을 점령했고, 또 다른 7,000명의 정규군이 가세했다.

남베트남 도시 13개 정도가 게릴라에게 함락되었다. 사이공에서는 남베트남 정규군 절반이 휴가중이었고, 또 많은 병사들이 탈주한 상태였다. 미군 5개

>>>> 1968년 1월 31일 밤 시작된 구정 공세 때 탄손누트 공항 공격에서 사살된 게릴라들의 시체가 도로변에 널려 있다(위). 당시 남베트남의 모든 주요 도시에 대해 베트콩의 기습공격이 감행되었다(아래).

대대가 첫날이 저물어 갈 때쯤 시가전에 투입되었다. 이튿날부터 게릴라들은 죽기를 각오한 자세로 전투에 임했다. 사이공 방어 임무가 주어진 미군 폭격기들은 인구 밀집 지역에서 저항하는 게릴라들에게 무차별 공격을 가하기 시작했다.

사이공 방어를 위해 인근 게릴라 점령 지역인 미토My Tho와 칸토Can Tho 지역에는 사전 공습이 실시되었다. 수만 명이 부상을 입거나 집을 잃어버렸다. 벤트레Ben Tre를 완전 평정한 후 한 미군 장교는 이렇게 말했다.

"우리는 그 도시를 구하기 위해 어쩔 수 없이 그 도시를 파괴했다."

대사관에 대한 게릴라들의 공격과 마찬가지로 벤트레에 대한 미군 공격 또한 미국인들에게 많은 의문을 남겼다. 후에를 제외하면 대부분의 구정 공세는 10일쯤 지나서 진정되었다.

2월 하순경 웨스트멀랜드 장군은 적의 전사자가 3만 7,000여 명이라고 발표했다. 미군 전사자는 2,500여 명에 불과했지만, 주민은 50만 명이 집을 잃어버렸다. 연합국 병력이 100만 명에 가까웠으나 이제 도시도 더 이상 안전 지역이 아니었다. 2월 9일자 〈타임〉은 이렇게 썼다.

"놀라운 일이었다. 감쪽같이 사라져 흔적을 찾아볼 수 없었던 적군이 홀연히 나타나 전국적으로 수백 군데에서 동시 다발적인 공격을 가했다."

이런 성격의 기습공격은 빨리 격퇴시키라는 미국 국민들의 압력을 받기는 커녕 오히려 국민들에게 깊은 충격과 회의를 심었다. 미군에게 승리에 대한 소감이나 격려보다는 '질문'이 훨씬 많이 쏟아졌다. 어떻게 전국적으로 그런 대규모의 공격이 가능했는가, 누가 지휘자인가, 다음에는 어떤 형태로 나올 것인가. 이런 식의 질문이 끝없이 이어졌다.

구정 공세가 있던 날 밤 존슨 대통령은 신임 국방장관에 클라크 클리퍼드를 임명하고 3월 1일에 취임하도록 결정했다. 클리퍼드는 구정 공세의 충격을 이렇게 회고했다.

"원점으로 돌아간 느낌이 들었다. 처음부터 밑 빠진 독에 물 붓는 격이었다.

원인에 접근하는 것이 이해에 훨씬 큰 도움이 되었다. 적절한 표현으로 '터널 끝에서 불빛을 보았다'는 말이 어울릴 것 같았다."

베트남 방문에서 돌아온 사람들은 하나같이 언제쯤 병력을 철수시킬 것이냐고 물었다. 1967년 말쯤에는 분위기가 그렇게 나쁘지 않아 결국은 미국이 승리할 것처럼 보였다. 국민이나 행정부가 큰 충격을 받은 이유가 바로 여기에 있었다. 전혀 예상하지 못한 일이었기 때문이었다.

웨스트멀랜드 장군이 1967년 12월쯤 행정부에 이런 정보를 전했었다.

"적이 무엇인가 큰 작전을 준비하고 있는 것 같다. 아마 새해부터는 전략의 대전환이 시작될 것 같다."

웨스트멀랜드의 경고 내용을 합참의장인 얼 휠러 E. G. Wheeler 장군이 반전운동을 반박하기 위한 디트로이트 집회의 연설에서 공개했다. 피터 브래스트럽 기자는 "언론이 휠러 장군의 경고를 반전운동 기사와 동등하게 취급하지 않았다"고 비판했다. 당시 언론은 오로지 반전운동만을 크게 취급했다. 그러나 대통령은 양쪽에서 똑같은 압력을 받고 있었다.

특히 1967년 상원의 반전 분위기는 매우 심각한 수준이었다. 존슨 대통령은 이러한 점을 감안하여 베트남전을 긍정적으로 볼 수 있는 조치를 취했다. 그러나 1968년 1월 구정 공세가 있기 전 존슨은 '연두교서 state of the union massage'에서 웨스트멀랜드 장군이 그에게 경고했던 내용과 앞으로도 어려움이 많을 것이라는 이야기를 국민들에게 말하지 않았다. 난관이 앞길을 막고 있는 듯했다. 브래스트럽 기자는 "베트남전에서 유일한 상황 개선의 가능성은 미국 국민들이 어떻게 생각하느냐에 달려 있었다"고 말했다.

사이공의 전투지원사령부 기록에서 볼 수 있듯이, 1월 15일 웨스트멀랜드 장군은 구정 무렵 공산군이 대규모 공격을 할 가능성을 60%로 보았다. 그러나 구정 10일 전 있었던 케산의 포위작전은 대통령과 군부 지휘관들의 관심과 판단력을 송두리째 흔들어 놓았다.

당시 후에 남방 12마일 지역에서 1개 중대 병력을 지휘하고 있던 해병 중령

마이런 헤링턴M. Herrington은 군 정보팀을 통해 시골에서 적의 대규모 병력이 이상한 움직임을 보이고 있다는 이야기를 들었다. 공격 준비를 하고 있는 것 같아 보였지만 어디를 겨냥하고 있는지는 알 수가 없다는 것이었다. 적의 최대 공격 목표가 후에였다는 것을 아무도 몰랐다.

후에에서 구정 전야의 분위기를 전했던 로널드 크리스마스R. Christmas 해병 중령은 무엇인가 이상한 느낌이 들었다고 한다. 후에로 통하는 1번 국도의 방어 임무를 맡았던 그의 중대는 헤링턴 중대와 마찬가지로 후에의 재탈환을 위해 1개월 동안 전개되었던 치열한 시가전의 주역이 되었다. 다른 휴전 지역과 다르게 후에 인근의 농촌 지역에서는 상당한 긴장감이 감돌았지만, 크리스마스 중령은 막상 구정 공세가 시작되기 불과 몇 시간 전에야 구정 휴전을 취소한다는 명령을 받았다. 크리스마스 중령은 이렇게 회고했다.

"솔직히 말하면 대단한 충격이었다. 북베트남 병력이 목표물에 대해 그렇게 엄청난 공격을 할 것이라고 생각한 사람은 아무도 없었다. 우리는 해병 제3사단 전체 병력을 후에 남쪽으로 이동시키면서도 대공세가 있을 것이라고는 전혀 예상하지 못했다. 남베트남 군부도 마찬가지로 감을 잡지 못하고 있었다. 어림잡아 50% 정도의 남베트남 병력은 명절 휴가를 떠난 상태였다."

따라서 웨스트멀랜드의 지휘부가 사이공과 지방 도시 100여 곳에 걸쳐 대규모의 공세가 있을 것이라는 예상을 했다 하더라도 방어가 가능했을까? 그때 분위기는, 영국과 미 CIA가 게릴라의 도시조직을 경시하는 자세를 취하고 있었기 때문에 방대하고 조직적인 북베트남군 공세에 대한 정보를 사전에 입수, 분석하기가 불가능했을 것이다.

헤링턴 중령은 북베트남 병력은 공격이 있기 1주일 전쯤에 후에에 침입했을 것이라고 추측했다. 〈뉴욕타임스〉는 사후에 이렇게 논평했다.

"북베트남군의 보안이 너무 철저해서 수만 명의 병력이 이동하는 데도 불구하고 미군이나 남베트남 군부에서는 어떠한 낌새도 포착하지 못했다."

미군은 총체적인 전술 개발과 케산 전투에 모든 노력을 경주하고 있었기 때문에 당연히 북베트남도 그럴 것으로 믿고 있었다는 것이다. 북베트남군이 도시 공격을 시도했다가 실패할 경우 엄청나 전비 지출을 자초했다는 인민들의 비판이 뒤따를 것이었기 때문에, 미군은 '북베트남군의 도시 공격은 성공할 수도, 있을 수도 없다'고 판단하고 있었다. 혹시 도시에서 어떤 형태의 시가전이 발생한다 하더라도 시민들이 동조하지 않을 것이고, 결국 하노이는 교착 상태에 빠질 것이라고 예단했었다.

그러나 하 반 라우가 말하는 하노이의 의도와 정치적 목적은 미군의 판단과 사뭇 다른 것이었다.

"구정 공세는 미국이 군사적으로 승리할 수 없음을 보여주었다. 미군 지휘부는 항상 승리는 자기들의 손안에 있다는 환상에 젖어 있었다. 구정 공세가 그러한 환상을 깨게 만들었다. 우리측 인명 피해는 확실하게 알 수 없지만, 전략적 승리를 위한 대가였다고 생각한다."

북베트남 전략전문가 윌리엄 털리W. Turley도 "그들의 목적은 군사적으로 교착 상태를 이끌어 내는 데에 있었다"면서 하 반 라우의 견해에 동감을 표시했다. 포드 재단에서 정치학과 사회조사방법론 교수를 역임했던 털리는 베트남 공산주의에 관한 수많은 논문을 발표했다. 그는 자신의 견해를 이렇게 요약했다.

"하노이측은 공산주의 혁명의 정열을 과시하기 위해 농촌에 이어 몇 개의 도시를 일시적으로 점거하는 무력 시위가 필요했다. 그렇게 함으로써 남베트남 정부조직에 대한 신뢰도를 추락시킴은 물론, 미래에 반드시 있을 것으로 예상되는 협상에서 발언권을 높일 수 있었기 때문이다."

1967년에는 평화협상에 대한 국제적인 압력이 일어나기 시작했는데, 이 협상이 결실을 보기까지 6년이란 세월이 필요했다. 100만 명이 전사했던 전쟁에서 3/4에 해당되는 기간은 전투 중지를 끌어내기 위한 협상 과정이 차지했다. 이 기간 중에도 군사적인 우위를 차지하기 위한 전투는 하루도 쉬지 않고 계속되었다.

협상의 모든 과정을 면밀하게 관찰했던 미국의 역사학자 개리스 포터는 잘 진행되던 협상을 돌연 백악관이 취소했다고 주장했다. 하노이와 협의를 끝낸 영국 수상 해럴드 윌슨H. Wilson은 "만약 북베트남이 병력의 남파를 현저히 감축시키는 것에 동의하면, 미국이 북폭을 중단한다"는 내용을 존슨 대통령의 특사들과 상의하고 있었다.

영국과 소련은 제네바협정의 공동 의장 국가였기 때문에, 윌슨은 소련 수상 알렉세이 코시긴A. Kosygin에게 공식적인 대화를 위한 첫번째 조치로서 평화 협상안을 지원하라는 압력을 넣고 있었다.

포터에 의하면, 이 협상이 진행되는 과정에서 존슨 대통령의 안보보좌관인 월트 로스토W. Rostow가 갑자기 "미국이 주도권을 잃어버려서는 안 된다"는 명분을 내세웠다고 한다. 로스토의 돌발적인 행동은 군부와 평화협상의 중간 위치에서 어려움을 겪고 있던 존슨 대통령의 입장을 잘 반영하고 있었다. 대통령의 참모들 가운데 오로지 맥나마라 장관만이 전쟁의 승리에 대해 깊은 의구심을 가지고 있었고, 나머지 사람들은 침묵으로 일관하던 중이었다.

한때 같이 폭격 계획을 구체화시켰던 로스토와 맥나마라는 몇 개월 안에 상황이 호전되리라 기대했었다. 그러나 전쟁 기간이 점차 길어지자 맥나마라는 확전으로 이어질까 봐 걱정이 되었다. 그는 대통령이 군부의 보고서를 믿었다면 그것은 정치인의 제스처에 불과했다고 말했다.

맥나마라는 중요한 것 하나를 양보하더라도 협상을 주도적으로 이끌 수 있는 방안을 제안했다. 협상 일정만 정해지면 다른 전제 조건 없이 북폭을 중단할 수 있다는 입장이었다. 개인적으로 그러한 뜻을 하노이에 전달한 상태였던 1967년 9월, 존슨 대통령은 샌안토니오San Antonio 연설에서 맥나마라 제안의 윤곽을 대충 드러내기도 하였다.

그러나 이번에는 하노이가 평화로 가는 길을 막아 버렸다. 한 달이 지난 다음 하노이가 내놓은 협상안은 새로운 것이 없었다. 하노이는 "북폭은 아무런 조건 없이 즉시 중단되어야 한다"는 입장이었다. 하노이는 이때 구정 공세를 준비하고 있었다. 북베트남 병력의 남파가 증가되고 있다는 정보가 맥나마라를 긴장시켰다.

맥나마라의 평화협상안은 아무런 결실을 보지 못했고, 그의 제한전 개념 또한 통제 불능 상태로 빠져들고 있었다. 그의 보좌관이었던 애덤 야몰린스키는 맥나마라의 독백을 이렇게 회고했다.

"나의 베트남 정책은 기본적으로 핵전쟁의 위험에서 출발했다. 나는 핵전쟁에서는 아무도 승자가 될 수 없음을 고위 공직자 중에서 맨 처음 주장한 사람으로 기억되길 바란다."

세계 각국이 극한적인 대립을 지양하고 어느 정도의 안정을 원했기 때문에 미국은 과학기술전科學技術戰으로 베트남전에 대응하는 방안을 생각할 수 있었다. 과학기술전은 세계를 핵전쟁이라는 '아마겟돈Armageddon'에서 벗어나게 하는 대안이었다. 그래서 맥나마라는 과학기술전의 하나인 전자전에 매력을 느꼈다.

1967년 초 전자전이 새로운 모습을 드러내기 시작하자, 전 해군장관 폴 니츠가 맥나마라의 개인 보좌관으로 참여했다. 니츠는 존슨이 샌안토니오에서 연설한 맥나마라 제안의 기초 작업을 도왔다. 그는 살육적인 면을 지양하고 정보에 입각한 전쟁을 지향하는 맥나마라의 고민을 옆에서 지켜보아야 했다. 니츠는 이런 말을 했다.

"군부는 부인하지만, 결과적으로 맥나마라 국방장관을 사임시킨 것은 언론이었다. 이렇게 하여 미군 철수가 얼굴을 드러내게 되었다."

맥나마라는 〈뉴요커New Yorker〉가 보도한 "미군 포병의 자의적이고 무차별한 포격으로 농촌 마을들이 황폐화되어 버렸다. 결과는 비참할 뿐이었다"는 기사를 읽고 "전쟁이 이런 식으로 가면 안 된다고 안타까워했다"고 니츠는 회고했다.

맥나마라는 지난 7년 동안 공들였던 군사적인 노력이 이제는 한낱 쓸모 없는 짓이 되어 버렸고, 심지어 부도덕한 행위로 자신의 도덕성까지 지탄을 받고 있는 현실에 직면해 있었다. 1967년 11월 그는 존슨 대통령에게 사임을 청했다.

누구보다도 오랫동안 미국의 군사정책을 관장했던 맥나마라가 이제는 자신의 정책 자체를 비난하기 시작했다는 사실은 존슨 대통령을 불쾌하게 만들었다. 맥나마라가 베트남전을 비판하고 사의를 표명했던 당시, 존슨의 불편한 심기를 자서전 작가 도리스 커언스는 이렇게 쓰고 있다.

"대통령은 베트남 군사정책을 크게 우려하지 않았다. 자신의 행동이 옳았다는 확신을 가지고 있었다. 그는 맥나마라가 너무 걱정거리가 많은 것 같다고 생각했다. 두 사람간에 균열이 발생했을 때, 대통령은 감정상으로는 약간 혼란스러웠지만 정책 자체에 대한 우려는 하지 않았다. 대통령은 맥나마라의 순수성을 너그럽게 지켜 주기 위해 세계은행 총재로 갈 것을 권유했다."

커언스는 또 존슨과 맥나마라의 갈등설에 대해 이렇게 확인했다.

"대통령은 반대자를 주위에 두고 싶어하지 않았다. 맥나마라가 다른 데 가서 자기를 반대했었다는 말을 하고 다니는 것도 원하지 않았다."

맥나마라는 밤거리에 버려진 헌 종이 같은 신세가 되어 버렸다. 그러나 그는 정치적인 큰 상처 없이 윤달인 1968년 2월 29일 해임되었다. 모든 보좌관들이 다 떠나 버린 다음 존슨은 커언스에게 맥나마라에 대한 불편한 심기를 이렇게 비아냥거렸다.

"맥나마라는 이제 세계은행에서 군사적 우위가 왜 필요한가를 스스로 느끼게 될 것이다."

오랫동안 냉혹한 전쟁의 책임자로 여겨졌던 맥나마라는 그 동안 가슴속에 묻어 두었던 고통을 토로하려고 했다. 그는 처절한 목소리로 존슨에게 이렇게 말했다.

"대통령 각하, 저는 오늘 저의 마음을 표현할 수 있는 적절한 말을 찾을 수가 없습니다. 다른 기회가 주어진다면 그때 말씀드리겠습니다."

1981년까지 세계은행 총재를 지낸 맥나마라는 13년 동안 베트남 문제에 침묵했다.

존슨은 군사적인 우세에만 힘을 쏟아붓고 있었다. 선거의 해를 맞이해서 그는 우방의 많은 지원을 기대하고 있었다. 그는 다시 한 번 신뢰가 두터웠고 정치적으로 부담이 적었던 자기의 법률고문 클라크 클리퍼드에게 베트남전에 참전한 우방국들을 방문해 줄 것을 요청했다. 그의 임무는 우방에게서 참전용 공출을 걷는 일이었다.

베트남전의 어려움을 익히 잘 알고 있는 우방국 고위 관리들조차도 미국이 느끼고 있는 우려를 공감하지 못하고 있다는 사실을 발견하고 몇 주일 후 귀국한 클리퍼드는 각국의 반응을 그대로 보고했다. 존슨도 어렴풋이 이해는 하고 있었지만, 서운한 생각이 들었다. 존슨의 실망감은 매우 컸던 것으로 알려졌다.

클리퍼드는 수년간 미국의 대아시아 정치에 깊이 관여했던 인물이다. 그는 1960년대 초 케네디 행정부 때는 '해외정보자문위원회Foreign Intelligence Advisory Board'에서 일했고, 1965년에는 존슨 대통령의 부탁으로 동남아시아 각국을 방문하기도 했다.

1966년 마닐라회담에서 존슨 대통령의 고문이 된 그는, 공산주의 국가들의 침략이 동남아시아를 겨냥하고 있었기 때문에 "미국의 이익 보호를 위해서는 소련과 중국의 팽창주의에서 남베트남을 수호해야 한다는 논리에 전적으로 동감했다"고 말했다.

그러나 1967년 우방국 순회에서 돌아온 그는 대통령에게 자신의 우려를 솔직하게 털어놨다. 대통령은 그에게 우방국들은 "전쟁의 뒤안길에 있기 때문에 병력과 돈을 주먹 안에 꽉 쥐고 있다"고 불평했다. 클리퍼드의 걱정에도 아랑곳하지 않고 존슨은 그에게 국방장관을 맡아 줄 것을 부탁했다. 클리퍼드의 당시 생각은 이랬다.

"나는 존슨 대통령을 전적으로 지지하고 있었다. 베트남전도 당연한 결과라고 생각했다. 20년 동안 친교를 유지했던 사이여서 그의 부탁을 들어주는 것이 그를 도와주는 길일 수도 있었다. 그런데 결과는 반대 방향으로 갔다."

클리퍼드의 국방장관 지명 발표는 구정 전야에 있었지만 그가 취임하기 전에 그 공세는 끝나 버렸다. 그러나 이어지는 후속 공세에 대비해서 그는 전쟁에 대한 자신의 단호한 목소리를 내기 시작했다. 클리퍼드 재임 기간이 존슨에게는 가장 힘들었던 시기였다. 존슨의 건강은 급격하게 악화되었고 여론은 이미 등을 돌린 뒤였다.

우방국들은 협상을 통한 해결을 요구했고, 웨스트멀랜드 장군은 반대로 전면적인 군비 증강을 위해 치열한 로비를 펼치고 있었다. 어느 길로 갈 것이냐는 철저하게 존슨 대통령 한 사람의 결단에 달려 있었다.

구정 공세가 있었던 다음 주에 대통령은 베트남전 이래 가장 중대한 결정을 내려야만 했다. 웨스트멀랜드 장군이 추가 병력을 요청해 온 것이다. 1967년에 제안했던 20만 명을 빠른 시간 안에 배치해 달라는 독촉이었다. 케산의 교착 상태와 랑베이의 900명 전사에 신속하게 대응해야 한다는 논리였다.

구정 공세가 가장 심했던 후에는 의외로 빠른 시간 안에 평정되었다. 이제 남은 문제는 캄보디아와 라오스로 달아난 적을 추격해야 된다는 것이 웨스트멀랜드 장군의 주장이었다. 그의 병력 요청은 아직 공개되지는 않고 있었다. 교체가 발표된 맥나마라 장관은 레임덕에 빠져 있었고, 클리퍼드 신임 장관의 취임까지는 3주일이 남아 있었다. 합동참모본부는 웨스트멀랜드 장군을 후원하고 있었다.

존슨 대통령 자신도 병력의 추가 지원과 전선의 확대를 긍정적으로 생각하고 있는 것 같았다. 웨스트멀랜드 장군도 그러한 분위기를 파악하고 있었다. 그런데 반전 여론이 거세어지자 웨스트멀랜드 장군의 제안은 완전히 배제되어 버렸다.

당시 이 문제의 처리 과정을 살펴보면, 추가 지원 여부를 떠나 존슨 대통령과 그의 고위 보좌관들의 의사 결정 시스템이 상황 변화에 신속하게 대처하지 못하고 있음을 알 수 있다. 왜냐하면 웨스트멀랜드 장군의 제안을 오랜 기간 미결 상태로 끌어오다가 갑자기 폐기해 버렸다는 '의사 결정의 파행'을 유감

없이 보여주었기 때문이다.

1968년 2월 12일 백악관 회의에서 대통령과 합참의장은 캄보디아와 라오스로 달아난 적을 추격하는 데 따른 정치적인 문제의 처리 방법을 의논했다. 이날 회의에서는 보충역 소집 문제 등 전략적인 검토나 당연히 토론되었어야 할 대안마저도 고려해 보지 않은 채 웨스트멀랜드 장군의 제안을 기각해 버렸다. 이런 파행적인 결정은 이례적인 것이었다. 국방부는 '웨스트멀랜드의 요청이 모호하게 처리되었다'는 소문을 반영하듯 이날 결정을 이렇게 요약해 놓고 있다.

"그 제안은 채택될 수도 있었고, 폐기될 수도 있었다."

〈펜타곤 페이퍼〉는 당시 정부가 양자택일의 상황에 부딪쳤고, 사용할 카드는 점점 줄어들었다고 적고 있다. 웨스트멀랜드 장군의 제안을 승인하면 징병 연령을 낮추어야 하는 문제와 방대한 전비 충당 문제가 있었던 반면, 거부하게 되면 하노이가 가장 알고 싶어하는 미국의 한계가 드러날 수도 있었다. 행정부는 실질적인 대안을 마련해야 하였다. 그러나 병력 지원 문제를 심각하게 생각했었는지는 여전히 의문으로 남아 있었다.

그런데 하루가 지난 2월 13일, 존슨 대통령에 대한 지지도가 현저하게 떨어졌다는 갤럽 여론조사에도 불구하고, 펜타곤은 1만 500명의 전투 병력을 베트남에 곧 파병한다고 발표했다. 이 숫자는 당시 전투 상황만을 감안한다면 터무니없이 적은 규모였다. 공산군의 도시 지역 2차 공세가 예상되었지만, 미군의 병력 증강과 6만 5,000명에 해당하는 남베트남 정부의 예비군 소집이 지지부진한 상태에 빠져 있었기 때문이다.

미군 지휘부는 구정 공세 이후부터 남베트남 정규군에 대한 의존도를 과감하게 줄여 버렸다. 만약 6만 5,000명의 예비군을 소집한다고 해도 공산군에 대한 대응 전력으로서는 별 의미가 없었다. 1만 500명 병력 증강 효과는 구정 공세에 따른 심리적 충격에도 불구하고 '미군은 결코 병력을 감축하지 않는다'는 신호였을 뿐만 아니라, 또 다른 행동을 취하기 위한 예비 조치이기도 했다. 그러나 주위의 시선을 끌지는 못했다.

합동참모본부는 구정 공세에서 적군의 전사자나 포로는 3만 명이나 4만 명 정도 될 것으로 판단했다. 구정 공세에 참여한 게릴라들의 거의 절반에 해당되는 숫자였다. 캄보디아와 라오스까지 적을 추격해야 한다는 웨스트멀랜드 장군의 전술에 대한 강한 반론이 제기되고 있었다. 워싱턴에서 격론을 벌였던 날부터 11일이 지난 2월 23일 합동참모본부장 휠러 장군이 갑자기 사이공에 나타났다.

웨스트멀랜드 장군은 자기의 주장이 긍정적으로 검토되고 있었을 뿐 아니라, 휠러 장군도 지지하는 자세를 보였다고 주장했다. 그는 휠러를 만나서 알게 된 새로운 사실을 이렇게 설명했다.

"휠러 장군이 나에게 예비군 동원령이 심각하게 거론되고 있으며, 정치적인 상황도 변경될 가능성이 있다고 말했다. 미군이 캄보디아나 라오스로 들어가 적군과 싸울 수 있는 여건이 허용될 수도 있다는 것을 암시했다. 그래서 나는 휠러 장군에게 만약 그러한 여건이 조성된다면 추가 병력 20만 6,000명이 필요하다고 말했다."

웨스트멀랜드의 이번 병력 증강 요청은 베트남전이 시작된 이후 가장 큰 규모였다. 이 숫자는 놀랍게도 전체 병력의 40%에 해당되는 숫자였다. 휠러 장군도 분명히 그 사실을 확인했다. 27일 존슨 대통령은 수정 권고안을 통고받았다. 합동참모본부는 예비군 소집령을 적당한 수준에서 준비해야 된다고 말했다. 현재 병력에 약간의 추가 병력만으로는 적절한 대응을 할 수 없다고 권유했다.

CBS의 월터 크론카이트가 협상을 통한 해결을 주장한 날이 공교롭게도 27일이었다. 후에에서 구정 공세의 마지막 전투가 끝났다. 모스크바를 포함한 세계 주요 도시의 순방을 마치고 돌아온 우 탄트 유엔 사무총장은 "평화협상이 수일 내에 시작될 것"이라고 밝혔다. 동시에 프랑스 정부도 "미군이 북폭을 중지하면, 평화협상이 바로 시작될 수 있다는 중요한 정보를 가지고 있다"고 발표했다.

존슨 대통령은 두 가지 선거를 치러야 하는 입장에서 '확전이냐, 후퇴냐' 하는 선택에 직면했다. 그는 좀더 확실한 판단 자료가 필요했다. 휠러 장군과 크론카이트의 언급이 있었던 다음 날 대통령은 클리퍼드를 불렀다. 그는 클리퍼드에게 3월 1일 취임 즉시 일할 수 있는 '태스크포스팀Task Force Team'을 구성하라고 지시했다. 미국이 선택할 수 있는 모든 방안을 강구하라는 뜻이었다. 케산의 포위가 계속되는 동안 워싱턴이 어떠한 결정을 할 것인지는 여전히 오리무중이었다.

클리퍼드가 만든 태스크포스팀은 과거 정책을 평가하는 것이 목적이 아니었기 때문에 미래의 행동 방향에 초점을 맞추었다. 당대 최고의 전문가들이었던 11명의 위원들은 모든 전망에 관한 솔직한 분석을 내놓는 것이 주임무였다. 국방부의 테일러 장군, 국무부의 윌리엄 번디, CIA의 리처드 헬름스R. Helms, 백악관의 월트 로스토가 그들이었다.

위원들끼리 약간의 견해 차이는 있었지만 모두가 베트남전을 지지하고 있다는 것은 같았다. 클리퍼드 장관을 도와 위원으로 함께 일했던 폴 니츠는 그의 보스 클리퍼드를 '큰 매'에 비유했다.

"클리퍼드 장관은 미국이 이미 계획했던 것보다 많은 병력을 파견했음에도 불구하고, 웨스트멀랜드 장군이 대규모의 추가 병력을 요청하고 있었기 때문에 구정 공세에 대한 정확한 평가가 필요하다고 말했다."

태스크포스팀은 추가 병력의 필요성과 효율성에 관한 보고를 단기간 내에 마무리해야만 했다. 이와 함께 전략적 대체안에 관한 연구도 계속 필요했다. 맥나마라의 생각을 잘 알고 있었던 클리퍼드는 이렇게 말했다.

"맥나마라는 북폭이 큰 성과를 거두지 못한 채, 미 공군과 수많은 민간인들만 희생시켰을 뿐 북베트남 병력이 전투 현장으로 투입되는 것을 막지 못했다고 결론내렸다."

때를 맞춰 클리퍼드가 입수한 후에 전투의 후유증에 대한 분석 자료는 맥나마라의 주장을 뒷받침했다. 구정 공세에 대한 미군의 승리가 위안은 되었을지 모르지만, 겉으로 드러난 것만큼 확실한 것은 아니었다. 전술보다는 화력에 의한 승리였다.

왕도王都로서 베트남 역사와 문화적 가치를 잘 보존하고 있던 후에는 한 달에 걸친 격렬한 시가전을 치르고 난 뒤, 폐허로 변해 버렸다. 헤링턴 중령의 델타 중대는 공격의 선봉을 지켰다. 그는 많은 야전장교들이 말했던 역사의 도시 후에에 대한 애착과 전장의 현실을 이렇게 전했다.

"이 소중한 도시를 구하기 위해 처음에는 주저하는 마음이 있었지만, 다음부터는 중화기로 공격할 수밖에 없었다. 북베트남 병사들의 의지가 무시무시할 정도로 강하다는 것도 알게 되었다. 해병대가 도시에 진입했을 때도 그들은 도망가거나 피하지 않고 자기들의 위치를 지켰다. 그들은 철저한 교육을 받은 것 같았다. 임무가 무엇인지도 잘 알고 있었다. 수세에 몰린 수천 명의 북베트남 병사들은 성채로 들어갔다. 한때 왕궁으로 쓰였던 요새였다. 그들은 이렇게 행동함으로써 고도古都를 해방시켰다는 감상적인 의미를 부여할 수 있었고, 위대한 십자군의 원정에 비유하려 했는지도 모르겠다. 피해가 너무 클 것은 예상했지만, 어쩔 수 없이 성채를 폭격하기로 결정했다."

그의 경험담이 계속되었다.

"후에는 철저하게 파괴되었다. 베트남 사람들의 조그만 판잣집들은 흔적조차 찾아볼 수 없게 되었으며, 상업 지역도 형체를 알아볼 수 없었다. 후에에서만 민간인 희생자가 5,800여 명을 넘어섰다. 후에에서 희생당한 미군과 남베트남 정규군 숫자의 10배가 넘는 규모였다."

미군은 구정 공세가 끝난 뒤 공식 발표에서 "이 숫자의 절반 이상은 공산주의자들에 의해서 처형당한 순수한 민간인들이었다"고 밝혔다. 크리스마스 중령은 이런 이야기를 남겼다.

"개전 초기에 베트콩 몇 사람이 즉결 처분 기구를 결성한 후, 정부조직에서 일한 경력이 있는 사람들을 어디론가 데리고 갔다. 나는 이 사람들 때문에 거대한 공동묘지와 관련된 기사들이 줄을 이었다고 생각했다."

>>>> 1968년 1~2월에 걸쳐 일어난 구정 공세의 마지막 장면이 고도 후에에서 연출되었다. 일시적으로 북베트남군이 점령했던 시가지를 미 해병대가(위) 탈환했다. 격렬한 시가전으로 폐허가 되어 버린 시내 중심가(아래 왼쪽)와 북베트남군이 순찰에 나선 모습(아래 오른쪽).

그러나 크리스마스 중령은 "북베트남 지휘관 한 사람이 이 사실을 알아채고 곧바로 중지시키는 것을 봤다"고 말했다. 그는 게릴라들의 양민 학살 진상은 반드시 밝혀져야 한다고 생각했다. 이것은 베트콩과 북베트남 정규군의 기강 차이였는데, 북베트남 병사들은 절도가 있었고 엄격했다.

미군의 전투지원사령부는 게릴라 포로 한 사람이 가지고 있던 서류 뭉치에서 '행정 공무원 1,892명, 정치인 48명, 악덕 지주 790명을 처형했다'고 기록된 문서를 확인했다. 이 사건은 뉴스로 보도되었다. 하노이 라디오는 즉각 "이런 짓은 불량배들에 의해서 저질러졌다"고 해명했다.

크리스마스 중령은 케산의 지휘관 론스 대령의 사위였다. 그는 헤링턴 중령의 델타 중대와 함께 전투중이던 해병 H 중대를 지휘하고 있었다. 그는 후에를 고립시키기 위한 해병대의 측면 공격이 실패했기 때문에 전투가 지연되었다고 증언했다. 한 달 동안 계속된 전투에서 북베트남 병사들은 후에에서 시골로 흐르는 후옹 강(후에 강 또는 향강이라고도 함. 영어로 Perfume river라고 함 - 역주) 강둑을 장악하고 있었다. 해병들은, 전투가 한창일 때는 실제로 자신들이 손에 무엇을 들고 싸웠는지조차 모르는 격전을 치렀다.

구정 공세에 대한 연구 결과가 뜻밖의 현상 하나를 밝혀 냈다. 전통적으로 근접전이나 육박전에 강했던 해병대원들이 베트남에서는 논이나 정글에서만 전투했기 때문에 시가전 경험이 전무했다는 사실이었다. 헤링턴 중령은 시가전 체험담을 이렇게 기록했다.

"해병대원들은 15년 전 한국전쟁 이후 시가전을 경험해 본 적이 없었다. 실전 경험이 없었기 때문에 후에 같은 도시 전투에서 우리는 기존 해병 훈련이 효과적이지 못했다는 것을 알았다. 논이나 정글에서만 훈련했기 때문에 후에의 시가전에서 우리의 훈련은 별로 쓸모가 없었다. 처음에 시가전에 돌입했을 때, 우리는 어떻게 전투를 해야 할지 몰라 무척 당황했다."

이러한 여건에도 불구하고 해병대원들은 후에의 시가전에 생각보다 빠르게 적응했다. 워싱턴에서는 클리퍼드의 태스크포스팀이 야전보고서를 검토했다.

구정 공세는 여러 곳에서 비교적 쉽게 분쇄되었지만, 패퇴한 공산군 세력 대부분은 게릴라 비정규군이었다.

태스크포스팀은 게릴라 세력이 큰 타격을 입어 다시는 회복하지 못할 거라는 자료를 입수했다. 현재 병력으로도 집중 공격하면 전세를 안정시킬 수 있다는 주장도 나왔다. 그러나 북쪽에서 침투하는 게릴라는 전혀 줄어들지 않고 있었다. 그들은 호시탐탐 공격의 기회를 다시 노리면서 조직을 보강하고 있었다. 결국 북베트남 병사들의 전투 능력이 과소평가되었다는 것이 후에서의 교훈이었다.

20년간 투쟁을 통해 전투력을 향상시켜 온 그들의 체험은 언제든지 일어날 수 있는 매복전이나 시가전에서 미 해병대의 수준을 능가하고 있었다. 그들이 베트남 내에서 미군의 공격에 대응하는 세력인지, 아니면 미군을 공격하는 세력인지 분간하기조차 어려웠다.

클리퍼드는 경험이 풍부한 정치인은 아니었다. 연봉 50만 달러의 기업체 고문변호사 자리를 버리고 연봉 3만 5,000달러를 받는 국방장관의 책임을 맡은 그는, 국방부 관리들과 일대일로 성실하게 면담한 후 장관 업무를 본격 시작했다. 클리퍼드는 취임 초기 경험담을 이렇게 들려주었다.

"직원 면담은 국방부 사람들을 이해하는 데 가장 좋은 방법이었다. 4일간 국방부 안에 있는 '탱크'라고 부르는 세계 각지의 미군들과 즉시 통화할 수 있는 상황실에서 작업했다. 나는 지휘관과 관료, 직원들에게 '귀하는 지금의 견해를 얼마 동안 가지고 있었는지'를 물어 본 뒤, '귀하는 군사전문가로서 이 전쟁을 승리할 수 있다고 생각하는가' 등의 질문을 많이 던졌지만 만족스러운 답변을 듣지 못했다. 또 '20만 명의 추가 병력을 파견하면 충분하겠는가, 아니면 더 필요한가'라는 질문에는 '잘 모르겠는데요'라는 대답들이 고작이었다. '정말 미군이 군사적인 우위를 차지하고 있다고 생각하는가'라고 물으면 '장관께서 어떻게 보느냐에 달려 있다'고 대답하는 경우가 많았다. 도대체 확신을 가진 대답을 들을 수가 없었다."

클리퍼드는 수만 명의 병력을 어떤 지역의 게릴라 소탕작전에 동원한 한 장군과 나눈 이야기를 이렇게 소개했다.

"내가 '잘되어 갑니까' 하고 물었더니 그의 대답은 '적이 대응하지 않고 숨어 버린다'는 것이었다. 이 대답은 미국 독립전쟁 때 영국의 어떤 장군이 '미군은 왜 나와서 싸우지 않는지 모르겠다'고 불평했다는 말을 연상시켰다. 독립전쟁 때 미군은 나무나 바위, 울타리 뒤에 숨어 있다가 영국군을 발견하면 처치해 버리곤 했다. 똑같은 문제가 베트남에서 발생한 셈이었다."

클리퍼드는 적이 아주 색다른 전쟁 형태를 취하고 있었기 때문에 '미군 병력을 2배 또는 3배로 증강시키더라도 승전할 수 있을까'라는 우려를 했다. 국방부 전쟁상황실에서 클리퍼드는 마지막으로 고위 지휘관들에게 질문했다.

"미국이 이 전쟁에서 승리할 수 있는 방법은 무엇인가?"

그는 세계 최고의 군대를 자랑하는 미군 수뇌부 회의에서 경험했던 답답한 심경을 이렇게 털어놓았다.

"우리에게 확실한 승리 계획이 없음에 놀라움을 금할 수 없었다. 대부분의 참석자들이 미군의 소모전에 적이 지쳐서 항복할 것이라는 황당한 이야기만 하고 있었다. 그것이 지금까지 미국이 추구해 온 전쟁정책이었다. 오직 CIA만 자신들의 특별대책반이 연구한 결론을 소개하며 반대 의견을 냈다. CIA는 어떠한 소모전에도 하노이는 끝까지 저항할 것이라고 주장했다."

그러나 최악의 전망이 국방부 부설 '국제안보문제연구소(Office of International Security Affairs : ISA)'가 제출한 보고서에서 나왔다. 「대체전략 *Alternative Strategies*」이라는 제목의 이 보고서는 국방부의 의뢰를 받아 작성된 것이었는데, 참담한 내용을 담고 있었다.

"우리는 군사적인 승리에 필수적이라고 할 수 있는 기회를 포착하지 못했기 때문에 공세적인 자세를 취할 수 없게 되었다. 그 동안 진행되었던 '수색과 섬멸' 작전은 이러한 분위기 조성에 실패했고, 남베트남 군부는 수수방관의 자세로 일관했다. 우리는 확실하지도 않은 것으로 나타난 전과戰果에만 의존했다. 간단히 말하면 복잡한 정보 체계와 평가 오류가 빚어낸 막연한 기대가 현재의 교착 상태를 만든 주원인이다."

클리퍼드가 국방부의 상황실에 나타난 지 4일이 지난 3월 4일 태스크포스팀은 대통령에게 보고서 요지를 제출했다. 클리퍼드의 우려와 국제안보문제연구소의 비판적인 보고에도 불구하고 제출된 중간보고서는 웨스트멀랜드 장군의 요청안에 타협적인 태도를 보이고 있었다. 승인도 거부도 아니었다. 보고 내용은 이렇게 간단했다.

"추가 병력 지원으로 미국의 입장이 앞으로 1년 이내에 확실하게 개선된다는 보장은 없다. 분명히 말할 수 있는 것은 '병력의 추가 지원은 보다 많은 적을 섬멸할 수 있다'는 것이다. 그러나 적의 병력 보충은 또 다른 문제라고 본다."

존슨 대통령이 현명한 해답을 내놓는다는 것은 무리였다. 3월 10일 〈뉴욕타임스〉는 웨스트멀랜드 장군의 추가 병력 요청을 공개하여 전국을 들끓게 만들었다. 웨스트멀랜드 장군은 당시 상황을 이렇게 설명했다.

"1급 군사기밀이 언론에 공개된 사건이었다. 대서특필된 기사들은 내가 절망적인 상태에서 20만 6,000명의 병력을 추가 요청했다고 썼다. 한 기자는 내가 심리적인 공황 상태에서 그저 시간만 끌기 위해서 병력을 요청했다고 비판했다."

클리퍼드는 구정 공세에 대한 조사를 계속했으나 고립무원 상태였다. 클리퍼드가 국방장관에 지명되었을 때, 한 신문은 이렇게 비꼬았다.

"존슨이 '선거의 해'를 맞이해서 기본적인 국가정책에 소신은 뚜렷하지 않지만, 그가 잘 알고 신뢰할 수 있는 사람을 선택했다."

3월 11일 상원 합동조사위원회에서 러스크 국무장관은 기존의 정책을 반복했다. 남베트남이 위기에 처하면 동남아시아뿐만 아니라 미국도 비슷한 입장에 처하게 될 것이라는 주장이었다. 같은 날 〈뉴스위크 Newsweek〉의 표지 기사는 「케산의 고민 The Agony of Khe Sanh」이었다.

3월 12일 뉴햄프셔 주에서 있었던 민주당 대통령 후보 예비 선거에서 대담한 승부사 유진 매카시E. McCarthy 상원의원은 존슨 대통령과 비슷한 득표를 했다. 언론과 국민들 사이에 반전 무드가 무르익어 가는 분위기에도 불구하고, 대통령은 3월 13일 3만 명의 추가 병력 지원을 비밀리에 승인했다.

　〈뉴욕타임스〉는 이러한 사실을 3월 17일 다시 폭로했다. 사설까지 동원해서 맹렬한 비난을 퍼부었다. 언론의 파상적인 공격을 접한 웨스트멀랜드 장군은 언론이 존슨 대통령에게 더 이상의 군사 행동을 못하게 결정적인 압력을 넣고 있다고 판단했다. 웨스트멀랜드는 '철군 외에는 다른 방법이 없음'을 느꼈다. 도리스 커언스는 당시 존슨이 직면했던 상황을 이렇게 대변했다.

　"그는 자기의 일생에서 가장 혹독한 시련을 겪고 있었다. 사방이 꽉 막힌 채 숨실 구멍조차 찾기 어려운 처지였다. 시련의 정점에는 그의 가장 두려운 정적인 로버트 케네디 상원의원이 도사리고 있었다. 케네디 상원의원이 드디어 '존슨이 민주당 대통령 후보로 나서는 것을 반대한다'고 발표해 버렸다. 존슨에게 가장 어려운 순간이 다가왔다. 재임 기간 동안 언제나 두려움의 대상이었던 케네디 상원의원이 기력을 회복해서 그를 괴롭히고 있었다. 3월 들어 케네디 의원은 드디어 형이 잃어버린 왕관을 다시 찾겠다고 선언하고 나섰다."

　존슨이 돌파구를 찾기 힘든 상황이었던 반면, 주위를 둘러싼 반전 무드는 점차 힘을 더해 갔다. 케네디 상원의원의 선언이 있었던 다음 날인 3월 19일, 41명의 민주당 의원을 포함한 139명의 하원의원들이 미국의 전쟁정책을 상원에서 즉시 재검토해 줄 것을 요구하는 결의안을 통과시켰다.

　클리퍼드 국방장관도 구정 공세에 대한 사후 조사를 막 끝마친 상태에서 대통령에게 다른 건의를 준비하고 있었다. 커언스의 말에 따르면, 당시 존슨 대통령은 자기의 권위 등은 아랑곳하지 않고 파병 문제가 해결도 되지 않은 채 모든 것이 마비 상태가 되지 않을까 노심초사했다고 한다. 그런데 실제로 그런 상태가 벌어지고 말았다.

　육신이 지쳐 있는 상태에서 신뢰하는 친구 클리퍼드의 충고는 결정타가 되

>>>>> 베트콩의 구정 공세가 끝난 1968년 3월 클라크 클리퍼드 국방장관과 이야기를 나누는 존슨 대통령. 이때 클리퍼드 장관은 미군의 철수를 권고했다.

어 버린다. 태스크포스팀의 중간보고서 제출 이후, 클리퍼드는 사실상 자기 혼자만의 특별대책반을 운영하고 있었다. 옆에서 클리퍼드를 계속 관찰했던 폴 니츠는 큰 독수리가 큰 비둘기로 변했다고 말했다. 클리퍼드는 심사숙고한 것이 아니라, 180도로 그의 마음을 바꿔 '즉시 철군해야 된다'고 주장했다. 평소 협상주의자였던 니츠마저도 클리퍼드의 급작스러운 태도 변화에 놀랄 수밖에 없었다. 클리퍼드는 자신의 태도 변화를 이렇게 설명했다.

 "대통령에게 개인적인 견해를 설명하면서 미국이 취해야 되는 유일한 길은 철군이라고 말했다. 현실적으로 패자임을 인정해야만 된다는 것이었다."

 이때까지 미군의 피해는 전사 1만 9,000명, 부상 11만 5,000명으로 베트남전 전 기간에 입었던 손실의 40% 수준에 머무르고 있었다. 남베트남 병력의 피해는 전사 5만 7,000명으로 미군에 비하면 5배 가까이 많은 상태였다. 미 국방부는 이해 관계가 미묘하다는 이유로 6만 1,000명이 참전한 우방국의 피해 상황은 밝히지 않았다.

1965년부터 1973년까지 참전 우방국의 전사자 총계는 5,200명 수준이었다. 한국군 4,407명, 오스트레일리아 및 뉴질랜드군 469명, 타이군 350명 등이었다. 그러나 미국은 이들에게까지 관심을 기울일 만한 여유가 없었다.

클리퍼드의 결단은, 한 사람의 확신이 미국의 베트남전에 대한 정책을 바꾸는 데 크게 기여한 것처럼 보였다. 클리퍼드는 자신의 심경을 이렇게 토로했다. "나는 베트남전을 강력하게 지지하는 입장이었고 대통령과 20년 이상을 친구처럼 지냈다. 국방장관이 된 이후 구정 공세에 대한 사후 조사를 철저하게 한 다음 최종적으로 결심을 바꾸기로 했다. 대통령에게는 어떤 일보다도 충격이 컸을 것으로 생각한다."

그러나 클리퍼드 자신도 존슨 대통령에게 준 충격이 얼마나 컸는지를 모르고 있었다. 그는 자신의 말을 들어주는 모든 사람들에게 철군을 설득하고 다녔다. 대통령은 그때까지 단일안을 원했다. 민간 부문의 제안도 괘념치 않았다. 3월 18일부터 20일 사이에 존슨은 대통령 고문관을 지내고 은퇴한 9명의 원로 인사들을 초대했다.

이들은 국방부 전문가들의 베트남전에 관한 현황을 브리핑 받은 뒤 백악관 관리와 장관들에게 여러 가지 질문을 던졌다. 그런 다음 대통령은 이들의 이야기를 들었다. 이 모임은 원로들의 허심탄회한 의견을 경청하기 위한 비공식 모임이었기 때문에 점심과 저녁 식사를 함께하는 자리에서 진행되었다.

참석자들 중에는 한국전쟁에서 명성을 날렸던 매슈 리지웨이M. B. Ridgway 장군, 국가적인 우상이었던 전쟁 영웅 오마 브래들리O. Bradley 장군, 뛰어난 역할을 담당했던 전 국무장관 딘 애치슨D. Acheson과 조지 볼G. Ball, 전 국방부 차관 사이러스 밴스C. Vance, 케네디 때부터 2번이나 대통령의 국가안전보장회의 고문을 지낸 맥조지 번디M. Bundy가 포함되어 있었다.

구정 공세 이후 원인과 결과를 차분하게 알아보기 위해 마련된 이 모임은 전문가 3인의 브리핑으로 시작되었다. CIA의 베트남 정치분석가 조지 카버G. Carver, 국무부에서 윌리엄 번디와 함께 일하는 필립 하비브P. Habib, 펜타곤을 대표하는 윌리엄 데푸이가 그들이었다. 데푸이 장군은 합동참모본부에서 대게릴라 전술의 특별보좌관으로 일하고 있었다.

국무부는 사이공 정부가 구정 공세 이후 취약해졌다고 판단했다. 문제는 부패와 피난민 처리였다. CIA와 국방부는 북베트남 정규군의 강인함과 인내심에 대해서 서로 다른 평가를 하고 있었다. 전임 정책 입안자들인 국무부의 러스크와 번디, 백악관의 로스토, CIA의 헬름스, 국방부의 클리퍼드와 휠러의 시각 차이와 다를 것이 없었다.

원로 고문들은 자신들의 의견을 취합하여 대통령에게 전달했다. 이들은 완전 철군이라는 이야기를 거론하지 않았다. 과거와 현재의 고문들 또한 견해의 불일치를 보이고 있었다. 원로들은 병력의 추가 지원을 중지하고 협상에 임하라고 권유했다. 대통령은 이 충고를 듣고 깜짝 놀랐다고 한다.

의사 결정을 못한 존슨은 브리핑을 담당했던 세 사람을 따로 불러 자기에게 솔직한 생각을 이야기해 달라고 말했다. 존슨은 이들 세 사람과 주변의 여러 사람들의 이야기를 들어보았지만, 서로가 상반된 의견들이어서 합의점을 찾지 못하고 있었다. 지금까지 대통령에게 전쟁을 강력하게 권고했던 사람들조차도 태도를 달리했다. 전쟁이 빠른 시일 안에 미국의 승리로 끝날 것이라고 자신 있게 주장하는 사람은 아무도 없었다.

갈림길에서 선택은 끝났지만 국무장관 딘 러스크는 왜 갑자기 정책이 변경되었는지 이해하지 못했다. 러스크 장관은 불만을 이렇게 토로했다.

"구정 공세로 베트콩과 북베트남 군부는 심각한 타격을 입었다. 그럼에도 불구하고 이러한 현상이 왜 북베트남의 빛나는 정치적 승리로 해석되어야 하는지 이해할 수 없었다. 특히 미국 내에서조차도 그랬다."

6개월 내에 전쟁을 끝내기 위해 북폭 시나리오를 초기에 입안했던 국무부의 윌리엄 번디는 3년이 지난 지금 '앞으로도 얼마나 더 걸릴지' 예측할 수가 없었다. 3월 들어 전쟁이 일대 전환점을 맞이하게 되자 번디는 자기의 심정을 이렇게 술회했다.

"말할 수 없이 많은 경비를 쏟아부었지만, 지루하고 살육적인 투쟁의 연속이었다. 기본적으로 전쟁이란 국민들의 한결같은 지지가 있어야 하는데, 미국은 정치적인 역량 부족과 국민들의 지지를 이끌어 내지 못해서 결국 군사적인 승리는 기대할 수 없게 되었다. 베트남전이 어렵게 된 이유는 바로 여기에 있었다."

3월 22일 존슨 대통령은 웨스트멀랜드 장군이 6월에 베트남을 떠난다고 발표해 버렸다. 웨스트멀랜드는 육군참모총장으로 진급되었다. 이 조치로 미국은 피아간에 악몽 같았던 '수색과 섬멸'이라는 방대한 소모전략을 포기하게 되었다. 1968년 6월 그 동안 펜타곤이 사용해 오던 영어로 된 작전 명칭은 현지화 조치의 신호탄을 의미하는 베트남어로 바뀌었다.

승리작전인 경우 그 동안에는 '완벽한 승리 Complete Victory'였으나, 이때부터는 '토안 탕(Toan Thang : 승리작전)'이라고 불렀다. 작전 명칭이 바뀌던 시기의 분위기를 웨스트멀랜드 장군은 이렇게 말하고 있다.

"구정 공세에서 패배한 적군은 후유증을 치유하기 위해 국경을 넘어갔다. 신임 야전사령관 크레이턴 윌리엄 에이브럼스 C. W. Abrams 장군은 전체적인 병력의 안정을 해치지 않는 범위 내에서 소규모 전투체제로 변경할 수 있는 능력이 있었다. 1968년 여름쯤 내가 전임될 것이라는 이야기를 1967년 12월경에 들었다. 구정 공세는 나의 자리 이동과 아무런 관계가 없었다. 아무튼 구정 공세는 전쟁의 전환점이 되었지만, 불행하게도 승전이 아닌 패전으로 가는 길이 되어 버렸다."

14년 전 프랑스의 나바르 장군은 디엔비엔푸의 전투를 전환점으로 패전을 인정하면서 자신에게는 아무런 잘못이 없다고 말했다. 웨스트멀랜드는 어떻게 말했을까? 그는 자신의 실패를 부인하면서 "나는 사과해야 될 아무런 잘못도 저지르지 않았다"고 말했다. 그는 베트남전의 중심 인물이었기 때문에 전쟁에 대한 비판이 거세게 일어나자 온갖 비난이 그에게 쏟아졌다. 그는 그런 여론에 대해서 다음과 같이 대응했다.

"나는 나의 앞길에 쏟아지는 여러 가지 비난에 신경 쓰지 않았다. 한 사람의 군인으로서 평화를 갈구했을 뿐이다. 나는 전쟁의 고난과 상처에 대처할 준비를 해왔다. 군인으로서 태생적인 업보이기 때문이다."

웨스트멀랜드는 또 이렇게 말했다.

"1968년 미군은 정치적인 결정만 아니었다면, 전쟁을 끝낼 수 있을 정도의 훌륭한 병력을 보유하고 있었다. 어두운 전망에 관한 보고서와 언론이 미국 국민들에게 '미군이 전쟁에서 패배할지도 모른다'는 우려를 깊이 심어 주었다. 기울어진 여론은 내가 가장 어려운 입장에 처해 있을 때, 정치권으로 하여금 적에 대한 압박을 풀어 주게 만들었다."

웨스트멀랜드 장군은 베트남전을 지휘하는 동안 자신이 최악의 적으로 지목했던 언론에 대한 입장을 이렇게 정리했다.

"한때 베트남 미군 사령부에 등록된 기자들만 700여 명이었다. 모두가 미국식 관습에 푹 젖어 있었고 흥밋거리 기사만 찾아다녔다. 만약 미래에 발생될 전쟁에서도 적대국은 모든 정보를 통제하는데, 우리는 기기묘묘한 것들만 찾아서 보도한다면 미국 국민은 또다시 베트남전과 똑같은 영향을 받을 것이다. 베트남전을 결산하면서 나는 공개된 사회, 민주주의 국가의 정치체제가 모든 것이 조작되고 통제되는 독재국가에 비해 얼마나 취약한가를 깨닫게 되었다. 우리가 꼭 배워야 할 교훈이었다."

사이공 주재 미국 대사 벙커도 웨스트멀랜드 장군의 언론 평가와 비슷한 견해를 가지고 있었다.

"구정 공세는 분명히 북베트남군의 대패였다. 그러나 북베트남의 심리적인 승리로 인식되었다. 그런데도 여기에 대한 의문 제기는 전혀 없었다. 전쟁이 낱낱이 보도되는 현실에서 민주주의 국가가 검열제도 없이 전쟁에 이길 수 있다고 보는가?"

그는 전쟁을 지원하는 '효과적인 검열제도가 없으면, 민주주의 국가는 전쟁에서 이길 수 없다'고 주장했다. 그렇다면 언론의 자유로운 토론 없이 어떻게 타당성 있는 검열제도를 실시할 수 있는가 하는 문제가 제기된다. 러스크 국무장관은 이렇게 말했다.

"그렇게 되지 않기를 바라지만 만약 우리가 또다시 그런 입장이 되고 상원이 개입을 결의한다면, 그때는 동시에 언론의 검열 문제도 같이 해결해야 될 것이다."

문제가 될 소지를 안고 있는 발언이다. 현대 통신 산업의 발전상을 감안할 때 현지 검열제도는 곧바로 개선될 수 있을 것이다.

예를 들어 베트남전에 관한 사진 보도도 위성 통신을 통해 사이공과 방콕을 거쳤더라면 1시간 안에 목적지에 도착할 수 있었을 것이다. 대안으로 떠오른 국내 검열제도는 웨스트멀랜드 장군이 주장하는 제도와는 다르지만, 독재국가에서 활용하는 제도와 크게 다를 바 없는 형태가 될 것이라는 전망이다. 케산과 구정 공세에 대한 언론의 보도 태도가 미국의 베트남에 대한 개념을 바꾸어 버렸듯이, 미래에 일어나는 전쟁의 성격도 바꾸어 버릴 수 있을 것이다.

러스크 장관이 말한 바와 같이 베트남전은 모든 사람들의 안방 텔레비전에서 일어나는 일일 전쟁이 되어 버렸다. 만약 제2차 세계대전 당시 과달카날Guadalcanal과 안치오 해안 전투, 벌지 전투, 디에프Dieppe 공습이 텔레비전으로 시시각각 방영되고 있는데, 적국에서는 그렇게 하지 않았다면 과연 무슨 일이 일어났을까?

전쟁이란 인류의 얼굴에 남기는 상처고 오점일 뿐이다. 독재국가는 예외로 하더라도 평화를 선호하는 민주주의 국가의 보통 사람들이 힘든 일상 생활 중에서도 장기간 전쟁을 지원한다는 것은 의문이 아닐 수 없다.

분명한 해답은 제2차 세계대전 때는 참전에 확실한 명분과 원인이 있었으며, 유럽의 덩케르크Dunkirk에서 연합국이 당했던 참패까지도 미국 국민들에게는 정신적인 승리로 인식되었다. 이와 반대로 북베트남의 구정 공세에서 미군이 군사적인 승리를 거두었다는 웨스트멀랜드의 주장에 아무런 의미를 부여할 수 없다는 것이 국민들의 일반적인 생각이었다.

구정 공세에 대한 승패 논쟁은 언제든지 재발될 수 있을 것으로 예상되었으나, 3월 25일 실시한 해리스 여론조사는 미국 국민의 60%가 미군의 패배를 인정했음을 명쾌하게 보여주었다.

3월 31일 케산의 포위작전이 해제되었을 때, 수척해진 존슨 대통령이 그의 집무실에서 대국민텔레비전성명을 발표했다. 존슨은 이렇게 말했다.

"오늘밤 나는 국민 여러분들에게 베트남과 동남아시아의 평화에 대해서 이야기하고자 합니다. 어떤 문제도 미국 국민을 이렇게 장기간 머리 아프게 하지는 않았습니다."

클리퍼드는 이 연설문 원고 작성을 위해 존슨 대통령과 며칠 동안 고심했다. 처음에 작성한 연설문은 이렇게 시작되었다.

"나는 여러분들에게 남베트남의 전쟁에 관하여 이야기하고자 합니다."

클리퍼드를 포함한 몇 사람은 인사말을 "안녕하십니까? 미국 국민 여러분, 나는 베트남 평화에 대해서 이야기하고자 합니다"라고 시작할 것을 강력하게 권했다. 결과적으로 그렇게 진행되었다. 그러나 그때까지 연설문 작성에 참여했던 그 사람들은 '대통령이 과연 실천할 수 있을까'를 확신하지 못했다.

대통령은 자신의 약속대로 실천했다. 베트남 주둔 미군은 현 수준에서 동결하고, 북베트남에 대한 공습은 제한하며, 평화협상을 모색한다고 발표했다. 평화협상은 5월 12일 파리에서 시작되었다. 평화협상의 모든 과정을 주의 깊게 지켜봤던 미국의 역사학자 개리스 포터는 이렇게 말했다.

"존슨 대통령의 주변에서 평화협상을 권유했던 많은 사람들은 북베트남이 존슨의 협상안을 거부할 것으로 예상했다. 일이 그렇게 되면 미국이 먼저 '평화'를 제안했기 때문에 여론이 미국 쪽으로 호전될 것이라고 전망했다."

텔레비전 연설에서 존슨 대통령은 존슨 시대의 마지막 충격을 전했다. 연설이 있기 전 존슨 대통령 부부는 클리퍼드 장관 부부를 백악관 만찬에 초대했다. 만찬 때의 감상적이었던 분위기를 클리퍼드는 다음과 같이 전했다.

"대통령과 나는 어려운 시기를 함께 보냈다. 나는 정책의 변화를 주장했고,

대통령은 정책의 고수를 고집했었다. 두 사람의 관계가 위태로워졌을 때, 이렇게 같이 만나 식사를 한다는 것이 정말 기뻤다. 연설 시간이 다가오자 그는 일어나서 나에게 자기의 침실로 같이 가자고 말했다. 따라갔더니 나에게 조그만 종이 쪽지를 건네주면서 내가 보지 못한 연설문의 일부분이라고 말했다. 다시 대통령에 입후보하지 않겠다는 짤막한 문장이었다."

존슨 대통령은 국민들에게 이렇게 말했다.

"멀리 떨어진 전장에는 미국의 아들들이 있습니다. 우리가 있는 이곳은 도전과 시련의 연속입니다. 그러나 우리의 희망과 세계의 희망은 필요에 따라 조화를 이루어 나가고 있습니다. 나는 한순간도 미국의 대통령으로서 사사로운 일에 신경을 써서는 안 된다고 믿고 있습니다. 차기 선거에서 다시 대통령이 되기 위해 우리 당의 후보 자리를 모색하지도, 수용하지도 않을 것입니다."

이어지는 연설에서 존슨은 베트남전이 시작되기 훨씬 전에 케네디 대통령이 했던 말을 인용하면서 이렇게 결론을 내렸다.

"나는 오늘밤 이 자리에서 자유민주국가들의 우방인 미국이 명예로운 평화를 모색할 준비를 갖추었다는 사실을 알립니다. 우리는 우리의 의무를 다하는 데 필요한 어떠한 대가와 희생을 치르더라도 뚜렷한 명분은 지켜 나갈 것입니다."

이때의 분위기를 클리퍼드는 이렇게 전했다.

"가까운 측근들은 낙심천만한 표정들이었다. 아버지의 그런 결정을 원하지 않았던 두 딸은 울어 버렸다. 반면에 대통령은 안도의 한숨을 내쉬었고, 부인 버드 여사는 미소를 지으면서 즐거워했다. 버드 여사는 대통령이 다음 임기 동안까지 살 수 있을까를 우려했기 때문에 포기하기를 간절히 희망했었다."

그 이후에도 약 5년은 더 살았지만, 존슨의 가까운 친구였던 러스크는 "당시 중도 포기한 가장 큰 이유는 베트남전이 아니라 존슨 자신의 건강이었다"고 말했다. 러스크 장관의 진술은 더 흥미롭다.

"국민들은 존슨의 출마 포기와 베트남 문제를 연결시키려고 했지만, 내막은 그렇지 않다. 1년 전에 존슨은 이미 나에게 대통령 출마 포기 문제를 상의했었다. 그는 우드로 윌슨W. Wilson 대통령이 임기중 병석에 누웠기 때문에 그의 부인이 내각을 지휘했던 사실을 상기시켰다. 고위직에 있는 동안 건강상의 문제를 불러일으킨 사례들을 하나하나 이야기했다. 윈스턴 처칠, 앤소니 이든A. Eden, 존 포스터 덜레스와 아이젠하워 얘기까지 예로 들었다. 존슨은 이러한 악몽을 미국 정부나 자기 가정에 초래하고 싶지 않다는 확실한 결의를 보이고 있었다. 건강 문제가 은퇴를 결심하게 된 동기의 98%를 차지했었다고 본다."

존슨은 도리스 커언스에게 자신의 불출마 심정을 이렇게 토로했다.

"주변 여건이 모두 교착 상태에 빠져 있을 때 꿈을 꾼 적이 있었다. 꿈을 꾸다가 백악관의 레드 룸Red Room에서 깨어났는데, 거기에는 윌슨 대통령의 사진이 걸려 있었다. 내가 통증을 느꼈던 다음이라 그렇게 보였는지 윌슨 대통령의 얼굴이 매우 수척해 보였다. 나는 보좌관들이 복도에 모여 나를 권력에서 밀어내려고 떠드는 소리를 들었다. 꿈은 무엇인가를 상징하기 때문에 더 이상 대통령직에 연연할 생각이 없었다. 산적한 일에 싸여 겁쟁이로 보이는 것보다 시골 목장으로 돌아가 내 자신의 생활을 다시 시작하는 것이 낫다고 생각했다."

그러나 존슨은 여전히 베트남전에서 한 발 물러서는 것이 겁쟁이로 보이지 않을까 두려워했다. 클리퍼드가 직면했던 혼란이 지나간 한참 뒤, 커언스는 존슨의 일상 생활을 이렇게 전했다.

"목장에서 그는 정말 혼자 지냈다. 목장 일을 하는 멕시코 사람 4명 이외에는 아무도 찾아오는 사람이 없었다. 보고서 한 장 받을 일이 없었고, 오로지 '오늘은 린든 베인스 존슨 목장의 우편엽서가 몇 장 팔렸을까' 하는 것이 주요 관심사였다. 그의 말년은 이렇게 시들어 갔다. 더 이상 해야 할 일이 아무것도 없었다."

러스크는 "베트남의 미군 병사들을 존슨보다 더 많이 걱정한 사람은 없었다"고 회고했다. 커언스는 "역사는 존슨을 전쟁광으로 기록할지도 모른다"면서 이렇게 전망했다.

"이데올로기를 장악하기 위해 미국은 베트남이란 수렁에 빠졌다. 그러나 존슨은 그렇게 생각하지 않았다. 베트남 문제 처리 방식은 선대로부터 물려받은 여러 가지 사고 가운데 하나일 뿐이라고 말했다. 역사는 훌륭한 지도자가 한 사람 있었다고 기록할 것이다. 그는 항상 세심한 것까지 배려하는 자상한 사람이었고, 실천적인 면이 강했다. 그러나 불행하게도 베트남 문제에서는 방향 감각을 상실해 버렸다."

구정 공세 기간에 보였던 북베트남의 무력 과시와 케산의 포위작전의 해제는 베트남전의 향방을 가늠하게 했다. 케산 전투가 끝나자 미군은 그곳 기지를 포기해 버렸다. 론스 대령은 담담한 표정으로 이렇게 회상했다.

"나는 그곳으로 가라고 해서 갔고, 싸우라고 해서 싸웠고, 포기하고 나오라고 해서 나왔다. 병사들도 나와 같이 행동했다. 나는 정치인이 아니고 군인일 따름이다."

5월에 시작된 파리의 평화협상 테이블에서 양측은 전장에서처럼 군사적, 심리적으로 기선을 제압하기 위해 말싸움을 벌였다. 회담에 진전이 없었던 것은 당연한 일이었다. 또 평화협상과 전쟁은 별개라는 듯 전장의 열기는 식을 줄 몰랐다. 같은 달 존슨 대통령은 론스 대령과 그의 부하들에게 부대 표창을 실시했다. 이 자리에서 론스와 기자들 사이에 몇 마디 수사학적인 질문과 답변이 있었다. 질문은 판에 박은 것들이었다.

"해병대와 공군의 무용담에 대해 한마디 부탁합니다. 그리고 보잘것없는 초라한 언덕들을 지키기 위해 꼭 그렇게 많은 희생을 치러야 했습니까?"

론스의 대답은 명쾌했다.

"적이 남베트남에서 전쟁을 이기겠다는 생각은 부질없다는 것을 우리가 그곳에서 생생하게 보여주었습니다."

그러나 존슨 대통령은 구정 공세로 미국 국민들이 마음의 상처를 받았다는 사실을 인정했다. 웨스트멀랜드 장군, 러스크 장관, 그리고 전쟁에 참여했던 많은 사람들과 다르게 존슨은 사실 언론보다 국민들에 대한 서운함이 더 컸다. 존슨은 국민들을 사랑했지만, 그의 '위대한 사회'를 달성하겠다는 열망이 후에의 불길 속으로 사라져 버리는 것을 보면서 누구보다 가슴아파했다.

존슨 자신이 설정한 소박한 목표를 베트남전으로 스스로가 파괴해 버렸다는 자괴감을 이해하는 사람은 많지 않았다. 전기작가 커언스에 의하면, 임기 말쯤에는 베트남에 대한 질문도 거의 하지 않았다고 한다. 그리고 항시 공인으로 살아온 인생에 만족한다는 표정이었다. 그러나 결국 자기에게 등을 돌려 버린 변덕 심한 민심을 기억에서 떨쳐 버리지 못하고 있었다. 존슨 대통령의 임기는 아직도 몇 개월이 더 남아 있었고 베트남전은 여전히 험난한 길을 예고하고 있었다. 전선은 서서히 미국으로 옮겨가고 있었다.

14 전선은 미국으로
The Ten Thousand Day War

미군 병사들의 주검이 고향으로 돌아오기 시작하자 반전 여론이 일어났다. 미국에서 새로운 변화가 싹텄다.
_ 유진 매카시 상원의원

    존슨이 평화를 모색하기 위해서 민주당 대통령 후보 경선을 포기한 지 5개월이 지났지만, 젊은 미군 병사들의 주검은 계속 귀국하고 있었다. 민주당 후보 경선에서 경쟁 관계에 있었던 유진 매카시 상원의원의 회고는 이렇다.

    "우리는 병원을 세워 부상병들을 치료했다. 2만 6,000명의 미군 부상병들이 치료받고 있었다."

    반전운동이 여론의 물결을 타고 급격하게 번지기 시작했다. 미국 정보기관들은 위험한 수준이라고 생각했지만, 매카시는 이미 위험 수위를 넘어섰다고 판단했다. 매카시는 1968년 8월 시카고에서 개최되었던 민주당 전당대회에서 자신을 민주당 대통령 후보로 지원했던 반전주의자들의 활동을 자세하게 묘사했다.

    "미군 사상자가 늘어나자 시민들의 관심은 점차 도를 더해 갔다. 전사자만 한 달에 최소한 1,000명 정도였다. 전사자들은 천으로 둘둘 말아 계속해서 사용되는 알루미늄 관에 넣어진 채 말없이 돌아왔다. 시신은 윤기 나는 참나무 관에 옮겨 성조기를 덮어 씌웠다. 평균 30분마다 이런 일이 한 번씩 벌어지는 셈이었다. 미국에 분명 무슨 일이 벌어지고 있었다. 전선은 베트남에 국한된 것이 아니라, 미국 전역으로 확산되고 있었다. 8월 시카고에서 분노와 좌절감이 폭발해 버린 것이다."

1968년, 미국에는 베트남 문제로 성격이 다른 세 가지 형태의 반전 그룹이 탄생했다. 미군의 시신이 계속해서 돌아오자, 데이비드 델린저D. Dellinger는 네이팜탄이 무고한 베트남 농민들을 죽인 것과는 다르게 미국의 아들들도 그곳에서 많이 죽고 있다는 인식이 확산되기 시작하는 것을 피부로 느꼈다. 철저한 평화주의자였던 델린저에게 베트남 문제는 도덕적으로 공포감을 불러일으켰다.

제리 루빈J. Rubin은 베트남전이 아주 위험한 처지에 놓여 있다고 판단했다. 루빈은 호전적인 사회 혁명을 지지하는 사람이었는데, 베트남전은 그에게 '자신을 돌아볼 수 있는 하나의 거울이 되었다'고 생각했다. 중도적인 입장이었던 유진 매카시는 "미국의 정치체제에 절망감을 느낀 우리의 젊은이들이 최소한의 반대 의사를 표시할 수 있는 조직에 가입하는 것조차 못하게 하고 있다"고 항의했다. 민주당 내에서 혁신파에 속했던 매카시는 베트남 문제로 존슨에게 도전하게 되었다.

반전운동의 성격과 다양한 견해를 대표하고 있었던 이 세 사람이 민주당 전당대회를 계기로 한 자리에 모이게 되었다. 매카시, 루빈, 델린저는 서로 다른 정치적 목적을 가지고 시카고에 도착했다. 루빈과 그의 동료였던 애비 호프먼 A. Hoffman, 폴 크래스너P. Krassner는 이피족(Yippie : 히피족과 반전을 주장하는 신좌파의 중간 그룹. 'Youth International Party'와 'hippie'의 결합으로 만든 말 - 역주)이라고도 하는 호전적인 '국제청년당Youth International Party'을 결성하였다. 이들의 활동은 주위의 고지식한 사람들을 깜짝 놀라게 했다.

관계 당국이나 루빈은 서로 다른 각도에서 반전운동을 심각하게 느끼고 있었다. 루빈은 시카고에서 대규모 시위를 주도하여 베트남전을 종식시킬 계획을 세우고 있었다. 젊은이들의 혈기에 불을 댕길 수 있는 역할을 기대했었다.

50만 명 정도의 군중 집회를 예상했다. 시카고와 인근 지역에서 참가한 사람들이 「음악과 정치와 표현our music, our politics, our expression」이 있는 이벤트성 집회를 가지기로 한 것이다.

이에 비해 델린저는 민주당 전당대회 장소 밖에서 수동적인 자세의 반전 시위를 구상하고 있었다. 델린저는 이날 시위 자체에 대해서도 자신감을 가지지 못했다. 왜냐하면 매카시가 새로운 대통령이 되면 종전을 이끌어 낼 수 있다고 생각하고 있었던 한편, 대규모 시위가 가져올 전국적인 혼란 상태를 우려하지 않을 수 없었기 때문이다.

냉정하고 자신감에 충만한 정열적인 자유주의자로 인식되었던 매카시는 자신의 선거운동이 정치적인 구호에만 그치는 느낌이 있다고 생각했다. 그래서 그는 반전 무드를 확산시키면 예비 선거에서 유리한 입장을 지킬 수 있으며, 결국 민주당이 반전을 선언하게 될 것이라고 계산했다. 부통령 휴버트 험프리 H. Humphrey도 양쪽의 감군減軍을 꾸준히 주장해 온 터였다.

민주당이 극단적으로 분열되어 감에 따라 반전운동은 점차 호전성을 높여 가는 것처럼 보였다. 델린저는 조용한 다수를 고려하지 않는 이런 호전적이고 급진적인 운동 방식이 국민들에게 좋지 않는 이미지를 심어 주게 될 것이라고 우려했다. 제리 루빈은 이렇게 말했다.

"마치 환각제를 물에 타 놓은 것 같은 혼란스러운 상황이 벌어졌다. 예기치 못한 일이었다. 우리는 그런 무질서한 상황을 만들고자 한 것이 아니었다. 결국 시카고 시장 리처드 데일리R. Daley는 경찰 병력을 주요 송수관 앞에 배치시켰다. 우리 시위대의 단합을 도와준 꼴이 되어 버렸다."

루빈은 당국과 대치를 원했다고 한다. 군중은 흥분했으며 인내심도 잃어버렸다. 루빈보다 14세 위인 델린저는 조용한 합의를 모색하고 있었다. 보통의 반전주의자들과는 다르게 델린저는 갈색 머리칼에 마치 교수처럼 정장을 하고 있었다. 반전주의 연합회가 요청했던 집회가 허용되지 않자, 연합회 회장인 델린저는 헌법상 보장된 집회의 자유가 유린되었다고 판단했다. 매카시 이야기를 들어보자.

"경찰과 시민들이 민주당 전당대회 장소로 속속 집결하기 시작했다. 10만 명이 모일 것이라고 예상했기 때문에 시카고 시장은 충분한 경찰과 군 병력까지 동원했다."

리처드 데일리 시카고 시장은 마치 군주와 같은 힘을 과시하듯 2만 6,000명의 경찰과 방위군을 소집했다. 루빈은 이렇게 증언했다.

"결국 5,000~6,000명 정도가 시위에 참가했다. 예상을 넘어선 호전적인 자세와 과격한 행동 때문에 시민들의 공감을 얻지 못한 결과였다. 반전운동 세력에게는 큰 실망을 안겨 주었다."

델린저가 정부의 부도덕성을 비난하면서 당국의 집회 방해와 시민들의 저조한 참여 열기에 문제를 제기하고 나왔을 때, 매카시는 이렇게 설명했다.

"기본적으로 숫자에 큰 차이가 있었다. 실질적인 위험이 없었음에도 불구하고 경찰과 방위군이 과잉방어를 했던 점에 어떠한 정당성도 부여할 수 없다. 방위군은 5대 1의 비율로 시위대를 압도했으며, 이날 시위는 베트남전과 비슷한 양상을 나타냈다."

델린저도 '당국의 무자비한 진압작전'이 사전에 소문으로 떠돌았었다면서, 이런 이야기로 당시 상황을 뒷받침했다.

"당시 정부는 시카고에서 일체의 시위를 허용하지 않을 계획이었다. 그래서 시위대를 위협하기 시작했다. 무장한 경찰이 데모하는 시민들을 사살할 것이라는 이야기도 있었다."

시위대가 조금씩 몰려들자 경찰은 곤봉을 휘두르며 최루탄을 쏘아 댔다. 델린저는 시위대에게 '시내를 빠져 나가 시카고 그랜트 공원Grant Park에서 다시 모이자'고 설득했다. 집회가 시작되자마자 경찰에게 얻어맞아 피투성이가 된 한 시민이 맨몸으로 국기 게양대에 올라가 성조기를 자신의 피 젖은 셔츠로 바꾼 후에 이렇게 외쳤다.

"세계 만방에 지금 미국에서 어떠한 일이 일어나고 있는지 우리가 알립시

다."

그 순간 경찰들의 태도가 돌변했다. 델린저는 그 순간을 잊을 수 없다고 말했다.

"그들은 곤봉을 휘두르며 공원 쪽으로 달려왔다. 경찰들은 달려오면서 이렇게 외쳤다. '죽여, 죽여, 죽여!' 라고."

이날 집회를 주도한 매카시 상원의원의 증언을 들어보자.

"5~6명의 경찰이 한 사람의 시위대원을 잡아서 무자비하게 두들겨팼다. 경찰들은 줄줄이 서서 기다렸다가 아무런 저항도 하지 않는 사람까지 무차별로 구타했다. 그래서 시민과 경찰 사이에 격투가 벌어지는 광경도 자주 목격할 수 있었다."

부상자가 늘어나자 매카시는 힐튼 호텔에 있던 그의 선거사무소를 부상자들을 치료할 수 있도록 급히 바꾸었다. 어떤 사람은 두개골이 4인치나 벌어져 있었고, 팔이 부러진 사람, 피투성이가 된 사람, 탈골이 된 사람 등 부상자들은 이루 형언할 수 없는 아비규환을 연출했다.

델린저는 공원에서 부상당한 시민들에게 평화적인 시위를 하자고 설득하던 중 탱크와 최루탄에 의해서 밀려났다. 사람들은 과격한 데모를 잠깐 멈추고 둘러앉아서 한동안 쉬었다. 담배를 피우면서 기타를 치는 사람들도 있었다. 「우리는 이기리라We Shall Overcome」라는 노래가 공원에 울려 퍼졌다. 노래는 부르지만 모두의 얼굴에 근심어린 표정들이 역력했다.

델린저도 실망감을 감출 수 없었다. 그를 따르던 동료, 시위대들조차도 "평화 시위는 아무런 효과가 없다. 어떤 동조 세력도 나타나지 않고 있다"는 불평들을 늘어놓고 있어서 그의 근심은 더했다. 경찰의 강경 진압이 약간 수그러들 때쯤, 시카고 시청에서는 시장의 보좌관이 기자들을 모아 놓고 이런 발표를 하고 있었다.

"시위에 참가한 시민들은 극히 소수였으며, 젊은이들과 이피족이 대다수였습니다. 신사 숙녀 여러분! 오늘 시위와 데모를 주도하고 있는 사람들은 공산주의자들입니다."

루빈은 자신이 이끌고 있는 이피족이 정치적인 연합 세력을 형성할 수 있는 문화적 소양을 갖추고 있다고 생각했지만, 매카시에게 예상하지 않았던 상처를 주고 있다고 느꼈다. 매카시는 시위에 참가한 사람들에게 자기를 지지한다면, 신사적인 행동과 청결한 몸가짐을 가져 달라고 호소했다.

루빈은 이피족이 긴 머리카락을 늘어뜨리고 수염을 더부룩하게 기른 채 마약에 취해 혼미한 정신 상태를 보이고 있는 모습이 미국의 보통 가정에 지극히 나쁜 이미지를 심어 주거나, 아니면 악령의 부활로 비춰진다는 것을 알고 있었다. 시위대의 이러한 외모는 시위 의미를 훼손함으로써 시민들의 호응을 이끌어 내는 데 매우 부정적인 영향을 줄 수밖에 없었다.

그러나 이피들이 깨끗한 몸가짐으로 다시 유권자들 앞에 나서서 매카시의 선거운동을 펼친다 해도 핵심 문제는 이미 다른 곳으로 옮겨가 있었기 때문에 별 영향을 미치지 못했을 것이다. 중서부에 위치해 있으면서, 뉴욕이나 샌프란시스코처럼 자유분방하지는 않았지만, 부유하고 청렴 강직한 생활 태도를 보이고 있던 시카고 시민들에게 루빈의 행동 방식은 통하지 않았다. '이피가 설쳐 대는 모습'은 시카고 시민들에게 분명 좋지 않은 인상을 심어 주었다.

새로운 정치만큼이나 새로운 문화로 지칭되었던 이피, 히피족은 과거에 갱들이 들끓었던 시카고에서 시민들에게 불안한 심리 상태를 조성하기에 충분했다. 시카고의 단정한 보통 남자들에게 반전주의자들이 걸고 다니는 목걸이(love beads : 사랑, 평화를 상징하는 목걸이, 염주를 말함. 반체제 젊은이들이 착용했음 – 역주)는 경멸의 대상이었다. 시카고 여성들은 청바지에 단조로운 색상의 생로랑Saint-Laurent 블라우스만 입고 있었다. 보통의 시카고 사람들과 다른 이들을 모두 공산주의자로 취급했다.

다음 날 아침 반전 행렬은 전당대회가 열리는 호텔 앞까지 진출했다. 루빈은 역사의 중심에 서 있다는 느낌이 들었다. 시위 행렬이 민주당 전당대회가 열리는 호텔 건너편에 자리잡았다. 호텔 안에서 험프리가 후보 수락 연설을 하고 있을 때, 버스에서 내린 경찰들이 갑자기 시위 군중들을 사정없이 곤봉으로 후려치기 시작했다. 루빈, 델린저, 매카시는 입을 모아 "불필요하고, 잔인하고, 도저히 정당화될 수 없는 행동이었다"고 말했다. 이때의 참담했던 심경을 루빈은 다음과 같이 들려주었다.

"테러에 가까운 진압 방법을 목격하자 좌절감과 흥분이 동시에 일어났다. 경찰은 거리낄 게 아무것도 없다는 듯 닥치는 대로 사람들을 두들겨팼다. 마치 무정부 상태인 듯했다. 이런 광경이 세계 방방곡곡에 텔레비전으로 생방송되는 바람에 '미국은 사람들을 무작위로 체포하고 구타한다는 사실을 광고하는 꼴'이 되어 버렸다. 우리는 도덕적으로 정당하다는 것을 잘 알고 있었고, 정의가 권력과 충돌하면 결국은 정의가 승리한다는 믿음을 가지고 있었다."

8월 초에 공화당은 리처드 닉슨을 대통령 후보로 조용히 선출한 뒤 '명예로운 평화협상을 추구한다'는 강령을 선택했다. 평화협상은 다시 한 번 확인된 셈이었다. 그런데 이제는 텔레비전 카메라들이 전선을 미국으로 옮기고 있었다. 민주당의 혼란에 대한 우려가 베트남전의 심각성에 대한 걱정보다 훨씬 컸다.

시민전쟁이 일어날 것이라는 분위기까지 감돌았다. 좌절감을 느낀 경찰들은 베트남에서 미군이 '수색과 섬멸'이라는 소모전에 휘말렸던 것처럼 일대 혼란을 야기하고 있었다. 드디어 8월 29일 밤, 시카고에서는 민주당의 정책에 반대 의사를 표시한 민주당 대통령 후보 입후보자에게까지 폭력을 휘두르는 사태가 일어났다.

경찰은 호텔 입구를 장악하고 호텔 주위에 모여 있는 기자와 일반인들에게까지 곤봉을 휘둘렀다. 경찰은 이미 후보 경선에서 패배한 유진 매카시의 선거대책사무실이 있는 15층까지 쳐들어갔다. 매카시는 사무실 직원 40여 명이 25명의 경찰관에게 둘러싸여 바닥에 앉아 있는 것을 발견했다. 마치 '전쟁포로를 보는 것 같았다'는 매카시의 이야기를 들어보자.

"경찰에게 책임자가 누구냐고 물었다. 아무 대답이 없었다. 그들은 마치 나치스 돌격대 같았다."

한 직원은, 매카시가 곤봉을 피하기 위해서 뒤로 물러서자 경찰들이 당장 나가라고 소리질렀다고 말했다. 매카시는 나가려고 했지만 계속해서 곤봉 세례를 받았다. 그는 이튿날 끝나는 전당대회 폐막식 이전에 직원들과 함께 시카고를 떠나기로 결정했다. 매카시의 증언을 들어보자.

"떠날 준비를 하고 있는데 우리측 비밀경호원이 다가와서 이렇게 말했다. '떠나지 마라. 만약 당신들이 떠나면, 그 순간부터 경찰들은 당신 배지를 달고 다니는 사람들 모두를 체포할 것이다' 라고 말했다."

매카시는 순식간에 벌어진 경찰들의 폭력 행위로 800여 명이 다치고, 그 중 몇 사람은 중상을 입었다는 것을 뒤에 알았다. 훗날 있었던 연방조사위원회의 조사 결과는 이날 소요를 '경찰 폭력'으로 기록했다. 매카시는 잠을 잘 수가 없어서 호텔 창 밖을 내다보고 있었다. 그랜트 공원에 불이 피어오르자 흩어졌던 젊은이들이 다시 모여드는 것을 볼 수 있었다. 그는 공원으로 가서 젊은이들과 합류하기로 결정하고, 비밀경호원들에게 그렇게 해도 되겠느냐고 물었다.

매카시는 뒤에 미 육군 정보기관이 자신을 '위험스러운 인물, 국가 전복을 꾀하는 사람들과 내통하고 있다' 고 분류해 놓은 사실을 확인했다. 그의 전화는 철저하게 도청당하고 있었다. 베네딕트 수도원의 신출내기 수사였던 매카시가 '보다 좋은 세상을 만들기 위해' 적극적인 활동을 하기로 결심한 것은 26년 전의 일이었다.

지금 생각해 보면 운명의 장난 같지만, 매카시가 처음 정치에 입문한 것은 휴버트 험프리의 지지자로서 활동한 것이 인연이 되었다. 험프리는 대통령 후보 경선에 참여를 발표하면서 이런 말을 남겼다.

"나는 경선에 출마하는 것이 자살 행위가 아니고 하나의 실천이라고 생각한다. 반전운동으로 민주당은 내부에서부터 불구가 되어 가고 있다. 내가 신념을 가지고 여러 해 동안 일했고 믿었고 방어했던 민주당은 지금 신뢰받지 못하고 있다. 내가, 위대하고 책임감이 강하다고 신뢰했던 몇 사람들이 대통령직에 걸맞지 않다는 것도 알게 되었다."

공원에서는 반전주의 분파들이 여러 개의 모닥불 주위에 군데군데 모여들었다. 델린저는 그들을 한데 모으려고 돌아다니면서 이렇게 외쳤다.

"우리가 아무것도 아니라고 생각하면 희망이 없습니다. 우리가 힘을 합치면 가능합니다. 여러분, 자! 다 함께 뭉칩시다!"

루빈은 반전투쟁에 전환점이 왔다고 판단했다.

"국내에서 과잉 반응을 보이도록 정부의 행동을 유도함으로써 베트남에서 있었던 미국의 과잉 반응에 초점을 맞출 수 있게 되었다. 시카고가 하나의 시험장이 된 것이다. 베트남과 게토(ghetto : 소수민족, 특히 흑인이 모여 사는 빈민가, 슬럼 또는 고립된 지역을 의미 – 역주)에서 물리적인 힘을 행사함으로써 모든 사회적인 문제를 그런 식으로 해결하려고 했기 때문에 가능했다."

델린저는 미국 국민들이 무엇보다 국내에서부터 안정과 평화를 간절히 희구하고 있다는 것을 감지했다. 불행하게도 이 시기는 전국이 반전 무드에 휩쓸려 베트남전을 빨리 끝내야 된다는 강렬한 욕구가 잠재해 있었으나, 한편으로는 반전운동 자체의 이미지나 목적이 구체적이지도 않았고 선명하지도 않은 때였다.

반전운동이 약간 느슨해지기 시작했다. 너무 많은 요구 사항과 해결책을 한꺼번에 들고 나왔기 때문이었다. 그러나 루빈은 '반전운동이 퇴색되어서는 안 된다'면서 이런 반론을 제기했다.

"우리가 인명 중시 사상을 외면한다면 빈곤한 사람, 흑인, 베트남 사람들의 입장을 이해하지 못할 것이다. 그리고 여러분 자신의 가정을 안전하게 지킬 수도 없을 것이다. 그러므로 이러한 사회 문제는 우리가 나서서 빨리 해결하도록 촉구해야 한다."

시카고의 시위와 데모, 혼란을 거치는 동안 국민들의 합의는 닉슨을 대통령으로 탄생시켰다. 반전운동가 세 사람은 마지막으로 촛불 행진을 하기로 합의했다. 일종의 '죽은 자의 명복을 빌어 주는' 행사로 계획하고 있었다.

시카고 반전운동은 체제 내에서 효과적이고도 조직적인 항의를 할 수 있는 좋은 기회를 만들어 주었다. 그렇지만 정책에 영향을 미쳐 전쟁 기간을 단축시키는 데는 실패했다. 비평가들은 하노이측만 고무시켜 전쟁이 오히려 연장되고 있다는 비난을 하기도 했다. 대통령에 당선된 닉슨은 국가적인 명예를 내세워 명분론으로 접근했다. 애국심이라는 일반적인 정서를 부각시킴으로써 반전운동을 점차 비애국적인 행동으로 몰아가려고 했다. 루빈은 이렇게 말했다.

"전쟁 기간에 나는 애국자였고 민족주의자였다. 그래서 미국을 위해 싸웠다고 생각했다. 2000년이 되면 우리는, 아무런 생각 없이 1960년대를 되돌아보면서 미국의 애국심을 대표하는 조지 워싱턴G. Washington을 지지했던 국민들이 곧 베트남전을 반대했던 국민들이라고 이야기할 것이다. 베트남전은 미국의 이익에 결코 도움이 되지 못했기 때문이다."

시카고 사태 이후의 반전운동을 면밀하게 돌아볼 필요가 있다. 특히 이 운동을 계획했던 사람들은 '베트남 문제가 왜 그토록 오랫동안 후유증을 앓았는지' 국민들에게 이해시키려고 했다. 반전운동가들은 정당하지 못한 베트남전을 빨리 끝내도록 국민들을 설득해서 정부에 종전 압력을 가하려고 했다. 그러나 반전운동은 실패했다는 이유만으로 심각한 문제를 야기했다. 미국 사람들에게 뜻하지 않았던 '매카시 공포증'을 남긴 것이다.

일반 국민들이 항의할 수 있는 권리는 상당히 유보된 상태였으며, 정당하고 적극적인 반대 의사 표시도 원천 봉쇄되어 버렸다. 매카시는 별다른 반응을 보이지 않았다. 반전운동은 극단적인 외국인 기피 현상을 불러왔다. 보통 미국인이 그런 것이 아니라 매카시가 말하듯 "국무부의 편향된 종교 의식을 가진 이념분석가들에 의해서 조장되었다"는 것이 문제였다. 반전운동은 베트남전 그 자체보다 대처하기가 더욱 어려운 사회 분열 현상을 초래했다.

루빈의 지적에 따르면, 그러한 사회 분열 양상은 미국이 적극 대처해서 극복해야 했으며, 세계 각국의 열망과 특수 이해 집단의 바람을 잘 가늠하여 조속히 시정해야 할 사회 과제가 되었다는 것이다. 델린저는 이런 현상을 바라보면서 드디어 미국에도 사회 현상에 대한 당당한 반대 여론이 '진공관 속이 아닌 장기 숙성 과정'에 돌입했다고 판단했다.

반전운동가들은 스스로 미국의 국익을 위해 싸우는 사람들이라고 생각했지만, 루빈에게는 어울리지 않게 '공산주의자'라는 딱지가 붙여졌다. 델린저는 반전 무드가 힘을 잃어 가는 시점에서 본인에게 오히려 나쁜 이미지라고 할 수 있는 '평화주의자'로 자리매김되었다.

1968년 3월 존슨이 대통령 선거 후보 경선을 포기했을 때, 루빈과 델린저는 반전운동을 시작한 지 3년째를 맞이하고 있었다. 그들은 반전운동을 정확하게 미국이 해병대를 파견했던 1965년 3월부터 시작했다.

당시 26세였던 루빈은 오하이오에 있는 신시내티대학교를 졸업하고 〈신시내티 포스트Cincinnati Post〉의 스포츠 기자로 직장 생활을 출발하여 그 신문의 편집장을 맡고 있었다. 1964년 버클리에서 기성 문화에 반대하는 기류를 발견할 때까지 그는 유럽, 이스라엘, 인도 등지를 여행했다.

버클리에서 반체제를 상징하는 옷과 음악과 마약이 유행할 때, 그는 캘리포니아대학교를 중퇴하고 캠퍼스에서 유행했던 반체제 관련 교과 과정을 열심히 듣고 다녔다. 그는 유대인이었으며 가난한 트럭 운전사의 아들이었다.

미국이 베트남전에 참전할 때까지도 루빈의 정치적인 성향은 지극히 편향적이어서 물건 하나를 살 때도 흑인 종업원이 없는 가게에만 갈 정도로 경직되어 있었다고 한다. 그러던 루빈이 스스로 의식 혁명을 겪고 새로운 인간으로 다시 태어난 것이다. 반전운동을 이끌면서 그는, '잠자는 도덕성을 일깨워 각양각색의 미국 사회가 참여하는' 대규모 사회운동이 가능하다는 점을 발견했다.

루빈의 호전적인 성격과 '게릴라식' 시위가 벌어질 때마다 앞장서는 성향이 그를 순식간에 유명하게 만들어 버렸다. 루빈이 버클리에 나타난 것은 미국 사회의 젊은이들이 남부에서 한창이던 '공민권운동Civil Rights Movement'에 가담함으로써 과격해지려는 물결이 일렁이고 있을 때와 일치했다.

이에 앞서 미시간에서는 학생 그룹들이 '미국민주학생연합(Students for a Democratic Society : SDS)'을 조직하였고, 이 학생연합은 후에 더 과격단체인 '일기예보원Weathermen'으로 발전한다. 버클리에서는 학생들과 당국 간 대치 상태에서 '자유토론운동Free Speech Movement'이 얼굴을 내밀었다. 이 운동 또한 끝없는 데모를 유발했고, 학교 건물 점거까지 불러왔다. '블랙팬서(Black Panthers : 흑표당黑豹黨이라고도 함. 1965년에 결성된 미국의 급진적인 흑인결사조직 - 역주)' 같은 단체는 인종 차별에 대한 과격한 대응으로서 '블랙파워(black power : 미국 흑인해방운동의 슬로건. 당초에는 단순한 슬로건이었으나 점차 하나의 사상이 되어 흑인 대중 속으로 파고들었음 - 역주)'라는 개념을 보급시켰다. 이렇듯 사회저항운동이 새로운 불길로 타오르는 가운데 베트남은 대혼란 속으로 빨려 들어가고 있었다.

어떤 반전운동가들은 훨씬 오래 전부터 자신들의 경력을 쌓아 오고 있었다. 데이비드 델린저는 미국이 베트남에 참전했을 때 이미 40세였다. 그는 일생 동안 폭력을 반대했고 어느 정당에도 참여한 적이 없었다. 사상적 배경이나 성격은 보수 중도에 가까웠으나 반전운동을 하면서 '신좌파'와 연합하게 되었다. 그의 성격 형성 배경은 미국 혁명 전인 뉴잉글랜드 시대까지 거슬러 올라간다.

델린저는 보스턴에서 변호사의 아들로 태어나 예일대학교 경제학부를 우등생으로 졸업했다. 학부를 마치고 신학 공부에 몰두했던 그는 제2차 세계대전 때 징병을 2번이나 거부하여 두 차례에 걸쳐 3년간 교도소 생활을 경험하기도 했다. 전후 냉전체제에서 그는 평화주의 운동에 진력하며 '평화주의' 신문사를 설립하기도 했고, 마틴 루터 킹M. L. King 목사의 반인종주의 운동의 취지에 동조하여 적극 협조하기도 했다.

1965년 3월 미국이 베트남전에 참전했을 때, 반대 여론을 이끌었던 사람들을 하나의 집단으로 보기에는 막연한 면이 없지 않다. '운동가The Movement'로 알려졌던 이들은 대부분 각자의 독립적인 항의 집단을 형성하고 있었다. 델린 저는 반전운동 초기와 발전 과정 체험을 이렇게 회고했다.

"그때 워싱턴에서는 2만 5,000명이 베트남전 참전에 항의했다. 완고한 사람들은, 오랜 기간 외롭게 감시하고 지켜본 끝에 드디어 미국 사회가 베트남에서 일어나고 있는 일에 대해 잠을 깨기 시작했다고 느꼈다. 1965년 7월 미국이 12만 5,000명을 파병해서 갑자기 전쟁 규모를 확대해 나가자 반전운동 분위기는 일시적으로 주춤했다. 사람들은 여론이 미군을 지원하고 있어서 반전운동은 곧 사라질 것이라고 말했다. 초기의 반전운동은 체제에 반감을 품고 있어서 워싱턴이 발표하는 것을 일체 믿지 않았던 흑인들에게서 촉발되었다."

원천적으로 전쟁 자체가 아니라 누가 싸울 것이냐에 대한 문제가 시발점이 되었다. 대학교를 다니고 있던 젊은 사람들은 징병을 피할 수 있었기 때문에 결국, 흑인이나 가난한 사람들만 징병제도라는 또 하나의 차별을 겪어야 했다. 그래서 베트남에서 병력의 추가 지원 요청이 있을 때마다 사회 저변의 불평과 불만이 늘어갈 수밖에 없었다.

1965년 중반, 반전 분위기가 팽배했을 때 어느 대학도 반전학생단체들을 잘 관리할 만큼 견실하지 못했다. 제리 루빈은 버클리에서 합동토론회를 시작하면서 도덕성 개혁운동의 성공 가능성을 예감했다. 이틀 동안 개최된 토론회에서 노먼 메일러N. Mailer, 아이작 도이처I. Deutscher, 벤저민 스포크B. Spock 박사 등이 연사로 등장하여 반전운동에 대한 열띤 강연을 펼쳤다. 1만 2,000명의 학생들이 경청했다. 그때 강연회의 분위기를 루빈은 이렇게 소개했다.

"스포크 박사는 베트남에 대해 문외한이었다. 그는 청중들에게 아이들 키우는 방법을 설명하면서, 아이들을 키운 후에는 베트남에 보내지 말라고 말했다. 그의 재미있는 비유가 없었더라면 강연회가 성공하지 못했을 것이다. 그는 우리 운동 초기에 중요한 역할을 했다."

대부분의 젊은이들은 나이 든 사람들의 양심을 대변하고 있다고 생각했다. 일반 대중들은 베트남 문제를 대통령에게 막연하게 맡겨 놓고 있었다. 국민들은 미군의 증강과 대공세로 전쟁은 이기고, 혼란은 무난하게 해결될 것으로 기대했다. 루빈은 전직 기자로서 뉴스를 만드는 방법을 잘 알고 있었기 때문에, 거리에서 극적인 뉴스를 만들어 냄으로써 정부가 제공하는 베트남 뉴스의 영향을 상쇄시켜 버리는 방안을 모색했다. 델린저는 루빈의 이런 적극적인 사고에 대해 다음과 같이 평했다.

"병력의 승선을 저지하는 한편, 군수품의 선적, 수송을 방해하는 대규모 시위나 데모를 선도하는 방식이었으나, 나는 루빈이 시도하는 그런 과격한 방법에 긍정적인 확신을 가지지 못했다. 루빈은 평범하고 수동적인 토론회는 교육적인 파급 효과가 크지 않다고 생각했다."

베트남 역사를 잘 알고 있던 토론회 참석자들은 베트남전은 시민전쟁이라는 결론을 내리고 있었다. 그들은 호치민이 공산주의자이기는 하지만, 그보다는 민족주의자에 더 가깝다는 점을 부각시키려고 노력했다. 이런 자세만으로는 부족하다고 생각한 델린저는 미국 사람들이 전쟁의 성격과 적의 태도를 직접 목격해야 된다고 생각했다. 델린저는 스스로 전장을 찾아가 현장을 눈에 담기로 결정했다.

초기에는 미군이 성공적으로 작전을 수행하고 있었기 때문에 텔레비전에 비치는 영상은 그렇게 나쁘지 않았다. 언론은 겉으로 보이는 것 이상을 파헤칠 수도 없었다. 1966년 델린저는 위험을 안고 적성국가의 수도 하노이를 방문하는 첫번째 미국인 반전운동가가 되었다. 루빈은 반전운동 지도자 델린저를 이렇게 평가했다.

"그는 반전운동의 정신적인 지주였다. 모든 미국 사람들에게 그는 영감을 주었다."

델린저는 하노이에서 호치민을 만났다. 그는 호치민을 만나서 들은 이야기를 이렇게 전했다.

"호치민은 현대사에서 보여준 미국의 역할과 공헌을 높이 평가했고 미국인들의 순수한 이상주의를 말하면서 '미군이 베트남 인민들을 도와줄 것으로 굳게 믿고 있다'는 말을 강조했다. 그는 '미국이 베트남 독립을 지원해 줄 것으로 믿고 있다'는 말도 빠뜨리지 않았다. 미국의 역할과 베트남 독립을 역설하는 그의 논리 정연한 설명에 나는 변명할 말을 찾을 수가 없었다. 그는 폭격당한 지역의 인민들을 꼭 찾아가서 위로하고 있다고 말했다."

존슨 대통령은 미군의 폭격이 군사 시설로 간주되는 시멘트, 철강 구조물에만 국한된다고 약속했지만, 델린저는 현지에서 병원, 학교, 교회, 민가는 물론 마을 전체가 처참하게 폭격당한 현장을 생생하게 목격했다. 그는 '미군의 폭격이 모든 국제법을 정면으로 위반하고 있다'고 주장했다. 델린저는 베트남 농촌 마을에 수없이 투하되었던 한 가지 특이한 폭탄을 사례로 들어 설명했다.

"미군은 공중 폭격을 할 때마다 모폭탄母爆彈을 투하해서 대규모 파괴 효과를 노렸다. 모폭탄은 땅에 떨어지면서 폭발할 때 120개의 자폭탄子爆彈으로 분리된다. 이 자폭탄이 폭발할 때는 엄청난 양의 파편이 인명 살상용으로 활용되었다. 결국 자폭탄에서 나오는 파편은 시설 구조물 파괴에는 전혀 효과가 없었고, 오로지 사람만을 겨냥하고 있었다."

델린저의 하노이 방문 기록은 국제적인 주목을 끌게 되었고, 철학자 버트란드 러셀B. Russell과 장 폴 사르트르J. P. Sartre의 주선으로 스톡홀름에 있는 '전쟁범죄재판소War Criminal Tribunal'에 증거 자료로 제출되었다. 이 일로 그는 미국 사람들에게 분개와 불신만 사게 되었지만, 워싱턴의 반전운동은 델린저 파동으로 새로운 전기를 맞게 된다.

하원은 청문회를 열어 루빈의 견해를 듣기로 했다. 루빈은 하원 반미反美國 활동 조사위원회의 소환장을 받았다. 청문회에 출두하는 루빈은 반전을 상징하기 위해 미국 혁명전쟁 당시의 의상을 입었고, 그와 동행한 애비 호프먼은 성조기로 만든 셔츠를 입었다. 루빈과 호프먼의 의상에 분개한 위원회는 이들을 청문회장에서 퇴장시켜 버렸다.

반전운동의 처음 본거지는 대학 교정이었으나, 차츰 외부로 확산되어 갔다. 반전운동의 계기를 웨스트멀랜드 장군이 제공했다면, 루빈은 정열을 이끌어

냈고, 델린저는 논리를 발전, 파급시켰다. 처음에는 마치 다윗과 골리앗의 싸움으로 보였다. 웨스트멀랜드가 요구한 50만 명의 병력 요청에 대한 타당성 여부와 상관없이 베트남전은 연인원 수백만 명의 미국 청년들과 베트남 인민들의 생명을 필요로 하고 있었다는 사실이 피할 수 없는 쟁점이었다.

수많은 젊은이들은 징병을 운명처럼 받아들였다. 그러나 징병을 연기받기 위해 일찍 결혼하는 경우도 있었으며, 대학이나 대학원에 서둘러서 등록하는 경우도 드물지 않았다. 징집을 피해 해외로 망명하는 사람들도 있었다. 멕시코, 스웨덴, 캐나다로 간 젊은이들이 특히 많았다. 캐나다 이민청에서는 이들의 숫자가 한때 3만 명이라고 밝힌 적이 있지만, 미국에서 망명을 주선했던 단체에서는 망명 대기중에 있는 사람이 5만 명 정도였다고 추산했다.

군대를 피하기 위해 저항, 연기, 망명 외에 또 다른 방법을 선택한 사람들도 있었다. 데이비드 해리스D. Harris는 교도소를 선택했다. 1966년에 해리스는 스탠퍼드대학교 학생회 부회장이었다. 해리스는 이러한 선택을 하게 된 것이 '절대로 비겁한 동기나 감정적인 이유 때문이 아니었다' 면서 이렇게 말했다.

"베트남전을 조사해 보고 연구해 볼수록 자유와 민주주의와는 전혀 상관이 없는, 무모한 허상과 싸우고 있다는 생각을 지울 수가 없었다. 누가 자유와 민주주의 편이고, 누가 아닌지를 분간하기 어려웠다."

그때 해리스는 대중가수 조안 바에즈J. Baez와 결혼했는데, 그녀의 반전 음악에 많은 사람들이 귀를 기울이기 시작했다. 베트남 참전을 거부해서 교도소를 선택했던 당시 심경을 들어보자.

"나는 학생의 징병 연기 혜택을 원하지 않았다. 다 아는 바와 마찬가지로 대학에 못 가는 가난한 사람들만 싸우러 가야 했다. 공평하지 못했다. 만약 미국이 전쟁에서 싸워야 한다면, 백인 대학생들도 흑인이나 멕시코계 미국인들과 똑같이 싸워야 했다. 나의 선택은 전쟁터에 가든지, 동성연애자나 마약 복용자 행세를 해서 교도소에 가든지, 또는 외국으로 나가든지 그 중 하나를 택하는 것이었다. 그런데 누군가 미국을 떠나야 한다면, 그것은 내가 아니고 존슨 대통령이라고 생각했다. 우리 가정은 1776년 독립전쟁 이래 지금까지 미국에서 살았다. 나는 미국을 사랑했고, 미국이 상징하는 것도 사랑했다. 나는 이런 가치를 지키는 사람이었다. 징병 카드를 되돌려 보내고 나자 허공을 걸어가고 있다는 느낌이 들었다."

반전운동은 이제 새로운 국면에 접어들었다. 징병제도를 피하는 방법을 상담하는 카운슬링 센터가 설립되었으며, 공개적으로 징병 카드를 태워 버리는 장면들도 어렵지 않게 목격할 수 있었다. 징병 거부로 해리스는 3년형을 선고받았으나 20개월만 복역했다. 그것도 제2차 세계대전 당시보다 중형이었다.

양심수 성격의 징병 거부로 형무소에 간 사람은 3,250명이었다. 바스커L. M. Baskir와 스트라우스A. Strauss가 저술한 특별연구서 《기회와 환경Chance and Circumstance》에 의하면 25만 명이 징병을 기피했고, 100만 명이 징병제도를 위반했으나 기소된 사람은 2만 5,000명에 불과했다는 것이다. 이 책은 학생 신분이나 다른 이유로 징병을 보류받은 젊은이의 숫자가 무려 1,500만 명에 이른다고 밝혔다.

역사학자 아서 슐레징거는 이러한 현상을 보면서 따끔한 일침을 놓았다.

"베트남전은 가난한 백인, 사회적 영향력이 전혀 없는 흑인의 아들들이 주로 싸웠다. 영향력 있는 사람들의 아들들은 모두 대학에 가 있었기 때문에 전쟁터에 나갈 필요가 없었다."

1969년 징병연기제도의 폐지가 발표되자 미국의 중산층도 전쟁에 반대하기 시작했다. 이 제도가 완전히 시행된 것은 1971년 후반기였으나, 그때는 이미 미군 철수가 시작되던 시기였다. 존슨 대통령의 경쟁자였던 매카시는 '징병연기제도는 전쟁 반대 여론을 무마하기 위한 호도책이었다'고 비판했다. 매카시는 이렇게 반박하면서 비꼬았다.

"아무튼 존슨도 전쟁이 빨리 끝나기를 원했다. 그러나 그는 전쟁을 반대하는 고학력자들을 징병에서 제외시켜 주는 편법을 동원하고 있었다. 그러다 보니 군대는 주로 소수민족들만 모이게 되었다. 진정한 미국의 군대가 아니었

다."

위대한 시민운동가 마틴 루터 킹 목사는 "백인이건 흑인이건 모든 미국인은 양심상 전쟁을 반대할 수밖에 없다는 선언을 해야 한다"고 주장했다. 그리고 비율로 따져 보았을 때도 너무 많은 흑인이 베트남전에서 죽었다고 말했다. 백인에 비해 전투에 참전한 흑인의 숫자가 2배를 넘었다는 기록이 이를 잘 말해 준다. 실제 조사 결과 킹 목사의 말이 맞았다. 베트남 주둔 미군 총 병력의 13%를 흑인이 차지하고 있었다. 미국 인구에서 흑인이 차지하는 비율과 비슷했다. 그러나 전투 병력에서 흑인이 차지하는 비율은 28%에 달했던 반면, 흑인 장교의 비율은 2%에 불과했다.

흑인, 빈곤, 인권은 존슨 대통령을 가장 괴롭혔던 근본적인 문제였다. 그는 재임 기간에 의료보험, 투표제도, 주택 및 도시 개발 계획, 학교에 대한 연방지원제도 외에도 수많은 빈곤퇴치운동을 펼쳤다. 그러나 국방비가 다른 예산을 깎아 먹자, 상원은 몇 개의 시민운동 지원 예산을 삭감해 버렸다.

베트남전으로 '위대한 사회' 건설이 자취를 감추어 가자 인권운동 지도자들은 아시아의 정글에 돈을 쏟아붓지 말고 미국의 빈민가부터 보살피라는 거센 압력을 넣고 있었다. 전쟁 반대 세력은 존슨이 도움을 받기 원했던 사람들 가운데 더 많았다. 쓰러져 가는 빈민가와 흑인들을 옹호하는 민주당원들, 가난한 지역 출신 민주당 의원들이 반전 세력에 가담해 버렸다. 쟁쟁한 지도자들이었다. 상원의원 풀브라이트, 케네디, 매카시, 맥거번G. McGovern, 맨스필드가 그들이다.

초기부터 의회에서 반전 세력의 지도급 인사였던 웨인 모스 상원의원은 민주당이 열세였던 여론의 지지를 많이 회복시켰다. 이런 사람들의 숫자가 많지는 않았으나 영향력은 대단한 것이었다.

1966년부터 상원에서는 정책 입안자들을 소환하여 외교분과위원회 청문회를 개최했다. '통킹 만 결의안'에 반대했던 두 사람 중 한 사람인 모스 상원의원은 위원회에 대한 불성실한 태도로 분노를 샀던 맥스웰 테일러를 증언대에

세워 놓고 따졌다. 모스는 '일반 대중들도 베트남전의 미몽에서 깨어나기 시작했다'고 말했다. 테일러는 '이 청문회가 하노이에는 기쁜 소식이 될 것'이라고 응수했다. 모스 의원은 이렇게 꼬집었다.

"당신들 군부 사람들은 항상 당신들하고 다른 의견을 가진 사람들에게 언제나 그런 식으로 중상모략하곤 했다. 그런 이야기들은 이제 쓰레기통에 던져버리기 바란다. 더 이상 이런 식의 토론은 원하지 않는다."

그러나 풀브라이트 상원의원은 '의원들이 기본적으로 공개 토론을 봉쇄해 버렸다'고 불평했다.

"우리는 상원에서 전쟁을 자제시키거나 멈추게 하기 위해 노력했지만, 그렇게 되지 않았다. 양원에서 대다수의 의원들이 그렇게 하지를 못했다. 그들은 베트남전에 대해서 잘 알지 못하면서도 언제나 대통령을 지지하고 있었다."

풀브라이트 의원은 조지워싱턴대학교 법학 강사 시절의 자질을 다시 한 번 발휘하여, 1966년부터 반전에 대한 발언과 글을 쓰기 시작했다. '베트남에서 미국이 위기에 처한 것은 전쟁을 의미하는 억압정책을 펼친 데에 그 원인이 있다'고 갈파했다. 풀브라이트는 이런 고백을 남겼다.

"나의 보좌관이 반전 발언을 해서는 안 된다고 충고했다. 만약 그런 발언을 하게 되면 정치적으로 반신불수가 될 것이고, 대통령과 행정부가 가능한 방법을 모두 동원해서 나를 응징할 것이라고 말했다. 그러나 다른 한편에서는 외교분과위원장인 내가 그런 발언을 하지 않으면 누가 할 것이냐고 강하게 권유했다."

존슨과 함께 공식 행사에 참석했던 풀브라이트와 친했던 친구 한 명이 연설을 통해 풀브라이트에게 창피를 주려다 실패한 적이 있다. 그가 '겁쟁이, 양지 속의 애국자'란 말을 인용하여 어느 한 사람 존슨 대통령을 지지하지 않는다고 풀브라이트를 은근히 비난하자 참석했던 사람 모두가 오히려 그에게 야유를 보냈다.

존슨 대통령은, 1776년 토머스 페인T. Paine이 쓴 글을 원용하여 "양지 속의 병사와 애국자들은 위기에 처한 조국에 봉사하려고 하지 않는다"고 말함으로써 반전론자들의 입을 다물게 만들려고 했다. 그러자 베트남 참전용사들로 구성된 한 반전단체가 토머스 페인이 한 말은 '철모르는 군인들이 참전하기를 좋아한다'는 뜻이라면서 오히려 존슨을 조롱했다.

1966년과 1967년의 여론조사 결과를 보면 확실한 다수가 존슨 대통령의 정책을 지지하고 있었다. 그러나 숫자상으로만 보면, 전국적으로 전쟁을 지지하는 소규모 데모와 노동조합이 참여하는 반전 데모가 비슷하게 발생했다. 베트남전 찬반 논쟁은 '강경 보수 세력과 히피족'의 대립은 물론, 때에 따라서는 부자간에도 극렬한 토론을 불러왔다.

1967년 들어 베트남 참전용사들의 귀환이 늘어감에 따라 부상병들의 숫자도 급격하게 증가하였다. 반전 데모는 확산되어 갔고, 가끔 부상자들이 앞장서기도 했다. 어떤 때는 참전용사 6명이 어깨동무를 하고 데모에 앞장서는 경우도 있었으며, 그들이 반전단체의 결성에 나서자, 회원이 순식간에 600명으로 늘어나는 사례도 있었다.

참전용사들은 전역과 동시에 소외감을 느끼기 시작했다. 나이 든 사람들은 그들을 범죄자 취급했고, 비슷한 또래들은 면전에서 분노를 표시하기까지 했다. 극성스러운 시민들은 살인자라는 비난도 서슴지 않았다. 일체의 동류 의식이 없었고, 동료들은 서로를 기피했으며, 귀국 환영회란 이제 찾아볼 수도 없었다. '승리한 전쟁(?)'에서 고귀한 피를 흘렸지만 국민들의 반응은 냉랭했다. 참전용사들에게 돌아오는 것은 차가운 시선과 무관심이 전부였다. 그들이 느끼는 한결같은 감정이었다. 울분을 삼키면서 사회로 복귀하여 정당한 평가와 동정심을 기다리는 방법밖에 없었다.

미국의 이중적인 얼굴에 분노를 느낀 용사들은 그들의 군복과 훈장 등을 공개적으로 불태워 버리고 반전 대열에 참여했다. 그들은 베트남에 가야 하는 미군들을 붙들고 탈영할 것을 종용했지만, 몇 년 후에 베트남에 갔던 병사들은 그 당시에는 이런 사정을 모르고 이들의 분노에 대해 의구심만 가지고 있었다.

참전용사들의 반전 무드가 확산될수록 여론이 심하게 술렁거렸다. 베트남전을 자세히 들여다 보면 전방과 후방의 순환 근무가 너무 빨랐을 뿐만 아니라, 전선 없는 전장 베트남과 반전 무드에 휩싸인 후방 미국의 분위기가 전혀 다를 바 없었다. 병사들의 사기는 저하될 수밖에 없었고, 미국인 또한 혼란스럽기는 마찬가지였다. 텔레비전 프로그램도 베트남전의 부정적인 면들만 들추어 냈다.

다른 전쟁 때는 적어도 미군들이 함께 참전했다가 함께 귀환했다. 1967년쯤 해서는 군이 텔레비전의 영상을 볼 필요도 없었다. 고개만 돌리면 어디서나 베트남전 참상을 볼 수 있었기 때문이다. 수족이 절단된 자식이 옆에서 비통한 표정으로 텔레비전 화면을 지켜보면서 과거로의 어두운 여행을 하는 장면을 쉽게 목격할 수 있었다.

반전운동을 이끌었던 델린저와 루빈은 현지에서의 대규모 전투와 때를 같이하여 귀환한 용사들과 부상자, 전사자의 숫자가 급격하게 늘어감에 따라 여론이 베트남을 현실적으로 느낄 수 있는 기회가 왔다고 생각했다. 귀환 병사들 중 많은 사람은 가해자이기도 했던 반면, 피해자이기도 했다. 소모전이라는 무모했던 전략이 문제점들을 토해 내기 시작했다. 델린저는 네이팜탄이 미군 병사들에게 떨어졌던 사진을 기억해 냈다.

"그 사진으로 인해 많은 사람들이 도덕적인 충격과 감정상의 심각한 갈등을 겪었다."

루빈은 반전운동이 조금 더 과감해지면 정부와 대치 국면을 유발함으로써, 전국적인 여론을 장악할 수 있고, 나아가서 '국방부까지도 문을 닫게 만들 수 있다'고 생각했다. 반전운동단체는 다양한 계파를 대표하는 위원회를 가질 만큼 커졌다. 델린저는 반전 취지를 이해하는 순수한 사람들끼리 데모를 벌여 국방부를 평화적으로 봉쇄하자는 제안을 수락했다. 국방부에 아무도 출입할 수 없게 만들자는 계획이었다. 시위에 참여하는 사람들은 사회 각계각층을 대표하는 사람들을 포함하고 있었다.

그렇게 함으로써 반전 여론의 힘을 한꺼번에 쏟아부을 수 있다고 루빈은 생각했다. 그는 새로운 지원자들을 만났다. 심리학자이며 좌파 급진주의자인 애비 호프먼은 엉뚱한 천재였다. 그는 징병 카드 대신 세금 고지서를 불살라 버리면 충격이 더욱 클 것이라고 생각했다. 마약 허용을 주장하는 심리학 교수 티머시 리어리T. Leary는 항상 루빈을 "즐거운 제리, 환각 상태의 레닌, 민초 게바라, 흥분한 마르크스"라고 불렀다.

위원회의 위원들은 학생·교사연합, 여성단체, 참전용사, 영화배우, 유명 작가와 지성인, 평화주의적 인권운동가와 흑인 과격주의자, 가정의와 무정부주의자들을 대표하고 있었다. 루빈은, 반전이 목적이 아니었다면 이 운동은 '야당의 축소판 같았다'고 말했다.

"베트남전이 없었더라면 우리는 야당을 만들었을 것이다."

1967년 10월 21일 이상한 집단이 워싱턴에 있는 링컨기념관 앞에서 집회를 하고 있었다. 언뜻 보기에는 여러 가족들이 잔디밭에서 캠핑을 즐기고 있는 것처럼 보였다. 아동육아전문가인 스포크 박사가 그들에게 이렇게 말하고 있었다.

"우리는 적이 존슨 대통령이라고 생각한다. 평화를 사랑한다고 해서 선출하였더니, 3개월 만에 우리를 배신해 버렸다."

시위에는 시민 5만 명이 참가했다. 백인 교수들도 흑인 회교도들과 함께 "우리는 지옥으로 가기 싫다"는 구호를 외치며 질서정연하게 국방부를 향한 행진에 참여했다. 경찰은 한동안 경계만 했다. 약 1만 명의 경비 병력과 주 보안군들이 펜타곤을 에워싸고 방어에 들어갔다. 총기에는 실탄을 장전하지 않은 채 시위 저지에 필요하면 최루탄과 곤봉만 사용하도록 명령을 받고 있었다.

군중 속에서 "평화, 평화!"라는 새로운 구호가 튀어나왔다. 갑자기 어린 소녀들이 경비대원들의 총신에 꽃을 걸어 주는 해프닝을 연출했다. 경비대원들 얼굴에는 다낭의 해안에서 미군들에게 꽃을 걸어 주었던 아름다운 베트남 소녀들의 모습을 연상하는 듯한 미소가 머물렀다.

지금까지 이날 난동 사태가 발생했던 정확한 원인을 아는 사람은 아무도 없다. 반전단체가 주도한 이전의 데모에서도 혼란을 야기한 적은 한번도 없었다. 국방부 정문에서 갑자기 난투가 벌어졌다. "지금까지 평화적이었다. 이대로 진행하게 해달라!"라고 외치는 델린저의 목소리가 들렸다. 그러나 난투는 전투로 변했고 그 주일 내내 계속되었다.

이날 난동은 미국이 남북전쟁을 겪은 이후 가장 과격한 반정부 시위로 평가되고 있다. 약 1,000명이 체포되었다. 정부는 이날 국방부를 방어하는 데 107만 8,500달러가 소요되었다고 발표했다. 루빈은 국방부 앞 데모가 지금까지 기울였던 반전 노력의 중요한 전환점이 되었다고 판단했다. 그는 최근 10년 동안 있었던 데모 중에서 시카고에서 있었던 데모와 함께 가장 중요한 행사였다고 평가했다. 젊은이들의 지지를 완전히 확보했기 때문이다. 루빈은 베트남전을 종식시키는 유일한 방법은 미국 내에서의 가두 시위라고 확신했다.

반면에 국무장관 러스크는 '이런 데모가 전쟁을 연장시킬 것'이라는 자신의 주장을 굽히지 않았다.

"만약 우리가 하노이의 중심가에서 5만여 명이 평화를 외치는 시위를 하는 광경을 목격했다면, 우리는 '전쟁은 이미 끝났다'고 생각하고 안도했을 것이다. 그러나 베트남 공산주의자들이 지금 펜타곤 주위의 데모를 우리와 같이 보고 있다. 북베트남은 평화적인 해결책을 찾는 대신 군사적으로 우리에게 이길 수 없는 전쟁에서 정치적으로 승리하기 위해 가능한 한 버틸 것이다."

그러나 여론조사의 결과는 하노이가 안심할 수 없게 되었다. 난동을 목격한 다수의 국민들이 대통령 쪽으로 기울어져 버렸다. 이때가 존슨에게는 마지막 기회였다. 하지만 민주당의 반전론자들이, 런던과 파리에서 전에 없이 강력하게 미국의 북베트남 폭격에 대한 항의 시위를 하던 때에 맞춰, 국내의 반전 시위에 대한 대책을 여론에 공개함으로써 존슨의 인기는 하락의 길로 접어들 수밖에 없었다.

상당한 여론의 지지를 받고 있던 로버트 케네디는 티우 대통령의 당선을 확인한 남베트남의 선거를 사기극이라고 즉각 비난하고 나섰다. 1967년 11월 매카시 상원의원은 1968년 예비 선거에서 존슨을 반대할 것이라고 발표했다. 뒤늦게 존슨 대통령은 행정부에 '베트남전 홍보를 잘하라'고 명령했다. 웨스트멀랜드 장군과 벙커 대사는 전국적인 텔레비전 방송에 함께 출연하기 위해 워싱턴으로 돌아왔다. 때가 너무 늦었다고 판단한 벙커는 이렇게 말했다.

"대통령은 우리의 목적이 무엇인지에 대해 분명한 메시지를 밝혔어야 했다. 나는 대통령이 적절한 지도력을 발휘했다고 생각하지 않는다."

언급하지 않는 것이 안전했다고 밝히면서, 러스크 장관은 여러 가지 정책상의 실책을 이렇게 이야기했다.

"국민들에게 전쟁에 대한 긍정적 분위기를 만들어 주지 못했다. 예를 들어 군사 퍼레이드나 예쁜 배우들을 동원한 전시 국채 발매 등 제2차 세계대전 때 했던 홍보 활동을 일절 하지 않았다. 왜냐하면 핵 시대에 국민들을 분노하게 해서는 안 된다고 생각했다. 그러나 이러한 냉정한 자세는 전선의 뜨거운 분위기와 일체감을 조성하는 데 실패했고, 결국 전선과 국내의 심각한 사기 저하라는 문제를 야기했다."

1967년 12월 존슨 대통령은 오스트레일리아를 방문하여 문제의 심각성을 깨닫게 되었다. 당시 오스트레일리아는 8,000명의 전투 병력을 파병해 놓은 상태였지만, 미국 대통령은 끝없는 반전 데모 때문에 군기지에서 지내는 것이 안전했다. 전투로 사망한 미군의 수는 1만 6,000명을 넘어섰고 징병 규모도 점차 확대되어 갔다.

매카시는 미국의 평범한 가정에까지 반전 무드가 확대되어 갔던 과정을 이렇게 설명했다.

"옆집에 누가 사는지도 모르고, 누구의 자식이 죽었는지에 전혀 관심이 없는 루이스빌, 켄터키, 멤피스, 뉴욕 같은 대도시에 미군의 주검이 돌아왔을 때는 큰 문제가 없었다. 그러나 인구 5,000명이나 1만 명 미만의 소규모 도시로 확대되어 가자, 그런 곳에서는 즉각 동네와 지역 사회의 문제로 부각되기 시작했다. 지역 사회 전체가 누구의 자식이 죽었다는 데에 비상한 관심을 표시하기 시작하자, 지방 신문들이 앞다투어 기사화했다. 이 나라에 무슨 큰일이 일어나고 있다고 생각하게 된 것이다. 이렇듯 반전 분위기가 사회 밑바닥에서부터 서서히 고조되어 가고 있을 때, 실질적인 충격의 도화선이 되었던 것은 북베트남군의 구정 공세였다."

구정 공세 전에 있었던 한 여론조사는 존슨이 매카시를 63% 대 18%로 앞서 있다고 발표했다. 2개월이 지난 뒤 구정 공세가 끝난 다음 다른 여론조사 결과는 놀랄 만한 변화를 나타내고 있었다. 두 사람의 지지도가 비슷하게 나타난 것이다. 3월 12일에 있었던 뉴햄프셔 주 예비 선거에서 42%의 지지를 획득한 52세의 매카시는 수많은 젊은이들에게 새로운 정치적인 신념을 심어 주기에 충분했다.

반전운동과 상관없이 참전을 지원했던 1만 명의 지원병들도 매카시 지지로 돌아섰다. 이 개혁적인 '새로운 정치'는 전국을 강타했다. 20년째 상원에 몸담고 있던 매카시는 노동자들의 기록적인 지지를 받았으며, 이들은 대통령의 권한을 축소시켜야 한다고 로비를 하고 다닐 정도였다. 이제 반전운동은 모든 사람이 기꺼이 참여하는 단합된 분위기를 조성하고 있었다.

3월 16일 매카시가 예상을 뛰어넘어 2대 1로 존슨 대통령을 압도한 여론조사가 발표되자, 로버트 케네디 의원도 경선 대열에 가담했다. 아서 슐레징거는 케네디가 구정 공세에 영향을 받았다고 말했다. 파괴 현장들을 목격하고 온 케네디는 슐레징거에게 이런 이야기를 했다.

"점잖은 사람들이 추악한 사건의 종범자가 되고 있다."

케네디는 '미국의 전통적 정열의 재발견을 위해' 베트남전과 폭력에 반대한다는 말을 앞세우면서 선거운동에 들어갔다. 3월 18일 그의 첫번째 선거 연설에서 케네디는 베트남에서 본 미국을 이렇게 비유했다.

"로마의 역사가 타키투스Tacitus는 로마가 사막을 만들어 놓고 이것을 평화라고 불렀다고 비판했다. 어느 도시와 마을을 파괴하고, 누구는 죽이고 누구는 살리고, 어떤 사람들은 피난민으로 만들고, 신의 외경스러운 명령을 거부하는 이런 일을 우리가 우리의 마음대로 할 수 있는가!"

반전 분위기 속에 이런 공격을 받은 존슨은 조용하게 물러섰고, 케네디는 매카시를 앞서 나가기 시작했다. 유세 활동은 치열했고 젊은이들에게 환심을 사려는 노력도 대단했다. 결국 케네디가 수많은 젊은이들을 자신의 깃발 아래 끌어들였다.

후보들의 극심한 경쟁은 또 한 번 반전 그룹의 약화를 가져왔다. 존슨과 마찬가지로 매카시도 한번 잃어버린 젊은이들의 지지를 결코 만회하지 못했다. 매카시는 케네디의 등장으로 반전 인사들 간에 균열 현상이 일어났다고 말했다. 그때까지만 해도 두 사람은 반전론자들이었을 뿐 경쟁에는 서로 신경 쓰지 않았다. 그러나 일단 선거전이 시작되자 인사불성이 되었다. 케네디가 지적했던 추악한 사태가 현실로 나타났다.

4월 4일 인권운동가 마틴 루터 킹 목사가 멤피스에서 암살당했다. 킹 목사의 "나는 꿈을 가지고 있습니다⋯⋯"라는 말은 흑인과 가난한 사람들의 마음에 새겨졌었다. 꿈의 자리에 분노가 들어섰다. 베트남의 시골 도시 미토나 칸토만큼이나 대통령 경선 후보자들의 이름에 관심이 없었던 워싱턴에서 로스앤젤레스에 이르기까지 모든 도시의 빈민가에서 분노의 불길이 치솟아 올랐다. 킹 목사의 장례식에 참석했던 케네디는 선거운동을 계속 상승세로 이끌어 캘리포니아 예비 선거에서 승리했다.

형이 암살된 지 5년이 지난 뒤, 형의 왕관을 찾겠다고 나섰던 동생도 6월 6일 로스앤젤레스의 앰버서더 호텔에서 괴한의 총에 맞아 숨졌다. 매카시는 힘의 정치에 관해 간단히 언급하면서 케네디의 암살이 미국 역사에서 뜻하는 바를 5년 전 베트남전을 종결시킬 수 있었던 가능성과 이렇게 연결시켰다.

"케네디가 사망한 이상 나는 여러 가지 이유에서 반전 문제가 해결될 수 없다고 생각했다. 케네디를 지원하는 그룹에는 세 가지가 있었다. 첫번째는 반전 그룹이었고, 두번째는 케네디를 오래 전부터 지지했던 사람들인데 그때까지는 그의 편에 서 있었다고 본다. 세번째는 오갈 데 없이 권력을 탐하는 부류들이었다. 케네디 암살 이후 이들 중 2/3는 이제 반전 문제에 관해서 우리와 다른 견해를 가질 것이라고 예상했다. 케네디 암살은 이런 문제를 남겼다."

아서 슐레징거는 이렇게 확인했다.

"케네디가 살아서 대통령에 당선되었더라면, 그는 틀림없이 미군을 바로 철수했을 것이다. 그와의 대화에서 느낀 것은 그의 결심이 아주 단호했다는 것이다. 그는 미국의 외교정책은 당연히 미국의 국익과 관련이 있어야 된다고 믿고 있었다. 그가 당선되었더라면 미군 철수는 1969년에 완료되었을 것이다."

케네디 암살 후 몇 주일이 지난 뒤 시위가 계속되던 시카고에서는 부통령 험프리가 민주당 대통령 경선에서 매카시를 1,760대 610으로 물리쳤다. 11월 5일 공화당 후보 닉슨은 베트남전의 탈미국화를 적극적으로 추진하겠다는 공약을 내세워 박빙의 차이로 대통령 선거에서 승리했다.

전쟁은 잔인한 양상을 띠면서 장기화되어 갔고, 미군 전사자들의 시신이 속속 돌아오면서 여론은 계속 악화되었다. 하지만 매카시는 이런 현상은 닉슨이나 험프리에게 아무런 영향을 미치지 못했다고 믿었다. 그리고 이런 말도 남겼다.

"미국의 정책상 종전을 고려하지 않았기 때문에 반전 데모가 없었더라면 병사들이 전투 의욕을 상실해서 패전이 현실화되었을 때까지 미국은 베트남전을 끌고 갔을 것이다."

러스크 국무장관은 민주당 정부가 새로 들어서 초기에 평화 해결을 도모했어야 했는데, 그렇게 되지 못했다고 설명했다.

"평화협상의 결정이 대학 교정이나 거리에서 확정되는 것이 아니었음에도 불구하고, 1968년 중반에 사람들은 풀밭에 앉아 정부가 만약 평화협상에 대한 확실한 의지를 밝히지 않으면 결국 이전과 마찬가지로 흐지부지될 것이라는 결정을 내렸다."

닉슨이 취임하자마자 8년 동안 재직했던 러스크 장관은 '민주당과 미국이 반대 세력에 의해서 분열되어 버렸다'고 느꼈다. 많은 미국 사람들과 소수의 상원의원들이 조금만 더 침묵을 지켜 주었더라면 협상 타결이 가능했을 것이라고 그는 안타까워했다.

"북베트남 사람들에게 더 버티라고 도와준 꼴이 되어 버렸다. 이런 전개 과정을 지켜봐야 했던 내 입장이 비극적이었다고 생각한다."

반전운동을 이끌었던 사람들은 러스크의 이런 협상 자세를 말초적인 해결 방안이었다고 비난했다. 그들은, 반전운동의 동기에는 영속성이 있어야 된다고 생각했으며, 그들 활동의 원천이 되는 사회 불만 세력과 정치적인 반대 세력의 형성이 필요하다고 판단했다. 그러나 반전운동을 주도했던 사람들은 이러한 사항들이 목표였을 뿐 결코 달성하지는 못했다고 말했다. 델린저의 말은 반전운동의 핵심을 잘 드러내고 있다.

"반전운동이 지향하는 목적은 종전이 아니라 베트남 사람들의 승리에 있었다."

호전적이었던 제리 루빈은 또 이렇게 심경을 털어놨다.

"되돌아보면 반전운동조직들이 너무 빨리 공격적이고, 폭력적이고, 비밀결사와 같은 군사전략까지 활용하면서 여러 분파로 나뉘어졌다. 우리는 베트콩을 우리의 모델로 삼았는데 그것이 잘못이었다. 너무 선악의 구분을 강조했다. 반전운동은 도덕적인 투쟁이었다. 베트남 사람들을 모델로 삼지 않았다. 그런데 게릴라전을 너무 낭만적으로 인식한 나머지 1970년부터 게릴라식으로 투쟁했다. 우리의 투쟁 방식이 너무 지나쳤던 것 같다."

매카시는 정치인과 국민들이 결국에는 자기들의 영향을 받았다고 믿고 싶어했다.

"나는 다른 사람들이 역사와 아무 상관이 없는 이데올로기 전쟁에 휩쓸리지 않기를 바랐고, 또한 우리 모두가 여러 가지 여건 아래에서 미국 군사력이 가지는 한계를 올바르게 인식하기를 희망했다."

반전운동이 언론의 보도 태도에 영향을 받았다거나, 반전운동 때문에 평화협상이 지연되었다는 주장들은 억측에 불과했다. 당시 텔레비전 해설가로서 가장 저명했던 에릭 시버레이드 E. Sevareid는 '텔레비전 보도는 지엽적인 영향밖에 미치지 못했다'고 말했다. 그는 텔레비전의 영향력을 이렇게 설명했다.

"모든 것을 보도할 자유가 있었기 때문에 매일 밤 안방에서 끔찍한 전쟁 관련 영상들을 보았음에도 불구하고, 수년간 거듭된 여론조사에서 대부분의 미국인들은 베트남전이 곧 정당화될 것이라고 믿었다. 시청자들이 마지막 순간까지도 텔레비전 영상의 영향을 받지 않았다는 사실을 우리 모두는 기억해야 될 것이다."

시버레이드는 CBS 텔레비전 크론카이트 뉴스 시간에 해설을 담당했었으며, 수년간 베트남에서 뉴스를 직접 전하기도 했다. 다시 그의 이야기를 들어 볼 필요가 있을 것 같다.

"나는 하노이가 미국의 동향에 촉각을 세우고 있었다고 확신한다. 특히 반전에 대한 언론 보도, 여론 동향, 시위 현황은 그들을 매우 고무시킨 것이 사실이다. 그러나 그들이 대응해야 할 전선의 사정은 갈수록 긴박했다는 사실을 간과해서는 안 된다. 미국은 공군, 보병, 포병, 해군, 해병대 그리고 모든 전투장비와 화력을 반전운동과 무관하게 증강시켜 나갔다는 사실을 인정해야 한다. 또한 미국 내에서는 반전 분위기가 무르익어 갔지만, 북베트남군과 인민들의 희생은 갈수록 늘어갔다는 사실도 잊어서도 안 된다. 나는 북베트남 병사들이 그렇게 악착스럽게 싸운 이유가 미국의 반전 분위기 때문이라는 견해에 절대 동의할 수 없다."

미군은 북베트남의 군사력과 싸운 게 아니라, 한결같은 마음으로 무장되어 있는 사회와 싸운 것이다. 이런 이유로 10,000일 동안 수많은 사람들이 전쟁에 매달리고 희생당했다.

15 게릴라 사회
The Ten Thousand Day War

그들은 같은 감옥에 있었고, 어깨를 나란히 하고 싸웠다.
_ 초대 유엔 베트남 대사 하 반 라우

　1968년 11월 1일, 북베트남까지 번져 갔던 전쟁은 이상한 양상을 띠기 시작했다. 수도 하노이에 공습 사이렌은 한동안 울리지 않았고, 길가에 있는 300여 개의 대피소는 하루 종일 텅텅 비어 있었다. 군사분계선 근처의 빈린Vinh Linh에서는 약 7만 명이 지하 도시 생활 3년 반 만에 처음으로 지상으로 올라와 햇볕을 쪼이고 있었다.

　지난 1,000일 동안 200만 개의 폭탄이 떨어졌던 빈린 지역의 주민 7만 명은 새로운 시련에 직면해 있었다. 북베트남은 미국의 혼란이 어떤 악몽으로 되살아날 것인지 불안한 나날을 보내고 있었다. 미국이 국내에서 반전운동이라는 또 다른 종류의 전쟁을 치르고 있었기 때문이다.

　11월 1일, 베트남전에서 존슨 대통령은 마지막 중요한 결정을 내렸다. 그는 정찰 비행을 방어하기 위한 필수적인 공습 외에는 북베트남에 대한 공군과 해군의 폭격을 일체 중지한다고 발표했다. 하노이는 여유를 가지게 되었지만 안심할 정도는 아니었다.

　그 동안 미군 폭격기들은 도시 생활을 완전히 불가능하게 만들어 버렸었다.

벽돌이나 벽돌 색깔이 보이는 건물이면 무조건 폭격했다. 특히 하노이 남부의 성들은 폭격 피해가 극심했다. 모든 도시는 유령들의 마을인 것처럼 폐허로 변해 있었다. 미군의 폭격이 인민들의 생활을 그렇게 만들었다.

하노이에서 존슨의 폭격 중지 발표를 그대로 믿는 사람들은 별로 없었다. 그들은 다시 폭격을 할 것이라고 예상해서 짚으로 만든 임시 촌락만 짓도록 허용했다. 끝없는 공습으로 점철된 전쟁의 긴장과 생활의 궁핍은 존슨과 닉슨의 권력 이양 기간에도 계속되었다. 폭격으로 겪은 쓰라린 세월만큼 길고 긴 평화협상 기간이 또 기다리고 있었다.

폭격 중단과 행정부의 강경했던 자세 완화로 미국은 오랜만에 베트남전을 재평가할 수 있는 기회를 가졌다. 폭격 규모가 현저하게 축소됨에 따라 북베트남의 피해도 대폭 줄어들고 있었다. 하노이의 장기적인 목표에는 변화가 없었지만, 1969년에 들어서서 양측은 어느 정도 정치적인 양보를 한 것처럼 보였다.

양측은 4년을 끌어온 마지막 협상에서 중요한 차이점을 발견했다. 협상 과정을 지켜본 많은 참관인들은 전쟁의 후반부가 더욱 비극적이라고 느꼈다. 왜냐하면 양측 모두 전쟁의 축소를 자기들의 의지 약화로 오해하고 있었기 때문이다. 새로운 미국 행정부는 '이기려면 먼저 적을 알라'는 옛날 속담을 계속해서 무시했다.

그러나 앞으로 일어날 일을 파악하기 위해서는 북베트남 사회 변화의 성격을 깊이 이해할 필요가 있었다. 가장 좋은 접근 방법은 폭격 기간과 그 이후를 비교해 보는 것이었다.

6개월 이내에 전쟁을 끝낼 수 있다는 가정하에 시작되었던 미군의 폭격은 예상보다 7배나 긴 기간 동안 계속되어 소름끼치는 통계 숫자만을 만들어 냈다. 전투기 35만 회 출격, 북베트남에 65만 5,000톤의 폭탄 투하, 918대의 미 공군 전투기 추락, 818명의 미 공군 조종사 전사, 이 끔찍한 숫자들은 존슨 대통령이 임기를 마쳤을 때 나타난 통계이다.

한마디로 존슨의 결정은 잘못된 것이었다. 초기에는 우방국이나 유엔의 이야기를 귀담아들었다는 미약한 증거라도 있지만, 1967년 중반 이후 15개월 동안에는 맥나마라의 충고마저 완전히 무시해 버린 결과였다. 국방부 문서에 기록된 맥나마라의 건의 내용은 이런 것이었다.

"많은 미국인들과 대부분의 다른 나라 사람들도 미국이 참전 규모를 무한정 확대하는 것을 묵인하지 않을 것이다. 전쟁 원인에 대한 논쟁이 심하게 일어나고 있는 상황에서 세계 최강대국인 미국이 1주일에 1,000여 명의 베트남 비전투원을 살상하고, 조그만 나라에 항복을 강요하기 위해 무자비한 폭격을 자행한다는 것은 결코 바람직한 모습이 아니다."

국방장관의 권유를 무시한 존슨은 독자적으로 매주 화요일 백악관의 점심회의에서 새로운 폭격 목표를 주기적으로 지정했다. CBS 기자인 댄 래더D. Rather는 1967년 10월 17일 워싱턴 D. C.에 있는 WTOP 라디오 방송을 통해 점심회의의 분위기를 이렇게 전했다. 댄 래더가 말한 사실들은 물론 〈펜타곤 페이퍼〉에서도 찾아볼 수 있다.

"대기실에서 목을 축인 뒤 대통령은 식사가 준비되어 있는 방으로 가자고 했다. 반타원형의 테이블이 있는 방에는 거대한 샹들리에와 벽화들이 걸려 있었고, 독립전쟁 당시 최후의 결전으로 알려진 '요크타운 포위전Siege of Yorktown'에서 콘월리스C. Cornwallis 장군이 항복하는 화려한 색상의 그림이 눈에 띄었다. 대통령은 한가운데 큰 의자에 앉았고, 오른쪽은 러스크, 왼쪽은 맥나마라, 로스토는 다른 한쪽, 그리고 또 다른 참석자들은 적당한 위치에 자리잡고 앉았다. 점심 식사를 하면서 중요한 이야기들도 나누었다. 조용한 사이사이 대통령이 배터리가 들어 있는 겨자통 흔드는 소리만 들렸다. 그는 음식에 겨자를 넣어 먹는 것을 좋아해서 조그만 겨자통을 자주 흔들었다."

러스크는 그때의 오찬을 겸한 회의를 이렇게 회고했다.

"화요일 점심회의에서는 가끔 무고한 민간인 살상을 방지하기 위해 공습이 쉬운 지역은 피하고 대공방어체제가 잘 갖추어진 어려운 지역을 폭격하자는 제안들이 있었다."

맥나마라는 매주 무고한 민간인 약 1,000명이 죽었다고 말했다. 이러한 자료를 근거로 판단했을 때, 공습 기간에 북베트남에서만 18만 2,000명의 민간인이 희생되었다는 계산이다. 그런데도 북베트남에서는 전사자 발표를 하지 않아 궁금증만 더했다. 미군의 소모전을 맥빠지게 만들 의도였든지 아니면 내부 사정이었든지 북측은 피해 상황을 일절 밝히지 않았다. 인터뷰에서 이 문제를 팜 반 동 수상은 이렇게 설명한 적이 있다.

"우리는 통계 숫자를 관리하지 않는다. 우리는 수년간 당신들의 상상을 초월하는 어려움 속에서 싸움을 지속하고 있을 뿐이다. 제2차 세계대전에서 사용했던 폭탄의 몇 배에 해당하는 폭격이 있었지만, 거기에 비하면 인명의 손실은 그렇게 크지 않았다. 우리 베트남 인민들은 끝까지 살아남아 일하면서 싸울 것이다."

끝없이 이어지는 소모전에 대항해 어떻게 싸울 것이냐는 질문에서도 팜 반 동은 일관적인 투쟁 의지를 드러냈다.

"지난 수십 년 동안 우리의 집단지도체제에는 아무런 변화가 없다는 것을 유념해 주기 바란다. 이것은 곧 우리 베트남 인민 전체의 단결을 상징적으로 보여주고 있다고 생각한다."

하노이측의 피해 발표가 일체 없었기 때문에 미군이 고전했다는 러스크의 주장이 있었다. 이런 정보 부족으로 인해 미국인들은 북측의 피해, 전쟁 수행 능력, 사기를 가늠할 수 없는 전쟁의 문외한이 되어 버렸다. 미국 국민들의 입장에서는 미군의 주요 전술인 공습이나 북베트남의 저항 또는 미군의 손실이 어떤 의미를 가지는 것인지 판단할 방법이 없었다는 뜻이다.

전쟁이 막 시작되었을 때는 영국, 프랑스, 스칸디나비아, 동유럽의 언론인들이 직접 목격한 폭격의 비효율성을 지적하곤 했지만, 미국은 '빨치산 수법의 보고서'라고 외면해 버렸다. 행정부가 믿을 수 없다고 생각했던 미국의 언론들조차 이런 보고서들은 무시해 버리는 것이 낫다고 권유했다.

저명한 언론인이자 공산주의 문제 전문가인 해리슨 솔즈베리H. Salisbury가 1966년에 하노이와 하이퐁 지역을 방문했을 때, 미 행정부는 그의 보고서를 불신했다. 행정부는 솔즈베리가 보여준 관찰 태도나 비판 근거를 외면하고 사소한 통계 숫자의 오류에서 비난거리를 찾으려고 애썼다.

모든 잘못은 공습 기간 중에 발생했던 일들이 잘 알려지지 않은 것에 기인한 측면이 많다. 그래서 군부는 여론의 평가를 피했고, 전쟁은 장기화의 길로 들어서게 되었다. 초기의 보고서들은 대단히 감상적이어서 폭격 책임자들에게 전혀 도움이 되지 않았다.

상당수의 언론 보도는 하노이의 대응 자세나 인민들의 사기를 환상적으로 묘사하기에 급급했다. 특히 윌프레드 버체트는 항상 '피상적인 보도만 했기 때문에 정보 자료로 가치가 없다'는 비판도 받고 있었다. 그는 1966년에 베트남 농촌에서 봤다는 전쟁 피해 장면을 이렇게 묘사했다.

"북베트남 사람들의 위장술은 대단했다. 시골에서는 학교가 동네에서 약 1마일 정도 떨어져 있었고, 꼬마들은 학교에 갈 때는 반드시 푸른색의 옷을 입게 되어 있었다. 한번은 차를 몰고 시골길을 가는데, 푸른 목초지 일부분이 벌떡 일어나더니 길을 건너가고 있었다."

사람들이 크게 신뢰감을 느끼지 못했던 버체트의 목격담은 주로 이런 것들이었다.

"주민들은 다리가 폭격으로 부서지면 물밑에 바로 나무다리를 놓아 위장했다. 트럭 수송을 위한 대나무 다리는 새벽에 물밑으로 가라 앉혔다가 석양이 되면 들어올리곤 했다. 물 위에 떠다니는 부교浮橋도 있었다. 다리의 반쪽은 한쪽 방죽에 걸쳐놓고, 다른 한쪽은 반대편 방죽에 걸쳐놓았다가 해질 무렵이 되면 물 위에 띄워 이은 다음 통행했다. 모든 다리가 최소한 4시간 이상은 제 기능을 하고 있었다. 민간인 200만 명으로 구성된 '충격여단'은 다리 부설, 도로 및 철로 보수를 위해 필요한 곳이면 전국 방방곡곡 어디든지 돌아다녔고, 식품, 유류, 탄약 등을 배급하는 역할도 담당했다. 공장과 농촌 지역에서 노동

>>>> 폭격으로 파괴된 호치민루트 보수 공사. 동원된 사람들 중에는 여성들이 많았다. 가공할 폭격에도 불구하고 루트는 항상 통행이 가능했다.

>>>> 호치민루트에 있는 대나무 부교를 건너는 병사들. 우기인 9월부터 2월까지는 물이 범람해 큰 강을 이루었으며, 공습을 피하기 위해 부교를 재빨리 거두기도 했다.

력의 약 70%는 여성들이 차지했다. 여성들은 전에 하지 않았던 일을 했다. 그들에게는 쉽지 않은 일이었지만, 남자들과 똑같이 일할 수 있다는 자부심을 가지고 있었다. 여성들은 앞으로 자신들에 대한 모든 대우가 달라질 것이라고 서슴지 않고 말했다."

그러나 버체트의 보도는 대부분 사실적이고 구체적이어서, 이를테면 '여성들이 지역 방위의 절반 이상을 담당하고 있다'는 것을 처음으로 확인시켜 주기도 했다. 실제로 북베트남 여성들은 소총, 수류탄 외에도 AA 소총의 조작법을 잘 알고 있었다.

도시 지역에서는 간단하면서도 효율적인 방위체제가 인민들의 피해를 많이 줄여 주고 있었다. 모든 거리에는 몇 피트 간격으로 한 사람이 들어갈 수 있는 크기의 콘크리트 원통이 놓여 있었다. 인구 100만 명인 하노이에는 이런 원통이 한 사람당 3개꼴이었다. 버체트의 설명은 좀더 구체적이다.

"1개는 집 근처에 두고, 또 1개는 직장 근처에 마련해 놓고 있었으며, 나머지 1개는 집과 직장 사이에 놓아두었다. 인민들이 활동하다가 어느 순간에 공습을 당할지 모르기 때문이었다. 이 개인 피난 도구에는 뚜껑까지 있었다. 사이렌이 울릴 때마다 인민들은 이 속으로 들어가면 안전했다. 공습을 피하기 위해 달려가는 사람들의 모습에서 혼란이나 공포감 같은 것은 전혀 느낄 수가 없었다."

인구의 대다수를 차지하는 농민들이 마을 공동체를 이끌어 나가는 모습은 남베트남의 농민들과는 대조적이었다. 한 마을이 공습으로 파괴되면 뿔뿔이 흩어지는 것이 아니라, 이웃 마을로 뭉치기 때문에 인민들은 오히려 집중화 현상을 보였다. 그들에게는 또 많은 자율권이 부여되어 있었다. 남베트남과 다르게 각 농촌 마을은 협동농장의 조직 체계를 갖추고 있었고, 마을 수장은 전통적인 방법대로 마을 사람들이 선출했다.

폭격이 심해지면 농민들의 자율권은 오히려 확대되었다. 하노이는 여러 가지 제한 조치를 풀고 농민들이 농지를 직접 경작하게 하여 할당제 이상은 시장에 내다 팔 수 있게 허용했다. 이러한 하노이의 농업정책으로 식량 생산량이 급격하게 늘어났다. 농촌이 피난 온 도시 근로자들을 부양할 수 있게 된 것이다.

　초기의 배급제도는 재고를 유지할 수 없을 정도로 부족해서 하루 1인당 쌀 배급량은 1파운드에 지나지 않았다. 그러나 전쟁 말기에 가서는 2배로 늘어났다. 공습 기간 중 옷감 배급은 한 사람당 5야드였으나, 남녀의 통일된 의복을 만들어 입기에는 부족함이 없었다.

　모든 공장이나 정부 기관의 노동자에서부터 공산당 정치위원에 이르기까지 동일한 수당을 받았다. 월 10달러 정도였다. 큰 공장일 경우 생산 시스템을 50여 군데로 분산시켰기 때문에 어떤 산업체도 치명적인 피해를 입지 않았다. 90%의 공장 노동자들 역시 이런 식으로 배치됨에 따라 어린이들은 가까운 마을의 공동 탁아소에서 맡았고, 청년들은 지역 방어와 도로 보수를 책임지게 되었다.

　남쪽과 비교해 보면 중앙정부의 권한이 지방으로 많이 이양, 분산되어 있었다. 자급자족과 자경自耕제도가 정착된 것이다. 폭격이 심했던 전략 지역은 경비가 많이 들더라도 주요 시설들을 대상으로 지하화 작업을 추진했다.

　이러한 사례는 군사분계선에 위치한 빈린에서 찾아볼 수 있다. 도시 전체가 지하 30피트로 들어갔다. 터널로 연결된 이 도시 공동체는 인구가 약 7만 명이었으며, 도로의 총 연장은 수백 킬로미터에 이르렀다. 인민들은 밤에 농지를 경작하기도 하고, 국경 도로가 파손되면 보수 공사에 참여하기도 했다.

　빈린 인민들은 끝없이 이어지는 공습과 7함대의 포격 때문에 지상에서 햇볕을 보는 생활을 포기할 정도였다. 지하에서 태어나는 어린 생명들은 희미한 불빛만 있는 깊은 갱 속 우물가의 간이 침대에서 보살핌을 받았다. 이 신생아들은 하루에 몇 분씩 규칙적으로 햇볕을 볼 수 있도록 각별히 조치했다.

　각 가정은 자기들이 만든 지하 흙집에서 살았다. 바닥은 천으로 덮었으며 부지런한 사람들은 대나무 발을 쳐서 벽을 삼았다. 온기나 불빛이라고는 중국에서 들여온 석유등이 고작이었다. 지하 도시에는 학교, 병원, 육아원이나 오락 시설 등이 갖추어져 있었고, 노인들은 논밭을 경작하거나 마을 공동체 일을 담당했다.

하노이 주재 외교관들을 통해서 북베트남 인민들의 생활 모습과 사기를 뒤늦게 알게 된 워싱턴은 국내의 반전 시위에도 불구하고, 이러한 소식이 밖으로 흘러나오지 않은 것을 다행이라고 생각했다. 빈린은 남베트남의 어느 지역보다 집중적인 폭격이 있었던 곳이다. 빈린에는 소규모의 군부대가 있었지만, 인구의 대부분은 민간인이었다. 하노이 당국 관계자는 빈린 시민들의 투쟁 모습을 이렇게 설명했다.

"50만 톤의 포탄이 빈린 지역을 유린했다. 제2차 세계대전 당시 일본 전체에 떨어진 포탄의 3배에 해당하는 폭탄량이었다. 1960년대 중반 빈린의 피해 현장을 기록으로 남기기 위해 사진을 찍다가 20명의 촬영 기사가 포탄에 맞아 죽기도 했다."

윌프레드 버체트는 황폐한 빈린의 분위기를 상세하게 보도했다. 그는 당시를 이렇게 회고하고 있다.

"하노이는 병사들의 사기 진작을 위해 여러 개의 성에 '미군 비행기 공동묘지'를 세웠다. 나는 동강난 F-105 전투기를 우마차에 싣고 가는 것을 여러 차례 목격했다. 한 대에는 날개를, 다른 한 대에는 동체 일부를, 꼬리와 다른 잔해들을 또 다른 우마차가 싣고 갔다. 이상하게 조화를 이룬 사람과 우마차의 긴 행렬이 이어졌다. 행렬의 맨앞에는 흰 수염을 기르고 자신의 선조들이 몽골과 싸울 때 사용했던 긴 창을 든 건장한 인솔자가 있었다. 그들은 비행기 잔해들을 공동묘지에 소중하게 진열해 놓았다. 그 중에서도 가장 눈길을 끌었던 장면은 하노이 시립동물원의 새장 안에 있던 B-52 폭격기 잔해들이었다."

버체트는 팜 반 동 수상에게 이런 질문을 던진 적이 있었다.

"당신들 마음속에는 도대체 무엇이 있습니까? 무엇이 당신들을 이렇게 끈질기게 만들지요?"

>>>>> 북베트남 상공에서 격추된 미군 전폭기 잔해. 인민들의 사기 진작을 위해 전폭기의 잔해는 특별히 설치된 '비행기 공동묘지'에 전시되었다.

팜 반 동은 웃으면서 이렇게 대답했다.

"궁금하면 우리 역사를 한번 보시오. 외국 침략자들에 대한 투쟁 외에는 아무것도 없습니다. 그런데 적들은 항상 우리보다 강한 상대였습니다. 자연과의 투쟁도 많았지만 피할 곳이 없었습니다. 우리가 살고 있는 자리에서 싸워서 이겨야 했습니다. 과거 2,000년에 걸쳐 이런 시련을 겪은 우리 인민들은 어지간한 일에는 흔들리지 않는 신경 체계를 가지게 되었지요. 우리는 외세의 위협에 당황해 본 적이 없습니다. 새로운 상황이 발생할 때마다 우리 인민들은 '흥, 또 시작이군!' 이라고 말할 정도로 적응 훈련이 잘되어 있습니다."

팜 반 동은 이 말을 마치면서 "우리 역사에는 투쟁밖에 없다"는 말을 3번이나 되풀이했다고 버체트는 쓰고 있다. 사실 베트남처럼 기구한 역사를 가진 나라도 많지 않다. 남과 북으로 갈라진 경우는 새로운 형태가 아니었지만, 이런 불행으로 미국과 4년째 전쟁을 하고 있었다.

베트남은 BC 111년부터 AD 959년까지 중국에 저항한 역사를 가지고 있다. 1,000년이 넘도록 '베트(Viet : 越族)'라고만 알려진 사람들은 그들 나름의 전통과 토착 문화가 있었기 때문에 중국의 지배뿐 아니라 중국의 문화나 정치, 철학에 대항해서 끈질긴 항거를 펼칠 수 있었다. 수세기에 걸쳐 그칠 줄 모르고 계속되었던 민중 봉기와 반란은 언제나 농촌이 본거지였다. 그들에게는 어떠한 초강대 세력도 별문제가 되지 않았다.

13세기에는 아시아에서 유일하게 베트남의 트란(Tran : 쩐) 왕조만이 몽골의 쿠빌라이 칸(Kubilai Khan : 忽必烈汗)을 물리쳤다. 남과 북 사이의 갈등은 훨씬 거슬러 올라간다. 16세기에는 남쪽 메콩 강 유역의 구엔Nguyen 가문과 북쪽 홍 강 유역의 트란Trinh 가문이 처절한 대결을 펼친 결과 현재의 17도선 근처에서 국토를 분단, 각자 통치한 경험을 가지고 있다.

프랑스는 그 이후부터 1세기에 걸쳐 식민통치를 하게 된다. 뒤이은 현재의 분단 과정은 지금까지 우리가 알고 있는 바와 같다. 북베트남의 역사에는 미국이 프랑스를 대체했다고 쓰고 있다. 군사분석가 브라이언 젱킨스에 의하면

"베트남에서 미국은 공산주의와 싸운 것이 아니라, 긴 세월 동안 타협이 불가능했던 베트남 민족주의와 싸웠다"는 것이었다. 젱킨스는 이렇게 말했다.

"하노이의 지도자들은 이렇게 값진 민족의 전통에 자기들의 이념을 접목시켰다. 그들은 자기들의 지도력을 유지하기 위해 정치적으로, 심리적으로 역사의식을 고취시켰다. 수천 년 구전되어 오는 민족주의의 본거지인 촌락의 구조를 그대로 유지했으며, 자기들이 베트남 전통의 승계자라고 주장했다. 역사적인 사건들을 고찰해 보면 하노이 지도자들의 이러한 주장은 매우 타당하다. 베트남의 마지막 황제 바오 다이가 1945년 국가 통치권을 형식적으로나마 현재의 하노이 지도자들에게 이양했다는 것도 정통성 확보의 중요한 과정이 되기 때문이다."

호치민을 정점으로 한 정치 지도자들의 청렴성과 도덕성은 인민들에게 절대적인 믿음을 주었고, 이 믿음과 전통은 사회 불만 세력을 잠재울 수 있었다. 역사적으로 잘 훈련된 사회에서 마르크스의 이념은 민족주의 부활운동의 일부분으로 활용되었을 뿐이었다. 젱킨스는 생산, 경제, 언론, 시, 예술적 활동 등 사회를 구성하는 모든 요소가 '전쟁 수행 과정'에 용해되어 버린 현장을 가장 가까이서 지켜본 인물이다. 하 반 라우의 보충 설명을 들어보자.

"미국의 공중전에 대항해서 우리는 대중전大衆戰을 전개했다. 나는 인민들이 나름대로의 대응전략을 세울 수 있도록 도왔다. 공습이 있을 때는 방공호로 피하든지, 아니면 총을 들고 대응 자세를 취하든지, 확실한 태도를 취하도록 인민들을 훈련시켰다. 그리고 공습이 끝나면 공장이건 논밭이건 곧바로 일터로 향했다. 우리는 '싸우면서 건설하자'는 슬로건을 내걸었다. 모든 사람들이 하나의 유니폼을 입은 것처럼 보였고, 민간인이나 군인이나 구분이 없었다. 군부 내에 문화예술단을 만들어 인민들과 춤과 노래를 같이 하면서, 또는 운동경기를 통해 병사들의 사기를 고양시키는 데 힘썼다. 이렇게 민·관·군이 일치단결해서 펼치는 공동체 활동은 우리 전사들에게 말할 수 없이 큰 힘이 되었다."

미군 전폭기 공습에 대해서 하 반 라우는 이렇게 말했다.

"우리가 치른 전쟁은 정말 끔찍했다. 우리는 생존을 위한 전쟁을 하고 있었다. 전쟁에 패배하면 모든 것이 끝장이었다."

1968년 11월 미군의 공습이 일시 중단되었을 때도 북베트남은 경계를 늦추지 않은 채, 모든 것을 의심하고 있었다. 1969년 여름 베트남평화회담(Vietnam Peace Talks : 베트남전의 종결에 관하여 미국과 북베트남 사이에 이루어진 일련의 파리회담 - 역주)이 지지부진하여 아무런 결론을 내놓지 못할 것으로 전망되었을 때, 필자는 하노이에서 하 반 라우를 만나 이런 이야기를 들었다.

"북베트남에 대한 미 공군의 정찰 비행이 1968년 11월에는 600회였으나, 1969년 4월에는 800회로, 5월에는 1,300회로, 8월에는 1,450회로 증가했다."

하노이는, 닉슨 대통령이 존슨이 세계 여론에 쫓겨 추진했던 평화협상을 지속할 생각이 없는 것으로 판단했다. 하노이는 폭격 현장의 실태와 북베트남 인민들의 저항하는 자세들이 낱낱이 공개되기를 원했다. 하노이측은 CBC(Canadian Broadcasting Corporation)의 특파원이었던 나를 처음으로 초청했다. 그들의 생각은 폭격 현장을 찍은 다큐멘터리 사진을 캐나다에서 공개함으로써 이웃인 미국에 충격을 주자는 뜻을 담고 있었다. 이 일을 하기 위해 필자 일행은 폭격 지역을 직접 답사하면서 1번 국도를 따라 군사분계선까지 취재했다.

지도상으로는 250km에 불과해서 여행하는데 4~5시간이 소요되는 것이 통상적이었지만, 그 당시는 4일 이상 걸리는 거리로 변해 있었다. 국도에는 폭격으로 생긴 분화구가 계속 이어졌기 때문에 사륜구동 전투 차량이 아니면 몇 미터도 움직일 수 없었다. 부서진 바위와 폐허에서 수거한 판자, 대나무 등을 이용해서 분화구를 메우고 끊어진 도로를 간신히 이어 놓은 아슬아슬한 통행로의 연속이었다. 폭격당한 자동차, 구부러진 철로의 레일들이 길 위 여기저기에 널려 있었고, 길가의 논에는 녹슨 철제, 전쟁 잔해들이 처박혀 있었다.

필자의 여행은 1,000마일에 걸쳐 폭격이 가장 심했던 4개의 성을 돌아보는 일정이었기 때문에 3주나 소요되었다. 숙식은 주로 옛날 도시 변두리에 짚으로 지붕을 엮어서 만들어 놓은 '접객소'에서 해결했다. 심한 폭격으로 지형 지물 자체가 크게 바뀌어 있어서 옛날 지도상의 목표물을 찾는 데 애를 먹었다.

간단히 말해서 북베트남 인구의 1/3인 600만 명이 살았던 이 지역 도시들의 형체를 거의 알아볼 수가 없었다. 프랑스 점령 시대의 통계에 따르면, 어떤 도시는 30만 명이 거주했는데 흔적도 없이 사라졌다고 했다. 미군의 통계도 민간인 사망자 18만 2,000명 중 많은 사람들이 이 지역에서 발생했다고 밝힌 바 있다. 프랑스가 80년 동안 식민지 시대에 건설해 놓았던 모든 것, 북베트남이 15년 독립 기간에 만들어 놓았던 모든 것이 불 탄 잿더미 속에 묻혀 버렸다.

여행중 북베트남의 5개 도시가 자취를 알아볼 수 없게 되어 버린 것을 확인했다. 남쪽에 있는 푸리Phu Ly, 닌빈Ninh Binh, 탄호아, 빈, 그리고 하틴Ha Tinh이었다. 전에는 인구 1만 명에서 3만 명까지 살았던 도시들이다. 인구 9만 명의 북베트남 제3의 도시 남딘Nam Dinh은 이미 윤곽조차 알아볼 수 없을 정도로 파괴되어 있었다. 다른 18개의 조그만 마을들은, 지도에는 이름이 있었으나 실제로 가서 보니 쓰레기 더미로 변해 있었다.

통행은 가능해서 농부들이 도로 옆에서 농산물들을 팔고 있었지만 '롤링 선더'라는 악몽이 남겨 놓은 것은 눈을 뜨고 볼 수 없는 가련함뿐이었다. 국도에서 약간 떨어진 마을의 전반적인 풍경은 더욱 처참했다. 특히 벽돌로 지었던 관청, 학교, 병원 같은 건물은 오래된 아파트를 폭파시켜 놓은 것 같았다.

하노이에서 30마일 떨어진 푸리에서 공무원 한 사람은 1966년 10월 1일부터 9일까지 8일간 계속된 폭격으로 시가지 전체가 없어져 버렸다고 증언해 주었다. 푸리는 한때 인구 1만 명이 살았던 이 지역 농산물 거래의 중심지였다. 하노이 남쪽 60마일 지점에 있었던 인구 2만 5,000의 성도省都 닌빈은 목화와 커피의 집산지로 북베트남에서는 가톨릭 교회가 가장 번성했던 곳이다. 서구식 건물의 뾰족탑 하나가 겨우 형태만 유지하고 있어 이곳이 폭격 전에 닌빈의 가톨릭 성당이었다는 것을 짐작하게 했다.

하노이에서 80마일 남쪽에 있는 성도 탄호아는 인구 밀집 지역으로 중요한 농산물 집산지였다. 목화, 황마, 목재가 주거래 상품이었다. 이곳에 도착했을 때, 시가지가 너무 철저하게 파괴되어 있어서 하룻밤을 지내기 위해 10마일쯤 떨어진 언덕에 대나무를 엮어 만든 임시 성청省廳 막사까지 가야 했다.

호치민이 출생한 게Nghe 성의 빈은 하노이에서 160마일 떨어져 있다. 농토가 비옥한 도시여서 인근 평야 지대의 농민 150만 명이 매일 들락거리던 중심 도시였다. 전에는 상주 인구가 3만 명이 넘을 때도 있었는데, 인근 군부대 때문에 더욱 철저히 파괴된 것으로 짐작되었다. 철도 교통의 중심지로 공항도 있었다. 제네바협정이 있었던 1954년 이후 급속한 발전을 이룩했던 이 도시 역시 쓰레기만 가득했다. 지방 공무원들은 수년간 계속된 폭격으로 이렇게 되었다고 말했다.

하노이에서 250마일 떨어진 북위 18도선에 자리잡은 성도 하틴은 시가지가 사라져 버렸는데도 시장市長 역할을 하고 있다는 한 공무원이 기록을 보면서 이렇게 말해 주었다.

"1965년부터 1968년까지 약 3년 동안 이 성의 주민 80만 명은 2만 5,529회에 걸쳐서 폭격을 당했다. 약 1,500일 동안 매 90분마다 공습을 당한 셈이다. 1965년 3월에 있었던 첫번째 공습에서 170여 명의 환자를 수용하고 있던 시립 병원과 750여 명의 학생이 다녔던 중학교가 동시 폭격으로 불타 버렸다. 우리는 이것을 '양심의 학살'이라고 부르고 있다. 당시 병원에 꽂혀 있었던 적십자 깃발은 지금도 폐허 속에서 확연하게 구별할 수 있다."

필자의 폭격 취재 여행 기록은 〈뉴욕타임스〉에서부터 런던의 〈선데이 타임스Sunday Times〉에 이르기까지 세계의 주요 언론들이 수차에 걸쳐 보도했으며, 미국의 NBC 텔레비전 방송도 생생한 다큐멘터리로 방영했다. 그러자 미 국방부는 "맥나마라 장관의 사실 확인 결과 폭격은 철저히 군사 목표물에만 제한되었다"고 주장했다.

베트남 밖에 있었던 사람들에게 듣지도 보지도 못한 사망자 명단 같은 것은 관심을 끌 수 없는 일이었을지도 모른다. 그러나 현지에서조차 조직적인 침묵을 지키고 있었던 점은 놀랄 만한 일이 아닐 수 없었다. 외부의 증인들도 이 점에 큰 의문을 제기하지 않은 것은 이상한 일이었다.

북베트남 인민들의 침묵은 의연한 항전 결의와 반격 의지를 뜻하고 있었다. 도시 사람들은 동굴이나 언덕의 임시 막사 생활에 적응해 갔고, 나이 든 사람들은 대나무 숲에서 베를 짜거나 아니면 선조들이 쿠빌라이 칸에 대항해서 저항의 본거지로 삼았던 어두컴컴한 동굴에서 총검을 만들고 있었다.

폭격이 중단된 몇 개월 후까지 이렇게 살 수밖에 없었다. 취락 구조 개선이 급선무였기 때문이다.

대부분의 사람들이 지하 생활을 했던 18도선 이북에서 새롭게 조성된 캄빈 Cam Binh이란 지역은 '싸우면서 일하는' 북베트남 인민들의 전형적인 모습을 보여주고 있었다. 전쟁 전에는 1번 국도 근처에 30여 개의 촌락이 옹기종기 모여 살았던 곳이다. '귀중한 평화'라는 뜻인 캄빈은 공습 기간 중에 6,756회의 폭격을 받아 200여 명이 사망한 곳이기도 하다. 남녀노소 주민들은 폭격이 중단된 지 1주일 만에 짚과 대나무를 엮어 만든 570여 채의 새로운 집을 지었다.

그러나 아직까지 중증 피부병 환자의 살갗처럼 폐허의 흙무더기들이 군데군데 남아 있었다. 매일 공습 경보 사이렌이 울리면 지하 동굴은 30여 개의 촌락 주민들이 순식간에 대피할 수 있는 피난처 역할을 해주었다.

하늘을 향한 대공포들은 숲 속에 배치되어 있었고, 논에서 일하는 여성들은 총을 쏠 때 방해가 되지 않도록 긴 머릿단을 단단히 묶고 생활했다. 한 촌락에서는 아녀자 4명이 들것으로 임산부를 지하 진료소까지 옮기는 모습도 볼 수 있었다.

오후가 되면 진흙으로 만든 교실에 어른들이 꼬마들 대신 들어가 산파술, 축산, 영농기술을 배우고 때에 따라서는 정치 강좌를 듣기도 했다. 마당에서는 초등학교 고학년 학생들이 지역에 파견된 군사교관들에게 PT 체조와 총기 다루는 방법을 배우고 있었다.

폭격으로 패인 곳에 물이 고여 자연스럽게 천연 연못이 된 가장자리에는 수선화가 아름답게 피어 있었고, 인근 공터에는 커다란 임시 건물을 신축해 놓았는데 캄빈박물관이라고 했다. 전시물은 미군 폭격기의 잔해들과 함께 BC 2000년부터 전해 온 여러 가지 도구와 소품들이 주축을 이루고 있었다. 일종의 민속박물관 기능을 겸한 건물이었다. 이 마을에도 예외 없이 43개월 동안 '롤링 선더' 작전으로 폭격이 지속되었으며, 이 작전은 베트남 민족이 수세기 동안 겪었던 일 중에서 아마 가장 가슴아픈 일이었을 것이다.

공습을 전후해서 북베트남이 보여준 비타협적인 자세는 연못가에 핀 수선화와 특이한 민속박물관이 말없이 대변하고 있는 듯했다. 하노이에 영사관을 두고 있었던 영국과 프랑스를 포함한 대부분의 서방 외교관들과 언론들은 미군 공습이 전략적으로 실패했다는 증거를 충분히 제시했다. 베트남 인민들의 사기나 전쟁 수행 능력에 전혀 타격을 주지 못했다는 결론을 내렸다.

미국이 가지고 있었던 여러 가지 정보 중에서도 브라이언 젱킨스가 말한 "어떠한 압력이 있더라도 하노이의 목표와 단결은 꺾지 못할 것"이라는 주장이 가장 돋보였다. 사이공의 미군 지휘본부에서 '장기비상계획팀'의 일원으로 2년을 보낸 젱킨스는 '랜드'의 연구원이 된 후 1969년부터 국방부에서 수많은 전쟁 시나리오를 준비해 달라는 위탁을 받았다.

존슨이나 닉슨 행정부는 다같이 북폭으로 전쟁을 끝낼 수 없다는 것을 인정하면서도 한편으로는 '하노이의 늙은 지도자들이 지쳐서 결국은 정치적 협상을 모색할 것'이라는 잘못된 신념을 가지고 있었다. 젱킨스는 이런 말을 했다.

"미국의 대통령은 임기가 4년이지만 하노이의 지도자들은 50년간 인민들을 이끌어 온 사람들이었다. 임기나 권위의 안정성을 기준으로 봤을 때, 하노이의 지도자들은 매우 안정적인 모습을 보여주었다. 공습이 절정을 이루었을 때도 하노이 지도자들의 안정성에는 전혀 변함이 없었다. 미군은 새로운 전략, 전술, 전투방법론, 작전 시기 등에 대한 진지한 토의가 진작부터 있어야 함에도 불구하고, 진행중인 전술을 주제로 기존 멤버들끼리 고정관념에 찌든 의견을 교환하는 정도에 그쳤다."

전투가 재연되었다. 닉슨 대통령이 취임하고 한 달이 지난 1969년 2월 22일 100여 곳의 남베트남 대도시와 소도시들이 1년 전 구정 공세를 연상케 하는 공격을 받았다. 1,140명의 미군이 전사했다. 닉슨 대통령은 존슨 시대의 기본 전략으로 선회했다.

닉슨은 존슨이 라오스에 대한 공습을 비밀에 부쳤듯이 캄보디아에 있는 게릴라 '성역'에 대한 B-52 전폭기들의 공습을 승인하면서도 외부에는 여전히 기밀을 유지했다. 북베트남에 대한 폭격과 함께 캄보디아 공습이 총괄적이었다면, '메뉴 작전Operation Menu'은 백악관의 식단처럼 다양성을 지닌 것이 다른 점이었다.

'조식'으로 결정된 북베트남의 의심스러운 군사기지는 첫번째 공습 목표가 되어 폭격당했다. 폭격을 때맞춰 밥먹듯이 펼친 백악관은 '중식', '스낵', '만찬', '후식', '밤참'에 해당되는 목표물을 정해 놓고, 정해진 메뉴에 맞게 폭탄을 정확하게 쏟아부었다. 미군은 메뉴에 따른 폭탄을 퍼부을 때마다 하노이의 반응을 살폈지만 하노이에서는 아무런 소식이 없었다.

평화협상이 진행되던 파리에서는 사이공 정부 대표와 베트남민족해방전선 대표가 서로 마주앉아 회담하는 것을 기피했기 때문에 좌석 문제를 해결하는 데만 7개월이 걸렸다. 매주 있었던 공식회담은 참석자 이름만 호명하는 데도 한참이 걸렸다. 헨리 캐벗 로지는 미국 협상단을 대표하고 있었기 때문에 다시 전면에 나섰다.

전장에서 B-52 폭격기들이 비밀리에 '메뉴'를 차례차례 먹어 치우는 사이 로지는 북베트남 파트너와 비밀리에 11차례 차를 마셨다. 북베트남의 회담 자세는 언제나 변함이 없었다. 미군이 우선 철수해야 남북 베트남이 정치적인 협상을 가질 수 있다는 것이었다.

닉슨 행정부의 탁월한 분쟁 조정자로 국가안전보장회의 고문이었던 헨리 키신저H. Kissinger는 북베트남에 연간 10억 달러를 지원하겠다는 원조 조건을 내걸고 소련에 개인적으로 접근했다. 목적은 북베트남을 지원하지 않겠다는 소련의 이야기를 듣기 위해서였다. '소련은 북베트남에 어떤 전쟁 물자를 지원하고 있는가' 라는 질문을 받은 한 소련 외교관은 이렇게 말했다.

"정말 아무것도 없다."

5월 중순 키신저는 정치적인 타협을 위한 그의 첫번째 행보를 내디뎠다. 12개월에 걸친 상호 병력 철수, 포로의 조기 석방, 국제기구 감시하의 종전과 모든 정파가 15년 전에 파기해 버렸던 제네바협정을 준수한다는 조건 아래 '새로운 선거를 실시하자' 는 타협안이 키신저가 내건 조건이었다.

키신저의 제안은 남베트남에서 공산군의 철수를 실현시켜 종전과 함께 정치적으로 타협하자는 노골적인 압력이었다. 하노이는 아무런 대응을 하지 않았다. 개리스 포터는 키신저의 제안을 이렇게 분석했다.

"키신저의 제안은 북베트남이 대공세에서 한 발 물러나 전선에서 병력을 철수하기로 결정했던 시점이었기 때문에 외곽 지대의 상황을 현 수준에서 동결시키자는 뜻으로 이해되었다. 북베트남은 그 당시 주력부대를 전선에 재투입

>>>> 1970년, 푸쿡Phu Quoc 포로 수용소에 수감된 베트남민족해방전선 포로들.

할 시기를 기다리며 시간을 벌어야 했었다."

북베트남의 정치적인 재평가 작업은 6월 들어 분명한 태도를 보였다. 그때 몸져누워 있던 호치민은 남쪽의 게릴라 지도자들을 하노이로 초청했다. 호치민은 그들을 독립정부로 인정했기 때문에 베트남민족해방전선은 남베트남임시혁명정부(Provisional Revolutionary Goverment : PRG)가 되었다. 이러한 조치는 북베트남이 폭격의 피해에서 다시 일어서기 위한 일시적 후퇴를 의미하는 신호탄이었다. 시간을 벌기 위한 조치였지만, 키신저와 마찬가지로 호치민도 4년 뒤에 타결되었던 기본적인 협상안을 그때 제안했었다.

미국에서 저명한 북베트남 문제 분석가로 활동하던 랜드의 데이비드 엘리엇D. Elliot은 그의 저서 〈호치민 이후의 북베트남North Vietnam since Ho〉에 이렇게 쓰고 있다.

"남베트남임시혁명정부의 결성은 베트남 공산주의자들의 외교전략에서 중요한 변화를 의미했다. 이 조치는 결국 2개의 정부, 2개의 군대, 그리고 2개의 통치라는 개념을 선포하는 것과 마찬가지였다. 그렇게 함으로써 1973년 파리에서 있었던 평화협상의 합의에 정치적인 근거를 마련했다. 남베트남임시혁명정부의 결성과 때를 맞춰 북측은 남쪽에서 전쟁 수위를 상대적으로 축소시키고 안정시키려는 노력을 했다."

한 달 후 호치민 대통령은 닉슨 대통령이 보낸 친서에 적극적인 자세를 보였다. 아직 꼬여 있는 전쟁 상황에서 두 사람의 편지 교환은 한때 베트남에서 미국을 몰아내는 것이 자기의 임무였던 한 프랑스인이 주도해서 이루어졌다. 그 사람은 전에 소령으로 인도차이나에서 미국 OSS의 패티 소령과 라이벌로 활동했던 프랑스군 정보장교 장 생트니였다.

닉슨은 호치민에게 보낸 편지에서 키신저와 하노이의 고위 협상가인 정치국원 레 둑 토Le Duc Tho의 비밀평화회담을 제의했고, 호치민은 닉슨의 제의에 동의했다. 1969년 8월 4일 첫번째 회담은 생트니가 살고 있는 파리의 한 아파트에서 있었다. 첫 회담이 열린 한 달 만인 9월 3일, 79세였던 호치민이 심장마비로 사망했다.

호치민은 베트남민주공화국을 설립하여 24년 동안 이끌었던 인물이다. 서방 언론들은 호치민의 사망 이후 있을지도 모르는 반목과 대립에 관해 여러 가지 추측을 했으나, 북베트남 인민들은 서방 언론들의 추측과는 반대로 국부 國父를 잃은 슬픔 속에서도 오히려 더욱 굳게 뭉치고 있었다.

호치민의 주검이 하노이의 바딘 홀에 엄숙하고도 당당하게 안치되면서 수백만의 북베트남 인민들은 경의를 표하기 위해 끝없이 줄을 섰다. 남자들은 흰 예복이나 평상복을 입었고, 여자들은 흰색 아오자이 차림이었다. 북베트남 인민들의 슬픔을 나타내는 백색 물결이 구름처럼 밀려들었다. 흰색 행렬은 하노이 경계선을 돌아 구불구불 이어졌다.

조문객들은 호치민의 관 앞을 지나면서 눈물을 흘리다가 먼 허공만 쳐다볼 뿐 말이 없었다. 조문 도중에 수백 명이 졸도하는 사태가 벌어졌다. 여러 사람이 발작 증세를 일으키면서 출구로 이어지는 줄이 무너지기도 했다. 앞뒤에 서 있던 사람들이 달려들어 쓰러지는 사람들을 부축하면서 질서를 유지시켰다. 하노이에서 이런 장면을 목격한 유일한 서방 기자였던 필자는 기사를 이렇게 썼다.

"위대한 지도자를 잃은 비탄과 감동, 혼란이 함께 하고 있었다. 사람들은 넋을 잃은 듯이 행동했다. 한 사람의 훌륭한 정치 지도자를 잃고 애도하는 그런 슬픔이 아니었다. 모든 사람들이 슬픔을 꾹 참고 견디는 모습이었다. 호치민의 인민들은 '호 아저씨'가 부르기만 하면 누구라도 달려와 목숨을 걸고 싸울 수 있다는 것을 확인시켜 주는 순간들이었다."

미국 국민들의 관심을 나타내듯 CBS의 크론카이트는 호치민 사망 소식을 톱 뉴스로 보도하면서 상업 광고 없이 7분을 할애했다. 장례식은 9월 9일 오전 7시 화씨 107도의 태양 아래서 거행되었다. 광장에 모인 10만여 명의 인파는 한없이 흐느꼈고, 군악대는 「남베트남을 해방하라」라는 곡을 연주하고 있었다.

호치민의 시신이 방부 처리되어 안치된 바딘 광장의 임시 장례단 앞에 외국

조문단과 함께 수상 팜 반 동이 서 있었다. 팜 반 동은 가끔 감정이 복받치는 듯 흐느껴 울었다. 조문 사절로 소련에서는 코시긴 수상 일행이 왔으나, 중국에서는 리셴예李先燁 부수상 한 사람만 참석했다. 베트남에 대한 중국의 불편한 감정을 간접 표시하는 것으로 보였으나, 미국은 이것을 중소 관계의 이상 기류로 감지했다. 코시긴과 리셴예는 인사는 물론 얼굴 한번 쳐다보지 않았다.

조사弔辭가 끝난 다음 베트남 노동당 제1서기 레 두안Le Duan은 영문으로 인쇄된 「호치민의 의지」라는 제목의 유언을 낭독했다. 4개월 전인 1969년 5월, 호치민이 직접 작성한 내용을 이날 공개한 것이다. 필자가 본 영문 유서의 핵심 내용은 이런 것이었다.

"최우선으로 당에 대해서 이야기하고자 한다. 우리 당과 인민들의 가장 값진 전통은 단결이다. 중앙위원회에서 세포에 이르기까지 모든 전사들은 그대들 눈동자와 같이 단결해야 된다."

유언의 마지막 부분에는 다음과 같은 호치민의 자작시가 자리잡고 있었다.

우리의 강,
우리의 산,
우리 인민들은
그대로일 것이다.
양키가 패전하면
우리는 이 나라를
열 배 이상
아름답게 재건할 것이다.

>>>>> 하노이에서의 호치민.

베트남 사람들에게 호치민은 어떤 존재였을까? 한때 사이공 정부의 지도자였으며 부통령을 지냈고 호치민을 상대로 싸웠던 구엔 카오 키는 패전 후 이렇게 말했다.

"그는 베트남 인민들에게 존경 그 자체였다. 그는 프랑스는 물론 다른 외침에 대항하는 투쟁에 언제나 앞장섰다. 내가 어려서 철이 없었을 때, 대부분의 베트남 사람들은 호치민을 대단한 애국자로 생각했다. 나도 그를 대단히 칭송했었다."

호치민이 죽자마자 사이공의 티우와 키는 키신저의 평화협상안을 공개적으로 거부해 버렸다. '우리는 종전을 원하지 않으며, 계속 싸우겠다'는 저돌적인 의사 표시였다. 티우는 이런 말을 했다.

"베트남의 정치적인 미래에 대한 합의에 앞서 어느 쪽이 종전에 따를 것인지가 중요하다."

하노이와 마찬가지로 사이공의 비타협적인 자세가 미국을 여전히 전쟁에 묶어 두고 있었다. 북베트남의 남파 병력이 현저하게 줄어든 것을 주의 깊게 관찰해 오던 미국은 6만 명의 미군 철수를 발표했다. 닉슨 대통령은 종전이 되면 '남베트남은 스스로 살길을 찾아야 된다'는 '베트남화 계획(Vietnamization Plan : 베트남전 당시 미국의 정책 중 하나로, 미군의 철군이 가능하도록 전쟁을 남베트남 정부에게 맡기는 방식 – 역주)'에 자신을 가지게 된 것으로 보였다.

사이공과 달리 워싱턴은 미군 철수를 보장할 수 있는 군사협정이 필요했다. 적절한 시기에 북베트남을 협상 테이블로 다시 끌어내기 위해서 닉슨은 확전을 준비해야 되었다. 이것은 계속 '메뉴 작전'을 펴겠다는 의미였다. 호치민 루트와 게릴라들의 배후 거점인 라오스와 캄보디아를 폭격한다는 예전의 계획도 되살아났다. 9월에 있을 공습을 앞두고 닉슨 대통령은 이렇게 선언했다.

"만약 평화가 정착된다면 그것이 미국이 강력한 자세를 취했기 때문이라고 생각한다. 적이 협상 외에는 다른 방법을 찾을 수 없었다는 데에 기인할 것이다."

미국은 북베트남이 실제로는 평화협상을 원하지 않고 있으며, 25년 동안 베트남 독립을 위해 싸워 왔다는 사실을 까맣게 모르는 것처럼 보였다. 하노이에서 닉슨의 발표를 전해들은 인민회의 의장 트루옹 친Truong Chinh은 이렇게 말했다.

"미국은 우리가 호치민 대통령의 서거 후에 당황하고 분열될 것이라는 환상을 가지고 있었다. 완전히 착각이었다."

닉슨과 트루옹 친 사이의 견해 차이를 지켜봤던 과거의 정보 책임자 에드워드 랜스데일 장군의 이야기를 들어보자.

"전쟁을 되돌아보면, 우리는 하노이의 지도자들에 대해 너무 몰랐다는 생각이 든다. 우리는 언제나 미국 국민과 언론, 워싱턴의 정치 지도자들 눈치보기에 바빴다. 나는 미국의 대통령 중 어느 한 사람도 전쟁을 지휘하는 북베트남의 정치국 위원들 한두 사람의 이름을 알고 있었다고 자신할 수 없다. 보 구엔 지압 장군 정도는 알고 있었을지 모르지만, 남베트남에서 게릴라 저항 세력을 이끌며 투쟁전략을 세우고 이것을 지휘했던 레 두안에 대해서는 아무도 관심이 없었다고 생각한다."

남쪽의 쾅트리에서 태어난 레 두안은 호치민 정부에서도 군 계일학 같은 존재였다. 워싱턴이 그와 다른 지도자들에 대해 잘 모르고 있었다면, 당연히 프랑스에 자문을 구했어야 했다. 프랑스 감옥에서 7년을 보낸 레 두안은 1940년 중국에서 호치민과 뜻을 함께 하기 전까지 남쪽에서 게릴라 조직을 구축하기 위해 10년이란 세월을 지하

>>>>> 1959년 남베트남에서 게릴라전을 지휘했던 베트남 노동당 제1서기 레 두안.

활동으로 보낸 사람이다.

팜 반 동 수상은 악명 높은 콘손Con Son 섬 감옥에서 베트남평화회담의 대표인 레 둑 토와 함께 6년을 보냈다. 부수상 팜 홍Pham Hung과 당 수석이론가인 트루옹 친 역시 10년간 감옥 생활을 했다. 새로운 대통령으로 등장해서 인자한 인물로 비쳤던 톤 두크 탕Ton Duc Thang도 콘손 감옥에서 17년의 세월을 보냈다.

보 구엔 지압 장군은 전설적인 인물로 알려졌지만, 그의 부하로 사이공 최후의 공격을 지휘했던 반 티엔 둥Van Tien Dung 장군은 디엔비엔푸 전투에서 탁월한 공로를 세워 육군참모총장이 되었고, 군인으로서는 유일하게 정치국 위원이 된 인물이다. 호치민 사망 이후 정치국은 다음과 같은 11명의 탁월한 지도자, 전사들로 구성되었다.

    레 두안 : 당 제1서기
    트루옹 친 : 인민회의 의장
    팜 반 동 : 수상
    팜 홍 : 제1부수상
    보 구엔 지압 : 국방장관
    레 둑 토 : 군사 문제 연락 책임자
    구엔 두이 트린Nguyen Duy Trinh : 외무장관
    레 탄 기Le Thanh Nghi : 국가기획위원회 의장
    호앙 반 호안Hoang Van Hoan : 인민회의 부의장
    트란 쿡 호안Tran Quoc Hoan : 사회안전부 장관
    반 티엔 둥 : 육군참모총장

호치민은 언젠가 당 중앙위원회를 구성하는 31명 위원들의 경력을 회고하면서 "이들이 감옥에서 보낸 복역 기간을 합치면 222년"이라고 말한 바 있다.

하 반 라우의 회고를 들어보자.

"그분들은 똑같은 여건에서 싸웠습니다. 똑같은 감옥에 있었고요. 그분들은 베트남 민족을 위해 항상 어깨와 어깨를 맞대고 있었습니다."

1969년 9월, 남북 분단 이후 15년 동안 아무런 변화 없이 각자의 업무를 수행하고 있던 하노이의 지도자들은 베트남이 프랑스에서 독립한 뒤 24년간 베트남을 실질적으로 대표하는 정부의 한 부분이 되어 있었다. 그들 대부분은 40년간을 공산주의 국가에서 흔히 볼 수 있는 권력투쟁도 없이 한결같이 베트남 민족을 위해 봉사했다.

호치민이 사망하자 미국 정부의 어떤 동아시아 담당 책임자는 '하노이의 여러 세력들이 서로 권력을 잡기 위해 다투고 있다'고 언급했다. 브라이언 젱킨스는 미국의 언론이나 정부가 하노이 지도자들의 헌신적인 노력을 전혀 이해하지 못하고 있다는 것을 느꼈다.

"그들은 성년이 된 이후 베트남 독립 외에는 아무것도 생각하지 않은 사람들이었다. 60~70대가 주류를 이루는 하노이 정치국 위원들의 마음을 간단히 바꿀 수 있다는 생각은 억지에 불과했다. 그들의 마음은 철석같았다."

젱킨스는 베트남의 민족주의 위에 이 지도자들이 진리로 굳게 믿고 있던 마르크시즘이 자리잡고 있었다고 생각했다. "10년이 아니라 20년이나 30년, 필요하면 그 이상도 싸울 수 있다"고 했던 호치민의 호언장담은 결코 허풍이 아니었고 베트남 사람들의 역사 의식을 그대로 반영하고 있었다. 그러나 전쟁 기간에 따라 그들이 예상하는 민족 해방의 시기도 약간의 차이가 날 수밖에 없었다. 개인에 따라 1969년이 아니면 1970년, 더 길어진다면 1975년이나 2000년까지도 투쟁은 계속해 나가야 할 것이라고 생각했다.

호치민이 남긴 마지막 부탁 '단결'이라는 한마디는 소중한 전통이 되었다. 유서를 통해 인민들과 지도자들에게 부탁한 유업은 '북베트남의 재건을 위해 일시적으로 전장에서 물러나 있으라'는 것으로 이해되었다. 이에 따라 호치민의 정치적 상속자인 레 두안은 보다 더 인민들과 밀접한 대화를 가지기 위해 전국 방방곡곡을 돌아다녔다.

지도급 당원들 역시 농촌과 산골을 돌아다니면서 인민들과 하나가 되어 어려운 생활을 거들었다. 이러한 행동 강령은 호치민의 유지에 따른 것이었다. "현상을 치밀하게 파악한 다음, 경제 재건을 위해 노동력 재배치 등에 과감한 조치를 취하라"는 호치민의 지시는 차질 없이 실천에 옮겨지고 있었다.

군복무를 하고 있던 현역 병사들은 지방 경제 재건을 위한 '호치민 여단'에 신속하게 편입되었다. 지방의 재건을 서두르기 위해 레 두안은 인민들의 일상 생활에 불편하고 복잡한 절차부터 해소시켜 나갔다. 그는 인민들을 위해서는 생필품 부족의 해결이 우선되어야 한다고 판단하여 여기에 필요한 장려제도를 신속하게 도입했다. 경제 재건과 전쟁을 병행해야 했던 레 두안은 전쟁 수행 자세를 이렇게 말했다.

"기본 전략은 장기전이었다. 싸울수록 강해지는 전략이 필요했다. 그러나 일방적으로 불리한 여건에서 군사적인 투쟁을 계속했다는 것은 큰 잘못이다."

그래서 당 제1서기 레 두안은 고급 지휘관들에게 "평화협상에서는 강경한 자세를 유지하면서, 전선에서는 병력을 과감하게 철수하라"는 신호를 보냈다. 경제 재건을 위해서는 사회주의 이념도 어느 정도는 유보시킬 각오가 되어 있었다. 그는 무기한 정전을 선언했다. 미군이 완전 철수함으로써 사이공 정부와 남베트남임시혁명정부 사이에 직접 협상을 진행시킬 계획이었다. 기간이 얼마가 걸리든 상관할 바가 아니었다.

1969년 10월, 미 국무장관 윌리엄 로저스W. Rogers는 언론에 이런 내용을 발표했다.

"전투가 소강 상태에 들어갔고 북쪽의 침투 활동도 금년 들어 2/3가 줄어들었다. 종전이 될 때까지 전투는 이렇게 축소되어 갈 가능성이 크다."

그러나 국무부는 실권이 전혀 없었다. 모든 외교정책은 대통령과 헨리 키신저가 결정해 버리고 있었기 때문이다. 간단히 말해서, 서로 타협되지 않은 상황에서의 일방적인 미군 철수는 '명예를 지킨 평화'로 볼 수 없다는 것이 국방부 관료들의 생각이었다.

　1969년 미군의 전사자는 9,414명이었는데 전년도에는 1만 4,592명이었다. 평화협정서에 서명이 이루어진 1973년까지 미군은 1만 명이 더 전사했다. 닉슨이 주장했던 '베트남화 계획' 기간에 남베트남의 병력 손실은 50%가 증가하여 25만 명을 넘어섰으며, 사망자를 포함한 민간인 피해도 50%가 늘어난 143만 5,000명에 달했다.

　1970년에 북베트남은 미국의 반전 여론에 대응이라도 하듯 급격하게 전쟁 규모를 축소시켰다. 레 두안은 1950년대의 잘못된 농지개혁을 급격하게 친정부 성향으로 반전시켰을 때처럼 앞장서서 인민들의 지지를 모아 나갔다. 그는 인민들의 뜻을 결집시키는 데 탁월한 조직력과 신축성을 보이는 등 민심을 끌어들이는 데도 뛰어난 감각을 발휘했다.

　레 두안은 아주 실용적인 사람이었고, 구정 공세를 적극 지지했던 인물이다. 그러나 구정 공세는 군사적으로 실패했었고, 남베트남에서의 활동 조건은 악화되었다. 이제부터 할 일은 북베트남에 남아 있었다. 몇 개월이 지난 다음 북베트남의 변화는 놀랄 만했다. 전년도에는 새로운 건축이 일체 없었다. 하지만 똑같은 지역을 다시 돌아본 사람들은 일사불란한 인민들의 의욕적인 표정과 재건 바람, 사회 변화에 놀랄 수밖에 없었다.

　어디서든지 밝은 색의 붉은 벽돌과 타일을 볼 수 있었다. 한때는 폐허가 되었던 도시의 여기저기에 학교, 집, 공장들이 즐비하게 들어서 있었다. 피난 갔던 사람들은 다시 지은 자기들의 집으로 돌아왔다. 흔히 볼 수 있었던 광경 중 하나는 활기에 넘치는 공사장에서 사람들이 벽돌을 나르는 모습이었다.

　수백 개의 정비 사업소와 생산 공장들이 시골에서 원래의 공장터로 다시 돌아갔다. 폭격이 한창이었을 때 짚과 대나무를 재료로 만들어졌던 도시의 건축물들이 시멘트 콘크리트 건물로 바뀌어 가는 현장을 여러 곳에서 목격할 수 있었다. 협동농장의 농부들은 초과 달성분을 현금으로 보상받았다. 정부에서 돈을 받은 인민들은 벽돌이나 다른 생활 필수품을 사는 데 사용했다. 소비자 중심의 경제가 문제로 등장하는 듯했다.

　일할 수 있는 평화가 정착되어 노동자·농민의 사회가 새로운 틀을 만들어 갔으나, 뿌리를 내리는 단계는 아니었다. 거리 곳곳에는 '경계하자'는 현수막이 나부끼고 있었다. 인민들은 재건축을 하고 있었지만, 숙명적으로 '폭격기는 다시 돌아온다'는 생각을 마음속에 간직하고 생활했다. 하노이에 붙어 있던 2개의 포스터 「서커스가 들어왔다」와 「미군 폭격기가 다시 돌아올 것이다」가 당시 북베트남이 직면했던 사회의 양면성을 잘 대변하고 있었다. 하여튼 불안정한 사회 분위기 속에서도 북베트남 농촌 마을들은 공동체 전통과 협동심을 바탕으로 빠르게 회복되고 있었다.

　남베트남의 전쟁 피해 복구를 지원하기 위해 미국은 농촌 지역에 특별원조 17억 달러를 제공했다. 지원 내용에는 식품 생산에서 원자로 건설까지 포함되어 있었다. 미국 역사상 가장 큰 규모의 원조였지만 균형을 잃어버린 듯했다. 폭격기들이 다시 돌아왔기 때문이다.

　닉슨의 폭격이 시작되기 전, 농촌 지역의 경제 재건을 위해 동분서주했던 팜반 동 수상은 당시의 북베트남 사회 분위기를 이렇게 전했다.

　"당시 우리 인민들은 의욕에 차 있어서 피해 복구와 경제 재건에 상상을 초월한 의지와 강인한 추진력을 발휘했다. 우리는 언제나 단결을 되새기면서 희망찬 사회 건설에 한마음으로 매진했다. 우리는 꿈을 잃지 않는 나라로 영원히 발전할 것이라는 신념을 키워 가고 있었다."

16 촌락의 전쟁
The Ten Thousand Day War

내 마음에는 지울 수 없는 하나의 영상이 남아 있다. 전투 지역에서 한 아낙네가 땅에 앉아 아이에게 젖을 먹이면서 나를 쳐다보았다. 그녀의 눈빛에는 차가운 증오만이 가득했다. 그 순간 나는 베트남에 있다는 것을 실감했다.
_미군 특수부대원 아이반 델빅

　1968년 구정 공세에서 게릴라 조직을 붕괴시켰다고 판단한 미국은 이와 때를 맞춰 지난해 하반기부터 준비해 오던 '평화 공세'에 따라 대규모 원조 계획을 실천에 옮기기로 했다.

　'민간주도작전과 지역개발지원(Civil Operation and Rural Development Support : CORDS)'이라고 이름 붙인 새로운 원조 계획은 그 동안 군부와 민간인이 개입되어 산만했던 체제를 일원화시키는 한편 지원 범위와 규모도 확대하는 내용으로 되어 있었다. 기본 계획은 1967년 중반 이후 미국의 원조를 관장했던 로버트 코머R. Komer가 만들어 낸 작품이었다.

　물자 지원을 앞세운 평화 공세는 사이공에 활동 근거를 두고 있던 10개의 미국 원조 기관들이 하나같이 내걸었던 구호였다. 결과적으로 현지인들의 호감을 사기 위한 선심 공세에 초점이 모아졌다. 전체적으로는 군부가 통제하고 있었기 때문에 해병대가 내건 슬로건 "환심을 사라, 그러면 마음이 움직일 것이다"라는 캐치 프레이즈와 잘 어울리는 계획이었다.

　그러나 미군의 선심 공세는 남베트남 사람들에게 냉담한 반응을 불러왔다.

현지 사정을 감안한 코머는 미군 전투지원사령부 내에 단일 지원기구를 두고, 활동은 독자적으로 할 수 있게 만들자고 워싱턴을 설득했다.

코머는 미국이 평화 공세를 오랫동안 시도해 왔지만, 별 효과를 보지 못하고 있다는 것을 알고 있었다. 과거에 프랑스가 시도했던 협동농장 운영도 실패로 끝났었다. 뒤이어 미국이 농민들을 이주시켰던 '전략촌 계획'도 게릴라의 은신처로 둔갑, 오히려 불신만 자초했다. 조상 대대로 한곳에서 살아온 농민들을 물리적으로 이주시킨 것 자체가 무지한 정책의 결과였다. 평화 공세의 역사적 맹점을 알고 있었던 코머는 이렇게 말했다.

"농촌에서 정치적으로 이겨야만 전쟁을 승리할 수 있었기 때문에 이 방법 외에는 다른 대안이 없었다."

'평화 공세'라는 말은 원래 프랑스가 식민주의 정책을 펼 때 사용하던 용어였는데, 사이공과 워싱턴이 무의식적으로 그 용어를 사용하였다. 프랑스 식민주의 역사를 읽고 난 코머는 미국이 프랑스가 범했던 오류를 너무 늦게 깨달았다고 말했다. 코머의 이야기를 들어보자.

"프랑스는 마지막 단계에 가서야 평화 공세의 중요성을 깨달았다. 프랑스는 보다 일찍, 보다 집중적으로 시행하지 못했던 점을 후회했다. 말하기 부끄럽지만 미국도 똑같은 시행착오를 겪고 있었다."

코머는 프랑스나 미국이 집중적인 무력 공세에 앞서 평화 공세를 강화했다면, 대규모 병력을 동원한 군사작전은 필요 없었을 것이라고 생각했다. 군사작전은 평화 공세가 농민들을 도우려고 노력하는 만큼 그들을 멀어지게 만들고 있었다.

케네디와 존슨 행정부 때 CIA에서 지원전문가로 일했던 코머는 직언을 서슴지 않는 급한 성격이었다. 미국의 원조 집행을 앞두고 정보 수집을 위해 워싱턴이 처음으로 사이공에 협조를 요청했을 때 코머가 전문을 보낸 적이 있다.

당시 그 전문은 매우 강력한 메시지를 담고 있었기 때문에, 사람들은 그 전문을 '코머그램(Komergram : 코머의 주장)'이라고 부를 정도였다. 베트남에서 그의 별명은 '소형 폭탄Blowtorch' 이었다. 그는 사이공 정부의 지방 정치 행태를 맹렬히 비난했다. 코머의 비난은 이런 데 초점이 맞추어져 있었다.

"사이공에는 오직 껍데기 같은 구조만 남아 있었다. 지방에 분산되어 있었던 남베트남의 병력은 허약하기 짝이 없었고, 경찰은 광대에 불과했다. 시민들은 경찰을 '흰쥐White Mice' 라고 불렀다. 경제는 지극히 부정적이었으며, 게릴라들은 촌장이나 우리가 시골로 보냈던 교사와 토목기사들에게까지 교묘하게 테러나 암살을 감행했다. 사회 안전을 회복한다는 것이 매우 어려운 형편이었다."

코머는 솔직한 사람들에게 깊은 믿음을 가지고 있었다. 그 중 한 사람이 중부 빈딘 지역에서 평화 공세의 책임을 맡고 있었던 부촌장 구엔 베 대령이었다. 초기에 게릴라들이 농촌 장악을 위해 테러를 감행했으나, 정부측의 제압 노력은 전혀 효력이 없었다고 베 대령은 설명했다.

"베트콩들은 은신처를 마을에 두고 있었다. 그들은 대부분의 시간을 주민들과 함께 보냈다. 어려움도 상부상조했다. 지역 주민들과 관심사를 함께 했기 때문에 주민들이 보호해 주었고, 수시로 정보도 교환했다. 그들은 주민들과 항시 같이 있었다."

베 대령은 주민들과 게릴라의 관계, 문제점 등을 이렇게 요약해서 코머에게 보고했다.

"일선 경찰들은 주민들에게 접근하기를 두려워하고 있다. 남베트남 군인들은 낮에만 순찰을 돌고 있으며, 과거에 시행했던 마을 소개작전은 게릴라들에 대한 동정심만 유발시켜 놓았다. 수천 년 동안 베트남의 농촌들은 때묻지 않은 마을 자치기구를 잘 유지해 오고 있을 뿐 아니라, 불교와 유교적인 생활 관습은 개인보다는 가정이나 공동 사회에 대한 충성심을 우선시한다. 게릴라들도 이 점을 잘 알고 있었기 때문에 주민들과 희로애락을 같이하면서 그들의 충성심을 유도해 낸다."

베 대령은 지역 사회에서 일하는 필수요원들을 보호하고 지역도 방어할 수

>>>>> 1966년, 게릴라를 숨겨 주었다는 혐의로 심문을 기다리고 있는 늙은 농민 부부.

있도록 '잘 훈련된 민간인 특수요원'들을 파견해 줄 것을 요청했다. 코머의 회고를 들어보자.

"특수요원들은 게릴라들과 똑같은 검은 파자마를 입어야 했고, 혁신적인 노력에도 앞장을 서야만 했다."

코머의 요청에 따라 CIA가 비용을 부담해서 훈련시킬 특수요원 59명이 선발되었다. 이들 중 30명은 방위 담당이었고, 29명은 각 분야의 기술자들로 구성되어 있었다. 지역 책임자였던 베 대령은 평화 공세에 투입할 특수요원들의 역할을 이렇게 얘기했다.

"우리의 목적은 지역 사회나 농촌 마을 주민들을 통제, 감시하자는 것이 아니라 촌락의 행정 기구 개선이나 사회적인 구조개혁에 지원을 아끼지 않겠다는 것을 과시하는 데에 있었다."

그러나 이러한 노력도 한낱 헛된 꿈이 되고 말았다. 실패 원인을 코머는 이렇게 분석했다.

"우선 농촌이나 지역 사회에서 적절한 인재를 충원하는 일이 쉽지 않았다. 대부분의 쓸 만한 젊은이들은 베트콩이 이미 징발해 갔거나, 똑똑한 사람들을 우리가 발굴하여 접촉하면 우리에게 지원을 하지 못하도록 협박했기 때문이다. 인재난으로 인하여 도시 청년들을 훈련시킨 다음 검은 파자마를 입혀 농촌에 투입한 후 게릴라들과 대항시킨다는 것은 처음부터 성공할 수 없는 환상이었다."

코머는 17억 달러의 원조를 직접 집행하는 자리에 있었다. 이 돈이 농촌에 직접 전달될 수만 있었다면, 엄청난 물량 공세로 게릴라들의 무장을 해제시킬 수도 있었을 것이라는 분석이 있었다. 수천 톤씩의 쌀, 콩, 비료, 식용유와 의약품들이 시멘트, 함석 등 시설 자재와 함께 야적되어 있는 현장을 흔히 볼 수 있었다.

원조 물자 창고에는 칫솔에서 치과용 기구, 여자들의 바늘 쌈지, 수도관에 이르기까지 베트남의 평화로 미래를 약속하는 온갖 구호 물자들이 산더미처럼 쌓여 있었다. 심지어 발전용 원자로까지 준비되어 있었다.

때를 기다리고 있던 원조 물자들은 평화 공세라는 또 다른 전쟁의 탄약으로 남베트남인 1,800만 명의 마음을 사로잡아야 했다. 그러나 1967년 하반기의 농촌 현실은 처참했다. 두 차례에 걸친 대규모 군사작전으로 80만 명의 피난민이 발생했다.

CIA나 국방부의 많은 엘리트들과 마찬가지로 코머도 하버드대학교 경영대학원 출신이었지만, 통계 숫자나 따지는 냉정한 사람은 아니었다. 그는 두 가지 면에서 다른 생각을 가지고 있었다. 폭탄보다 밀가루 수천 톤의 위력이 훨씬 클 것이라는 것과 곡물 수확기가 아직 멀었다는 것을 알고 있었으며, 2~3년을 기다려야 결과를 볼 수 있는 또 다른 평화 공세를 기대하는 것은 바보 같은 짓이라는 것도 잘 파악한 상태였다.

폭격과 달리 평화 공세는 처음부터 장기간에 걸쳐 인내와 고통이 수반된다는 것을 알고 시작한 일이었지만, 미국인들에게 인내심이 없다는 사실이 코머를 자극하기 시작했다. 많은 의문이 쏟아졌다.

"학교를 세우자마자 베트콩들이 새 학교를 폭파시키고 교사들을 암살해 버린다면, 학교 건립 계획을 얼마나 더 오래 지속시킬 수 있겠는가?"

"베트콩들이 계속해서 곡물을 훔쳐 간다면 '기적의 벼(miracle rice : 재래종의 2~3배를 수확할 수 있는 새 품종 – 역주)'를 얼마나 더 오래 공급할 수 있을 것인가?"

"베트콩들이 지금까지 그랬던 것처럼 사회 간접 시설(도로, 교량 등)을 폭파시켜 버린다면, 민간 경제를 어느 정도까지 소생시킬 수 있으며 국민들의 생활 수준을 얼마나 개선시킬 수 있을 것인가?"

사람들의 의문이 증폭되자 코머는 역으로 접근하는 방법에 눈을 뜨게 되었다. 안전보장전략을 우선해야겠다고 생각했다. 그는 군사적 조치를 통해 하나의 대안을 강구했다. 게릴라들이 투항하면 사면한다는 '치에우 호이Chieu Hoi' 조치를 발동시켰다. 사이공 정부의 환영을 받을 것으로 예상한 이 조치는 남베트남 군부의 거센 반발을 받았다. 코머는 남베트남 군부 강경파들의 주장을 이렇게 회고했다.

"반란군은 처형되어야 마땅하지만, 만약 그렇게 하지 못할 경우에 최소한 징역은 살려야 한다."

이에 앞서 코머는 한 걸음 더 발전적이고도 획기적인 베트콩 회유 조치를 취했다. 베트콩에게 투항을 권유하는 전단 살포 이야기를 들어보자.

"우리는 여러분의 투항을 환영한다. 먹을 것을 주고 감옥에 보내지 않을 것이다."

이렇게 인쇄된 전단 수백만 장을 비행기와 포탄에 날려보냈다. 결과는 매우 성공적이어서 1968년 초에는 2만 7,178명의 게릴라가 투항해 왔다. 그러나 잘 진행될 것 같았던 '평화 공세—회유 작전'은 예상하지 않았던 구정 공세의 혼돈 속으로 사라져 버렸다. 코머의 충정어린 체험담을 들어보자.

"워싱턴과 미국 국민들은 베트남전에 관심을 잃어 가고 있었다. 초조해진 군부는 효과적인 폭격으로 획기적인 전과를 올릴 수 있는 초단기 전략을 구사해서 귀국하는 병사들이 고향에 돌아가면 현지에서 무엇인가 잘되어 가고 있다는 말을 할 수 있도록 인식시켜 줄 필요가 있었다. 그래서 평화 공세는 아주 어렵게 되어 버렸다."

구정 공세의 혼란 속에서도 게릴라들의 활동을 유심히 관찰했던 코머는 새로운 전략의 근거를 발견하고 평화 공세의 후속 전술을 개발했다. 모든 노력을 안전에 집중하기로 전환한 것이다. 코머가 3개월 동안 착실하게 지속한 이 전략 명칭은 '평화촉진운동Accelerated Pacification Campaign'이라고 불렀다.

그러나 이 캠페인 역시 시작하자마자, 농촌의 게릴라들이 구정 공세에 동원되어 예상보다 엄청난 타격을 입는 바람에 별 소득 없이 끝낼 수밖에 없었다. 구정 공세 전에 사이공 정부가 자신의 농촌개발전략을 너무 소모적이라고 비난하는 것을 코머는 무시해 버렸다. 그의 판단으로는 당시 남베트남 전체 1만 6,000개 촌락 중 게릴라들이 약 60%를 장악하고 있었다. 코머는 이렇게 주장했다.

"우리는 게릴라 점령 지역을 재탈환할 때마다 모든 지역의 주간 순찰을 정상화시키는 데 주력했다. 치안이 완전히 확보되었다고 판단되었을 때, 지방 주둔 병력과 경찰에게 그 임무를 인계했다. 그런데 부패한 지방 공무원들과 이들은 한패가 되어 자기들에게 유리한 과장된 정보를 남발함으로써 '피닉스Phoenix'라는 우리의 통제조직을 3개월이 아니라 3년 동안이나 지치게 만들었다."

코머가 '피닉스' 조직의 설립을 고안했지만, 이 제도가 본격 시행된 것은 구정 공세 이후 그가 베트남을 떠난 다음이었다. 코머는 떠나면서 기본적인 문제는 해결되지 않을 것이라는 것을 알았다. 마을이 평정된 후에도 논두렁을 걷고 있는 베트남민족해방전선의 베트콩을 식별할 수 있는 사람은 아무도 없었기 때문이었다.

이런 상황에서 지원하는 농산물이나 구호 물자가 적합한 대상자들에게 돌아간다고 보는 것은 어리석은 희망에 불과했다. 그래서 코머가 생각해 낸 것이 주민등록증 제도였다. 사이공의 중앙자료보관소에 입력시켜 필요할 때마다 확인한다는 것이었다. 그러나 코머가 떠나자 800만 명의 명단도 함께 사라졌다.

수년 전 사이공 주재 CIA 책임자였던 윌리엄 콜비가 코머의 후임자로 돌아왔다. 초기의 경제 지원이 미국 및 남베트남의 수많은 정보기관에 의해 추진되는 과정에서 혼선을 일으켰기 때문에 통제 기능의 가동이 우선적으로 필요했다.

CIA는 정보를 직접 관장하면서 누구와도 협력을 원하지 않았다. 그런 뜻에서 조직의 이름도 불탄 재 속에서 날아오르는 신비스러운 새 '피닉스'라고 명명했다. 그러나 많은 비판자들은 '피닉스'가 남베트남에서는 불 속으로 떨어질 것이라고 혹평했다.

평화 공세의 강력한 옹호자였던 콜비는 10여 년 전 디엠 대통령과 협조하면서 평화 공세의 선을 보인 적이 있다. 그는 디엠의 암살이 대규모 미군 개입을 불가피하게 만들었다고 생각하는 사람이었다. 1968년 11월 '평화촉진운동'이 북폭 중단과 때를 맞추어 본격적인 활동에 들어갔을 때, 콜비는 정말 기뻐하면서 이렇게 이야기했다.

"폭격 중단과 실질적인 평화 문제의 접근이 한꺼번에 이루어질 줄은 꿈에도 상상하지 못했다. 미국은 지금까지 스스로가 보호해야 할 마을들을 재건하고 지원하는 일보다 북베트남 폭격에 시간, 노력, 자원을 더 많이 쏟아부었다. 그러다 뒤늦게나마 잘못을 깨닫고 있었다. 베트남은 병력과 화력으로 해결할 문제가 아니었다. 미국은 비로소 베트남전이 농촌 마을에서부터 시작되었다는 사실을 이해하게 되었다. 우리는 그곳에서부터 새롭게 일하기 시작했다."

남베트남에서 있었던 사회개혁운동은 북베트남만큼이나 가파르게 진행되어 군사력 못지않게 정치적으로도 협상이 가능할 것처럼 보였다. 콜비의 회고를 들어보자.

"1968년에는 마을들이 철조망과 탱크로 둘러싸여 있었다. 1971년 초에는 내가 밤에 아무런 신변상의 위험을 느끼지 않고도 시골길에서 조깅을 할 수가 있었다. 1971년 말쯤에는 남베트남 총 인구의 3% 정도만 접전 지역에서 살고 있다고 공식적으로 밝혔다."

콜비는 디엠이 반대했던 '농촌 주민 무장' 문제를 다시 들고 나와 티우 대통령을 설득했다. 그래서 뒤늦게나마 지방 병력과 정규군은 다같이 M-16으로 무장할 수 있었다. 1969년부터 1971년까지 미국은 지역 방위 문제에 초점을 맞추는 한편, 티우 대통령은 토지개혁과 지방 선거를 적극 추진하고 있었다. 티우 대통령은 미군이 철수할 경우를 대비해서 지지 기반 조성이 필요했는데, 미국이 추진하는 평화 공세 노력 또한 티우를 지원하는 방향으로 흘러가고 있었다.

공산군의 새로운 공세가 불가피하다고 보고 있었기 때문에 미국이나 티우 역시 시간 여유가 없었다. 북베트남이 일시적인 여유를 가지고 내정에 치중해서 지방 경제의 재건에 혼신의 힘을 쏟고 있다는 사실에는 전혀 관심을 기울이지 않은 채, 남베트남은 오로지 남쪽에 있는 게릴라들의 근거를 없애는 일에만 골몰하고 있었다.

콜비는 티우가 주력했던 또 하나의 사업을 성장省長의 직접 지휘 아래 병력을 배치하는 문제였다고 보았다. 이전까지만 해도 성省의 중심지는 게릴라라는 넓은 바다에 둘러싸인 인적 없는 섬과 같았다. 콜비는 게릴라전이 다시 일어나기 전에 미군 특수부대, 기동타격대와 함께 일한 적이 있는 '성省 정찰대(Provincial Reconnaissance Units : PRU)'를 확대 개편할 수 있는 좋은 기회라고 판단했다.

남쪽의 평화 공세 노력과 북쪽의 지방 경제 재건운동이 경쟁을 하듯 전개되는 가운데 사이공에서는 이 전략을 기획했던 사람들조차도 거칠 것 없이 쾌속 질주하는 속도감에 황홀할 지경이었다. 1970년 중반 사이공 정부는 91%의 촌락을 확보하고 촌장과 지방의회의 선출도 완료했다고 공언했다.

티우 대통령은 점진적이면서도 중요한 계획에 착수했다. 소작인들에게 토지를 되돌려 주는 '경자유전耕者有田의 원칙'을 시행했다. 전쟁이 소강 상태를 보일 때 나온 몇 가지 통계 자료 때문에 언론은 평화 공세의 참여자들을 새로운 낙관주의자라고 불렀다.

사이공 정부는 또 '귀순 게릴라는 죄를 묻지 않는다'는 '치에우 호이' 사면을 계속 실시해서 1969~1970년 사이에 7만 9,000명의 게릴라들이 투항했다고 발표했다. 콜비는 후에 이 숫자를 1만 7,000명 정도라고 추산했지만, 비판자들은 7만 9,000명이란 숫자는 '피닉스' 전략과 관련되어 횡령 등 비리 혐의로 투옥된 사람들이 대부분일 것이라고 코웃음쳤다.

구정 공세 때 수많은 게릴라 전사들이 이미 희생당했고, '피닉스' 대원들은 조금이라도 의심이 가는 사람들이 있으면 가차없이 감옥으로 보내는 상황에서 게릴라 귀순자들이 구정 공세에 참여했던 게릴라 숫자보다 많다는 것은 앞뒤가 맞지 않는 이야기였다. 더 이상 언급이 없었다.

티우 자신도 무엇인가 잘못되어 가고 있다고 판단했다. 티우 대통령은 이런 사태 발전에 유감의 뜻을 발표하면서 손을 뗐다. 티우의 변명을 들어보자.

"평화 공세에 나는 아무런 발언권이 없었다. 미국 돈을 미국 사람들이 베트남에서 자기들 마음대로 쓴 것이다."

미국의 재정 원조를 바라보는 국제적인 정치·군사비평가들의 견해도 티우와 크게 다르지 않았다. 미국이 공포감을 조성하기 위해 '피닉스'를 활용했다는 것이다. CIA가 재정을 지원하는 남베트남 특수부대원들은, 그들의 경리장교에게 의심이 가는 사람들의 명단만 제공하고 있었다고 말했다. 이웃을 밀고해서 처벌하는 무자비한 행위가 오래 지속되자 미군의 미숙하고 조급하게 일을 처리하려는 태도와 전과에만 급급하는 자세에 대한 비판이 확산되었다.

CIA가 아무리 미화하고 자기 합리화에 열을 올려도 똑같은 잘못을 저지르고 있음이 분명해졌다. 상황이 이렇게 발전되자 콜비는 새로운 중앙 집중 정보 체계도 과거의 느슨한 시스템을 개선하는 데 도움이 되지 않는다고 생각했다. 콜비의 설명을 들어보자.

"게릴라들의 근거 기반에 대한 이해가 필요했다. 단순한 군사조직이 아닌 그들이 자체 경비는 어떻게 충당하는지, 주민들을 자기 편으로 어떻게 끌어들이는지, 테러 계획은 어떻게 세우는지 등에 관한 연구가 우선되어야 했다. 정보원을 침투시키고 투항자들을 유인하는 한편 죄수들을 심문하는 일이 자주 벌어졌다."

간단히 말해서 게릴라들을 지원하는 기반은 정치군관이나 당 간부들로 이루어진 '성층권'에 있었다. 전체 인구의 약 2% 정도를 차지하는 36만 명이 협동조합 간부나 교사들로 위장 활동하면서 게릴라들을 후원하고 있었다.

베트남의 제2도시 다낭에서 반테러 작전을 지원했던 바턴 오즈번B. Osborne은 "인구의 2%를 색출하기란 쉬운 일이 아니었다"라고 강조하면서 "만약 2% 색출을 강행했을 경우 무고한 양민들의 피해가 훨씬 많았을 것"이라고 말했다. 대규모 군사작전들이 시들해지기 전인 1967년부터 1968년까지 정보부대에 파견 근무한 오즈번은 피닉스 전략이 막 발동되는 시점을 지켜본 사람이다. 그는 피닉스 전략이 한창 진행되었던 1968년 하반기를 이렇게 평했다.

"내가 아는 한 피닉스 전략은 합법적인 활동을 하고 있지 않았다. 크게 잘못된 방향으로 흘러가고 있었다. 대량 학살의 현장에 우리를 태우고 가는 자전거와 같았다."

콜비는 이러한 비난을 무시한 채 "오즈번은 피닉스 전략이 어떻게 정보 수집을 하는지 현장에서 본 적이 없기 때문에 생긴 오해"라고 말했다. 콜비는 불순한 사람이 게릴라 지도자인지, 세포인지, 단순 추종자인지를 구분할 수 있는 세 가지의 서로 다른 시스템을 구축해 놓고 판단했다고 주장했다. 그리고 단순 추종자로 밝혀질 경우에는 별로 신경 쓰지 않았다고 했다. 그러나 다낭에서 오즈번의 임무를 이어받았던 제프 스타인J. Stein은 이렇게 비난했다.

"민간인 분류는 올바른 방법으로 일이 처리되어 무고한 사람들이 다치지 않도록 해야 하는데 그렇질 못했다. 피해를 당한 사람들은 대부분 평범한 베트남 사람들이었다."

지방의 성이나 지역별로 설립된 피닉스 사무실은 통폐합된 베트남 정보기관 사람들이 주로 사용하였다. 오즈번과 스타인은 "피닉스 사무실마다 미국인 자문관이 한 사람씩 파견되어 있었지만, 혹독한 고문은 다반사였다"고 증언했다. 스타인의 이야기를 들어보자.

"구금된 혐의자의 귀에 길이 6인치짜리 못을 쑤셔 넣어 뇌를 관통할 때까지 두드렸다. 그리고 지방에서 인민들에게 정치교육을 담당했다는 혐의를 받고 끌려왔던 한 여자는 결국 굶어 죽게 만들었다."

콜비는 피닉스 대원들에게 이렇게 말했다고 주장했다.

"좋은 정보를 얻고 싶으면 좋은 방법을 활용해야 한다. 제2차 세계대전 당시 나치가 사용했을 법한 고문들로는 결국 나쁜 정보만 얻을 뿐이다. 왜냐하면 고문을 하게 되면 피의자들은 사실을 말하기는커녕 당신들을 우선 멀리 떼어 놓기 위해 엉뚱한 정보를 제공하거나, 당신들이 듣고 싶어하는 이야기만 말할 것이고, 그렇지 않을 경우 용기 있게 죽음을 선택할 것이다."

콜비는 피닉스의 총책임자로서 "만약 선량한 주민들이 피해를 당하면 지역사회가 분노할 것이라고 대원들에게 주지시켰다"고 설명했다. 그러나 당시 CIA의 중견 간부였던 프랭크 스넵은 "대원들 대부분이 공산주의 활동분자에 대한 명확한 개념을 파악하지 못하고 있었기 때문에 피해를 당한 대부분의 사람들은 무고한 지역 주민들이었다"고 말했다.

스넵은 CIA가 미 대사관에 파견한 비밀요원이었으며 피닉스 전략이 극성을 부렸던 1969년부터 1970년까지 북베트남 문제에 대한 전문분석가로 일했다. 그는 업무 때문에 주기적으로 사이공에 있는 '국립심문센터'를 찾았다고 했다. CIA를 사임하고 혹독한 CIA 비판자로 활동했던 스넵은 피닉스 작전을 한마디로 '난장판'이었다고 표현했다.

"CIA가 자금 등 모든 것을 지휘했다. 몇 개의 기동타격대를 합하여 성 정찰대를 창설하고, 이와 별도 조직으로 기동타격대와 성 정찰대를 지휘하는 미군 장교들로 구성된 특수부대도 운영했다."

민간인 중에서 적색분자를 색출하기에 여념이 없었던 성 정찰대의 광범위한 활동을 이해하기 위해서는 스넵의 이야기를 좀더 들어볼 필요가 있을 것 같다.

"애매한 기준 때문에 매일 많은 사람들이 국립심문센터로 끌려 왔다. 감옥은 넘칠 지경이었다. 마음이 다급해진 팀과 대원들은 자기들 마음대로 법을 적용해서 증거를 제시하지도 않은 채 사람들을 쉽게 죽여 버렸다. 즉결 처형은 자주 있었던 일이다."

콜비도 피닉스가 보복적인 차원에서 무고한 양민을 엄정한 절차도 거치지 않고 많이 처형했다는 사실을 시인했다.

"양쪽 다 나쁜 짓을 많이 했다. 1960년대 중반 게릴라측에서 그런 짓을 많이 했기 때문에 사이공 정부측에서도 보복적인 행동을 했던 것으로 알고 있다. 초기 규정에 피닉스는 암살조직이 아니라고 명시하고 있었다. 그리고 나는 피닉스의 모든 미군 장교들에게 '만약 피닉스를 빙자한 암살을 목격하게 되면 못 본 척하거나 돌아서서는 안 되며, 또 베트남 사람들이 한 짓이라고 하지 말고 나에게 즉시 보고하라' 고 지시해서 그런 보고를 몇 번 받은 적이 있다."

스넵은 실제로 무슨 일이 일어났는지를 알게 된 것은 1년 뒤였다면서 이렇게 말했다.

"1969년 내가 처음으로 사이공에 갔을 때, 민간인 체포나 처형을 없애기 위해 여러 가지 확인 작업이 필요했다. 나는 조심스럽게 적색 활동 대상자 명단을 작성해서 콜비측에 넘겼다. 그러나 확인 작업을 거쳐 다시 피닉스 대원들에게 넘어가 그들이 일을 시작했다."

1970년 후반 공산주의자 조직 규모에 대한 통계 숫자를 보고 스넵은 과거 3년치와 확연하게 다르다는 것을 발견했다. 스넵은 갑자기 늘어난 숫자에 주목했다고 한다.

"우선 최근에 있었던 피닉스 전략에 따른 희생자의 수가 2만 명에 이르는 것을 알게 되었다. 당연히 무고한 사람들이 많이 희생당했을 것이라고 판단했다. 콜비에게 메모를 보냈지만 아무런 답장이 없었다. 당시 사이공에서는 모든 일이 이렇게 진행되었다. 이러한 관행은 미국 정부의 잔악한 행동에 대해, 또 극악한 테러 계획에 대해 아무런 의미 없이 많은 사람들이 무언의 동조자가 되어 버린 과정을 잘 보여주고 있는 사례였다."

스넵의 폭로에 콜비는 이렇게 항변했다.

"사망자 대부분은 전투 현장에서 전사한 사람들이었다. 밤에 촌락에서 전투가 벌어지면 아침이 되어야 전사자들을 확인할 수 있었다. 적과 아군 전사자들이 여기저기 있었으며, 가끔은 대상자 명단에 올라 있는 게릴라 지도자가 끼어 있는 것이 발견되기도 했다. 그들은 암살된 것이 아니라 전사한 것이다."

그러나 스넵은 콜비의 변명처럼 일이 그렇게 단순하게 저질러지지 않았다고 말하고 있다. 그는 명단에 있는 세포요원 한 명을 꼬집어 내기는 불가능했다면서 이렇게 비유했다.

"마피아 두목이 그의 적수 한 명을 처리하기로 결심하고 난 후, 그가 뉴욕의 한 식당에서 점심을 먹고 있다는 정보를 입수했다고 가정해 보자. 두목은 부하에게 즉시 달려가서 해치워 버릴 것을 지시한다. 저격수의 기관총이 식당에서 불을 뿜는다. 바텐더, 바텐더의 아들, 웨이터, 다른 목격자 모두가 공격 목표가 되어 버린다. 기본적으로 피닉스 전략도 이런 식으로 진행되었다. 그런데 기관총 난사 현장이 미국의 술집이나 식당이 아니고 베트남의 시골 농촌 마을이었기 때문에 희생자들은 훨씬 더 많을 수밖에 없었다."

피닉스 대원들이 공산주의자들의 잔인하고 무자비한 수법을 그대로 따라했을 뿐이라는 콜비의 이야기도 어느 정도는 진실을 담고 있는 것으로 보인다. 그러나 스넵은 이것이 피닉스 전략에 개입한 미군을 정당화시킬 수는 없다고 주장한다. 물론 게릴라 세력의 활동에 큰 타격을 받을 정도로 많은 고위 세포 요원들이 처형되었다. 이에 따라 공산주의자들은 남베트남을 다시 혼란에 빠뜨리기 위한 대대적인 공세를 취할 수밖에 없었다.

오즈번과 스타인은 본국으로 돌아간 다음 2년 동안 피닉스 전략의 공개에 힘을 쏟았다. 아무도 관심을 보이지 않았지만, 오즈번은 결국 자기 지역의 상원의원을 설득시켜 상원이 청문회를 개최하도록 하는 데 성공했다. 청문회에서 리드Reid 상원의원의 질문에 오즈번은 이렇게 대답했다. 이 대목의 질문과 답변 기록을 옮겨 본다.

    리 드 : 공산주의자로 의심이 가는 사람들을 구금한 후 심문은 어떻게 진행되었습니까?
    오즈번 : 심문 과정에서 살아남은 구금자는 한 사람도 없었습니다. 모두 죽었습니다.
    리 드 : 심의나 재판 절차 없이 전원이 죽었단 말인가요?
    오즈번 : 베트콩에 협조했다는 아무런 합리적인 근거 없이 전원이 처형되었습니다.

베트콩과 내통했다는 혐의로 감금되었던 사람들에 대한 통계가 전혀 없었다. 당시 워싱턴으로 귀환한 콜비는 청문회에 소환되었다. 콜비는 게릴라의 조직이나 기구에 소속된 사람들의 숫자만 인용했다. 1971년 중반까지 2만 7,000명이 체포되어 2만 명이 처형되었으며, 현재는 약 1만 7,000명이 다시 구금되어 있을 것이라고 말했다. 질문은 간단했고 청문회는 끝났다. 콜비의 설명은 이렇다.

"나는 누구 한 사람도 억울하게 처형되었다고 말할 수 없다. 피닉스 전략의 목적이나 효과는 우리에게 많은 도움이 되었다."

콜비는 2년 후에 CIA 총책임자가 되었다. 사이공에 머물고 있던 스넵은 약 3만 명이 목숨을 잃었다고 추산했다. 이 숫자는 확인되지는 않았지만, 게릴라 내통자로 분류되어 구금되었던 사람들의 숫자였다. 실제 특수한 기간요원이나 세포분자를 체포하기 위해 촌락으로 작전을 나갈 경우에는 무고한 희생자는 더 많이 나올 수밖에 없었다.

스넵은 자신이 보고받는 위치에 있지 않았기 때문에 정확한 희생자 수를 말할 수는 없지만, 콜비는 매일 보고받고 있었던 책임자였기 때문에 당연히 알 수 있을 것이라고 말했다.

미국의 지원 체계와 정보조직을 재조정했던 코머는, 북베트남의 최후의 공격으로 평화 공세의 노력은 남베트남 군부의 몰락과 함께 산산조각이 나 버렸다고 평했다. 결과적으로 평화 공세는 무질서 속에 흔적을 감추어 버렸다. 코머는 가장 큰 실패의 원인을 남베트남 정부의 구조적인 취약점에서 찾았다. 단결할 능력과 경쟁력이 없었으며, 관료와 장성들이 매우 부패했고, 극심한 분파주의가 횡행한 탓이었다고 지적했다.

총성의 중지로 촌락의 안전이 확보된 가운데 지방 자치 선거를 끝내고 미흡하나마 농지개혁도 비교적 성공적으로 마무리되었는데도 불구하고, 남베트남 사회는 모든 것이 산만하게 흐트러진 형태를 좀처럼 벗어나지 못하고 있었다. 대부분이 농촌 출신인 병사들과 주민들은 나라를 지키겠다는 생각이 없는 듯했다.

티우 대통령은 미국에게 책임을 돌렸다.

"농촌에서 공산주의자들의 뿌리를 뽑지 않은 상태에서 미군 철수가 시작되었다. 평화 공세의 주도권도 당연히 남베트남이 잡고 잘 활용했어야 했지만, 미군이 주도했었다. 외국인은 베트남 사람들을 통제할 수 없었다. 불가능했다."

CIA 분석가로 전 국가안전보장위원회 직원이었던 더글러스 브라우파브D. S. Blaufarb는 자신의 저서 〈대게릴라 전술 : 미국의 원칙과 실행The Counter-Insurgency : US Doctrine and Performance〉에서 이렇게 정리하고 있다.

"결국 농민들에게는 아무런 변화가 없었다. 상위 기관에 촌락을 대변할 만한 기구도 없었다. 농민들을 위한 경제 지원과 지역 안보를 위한 노력에도 불구하고, 사이공 정부는 농민들에게 정부 편에서 싸울 수 있는 최소한의 동기부여를 하는 데 실패했다. 농민들 눈에는 여전히 '자기들만의 정부', '멀리 떨어져 있는 정부', '권력 남용과 조작을 일삼는 정부'로 비쳐지고 있었다."

미군과 게릴라 사이에 '농촌과 농민들'을 인질처럼 가운데 두고 벌였던 줄다리기 싸움에서 피닉스는 이름을 알 수 없는 수많은 베트남 사람들을 화염 속으로 사라지게 했다. 전쟁 초기에는 어림잡아 약 3만 7,000명이 게릴라들에게 저항했기 때문에 그들에게 목숨을 잃었다. 그후 1971년까지 이어지는 크고 작은 전투에서 베트남 민간인들은 150만 명이 죽었고, 또 다른 100만 명이 집을 잃어버렸다.

전쟁 초기부터 10년 동안 있었던 농민들에 대한 선별적인 농민 테러는 희생자 수만 보면 대단한 규모가 아니었을지도 모른다. 그러나 농민들은 양측에서 위협과 회유를 받으면서 세금을 두 군데 바쳐야 했고, 국가에 대한 충성 또한 양쪽 모두에게 맹세할 수밖에 없었다.

전쟁을 하면서 양쪽 진영 모두 보다 나은 생활을 보장해 주겠다고 약속했다. 미국의 초대 정보 책임자였던 에드워드 랜스데일은 "결국 전란에 지쳐 버린 국민의 99%는 전쟁이 없는 세상에서 살기를 원했다"고 말했다. 베트남 인민들의 간절한 소망은 부귀영화가 아니라 전쟁을 당장 중지하는 것이었다.

1960년대 초반의 '촌락 전쟁village war'이 미국이 저지른 최초의 실수였다면, 1970년대 초반의 '촌락 전쟁'은 미국이 놓쳐 버린 마지막 기회였다. 평화 공세는 베트남인들이 오랫동안 고대했던 새로운 정치적인 타협을 안겨 줄 가능성이 높았으나 실패로 끝났다.

미국과 남베트남은 서로의 책임만 강조하면서 불협화음을 재생산해 냈다. 이 과정에서 최대의 정치적인 실패극으로 판명된 '피닉스 전략'은 양측이 또 다시 무력 제일주의라는 망령에 쉽게 빠져들도록 유혹하고 있었다.

닉슨 대통령이 군사적인 해결을 서두름에 따라, 한때 성난 미국 여론을 잠재우기 위해 표방했던 검증되지 않은 '베트남화 계획'처럼 '평화 공세'도 처음에는 잽싼 발걸음을 거칠게 내디뎠으나 결국 성과를 보지 못했다. 권위가 땅에 떨어진 사이공 정부의 통치력은 미국 작가 마크 트웨인M. Twain의 말처럼, 전국적으로 넓게는 퍼져 있는 것처럼 보였지만 실상은 단 1인치도 농민들 속으로 파고들지 못하고 있었다.

베트남의 촌락에서 싸웠던 미군 병사들은 당시의 기억을 생생하게 기록으로 남기고 있다. 보병 소대장이었던 로버트 산토스의 1967년 기록은 이렇다.

"그들에게 비친 미군의 모습은 아무런 이유 없이 촌락에 갑자기 나타나서 싸우다가 사람들을 죽이고, 몇 사람을 구해 내고 하는 것이 전부였다. 그런 행동들이 아무렇지도 않은 것처럼 자행되었다. 그 사이에 농민들은 죽었고, 우리는 그 자리를 떠나야 했다."

특수부대원으로 전투에 참여했던 아이반 델빅은 1968년에 겪었던 자신의 심경을 이렇게 토로했다.

"내 마음에는 치열했던 전투 현장보다도 더 지워지지 않는 하나의 영상이 남아 있다. 마을 수색을 나갔는데, 한 아낙네가 땅바닥에 앉아 아이에게 젖을 먹이면서 나를 쳐다보고 있었다. 그녀의 눈빛에는 차가운 증오가 가득했다.

그 순간 나는 베트남에 있다는 것을 실감했다."

해병대 대위 짐 웨브는 1969년의 경험을 다음과 같이 그리고 있다.

"베트남 사람들은 지난 수십 년간 과거 프랑스 식민통치 때의 어두운 그림자를 지워 가고 있었으나, 우리는 농촌의 전략촌들을 돌아다니면서 가끔 프랑스 식민지 시대 때 사용했던 동전들을 발견할 수 있었다. 동전을 보면서 그들에게 다시 암흑의 계절이 닥치고 있다는 묘한 감정을 느끼기도 했다."

촌락의 전쟁이 과연 미군 병사들에게 어떤 의미를 가졌을까? 정보장교였다가 '피닉스 작전'에 차출된 제프 스타인은 이렇게 일갈했다.

"우리는 그곳에서 잔학한 행위가 정상적인 것이라고 배웠다. '피닉스 작전'이 우리 군인들을 타락시킨 것이다. 한 가지 실례를 들어보겠다. 어떤 베트남 사람에게 증거는 없지만 베트콩과 내통했다는 혐의가 있고, 그가 지금쯤 어디 있을 것이라는 보고가 있었다. 한참 뒤에 우연히 알게 된 것은, 보고를 받자마자 '어디쯤'이란 장소로 날아간 B-52 폭격기가 광범위한 지역까지 초토화시켜 버렸다는 사실이었다."

스타인이 지적한 사례는 극히 예외적인 경우라고 볼 수도 있다. 그러나 그가 비판하는 것은 '미군이 어떤 판단 착오를 했기에 피닉스 작전을 이토록 어려운 국면에 빠져들게 했느냐' 하는 것이다. 스타인은 미군 병사들이 심리적으로 상처를 입기 시작한 것은 '피닉스 작전' 부터라고 말했다.

촌락의 민심을 얻기 위해 '평화 공세'에 투입되었던 미군 병사들은 오히려 심한 마음의 상처를 입었다. 격전의 현장에서 자신이 살기 위해 적을 사살했던 병사들의 마음속에는 '베트남 증후군'이라는 또 다른 보이지 않는 적이 기다리고 있었다.

17

The Ten Thousand Day War
절규하는 병사들

결과적으로 나타난 현상은 이국의 하늘 아래에서 정신질환으로 방황하는 미군 병사들이었다.
_전투부대원 팀 오브라이언

　비엔호아의 공군기지에서부터 캄란 만에 있는 해군기지와 북쪽 다낭의 해병대 요새까지, 또 멀리 떨어진 언덕 꼭대기의 외로운 포 진지를 지키는 육군에 이르기까지, 벙커와 막사에서 휴식을 취하고 있는 병사들의 표정에는 '불안한 기다림' 만이 가득했다. 들리는 소리와 보이는 풍경은 하나같이 긴장 속의 고요함이었다.

　군인들은 시계만 쳐다보았다. 막사에서는 스테이크를 먹으면서, 산간 계곡에서 수색중인 병사들은 C-레이션을 먹으면서 시간을 때우고 있었다. 어디를 가도 기다림뿐이었다. 장병들은 카드놀이를 하면서 마리화나를 빨면서 기다리고 있었고, 군 고위층은 평화협상에 한 가닥 희망을 거는 실정이었다.

　1969년 6월 닉슨 대통령은 54만 3,000명의 미군을 단계적으로 확실하게 철수할 것이라고 발표했다. 지금까지 4만 명이 전사했고 26만 명의 부상자가 발생했다. 승리하지 못한 군대인 미군은 허탈감에 빠져들었다. 경계 임무를 맡은 병사들은 싫지만 어쩔 수 없이 적과 마주하고 있었으나, 목적만은 분명했다. 미군 병사들이 내건 슬로건은 "베트남에서 죽는 마지막 미군이 되지 말자"로 변해 있었다.

　로버트 하이늘R. Heinl Jr. 대령은 〈군부의 붕괴The Collapse of the Armed Force〉라는 책에서 당시 미군 병사들의 분위기를 이렇게 전하고 있다.

　"대학 캠퍼스에 남아 전쟁을 조롱하는 글이나 쓰는 교활한 사람들 대신 이 악몽 같은 전쟁터에 잘못 왔다고 생각하는 병사들 중에서 가장 현명한 미군은 전장에서 조용하게 빠져 나가는 병사들이었다."

　참전 자체가 사회적 조롱거리였기 때문에 전투에 참가하는 병사들은 이중고를 겪었다. 베트남 전쟁은 토론의 대상으로만 명맥을 유지했을 뿐 주위의 관심을 전혀 끌지 못했지만, 병사들이 직면하고 있는 현실적인 위험은 다른 어떤 전쟁에 비해서 결코 덜하지 않았다.

　병사들에게 용기가 없었던 것은 아니지만, 참전 동기나 사기가 사라져 버린 무의미한 전쟁이 되고 말았다. 병사들은 전투를 피하지는 않았으나, 결코 찾아다니면서 싸우지도 않았다. 해병으로 참전했던 바비 머독B. Murdoch은 자신들의 심정을 이렇게 토로했다.

　"모든 병사들의 주요 목표는 스스로 몸조심을 하는 것이었다. 살아서 돌아가는 것이 당면 과제였다."

　그런 전쟁에서 머독은 잘 견디고 살아서 귀국했으나, 부상당하지 않고 무사히 돌아왔다고 안심할 수는 없었다. 그는 베트남 후유증의 하나로 밝혀진 대마비(對痲痺 : 양측마비兩側痲痺라고도 함. 팔 또는 다리가 좌우 대칭적으로 마비를 일으키는 증상 – 역주) 환자가 되어 사회에 적응하지 못하는 무기력한 청년으로 변해 있었다.

　1969년 특수부대원으로 참전했던 데이브 크리스천은 이런 경험을 했다.

　"상사가 '빨리 가서 잡아와!' 라고 악을 쓰면서 헬리콥터에서 전투 현장으로 밀쳐 냈다. 막상 베트남을 떠날 때는 양쪽 다리에 총상을 입었고, 육박전을 치르면서 왼쪽 팔에는 자상을 당했으며, 오른쪽 팔은 마비 상태였다. 머리, 등, 다리에도 파편이 박혀 있었다. 아군이 쏟아부은 네이팜탄으로 내 몸의 43%가화상을 입었다. 나는 그때 19세 청년이었다."

참전론자들은 흔히 베트남전을 두고 색다른 전쟁이었다고 말한다. 미국의 전쟁이 아니었는데 미국이 참전하는 큰 잘못을 저질렀다는 뜻일까? 그래서 미국의 정책 결정권자들은 베트남전이라는 말 대신에 '베트남 경험'이란 말을 즐겨 사용했으며, 묘비 같은 곳에서도 '베트남 분쟁'이라는 단어가 자주 등장하는 것을 볼 수 있다. 보병 상사였던 팀 오브라이언의 증언은 이렇다.

"아직도 정신적 고통을 느끼고 있다. 베트남에 관한 문제 중 나를 가장 괴롭히는 부분은 이 전쟁이 정치적인 또는 사회적인 경험으로만 거론될 뿐, 미군 병사들이나 베트남 사람들이 느껴야 했던 인간적인 고뇌는 전혀 거론하지 않는다는 점이다."

베트남전의 정당성이나 합리성에 많은 의문과 비판이 뒤따랐지만, 병사들의 인식 속에는 '전쟁을 계속해야 된다'는 증상 같은 것이 있었다. 그러나 시간이 지나면서 귀국할 때쯤에는 전쟁의 동기와 함께 병사들의 희생이 철저히 무시되어 버렸다.

국민들의 성원도 찾아볼 수 없었고, 병사들이 자부심을 가질 수도 없는 이상한 전쟁으로 변질되어 갔다. 많은 병사들은 때에 따라 무력감에 빠지기도 했다. 어떤 병사들은 '보상받을 수 없다'는 심리적 압박감 때문에 난폭해지는 양상을 보이기까지 했다.

"보병들에게 베트남전은 다른 전쟁과 다른 면이 있었다"고 팀 오브라이언 상사는 말하고 있다.

"나는 보병들이 목격했던 불구자, 죽음, 외로움, 고아, 과부, 고통, 지루함 등을 공개적으로 거론해야 한다고 생각한다."

오브라이언은 거칠기로 이름이 난 '아메리칼 사단' 소속이었다. 그래서 베트남전의 대부분을 중부 해안 지대에서 전투로 보냈다. 그가 치른 전쟁도 대부분이 간헐적인 전투의 연속이었을 뿐, 1969년 중반만큼 냉혹하고 잔인하지는 않았다고 술회했다.

"시계를 들여다보면서 베트남에서 보낸 날들을 표시한 달력을 철모에 붙이고 지냈다. 가끔 기습공격이나 충격적인 일들이 있긴 했지만, 단조로운 날들이 많았다. 전쟁이 끝나고 나면 단조로움이나 지루함, 모기, 무더위 등은 기억하지 못할 거라고 여겼다. 테러의 순간들만 뇌리에 남아 있을 거라고 생각했다."

10여 개의 훈장을 받았던 데이브 크리스천은 전장에서 자신의 장례식을 2번 가졌다고 말했다.

"군목이 나의 장례식을 치렀던 것을 기억한다. 나는 혼수 상태에서 지내다가 벌떡 일어나 외쳤다. '정의도 없고 신도 없다'고 발악했다. '왜 내가 당해야 하는가. 나는 19세밖에 안 되었다. 오, 하느님 아버지!'

한 참전 노병은 이렇게 회고했다.

"어느 전쟁에서나 마찬가지겠지만, 나도 베트남전에서 부상당해 피가 한없이 흘러내린 적이 있었다. 그때의 고통은 우리 선배들이 전장에서 느꼈던 아픔만큼이나 컸다."

병사들은 전쟁터에 나갔을 때 앞선 세대들이 느꼈던 것처럼 자기들도 인생을 살아가는 데 스스로 배울 것이 많이 있을 것이라고 생각했다. 오히려 아버지 세대보다 강인하고 총명해서 도덕적으로도 훨씬 우월하다고 믿었던 병사들도 있었다. 그렇기 때문에 젊은이들을 전쟁터까지 데리고 갈 수 있었다고 데이브 크리스천은 말하고 있다.

"병사들은 제2차 세계대전에 참전했던 아버지 세대처럼 자랑스럽게 인정받을 것을 기대하고 있었다. 고향 사람들에게도 용기와 정의감이 있고, 애국심과 도덕성이 높은 젊은이로 대접받을 수 있을 것으로 생각했다. 그들은 자기들을 전쟁터로 보낸 선배들과 아버지들을 믿었다. 베트남 참전용사들에게 가장 큰 영향을 미친 것은 이런 가치 기준들이었다. 두 차례의 세계대전과 한국전쟁 이후 미국인의 애국심은 병역의무에서 찾을 수 있었고, 대부분의 국민들도 그렇게 공감하고 있었다."

17세에 지원 입대한 크리스천은 결혼 후 몇 달째 아내와 대학을 떠나 있었다. 그는 아내에게 이렇게 말했다고 한다.

"여보 걱정 마, 남자는 전쟁터에서 싸우고 여자는 애를 낳는 거야. 그게 이 사회에 대한 우리의 의무야. 나는 전쟁터로 갈 테니까 당신은 우리의 아이를 낳아."

그는 또 "우리는 당시 베트남전을 정치적인 전쟁으로 전혀 생각하지 않았다. 나의 아버지와 우리 사회의 모든 사람들이 병역의무를 다했다. 내 형제들도 베트남에 다녀왔다. 나는 주저하지 않고 군대에 지원했고, 철강 도시인 우리 고장에서만 2만 9,000명의 젊은이가 지원했다"는 이야기도 들려주었다.

20세였던 팀 오브라이언은 당시까지 베트남에서 근무했던 미군 병력 175만 9,000명의 평균 연령을 넘어 있었다. 소집 통보서를 처음 받았을 때, 그는 미네소타 주 세인트폴St. Paul에 있는 매칼리스터대학교에 다니고 있었다. 그는 징병 통보에 응했을 때 심경을 이렇게 말했다.

"나는 생각이 좀 복잡한 청년이었다. 이데올로기가 관련된 전쟁은 싫어했다. 나는 군대 생활과 베트남에 가는 문제에 전혀 준비가 되어 있지 않았다. 그러나 베트남행을 지원한 후 생각이 바뀌기 시작했다. 전쟁터에 가는 쪽으로 입장이 기울어진 마당에 이 전쟁이 나와 상관없다거나, 베트남전이 잘못된 전쟁이라는 생각은 몽유병자와 같은 발상이라고 느껴졌다. 나는 젊은이로서 징병을 기피하려고 캐나다로 망명하는 짓을 경멸했다. '전쟁이란 젊은이가 치러야 할 가치가 있다'고 마음을 결정한 한 달 후 나는 베트남으로 가는 비행기에 몸을 실었다."

오브라이언과 마찬가지로 짐 웨브 또한 해병대 대위로 1969년에 베트남을 다녀왔다. 웨브 대위는 경력 장교로서, 미국 혁명전쟁 때부터 군대와 깊은 관련을 맺고 있는 가문 출신이었기 때문에 베트남에 싸우러 가는 것은 그저 의무일 뿐 그것을 정치적으로 연결시켜 보지 않았다고 말했다.

"힘든 해병대 훈련을 마치고 베트남에 처음 갔을 때, 나는 이오지마에서 선

>>>> 1970년, 베트남식 '미스 유니버스 대회'를 치른 후 즐거워하는 미 해병대원들. 이때부터 닉슨 대통령은 베트남 지원 병력의 단계적 감축에 들어갔다.

배들이 했던 것처럼 보트에서 앞장서서 뛰어내릴 준비를 했다. 전쟁에서 장교에게 가장 중요한 일은 부하들을 잘 통솔하는 것이었다. 가능한 한 많은 부하들을 귀국시켜야 했다. 나는 해군사관학교 출신이었지만, 내 부하들은 주로 서민층이나 소수민족 청년들이었다. 그들은 나름대로 자존심이 강했다. 하지만 베트남에 온 대부분의 미군 병사들은 정신적인 미성년자들이었다. 제2차 세계대전 당시 미군의 평균 연령이 26세였던 데 비해, 베트남전에 참전한 미군은 19세에 불과했다. 군대라기보다 어려서 정신적으로 미숙하고, 감정에 치우치기 쉬운 단순한 젊은이들의 집단이었다. 이 병사들은 저돌적이었지만 최선을 다하고 있었다."

국내의 반대 여론을 잠재우기 위한 '단체 관광 여행' 식의 1년 순환 근무제는 수많은 젊은이들을 필요로 했다. 이런 여건에서 예비군 소집을 피한다는 것은 국가와 병사들 간에 공동체 의식이 전혀 없다는 뜻이었다.

그러나 베트남에 도착하면 신참이거나 몇 번 참전 경험이 있는 고참이거나 개인적인 가치관은 아무 소용이 없었다. 일단 이국에 왔기 때문에 본국에서 논쟁만 일삼는 정치적인 집단과 떨어져 있을 뿐이었다. 당시 19세였던 해병대 위생병 잭 매클로스키는 이렇게 말하고 있다.

"나는 베트남에서 아메리칸 드림을 실현하고자 노력했다. 그런데 몇 주일이 지난 다음 내 꿈이 허공으로 날아가 버린 것을 알았다. 베트콩을 본 일이 없었고 적과 마주쳐 본 적도 없었던 나는 주위의 고참들이 싸웠다는 이야기를 듣고 흥분한 나머지 전투 현장에 참가하겠다고 이야기했다. 고참들은 피할 수 있으면 안 가는 게 좋다고 말했다. 자기들도 전투에 한번도 참가하지 않고 1년을 무사히 지냈다는 것이었다."

기병 제1사단 위생병 루이스 패커L. Packer는 그 동안 겪었던 참전 당시의 심리적 고통을 이렇게 털어놓았다.

"신문을 통해서 얻은 정보가 전부였다. 나는 젊었고 흥분된 상태에 있었다. 현장을 보고 싶었다. 베트남에서 한참이 지난 후 이런 생각을 하게 되었다.

'왜 내가 고향에서 1만 마일이나 떨어진 이곳에 와 있는가?' '나에게 아무 의미도 없는 다른 나라에서 왜 전쟁을 하고 있는가?' '전에 한번도 보지 못한 사람들을 위해서 내가 여기서 무슨 짓을 하고 있는가?'

젊은 병사들은 전쟁에 회의적이었고 망연자실한 경우가 많았지만, 어떤 병사들은 날이 갈수록 적극적인 경우도 있었다. 매클로스키는 전투에 참여하겠다는 꿈을 한번도 버린 적이 없었다. 위생병 루이스 패커는 전투 현장에 한번 불려 나갔다가 아연실색해 버렸다면서 이런 이야기를 들려주었다.

"캠프 안에서 심부름하는 베트남 소년이 한 명 있었는데, 게릴라의 갑작스러운 폭탄 공격으로 긴급 상황이 발생해서 내가 호출을 받고 나가 봤더니, 그 소년의 팔 다리가 여기저기 나뒹굴고 있었다. 사람들은 비명을 지르면서 야단법석이었고 현장은 피바다가 되어 있었다. 게릴라전의 실체를 보았다."

웨스트멀랜드가 주도했던 대규모 '수색과 섬멸' 작전은 사라졌지만, 소수의 전투부대원들은 게릴라 작전에 끝없이 동원되었다. 소강 상태로 접어든 전쟁 때문에 해병대 대위 웨브의 소대는 더욱 어려운 상황을 겪어야 했다. 그가 직접 체험한 이야기를 들어보자.

"우리 대원들이 어떤 상황에 당면하게 될지, 베트남 사람들이 사는 방식은 어떤 것인지, 매복작전에서 목격하게 될 상황에 대해서 어떻게 준비를 해야 될지 아는 사람이 아무도 없었다. 우리 소대는 다낭 서남쪽의 위험 지역을 순찰하고 있었다. 베트남의 원시 밀림 속을 헤매야 했다. 9개월 동안 이틀마다 옮겨다니면서도 우리는 따뜻한 음식을 세끼 모두 해먹을 수 있었다. 9개월 동안 조그만 주머니 속에 칫솔, 비옷, 편지 쓰는 받침대를 넣어 가지고 다녔다. 몇 개월 동안 목욕을 하지 못했다. 시냇물이나 우물을 만나면 세수를 하는 정도로 지냈다. 우리 소대원들은 버짐, 이질, 십이지장충, 말라리아에 많이 시달렸다."

웨브 대위는 자기 소대원 25명이 가끔씩 투입되는 매복전을 겪을 때마다 하나 둘씩, 또는 전원이 희생되는 것을 목격했다. 그럴 때마다 신병이 보충되었다. 51명째 희생자가 발생했을 때 그는 부하들의 주검 앞에 앉아 "내가 잘못했어, 내가 잘못했어!" 하면서 어린애처럼 울부짖었다고 말했다. 웨브의 정글 순찰 이야기를 좀더 들어보자.

"악어가 출몰하는 늪지대에서는 앉을 수도 없고, 잡담을 할 수도 없었기 때문에 계속 전진해야만 했다. 낮에는 계속 걸으면서도 사기에 악영향을 주는 전략이나 전쟁정책, 동기 등을 이야기하는 것은 금기시되었다. 정찰 지역에 대한 정보를 이야기하는 것도 허용되지 않았다. 사소한 개인 신상 이야기나 잡담 정도를 작은 소리로 나눌 수 있었다. 모든 병사들이 귀국 날짜에 맞춰 달력을 지워 갔기 때문에 한결같이 날짜 계산에 열중이었다."

웨브 대위는 병사들의 문제를 이렇게 지적했다.

"징병 대상이 되는 전체 미국인들 중 약 11%만 베트남에 왔으며, 내 소대원들은 중졸 정도의 평균 학력을 지니고 있었다. 정치에는 아무도 관심이 없었지만 전투에는 모두 용감했다. 모든 미군 병력 중 실제 전투에 참가한 병력은 10% 정도에 불과했다."

사병들의 베트남 복무 기간이 1년이었던 데 비해 대부분의 장교들은 보통 6개월 정도만 근무했다. 그런데 소대장에서 중대장까지 맡았던 웨브는 예외였다. 대위로서 중대장 보직을 가지고 3개월 째 연장 근무를 하고 있었다. 그의 부하들은 더 오래 있었다. 몇 안 되는 흑인 장교였던 조 앤더슨 소령은 두번째 연장 근무를 하는 중이었다. 1966년에 소대를 지휘했던 그는 전술과 전투 방식이 바뀌어 버린 1970년에 돌아와 중대장으로 근무했다.

미군이 철수함에 따라 게릴라전 양상은 눈에 띄게 달라지고 있었다. 과거에 북베트남군이나 게릴라들이 했던 것처럼 미군도 매복하고 수색하는 작전에 주력할 수밖에 없었다. 정글전 개념이 도입, 적용되고 있었다. 그러나 앤더슨 소령이 지휘하는 중대원들의 태도는 적극적이지 않아 '살아서 귀국할 수 있게' 최소한의 필요한 행동만을 취했다.

전투는 5년째 계속되고 있었지만, 앤더슨 중대원 200명 중 2년 이상 전투 경험을 가진 병사는 상사와 분대장 각 1명밖에 없었다. 전체적으로 전투 경험이 아주 부족한 상태였다.

미군은 뒤늦게나마 정글전의 개념을 적용하고 있었지만, 병사들은 남베트남이 전선을 인계받을 때까지만 버티는 현상유지작전이라는 것을 눈치채고 있었다. 더불어 남베트남이 전선을 인수하면 이미 확보한 영토를 유지하기 어렵다는 것도 잘 알고 있었다.

장병들은 영리한 민간인들이 파리에서 평화협상을 하고 있는 동안 자기들은 승리가 목적도 아닌 전쟁에서 죽어 가고 있다는 것이 불만이었다. 정치적으로는 그럴 듯했지만 병사들에게 동기 부여는 전혀 되지 않고 있었다. 정치적인 훈련 또한 전무한 상태였기 때문에 병사들은 싸우다 죽을 수도 있는 나라에 대한 기초적인 교육도 받을 기회가 없었다. 베트남전 후 대학을 졸업하고 훗날 감각적인 작가가 된 팀 오브라이언의 베트남 체험을 들어보자.

"내가 베트남에서 보낸 기간은 무지의 연속이었다. 언어, 문화, 종교, 촌락 사회의 질서 등 아는 것이 아무것도 없었다. 베트남 사람들이 전쟁에 찬성하는지 반대하는지조차 모르고 지냈다. 미군이 추구하는 전술조차 알지 못했다. 언제나 철저히 치고 빠지는 작전이었다. 콧노래를 부르며 날아가는 새를 쫓아가는 것과 같았다. 어떤 마을에 들어가 보면 아무것도 없었다. 또 다른 마을에 들어가 봐도 역시 눈에 띄는 것이 없었다. 적은 주위에서 뱅뱅 맴돌았고 우리는 콧노래 부르는 새들을 쫓듯이 그들 뒤만 계속 따라다녔다. 한 마을을 장악해서 수색을 마치고 떠나면 적들은 곧바로 그 마을에 다시 들어왔다. 나는 무감각해져서 정책을 판단할 수도 없었다. 이런 전략을 쓰는 배후에는 무슨 사유가 있을 것이라고 생각했지만, 알 수는 없었다. 사이공 정부를 알 수 없었기 때문에 그들이 무엇을 추구하는지조차 의심스러웠다. 전쟁 자체에 대해 아는 것이 전혀 없었다고 해야 할 것이다."

작가 오브라이언은 '베트남 증후군'의 배경이 될 만한 이야기를 이렇게 들려주었다.

"최후의 결과는 이국의 하늘 아래에서 정신질환으로 방황하거나, 눈이 멀고 귀가 먹어 버린 병사들만 가득했었다고 본다. 베트남은 미로 같은 나라였다. 호치민루트를 얘기하자는 것이 아니다. 베트남은 어디가 시작이고 어디가 끝인지 도무지 알 수 없는 나라였다. 일체의 변화 기미를 보이지 않았다. 지뢰는 여기저기에서 터져 팔을 날려보내고, 다리를 절단시켰으며, 머리도 놔두지 않았다."

미군의 단계적 철수가 시작되었던 1969년에 병사들의 피해는 급증했다. 매월 평균 전사자 800명, 부상자 6,000명이 속출했다. 전상자가 늘어나자 군대의 기강과 행동 강령을 엄격하게 통제하기 시작했다. 이에 견디지 못한 병사들은 폭동을 일으키거나 심한 기합을 일삼는 장교들을 살해하기도 했다.

마지막으로 밀려오는 무기력이란 파도 속에 '브래그 요새Fort Bragg(미국 노스캐롤라이나에 위치)' 때부터 전해 오는 전통적인 용감무쌍한 자세는 서서히 자취를 감추고 있었다. 반면에 미국 내의 반전 무드는 새로 입대한 병사들을 통해 베트남으로 속속들이 전해지고 있었다.

미군기지나 남베트남군 막사를 불문하고 기지 안팎 어디에서나 병사들이 만들어 낸 불법적인 반전 관련 유인물들이 홍수를 이루었다. 심지어 군인들에게 탈영을 도와주는 외곽단체들까지 문전성시를 이루고 있었다.

병사들의 근무 의욕은 진공 상태였다. 병력의 90%가 후방 근무를 하고 있는 상황에서 미군 지휘부는 상원의원들까지도 아무런 의미가 없다고 비난한 라오스 국경 근처의 '아샤우 계곡A Shau Valley'에 대한 공격 명령을 내렸다. 약 2,800명의 미 공수 제1사단 소속 보병들과 남베트남 제1사단 소속 병사들이 '베트남화 계획'을 위한 연습작전처럼 '압비아Ap Bia' 산악 지역의 게릴라 소탕작전에 투입되었다.

미군 병사들에게 이처럼 멀리 떨어진 지역은 항상 인디언 마을에 들어가는 것처럼 두려움을 안겨 주었다. 과거에 오랫동안 점령하기를 갈망했지만, 날이 갈수록 멀어져만 갔던 이 산악 지역 원정작전을 미군 지휘부는 '아파치스노

작전Operation Apache Snow'이라고 이름 붙였다. 해발 3,000피트에 자리잡은 고지 937에는 북베트남군이 완강하게 버티고 있었다.

일명 '햄버거 고지' 공략을 위한 전투가 시작되었다. 1969년 5월 초, 격전은 10일 동안 이어졌다. 100만 파운드의 폭탄이 투하되었고 15만 2,000파운드의 네이팜탄이 고지를 완전히 불태워 버렸다. 11번째 공격에서 '햄버거 고지'를 함락시켰으나 다음 날 다시 빼앗겼다. 적은 505명의 전사자를 냈고, 미군은 476명이 부상당하거나 죽었다.

미국 내 여론이 악화되자 멜빈 레어드는 공개적으로 미군 지휘부를 비난했다. "우리의 목적은 적당한 수준에서 아군의 피해를 줄이는 데 있다"고 레어드는 설명했다. 닉슨 대통령은 남베트남의 안전에 관한 모든 책임을 남베트남 정규군에게 이양하라는 명령을 내렸다. 닉슨은 7월 30일 사이공을 방문해서 이 명령을 크레이턴 에이브럼스 사령관에게 직접 전달했다.

1970년 미군의 피해는 절반으로 줄어들었다. 로버트 하이늘 대령은 자기의 저서에서 "미군의 지하신문 〈병사는 말한다 GI Says〉가 '햄버거 고지 작전'을 지휘했던 웰던 허니컷 W. Honeycutt 중령에게 현상금 1만 달러를 걸었다"고 밝히고 있다. 몇 번에 걸쳐 허니컷 암살 시도가 있었지만, 그는 살아서 임무를 마치고 무사히 귀국했다.

허니컷 중령에게 걸린 현상금 사건에서 액수를 제외하면 특별히 이상한 점은 없었다. 인기 없는 장교에게 종종 현상금을 내거는 경우가 있었으며, 액수는 대개 50달러에서 1,000달러 수준을 오르내렸다. 미군 병사들은 여러 명이 용돈을 모아 현상금을 마련했다. 군대의 기강이 이 지경이 되었으니, 지상전에서의 승리는 처음부터 바라지도 않았지만, 이제는 완전히 먼 이야기가 되었다.

고급 군사정보학교 출신인 예비역 소령 리처드 가브리엘R. A. Gabriel과 유럽과 아시아에서 여러 번의 군사작전을 지휘했던 폴 새비지P. L. Savage 중령이 함께 쓴 책 〈위기에 몰린 지휘권Crisis in Command〉은 미군의 하극상을 애기하면서 병사들뿐만 아니라 장교들에게도 맹렬한 비난을 퍼부었다. 이 책은 처음에 시리즈 기사로 시작되었기 때문에 두 장교는 많은 위협을 받았다.

가브리엘과 새비지는 이렇게 주장했다.

"장교들이 스스로 지휘권을 포기함으로써 군대의 위계질서를 무너뜨린 책임을 면하기 어려울 것이다. 이것은 수년에 걸쳐 미군 지휘부가 그토록 남베트남 군부를 비난했던 바로 그 문제였다."

부대에는 가끔 얼굴만 반짝 비쳤다가 사라지는 장교들이 너무 많았다. 1970년대 초반에는 장교의 수가 사병 숫자의 15%를 차지했다. 제2차 세계대전 때 7%, 한국전쟁에서 9%대였던 장교 비율에 비하면 지나치게 많은 숫자였다.

미 해병대의 슬로건이었던 '부하들을 잘 다스려라Cover Your Ass'라는 말은 장교들의 권위와 근무 자세를 상징적으로 표현하고 있다. 장교들은 대개의 경우 헬리콥터나 멀리 떨어진 지휘본부 등 안전한 장소에서 지휘했기 때문에 병사들에게 경멸의 대상이 되기 쉬웠다.

병사들은 장교들을 계급별로 경멸하는 별명을 붙여 불렀는데, 집단적으로 얘기할 때는 보통 '뒷줄의 잔소리꾼(Rear Echelon Mother Fucker : REMF)'이라는 말을 많이 사용했다. 탁월한 전투 경력으로 많은 훈장을 받고 대위로 전역했던 데이브 크리스천은 이렇게 설명했다.

"별명은 사병들이 장교들을 어떻게 생각하고 있는가를 반영했다고 본다. 장교들은 사병들의 희생 속에서 전투 수당을 챙겼고, 자기들의 무용담을 자랑스럽게 떠들었다."

이름 밝히기를 주저한 어떤 소령은 이런 이야기를 들려주었다.

"승리하지 못한 군대에서는 지휘를 잘하고 있는 장교까지도 그렇지 못한 장교들과 마찬가지로 승진이나 훈장을 탐내는 사람들로 오해를 받았다. 가끔 정글 전투에서 보면 신임 장교들을 포함해서 6개월짜리 지휘관들이 중졸 학력의 사병들보다 터무니없이 더 적극적인 경우도 있었다."

개인이나 소대가 전투를 거부하는 경우가 전례 없이 많이 발생했다. 국방부에는 통계 자료가 없었지만, 상원 국방분과위원회의 존 스테니스J. Stennis 의원은 1971년에 이런 발표를 했다.

"전통적으로 용맹한 공수기병 제1사단에서만 1970년에 31건의 전투 기피 사건이 발생했다. 상원 자료에 의하면, 베트남에서 발생한 폭동과 의도적인 전투 기피 사건은 육군이 기소한 건수만 쳐도 1968년에 82건, 1969년에 117건, 1970년에 131건이었다."

베트남에서 해병대 척후병으로 활동하다가 전역한 후 참전용사들의 카운슬러가 된 마이크 비먼M. Beaman은 군부대 내의 수많은 분쟁과 사건을 이렇게 회고했다.

"베트남에서 작전 임무를 지시받을 때마다 수없이 많은 말다툼이 벌어졌다. 주어진 임무가 너무 잔인하다고 해서 때로는 거부하기도 했다. 만약 우리가 어떤 방향으로 가기를 원하지 않거나, 적의 전사자 수를 늘리기 위해 지휘관이 아무런 이유 없이 민간인들에게 사격을 가하라고 했을 때 '나는 척후병이니까 안 하겠다', '나는 이 길로 갈 테니까 중대장은 저 길로 가라' 고 하는 갈등도 흔히 벌어졌다. 사병들은 표결로 행동 통일을 이끌기도 했다."

1969년부터 미군들 사이에서는 으스스한 군사용어 하나가 새로 생겨 유행했다. "수류탄으로 해치워!"라는 말이 그것이다. 평범한 영어로는 그냥 '살해한다' 는 뜻이었다. 맘에 안 드는 장교를 해치우는 가장 확실한 방법을 말한다.

상원 자료에 따르면, 1969년부터 1970년 사이에 살해나 협박용까지 포함하여 미군 부대에서 수류탄 사고가 790회 발생하여 83명의 장교가 목숨을 잃었다. 이 숫자에는 사병들이 칼이나 총으로 살해한 장교들은 포함되지 않았다. 한 사건 관련자는 "전체 사건의 10% 정도가 우발적 사고였을 것이다"라고 증언했다.

베트남에서 병사들에 의한 장교 폭력 사건 비율은 가장 잔인했다는 제1차 세계대전 때보다 15배나 높았다. 마이크 비먼의 증언을 들어보자.

"우리는 장교들이 수류탄으로 살해되고 있다는 사실을 알고 있었다. 우리

부대에도 다른 대원들이 상당한 반감을 가지고 있던 장교가 한 명 있었다. 적과의 긴박한 대치 국면에서 그를 살해해 버릴 수도 있었지만, 그런 일은 일어나지 않았다. 장교 살해는 반사 행동의 일종이었다. 전장에서는 법을 집행하는 법정이 없다. 누구든지 가장 손쉬운 방법을 택할 수 있는 것이다."

흑인 해병 소총수 찰스 존슨은 다른 중대에서 일어난 여러 가지 일들을 이렇게 소개했다.

"특무상사와 갈등을 겪고 있던 친구 몇 명이 있었다. 그 상사는 나이가 많은 만큼 경력도 다양했고 전투에서도 군인 정신이 투철했다. 그는 전쟁을 좋아했다. 심지어 전투 현장에서조차도 '해병대 복장은 이러해야 된다'는 등 꼼꼼하게 챙기는 성격이어서 청결 정돈을 항상 입버릇처럼 강조했다. 스스로가 욕을 먹게 만들었던 면이 있었다. 한번은 작전을 나갔다가 소대원 전원이 적에게 포위당한 적이 있었다. 살아남은 부대원들이 그 상사를 발견했을 때, 등 뒤에서 근접 사격을 한 듯 총구멍이 많이 나 있었다. 적의 총에 맞은 것이 아니라 부대원들이 뒤에서 쏘았다고 생각했다."

흑인 장교 조 앤더슨 소령은 군대의 기강 문란은 사병들보다 그들을 잘 지휘하지 못한 지휘관들에게 전적으로 책임이 있다고 말했다. 미군 최고지휘부가 베트남에서 취한 자세는 장교들의 야전 경험을 많이 쌓게 한다는 것이었다. 그래서 6개월 근무라는 빠른 순환이 이루어졌고, 당연히 큰 책임이 따르지 않는 모호한 기준과 임무만 계속 부과되었다. '미라이My Lai' 사건 같은 것이 그 대표적인 예라고 할 수 있다.

미라이 양민 학살 사건은 군부의 엄격한 통제로 1년간 철저히 은폐되었다가, 1969년에 기자들의 폭로로 세상에 알려지게 된 사건이다. 1968년 3월 16일 윌리엄 로스 캘리W. L. Calley 중위는 소대원 30명을 이끌고 중부 쾅나이 성의 한 마을에 진입하여 무장하지 않은 민간인 약 500명을 무차별 살해했다. 〈위기에 몰린 지휘권〉이란 책은 이러한 현상을 다음과 같이 설명하고 있다.

"아무리 군부를 강하게 변론하는 사람들일지라도 군 당국이 엄격한 장교

선발 기준을 가지고 있었고, 평상시 같았으면 캘리 중위처럼 낮은 수준의 지성과 인격을 가진 장교가 지휘하도록 허용하지는 않았을 것이라는 데 동의하지 않을 수 없을 것이다. 군 당국이 장교 선발 기준을 급격하게 낮추었기 때문에 미라이 학살 사건의 책임도 같이 져야 한다. 낮은 선발 기준 자체가 결국은 장교들 자신을 해치는 요소가 되어 되돌아왔다."

미라이 사건을 처음 보도한 시모어 허시S. Hersh 기자는 〈학살과 후유증에 관한 보도My Lai 4 : A Report on the Massacre and its Aftermath〉에서 이렇게 비판하고 있다.

"만약 캘리 중대원들이 모두 동의하는 어떤 것이 있다면, 그것은 캘리 중위라는 한 인물의 황당함일 것이다."

예비역 중령 조지 월턴G. Walton은 그의 저서 〈녹슨 방패The Tarnished Shield〉에서 부하들이 '고약한 놈'이라는 별명으로 불렀다는 캘리 중위를 이렇게 묘사했다.

"캘리는 미군 평균 이하의 지능을 가지고 있었으며 우둔했고 주위의 시선을 전혀 끌지 못한 사람이었다. 제2차 세계대전 당시 해군에 복무했던 그의 아버지는 건설 중장비 판매원으로 상당한 성공을 거뒀고, 자식들을 사랑했다. 캘리는 주로 마이애미에서 지냈으며, 여름에는 노스캐롤라이나 웨인스빌Waynesville 근처의 산악 지대에서 3명의 여동생들과 함께 지내곤 했다. 마이애미에 있는 에디슨고등학교를 거쳐 조지아 군사학교를 다녔지만, 성적이 좋지 못해서 대학에는 가지 못하고 플로리다 주의 워스 호수 근처에 있는 팜비치전문대학을 다녔다. 전문대학에서의 성적은 고등학교 때보다 더 나빴다. 1학년 때는 낙제했다. C학점이 2개, D학점이 1개, F학점이 4개였다. 1966년에 징집된 그는 장교후보학교에 배정받아 중간 성적으로 졸업했다. 그는 군사학교 졸업 때까지 독도법讀圖法도 제대로 이해하지 못했다."

캘리는 새로 결성된 보병 제20사단(아메리칼 사단), 1대대 3중대(찰리 중대) 소속 소대장이었다. 찰리 중대는 1967년 12월에 베트남에 왔다. 미군의 '수색과 섬멸' 작전이 절정에 달했을 때였다. 구정 공세가 있기 몇 주일 전이라 양측에 의해 무고한 민간인들이 자주 희생되던 때였다. 게릴라들에게 내어줄 수 없다는 명분 때문에 미토와 칸토는 불가피하게 폭격을 당했고, 베트남의 메카 후에 또한 폐허가 되었다. 후에에서는 게릴라들이 민간인을 학살하기도 했다.

월턴은 캘리가 '미라이 학살'을 "대단한 일이 아니다"라고 말한 내용을 인용했다. '미라이-4' 지역은 베트남 사람들에게 '손미Son My'라고 알려진 지방의 한 촌락이었다. 미군 병사들은 그 동네 사람들 중에 누가 게릴라인지 확실하게 구분하지 못했기 때문에 그저 '붉은 동네'라고만 알고 있었.

2월 25일 동네를 순찰하던 찰리 중대원들이 지뢰밭을 밟아 6명이 전사하고 12명이 중상을 입었다. 이튿날 이른 아침 20년의 야전 경험을 가지고 있던 대대장 프랭크 베이커F. A. Baker Jr. 중령이 찰리 중대장 어니스트 메디나E. L. Medina 대위를 불렀다. 메디나 대위는 징병으로 입대했으나, 8년 후인 1966년에는 장교 교육 과정을 4등으로 졸업한 장교였다.

베이커 중령은 메디나 대위에게 이렇게 말했다. "정보에 의하면 250여 명의 게릴라가 미라이에 진을 치고 작전을 하고 있다." 정보 내용에는 '매주 화요일 7시쯤 동네 아주머니들이 아이들을 데리고 시장에 간다'는 사실까지 적고 있었다.

찰리 중대는 7시 이후 동네에 들어가 파괴하기로 했다. 하루 전 찰리 중대의 몇몇 대원들은 심각한 전투를 예상하고 있었던 반면, 다른 중대원들은 약간의 전과가 있을 것으로만 생각했다.

미라이 학살 사건이 발생하고 1년이 지났지만 정확한 진실이 규명되지 않았을 때, 팀 오브라이언은 이 지역을 순찰한 적이 있었다. 그는 당시 부대원들의 분위기를 이렇게 전했다.

"나는 미라이 지역이 썩 기분 좋은 동네가 아니라는 것을 알고 있었고, 부대원들도 '붉은 동네'라는 소문을 들어서 어느 정도는 알고 있었다. 그런데 막상 마을에 들어가 보니 사람들이 살고 있지 않아서 썰렁했다. 연기가 피어나는 곳이 있어서 혹시 사람들이 살고 있지 않나 하고 경계했지만, 지뢰가 터져 사람들이 죽은 자리라는 것이었다. 미라이라는 동네 터 외에는 아무것도 공격할 것이 없었다. 이미 주민이나 베트콩도 없는 상태에서 그곳은 썰렁한 마을, 벼만 촘촘히 심어 놓은 논, 폭격으로 생긴 분화구, 구제 불능의 가난만 남아 있는 동네가 되어 있었다. 우리는 더 할 일이 없어서 부서진 가옥들을 불태우고 동굴들을 폭파시켜 버렸다."

1968년 3월 16일 새벽, 헬리콥터가 찰리 중대원 전원을 착륙 지점에 내려놓았다. 중대장 메디나 대위는 옛날 포도밭 자리에 지휘본부를 설치했다. 사격이 시작되자 다른 장교들은 1천 피트쯤 상공에 떠 있는 헬리콥터에서 소탕작전을 관망하고 있었다.

찰리 중대의 캘리 소대원 30명은 볏짚으로 엮어 만든 초가집들만 다닥다닥 붙어 있는 '미라이-4' 지역으로 진입했다. 기록에 의하면 소대원들이 마을에 들어갈 때 흩어져서 들어갔기 때문에 어느 누구도 전체적인 상황을 동시에 볼 수 없었다고 한다.

또 이 기록은 '미라이-4' 지역에서는 어떤 반격도 없었으나, 캘리 중위가 소대원들에게 사격 명령과 함께 수류탄을 주민들이 살고 있는 지점에 투척하라고 지시했다는 사실을 보여주고 있다. 밖으로 뛰어나오는 여자들과 아이들을 기관총이 기다리고 있었다. 학살이 오갈 데 없는 주민들의 앞을 가로막았다.

즉시 사살하지 못했던 나머지 여자들과 어린이, 노인들은 손을 머리 위에 올리게 하고 큰 도랑으로 내려가도록 했다. 여기서도 주민들을 기다리고 있었던 것은 소대원들의 사격뿐이었다. 다른 2개 소대는 '미라이-4' 마을의 외곽을 포위하고 있다가 도망쳐 나오는 사람들을 사격으로 차단했다.

변호사이자 정치학 교수였던 예비역 중령 조지 월턴은 〈녹슨 방패〉에서 이렇게 말하고 있다.

"미라이-4 지역에서의 학살은 천인공노할 짓이었다. 한 노인은 총검으로 난자당했으며, 어떤 노인은 우물 속으로 던져진 다음 수류탄 세례를 받았다.

마을 밖 사찰에서 불공을 드리고 있던 아이들과 여자들은 등 뒤에서 병사들의 총을 맞고 죽었다. 가끔 병사들은 어린 여자아이들을 도랑 가로 끌고 가서 강간하기도 했다. 한 병사는 겁탈한 여자아이 대여섯 명을 한 오두막에 집어넣은 다음 수류탄을 던져 폭사시키기도 했다. 사살의 대상이나 방법에서 남녀노소의 구분이 없었다. 겨우 걷기 시작한 어린이들은 한곳에 모아 처치했다."

작전지역을 정찰중이던 헬리콥터에서 잔인한 학살 광경을 목격한 톰슨 Thompson 준위는 곧바로 '미라이-4' 촌락으로 내려가 캘리 소대원들을 총으로 위협해서 주민 16명의 목숨을 구했다고 한다.

베트남에 두번째 파병되었던 톰슨은 이 공로가 뒤늦게 확인되어 공군의 무공십자훈장을 받았다. 작전이 시작된 지 2시간 뒤에 현장에 도착한 대대장 베이커 중령은 지휘본부에 있던 메디나 대위에게 무전으로 작전을 즉시 중단할 것을 명령했다.

사이공의 미군 지휘부는 이러한 사실 보고에 침묵을 지켰다. 이런 특이한 상황은 보통 워싱턴에 보고하는 것이 관행이었지만, 이번만은 그렇게 하지 않고 있었다. 미라이 진입작전을 취재했던 〈성조지 Stars and Stripes〉(해외에 파병된 미군의 진중신문陣中新聞 - 역주)의 기자가 마을 도랑에 아무렇게나 쌓여 있는 사망자들의 사진을 찍은 것 이외에는 증거가 될 만한 자료가 없어서 자칫 잘못했으면 잊혀질 뻔한 사건이었다.

사병 기자였던 로널드 리덴아워R. Ridenhour가 미라이 학살을 추적하였다. 그는 몇 개월에 걸쳐 미국 정치 및 종교계 지도자들에게 이 사건의 재심을 끈질기게 요구했다. 증거를 세밀하게 나열한 편지를 저명인사 30명에게 보냈다. 여기에는 닉슨 대통령과 16명의 상원의원도 포함되었다.

30명 중 오직 두 사람, 즉 하원의원 모리스 유달M. Udall과 하원 국방위원장 멘델 리버스M. Rivers 의원만 적극적인 자세로 국방부에 조사를 요구했다. 예비군 동원본부장인 윌리엄 피어스W. Peers 중장이 조사 지휘 책임을 맡았다.

공식적으로는 민간인 200여 명이 학살된 것으로 집계되었다. 조사위원 중

국제법 전문가 리처드 포크R. Falk는 희생자를 500명으로 계산했으며, 조지 월턴은 700명이 학살당했다고 주장했다. 과거 베트남에서 사단장을 지냈던 피어스 장군은 이런 결론을 내렸다.

"기본적인 잘못은 지휘관들에게 있었다. 분대장에서 사단의 고급 지휘관에 이르기까지 각 단계마다 지휘관들의 잘못이 눈에 띄었다. 그 작전은 명백하게 불법이었다. 군사 규정을 어기고 인권을 유린했다. 작전 개시 전부터 철저하게 계획되었으며, 관련된 사람들이 주도한 파괴 행동이었다. 사후에는 사건을 은폐하기 위해 여러 가지 노력을 했지만, 결국은 여론의 압력으로 진실이 밝혀지게 되었다."

명백한 범죄 행위에 추상 같은 수사 결과에도 불구하고 오직 13명만 전쟁범죄자 처리를 받았다. 다른 12명에게는 방조죄가 적용되었다. 25명 중 캘리 중위만 군법회의에 회부되어 종신형을 선고받았다. 그러나 군대 영창에서 3일을 보낸 캘리 중위는 백악관 명령에 따라 가택 연금 상태에서 3년 반을 지냈다. 각급 군사법원에 접수된 피고들의 청원은 한결같이 기각되었지만, 백악관이 마지막으로 가석방 결정을 내렸다. 실질적으로 닉슨 대통령이 캘리를 용서한 것이다. 피어스 장군은 이렇게 말했다.

"25명의 기소자 중 캘리 중위만 유일하게 군법회의에 회부된 것은 유감스러운 일이었다. 그러나 그는 분명 민간인들을 학살했기 때문에 희생양이 아니었다."

조지 월턴의 설명은 매우 간결했다.

"사회가 지원하지 않는 전쟁을 하다 보면, 캘리 중위 사건과 같은 경우가 생길 수밖에 없다."

국제법 권위자로서 국방부 자문법률가 리처드 포크는 이렇게 말하고 있다.

"베트남전은 외형적으로 정중한 자세와 태도를 갖춘 현대국가와 현대인이 영토도 분명하지 않고, 안전도 확실하게 지켜지지 않는 머나먼 외국에서 야만적인 행동을 통해 호전적인 목표를 어떻게 추구하는지를 잘 보여주는 실례였다. 베트남 민간인들의 인권이나 복지 같은 것은 안중에 없었다. 군대의 사기만을 고려한 전반적인 전쟁수행정책이 자아낸 사건이 손미의 미라이 학살 사건이다."

'미라이-4 사건'으로 기소된 한 병사의 어머니는 국방부를 맹렬하게 비난했다. 캘리 소대의 부대원 데이비드 폴 미들로D. P. Meadlo의 어머니는 1969년 11월 30일 〈뉴욕타임스〉에 이렇게 썼다.

"나는 착한 아들 1명을 미 육군에 보냈다. 그러나 미국은 내 아들을 살인자로 만들어 버렸다."

미군 병사들이 처음 베트남에 갔을 때는 대부분 감수성이 예민한 소년들이었다. 그러나 시간이 흐를수록, 해가 거듭될수록 그들에게 비친 전쟁의 모습은 이해할 수 없는 것으로 변해 갔다. 병사들이 판이하게 달라진 모습으로 귀국했을 때, 누구 한 사람 그들에게 신경 쓰지 않았다.

미라이 사건은 전선도 없고 적과 동기도 찾아보기 어려운 가운데 모국의 성원도 없이 치러진 전쟁에서 모든 미군 병사들이 감정을 억제하지 못하고 표출시킨 하나의 집단 히스테리 발작이라고 보는 학자들도 있다.

팀 오브라이언 상사는 미라이 지역 정찰에서 돌아온 즉시 사건의 진상을 듣게 되었다고 한다.

"심한 충격을 받은 나는 '어떻게 민간인을 죽이는 끔찍한 일을 할 수 있느냐'는 생각을 했다. 그러나 곧 마음을 안정시킬 수 있었다. 우리가 그 동안 느꼈던 수많은 좌절감을 캘리 부대원들도 똑같이 느꼈을 것이라고 생각하자, 어느 정도 이해할 수 있었다. 그렇다고 캘리의 행위가 용서되는 것은 아니었다. 나도 그들의 행동 자체는 증오했다. 당연히 종신형을 받아야 된다고 생각했다. 그러나 현장에 있었던 한 사람으로서, 미라이에서 죽어 간 수많은 미군 병사들을 본 군인으로서, 나는 그 사건을 이해할 수는 있었다."

미군 병사들은 훈련과 마찬가지로 현지 여건이나 여러 가지 사건이 자신들의 행동에 영향을 미쳤다고 느꼈다. 해병대 위생병 매클로스키의 회고를 들어보자.

"훈련장에는 항상 베트남 촌락 모형이 가설되어 있었다. 우리는 실제로 이런 촌락에 들어가면 모든 것을 날려 버리라는 훈련을 받았다. 베트남 사람들에 대한 불신이 훈련을 통해 점차 뿌리깊게 자리잡았다. 베트남의 모든 것을 경멸어린 눈으로 바라보게 되었고, 심지어 '그들은 사람이 아니다' 라는 생각까지 하게 되었다."

매클로스키는 등에 수없이 많은 파편을 맞았다. 귀국 후에 그는 정신적으로 깊은 상처를 입은 베트남 참전용사들의 카운슬링을 하는 단체를 만들었다. 그 단체의 이름은 '두 번 태어난 사람들Twice Born Men'로, 매클로스키는 이 단체에서 10년 이상을 일했다.

특수부대원 루 카렐로L. Carello는 인간적인 교류가 없는 베트남 사람들을 언제나 적으로 보라는 교육을 수없이 받았다. 그의 조직은 전투 현장과 후방에서 베트콩과 민간인들의 연결고리를 끊는 작업을 맡았다. 팀원들은 민간인 첩자들을 살해하는 것이 주요 임무였다. 조직의 특성상 참전용사 누구보다도 목숨의 위험을 많이 느껴야 했던 카렐로의 이야기를 들어보자.

"밤에 불을 켜 놓지 않고는 잠을 잘 수가 없었다. 많은 게릴라 첩보요원들과 베트남 사람들이 우리 팀원들의 목숨을 노리고 있었기 때문이다."

카렐로는 베트남전에서 두 다리를 잃고 휠체어 신세를 지고 있었다. 그는 고향에 돌아와서 사회학 공부를 했다. '저주받은 인생' 이라고 말한 그는 사람들이 자신의 과거를 알게 되는 것을 원하지 않는다면서, 자신의 모습을 있는 그대로만 보고 이해해 줄 것을 부탁했다.

모든 전쟁이 다 잔인하지만 특히 베트남전은 인류의 전사에 전례 없는 새로운 영역을 만들어 놓았다. 특수부대원 아이반 델빅이 말하는 기묘한 체험도 그런 영역의 하나라고 볼 수 있을 것이다.

"수색을 하면서 걸어가면 사방은 고요하고 평화롭기 그지없었다. 새들은 지저귀고, 공기는 말할 수 없이 맑았다. 나무와 푸른 숲은 그림처럼 아름다웠다. 갑자기 사방에서 총알이 쏟아지고 포성이 천지를 진동시켰다. 개인 소총, 기관총에서 로켓포에 이르기까지 광란의 '총포합동공연'이 벌어지는 것이다. 몇 초가 지나고 나면 평온이 다시 찾아온다. 사상자가 발생하지 않으면 '언제 총성이 들렸던가' 할 정도로 주변이 고요해지면서 수색 정찰은 계속되었다. 일어서고, 엎드리는 행동을 계속해야 했다. 언제 다시 적의 공격이 이어질지 하느님 외에는 아무도 몰랐다."

아이반 델빅은 수많은 파편 상처가 말해 주듯 생존을 위한 본능도 뛰어났던 것 같다. 그가 어떻게 살아남을 수 있었는지 들어보자.

"나는 전쟁을 심각하게 생각하지 않았다. 누가 이기고 누가 지느냐 하는 데는 일체의 관심을 가지지 않았다. 그저 살아남기 위해서 열심히 노력했을 뿐이다. 그런 과정에서 나는 인생에 대한 태도마저 동물처럼 변해 갔다. 삶과 죽음에 대한 생각도 무딜 대로 무디어졌으며, 내 주위를 둘러싼 시련과 고통에 대해서도 무감각해졌다. 내가 신경 써야 했던 유일한 일은 매일 불빛 아래에서 식사를 하는 것이었다. 살아남는 것이 지상 과제였다."

한번은 작전이 끝난 뒤 델빅의 두개골에 파편이 박혀 있는 것이 발견되었다. 그는 어려운 외과 수술을 받기 위해 일본으로 옮겨졌다고 한다.

"잠에서 깨어나 의사를 보니, 그는 일본인이었다. 나는 동양인에 대해 표현하기 어려운 굉장한 두려움을 가지고 있었다. 더군다나 그 일본인 의사는 신경을 자극하는 기구를 내 몸에 달아 놓았다. 나는 일본인 의사가 병실을 나가자마자 그 기구를 떼어 버렸다."

전선이 따로 없었던 베트남의 전투는 병사들에게 동물적인 생존 본능을 강요했음을 알 수 있다. 팀 오브라이언의 솔직한 진술을 들어보자.

"병사들은 두려움이 자신에게 무엇을 의미하며, 무지할 때는 어떻게 반응해야 하는지에 대해 스스로에게 물어 봐야 했다. 나 역시 베트남에 있을 때 일반적인 감정은 벙어리와 다름없었다고 생각한다. 무지 그 자체였다. 이 무지에 대한 심리적 보상이 파괴적인 형태로 나타났다. 닥치는 대로 폭파하고, 불태워 버리기도 했다. 무지와 적의 존재를 확인할 수 없다는 불안의 상승 작용이 파괴로 이어졌다. 일종의 병리 현상이었고 정신적인 발작이었다고 본다."

병사들의 행진곡도 매우 부정적이었다. 오브라이언은 행진곡에 다른 가사 하나를 붙였다. '내가 전투중에 죽으면 박스에 넣어 고향으로 보내 주오' 라는 내용이었다. 병사들은 이런 가사를 큰 목소리로 따라 불렀다. 이런 것도 있었다. '당신들이 잠든 밤에 찰리콩(베트콩)은 사방에서 기어온다네.' 병사들은 이런 노래를 꿈 속에서도 불렀다. 촌락에서 촌락으로 이동할 때도 베트콩이 환영으로 자주 나타났다고 한다. 참전 군인으로 작가 활동을 한 짐 웨브는 이런 현상을 약간 다른 각도에서 분석했다.

"군사작전은 갈수록 거칠어지기 시작했던 반면, 미군 병사들의 피해는 살아야 된다는 본능 때문에 점차 줄어들기 시작했다. 병사들의 일과는 외줄을 타는 것처럼 위태로웠다. 돌이켜 생각해 봤을 때 내가 할 수 있는 유일한 말은 '윤리적인 혼란이 극에 달한 상태였다' 는 것이다. 윤리의 잣대는 오르락내리락해서 일정한 눈금이 없었다. 군인들에게는 눈치만 남았다. 병사들끼리는 별 문제가 없었다. 해병 친구 한 명이 귀국을 한 달도 남겨 놓지 않았을 때, 전사하는 안타까운 일이 발생했다. 이틀 후 우리는 동네 하나를 싹 쓸어 버렸다. 어떤 동료 해병은 보복이라도 하듯 민간인 한 사람을 죽여 버렸다. 그의 마음속에는 '친구를 위해 복수했다' 는 의식이 자리잡고 있었다. 베트남에 있었던 미군들에게 자주 일어났던 일이었다."

특수부대에서 대위로 근무했던 브라이언 젱킨스도 비슷한 견해를 가지고 있었다.

"감수성이 예민한 나이의 병사들이 친밀감을 느낄 수 있는 사회를 막 벗어나는 순간 아주 다른 세상이 펼쳐진 것이다. 놀랄 수밖에 없었다. 생소한 일들의 연속 체험이었다. 돼지들이 도로를 기어다니고 닭은 여기저기 날아다녔다. 가끔은 두려운 나머지 쓸데없이 총을 쏘기도 했고, 적에 대한 공격도 터무니없는 경우가 많았다. 어린 병사들의 이러한 심리 상태가 어떤 경우에는 민간인들을 공격하는 폭력으로 발전하곤 했다."

해병대 지원병 레어드 버시L. Busse는 베트남 도착 후 3일째 되던 날 새벽에 나갔던 순찰 체험을 이렇게 이야기해 주었다.

"우리는 종대로 걸어가면서 아름다운 시골 풍경에 넋을 잃었다. 조그만 탑들이 여기저기 있었고, 사람들은 잠에서 막 깨어나 돌아다녔다. 동네 개들도 부지런히 뛰어다녔고, 닭들은 날갯짓을 했다. 논 위로 깔려 있던 푸르스름한 안개가 서서히 자취를 감추기 시작했다. 내가 베트남 사람들을 본 것은 이때가 처음이었다. 사립문 앞에 다가가자 사람들은 대나무 발을 걷어올리고 밖으로 나왔다. 보기 좋은 한적한 풍경이었다. 우리는 서서히 전진하고 있었는데, 갑자기 척후병이 '왼쪽 나무 사이에 사람들이 있다'고 소리쳤다. 대원들은 무의식적으로 그쪽으로 돌아서서 총을 쏘기 시작했다. 몇 사람이 보였는데, 그쪽에서도 우리를 향해 총을 쏘아 댔다. 순식간에 교전이 일어났다. 한 방이 내 오른쪽 어깨 위로 지나갔고, 또 한 방이 발 밑을 스치고 지나갔다. 갑작스러운 충격에 아무런 동작도 할 수 없어 그 자리에 우두커니 서 있었다. 움직일 수조차 없었다. 어렸을 때 영화를 보듯이 벌어지는 광경들을 물끄러미 쳐다봤다. 상황은 곧 끝났고, 우리는 약 70야드쯤 전진했다. 주민 4명이 땅바닥에 널브러져 죽어 있었다. 15세쯤 되어 보이는 소년은 창자가 튀어나온 채, 길바닥에 쓰러져 있었다. 예상했던 대로 마을에 사는 아이였는데, 우리가 가까이 갔을 때까지 살아 있었다. 우리 소대의 책임자는 그 소년의 창자를 짓밟고 걷어차면서 욕설을 퍼부었다. 다른 대원이 마지막으로 소년의 귀를 잘라 버리자 숨이 끊어졌다."

레어드 버시 해병은 '그날 이후 100세쯤 되어 버린 듯한 착각에 시달렸다'고 말했는데, 귀국 후 버시 해병을 진단한 카운슬링 기록에는 '심리적으로 100% 치유 불가능'이라고 적혀 있었다.

이렇게 참담하고 끔찍한 경험을 쌓아 가던 병사들에게도 자신들의 가치를 확인할 수 있는 순간이 전혀 없었던 것은 아니었다. 특수부대원 데이브 크리스천은 그런 감동적인 순간을 북베트남 병사의 시신에서 발견할 수 있었다고 한다.

"죽은 북베트남 병사의 주검을 검사하면서 그의 목에 걸려 있는 십자가를 발견했다. 적도 하느님을 믿었고, 나도 하느님을 믿었다. 우리는 같은 신앙을 가지고 있었다. 우리는 지금 여기에서 무슨 짓을 하고 있는가? 우리는 같은 하늘 아래 사는 형제들인데 서로 죽이고 있다. 정치인들이 전쟁을 끝내지 않고, 그들의 견해 차이를 줄이지 않고 있기 때문에 우리가 고통받고 있다고 생각했다."

짐 웨브 예비역 해병 대위의 말을 들어보자.

"주위 사람들이 인간으로서 벌거벗은 모습을 다 내보임에 따라, 우리는 이런 인간의 역설적인 모습을 이해하는 듯했지만 곧이어 잃어버리곤 했다. 정치적인 의미마저 이미 퇴색되어 버린 전쟁에서 우리는 경험의 실체로서 인간의 가치를 자연스럽게 거부해 버리는 경향이 농후했다."

참전용사 데이브 크리스천은 2년간 병상에 있었고, 6년간 통원 치료를 받았다. 그의 담담한 독백을 들어보자.

"수만 명의 베트남전 부상자들과 함께 귀국했지만, 우리에겐 아무런 자부심이나 긍지가 없었다. 전상자들의 존엄성도 인정되지 않았다. 육체적, 정신적으로도 전쟁의 굴레에서 빠져 나오기 위한 개인적인 투쟁뿐이었다. 전쟁이라는 총체적인 개념보다 개인적인 투쟁이라는 사실이 강조되었을 뿐이다."

데이브 크리스천은 귀국 후 치료 기간을 통해 베트남에서의 군복무가 아무런 의미도 없었다는 사실을 새삼 깨달을 수 있었다. 사람들은 데이브에게 이렇게 이야기했다.

"당신들은 패자인지 몰라도, 우리는 패자가 아니다."

그럴 때마다 데이브는 이렇게 되묻곤 했다는 것이다.

"참전하지 않은 사람들은 패자가 아니다. 그러나 그런 사람들이 누구인지 나는 잘 모르겠다."

부상자들은 6년이 아니라 더 오랫동안 베트남전을 치러야 했다. 참전용사들의 어려움을 이해해 줄 수 있는 사람들은 많지 않았기 때문에 '잊혀진 사람'이라는 참을 수 없는 고통 속에서 인고의 세월을 보내야 했다. 그 이유를 데이브 크리스천은 이런 식으로 설명했다.

"미군 병사들 중 10%만이 전투병이었다는 것은 이미 잘 알려진 사실이다. 미군 병력이 가장 많았을 때는 55만 명이었으니까 약 5만 5,000명이 전투병이었다. 그러나 실제로 매일 전투에 참가하는 인원은 넉넉하게 잡아도 5,000명을 넘지 못했다. 전쟁이 지지부진했던 이유는 여기에도 있다."

미군의 단계적 철수가 시작된 1969년부터 1972년 사이 부도덕한 현상들이 팽배했었다. 미군이 점진적으로 빠져 나간다는 소식이 퍼지자 온갖 사고 등 부정적인 증상이 급격하게 늘어나기 시작했다. 이 기간에 부상병들은 10만 명으로 급증했다. 50만 명이 넘는 대군이 각 기지에서 할 일 없이 지내거나 막연한 전투를 기다리면서 귀국 날짜만 기다리고 있었다는 것은 스스로 침몰해 가는 거대한 전함을 대책 없이 지켜보는 것과 다를 바 없었다.

이때부터 10년 후에는 연인원 170만 명이 정신적인 심한 후유증을 앓고 있었다. 로버트 하이늘 대령은 1971년 보고서에서 당시의 병사들 상태를 이렇게 요약했다.

"군대가 곧 붕괴할 것 같았다. 병사들은 전투를 피하거나 거부했고, 자기들의 직속 상관이 아닌 장교들까지 살해했다. 마약은 극성을 부렸고, 부대 내의 분위기는 살벌했으며, 병사들의 정신 상태 또한 극도로 풀어져 있었다."

단순한 이야기지만 혼란스러운 전쟁일수록 군대에서 필요한 것은 군인의 명예와 긍지이다. 데이브 크리스천은 이런 이야기도 들려주었다.

"베트남에 마음과 몸을 바친 병사들이 간절히 바라는 것은 흔적을 남기는 것이었다. 심한 총격을 받고 죽어 가는 친구를 팔에 안고, 나는 이렇게 말했다. '스코티, 스코티! 조금만 참아라, 내가 저 개자식들을 죽여 버릴 테니까.' 그랬더니 스코티는 고개를 좌우로 흔들었다. 고통 속에서 눈을 겨우 뜨더니 자기 어머니에 대해서 말하기 시작했다. 모든 사람은 죽기 전에 자기를 세상에 태어나게 해준 어머니의 품에 안기고 싶어한다는 것을 그때 알았다. 눈을 감으면서 스코티는 죽어 갔다. 그는 나에게 '2주일 전에 받은 메달을 어머니에게 꼭 전달해 달라'는 부탁을 남기고 저세상으로 갔다. 부대에서 받은 아주 조그만 동메달이었다."

베트남에 주둔한 미군은 존슨 때부터 안정감을 잃고 있었다. 존슨은 옳지 않은 방법까지 동원해 가면서 병사들을 전장으로 유인했다. 전쟁에 동원된 군대는 명분이야 어떻든 전과를 추구할 수밖에 없었기 때문에 초기 전투에서 용맹성은 대단히 높았다. 데이브 크리스천의 이야기는 마치 280만 명 참전용사들의 입장을 대변하고 있는 것처럼 보인다.

"내가 베트남에 갔을 때 17세였다. 나는 베트남이 왜 중요한지 설명할 수 없었고, 아무도 그것을 가르쳐 주지 않았다. 20세가 되자 전투하는 방법은 알았지만, 왜 전쟁을 해야 하는지 그 이유는 여전히 알 수가 없었다."

그것은 어쩌면 존슨도 마찬가지였을 것이다. 존슨 대통령 스스로도 베트남의 중요성을 설명할 수 없게 되자, 1968년 11월 전쟁 규모를 축소하면서 평화적 해결 방법을 모색하게 되었다. 군대의 도덕적 명분은 약간 퇴색했지만, 그때까지만 해도 미군 병사들의 정열은 크게 손상되지 않고 있었다.

병사들은 전쟁을 대하는 자세가 차츰 바뀌어 간다는 것을 감지하게 되었다. 군사적인 해결이 아닌 정치적인 방법으로 해결해야 된다는 뜻이었다. 그러나 병사들은 피 흘리는 것이 두려워 무기를 놓아 버린다는 것은 군인의 명예가 아니라고 생각했다.

미군 조직이 병들기 시작한 것은 닉슨이 정치적인 해결책을 모색한 때부터라고 보는 것이 정설이다. 정치적인 명예를 얻기 위한 닉슨 대통령의 조치였다. 남베트남을 현재 상태로 유지한다는 전제 조건에 합의하기 위해 군사적인 행동을 끝내자고 요청할 때부터 미군의 병은 속으로 곪아 갔다. 미군의 지원 없이 남베트남이 지켜질지도 의문이었지만, 지금까지 명분 없는 싸움만 했다는 병사들의 좌절감 또한 깊어만 갔다.

　닉슨의 새로운 정책은 전쟁 압력을 통해 평화를 이끌어 낸다는 계획이었다. 닉슨의 압력은 미군과 분단국가 남베트남에게 또 다른 부담으로 작용했다. 미국과 해외 반전론자들의 비난은 더 거세졌고 결과는 더욱 비극적으로 전개되었다. 미군 병사들에게는 '민주주의의 이름을 걸고 더 용감하게 싸우라'는 명령이 떨어졌지만, 본국에서는 격화되는 반전 데모로 피해자가 속출했다.

　닉슨의 베트남 정책은, '무력을 과시해서 지정학적으로 폭넓은 안전 지대를 구축한다'는 자신과 키신저의 주장을 내세워 합리화를 추구했었다. 미 행정부는 베트남전의 장기화에 따른 군사적인 손익을 추정하고 공개해야 했으나, 당국자들은 그렇게 하지 않았다. 국민들은 불안한 가운데 닉슨과 키신저의 주장에 끌려갈 수밖에 없었다. 그들은 국민들을 설득시켰다고 생각했다. 간헐적으로 흘러나오는 전쟁 관련 통계 숫자가 여론을 호도하는 마술을 부리기도 했다.

　미국의 안전 보장이 개선되기는커녕 군사력 자체에 큰 구멍이 뚫린 듯했다. 특히 국내의 반전 여론은 발등에 떨어진 불처럼 보였다. 국민들의 불신은 정부의 신뢰를 크게 떨어뜨렸다. 부상자들은 제대로 치료라도 받을 수 있을지 걱정하고 있었다. 과거에 국가가 국민들에게 보여주었던 신뢰와 강력한 추진력이 계속해서 유지될 수 있을 것인지, 국가 권위에 대한 의문이 제기되었다.

　닉슨 대통령이 취임하기 전, 1968년 말까지는 베트남 주둔 미군은 응집력이 높은 군대라는 평가를 받고 있었다. 그때까지 미군의 탈영 비율은 제2차 세계대전과 한국전쟁 때에 비해 월등하게 낮았었다.

　그러나 1969년부터 1971년 사이의 탈영 비율은 3년 전과 비교하여 100% 증가하였다. 미군 철수가 시작되자 탈영병이 급격히 늘어난 것이다. 베트남에서뿐 아니라 세계 어느 나라나 탈영병의 증가는 군대의 도덕성 추락 현상과 궤를 같이하는 법이다.

　미군 철수가 완료될 때까지 병사들은 점진적인 철수에 확신을 가질 수도 없었다. 해가 거듭될수록 전투 양상이 심각해졌기 때문이다. 1969년에는 캄보디아 공습이 있었고, 1970년에는 캄보디아를 전격 침공하기도 했다. 1971년에는 라오스에 들어갔고, 1972년에는 북베트남의 대대적인 공격에 대응해서 전사에 유례없는 대규모 북폭을 감행했다.

1972년 북폭 이후 12개월 동안 미군의 절반이 철수할 때까지 탈영 비율은 미군 역사상 가장 높은 7.3%를 기록했다. 무단 이탈자 비율도 17.6%로 늘어 1968년의 2배가 되었다. 이 두 가지 숫자가 특이한 성향을 드러내고 있었다. 탈영병과 무단 이탈자를 합치면 '미군 4명 중 1명이 명령을 거부하고 있었다'는 풀이가 가능하다. 미군 복무 규정에 따르면 '탈영'이란 30일 이상 결근을 의미하며, '무단 이탈'이란 30일을 넘지 않는 결근을 의미한다.

상관에게 불만을 품고 '수류탄을 던졌던 사건'이 최초로 시작된 1969년 이전에는 부대 내 사고에 관한 공식적인 기록이 별로 없다. 1969년부터 1971년까지 사병들이 장교를 공격한 하극상 사건은 연간 240건으로 부대 지휘 통솔에 치명적이라고 간주하는 11%를 넘나들었다. 원인이 밝혀지지는 않았지만, 전쟁범죄로 취급되는 베트남 주둔 미군 병사들의 폭행 치사 사건은 7배가 증가한 144건에 달했다. 전체적으로 혹은 부분적으로 범죄사실이 입증된 44건의 폭행 치사 사건은 별도로 분류되었다.

미군 병사들의 불만과 불안감의 표출은 마약 사용자의 급증에서도 뚜렷이 확인되고 있다. 물론 본토에서보다 마약류를 구입하기 쉬운 면도 있었다. 미군의 점진적 철수가 시작된 이후 전체 병력 중에서 마리화나 사용자는 29%에서 58%로 놀라울 만큼 늘어났다. 이 수치는 여러 가지 자료들에서 이미 검증을 마친 것이다.

1969년부터 1971년까지 환각제 사용자는 5%에서 14%로 증가한 반면, 헤로인 사용자는 2%에서 22%로 폭증했다. 1971년에 작성된 미 상원의 한 보고서는 '베트남 주둔 미군의 헤로인 상습 복용이 급격하게 늘어나고 있다'는 사실을 적고 있다. 그러나 이러한 기록들은 실제보다 더 축소된 것이다.

대부분의 미군 병사들은 여러 가지 마약을 제조업자들에게서 직접 구입하여 복용하고 있었다. 이런 마약류는 순도가 높았고 습관성이 매우 강했다. 순도 98%짜리 헤로인 한 캡슐을 사이공 거리에서는 2달러에 얼마든지 살 수 있었던 반면, 뉴욕에서는 순도 3~12%짜리 한 캡슐이 50달러에 거래되고 있었다.

1971년 전투에서 부상당해 입원한 환자가 5,000명 미만이었으나, 마약 남용으로 치료받는 환자의 수는 이보다 4배가 많은 2만 529명을 가리키고 있었다. 미군 병사들의 상습적인 마약 사용이 베트남전 이후에도 오랫동안 미국에서 범죄의 심각한 증가 원인이 되었음은 물론이다. 1981년에 나온 미국의 한 조사연구서는 베트남전에서 전투 현장을 경험한 병사의 25%가 마약 복용과 관련되어 체포되었다는 사실을 발표해서 충격을 안겨 준 적이 있었다.

미군 철수가 진행되던 시기, 병사들에게는 지루함과 마약이 함께 있었고 모두가 다 아는 골칫거리였다. 병사들 사이에는 종이 쪽지에 불과한 평화협상을 위해 자신들의 인생과 일상 생활까지도 낭비했다는 허무감이 형성되고 있었다.

그런데 미군보다 사기가 더 떨어진 남베트남 군대는 '평화협상 문안에 쓴 잉크는 피로 변할 것이다' 라고 믿고 있었다. 그러나 회복할 수 없을 정도로 땅에 떨어진 남베트남군의 사기를 걱정하는 미군 병사들은 아무도 없었다.

군인은 명예를 최고의 덕목으로 생활하는 집단이다. 이들에게 마약 사용 외에 한두 가지 사소한 규율 위반으로 명예 전역의 기회를 박탈한 것은 또 다른 불만이 될 수밖에 없었다. 당시 미국의 명예를 위해 군대에 지원 입대한 50만 명 이상의 장병들이 명예로운 전역자 명단에서 제외됨으로써 부당한 대우를 받게 만든 것은 비도덕적인 조치라는 비난이 높았다. 이런 대우를 받은 군인들 중 1/3이 베트남 참전용사였다는 점은 어떤 이유에서건 이해할 수 없는 처사로 보였다.

닉슨 대통령은 국가의 최고통수권자로서 뚜렷하지도 않은 목표를 내세워 전쟁을 장기간 연장함으로써, 자부심 높았던 군부를 송두리째 흔들어 버렸다는 비난을 피할 수 없었다. 국민들은 언젠가 군부의 사기는 치유될 것이라고 판단했다. 그러나 심각하게 타락했다는 닉슨 행정부에 대한 비난은 멈추지 않았다.

18

The Ten Thousand Day War
4년의 기다림

> 협상 테이블에서 키신저는 북베트남 사람들에게 이렇게 거짓말을 했다.
> "자, 보십시오. 나는 미치광이 닉슨 대통령을 대변하고 있습니다. 그가 무슨 행동을 할지 나도 알 수 없습니다."
> _닉슨 대통령 보좌관 존 에릭먼

 닉슨 대통령은 1969년 1월 20일 취임 연설에서 이렇게 선언했다.
 "역사가 주는 가장 큰 명예는 평화 중재자라는 칭호입니다. 이 명예가 미국을 부르고 있습니다. 우리는 혼란의 계곡에서 세계를 구하여 문명의 새벽 이후 인류가 꿈꾸어 왔던 평화의 반석 위에 올릴 수 있는 기회를 맞이하게 되었습니다."
 베트남에서 평화를 구축하겠다는 약속으로 닉슨은 대통령에 간신히 당선되었다. 선거 기간에 그는 '베트남의 탈미국화'와 '명예로운 평화 정착'을 선거운동의 쟁점으로 삼았다. 그의 취임 연설은 베트남에서 신속하게 철군하겠다는 뜻을 내포하고 있었다.
 대통령이 된 닉슨의 첫번째 발언은 새로운 세계 정치의 맥락에서 베트남 평화를 제안하는 것이었다. 그러나 몇 년이 지난 후, 미국 국민들은 닉슨이 초기부터 확전을 준비하고 있었다는 사실을 알게 되었다. 닉슨은 후에 백악관 수석보좌관이 된 할더먼H. R. Haldeman에게 이렇게 말한 것으로 알려졌다.
 "이것이 바로 '미친 사람 이론Madman Theory' 이야!"

선거 기간 중 둘이서 안개 낀 해변을 거닐 때, 닉슨은 자기의 생각을 이렇게 설명했다고 한다.

"북베트남 지도자들이 내가 전쟁을 끝내기 위해서는 무엇이든 하겠다는 결심이 서 있음을 알았으면 좋겠다. 우리는 이 말을 그들에게 꼭 전해야 된다. '당신들도 알다시피 닉슨 대통령은 공산주의에 대해 큰 고민을 하고 있다. 만약 그가 분노하면 우리도 어쩔 수가 없다. 그는 언제나 핵폭탄의 단추 위에 손을 올려놓고 있다.' 북베트남 지도자들에게 이 사실을 확실하게 주지시킬 필요가 있다."

닉슨은 자기의 성격을 스스로 설명하면서 "북베트남 사람들은 내가 말하는 모든 종류의 군사적 위협을 믿을 것"이라고 확신했다. 할더먼은 그의 저서 〈권력의 종말 The Ends of Power〉에서 "닉슨의 협박이 매우 중요했다"고 쓰고 있다. 그러나 협박은 계속되는 무력 지원이 있을 때만 신뢰성을 가질 수 있었다. 이러한 '전쟁 게임'을 눈치채지 못한 미국 국민들은 '확전 계획'에 찬성표를 던진 꼴이 되어 버렸다.

할더먼은 닉슨 대통령이 평화의 중재자가 되고 싶다고 말했던 사실을 강조했다. 그러나 그의 국내 문제 보좌관인 존 에릭먼 J. Ehrlichman은 "닉슨 대통령이 베트남을 미국의 진정한 뜻을 시험하는 무대로 보고 있었다"고 말했다. 케네디와 존슨이 그랬던 것처럼 닉슨의 전쟁 동기도 '세계 공산주의 세력을 무력하게 만들어야 한다'는 데 원천을 두고 있었다.

닉슨 대통령은 소련과 중국을 분리시켜 놓아야 양국과 따로따로 화해 무드를 조성할 수 있을 것이라고 보았다. 이런 구도를 진전시키면 군비 축소도 가능할 것이라고 믿었다. 미국은 무력 과시도 필요하지만, 차선책으로 베트남에서 전쟁을 계속함으로써 미·중·소의 관계를 안정시키고 협상도 유리한 방향으로 이끌어 갈 수 있다고 판단했다.

특히 닉슨의 생각은 '미국이 베트남에서 아직 힘이 빠지지 않았다는 것을 과시하는 것이 필요하다'는 쪽으로 기울었다. 그는 주도권을 유지하기 위해 필요하다면 전쟁 강도를 높이는 문제도 검토할 생각이 있었다. 확전은 유리한 입장에서 평화협상을 이끌 수 있는 가장 효과적인 방법이라고 판단했다. 에릭먼은 이렇게 말했다.

"닉슨과 그의 해외 문제 협조자인 키신저는 베트남 문제를 국내에서 소용돌이치는 좁은 시각에서 벗어나 세계적인 시각과 맥락에서 봐야 한다고 생각했다."

닉슨이 백악관에 입성할 때 밖에서는 반전 데모가 한창 진행되고 있었다. 닉슨은 집무실에서 그들의 외침을 계속 듣고 있었다.

"우리는 무엇을 원하는가?"
"평화!"
"언제 원하는가?"
"지금!"

닉슨은 국내의 극렬한 반전 데모와 파리의 평화협상을 동시에 인계받았다. 그는 두 가지 모두 필요 없다고 판단했다. 에릭먼에 의하면, '닉슨은 미국의 헌법에 따라 외교정책과 전쟁 수행 책임을 개인적으로 지는 대통령에 선임되었다'는 입장이 너무 확고했다는 것이다.

닉슨은 '외교정책이 거리의 외침으로 만들어질 수 없다'는 생각도 가지고 있었다. 그는 기본적으로 '양보받는 것이 바른 정책'이라는 고정관념을 가지고 있어서 '양보하는 것이 좋은 정책'이라는 너그러운 생각은 기대할 수 없었다. 그의 이런 자세는 존슨 행정부의 잘못을 그대로 되풀이하는 꼴이 되어 버렸다.

전임 국무장관 러스크는 '베트남에서 더 이상 미국의 노력이 필요 없다'는 결론에 동의하면서, 이것은 '미국의 민초들이 만들어 낸 결과'라고 느끼고 있었다. 러스크는 닉슨이 간단히 철군하지 않고 오히려 장기간 다른 결과를 얻어내려고 힘쓰고 있는 것을 보고 약간 놀랐다. 전쟁이 소강 국면으로 접어들었기 때문에 미군이 철수해도 군사적으로 패배했다는 이야기는 의미가 없을 것 같은 분위기로 변해 있었다. 러스크는 이렇게 주장했다.

"우리는 닉슨 행정부를 위해 미군이 철수해도 남베트남이 바로 유린당하지 않도록 군사적인 조치를 미리 해놓았었다."

존슨을 설득하기 위해 노력했던 러스크는 다시 한 번 똑같은 노력을 반복할 필요가 있다고 생각했다. 러스크와 함께 권력 이양 기간에 키신저를 만났던 클리퍼드 국방장관은 이렇게 말했다.

"아마 닉슨 대통령은 역대 대통령들이 가지지 못했던 좋은 기회를 만났다고 생각하는 것 같았다. 나는 키신저에게 닉슨이 취임하자마자 90일 이내에 철군을 바로 시작해서 최단기간에 한 명도 남기지 않고 완전히 철수하겠다고 발표하는 것이 좋겠다고 말했다."

클리퍼드는 자신이 수년간 고생한 이유를 키신저에게 자세하게 설명해 주었기 때문에 닉슨이나 키신저의 긍정적인 반응이 있기를 기다렸다. 그러나 키신저의 대답은 실망스러웠다.

"당신이 대통령에게 직접 이야기하는 것이 좋겠다."

클리퍼드의 안타까운 회고를 들어보자.

"대통령에게서 연락이 오지 않았다. 키신저도 다시는 내가 한 이야기를 거론하지 않았다. 마음만 먹었으면 전쟁은 1년 안에 끝낼 수 있었지만, 7년이란 세월을 허송했고, 2만 명의 병력을 더 잃었다. 이미 잘못된 정책이라고 판단하고 반성했던 것을 그들이 답습하는 바람에 추가로 약 650억 달러를 더 쏟아부었다."

전쟁이 다시 시작되자 새로운 대안을 모색하던 신임 국방장관 멜빈 레어드 역시 미군 철수를 주장하는 견제 목소리를 꺼내기 시작했다. 레어드는 취임하자마자, 존슨 시대의 '선집행 후결재'라는 전쟁 경비 집행 방식에 큰 충격을 받았다.

"부품, 탄약, 항공기, 전함 등을 구입하는 데 필요한 돈은 빌려 썼다. 100억 달러가 필요했던 부품과 장비 구입 자금을 급히 조성할 수 없었기 때문에, 나토와 다른 지역에 주둔하는 미군들에게 빌려 쓸 수밖에 없었다. 베트남의 전투 지원을 위해 불가피한 조치였지만 후에 지급할 방법이 막막했다. 실제로 미국 경제에 미치는 영향도 막대했다. 이런 상태에서 베트남전은 또 다른 국면에 접어들었다."

레어드는 펜타곤에 들어가면서 4년 이상 머물지 않겠다고 공언했다. 동남아시아에서 대규모 미군 지상군을 더 이상 지원할 수 없기 때문에 베트남에서 명예로운 철군을 해야 한다는 목표를 가지고 있었다. 실제로 그는 닉슨이 4년 임기를 끝낼 때쯤, 키신저가 국방정책을 좌지우지하는 바람에 갈등을 겪다가 사임해 버렸다.

레어드는 국방장관으로서 충분한 자격을 갖춘 인물이었다. 그는 1960년대 중반 이후 상원에서 공화당의 군사정책을 대변하는 인물이었으며, 베트남 전비의 과다한 지출로 전략 무기의 개발은 물론 서방 세계의 안보까지도 위험을

>>>> 1969년, 국방장관 지명자 멜빈 레어드(왼쪽), 키신저의 베트남 문제 군사자문관 알렉산더 헤이그(오른쪽)와 함께 한 닉슨 대통령.

초래할 수 있다고 한결같은 주장을 펼쳤던 사람이다.

정치적인 타협은 북베트남이 남베트남에서 영향력을 행사할 소지가 있다는 이유로 반대 의사를 분명히 밝혔던 레어드는 '병력 대신 무기만 지원하자'고 주장하면서 이렇게 말했다.

"무기나 장비는 지원할 수 있지만 병력 지원은 다르다. 우리는 베트남 국민들의 의지까지 마음대로 할 수는 없기 때문이다."

레어드의 가장 큰 걱정거리는 무엇보다 미국 내부의 분열이었다. 그는 수년 동안 미국 정부가 국민들의 베트남전에 대한 우려를 불식시킬 수 있도록 세심하게 대처해야 한다고 주장해 왔다. 젊은이들의 불안을 충분히 이해한 레어드는 첫번째 조치로 징병제도의 불합리성을 개선시켰다. 그는 징병연기제도를 폐지했다.

레어드는 반전 데모나 항의 시위 등도 많은 부분이 베트남 정책의 이해 부족에서 파생된 문제라고 생각했다. 그는 국민들이 베트남전이나 관련 정책을 판단하는 데 아무런 정보를 가지고 있지 않다는 사실을 곧바로 파악했다.

닉슨은 대통령 취임 1개월을 맞으면서 '미친 사람 작전'의 첫번째 조치를 취하기로 결정했다. 비밀리에 캄보디아를 공습하는 '메뉴 작전'의 일종이었다. 이 작전은 미군 야전군 사령관 크레이턴 에이브럼스 장군의 권유로 시작되었다. B-52 폭격기들이 사이공 서북방의 낚시바늘처럼 구부러진 지역을 공습하는 것이었다.

에이브럼스 장군은 오랫동안 추적했던 북베트남군의 지역본부인 남베트남 중앙본부(Central Office for South Vietnam : COSVN)가 '낚시바늘' 지역에 자리잡고 있다는 정확한 정보를 입수했다. 에이브럼스는 '목표를 확정하면 짧은 기간에 집중적인 공격을 펼쳐야 효과가 있다'고 제안했다.

에이브럼스의 제안은 레어드를 거쳐 백악관에 보고되었다. 곧이어 폭격에 따른 세부 계획이 추진되었다. 폭격 범위는 북베트남 군부의 성역으로 알려진 곳을 모두 포함하고 있었는데, 민간인 주거 지역의 인접 지역까지도 공습 피해 범위에 들어 있었다. 이 공습은 1960년 초반에 있었던 라오스 비밀공습의 형태를 그대로 따르고 있었다. 이 방법은 적이 반격은 물론 방어할 여유를 가지기 전에 모든 폭격 목적을 달성할 수 있어서 매우 효율적이었다.

닉슨 대통령은 철저한 보안 유지를 명령했다. 전략공군 사령부도 출격 직전까지 자세한 내용을 모르고 있었다. 에이브럼스 장군은 처음에 B-52 폭격기가 60회 출격하는 것으로 계획했다. 그러나 1969년 3월 18일 시작된 '조식 작전Operation Breakfast'에 이어 '중식 작전Operation Lunch' 등이 메뉴를 바꿔 가면서 계속 이어졌다.

폭격은 14개월 동안 3,650회를 출격한 B-52 전폭기가 맡았다. 쏟아부은 폭탄은 제2차 세계대전 당시 대일본전에서 사용한 양의 4배가 넘는 규모였다. 이와 같은 사실은 워터게이트 사건의 일부분으로서 4년 후에야 국민들에게 알려졌다.

'메뉴 작전'이 막 시작되었을 때 닉슨 대통령이 캄보디아에 대한 B-52 폭격기의 공습 요청을 받았다는 신문 보도는 일반 대중의 관심을 거의 끌지 못했지만, 백악관에서 직원들과 언론인들이 송신했던 전문이 워터게이트 사건의 첫번째 파장을 일으키기 시작했다.

레어드 장관은 이 폭격이 미군 철수를 신속하게 추진하는 데 도움이 될 것이라는 설득을 받았으나, 비밀을 유지하자는 의견에는 반대했다. 하지만 대통령과 키신저는 폭격 전까지 비밀을 유지해야 한다고 주장했다. 레어드는 상원과 미국 국민은 전쟁을 빨리 끝낼 수 있는 조치만을 환영한다고 확신했다.

어찌되었건 미국 국민은 정부 내에 있었던 그런 식의 비밀을 이해하지 못했다. 미국 행정부는 공정하지 못했다. 정보는 공개되지 않았고 정책 또한 솔직하지 못했을 뿐 아니라, 국무부와 키신저는 레어드와 다른 입장을 고수하고 있었다. 레어드는 대통령이 국방부 대신 국무부 쪽에 기울어졌다고 생각했다.

키신저의 군사고문관으로 토의 과정에 참여했던 알렉산더 헤이그는 캄보디아 내에 있는 북베트남군의 성역은 캄보디아 정부에도 도움이 안 된다는 논리를 내세워 폭격의 명분을 제공했다. 헤이그는 중립적인 노로돔 시아누크 정부와 친미국적인 추종자들이 미군의 폭격을 지원하고 있으며, 캄보디아 실력자들의 항의가 없다는 것은 폭격을 묵인하고 있는 증거라고 강조했다.

그러나 시아누크는 미국이 자기들의 영토 안에서 멀리 떨어져 있는 공산주의자들 기지에 사전 협의나 허가 없이 적대적인 행위를 했다고 불평했다. 10년이 지난 다음 시아누크는 영국 작가 윌리엄 쇼크로스W. Shawcross에게 이렇게 말했다.

"1969년 B-52 폭격기의 캄보디아 폭격에 대해 나는 아는 바 없다. 1968년 미국 특사 체스터 볼스C. Bowles에게 북베트남 은신처를 공격해도 좋다는 이야기를 했지만, B-52 폭격기 이야기는 없었다."

1969년 3월 중순에 본격 개시된 폭격은 캄보디아를 비극의 수렁으로 빠뜨리는 확전의 시발점이 되었다. 처음 나타난 현상은 시아누크의 몰락이었다. 조금 뒤에 나타난 결과는 중국이 지원하는 것으로 알려진 '크메르루주Khmer Rouge'의 등장이었다.

여러 가지 관측을 종합하면 크메르루주는 캄보디아 전체 인구 800만 명 중 최소 50만 명에서부터 최고 200만 명 정도를 학살한 것으로 전해지고 있다. 국경 분쟁 이후 베트남은 크메르루주를 몰아냈지만, 여전히 캄보디아를 점령하고 있었다. 쇼크로스는 그의 연구 논문 「단막극 : 키신저, 닉슨 그리고 캄보디아의 파괴Sideshow : Kissinger, Nixon and the Destruction of Cambodia」에서 시아누크의 말을 이렇게 인용한다.

"1960년대 존슨 대통령이 미국 군부의 캄보디아 침공 요청을 거부함으로써 우리는 살아남을 수 있었다."

후에 레이건 행정부에서 국무장관을 지낸 헤이그는 당시 백악관의 견해를 이와 같이 전했다.

"거기는 캄보디아 영토가 아니고 적(북베트남)의 영토였다. 우리는 법률적으로 그리고 도덕적으로 우리의 병력을 보호하기 위해 필요한 모든 조치를 취할 권리가 있었다."

비밀폭격 초기에 국방부는 남베트남 군대의 추가 훈련과 미군 철수를 위한 모든 시간표를 마련해 놓고 있었다. 닉슨은 이러한 조치가 하노이의 사기를 북돋아 협상 테이블에서 물러서지 않을까 걱정했다. 하노이는 캄보디아 폭격에 일체의 대응을 보이지 않았다. 닉슨은 한번 군사적인 개입을 시작한 나라에서 갑자기 철수해서는 안 되며, 명예로운 철수가 보장되어야 한다는 강박관념에서 깨어나지 못하고 있었다.

한편 사이공에서는 티우 대통령이 미군의 갑작스러운 철수를 비난하고 나섰다. 이른바 '베트남화 계획'에 티우는 분노를 감추지 않았다. 그는 미군의 캄보디아 공습을 철수를 위한 사전 준비 작업으로서 '한번 흔들어 놓고 도망가는 전략쯤'으로 생각하고 있었다.

티우는 '베트남화'라는 용어 자체도 미국의 개입을 인정한 것이 되기 때문에 잘못된 말이라고 주장했다. 초기부터 미국이 전쟁을 떠맡았던 것도 미국의 실수라고 몰아붙였다. 티우는 "키신저가 공산주의자들과의 관계 개선을 위해 베트남 사람들의 머리 위에 앉아 협상을 벌이고 있다"고 비난했다. 그래서 어느 정도 시간이 지나면 남베트남을 공산주의자들에게 넘겨줄 것이라고 생각했다.

닉슨은 개인적으로 티우에게 미군 지원은 계속될 것이라고 확인해 주었다. 자세한 미군 철수 일정을 밝히지 않고 있던 닉슨은 취임 한 달쯤 되었을 때 미군 2만 5,000명이 남베트남을 떠날 것이라고 발표했다. 1969년 7월 미군 철수를 발표하면서 닉슨은 하노이의 대응에 따라 추가 철수가 이루어질 것이라고 말했다. 티우는 반신반의하면서도 닉슨의 공식 발표를 믿을 수밖에 없었다.

첫번째 철수를 끝내고 닉슨과 호치민은 키신저와 레 둑 토에게 평화협상을 진행시키자는 편지를 교환했다. 레어드 국방장관은 닉슨과 키신저가 그 협상의 성공을 자신하고 있었다고 말했다. 초기의 이런 자신감은 닉슨의 무력 시위가 하노이를 위축시키는 약효를 발휘할 것이라는 예측에 바탕을 두고 있었다.

'메뉴 작전'을 통해 '후식', '스낵', '밤참' 등으로 명명된 협박용 지역 폭격으로 북베트남을 쑥대밭으로 만들어 가는 한편, 닉슨은 비밀협상 창구를 이용해서 최후통첩을 보내고 있었다. 메시지 내용은 "11월 1일까지 결론이 나지 않으면 중대한 무력 행사를 취할 수밖에 없다"는 것이었다. 9월 초 호치민 사망 후에도 이런 식의 메뉴 작전과 최후통첩은 계속되었다.

국내에서는 10월 15일을 전후해서 반전단체를 중심으로 '국민집회'라는 단체가 결성되었기 때문에 닉슨은 다시 격화될지도 모르는 반전 데모에 각별한 신경을 썼다. 이 단체는 대규모 항의 집회를 예고하고 있었다.

닉슨은 참모들 앞에서 이 단체를 극렬한 어조로 비난했다. 자신의 체면을 손상시킬지도 모르는 이들에게 분노를 표시하면서 '철없이 폭동을 일삼는 사람들과 직업적인 불만 세력'이 법을 위반할 경우 단호하게 대처할 것을 지시했다.

닉슨은 하노이를 향해 무력을 사용할 수도 있다는 뜻을 강력하게 시사했다. 닉슨의 언론 플레이가 시작된 것이다. 우선 언론에 '하이퐁 항구를 봉쇄하고, 북베트남 폭격을 고려하고 있다'는 루머를 흘리기로 했다.

하노이 협박용 루머는 키신저가 미국 주재 소련 대사 도브리닌A. F. Dobrynin과의 전화 통화를 통해서 뉴스로 가공되었다. 보도 관제管制가 전제되지 않은 도브리닌과의 비공식적인 통화에서 키신저는 이렇게 말했다.

"기차는 정거장을 떠나 철로를 따라 내려가고 있다."

키신저가 추진하는 미국과 중국의 화해 무드 암시에 우려를 표시한 도브리닌은 "소련은 하노이에 영향력을 끼칠 수 없다"고 말하면서도, 중국을 의식하지 않을 수 없었기 때문에 '하노이에 대한 원조도 줄일 수 없다'는 외교적 자세를 견지하고 있었다. 하노이에서 팜 반 동 수상은 "닉슨의 검은 책략은 참담한 패배를 모면해 보려는 미국의 절망적인 노력의 일환"이라고 맹렬히 비난했다.

팜 반 동은 또 미국의 반전단체가 조직한 '국민집회'에 공개 서한을 보내고, 이들의 노력에 축하와 격려 인사를 전하면서 "여러분의 적극적인 활동은 인류의 미래에 찬란한 희망을 안겨 주고 있다"고 치하했다.

10월 15일 전국적으로 여러 도시에서 수만 명이 참가하는 반전 데모가 시작되었다. 존 에릭먼이 반전 데모 상황을 상세하게 설명하자 닉슨은 이렇게 말했다.

"미국 사람들 사이에서 일어나는 조그만 균열일 뿐이야. 모든 텔레비전이 똑같은 방송을 하더군! 전파 매체가 나를 죽일 모양이야. 그러나 우리는 다수의 국민이 우리 편이란 사실을 알아야 돼!"

닉슨은 미국이 분열되어 가고 있는 현실을 알고 있었다. 11월 15일 워싱턴에서는 또 다른 대규모 반전 집회가 계획되어 있었다. 닉슨은 자기의 발언이 하노이에 영향력을 미치고 있다고 판단했다. 그래서 "무엇인가 의견 일치가 잘되어 간다"는 것을 강력하게 과시할 필요가 있다고 판단했다. 에릭먼은 닉슨의 자기 과시 성격을 이렇게 말한 적이 있다.

"닉슨은 대통령 선거에 두번째로 도전에서 그나마 근소한 표 차이로 당선되었지만, 스스로 입버릇처럼 말하는 '잊혀진 미국 사람들'인 보수층 사이에 강력한 지지 기반을 구축할 수 있다고 믿고 있었다."

닉슨은 매우 적극적인 인물이었다. 자신에게 도움이 될 만한 사람을 끌어들일 때도 가만히 앉아서 그런 사람들이 나타나기를 기다리지 않았다. 아직까지는 닉슨에게 적극적인 지원을 보내고 있는 단체와 사람들이 있었다. 미국의 강경보수단체를 조직해서 이끌고 있던 찰스 콜슨C. Colson 같은 인물이 대표적인 케이스라고 할 수 있다. 다수의 노동단체, 재향군인회 등은 닉슨을 오랫동안 후원해 왔다. 백악관 특별자문관이었던 콜슨은 닉슨과 생사고락을 함께 해온 인물이었기 때문에 워터게이트 사건이 터졌을 때도 에릭먼, 할더먼 등 다른 닉슨 보좌관들과 함께 기소되고 구속되는 비운을 겪기도 했다.

존슨 시대와 마찬가지로 반전 그룹은 대부분 근거 없는 낙관주의에 빠져 있었다. 국방부 고위직에 있었던 대니얼 엘즈버그는 반전주의자들의 요청에 따라 첫번째 반전 시위에 참여하기로 했다. 그는 자기가 보유하고 있던 베트남전의 중요한 기밀문서들을 복사하기 시작했다.

방대한 분량의 서류들은 닉슨 시대와 상관이 없었지만, 장기간에 걸쳐 백악관이 국민들에게 '베트남전의 많은 것을 속여 왔다'는 명백한 사실을 보여주고 있었다. 엘즈버그는 현재의 펜타곤 목소리를 감안할 때 '미국은 앞으로도 4년은 전쟁을 지속할 것'이라는 확신을 가지고 있었다. 그의 이야기를 들어보자.

"닉슨은 후에 실지로 감행했던 모든 일을 이때 계획했다. 캄보디아, 라오스 침공과 방어 수단 구축을 비롯해서 B-52 폭격기 출동과 하이퐁 항 폭파 등이 내용을 이루었다. 닉슨은 가능한 한 1969년 가을까지 이러한 일들을 계획대로 모두 해치울 생각이었다."

엘즈버그는 당시 반전 집회가 닉슨을 강경한 자세에서 물러서게 할 수 있을 것이라고 믿었다. 거리의 시위에 참여한 사람들은 그들의 생활 속에서 더 이상 효과적인 방법은 없을 거라고 생각했다. 그러나 닉슨과 함께 시위를 지켜봤던 에릭먼은 반전단체들의 시위가 역효과를 냈다고 말했다.

닉슨은 반전 시위에 반발하여, 11월 3일 호소하는 듯한 감정적인 연설로 조용한 다수의 국민들을 설득했다. 그러자 보수 세력의 즉각적인 반응이 쏟아져 들어왔고, 콜슨도 닉슨을 적극 지원하고 나섰다. 수천 통의 닉슨 지지 편지와 전보들이 전해졌다.

11월 15일 워싱턴기념관 앞에서 있었던 주말 항의 집회에 25만 명이 참가했다. 닉슨은 텔레비전 앞에 꼼짝하지 않고 앉아 있었다. 훗날 기자들이 "수십만 명이 반전 시위를 하던 날 무엇을 하고 지냈느냐"고 묻자 닉슨은 "아메리칸 풋볼을 구경했다"고 대답했다.

대규모 반전 시위에 크게 당황하고 우려한 국내 문제 담당 보좌관들은 데모 사태가 진정되기를 기대하면서 닉슨에게 유화책을 건의했다. 에릭먼의 이야기를 들어보자.

"나는 대통령이 이 기회를 활용하여 반전주의자들과 행정부 사이에 존재하는 분열 현상의 치유에 노력해야 한다고 생각했다. 희망을 가지고 모두가 사태 완화 조치에 힘써야 할 때라는 판단이었다. 대통령에게 시위 주동자들을 만나 대화할 것을 권유했다. 나는 행정부에 있는 사람들의 의견을 듣는 것보다 먼저 데모하는 사람들부터 만나야 한다고 생각했다."

이런 건의에 따라 에릭먼이 4명의 데모 주동자들을 닉슨 집무실로 데려왔지만, 대화가 잘 풀리지 않았다. 닉슨은 대화를 부드러운 분위기로 이끌기 위해 가벼운 이야기부터 시작했으나, 그들은 시종일관 강경한 자세를 굽히지 않았다.

그런데 닉슨을 측근에서 보좌했던 사람들 중 어느 누구도 반전주의자들의 성향이나 사고, 주장 등을 성실하게 알아보려고 노력했던 사람이 없었다. 그러니 대화는 자연히 겉돌 수밖에 없었다. 수없이 많은 변칙적인 협상 수법에 익숙했던 노련한 정치인들도 닉슨에게 도움이 되지 못했다. 닉슨의 주위에는 겨우 수줍음을 면할 수 있을 정도의 아첨배들과 그런 분위기에 길들여진 사람들만 있었다.

어려운 문제가 터졌을 때 발벗고 나서서 닉슨에게 진정한 도움을 줄 사람이 없었다. 존슨에게 '위대한 사회의 건설'이 버리지 못한 꿈이었다면, 초라한 입장의 닉슨에게 유일한 정열은 '미국에 대한 자부심'이었다. 시골의 가난한 잡화점 종업원이 집념의 정치인으로 성장해서 결국 대통령까지 되었다는 사실은 많은 국민들에게 용기를 주는 일이었지만, 반면에 많은 근심거리를 안겨 주기도 했다.

닉슨은 캘리포니아의 변두리 외진 마을에서 가난하지만 건실한 아일랜드계 퀘이커 교도 가정에서 태어났다. 200여 명이 살았던 '요바 린다Yorba Linda'라는 농촌 마을이었다. 미국은 닉슨에게는 무한한 기회의 땅이었다. 그는 3형제였는데, 한 사람은 태어나자마자 사망했고, 또 한 사람은 폐결핵으로 죽었다.

닉슨은 어렸을 때의 슬픔과 가난이 도전 정신과 어려움을 극복하는 용기의 원천이 되었다고 말한 적이 있다. 하버드대학교에 합격했지만 가정 형편상 진학할 수가 없었다. 대신 법률학교를 졸업하고 스스로 길을 개척했다. 27세에 결혼해서 안정된 가정을 꾸리고 이름난 회사의 동업자가 되었을 때 제2차 세계대전이 발발했다.

닉슨은 즉시 해군에 지원 입대하여 태평양전쟁에 참가했으며, 종전 후에도 투철한 반공주의자로서 냉전체제에 끝없이 도전했다. 5년간 상원의원을 지낸 다음 7년간 부통령을 역임했다. 1960년 대통령 선거에서는 승세를 굳혔다고 확신했으나, 역사상 가장 근소한 11만 3,000표 차이로 케네디에게 패했다.

선거에 패배한 닉슨은 근엄함을 잃어 갔다. 많은 정치평론가들은 이때부터 조지 코핸G. Cohan의 〈선술집The Tavern〉에 나오는 괴팍하고 희극적인 인물들을 닮아 갔다고 말한다. 닉슨은 〈회고록The Memoirs of Richard Nixon〉에서 대통령 시절의 행동을 '대학 시절의 자유분방함'에 비유했다. 다른 사람들의 시각과 사뭇 엇갈리는 대목이다.

그의 강인한 성격은 케네디에게 패한 것을 용납할 수가 없었다. 다시 입후보한 그는 결국 선거에서 이겼다. 그의 회고록을 살펴보면, 그는 분명 또 하나의 다른 정열을 가지고 있었다. 그것은 행동하는 것이었다. 그러나 그의 대학 시절은 그에게 그런 영역을 주지 않았고 항상 조연이란 자리매김만 하고 있었다.

대통령으로서 닉슨은 백악관을 지도하고 지배했는가, 아니면 보이지 않는 지배를 당했는가 하는 문제는 여전히 풀리지 않는 숙제다. 또한 헨리 키신저는 그의 편이었는가, 아니면 적이었는가 하는 의문과 함께 닉슨의 지도력은 많은 이야깃거리가 되어 왔다. 닉슨은 키신저에게 끝까지 매료당하지는 않았지만, 깊은 감명을 받고 있었던 것은 사실이다.

독일계 유대인들이 하버드대학교를 연결 끈으로 활용해서 키신저처럼 정치활동을 성공적으로 수행하는 것은 흔히 볼 수 있는 전통이다. 키신저는 닉슨에게 유쾌한 반대자였던 반면, 관념적으로는 어울리는 동지였다. 외교정책에 누구보다 깊은 관심과 의욕을 가지고 있던 닉슨에게 키신저는 아이디어의 원천이었다.

두 사람은 지정학적 체스를 두고 있었다. 흰색과 붉은색의 말을 쥐고 서로 싸우면서 장군 명군을 부를 때마다 지켜보는 사람들로 하여금 탄성을 지르게 했다. 그러나 각자 자신의 주위에 '베를린 장벽'을 구축했던 두 사람은 서로 상대방의 처신을 탐탁하게 생각하지 않았다.

백악관 수석보좌관 할더먼은 "잡지 표지에 실린 키신저의 기사 때문에 닉슨 대통령은 입술이 파랗게 될 정도로 분노한 적이 있었다"고 이야기했다. 에릭먼은 "키신저의 언론 플레이는 주도면밀했다"고 말했다. 에릭먼의 키신저 평가를 들어보자.

"키신저의 닉슨에 대한 칭찬은 항시 일정한 선을 유지하고 있었다."

헨리 키신저는 매우 개혁적이었지만, 경솔한 면도 자주 드러냈던 협상가였다. 그는 개인적으로도 적지 않은 문제점을 가지고 있었다. 키신저의 유일한 관심사는 자신에 대한 국민들의 인기 여부에 있었다. 닉슨과 키신저는 궁합이 잘 맞는 짝은 아니었지만, 비밀정책의 아이디어나 방법을 착안할 때는 누가 주도자인지 알 수 없을 정도로 호흡이 잘 맞았다.

그러나 베트남 문제만큼은 꼭 그렇게 되지 않았다. 평화협상 과정과 키신저의 활동 기록을 이야기할 때 빼놓을 수 없는 연구서적인 〈평화의 환상 *The Illusion of Peace*〉의 저자 언론인 태드 슐크T. Szulc는, "1969년 후반기에는 키신저보다 닉슨이 훨씬 더 단기간의 군사적 승리를 믿고 있었다"고 주장했다.

슐크는 베트남 종전 과정에서 여러 가지 중요한 상황 전개와 결과에도 불구하고, 키신저가 한때 스스로 말한 것처럼 "닉슨과 키신저는 베트남을 지엽적인 문제로 생각하고 있었다"고 지적했다. 레어드 장관은 베트남 문제가 닉슨과 키신저 사이에서 그렇게 꼬이게 된 여러 가지 동기들에 관해 이런 견해를 피력했다.

"두 사람은 평화적인 협상을 원했지만, 닉슨은 개혁적인 정책을 추구했던 사람은 아니었다. 키신저는 닉슨의 친구도 아니었고, 1968년 12월 이전에는 서로 알지도 못했었다. 그러나 넓은 의미로 볼 때 친구라 할 수 있는 키신저에게 닉슨은 많은 영향을 받은 것이 틀림없다. 전 국방부 관리였던 애덤 야몰린스키는 키신저의 기본적인 생각이 '베트남에서 철군했을 때, 강경 우익 세력의 반발을 우려한 과대망상적인 공포에서 출발했다'고 보았다. 유대인이었던 키신저는 제1차 세계대전 이후와 히틀러가 등장하던 시기에 독일에서 성장했다. 나는 키신저의 성격을 그의 성장 과정에서 찾을 수 있다고 생각한다. 그는 전쟁 패배 후 극우 세력이 득세한 독일의 사례가 미국에서도 일어날 수 있다고 믿었으나, 그것을 미국인들에게 경고할 준비가 되어 있지 않았다. 그래서 키신저는 자신이 감지한 위험을 미국이 피하기 위해서는 미군과 베트남 사람들이 수많은 희생을 감내해야 한다고 생각했다."

두 사람이 베트남 문제를 결정할 때, 가장 가까운 거리에서 지켜봤던 에릭먼은 이렇게 말하고 있다.

"중요한 의사 결정을 할 때, 닉슨의 주장 대신 키신저의 뜻대로 추진되었다고 말하기는 매우 어렵다. 베트남 정책은 닉슨과 키신저 사고의 혼합물이었다. 키신저는 대통령이 내린 결정의 범위 안에서 행동한 것이 사실이지만, 닉슨은 종종 의사 결정을 하면서 키신저의 뜻을 강도 높게 반영했다."

'존슨이 베트남에서 사상자가 급증하는 문제를 걱정했던 것처럼 닉슨도 같은 생각을 가졌었느냐'는 질문을 받았을 때 에릭먼은 이렇게 대답했다.

"마찬가지였다. 그러나 초기에는 그렇지 않았다. 무엇보다도 먼저 닉슨은 '국민의 의사를 통일시켜야 한다'는 정치적인 문제에 강한 집착을 가지고 있었다."

1970년 닉슨은 미국의 확고한 의지를 하노이에 과시하기로 결정했다. 키신저는 6개월 전에 시작된 비밀평화회담에 실망하고 있었다. 회의가 4번 열렸지만 아무런 진전이 없었다. 두 사람은 무력 위협이 있어야 평화협상이 진전될 것 같다고 생각했다. 2월 들어 레어드 장관이 이 문제를 협의하기 위해 사이공을 방문했다.

캄보디아에 있는 북베트남 기지의 비밀공격을 남베트남군이 맡기로 결정했다. 키신저의 전술에 동의한 셈이었다. 캄보디아의 시아누크는 미국의 공개 침투작전을 비난했다. 레어드는 키신저가 외교정책에서 강력한 지도력을 행사하고 있다는 현실을 인정하고 있었지만, '길들여진 행정부 내에서' 그도 나름대로 자기 목소리는 유지하고 있었다.

레어드의 목표는 철저하게 철군을 완료하는 것이었다. 첫해에 6만 명을 철군 목표로 내세웠던 닉슨의 계획이 충분하지 않다고 생각했던 그는 항상 더 많이, 더 빨리 철군해야 된다는 주장을 굽히지 않고 있었다. 그런데 닉슨의 대답에는 변화가 없었다.

"세상 사람들은 내가 간단히 철군 명령만 내리면 되는 것처럼 생각한다. 그러나 섣부른 결정으로 만약 우리의 우방이 다시는 미국의 말을 믿지 않게 된다면, 이 문제는 우방과의 관계뿐만 아니라 적성국과의 관계까지도 파괴하는 결과를 초래하게 될 것이다."

실제로 주요 우방국인 영국과 프랑스는 오래 전부터 베트남 문제에 대해 국제적인 협상을 통해서 해결하자는 압력을 넣고 있었다. 닉슨은 '우방국들은 무엇이 자기들에게 유리한지도 모르고 있다'고 비난했다. 닉슨은 베트남을 지정학적인 관점에서 매우 중요하게 생각하고 있었다.

결국 닉슨의 시각으로 볼 때 캄보디아는 희생당할 수밖에 없는 처지가 되어 있었다. 3월 18일 시아누크는 외유중에 실각되었다. 그의 오랜 보좌관이었던 론 놀Lon Nol 장군이 군사정부를 출범시켜 캄보디아에 있는 북베트남군 기지 공격에 나섰다.

망명정부를 세운 시아누크는 '자신은 CIA가 치밀하게 준비한 쿠데타의 희생양이 되었다'고 미국을 강력하게 비난했다. 시아누크의 주장을 즉각 부인한 워싱턴은 며칠에 걸쳐 국가안전보장회의를 열었다. 키신저의 특별보좌관으로 국가안전보장회의 위원이었던 윈스턴 로드W. Lord의 증언을 들어보자.

"캄보디아의 정국 안정을 위해 필요한 세력이었던 시아누크의 축출에 크게 놀랐지만, 대책은 없었다. 시아누크를 복귀시킬 것이냐, 아니면 론 놀을 인정할 것이냐를 두고 장시간 논란이 이어졌고, 결국 론 놀을 지지하자는 결의가 이루어졌다. 2주일 안에 5억 달러에 해당하는 미국의 지원이 반란을 일으킨 론 놀 장군에게 제공되었다."

닉슨은 자신의 회고록에서 쿠데타로 집권한 론 놀 지원 과정을 이렇게 설명하고 있다.

"시아누크가 실각하고 한 달쯤 지났을 때인 4월 22일, 나는 키신저에게 캄보디아의 론 놀 정권을 지지하기 위한 과감한 조치가 필요할 것 같다는 메모를 보냈다. 이틀 후 키신저는 미국의 선택을 상의하기 위하여 윈스턴 로드와 다른 보좌관들을 소집해서 이 문제를 논의했다."

백악관 생활을 시작하기 전인 1960년에 법과대학을 졸업한 윈스턴 로드는 키신저를 다음과 같이 평가했다.

"중요한 사안의 결정이 있을 때마다, 그는 언제나 가까운 보좌관들과 함께 여러 가지 토론을 이끌었다. 키신저가 반대 의견에 귀를 기울이지 않는다는 말은 와전된 거라 생각한다."

당시 키신저가 구상하고 있던 중요한 정책 결정은 동남아시아에서 완전히 새로운 전쟁을 촉발시키는 것이었다. 남베트남군과 미군의 지상군으로 캄보디아를 침공하는 것이었다. 윈스턴 로드의 증언은 이렇다.

"북베트남군은 이미 캄보디아 깊숙이 자리를 잡고 있었다. 우리가 잠시 잊고 있었지만, 북베트남군은 미군이 침공하기 훨씬 전부터 캄보디아에서 작전 활동을 하고 있었다."

"미국의 비밀공습이 진행되었던 14개월 동안 캄보디아에 있던 북베트남군은 더 깊숙이 숨어 들었다"라고 시아누크가 후에 진술한 바 있다. 1973년 2월 미군이 베트남에서 철수하기 시작하자 하노이는 국제적으로 비난을 받고 있던 크메르루주군을 전복시키기 위해 시아누크를 군사적으로 지원했다. 미군의 공습은 다시 시아누크를 겨냥했다. 작가 윌리엄 쇼크로스는 당시의 미군 공습을 이렇게 묘사했다.

"불과 몇 개월 사이에 대규모 공습으로 구舊캄보디아의 모습은 어디에서도 찾아볼 수 없게 되었다."

키신저는 윈스턴 로드 등 5명의 보좌관을 불러모아 놓고, 서로간 마음을 털어놓은 가운데 격렬한 토론을 펼쳤다. 서로 다른 생각을 가지고 있던 5명은 결국 남베트남군과 미군의 캄보디아 침공은 긍정적인 효과보다 부정적인 효과가 더 클 것이라는 데 의견을 모았다. 캄보디아 침공 결정 이후 그날 회의에 참석했던 나머지 4명의 보좌관은 사직했다. 앤소니 레이크A. Lake, 로렌스 린 L. Lynn, 로버트 모리스R. Moris, 윌리엄 워츠W. Watts가 그들이다.

닉슨은 캄보디아 침공 결단을 내린 감회를 회고록에 이렇게 기록해 놓고 있다.

"나는 키신저에게 메모를 전달한 날부터 5일째 되던 날인 4월 27일, 국내의 반발 여론을 고려한 다음 승부수를 던지는 기분으로 캄보디아 침공을 결정했다. 침공 바로 전날 밤 나는 키신저에게 만약 일이 잘못되더라도 국내에서는 반발이나 역습이 없을 것이라고 말했다."

대통령이 에릭먼을 그의 집무실로 불렀다. 에릭먼은 자신의 법조계 경력을 포기하고 1968년 닉슨의 선거운동에 참여했었다. 그때부터 두 사람의 관계는 백악관 내에서 가장 가까운 사이가 되었다고 한다. 결국 키신저보다는 에릭먼과 할더먼이 닉슨을 가장 편안하게 해줄 수 있는 사람들이었다는 것이다.

그들은 대통령과 격의 없이 말할 수 있는 입장에 있었기 때문에 언제나 닉슨이 간단히 말하면 정부의 명령으로 가공해서 해당자들에게 전달하곤 했다. 에릭먼은 당시 있었던 일화 하나를 이렇게 소개했다.

"대통령이 찾는다는 연락이 왔다. 급히 집무실로 들어갔더니 '앞으로 약 10일간은 국내 문제에 신경 쓸 수가 없어'라고 말했다. '당신에게만 알려주는데 우리는 캄보디아를 침공할 거야. 이런 사실을 이해하고 있기 바라네.'"

캄보디아 침공 48시간을 남겨 놓고 닉슨은 대국민설명자료를 준비했다. 국무장관 윌리엄 로저스는 이틀 전에 '미국국제법협회American Society of International Law'에서 4만 명의 북베트남 병력이 캄보디아를 점령하고 있다는 연설을 하여 자신의 입장을 부드럽게 만들었다. 로저스는 미국의 캄보디아 침공을 애매한 태도로 반대했으나, 사임하지는 않았다. 그는 우회적으로 캄보디아 침공을 중단시키려고 노력했다. 역사학자들은 로저스의 국제법협회에서의 연설은 닉슨을 간접 비판하는 의미를 담고 있었다고 보았다. 그리고 그는 북베트남의 행동이 유엔헌장을 명백하게 위반했다는 언급도 거의 하지 않았다.

레어드 국방장관은 미군이 폭격에 나서는 최악의 사태를 막기 위해 대통령을 설득시킬 시간 여유가 있다고 생각했다. 그러나 닉슨의 태도는 단호했다. 하노이측에 '미국이 지체 불구가 된 거인이 아니라는 것을 보여줘야 한다'는 결의가 확고했다.

캄보디아 침공이 강경한 방향으로 치닫게 되자 레어드는 대통령에게 대국민연설에서 '공격의 1차적인 목표는 위치가 확실하지 않은 북베트남군의 지역사령부 COSVN라는 말을 자제해 달라'고 부탁했다. 레어드는 당시 상황을 이렇게 말했다.

"대통령이 대국민연설을 시작하는 순간까지 나는 그 표현을 빼달라고 간청했다. 왜냐하면 북베트남군의 지역사령부는 한 곳에 집결된 소규모 부대가 아니었기 때문이었다. 베트남전 같은 게릴라전에서는 적군이 항상 움직였기 때문에, 우리가 지향하는 작전에 대한 정확한 이해가 없으면 미국 국민들은 또 다시 속았다고 생각할 여지가 있었다. 그러나 연설은 끝났고 북베트남 지역사령부는 미군의 중요한 공격 목표로 확정되어 버렸다."

4월 29일 1만 5,000명의 미군과 5,000명의 남베트남군 병력이 두 갈래로 나누어 침공작전을 개시했다. 첫번째 발표는 미 국방부와 사이공에 있는 미군사령부가 공동으로 맡았다. 핵심 내용은 '남베트남 정부의 요청으로 캄보디아에 대한 군사 행동을 시작했다'는 것이었다. 이어서 워싱턴은 남베트남의 요청으로 군사고문단과 항공 수송, 병참, 의료 및 포병도 파견했다고 발표했다.

미군 병력이 전체 침공 병력의 3/4을 차지하고 있다는 사실과 미군이 직접 군사 행동에 개입하고 있다는 언급은 없었다. 이틀이 지난 4월 30일 닉슨 대통령은 미군의 군사 행동 범위 등 구체적인 설명은 생략한 채, 남베트남군 병력과 공동작전을 추진하고 있는 미군이 캄보디아에 진입했다고 언론에 공개했다. 닉슨이 밝힌 캄보디아 침공 논리는 이런 것이었다.

"이 작전의 목적은 캄보디아 침공이 아니고 베트남전의 연결 선상에서 베트남에 남아 있는 미군을 보호하는 한편, 단계적인 미군 철수와 미국이 지금까지 추구해 온 '베트남화 계획'을 성공적으로 마무리하기 위한 조치일 뿐이다."

미국의 군사 지원을 받았던 캄보디아의 새 정부는 이러한 사실을 사전에 분명하게 통보받지 못했다. 론 놀 수상은 5월 1일 성명에서 '미국의 군사 행동은 명백한 캄보디아 영토 침략이라고 비난한 후, 영토 침략보다는 크메르루즈를 격퇴하기 위한 추가 지원을 바란다'고 말했다. 미국 내에서는 대규모 반전 시위가 벌어졌다. 미국이 남북전쟁을 치른 이후 국민들 사이에 최대의 비극적인 반목이 발생한 것이다.

닉슨은 반전 시위가 폭력적인 항의로 발전할 것이라고 예상하고 에릭먼에게 이렇게 말했다.

"당신이 경찰이나 국민방위군(National Guard : 미국 각 주의 방위군 - 역주)과 같은 진압부대를 동원할 수 있는 방법을 준비해 주기 바란다."

에릭먼은 이렇게 대답했다고 술회했다.

"우리는 점차 강도를 높여 가는 반전 시위에 대책을 강구하는 일이 조금도 이상한 일이 아니라고 판단하여 수차에 걸쳐 구체적인 대응책을 건의했었다. 여러 가지 유형의 발생 가능한 데모를 상정하고 효과적인 진압 방법과 대비책을 토의했다. 그러나 켄트주립대학교 사건은 전혀 예상하지 못했다."

오하이오 주에 있는 켄트주립대학교에서 발생한 반전 항의 집회는 날이 갈수록 점점 더 거세졌다. 학생들이 교수들 집무실을 점거하자, 이러한 데모 양상이 전국적으로 퍼져 나갔다. 켄트주립대학교 사건 발생 5일 전 닉슨 대통령은 버클리와 예일, 스탠퍼드대학교의 방화에 가담했던 학생들을 불량배들에 비유했다.

5월 4일 오하이오 주 국민방위군 병력은 실탄을 장전한 개인 화기로 무장하고, 켄트주립대학교의 교정을 포위했다. 젊은 데모 군중을 내려다볼 수 있는 언덕에 도열한 방위군이 사격에 앞서 전열을 가다듬고 있었다. 방위군의 일제 사격을 목격한 한 증인은 이렇게 말했다.

"어떤 젊은이가 '야, 실탄이야!' 라고 외쳤다. 그리고 나서 그 젊은이는 '하느님 맙소사! 이 소녀가 맞았어요!' 라고 소리지르면서 총에 맞은 소녀를 일으켜 세우려고 했다. 소녀의 재킷 겉에는 붉은 점이 찍혀 있었고, 입에서는 피가 쏟아졌다."

이날 대학생 4명이 총에 맞아 죽었다. 2명은 여학생이었다. 11명은 피를 흘리며 누워 있었다. 푸른 잔디 위에 참혹한 광경이 펼쳐진 것이다. 이 비극은 뉴스를 타고 삽시간에 미국 국민들을 슬픔의 도가니로 몰아넣었다. 총에 맞아 죽은 한 여학생의 아버지는 "내 딸은 불량배가 아니다!"라고 절규했다.

불과 며칠 사이에 전국 450개 대학이 항의 집회로 휴업에 들어갔다. 에릭먼 보좌관은 닉슨의 반응을 이렇게 전했다.

"나는 이런 사태가 발생했다고 해서 영향을 받지는 않을 것이다. 미군이 캄보디아에 들어간 목적은 그곳이 북베트남군의 은신처였으며, 그들이 미군을 계속 공격하는 근거지였기 때문에 뿌리를 뽑아 버리기 위해서는 불가피한 일이라고 생각한다."

이어서 닉슨은 공개적으로 또 이렇게 말했다.

"반전 데모가 폭력으로 돌변했기 때문에 비극을 불러왔다."

키신저의 군사고문이었던 알렉산더 헤이그는 '대통령이 지도력을 발휘했다'고 생각했다. '캄보디아는 매우 중요했기 때문에 미국이 결국 베트남에 충분한 자율권을 주어서 캄보디아를 침공할 수 있게 했다'는 논리였다. 그러나 미군의 캄보디아 침공으로 나타난 결과는 미군의 희생이었다.

헤이그는 닉슨 대통령 옹호 논리로 '미국의 지도력'을 들었다. 캄보디아 침공이 엄청난 논쟁을 일으킬 것이라는 사실을 알고 있으면서도 그렇게 말한 것은 '미국 대통령이 보여주어야 하는 지도력의 한 단면이었기 때문' 이라는 주장이었다. 헤이그는 "대통령이 캄보디아 논쟁을 무마할 수습책을 준비하고 있었으며 또 그렇게 했다"고 말했다.

그러나 에릭먼은 대통령이 분열된 국론을 봉합할 방법을 모르고 있었다고 당시의 상황을 전했다. 수만 명의 군중이 워싱턴으로 몰려왔고, 학생들은 링컨기념관 앞에 캠프를 치고 교대로 불침번을 서면서 대치하고 있었다. 닉슨의 무능이 서서히 모습을 드러내기 시작했다. 에릭먼은 당시의 상황을 이렇게 설명했다.

"헤아릴 수도 없이 많은 항의 방문이 백악관으로 이어졌다. 키신저를 포함해서 백악관에 있던 모든 직원들은 그 항의 방문을 보았고, 나는 사무실에서 항의 행진이 다가오는 것을 목격했다. 시민·학생단체 대표들은 이렇게 말했다. '우리는 캄보디아나 켄트주립대학교에서 일어나고 있는 일을 증오한다. 우리는 분노한다. 왜 베트남에서 철수하지 않는가?' 라고 외치면서 항의했다."

5월 8일 오후 2시 에릭먼은 닉슨 대통령이 차를 타고 어디론가 떠났다는 이야기를 백악관 직원에게 들었다. 에릭먼은 그 직원에게 빨리 따라가라고 지시하고, 군 무선통신으로 대통령의 위치를 즉각 파악해서 연락하라고 명령했다. 비밀경호원들이 대통령 차량에 바로 따라붙었다. 에릭먼은 '대통령이 지금 링컨기념관 앞에서 학생들과 대화를 하고 있다' 는 보고를 받았다. 닉슨의 돌발적인 행동을 뒤에 상세하게 전해들은 에릭먼은 닉슨의 특이한 행동 방식을 이렇게 정리했다.

"학생들은 질문을 퍼부었다. 캄보디아에 대해서, 베트남전에 대해서, 그리고 대학 캠퍼스 총기 발사 사건에 이르기까지 자신들의 관심사를 소상하게 답변해 달라고 요구했다. 그러나 대통령은 '유감스럽다' 라는 말로 그 질문들을 회피하고, 아메리칸 풋볼과 학생들의 취미 생활 등으로 화제를 돌려 버렸다. 닉슨이 사람들을 만나 대화할 때 전형적으로 나타나는 문제점들이었다. 닉슨은 백악관으로 돌아와 공보비서와 보좌관들을 불러 놓고 '학생들이 가졌던 많은 오해가 풀렸다'고 말했다. 닉슨은 바로 이런 사람이었다. 학생들은 흥분을 가라앉히고 진정한 대화를 원했지만, 닉슨은 '대통령이 학생들과 대화를 나누는 친근한 장면'이 언론에 보도되기만을 원했다. 그러나 학생들은 언론에 '대통령은 자신들과는 전혀 다른 생각을 하는 사람'이라고 말했고, 결과적으로 닉슨에게 부정적으로 작용하게 되었다."

레어드 장관도 캄보디아 작전에 여전히 부정적이었다. 미군은 캄보디아 국경 부근의 '낚시바늘 지역' 20마일까지 진격해서 상당한 전과를 올리고 6월 30일, 2개월 만에 철수했다.

구체적인 전과는 기관총과 소총 탄약 14만 3,000발, 대공포탄 20만 발을 노획하고 적군 4,776명을 사살한 것으로 집계되었다. 미군은 338명이 전사했다. 그럼에도 불구하고 적군 사령부는 찾아내지 못했다. 레어드 국방장관의 예언이 적중한 것이다. 북베트남군 사령부는 마치 물고기처럼 유유히 떠돌아다녔다. 어디든지 쉽게 자리잡을 수 있었다는 뜻이다. 레어드는 개인적으로 닉슨을 비판했다.

"캄보디아 진입작전은 미국 국민을 오도하는 한편, 캄보디아에 있는 적군 지역사령부도 찾지 못함으로써 작전 전체가 신뢰성을 잃어버리는 결과를 낳았다."

남베트남군의 4만 병력이 캄보디아 내륙으로 더욱 깊숙하게 진격했기 때문에 피난민은 갑자기 20만 명으로 늘어났다. 미국 상원은 캄보디아 내에서 더 이상 미국이 지상군과 공군 지원을 못하게 하는 수정안을 통과시켰다. 물론 이 수정안도 한참 후에는 교묘하게 피해 갔지만, 어쨌든 상원은 '통킹 만 결의안'까지도 철회했다. 동남아시아 지역에서 더 이상 확전은 상원의 승인 없이는 불가능하게 되어 버렸다.

웨스트멀랜드 장군 시대와 마찬가지로 군부는 다시 '정치적인 제한 때문에 많은 제약이 있다'고 불평했다. 알렉산더 헤이그는 캄보디아에서 확전을 강하게 희망했다. 당시 24년째 군복무중이었던 헤이그는 웨스트포인트 육군사관학교 졸업 성적이 310명 중 214등이었다. 하지만 그는 탁월한 행정 능력을 발휘하여 일본에서는 맥아더 장군을 보필했고, 이어 한국전쟁과 베트남전까지 관여한 인물이다.

헤이그는 대령 때 키신저의 눈에 띄어 발탁되었다. 그때부터 군인으로서는 보기 드물게 미국의 제반 문제에 영향력을 가지게 되었다. 닉슨이 워터게이트 사건으로 궁지에 몰렸을 때도 그는 백악관에서 능력을 인정받아 장군으로 진급했다. 그는 순조로운 승진 가도를 달려 일약 나토 사령관이 되었다가, 마지막에 미국 국무장관까지 역임하는 행운을 안았다. 캄보디아 침공 문제도 헤이그는 매파답게 자신 있게 말했다.

"내가 만약 비판을 받아야 한다면, 침공 결정을 발표하는 과정에 작전 기간과 미군의 행동 범위 등 너무 자세한 사항까지 밝힌 것에 문제가 있었다고 말하겠다."

캄보디아 침공 초기 닉슨 대통령은 앞으로 12개월 이내에 15만 명의 미군을 베트남에서 철수하겠다고 발표했다. CBS 방송이 실시한 여론조사는 캄보디아 침공 지지가 철수보다 2대 1로 높다고 보도했다. 뒤이어 실시했던 갤럽 여론조사는 '즉시' 또는 '늦어도 1971년 중반까지' 베트남 주둔 미군을 철수해야 한다는 여론이 48%, 필요한 시기에 철수해야 한다는 여론이 31%, 전쟁을 끝마칠 때까지 병력을 증강시켜야 한다는 여론이 13%로 나타났다고 말했다. 미국 내 여론은 상당히 분산되어 있었다.

그러나 닉슨은 여전히 '조용한 다수가 자신을 지지하고 있다'고 주장했다. 그는 하노이를 강하게 밀어붙일 수 있는 힘을 위임받았다고 생각하고 있었으나, 북베트남이 '겁을 먹고 있다'는 징후는 어디에서도 찾아볼 수 없었다. 캄보디아 문제가 터지자 하노이는 비밀협상을 철회한 다음 9월에 들어 더 강경한 태도를 보였다. 하노이는 협상 타결의 전제 조건으로 티우 대통령의 사임을 요구했다. 정치평론가 태드 슐크의 이야기를 들어보자.

"북베트남이 티우 사임을 요구하는 단계까지 이르자 협상은 난관에 봉착했다. 닉슨과 키신저는 군사적인 승리가 불가능하다는 것을 깨달았다. 남은 수단은 남베트남의 총체적인 붕괴를 막기 위해 평화협상을 최대한 지연시키는 방법밖에 없었다. 닉슨은 그때서야 상황이 자기에게 불리하다는 것을 알아차렸다. 캄보디아 문제로 상원은 행정부를 일일이 간섭하기 시작했고, 이미 국민들과 약속한 '미군 30% 철수'는 눈앞에 다가와 있었다."

1970년을 조용하게 보낸 북베트남은 캄보디아 사태에 대응하여 호치민루트에 다시 병력을 투입하기 시작했다. 전장에서 미군을 밀어내기 위해 진행시켰던 지난 2년간의 노력이 증발하는 과정이었다. 1969년부터 유지되어 오던 잠정적인 휴전 조치는 끝났다. 티우 대통령은 국경에 집결하고 있는 대규모 북베트남 병력과 직면하게 되었다. 티우는 전쟁을 혼자 떠맡아 '베트남화 계획'이라는 어려운 문제를 풀어 가야 하는 입장에 서 있었다.

1971년 1월 18일 국가안전보장회의 결의를 거쳐 닉슨 대통령은 라오스 침공을 승인했다. 지상군은 참여하지 않았지만 포병, 헬리콥터, 항공기 지원을 통해 1만 명의 미군이 1만 7,000명의 남베트남군 작전을 도왔다. 15세기에 있었던 승전사에서 이름을 딴 '람손Lam Son 작전'은 2월 8일로 진격 날짜가 잡혀 있었다. 티우 대통령의 이야기를 들어보자.

"북베트남의 마지막 공세를 지연시키는 데 시간 여유가 없었다. 우리는 최선의 노력으로 호치민루트를 봉쇄하여 보급품 반입을 막아야 했기 때문에 라오스 침공에 동의했다."

키신저는 회고록 〈백악관 시절The White House Years〉에 이렇게 쓰고 있다.

"나는 사이공 주둔 미군이 지원하는 남베트남군 1만 7,000명으로 소기의 목적을 달성할 수 있을까 우려했다. 왜냐하면 한때 미군은 호치민루트를 공격하기 위해 필요한 병력이 약 6만 명이란 계산을 했기 때문이다."

주요 목표는 라오스 국경 내 25마일 지점에 있는 북베트남군 기지 '체폰Tchepone'이었다. 미군 헬리콥터로 수송된 남베트남군은 산 정상에 포 진지를 구축한 다음 서서히 전진해 들어갔다. 가벼운 전투를 거치면서 체폰까지 진격하는 데 약 1개월이 걸렸다. 북베트남군의 반격이 시작되었다. 한 달 이상 소요된 교전 끝에 남베트남 군부대 몇 개가 섬멸당했다. 4월 9일 두 달에 걸친 제2차 침공이 끝나자 남베트남 병력의 피해가 공식적으로 밝혀졌다. 전사 1,146명, 부상 4,245명이었다.

그러나 실제 사상자 수는 몇 배가 넘을 것이라는 소문이 돌았다. 미군의 항공 수송 병력의 손실은 176명이 전사하고 1,042명이 부상당했다. 남베트남군 철수를 위해 이용 가능한 미군 헬리콥터가 총동원되었기 때문에 최악의 비극적인 상황은 막을 수 있었다. 지나치게 많은 병사들을 태운 바람에 헬리콥터들은 착륙 받침대에 병사들을 매단 채 돌아오기도 했다. 미군은 남베트남군이 견디지 못하고 후퇴했다고 비난했지만, 티우는 미군이 먼저 발을 빼서 패배했다고 되받아쳤다. 티우는 이렇게 말했다.

"패배한 직접적인 이유는 미군에게 있었다. 전투 1주일이 지나고 나자 미군 헬리콥터 조종사들의 피해가 늘어났다. 그래서 부상병 후송용 헬리콥터까지 단축해서 운용했다. 우리 병사들이 빠르게 진격하지 못한 이유가 여기에 있었다. 북베트남군 병사들에게 반격의 기회를 주어 버린 것이다. 미군은 헬리콥터의 손실과 조종사들의 피해를 신속하게 보완하지 않았다."

라오스 침공작전이 시작되었을 때, 야전사령부에 있으면서 '실패를 예상했다'고 말해서 비난받았던 키 부통령은 이런 이야기를 들려주었다.

"처음부터 불필요한 작전이었기 때문에 실패는 당연했다. 적군을 함정으로 유인, 공격하기 위해 병력을 파견한다는 데는 이견이 없었으나, 왜 하필이면 정글로 찾아가야 했는지 이해할 수 없었다. 숲으로 소풍을 가는 것도 아닌데……."

군사전략가 브라이언 젱킨스는 라오스 침공은 한마디로 "젊고 유능한 남베트남 장교들을 제물로 바친 1급 참사였다"고 혹평했다.

"수년간 베트남전에서 실시했던 전술이나 전략에서는 아무것도 배울 것이 없었고, 단순한 교훈마저도 남기지 못했다."

닉슨과 키신저는 현장 조사를 위해 헤이그를 파견했다. 헤이그는 '보다 많은 미군이 참가했어야 할 전투였다'고 판단하면서 이렇게 말했다.

"무능력한 남베트남군 단독으로 실시한 작전이었기 때문에 결과는 예상보다 훨씬 미흡했다. 미군이 지원했어야 할 작전이었지만, 현실이 따라 주지 못해 필요한 지휘관과 관리 체계가 부실하기 그지없었다. 문제는 미군이 가지고 있는 '베트남화 계획'에 대한 선입관이었다. 또한 미 국방장관이 관장하고 있던 미 지상군의 지휘 체계가 적극적인 태도를 보였어야 함에도 나약해서 제 역할을 하지 못했다. 만약 미군이 제 기능만 했어도 그 작전은 성공할 수 있었을 것이다."

헤이그의 언급에는 레어드 국방장관이 백악관의 의지를 잘 반영하지 못하고 있다는 뜻이 내포되어 있는 듯했다. 한편 헤이그의 분석에 따르면 '베트남화 계획'은 대규모의 미군 주둔 없이는 성공을 거둘 수 없다는 것으로 요약되었다. 그의 견해가 백악관 고위 당국자들의 의도를 확실하게 반영하고 있다면, 미 행정부가 추진했던 '베트남화 계획'은 확신이 아닌 한낱 책략에 불과한 것이었다는 사실을 암시하고 있다. 티우는 이렇게 설명하고 있다.

"미국의 베트남화 계획은 철저하게 미국이 마음먹기에 달려 있었다. 나는 여러 차례에 걸쳐 미국 사람들에게 베트남화 계획은 진정으로 베트남 사람들을 위한 계획이 되어야 하며, 이를 위해서는 당연히 우리가 철저하게 싸울 수 있게 도와주어야 한다고 강조했다. 우리가 기대한 대로 되었다면 남베트남의 붕괴를 막을 수 있었다."

그러나 당시 티우 대통령도 정직하지 못한 부분이 있었다. 그는 사이공에서 '람손 작전'의 승리 퍼레이드를 가졌다. 남베트남 정부는 승리를 자랑하면서 적군 사살 1만 7,000명에 7,000정의 무기를 노획하고 1,250톤의 쌀을 몰수했다고 발표했다.

미국에서는 비난 여론에 앞서 이보다 훨씬 빠르게 패배 분위기가 퍼져 나갔다. 닉슨은 "폭력이 비극을 낳았다"고 말했다. 미국의 여러 도시에서 테러리스트들이 폭탄을 터트렸다. 국회의사당에서 폭탄이 터져 상원의원 한 명이 어깨를 심하게 다치기까지 했다. 민주당 하원 간부회의는 격렬한 토론 끝에 1972년 말까지 미군의 베트남 개입을 완전히 끝내기로 결론지었다.

닉슨은 최소한 남베트남을 위해서는 다시 한 번 시계 바늘을 반대 방향으로 돌려놓은 꼴이 되어 버렸다. 에드워드 케네디E. Kennedy 상원의원은 라오스 침공 사태를 '악몽'이라고 비난했으며, 맥거번 의원은 '베트남화 계획의 신뢰성에 의문을 던졌다'고 지탄했다. 풀브라이트 상원의원은 "집단적인 사기극 또는 집단적인 오판 중 하나이거나, 아니면 둘 다"라고 꾸짖었다.

풀브라이트 상원의원은 지난 18개월 동안 2명의 대통령에 걸쳐 자행된 기만과 오판의 전모를 잘 알고 있었다. 상원 외교분과위원장으로서 그는 〈펜타곤 페이퍼〉로 알려진 1945년부터 1968년 사이의 베트남 관련 문서를 행정부 밖에서 받아 볼 수 있는 유일한 사람이었다. 이 보고서에는 베트남에 대한 미국의 의사 결정 과정이 소상하게 기록되어 있다.

〈펜타곤 페이퍼〉의 작성에 참여하면서 일찍부터 환상과 오판에서 깨어 있었던 대니얼 엘즈버그는 7,100페이지에 달하는 방대한 연구검토보고서 사본을 1969년 하반기에 풀브라이트에게 넘겨주었다. 풀브라이트는 상원 청문회를 검토했으나 그때까지는 개최하지 않고 있었다. 당시 매사추세츠공과대학MIT에서 고위급 연구원으로 일하고 있었던 엘즈버그는 이렇게 말했다.

"캄보디아와 라오스 침공 사태를 보면서, 나는 더 이상 상원의 조치를 기다릴 수 없다고 판단했다. 미국이 젊은이들을 무책임하게 죽이고 있다는 생각이 들었다. 애국적이고 헌신적이며 가장 건실한 미국 시민들을 파멸로 몰아넣고 있었다. 모든 미국 젊은이들은 징병제도에 다 걸려 있었다. 자식 대에는 이런 일이 절대로 일어나지 않게 만드는 것은 우리 같은 기성세대의 몫이었다. 〈펜타곤 페이퍼〉를 다 읽고 나서 나는 지금 진행중인 전쟁은 다른 전쟁과 관련이 없다는 것을 깨닫게 되었다. 프랑스 전쟁에 뒤이어 베트남의 전쟁, 미국의 전쟁이 일어났던 것이 아니었다. 초기부터 우리가 참여한 전쟁은 하나였다. 프랑스와 마찬가지로 우리도 그 전쟁에 참여할 아무런 권리가 없었다."

엘즈버그는 기밀문서를 복사하기에 앞서 부인과 상의했다고 한다. 왜냐하면 수천 부를 복사하는 데 자기들이 저축해 놓은 돈 3,000~4,000달러를 써야 했기 때문이다. 엘즈버그는 부인을 설득시킬 수 있는 꾀를 썼다고 한다. 미 행정부가 '전쟁의 가속 페달'을 한층 더 강하게 밟았던 1964년 북베트남 폭격 자료를 그의 부인에게 건넸다. 부인의 감정에 호소해서 눈물을 흘리게 할 계획이었다. 부인은 동의했고 사본은 풀브라이트에게 전달되었다.

존슨 대통령 당시 북폭이 있었던 1964년은 북베트남 인민들에게는 끔찍한 시기였다. 그들의 고통은 말할 수 없었고 쥐어짜는 듯한 어려움이 그들을 에워싸고 있었다. 어려움을 나타내는 다양한 단어들이 다 들어 있었다. 눈물을 흘리면서 〈펜타곤 페이퍼〉의 극적인 부분을 다 읽고 난 엘즈버그 부인은 '이러한 상황은 인류애에 대한 고문'이라고 규정했다. 엘즈버그는 부인에게 이런 말을 듣고 상당히 당혹스러웠다고 한다.

라오스 침공이 있은지 며칠 후, 엘즈버그는 〈펜타곤 페이퍼〉 사본을 〈뉴욕타임스〉의 닐 쉬이한N. Sheehan 기자에게 넘겼다. 1971년 6월 13일 발췌 기사를 보도하기에 앞서 몇 주일에 걸친 신중한 고려와 검증이 시작되었다. 이날의 〈뉴욕타임스〉 표지에는 백악관 로즈가든에서 찍은 닉슨 대통령과 딸 트리시아의 사진이 실려 있었다. 다음 페이지 표제 기사의 제목은 「펜타곤 페이퍼로 본 미국의 군사 개입 확대 과정 30년*Pentagon Study Traces three Decades of Growing us Involvement*」이었다.

〈펜타곤 페이퍼〉에 직접 연루되어 있지는 않았으나, 닉슨은 하여튼 그 기사가 대통령직과 자기 자신을 너무 가볍게 취급하고 있다는 생각으로 불쾌감을 느끼지 않을 수 없었다. 에릭먼의 이야기를 들어보자.

"닉슨 대통령이 언론을 바라보는 부정적인 감정은 일시적인 것이 아니었다. 실제보다 약간이라도 긍정적으로 쓴 기사를 나도 본 일이 없었다. 특히 그 기사는 대통령이 걱정했던 것보다 훨씬 수위를 벗어나 있었다. 언론은 국가의 기밀에는 관심이 없었고, 국민들의 복지에도 신경을 쓰지 않는 것처럼 보였다. 화젯거리가 될 만한 것이나 선동적인 제목을 붙일 수 있는 것은 물론, 대통령을 흔들 수 있는 것이면 무엇이든지 써 대는 것 같았다. 닉슨은 〈뉴욕타임스〉가 더 이상 발췌 보도를 하지 못하도록 금지 명령에 필요한 근거 자료를 확보해서 법원에 제소했다. 그러나 언론은 물러서지 않았다. 〈워싱턴 포스트〉도 발췌 기사를 보도하기 시작했다. 다양한 보도 억제책을 강구하면서 제소까지 했으나 아무 소용이 없었다. 전국적으로 많은 신문들이 진실 보도 억압에 항의하면서 '국가 안보에 무해하다'는 정당성과 논리를 앞세워 닉슨에게 도전해 오고 있었다."

이 제소에서 미 연방 대법원은 6월 30일, 〈뉴욕타임스〉의 손을 들어주었다. 베트남전 때문에 탄생한 〈펜타곤 페이퍼〉의 직접적인 영향으로 백악관은 '워터게이트 사건'이란 회오리바람에 휩싸이기 시작했다. 에릭먼은 이렇게 설명했다.

"이때 닉슨 대통령은 초긴장 상태에 있었다. 워터게이트 사건의 발생 원인을 소상하게 이해할 필요가 있다. 대니얼 엘즈버그는 한때 하버드 재학 시절 키신저의 제자였다. 그들은 여러 면에서 생각하는 것이 달랐다. 키신저는 엘즈버그에 대해서 닉슨 대통령과 여러 가지 이야기를 나누었다. 자기가 알고 있는 그의 모든 것을 대통령에게 말해 주었다. 초기의 문제는 엘즈버그가 국방부 기밀문서를 손에 넣고 있거나, 최소한 기억하고 있다는 사실이었다. 이 기밀문서로 그가 무엇을 할 것인가를 놓고 여러 가지를 검토했다. 그의 의도를 파악하기 위한 충분한 노력을 한 것이다."

엘즈버그의 '불온한 입'을 막는 임무가 FBI에게 주어졌다. FBI 국장 에드거 후버E. Hoover는 엘즈버그의 장인 친구였다. 후버가 머뭇거리는 동안 낭패스러운 일이 일어났다. 비밀리에 엘즈버그 감시 임무를 맡은 에릭먼의 부하 에길 크로그E. Krogh Jr.가 그에게 이렇게 보고했다.

"FBI에게 직접적인 정보를 얻기는 어렵습니다. 전에 FBI 요원이었던 친구와 CIA에 근무했던 친구들이 있는데, 이 일을 그들에게 맡기면 좋을 것 같습니다."

크로그가 추천한 사람들은 백악관 직원이었다. 에릭먼은 '좀더 생각을 해보자'고 말한 다음 얼마 있다가 닉슨 대통령에게 이 문제를 상의했다. 닉슨 대통령은 '만약 크로그가 추천한다면 그렇게 하라'고 허락했다. 대통령의 국내 문제 담당 부보좌관이었던 에길 크로그는 전 FBI 요원 고든 리디G. Liddy, 전 CIA 요원 하워드 헌트H. Hunt를 포함한 정보전문가들로 소위 비밀조직을 결성했다. 모두 한때 변호사 생활을 했던 사람들이었다. 에릭먼은 엘즈버그의 정신과 의사 루이스 필딩L. Fielding 박사 사무실에 침입하는 비밀작전을 승인했다.

과거에 FBI와 CIA는, 수사관들이 수사 대상 인물들의 의료기록 등 여러 가지 자료를 추적할 수 있게 하기 위하여 불법 가택 침입도 눈감아 주고 있었다. 고든과 하워드는 관록을 살려 새로운 사실을 발견할 수 있을 것이라는 기대를 가지고 루이스 필딩 박사의 사무실에 잠입했다. 워터게이트 사건과 관련된 불법 침입 사례의 예행 연습이었다. 엘즈버그는 문서 오용 및 절도죄로 15차례 기소를 당해 총 115년이란 형량을 언도받게 되었다. 그러나 '피고의 권리가 부당하게 침해당했다'는 사실이 밝혀지면서, 그는 모든 기소 사실에서 자유로워졌다.

〈펜타곤 페이퍼〉 사건은 닉슨 대통령이 아주 미묘한 시기라고 생각했던 때에 터져 나왔다. 소련과 '전략무기제한협정(Strategic Arms Limitation Talks : SALT)'이 진행중이었고, 한편 7월에는 2년여에 걸친 평화협상을 인내심 있게 추진해 온 키신저가 베이징에서 저우언라이 수상을 만나던 때였다.

1971년이 시작되자마자 닉슨에게는 시련이 몰아닥쳤지만, 하여튼 2월에는 역사적인 베이징 방문 기회를 가졌다. 1972년 5월에는 소련과의 정상회담이 기다리고 있기도 했다. 베트남을 제외하면 미국의 외교정책이 여러 곳에서 꽃을 피우고 있었다.

파리비밀협상에서 키신저는 가장 의미 있는 양보 카드를 내밀었다. 사이공 측에는 알려지지 않았지만, 그는 남베트남에서 북베트남군이 철수해야 한다는 조건을 슬며시 철회했다. 그래도 하노이는 아무런 대응을 하지 않고 있었다. 평화협상 분석가 태드 슐크의 이야기를 들어보자.

"이때쯤 기묘한 형태로 진행되고 있던 베트남전은 이미 미국에게 중요한 문제가 아니었다. 소련과의 관계 개선이나 중국과의 협상을 통해 충분히 극복할 수 있고, 해결할 수 있는 문제로 생각했다. 하노이는 한 발 물러서서 미국 내의 반전 압력으로 닉슨이 자기의 1차 임기 내에 베트남전을 끝마치기 위해 노력할 것이라고 정확하게 예측했다. 하노이는 군사적인 승리를 통해서 미군을 완전하게 몰아낼 수 있는 절호의 기회를 맞이하고 있었다."

코넬대학교의 연구원으로 워싱턴에 있는 '인도차이나 자료센터Indo-China Resource Center'의 이사이기도 했던 개리스 포터는 "1971년에 미국과 하노이는 서로 군사적인 조치로 얻을 수 있는 것이 무엇인지를 가늠하고 있었다"고 분석했다.

베트남전의 대단원을 최종적으로 어떻게 장식할 것인가를 놓고 검토를 계속해 오던 닉슨은 선거의 해가 시작되자 자신감에 차 있었다. 1월 들어 닉슨은 '앞으로 4개월 안에 미군 7만 명이 베트남을 떠날 것'이라고 발표했다. 베트남에 주둔하는 미군 병력을 6만 9,000명 수준으로 축소하는 획기적인 조치였다. 그해 1월에 또 "공식적인 평화회담은 생산적이지 못하다"는 비판이 쏟아지자, 닉슨은 '키신저가 1969년부터 비밀회담을 충실히 진행시키고 있다'고 공개했다.

2년 반에 걸쳐 키신저는 15회의 대서양 횡단 여행을 가졌다. 주로 파리비밀협상을 위한 여행이었다. 그의 보좌관들은 이런 사실을 숨기기 위해 적지 않은 노력을 쏟았다. 윈스턴 로드와 동행했던 파리 여행은 항상 주말이나 공휴일을 이용했다. 키신저의 파리행 보안 유지는 윈스턴 로드가 묘책을 발휘했고, 헤이그 또한 키신저의 행방을 잘 은폐하고 있었다. 키신저는 대통령 전용기를 마음대로 이용했으며, 프랑스의 협조도 잘 받고 있었다. 윈스턴 로드의 설명은 제임스 본드의 영화를 보는것 같다.

"우리는 보통 토요일 아침 일찍 출발했다. 키신저와 함께 앤드루 공군기지의 특별격납고로 차를 몰고 가서 비행기를 타고 토요일 하루 종일 대서양을 횡단했다. 프랑스 중부 지역에 내린 뒤 퐁피두G. Pompidou 대통령 사무실에서 주선해 주는 제트기로 바꿔 타고 파리의 외곽 지역에 도착했다. 미국 대사관 전속 무관이 가명으로 빌린 자동차를 항상 대기시켜 놓고 있었다. 안전한 아파트에서 토요일 밤을 보내고 다음 날 북베트남 사람들과 회담을 가지는 스케줄이었다. 회담을 마치면 똑같은 코스로 되돌아와 아무 일도 없었던 것처럼 월요일 아침 출근했다."

카프카Kafka의 광기마저 느끼게 했던 닉슨은 가끔 에릭먼에게 '미친 사람 이론'의 진전 과정을 이야기해 주곤 했다. 닉슨과 키신저는 파리비밀협상을 진행시키면서 마치 '투캅스' 처럼 티격태격하는 사이 가까워지기도 하고, 멀어지기도 했다. 두 사람은 잠시 떨어져 있어도 서로 다른 사람과 무슨 말을 나누는지 알고 있었던 것 같다. 닉슨은 키신저가 북베트남 사람들과 회담중에 나눈 사소한 이야기도 다 알고 있었다고 한다. 에릭먼은 '키신저의 이야기를 닉슨 대통령에게 들었다' 면서 이렇게 소개했다.

"자 똑똑히 보시오, 나는 미치광이 닉슨 대통령을 대변하고 있소. 그가 어떤 짓을 할지 나도 잘 모릅니다. 나는 평화를 사랑하는 아주 합리적인 사람입니다. 나는 군사적인 작전이나 폭격을 반대합니다. 그러나 닉슨의 행동은 아무도 예측할 수 없습니다. 닉슨보다는 내가 대화의 상대자로서 훨씬 편하기 때문에 당신들은 나를 상대하는 것이 좋을 것입니다."

키신저는 회담장에서 이런 이야기를 나누다가 협상이 어려움에 봉착하면, 재빨리 백악관에 보고해서 군사작전의 일종인 폭격이나 공세를 취하게 만들었다. 그런 후 다시 협상 테이블에 돌아와서는 북베트남 사람들에게 이렇게 말했다.

"나하고 협상을 하지 않으니까 이런 불행한 일이 발생하는 겁니다. 백악관에서 닉슨은 이상한 행동을 하고 있습니다."

그러나 이것은 두 사람이 즐기는 연극에 불과했다. 파리비밀협상이 진행되는 동안 북베트남은 다시 일어섰다. 키신저의 대화 상대자인 레 둑 토는 서두르는 법이 없었다. 그는 40년 전 북베트남 공산당의 설립 멤버로 당시는 정치국원이었다. 레 둑 토는 키신저를 만날 때, 항상 웃음으로 대하면서도 결코 확실한 대답을 하지 않았다. 가끔 자신의 보좌관들에게 이런 정치적인 시를 암송해 주었다고 한다.

분노가 나를 몸서리치게 하는구나!
오랫동안 침략자들의 발굽이
우리의 강토를 수없이 짓밟았지!

1972년 초 그 동안 추진해 오던 회담 내용이 공개되면서 비밀협상이 막을 내리자, 대통령은 미국의 평화회담 조건을 공식 발표했다. 조건은 평화협상안이 체결된 날부터 6개월 이내에 모든 미군은 철수하고, 유엔 국제감시단의 감독하에 선거를 실시한다는 내용이었다.

재선출을 바라고 있던 티우 대통령은 다른 후보들과 공정한 경쟁을 한다는 명분으로 선거 직전에 사임했다. 선거 실시를 제외하면 다른 조건들은 1969년에 제시되었던 내용들과 크게 다르지 않았다. 그 동안 동구권과 서방 세계의 관계는 많이 호전되었지만, 남북 베트남 사이의 적대 관계는 여전했다. 이런 와중에서도 미국은 베트남 문제에 관한 구체적인 행동 지침을 마련해 놓고 있지 않았다.

그런데 갑자기 놀라운 사태가 벌어졌다. 3월 30일 12만 명의 북베트남 정규군이 북위 17도 군사분계선을 넘어 춘계 공세를 감행한 것이다. 소련제 탱크와 중무장한 부대를 앞세우고 남쪽으로 진군, 3개 성 깊숙이 파고들었다. 북베트남이 지금까지 펼쳤던 전통적인 공세에 비하면 가장 큰 규모였다. 평화협상 전문가들 사이에서도 이 공세를 바라보는 시각과 의견이 엇갈렸다. 개리스 포터는 다음과 같이 분석했다.

"하노이의 목적은 군사적인 승리가 아니고, 무력의 균형을 1968년 구정 공세 이전 수준으로 돌려놓는 데 있었다. 이것은 한마디로 종전이 굳어지기 전에 보다 많은 수의 병력을 남베트남에 진군시켜 유지하겠다는 목적이었다."

그러나 태드 슐크는 약간 다른 각도에서 분석하고 있다.

"북베트남은 더 이상 미군을 무서운 위협의 대상으로 생각하지 않고 있다는 자신감을 과시할 필요가 있었다. 북베트남은 상당한 자신감을 가지고 있었던 데 비해 닉슨은 북베트남의 결의와 예상밖의 강력한 군사적인 행동을 과소평가하고 있었다."

당시 베트남 주둔 미군은 9만 5,000명 수준을 유지하고 있었다. 닉슨 대통령은 남베트남 지상군을 지원하는 대규모 공습과 하노이와 하이퐁 인근의 시설들에 대한 B-52 폭격기의 출격을 명령했다. 모스크바 방문 일정이 시작되기 2주일 전인 5월 8일 닉슨 대통령은 특별방송에서 "하노이는 필요로 하는 무기와 보급품을 지원받지 못할 것"이라고 선언했다. 닉슨은 소련 선박들이 주로 사용하는 북베트남 항구들이 어뢰의 공격을 받고 있다고 발표했다.

닉슨이 커다란 도박을 벌이게 되자 국내외에서 격렬한 토론이 뒤따랐다. 온갖 외교적 어려움을 무릅쓰고 2년에 걸쳐 성사시킨 모스크바 미소 정상회담을 목전에 두고 있었기 때문이다. 주요 '전략무기제한협정'을 포함해 전후 냉전체제를 완화시킬 수 있는 여러 가지 합의 사항들이 정상회담에 안건으로 상정되어 있었다.

윈스턴 로드와 닉슨 보좌관들은 대통령의 폭격 지시가 '제한적인 보복 폭격'이라는 사실을 우방에 강조하면서도 내심 모스크바 정상회담 실종 여부를 크게 걱정하고 있었다.

그러나 닉슨은 북베트남이 소련제 무기를 가지고 남베트남 일부를 유린하는 시기에 모스크바에 가서 합의문에 서명하고 소련의 지도자들과 샴페인 잔을 부딪친다는 것은 있을 수 없다고 생각했다. 자신의 입장과 체면 손상을 크게 염려했다. 그래서 닉슨은 자기의 명예를 걸고, 위험을 무릅쓰면서까지 소련에게 무엇인가를 얻어내야 한다고 판단했다. 이러한 자세가 차기 선거에 도움이 될 것이라는 계산도 하고 있었다.

북베트남의 공세는 2개월째 계속되고 있었다. 백악관은 북베트남의 항구에 정박해 있는 소련 선박들을 기뢰로 봉쇄해 놓은 상태에서 미소 정상회담을 계속 추진한다는 결정을 내렸다. 닉슨 대통령이 5월 22일 모스크바를 향해 떠났다. 당시 미소 관계를 분석한 태드 슐크의 해설은 다음과 같다.

"강대국 사이에 묘한 신경전이 벌어졌다. 역사상 가장 큰 포커 게임의 하나였다. 북베트남은 이 춘계 공세에 모든 것을 걸고 있었으나, 소련과 중국은 우방국 북베트남이 폭격과 어뢰 공격 외에 기뢰 봉쇄까지 당하고 있음에도 불구하고, 동맹국들에 대한 이미지 실추와 체면 손상도 외면한 채 침묵을 지키고 있었다. 한편 닉슨 행정부도 미소 정상회담과 데탕트 진행이 순조롭지 못할 수도 있다는 위험을 느끼고 있었다. 이런 흥미로운 구도 속에서 서로간에 폭격이 진행되는 동안, 닉슨은 베이징으로, 모스크바로 돌아다녔다. 강대국 사이의 역사는 나름대로 다른 길이 있는 것처럼 보였다."

7월 중순경 북베트남의 재래식 무기를 앞세운 공격은 미국의 공습 앞에 결국 무력해졌다. 북베트남의 각 도시들은 많은 타격을 입었지만, 큰 변화를 끌어내지 못한 채 미군도 공세를 멈추었다. 양측 모두 결정적인 군사적 승리를 거두지 못했다.

개리스 포터는, 하노이가 최대의 목표로 삼고 추진했던 연립정부의 설립에서 한 발 물러나 '티우가 계속해서 대통령 자리를 유지하는 것을 묵시적으로 동의했'고 말했다. 이러한 현상은 중간 세력의 개입 없이 티우 정부의 확실한 집권을 추진했던 미국의 입장과 철저한 연립정부를 고집했던 북베트남의 주장을 잘 조화시켜 놓은 모양이 되었다.

에릭먼은 "이 단계에서 미국은 군사적인 우세를 점할 수 없다는 사실을 인정했다"고 말했다. 에릭먼이 말하는 양측의 전망을 들어보자.

"전쟁을 지금처럼 계속한다는 것은 선거 때까지 아무런 소득이 없을 것이라고 판단했다. 키신저도 똑같이 걱정하고 있었다. 미국이 최선을 다해서 국면을 전환시킨다 해도, 북베트남을 1~2년 전 상태로 돌려놓는 시나리오가 고작이었다. 결국 수만 명의 사상자를 내면서 무리하게 감행했던 캄보디아와 라오스 침공작전으로 얻은 것이 아무것도 없다는 명백한 결론에 도달했다."

북베트남도 춘계 공세를 통해 비슷한 경험을 한 것으로 보였다. 일시적으로 영토를 확장할 수 있었으나, 100만 명에 달하는 전쟁 재해 난민만 다시 만들었다. 곧 떠날 것이라고 믿었던 미군은 남아서 공습을 재개하는 한편, 하노이 근처까지 다가오고 있었다. 하노이측 수석대표 레 둑 토는 키신저에게 연락하여 10월 8일 파리에서 다시 만났다.

레 둑 토는 미군의 완전 철수와 포로 교환의 대가로 즉각적인 휴전을 제안했다. 두 사람이 설치를 합의한 '국민화해협의회National Council of Reconciliation'는 때가 되면 베트남에서 선거나 정치적인 결정을 관리하기로 되어 있었다. 키신저를 수행했던 윈스턴 로드는 이런 판단을 하고 있었다.

"레 둑 토의 협상 제안이 좋은 돌파구라고 생각했다. 북베트남 사람들의 협상 자세를 감안해 봤을 때, 미국이 제안했던 1971년 5월의 수준으로 돌아가자는 것이었다. 미군 철수, 휴전, 포로 교환, 국제 감시 등을 전제 조건으로 하는 군사적인 안전 대책이었다."

윈스턴 로드는 하노이가 다가오는 미국의 선거에 영향을 받았다고 생각했다. 10월쯤에는 닉슨이 상원의원 조지 맥거번을 여론에서 압도하고 11월 선거에서의 당선이 확실시되고 있었기 때문에, 하노이는 닉슨과 몇 년을 더 협상해야 된다는 어려운 전망에 직면해 있었다. 로드는 10월 8일의 협상이 역사적인 성격을 가질 것이라고 생각했다.

하노이가 수년간에 걸친 협상 과정에서 고민한 끝에 군사적인 안정과 정치적인 안정을 분리시킬 것을 결정함으로써 평화가 깃들 수 있게 되고, 미국은 명예롭게 철군의 길로 나갈 수 있을 것이라고 윈스턴 로드는 판단하였다. 결국 이 명예로운 평화로 인해 북베트남 병력 15만 명이 남베트남 내 현재 위치 또는 국경 근처에 잔류하는 명분을 얻게 되었다.

윈스턴 로드와 정치적인 견해를 달리하고 있었던 미국의 정치평론가들과 언론은 10월 8일 협상으로 미국이 얻은 것은 아무것도 없다고 깎아 내렸다. 아서 슐레징거는 이렇게 표현했다.

"닉슨은 지금과 똑같은 조건으로 1969년에 철수할 수 있었고, 그때 철수했어야 했다."

태드 슐크는 북베트남의 심중을 상당히 정확하게 꿰뚫어 보고 있었다.

"북베트남 사람들이 미국에 준 선물은 티우를 권좌에 앉히고 싶어하는 미국에게 명분을 인정해 주었다는 것이다. 대신 그들은 나름대로의 계산을 하고 있었다. 미군을 몰아내기 위해서 피문은 평화협정에 서명을 하자는 것이었다. 티우는 내버려두어도 1~2년 후에 스스로 사라질 것이라고 확신하고 있었다."

윈스턴 로드와 다른 견해를 가지고 있던 또 한 사람은 파리에서 키신저와 같이 협상에 참여했던 보좌관 존 니그로폰트 J. Negroponte였다. 그의 이야기를 들어보자.

"미국 내의 반전 시위 등 불안한 정치 상황이 미국측 협상 대표단에게 영향을 미쳤다. 북베트남의 춘계 공세 또한 '베트남화 계획'에 어떤 영향을 미칠지 몰라 혼란이 일어났다. 합의 과정에서 가장 큰 맹점은 라오스나 캄보디아 문제에 일체의 언급이 없었다는 점이다."

더군다나 남베트남의 대통령 티우도 '명예로운 결과'라고 미국이 자화자찬하는 잠정적인 합의에 대해 아는 것이 아무것도 없었다. 10월 8일 이후 숨가쁘게 돌아간 10일 동안, 워싱턴과 하노이는 사소한 의견 차이나 미세한 문구들을 다듬고 조정했다. 전문電文으로 닉슨과 팜 반 동은 휴전 이후 병력 재배치

범위를 합의했다. 이와 함께 북베트남은 하노이에 포로로 억류되어 있는 566명의 미군 조종사들을 예정대로 석방하겠다고 말했다.

키신저는 사이공으로 날아갔고 닉슨 대통령은 하노이에 '합의문이 완전하게 준비되었다'고 연락했다. 서명일은 10월 31일로 결정되었다. 남은 문제는 티우 대통령에게 통보하는 일과 그의 반응을 살피는 것이었다. 키신저와 함께 사이공에 갔던 윈스턴 로드의 증언을 들어보자.

"나와 키신저를 위해서도 다음과 같은 사실은 밝혀 두는 것이 좋다고 생각한다. 우리가 겪었던 8년이라는 전쟁 기간 중 가장 힘들었던 일이기 때문이다. 우리는 몇 마디 자세한 보충 설명까지 덧붙여 가면서 '명예로운 평화를 얻었다'고 말했다. 티우 대통령과 남베트남 사람들도 어쨌든 기뻐할 줄 알았다. 휴전하고 몇 년이 지나면 북베트남도 끈질기게 주장해 온 연합정부를 포기할 거라고 생각했다. 우리는 남베트남에 지속적인 군사 지원도 약속했다. 티우 대통령에게 이러한 사실을 설명했을 때, 묵묵히 들으면서 아무런 불평을 하지 않아서 우리는 더욱 용기를 냈다. 티우는 합의문을 놓고 여러 가지를 생각한 나머지 우리가 아주 유리하다고 생각했던 사항에 대해 몇 가지 질문을 하고 돌아갔다. 그가 다시 돌아와서는 합의문을 맹렬하게 비난했다. 며칠 동안 정말 힘들었다."

여기에서 티우 대통령의 회고를 들어보자.

"나는 예스맨이 아니며, 꼭두각시는 더욱 아니다. 나는 미국이 우리 베트남 국민들에게 짐을 지우려는 어떠한 사안에도 결코 동의할 수 없었다."

'하늘로 올라간다'는 뜻을 가진 이름, 구엔 반 티우 대통령은 5년째 재임하고 있었다. 1945년 프랑스가 베트남 재점령에 나섰을 때, 그는 베트민에 참여했었다. 그러나 1년도 채 되지 않아 '베트민은 공산주의자들'이라고 비난하면서 탈퇴해 버렸다.

티우는 프랑스가 베트민에 대항해서 싸울 때, 프랑스가 운영하는 군사학교에 들어갔다. 베트민과 수없이 많은 전투를 했으며, 1963년 대령 때는 디엠 정권 전복 쿠데타에서 중요한 역할을 해냈다. 평화협상 기간 중 키신저와 자주 대립했던 티우 대통령은 또 이렇게 말했다.

"그들은 나를 비합리적인 사람이라고 불렀다. 나는 베트남 사람으로서, 애국자로서, 나라의 운명을 책임진 사람으로서 국민들에게 부끄러움 없이 행동했다."

윈스턴 로드는 두 가지 점에서 스스로 오판했다고 인정했다. 몇 년 전에 저질렀던 실수와 마찬가지로 이번에도 상호 철군 조항을 빠뜨려 버린 것이다. 티우는 남베트남 영토 내에서 북베트남 병사들을 대면할 수밖에 없게 되었다. 또 다른 한 가지는 남베트남 군부나 국민들을 설득할 수 있는 충분한 시간이 주어지지 않았다. 분노가 극에 달했던 티우는 키신저와 나누었던 이야기를 솔직하게 털어놓았다.

"나는 남베트남의 운명은 두 가지에 의해서 결정된다고 말했다. 하나는 북베트남 병력이 남베트남에 남아 있다는 사실이며, 다른 하나는 '국민화해협회'로 위장한 연합정부 문제였다. 키신저는 우리도 모르게 공산주의자들과 협상했다. 미국은 국내 문제 해결을 위해 베트남을 버리려고 한 것이다. 이것은 현실 정치에서 일어나는 실수가 아니라, 미국이 고의적으로 옳지 못한 정책을 선택한 결과였다."

티우와 키신저가 심각한 대립을 보이고 있을 때, 현장에 있었던 벙커 대사와 헤이그는 티우의 입장을 충분히 이해할 수 있었다. 벙커 대사는 이렇게 말했다.

"티우 대통령의 반대는 너무나 당연한 일이었다. 북베트남 병력이 남베트남에 남아 있는 상태에서 공정한 선거는 사실상 불가능했었기 때문이다."

헤이그가 지켜봤던 양측의 입장과 티우를 뒤늦게 설득하려고 했던 말은 이런 것이었다.

"정당성이라는 측면에서도 티우는 여러 가지 사항에 회의적이었다. 일단 북베트남이 동의한다고 해서 이 협의안이 지켜질 수 있을 것인가 하는 점이다. 우리는 티우에게 위험을 한번 감수해 달라고 요청했다. 상원의 입장이 너무나 강경했기 때문에 어느 정도 위험 감수는 불가피했었기 때문이었다."

협상안에 분노한 티우는 서명을 4일 동안 연기해 버렸다. 10월 22일로 못박았던 날짜도 아랑곳하지 않았다. 10월 25일 닉슨은 하노이에 연락해서 협의안 서명 날짜를 연기하자고 요청했다. 사이공의 반대를 이유로 들었다. 하노이의 반응은 다음 날 하노이 국영방송을 통해서 흘러나왔다. 협의안 전문 설명과 함께 조약 체결 날짜가 사전에 결정된 10월 31일이라고 발표해 버렸다. 하노이 입장에서는 그렇게 강한 반응을 보일 만한 이유가 있었다.

오랫동안 파리협상에 참여했던 국가안전보장회의 멤버 존 니그로폰트의 입장에서 봐도 하노이의 그런 반응은 이해할 수 있는 것이었다. 그의 자세한 설명을 들어보자.

"하노이는 두 가지 측면을 우려했던 것으로 보인다. 사이공을 동반할 수 없어서 서명이 연기된다면, 하노이는 역사상 가장 큰 사기극의 희생자가 될 수도 있다는 두려움이 있었다. 다른 한편 미국이 국내의 정치적인 문제를 해결하기 위해 평화조약을 이용한다면, 대통령 선거가 끝나고 난 다음 미국이 언제라도 합의문 내용을 번복할 가능성이 있었기 때문이다."

하노이 방송을 전해들은 키신저는 '평화는 목전에 있다'고 대응했다. 1주일 후 11월 7일 닉슨은 60.7%의 득표로 압도적인 승리를 거두었다. 그날 밤 공화당의 축하연에서 닉슨은 두 팔로 크게 V자를 그리면서 관중의 환호에 답했다. 참석자들은 "4년 더, 4년 더!"를 크게 외쳤다.

선거가 끝나자마자 닉슨은 캠프데이비드 산장으로 떠났다. 그곳에서 문을 걸어 잠그고 보좌관들에게 취임 연설 준비를 지시했다. 새해 예산안이 초미의 관심사였지만, 닉슨은 키신저와 함께 베트남 문제를 가능한 빨리 해결하기 위해 깊은 논의를 계속했다. 키신저는 파리로 돌아가 11월 20일 비밀리에 레 둑 토를 만났다. 티우 대통령의 요구를 어느 정도 수용해야 할 필요가 있었기 때문에 60개 항목의 변화 내용을 제시했다. 함께 있었던 윈스턴 로드의 이야기를 들어보자.

"우리는 합리적인 결론을 끌어내기 위해 노력하면서, 동시에 가능하다면 합의문 수정을 자제하려고 고심했다. 하노이의 주장을 받아들이려 했지만 너무 많은 요구가 쏟아졌다. 우리의 요구는 북베트남 병력 철수를 제외하고는 대부분 사소한 것이었던 반면, 하노이의 요구는 많은 부분이 시간 끌기 작전용인 것 같았다."

또 하나의 중요한 변화가 있었다. 티우 대통령을 달래기 위해 미국은 사이공에 대규모 군사 및 경제 원조를 약속했다. 1972년 11월과 12월, 하노이의 정치국은 평화협상안을 체결했을 때 발생할 수 있는 유리한 사항을 다시 검토하기 시작했다.

그러다가 12월에 들어서자 북베트남이 평화협의안을 기피하는 기색이 역력했다. 미국이 의견 접근을 위해 다가갈 때마다 하노이측은 새로운 조건을 제시했다. 그들은 미국의 여론을 철저하게 의식하고 있었으며, 미국 내에서 파리협상 대표단의 입장을 흔들어 지치게 만들었다. 협상은 결렬 외에는 다른 방법을 찾을 수 없어 12월 13일 결국 무산되고 말았다.

닉슨의 명령을 받아 협상을 수행해 온 키신저는 레 둑 토에게 '만약 이 협상이 완전히 결렬되면 대규모 무력에 의존할 수밖에 없다'고 단호하게 경고했다. 이와 동시에 티우 대통령에게도 평화협상안을 준수하지 않으면, 일체의 미국 원조를 중단하겠다고 통보했다. 일련의 사태 중에서 태드 슐크의 관심을 끌었던 것은 두 달 전에 사이공에서 보여주었던 티우 대통령과 키신저의 끝없는 불화였다. 워싱턴으로 돌아오는 비행기 안에서 키신저는 보좌관 한 사람에게 자신의 심경을 솔직히 털어놓았다.

"이 전쟁을 4년 더 끌고 갈 수는 없다. 어떤 '잔혹한 행위'가 있더라도 이제는 이 전쟁에 종지부를 찍어야 한다. 정말 끝내야 돼! 수단과 방법은 문제가 안 돼!"

슐크는 '잔혹'이란 용어에 불길한 예감이 들었다고 말했다. 12월 들어 슐크의 예감은 적중했다. 하노이와 하이퐁에 대한 크리스마스 대폭격은 미국의 인

548_ 베트남 : 10,000일의 전쟁

>>>> 1972년 북폭을 강화한 닉슨 대통령은 그해 크리스마스 때 하노이와 인근 항구 도시 하이퐁에 10만 개에 달하는 폭탄을 투하했다. 엄청난 파괴와 헤아릴 수 없는 인명 피해가 뒤따랐다. 서방 언론은 '인륜의 파괴'라고 비난했다.

도차이나 군사 개입의 대미를 장식하는 느낌을 주었다. 북베트남 사람들에게 가능한 많은 피해를 주어 닉슨의 의도대로 전쟁의 막을 내리게 하자는 '인류를 파괴하는' 계산이었다.

12월 18일 크리스마스 대폭격이 드디어 진면목을 드러내기 시작했다. 11일간 낮과 밤이 없이 무지막지한 파괴가 감행되었다. 첫날 121대의 B-52 폭격기 물결이 하노이와 하이퐁 하늘을 철새떼처럼 덮었다. 북베트남측의 소련제 샘-2 미사일에 폭격기 3대가 추락했다. 하노이에서 미군의 폭탄 세례를 목격했던 하 반 라우는 그때의 하노이 상공을 이렇게 묘사했다.

"우리 병사들은 대공포 진지나 로켓포 발사대에서 하노이의 무심한 하늘을 바라보면서 24시간 대기하고 있었다. 우리는 매일 비상사태 속에서 B-52 폭격기가 쏟아붓는 폭탄 세례를 받아야 했다. 미군은 인류 역사에 유례가 없는 대공습을 감행하고 있었다."

3일째 되던 날, 하노이 상공에서 6대의 B-52 전폭기가 대공포화의 희생물이 되었다. 당시 폭격기 1대의 가격은 794만 6,780달러였다. 4일째로 접어들자 미군 희생자가 갑자기 늘어나 43명의 조종사가 전사하거나 포로가 되었다. 조종사들 사이에서 폭격 계획에 심한 불만이 터져 나오자 워싱턴은 지금까지의 폭격 방식을 전면 중단했다. 대신 다른 형태의 공격을 결정했다.

하노이는 포로가 된 미군 조종사들에게 파괴 현장을 보이고 난 후, 외국 사진기자들 앞에 세웠다. 한 미군 포로 조종사는 이렇게 말했다.

"우리는 폭격 현장을 보고 경악을 금치 못했다. 우리들이 실제 폭탄을 떨어뜨린 지역에는 아무런 군사 목표물이 없었다."

유엔이 미국 비난의 선봉을 맡았다. 교황도 전쟁의 종식을 강력하게 요구했다. 크리스마스 폭격이 얼마나 '잔혹'하게 비쳤는지 당시 세계 주요 언론들의 반응을 살펴보자.

도쿄 : 이보다 더 참혹한 일은 없을 것이다.

>>>> 하노이에 있던 외신기자들 앞에 모습을 드러낸 1972년 크리스마스 공습에서 포로가 된 미군 조종사. 폐허를 확인한 조종사들은 군사 목표물이 없었다는 사실에 놀라움을 금치 못했다.

부에노스아이레스 : 학살

본 : 인류에 대한 범죄

런던 : 닉슨이 집중 폭격을 명령했다. 그는 평화를 갈구하는 인간의 모습이 아니다.

뉴욕 : 문명인이라면 놀랄 것이다.

LA : 정상을 넘어섰다.

크리스마스 하루는 쉬었지만 폭격은 다음 날부터 다시 강화되었다. 하노이가 보유하고 있던 약 1,000기의 샘 미사일이 모두 소진되었기 때문에, 하노이 측에서 협상 테이블에 나올 것으로 계산하고 있었다. 인간으로서 견디기 어려운 상황이었다. 11일째 되던 12월 29일 결코 대도시라고 할 수 없는 하노이와 하이퐁에 다시 10만 발의 폭탄이 투하되었다. 다시 하 반 라우의 설명을 들어보자.

"히로시마에 떨어진 원자폭탄 5개에 해당하는 위력이었다."

미군 B-52 폭격기 26대가 추락하면서 36명의 조종사가 전사하고, 33명은 포로 신세가 되었다. 민간인 사망자 수는 알려지지 않았다. 윈스턴 로드는 이렇게 회고했다.

"지극히 불행한 일이었다. 몇 해를 고민했고 외교 분쟁으로 많은 어려움도 느꼈다. 폭격이 바람직하지 않다는 것을 알았지만, 돌파구를 찾아야 했다. 하노이가 태도를 바꿨다는 징후도 없었다."

윈스턴 로드는 더 직접적인 동기를 이렇게 설명했다.

"닉슨 대통령은 사소한 일에 신경 쓰지 않는다는 것을 과시하고 싶어했다. 더 솔직하게 말하면 티우 대통령에게 미국의 강력한 의지를 과시하고 싶었던 것이다. 나는 이것이 폭격의 진짜 동기였다고 생각하고 있다."

티우 대통령은 실제로 평화협상안을 수용하지 않으면, 원조를 받을 수 없다는 현실을 자각하기 시작했다. 헤이그는 티우가 두 가지의 부담에서 조금 벗

>>>>> 1973년 파리평화협상에서 마주한 미국과 북베트남 대표. 오른쪽 중앙에 있는 사람이 키신저이며, 그 옆이 보좌관 윈스턴 로드이다. 그리고 키신저 맞은편에 북베트남 대표 레 둑 토가 앉아 있다.

어났다고 말했다. 티우는 그의 답답한 심정을 이렇게 표현했다.

"평화협상안을 더 이상 수용하지 않을 도리가 없었다. 우리가 무엇으로 버티겠는가?"

하노이 전략가들은 쉽게 협상 테이블로 나갈 정도로 심한 타격을 입었다고 생각하지 않았다. 오히려 시간이 지나가면 닉슨이 과거 조건으로 협상에 나올 것이라고 예측하고 있었다. '하노이 지도부는 조금의 흔들림도 없었다'면서 하 반 라우는 이렇게 말했다.

"미국의 폭격은 대단했지만 우리는 잘 견뎌 냈을 뿐 아니라, 디엔비엔푸의 승리에 버금가는 성과를 올렸다. 결국 닉슨을 과거 조건의 협의안에 서명하도록 압박했다."

결국 1973년 1월 23일 파리에서 키신저와 레 둑 토가 확정한 마지막 평화협정안은 1972년 10월에 제시되었던 내용과 동일했다. 휴전은 그리니치 표준시간으로 1월 27일 0시부터 발효되었다.

키신저와 레 둑 토는 이 공로로 노벨평화상 공동 수상자가 되었지만, 레 둑 토는 "베트남에 아직 진정한 평화가 오지 않았다"는 이유를 들어 수상을 거부했다. 티우는 권력을 유지하고 있었고, 북베트남 병력 15만 명도 남베트남 영토 내에 머물러 있었다. 미국의 협상 대표였던 존 니그로폰트는 이렇게 말했다.

"평화협정은 사이공에 전혀 도움이 되지 못했다. 미군 포로들은 송환되었고 미국은 언제든지 군사 개입을 그만둘 수 있었다. 그러나 수년간 피 흘려 싸운 사이공을 배려한 흔적은 어디에서도 찾아볼 수 없었다."

헤이그의 이야기는 더욱 우리의 흥미를 끈다.

"닉슨은 시간에 쫓겨 다른 대안을 찾을 수 없었다. 닉슨과 키신저는 의회가 지시한 폭격 중단을 무시할 입장이 아니었는데, 상원의원들은 크리스마스 휴가에서 돌아오고 있었다. 군인으로서 나는 이왕 이런 작전을 하려면 좀더 장기간 계속했어야 소기의 목적을 달성할 수 있다고 느꼈다. 나는 솔직히 폭격을 조금 더 끌어 주기 바랐다."

상원은 더 이상 군사 조치를 확대하지 못하도록 수정안까지 가결시켰다. 그런데도 불구하고 자행한 12월의 폭격이 법률적으로나 도덕적으로 봤을 때 정당화될 수 있느냐는 의문이 제기되었다.

벙커 대사는 '미국이 해서는 안 될 일이었다'고 주장했다. 행정부 비판론자인 개리스 포터는 "국민들에게 보여주기 위한 틈새 시장의 아이디어 신상품(?)"이라고 혹평했으며, 존 니그로폰트 역시 "미국이 추구하는 목적과 비교해 봤을 때, 지나친 행동이었다"고 비판했다. 레어드 국방장관은 자신의 입장을 거짓 없이 털어놓았다.

"필요 없는 조치였다. 그러나 최고사령관인 대통령이 결정한 사항을 반대할 수 없었다."

이 폭격을 맨 처음 제안한 사람은 누구였을까? 닉슨인가 아니면 키신저인가? 국가안전보장회의도 참여하지 않았다. 니그로폰트도 12월 폭격이 결정된 다음에야 알게 되었다고 말했다. '미친 사람 이론'에 열중했던 닉슨과 키신저에게 누구보다도 가까운 자리에 있었던 에릭먼은 "키신저는 크리스마스 폭격을 어떻게 생각했느냐?"는 질문을 받고 이렇게 대답했다.

"키신저 본인은 반대했다고 말했지만, 나는 그가 전폭 지지한 것으로 알고 있다."

평화협정의 목적과 성과는 무엇이었을까? 미국의 평화였을까? 에릭먼은 이렇게 분석했다.

"중국의 개방과 더불어 소련에 대항하는 중국과의 협력체제 구축으로 닉슨은 대단한 각광을 받았다. 그러나 평화협상은 남베트남을 조소거리로 만들고 말았다. 도덕성과 실용주의를 보는 평가는 역사가들의 몫이 될 것이다."

객관적으로 관찰했던 태드 슐크는 더욱 가혹한 평가를 내렸다.

"모든 면을 감안해 보았을 때 키신저와 같은 정보 계통 출신은 평화협정이 극히 일시적인 미봉책에 불과하다는 것을 잘 알고 있었을 것이다. 미국은 그 협정이 자리를 잡기도 전에 떠났다. 당시 절대적으로 필요했던 것은 기만술이었다. 협정으로 세상이 바뀌었는가? 변한 것은 아무것도 없었다. 그러나 시간이 흘러가자 '이 협정으로 남베트남의 희생 위에 닉슨과 키신저만 돋보였다'는 비난도 적당한 수준에서 사그라들었다."

알렉산더 헤이그는 다른 각도에서 판단하고 있었다.

"지금 생각해 보면 향수를 느끼지 않을 수 없지만, 닉슨의 재임 기간은 괜찮았던 것 같다. 국제적인 시각으로 보았을 때, 시간이 지나갈수록 역사는 닉슨의 업적을 높이 평가할 것이다."

민주당 행정부에서 일했던 갤브레이스는 하여튼 미국의 군사 개입에 종언을 고했던 사람은 닉슨이라고 말했다. 그러나 티우 대통령은 이렇게 말했다.

"닉슨이 평화협정에 서명하기 전에 우리에게 10억 달러 상당의 군사 원조를 서둘러 제공하면서, 만약 북베트남이 평화협정을 파기하는 행동을 하면 적극적인 대응 조치를 취하겠다고 엄숙하게 약속했다."

그러나 당시에도 이 점에 대해서는 많은 국민들이 회의와 의구심을 가지고 있었다. 벙커 대사는 공식적인 협정 문서의 서명과 함께 닉슨 대통령의 서면 약속이 티우 대통령에게 전달되었다고 말했다. 벙커 대사는 허탈했던 심정을 이렇게 토로했다.

"닉슨 대통령의 공식 서면 약속이 있었기 때문에 남베트남도 협정서에 서명할 수밖에 없었다. 그러나 우리는 그 약속을 끝내 지키지 못했다."

닉슨의 약속 위반을 지켜봐야 했던 티우 대통령의 담담한 독백을 들어보자.

"지금은 미국 사람들이 자기 변명을 하도록 가만히 놔두는 것이 좋을 것 같다. 나는 베트남에서 중요한 임무를 맡고 있었던 많은 미국 사람들이 이렇게 말하는 것을 들었다. '이건 우리가 베트남을 배신한 거야, 배신한 거야' 라고."

장장 8년이라는 전투 기간을 포함해서 지난 20년 동안 군사 개입을 계속했던 미국의 가장 긴 전쟁은 1973년 3월 29일 대단원의 막을 내리게 된다. 그날 하노이에서는 마지막 미군 전쟁포로가 석방되었고, 사이공에서는 마지막으로 몇 명 안 되는 미군이 9,000마일 떨어진 고향으로 향하는 비행기에 오르고 있었다. 전투지원사령부에서는 국기 하강식이 진행되었다.

결코 크지 않은 나라 베트남에서 제1차 세계대전 때와 비슷한 5만 6,962명의 미군이 전사했고, 그들은 대부분 전장의 이슬로 사라졌다. 20년 전 미국이 거부했던 제네바협정에 따라 이제 50명의 미군 군사고문단만 베트남에 남아 있을 뿐이었다. 전쟁의 상처를 찾아다니는 사람들에게는 너무 많은 흔적이 남아 있었다.

미국인들을 전장으로 인도했던 사람이 처절한 말로를 맞이했다. 자서전 작가 커언스에게 "위대한 사회가 사라지고……. 아내가 죽으면 나도 따라 죽을 거야"라는 독백을 남겼던 존슨이 세상을 하직했다. 닉슨이 대통령에 재선되어 4년 중임을 시작하는 취임식장에서 연설하는 것을 지켜본 3일 후인, 1월 20일 존슨은 혼자 침대에 쓸쓸하게 누운 채 저세상으로 갔다.

닉슨은 취임 연설에서 명분밖에 없었던 '위대한 사회의 건설'을 묵살했다. 여기에 들어가는 비용을 철저하게 줄일 것을 다짐함과 동시에 베트남에 평화를 심겠다는 약속도 빠뜨리지 않았다. 닉슨은 우연의 일치처럼 이 두 가지 일을 이틀 사이에 발표했다. 그리고 3일째 되던 날 존슨이 갑자기 심장마비로 사망했다.

4월 7일 남베트남에서는 헬리콥터가 피격되어 탑승자 9명이 사망했다. 게릴라가 쏜 열추적 미사일을 맞은 것이다. 이날 죽은 9명은 새로운 희망을 가지고 본격적인 근무에 들어간 '국제감시감독위원회International Committee of Control and Supervision' 위원들로 캐나다, 폴란드, 헝가리 사람들이었다.

사이공 인근의 타이닌에 있는 전 미군 보병기지에는 여러 가지 표지판들이 아직 그대로 남아 있었다. 마지막 미군들이 떠나면서 남베트남 병사들에게 기지를 넘긴 지 몇 시간이 지났을 때, 보병부대 막사 내외부는 형체를 알아볼 수 없게 변해 버렸다. 처음에는 가구와 비품들이 없어졌다. 다음에는 조립식 벽이 사라졌다. 끝내 마루와 지붕까지 종적을 감추고 말았다. 앙상하게 흔들거리는 받침대에 걸려 있는 플래카드에 영어 몇 글자가 적혀 있었다.

"잘 가시오 미군들! 행운을 빕니다!"

19 가자, 사이공으로!

The Ten Thousand Day War

> 반 티엔 둥 장군의 독려에 따라 병사들은 하루에 50km를 뛰었다. 사이공을 향해 끼니를 거르면서 뛰는 날도 있었다. 최우선 목표, 사이공 함락이 눈앞에 있었기 때문이다.
> _ 하노이 외교관 하 반 라우

1974년 12월 중순 어느 날 하노이, 열서너 명의 노전사들이 베트남의 전설적인 장군의 이름을 따서 지은 팜구라오Pham Ngu Lao 가街 33번지의 한 건물에 모였다. 이들 대부분은 20년 전에도 이 자리에서 만난 얼굴들이었다. 한때는 프랑스군 사령부가 자리잡았던 건물에 지금 이들은 베트남 역사상 가장 위대한 승리를 만들어 내기 위해 모인 것이다.

참석한 사람들의 모습에서 지난 20년 동안 변한 것은 흰 머리와 쉰 듯한 음성밖에 없었다. 이들은 평상시와 다르게 약간 흥분한 듯한 어조로 제스처를 쓰면서 이야기하고 있었다. 주름지고 굳어진 얼굴에 가끔 밝은 미소가 스쳐 지나가기도 했다. 오랜 인고의 세월을 이겨낸 하노이 지도자들이 감회어린 회의를 시작했다.

북베트남 정치국 간부 11명이 남쪽에서 올라온 고급 간부들과 함께 프랑스 통치 때 사용했던 편편하고 둥근 나무 탁자 주위에 둘러앉아 있었다. 테이블보도 없는 나무 탁자 위에는 찻잔과 '디엔비엔푸'라는 담배만 놓여 있었다.

언제나 노동자들과 똑같은 옷을 입고 다니던 당 제1서기 레 두안이 "승리가 눈앞에 보인다"라는 감격어린 말로 회의를 시작했다. 모든 참석자가 공감하는 표정이었다. 레 둑 토가 정치적인 상황부터 설명하기 시작했다.

파리평화협정이 체결된 이후 레 둑 토는 남쪽에서 몇 개월을 보냈었다. 남베트남군은 불투명해진 미국의 지원으로 사기가 눈에 띄게 저하되었다. 이 시기를 이용해서 레 둑 토는 남부 촌락 지역 통제권을 다시 장악했다.

회의에 참석한 2명의 남쪽 게릴라 지도자는 자신감에 찬 표정이었다. 국방장관 보 구엔 지압 장군은 '남베트남 인민들 사이에서는 아무런 저항감이 없을 것'이라고 예견하면서 이런 설명을 추가했다.

"인민들은 '티우 정권이 존속할 수 있는 기간은 탄약 재고량에 비례한다'고 생각하고 있는 한편, 그들 마음속에는 '베트남은 반드시 재통일되어야 한다'는 믿음이 자리잡고 있다."

그러나 지압은 '최후의 공격은 3년쯤 걸릴 것'이라고 말하면서, 해방투쟁에 차질이 없도록 조심하자고 당부했다. 모든 것은 미국의 반응에 달려 있었기 때문이었다.

북베트남군 총사령관 반 티엔 둥 장군은 최근의 군사 상황을 보고했다. 참석자들은 둥 장군의 병력이 캄보디아에서 남베트남의 푹롱Phuoc Long 성에 대규모 공세를 취하고 있는 상황을 거론하고 있었지만, 이 공격은 미국의 반응을 살피기 위한 예비 점검에 불과한 것이었다.

미국 상원이 반전 분위기에 확실하게 휩싸여 있어서 B-52 전폭기들은 다시 나타나지 않을 것이라고 판단했다. 미국이 베트남전에 '결코 다시 참전하지 않을 것'이라고 확신한 레 두안은 회의에 참석한 지도자들에게 "B-52 전폭기는 걱정하지 않아도 될 것"이라고 말했다.

"워터게이트 사건과 닉슨의 권위 추락으로 미국인들의 관심은 내부로 쏠리고 있다"고 레 두안은 덧붙였다. 이어서 보 구엔 지압 장군은 "북베트남 병력은 지금 마지막 공격을 성공적으로 수행할 수 있을 만큼 강력한 전투력을 갖추고 있다"고 자세하게 설명했다. 참석자 모두 '3개월 안에 작전을 시작한다'

는 결의를 다졌다. 지압 장군은 2년 전 평화협정이 체결된 이후 하노이의 태도를 이렇게 설명했다.

"평화협상 타결 직전까지도 미국은 협상 정신을 철저하게 파괴하고 있었다. 남베트남에 10억 달러의 군사 원조를 추가로 지원한 사실을 어떻게 볼 것인가? 미국은 베트남을 새로운 식민지로 만들기 위해 부질없는 노력을 하고 있다."

그러나 미국은 이미 남베트남 방어 의지를 상실한 상태였다. 지압 장군은 이런 상황에서 지상전을 하면 총공세를 성공적으로 이끌 수 있다고 자신했다. '승리할 수 있을 때만 공격한다'는 지압 장군의 당시 상황 판단을 들어보자.

"미국이 공군과 해군을 다시 투입한다고 해도 성공할 수 없을 거라고 판단했다. 실제로 미국은 그렇게 하지 않았다. 그때쯤 북베트남 인민들 누구도 미국의 공습작전을 두려워하지 않고 있었다."

지압 장군의 수제자로, 마지막 총공세를 책임지고 있었던 반 티엔 둥 장군의 미군 평가는 이런 것이었다.

"미군은 처음부터 게릴라 전투에 생소했다. 그들은 특수전, 지역전, 베트남화 계획 등 메뉴를 바꿔 가며 다양하고 새로운 전략들을 선보였지만, 미국 역사상 가장 큰 실패만 맛보았을 뿐이다. 미국은 강대국이었으나, 조그만 나라 베트남의 지도자들과 인민들은 독립이라는 한 가지 목표를 지향하고 있었기 때문에 미국을 물리칠 수 있었다. 1968년에 있었던 구정 공세는 우리에게 하나의 전환점이 되어 미국의 의지를 꺾어 놓을 수 있었다."

둥 장군은 프랑스를 항복시킨 20년 전 디엔비엔푸 전투에서 지압의 전략 전술을 가장 탁월하게 수행한 승리의 주역이었다. 총공세에 앞서 회상에 잠겨 있던 둥 장군은 북베트남군과 미군의 정신적인 차이점을 이렇게 이야기했다.

"큰 전투에서 한번 승리하게 되면 다음 전투에 원동력이 되는 법이다. 미국의 잘못은 최근에 벌어진 일이 아니다. 우리에게 패해서 항복한 프랑스군의 자리를 무모하게 물려받았다는 것이 근본적인 실수였다."

하노이의 지도자들은 적을 속속들이 파악한 자신감을 바탕으로 오랜 투쟁의 대미를 착실하게 준비하고 있었다. 앞으로 전개될 상황 설정과 종합적인 전투력 점검을 마치고 지도자 회의는 짧은 시간에 끝났다. 회의 분위기가 자신감으로 넘쳤기 때문에 실무적인 토론은 오히려 간단했다.

강대국 프랑스와 미국을 상대로 끝이 보일 것 같지 않았던 30년 해방전쟁이 끝나가고 있었다. 중국의 압박과 일본의 유린에 시달리면서 가난을 숙명처럼 50여 년을 견뎌 온 베트남 인민들에게 희망의 불빛이 보이기 시작한 것이다. 한 노인을 정점으로 베트남 인민들을 이끌어 온 지도자들에게 50년 투쟁이 서서히 그 역사적인 결전을 준비하고 있었다. 외교관 하 반 라우는 여명의 순간을 이렇게 이야기했다.

"힘의 균형은 우리 쪽으로 기울기 시작했다. 우리 지도자들은 일생 동안 인종의 세월을 보냈다. 인민과 지도자들이 정확한 때를 기다리면서 견뎌 온 것이다. 지도자들은 빠르게 움직였다. 하노이 외무부도 바쁘게 돌아갔다. 지도자들은 평상시와 다름없이 대외적인 활동을 하고 있었다. 남베트남을 해방시키기 위한 마지막 순간들이 다가오고 있었지만, 한편으로 미군 폭격기들이 낮잠만 자고 있을 것이라고는 기대하지 않았다. 모든 것을 준비해야 하는데, 남은 시간은 3개월밖에 없었다."

평화협정 발효에도 불구하고 남베트남에서 전투는 그치지 않았다. 협정 발효 이후 농촌 지역 전투에서 남베트남 정규군은 한 달 평균 1,000명씩 전사했다. 평화협정 조인 직전에 추가 원조 10억 달러가 있었고, 남베트남 경제 회생을 위한 '부양 작전Operation Enhance'이 실시되었지만, 티우 대통령은 '닉슨이 약속을 지키지 않을 수도 있다'는 우려를 떨치지 못했다.

파리평화협정에 따라 '무기와 탄약은 소비되는 만큼 보충할 수 있다'는 조항은 그나마 티우에게 위안이 되었다. 티우는 이 안전 장치를 활용해서 농촌 지역과 전투 현장에 병력을 배치할 수 있었다. 원활한 보급으로 남베트남 병사들도 잘 싸웠다.

티우는 전투력 향상에 따라 미군의 지원을 계속 받을 수 있을 것이라고 판단했다. 사이공에 남아 있던 미군들도 높아진 사기에 놀라는 표정이었다. 티우 대통령은 이렇게 말했다.

"모든 미국 사람들, 특히 키신저는 평화협정이 체결되고 나면 남베트남은 6개월 정도밖에 버티지 못할 것이라고 믿었다."

그러나 남베트남은 미국의 경제 원조가 줄어들고 병력이 약화된 어려운 여건 속에서도 북베트남의 총공세가 있을 때까지 2년을 견디 냈다. 1974년 미국 상원은 베트남전을 위한 연간 지원 한도를 다음 해부터 10억 달러를 상한선으로 제한한다고 결정했다. 미군이 전투에 직접 참가하고 있을 때, 연간 30억 달러와 비교하면 격세지감이었다.

1974년 하반기부터 티우는 헬리콥터와 대포를 전혀 교체할 수 없고, 공군도 도움을 받지 못하고 있다면서 불평했다. 미군은 수년 전에 '우수한 화력과 헬리콥터를 이용한 기동성 때문에 베트남전은 이길 수 있는 전쟁'이라고 공언한 적이 있었다. 티우 대통령은 이 말을 간접 증언하고 있다.

"막상 북베트남군의 총공세가 시작되었을 때, 우리는 기동성도 화력도 모두 부족했다."

티우는 사이공에서 가장 가까운 성 하나도 지킬 능력이 없었다. 북베트남군이 시험삼아 펼쳐 본 푹롱 성에 대한 공격은 전투가 시작된 지 3주일 만인 1975년 1월 7일 성도省都 푹빈Phuoc Binh이 점령당하는 것으로 끝났다.

미 국무부는 하노이가 파리평화협정을 위반했다고 비난했다. 하나의 외교적인 수사로 피상적인 성명에 불과했으며, 하노이의 예상대로 미국은 항의를 계속하면서도 행동은 하지 않았다.

사이공에 있는 미 대사관의 북베트남 전략분석가 프랭크 스냅은 '푹롱 성 공격은 총공세에 앞서 미국의 반응을 알아보기 위한 전초전'으로 이해하고 있었다. 워싱턴에도 그렇게 통보했다. 대사관에서 CIA 조직망을 가동하고 있던 스냅은 남쪽에서 활동하고 있는 북베트남군 내부 깊숙이 '세포'들을 침투시켜 놓고 있었다. 스냅의 정보원들은 북베트남군의 모든 내부 결정 사항을 파악하고 있었으며, 심지어 하노이 정치국원들의 사소한 대화 내용까지 속속들이 모르는 것이 없었다.

푹롱 성 공격에 앞서 스냅은 레 두안이 예측했던 것처럼 미군이 B-52 폭격기를 동원하지 않으면 북베트남군은 조금 더 움직일 것이라는 정보도 알고 있었다. 스냅의 '붉은 두더지(Red Mole : 정보원)'들은 하노이가 2년 계획으로 '승전 작전'을 펼칠 것이라는 정확한 정보도 입수했다.

북베트남은 미국의 반응을 살펴 가면서 1976년의 승리를 위해 전장의 범위를 넓혀 갔다. 그런 작전의 일환으로 그들은 푹롱 성을 공격했는데, 미국은 침묵을 지킨 것이다.

남베트남이 성 하나를 완전히 잃어버리기는 1972년 이후 처음 생긴 일이었다. 하노이의 정치국원들은 다시 모였다. 제1서기 레 두안이 먼저 말을 꺼냈다.

"미국이 오지 않는다는 증거라고 생각한다. 우리 계획대로 밀고 나간다."

다른 정치국원들도 레 두안의 생각에 동조하면서 이렇게 말했다.

"레 두안 제1서기의 판단이 옳다고 본다. 1976년의 승리를 위해서 매진하자. 그러나 만약 기회가 앞서 온다면 1975년에 해치워 버리자!"

티우는 1975년에 남베트남의 전쟁 수행 능력은 60% 정도가 위축된 반면, 북베트남은 소련의 어마어마한 지원을 받고 있었다고 말했다. 파리평화협정을 맺은 이후 2년 동안 전투는 그 전보다 훨씬 잔인해지고 있었다.

티우 대통령은 이러한 사정을 워싱턴에 이해시키기 위해 매주 군인, 정치인, 베트남 국회의원들을 개인이나 정부 특사로 미국에 보냈다. 티우 대통령은 미국 대통령에게 편지를 쓰기도 했고, 사이공 주재 미국 대사에게는 직접 찾아가 여러 번 설명도 했다. 그러나 긍정적인 대답은 끝내 들을 수 없었다.

티우 대통령의 미국인 파트너가 새로 부임한 대사 그레이엄 마틴으로 바뀌었다. 마틴 대사의 임무는 미국 군부가 더 이상 참전하지 않는다는 것과 북베트남의 압력은 남베트남 스스로 막아야 된다는 현실을 남베트남 사람들에게 확실하게 인식시키는 일이었다.

마틴 대사가 말하는 '미국 군부'는 평화협정 규정상 허용된 50명의 군사고문단 외에 미 국방부와의 계약에 따라 평화협정 체결 이후 남베트남에 남아 있는 7,000여 명의 예비역 군인들을 지칭하는 것이다. 마틴은 이제 자기 휘하에 있는 병력이 숫자는 적지만 상당 수준의 기능을 가지고 있기 때문에, 미국이 앞으로 남베트남 사회를 안정시키는 데 최소한의 노력은 할 수 있을 것으로 생각했다. 이들은 또 평화협정 체결 이전부터 이어지고 있는 대규모 지원 업무도 맡고 있었다.

미국은 남베트남이 평화협정 체결에 참여하는 조건으로 전투 병력을 제외한 보급과 병참 등 군사적인 지원과 경제적인 지원은 계속하겠다고 약속했다. 따라서 남베트남은 자력으로 북베트남의 위협에 대처해야 하는 입장에 놓여 있었다.

마틴 대사는 1960년대의 대부분을 동남아시아에서 보낸 인물이다. 처음에는 동남아시아조약기구의 미국 대표로, 다음에는 타이 주재 대사로 일했다. 타이 대사로 있을 때 그는 수완을 발휘해서 B-52 전폭기의 발진기지를 확보하는 한편, 1만 1,500명의 타이군을 베트남전에 참전하게 하는 외교적 성과를 올리기도 했다.

마틴은 개인적으로 베트남전을 매우 비극적으로 보고 있었다. 첫번째 전투요원으로 1965년 베트남에 파병된 자신의 양자가 전사한 때문이기도 했다. 어떤 자리를 준다고 해도 동남아시아에는 다시 가기 싫어했던 그는 이미 61세의 나이로 로마 교황청 대사로 일하고 있었다. 교황청 대사를 끝으로 은퇴한 다음 토스카나Toscana 농장에서 일할 날만 손꼽아 기다리던 중 국무장관 키신저가 '중요한 시기'에 베트남 대사를 맡아 달라고 부탁한 것이다.

키신저의 선택은 절묘한 것이었다. 키신저가 생각하기에 수많은 대사들을 다 살펴봐도 마틴만큼 사이공 대사에 잘 어울리는 사람이 없었다. 그는 특히 국무부와 국방부의 연락 업무를 맡았을 때, 게릴라 전투를 연구해서 "미국은 이런 종류의 전쟁을 해서는 안 된다"는 결론을 내린 거의 유일한 인물이었다.

사실 10년 전쯤에 베트남 문제 보좌관이나 고문을 했어야 할 사람이었다. 지금은 너무 늦었다고 생각한 그는 베트남 대사 제의를 정중하게 사양했다. 위기에 처해 있던 닉슨 대통령은 마틴에게 "이 어려운 자리를 외면하지 말아 달라"고 간곡하게 요청했다. 30년간 충성심 강한 외교관으로 일했던 그는 대통령의 간곡한 부탁까지 뿌리칠 수 없어서 수락하고 말았다.

남베트남과 동병상련의 관계에 있던 마틴 대사는 지금부터라도 미국은 참전했던 기간만큼 경제 지원을 해주어야 할 의무가 있다고 생각했다. 피고의 과거 행동이나 현재의 마음가짐에 대한 확신은 없지만, 법정에서는 최선을 다해야 하는 변호사처럼 마틴 대사는 남베트남의 입장을 최대한 변호해야 한다고 느꼈다. 그리고 미국에게 외면당한 외로운 남베트남 사람들을 보호하자고 강력한 목소리를 내는 마지막 미국 사람이 되기를 자임했다.

국무장관 키신저에게 보내는 전문마다 미국이 남베트남에 보여주어야 할 신뢰와 미국의 명예를 똑같이 강조하는 것을 잊지 않았다. 마틴의 회고에는 베트남 대사 시절의 쓸쓸함이 묻어 난다.

"아마 내가 보낸 수많은 전문들은 쓰레기통에 버려졌을 것이다. 그러나 내가 원했던 것은 무엇보다 현재의 측은한 베트남 상황을 우리 국민들이 정확하게 인식해 달라는 것이었다."

평화협정 체결 이후에 발생한 여러 가지 일들을 하나하나 검토하면서 마틴은 이렇게 말했다.

"미국이 1972년 하반기에 너무 많은 병참 지원을 한꺼번에 제공했던 것이 오히려 일을 꼬이게 만들었다. 미군이 철수하기 전까지 시간이 절대적으로 부족해서 남베트남 병사들에게 고급 전투 기술을 이양하고 전수시키는 것이 불가능했다. 전폭기 조종술이나 항공 통제술 등을 지도할 수도 없었다. 그런가 하면 일부 고급 장비들은 너무 늦게 도착했다. 1973년 중반에는 중동 문제가 워싱턴의 관심을 지배해 버렸다. 중동 문제 해결을 위해 왕복 외교(Shuttle

Diplomacy : 분쟁중인 두 나라 사이를 제3국의 중재자가 오가면서 분쟁을 해결하는 외교관행 - 역주)에 나선 키신저는 카이로와 텔아비브를 돌아다니면서 여러 가지 중재를 했지만 전쟁을 막기에는 역부족이었다."

제4차 중동전쟁(Yom Kippur War : 1973년 10월 6일 유대교의 속죄일에 이집트·시리아가 이스라엘을 공격하여 일어난 전쟁 - 역주)은 남베트남에는 재앙과도 같았다. 유럽에 있는 미군기지들은 이스라엘 지원에 바빴다. 남베트남은 미국의 도움을 받는 이스라엘의 경쟁자가 되었지만, 우선 순위에서 크게 밀릴 수밖에 없었다. 설상가상으로 중동전은 국제 유가를 급등시켰다.

남베트남 군사 원조 비용이 하룻밤 사이에 25%씩 늘어났다. 평화협정에 따른 남베트남의 기존 군사 시설 보완과 무기 교체만 해도 비용이 4배나 증가하고 있었다. 이런 문제까지는 미처 생각하지 못했고, 자금을 마련할 방법조차 없었다. 더군다나 상원에 전비의 인상 요청을 한다는 것은 감히 엄두가 나지 않는 일이었다. 전반적으로 미국 역시 어려운 처지에 놓여 있었다. 이런 상황에서 티우 대통령은 어떤 생각을 하고 있었을까?

"군사 지원이 중단되고 경제 지원도 중단되었다. 우리는 싸울 수 있는 방법이 없었다."

티우 대통령이 푹롱 성을 잃어버린 이유와 배경을 설명하기 위해서 마틴 대사는 개인적으로 워싱턴을 찾았다. 워싱턴은 '하노이가 미국의 반응을 보기 위해 잠시 숨고르기를 하면서 쉬고 있다'는 CIA의 보고서를 이미 숙지하고 있었다.

티우 대통령은 백악관과 워싱턴에 '약속을 지키라'고 강력하게 요구하고 있었다. 그러나 닉슨은 이미 6개월 전에 워터게이트 사건으로 대통령을 사임한 상태였다. 제럴드 포드G. Ford 대통령의 대답은 '북베트남에 대한 정찰 비행을 복원한다'는 정도였다. 티우 대통령은 B-52 폭격기 대신 비둘기를 보내겠다는 뜻으로 해석했다.

포드 대통령은 상원에 남베트남 추가 지원을 위해 3억 달러를 요청했지만,

1975년까지 승인받지 못했다. 마틴 대사는 티우 대통령을 위로할 아무런 대책이 없었고, 남베트남의 기대는 산산조각이 나 버렸다.

마틴은 '남을 속인 자는 갈 곳이 없다'고 결론내렸다. 그는 이제 양측이 현실을 똑바로 보면서 스스로 냉정하게 판단해야 한다고 생각했다. 지금까지 일어난 일들을 감안해 볼 때, 미국의 기류가 호의적이지 않다고 티우 대통령에게 솔직하게 털어놓았다. 티우 대통령도 미국에 대한 막연한 기대 대신 마틴 대사의 이야기에 귀를 기울였다. 마틴의 말은 치료를 기다리는 환자에게 사망 선고를 내리는 것이나 다름없었다. 티우 대통령은 안타깝게도 희망을 버리지 않고 있었다. 그는 이렇게 말했다.

"미국은 제2차 세계대전 이후 30년 동안 유럽에 30만 명의 병력을 유지하고 있고, 한국에는 한국전쟁 이후 5만 명의 병력을 20년 동안 주둔시키고 있다. 그런데 베트남에서는 미군이 모두 철수했다. 우리는 그저 싸울 수 있게만 도와 달라고 애걸하고 있다. 50만 명의 병력 대신 1/20 정도의 전비만 지원해 달라는 뜻이다. 이제 미국은 작은 나라들에게 무엇을 협조 요청할 수 있을 것인가?"

티우는 당시까지 66만 명의 병력과 2년 이상 견딜 수 있는 군수품을 가지고 있었다. 숫자상으로는 평화협정 이후 남베트남에 있는 북베트남 병력을 4대 1로 압도하고 있었다. 1975년 1월경 하노이는 그 숫자를 2대 1로 줄여 놨다.

폭격이 중단되고 2년이 지났을 때, 호치민루트는 부분적으로 포장된 고속도로처럼 붐볐다. 대부분의 도로 구간에 송유관이 매설되고, 도로변 나무들은 다시 자라서 길 위를 지붕처럼 덮고 있었다.

몇 주일 사이에 15만 명의 북베트남 병사들이 한때는 세계에서 여행하기에 가장 위험했던 이 길을 감쪽같이 지나가 버렸다. 푹롱 성 점령 이후 반 티엔 둥 장군은 더 이상의 진격을 중지시켰다. 이미 남베트남 44개 성의 중심지를 대부분 장악했기 때문이다.

푹롱 성은 가장 큰 성들 가운데 하나였고, 사이공을 둘러싸고 있는 남부 지역에서 인구가 밀집한 6개 성의 교통 중심지를 이루고 있었다. 북쪽으로도 남베트남을 다시 두 조각으로 분리시킬 수 있는 전략적 요충 지역인 중앙고원 지역의 여러 개 성과 인접해 있었다.

푹롱 성을 장악함으로써 북베트남군 사령부는 남쪽 깊숙이 호치민루트 근처에 산재해 있던 30만 명의 병력을 한데 모을 수 있게 되었다. 반 티엔 둥 장군은 비밀리에 군 통합 작업에 착수했다. 2월 15일 정치국원 레 둑 토와 함께 하노이를 출발했다. 두 사람의 호치민루트 여행은 하나의 전설이 되었다.

반 티엔 둥 장군과 군 통합 작업을 놓고 많은 이야기를 나누었던 윌프레드 버체트 기자는 "두 사람이 남베트남에서 상당한 거리를 아무도 모르게 여행했다"고 말했다. 반 티엔 둥 장군이 남쪽까지 갔다는 사실은 철저하게 비밀에 부쳐졌다.

둥 장군의 이름으로 하노이에서 메시지가 여전히 발신되고 있었고, 하노이 사령부 앞에는 매일 아침 똑같은 시간에 둥 장군의 승용차가 멈춰 섰다. 둥 장군이 하노이 사령부에 있다는 것을 보여주기 위해 그와 외모가 매우 흡사한 사병 한 명이 일시적으로 4성 장군 역할을 맡았다. 하노이에 주재하던 외국 관계자나 정보원들도 둥 장군이 하노이에 있다고 보고했다.

둥 장군에게 위험스러웠던 일은 원거리 정글 여행이 아니라, 사이공의 정보원들에게 남쪽의 점령 지역으로 들어간 사실이 알려지는 것이었다. 둥 장군은 신분을 위장하기 위해 북베트남 기간요원들이 변장하는 방법을 그대로 따랐다고 한다. 호치민루트를 벗어나자 반 티엔 둥과 레 둑 토는 간편한 농민복으로 갈아입고 자전거를 이용했다. 프랑스 식민지 시절에 게릴라 활동을 할 때처럼 행동했다. 둥 장군은 자신의 변장 모습을 이렇게 술회했다.

"기운 농민 옷을 입고 종려나무 잎으로 만든 낮은 원뿔형 전통 모자(농라non la : 농은 모자, 라는 나뭇잎을 의미 – 역주)를 쓰고 평범하게 자전거를 타고 다녔다."

둥 장군은 오래 전에 선임자였던 보 구엔 지압 장군에게서 지휘권을 넘겨받았다. 젊었을 때부터 군사전략가로서 그의 능력은 '지압 장군을 계승할 사람'이라는 평판을 얻고 있었다. 57세의 둥 장군은 정치국 위원 중 소장파에 속했다. 하노이 출신으로 젊어서는 프랑스계 방직공장의 노동자 생활을 하다가 열악한 근무 조건에 반발해서 '인도차이나 공산당Indo-China Communist Party'에 가담했다.

프랑스 점령 시대에는 수차례에 걸쳐 투옥과 탈옥을 거듭, 사형 선고까지 받았던 인물이다. 1943년에는 탈출했다가 체포되어 다음 해에 사형 선고를 받았으나 다시 탈옥에 성공했다. 1946년 프랑스와 전면전이 일어나자 29세의 나이로 베트민 정치국 책임자가 되었다.

프랑스에 대항해서 격전을 치렀던 홍 강 유역 전투 등 여러 번의 반식민지 전투를 승리로 이끌었으며, 디엔비엔푸 전투에서는 보 구엔 지압 장군의 참모장으로 활동했다. 게릴라의 행동 원칙을 대규모 재래식 전투에 능수능란하게 응용했던 전술가로 알려진 둥 장군이 이번에는 신출귀몰한 용병술을 보이면서 남쪽에 주둔하고 있던 북베트남 전군을 지휘하고 있었다.

둥 장군이 남쪽에 있다는 사실을 사이공이 미리 알았다면, 마지막 전투가 임박했다는 사실을 감지했을 것이다. 그러나 둥 장군은 그의 첫번째 부대 이동을 감쪽같이 성공시켜 군사전략가들에게 놀라움을 주었다. 대규모 병력을 전혀 노출되지 않은 곳으로 이동시켰다. 둥 장군은 "긴장이 연속되는 행군중에도 오래된 정글의 고목 위에 핀 난초들을 무심히 바라본 적이 있다"고 회고했다.

병사들은 호치민루트의 경사진 비탈에 몸을 숨기고 있었다. 트럭, 탱크, 차량으로 운반하는 대포들은 나뭇잎 아래 안전하게 은폐되었다. 수천 개의 해먹(hammock : 그물 침구 - 역주)이 고무나무 가지들 사이에 질서정연하게 매달려 있었다. 남베트남에 들어서면 모든 교차로에 그들이 설치해 놓은 각양각색의 도로 표지판이 각 부대의 위치를 가리키고 있었다. 프랭크 스넵은 "둥 장군의 전술은 언제나 상황이 종료된 다음에나 이해할 수 있었다"면서 이렇게 말했다.

"우리 CIA도 둥 장군과 레 둑 토가 남베트남에서 지휘하고 있는 줄은 전혀

>>>>> 공습을 피하기 위해 나뭇잎으로 위장하는 트럭들. 공습으로 인한 피해를 최소화하기 위해 트럭은 할당된 일정 구간만 왕복했다.

몰랐다. 우리 정보원들도 모르고 있었다."

미국은 그것만 모르는 것이 아니었다. CIA는 등 장군의 병력이나 화력 규모도 모르고 있었다. 북베트남 사령부에 심어 놓은 '세포'들도 총공세에 관한 아무런 소식을 물어 오지 않았다. CIA는 하노이가 고의로 흘려주는 정보에 끌려 다니는 실정이었다.

스넵은 CIA에서 7년째 근무하고 있었다. 미군이 철수하자 두번째로 사이공에 왔다. 미군이 처음 전투에 참여했던 1965년 그는 '엘리자베스 시대의 문학'을 공부하고 있었다. 특히 '왕실 음모'에 관심이 많아 컬럼비아대학교에서 국제 문제 관련 논문으로 석사 학위를 받았다. CIA의 스카우터는 대학 추천으로 그를 데려올 수 있었다. 베트남에서 그는 CIA 요원들 중에서는 드물게 두 가지 일을 동시에 수행했다. 하나는 정보원 관리였고, 다른 하나는 분석 업무였다. 스넵은 미국이 알고 있었던 북베트남의 마지막 공세를 이렇게 분석했다.

"공산당은 우리가 예상했던 것보다 훨씬 많은 병력을 남쪽으로 이동시켰다. 그들은 병력을 언제나 피아간에 중요한 격전지였던 서부 고원 지대의 반메투오트(Ban Me Thuot : 부온메투오트Buon Me Thuot라고도 함 - 역주)라는 곳에 집결시켰다. 그곳은 남베트남 정부군이 고원 지대를 방어하는 요충지였다. 반메투오트가 함락되면 방어선은 포위당할 수밖에 없다. 그들은 영리하고 민첩해서 아주 조용하게 움직였다. 적군 3개 사단이 반메투오트로 이동했는데, 우리는 처음부터 끝까지 모르고 있었다."

남베트남은 북베트남군이 북위 17도선에 있는 군사분계선을 넘어 공격해 올 것으로 예상하여 북쪽 해안 도시 다낭에 병력을 집결시켰다. 둥 장군은 남베트남 주력부대를 포위하기 위해 중부 지역에 병력을 포진한 다음, 침묵을 깨고 위장용 작전 명령서를 발급했다. 거기에는 이렇게 적혀 있었다.

"달락Darlac 성의 반메투오트 대신 북쪽의 플레이쿠를 공격한다."

암호를 해독한 CIA 스냅은 이렇게 말했다.

"우리는 가장 위험한 지역으로 플레이쿠를 주목했다."

반메투오트가 전략 요충지였지만, 남베트남은 허술하게 4,000명의 병력만 배치해 놓고 있었다. 북베트남 병력 3만 명이 불과 몇 마일 외곽에 숨어 있다는 사실조차 까맣게 모르고 있었다. 반 티엔 둥 장군은 장교들을 한데 불러모아 놓고 두 줄의 시구를 암송해 주었다. 이런 시였다.

　　30년 동안 우리 강토는 포화 속에 잠들었지,
　　우리의 달빛은 아직도 두 군데를 비추고 있네.

둥 장군이 부하 장교들에게 낭송해 준 이 시는 그의 저서 〈마지막 승리Our Great Spring Victory〉에 나와 있고, 필자를 만났을 때나 윌프레드 버체트와 대화에서도 이야기했다. 버체트는 놀라운 부대 이동 과정을 이렇게 증언하고 있다.

"그들은 하룻밤 전에 반메투오트에서 20마일쯤 떨어진 마을의 팜나무 숲에 탱크를 숨겨 두었다. 탱크가 반메투오트로 진격할 때, 도로에 신속하게 들어설 수 있도록 하기 위해 길가에 늘어서 있던 팜나무도 미리 톱으로 베어 놓았었다. 남베트남 사령부의 놀라움은 실로 컸다."

다음 날, 총공세가 시작되었다. 정확한 시간은 1975년 3월 10일 오전 2시였다. 반메투오트 공격의 막이 올랐다. 북베트남의 대포와 로켓포가 불을 뿜기 시작했다. 남베트남군 23사단 본부는 순식간에 아수라장이 되어 버렸다. 숨돌릴 틈을 주지 않은 채 공격은 오전 6시까지 계속되었다. 남베트남군의 중추신경을 완전히 마비시켜 버린 것이다. 둥 장군은 "우리 공작병들이 1시간만에 비행장을 점령했다"고 말했다.

"눈 깜짝할 사이에 비행기 6대의 파괴를 확인했다. 남베트남군은 병력을 보강할 여유가 없어서 병사들은 개인 화기로 반격하는 것이 고작이었다. 그들은 예상하지 못한 공격에 허둥댈 수밖에 없었다. 공격이 시작되자마자 남베트남군의 진지는 철저히 파괴되어 버렸다. 완강하게 버티던 적의 공군은 우리의 전진을 막기 위해 8번에 걸친 비행기 폭격을 시도했다. 결사적인 반격을 시도했지만 그들은 역부족이었다. 그들의 반격은 완벽하게 분쇄되었다."

지상군 병력과 공군의 폭격 지원을 받지 못했던 남베트남군은 30여 시간을 포위당한 끝에 결국 항복했다. 둥 장군은 "1975년 3월 15일 우리는 반메투오트를 완전히 장악했다"고 말했다. 곧이어 그는 북쪽으로 올라가라는 하노이의 명령을 접수했다. 반메투오트와 북동부 해안 지대의 중간에 위치해 있는 플레이쿠 성을 봉쇄하라는 간접 지시였다. 전략분석가 프랭크 스냅은 둥 장군의 전술 의도를 이렇게 이해했다.

"반메투오트 함락 이후 공산군은 중부 해안 지역을 휩쓸어 버릴 수 있는 거점을 신속하게 점령했다. 그곳은 오른쪽으로 방향을 틀어 사이공으로 손쉽게 진격할 수 있는 요충지였다. 그러면 전쟁은 끝날 수밖에 없었다. 고원 지대의 남베트남군은 해안 지대로 몰려갔지만, 도중에 괴멸되어 버렸다."

>>>>> 뛰어난 협공작전으로 북베트남군은 남베트남군을 압도하였고, 강력한 화력과 로켓 무기를 동원하여 반메투오트와 사이공에 있던 공군기지를 무력화시켰다.

사이공에서 티우 대통령은 미국의 지원을 간절하게 애원하고 있었다. 마틴 대사의 이야기를 들어보자.

"티우 대통령은 추가 지원을 받기 어렵다는 사실을 누구보다 잘 알고 있었을 뿐만 아니라, 내년에도 지원받을 가능성이 희박하다는 절박한 현실에 직면해 있었다. 3개월 안에 모든 지원이 다 끝나 버린 것이다."

티우 대통령은 극적인 조치를 취하기로 마음을 굳혔다. 공격이 시작된 지 4일이 지난 3월 15일 그는 남베트남의 장군들에게 '중부 고원 지대를 포기한다'고 통보했다. 후속 조치로 고원 지대의 북부 성들로 구성된 '군사 지역 Ⅰ과 Ⅱ'도 함께 포기했다. 하룻밤 사이 영토의 절반을 적에게 넘겨주어 버린 것이다.

아무런 힘이 없었던 마틴 대사는 "티우 대통령이 유일한 길을 택했다"고 말했다. 즉, 전선을 단축시켜 경제력이 있는 남부 델타 지역만 보존, 연명하는 자구책을 모색했다는 것이다. 티우 대통령의 증언을 들어보자.

"미국의 지원을 더 이상 기대할 수 없었기 때문에 고립된 지역에서 병력을 뽑아 다른 중요한 지역을 지킬 수밖에 없었다. 미국이 우리를 도와줄 뜻이 있었다면 그때쯤 필요한 조치를 취했을 것이지만, 아무런 신호가 없었기 때문에 더 이상 기다릴 수가 없었다. 우리는 이미 위험을 심각하게 느끼고 있었다. 미군이 철수할 때 기동력과 화력의 보완이 전혀 없었다. 그것은 우리에게 생명과도 같은 것이었다."

티우의 참패를 지켜본 많은 전략가들은 미군의 무모한 철수를 역사상 가장 무책임한 행동, 대책을 강구하지 않은 파렴치한 작태라고 비난했다. 아무런 저항 없이 국토의 절반을 북베트남에게 내주었다는 소문은 혼란을 부채질했다. 티우 대통령의 발표와 함께 반메투오트의 함락으로 중부 지역 주민들은 통제 불가능한 피난 물결을 만들어 냈다.

이틀 후 남베트남 정규군은 명령에 따라 플레이쿠와 이웃한 콘툼을 버리고 떠났다. 50만 명의 병사들과 민간인들이 뒤섞인 인파는 해안 지역을 향해서

'눈물의 피난길'을 재촉했다.

퇴각하는 남베트남군은 후퇴를 위한 방책으로 거의 눈에 띄지 않는 7번 고속도로를 택했다. 가파른 언덕에 싸여 굴곡이 심하고 협소한 길이어서 매복 공격을 당하지 않을 것으로 예상했다. 북베트남군은 그 좁은 도로에 사정없이 폭탄을 퍼부었다. 50만 명의 인파로 고속도로는 아수라장이 되었다.

생존자들의 말에 따르면, 후퇴하는 군용 트럭이 꿈틀대는 피난 행렬 사이를 달려가자 재빨리 피하지 못한 사람들 중에 많은 희생자가 발생했다고 한다. 특히 일생 동안 모았던 보잘것없는 피난 보따리를 수레에 싣고 가던 노인들과 그 위에 타고 가던 어린아이들이 목숨을 많이 잃었다. 혼란 속에 길을 잃고 미아가 된 아이들을 기다리고 있는 것은 폭격과 기아뿐이었다. 목적지에 도착한 사람들은 4명에 1명꼴이었는데, 나머지 사람들은 죽거나 민간인 포로 신세가 되었다.

플레이쿠 북쪽 지역의 몇 개의 성에서도 비슷한 혼란이 일어났다. 바다로 피하기 위해 병사들과 민간인들은 해안 지역으로 몰려갔다. 하노이는 둥 장군에게 작전 변경을 명령했다. 주력군을 북쪽의 2개 대도시인 후에와 다낭 쪽으로 향하게 했다. 둥 장군의 회고를 들어보자.

"수천 대의 트럭이 밤낮으로 앞을 다투어 달렸다. 내가 가장 강조한 것은 속도였다. 병사들에게 속도를 내라고 큰 소리로 명령했다."

고도古都인 후에는 심리적인 승전보를 울릴 수 있는 곳이었고, 다낭은 남베트남에서 두번째로 큰 항구 도시였기 때문에 티우 병사들 30% 이상이 탈출할 수 있는 해안이었다.

둥 장군은 이제 제한된 지역에서 정돈된 전투를 할 수 있을 것이라고 예상했었다. 약 20만 명의 남베트남 병사들은 티우 대통령이 예견했던 '고립 지역'에 묶여 있었다. 이곳은 후에의 투아티엔Thua Thien 성에 근거를 둔 남베트남 최고 정예부대인 보병 제1사단 주둔지였다. 이들 제1사단은 중부 고원 지대에서 북부 해안으로 밀고 오는 북베트남군을 방어하고 있었다.

둥 장군은 이곳을 장악하고 퇴로를 차단할 필요가 있다고 생각했다. 작전 계획을 세운 1주일 동안 둥 장군은 자기 휘하의 병사들이 현대의 전통적인 전투에서 어떻게 총력을 기울일 것인지 치밀한 검토와 함께 전투교육을 실시했다. 3번의 기습작전으로 보병 제1사단을 포위한 다음, 후에에서 다낭에 이르는 60km의 탈출로를 봉쇄하기 위해 1번 고속도로를 장악했다. 그 작전을 지휘했던 둥 장군의 이야기를 들어보자.

"3월 21일 우리의 제2군단 병사들이 북쪽, 서쪽, 남쪽에서 공격을 계속했다. 방어선을 뛰어넘어 사방에서 후에를 포위했다. 3일 동안 소련제 130mm 대포들이 후에의 외곽 지대에서 화염을 토해 냈다. 남베트남의 지역사령관이 후에를 포기하자 장교들과 병사들은 도망치기 시작했다. 유일한 탈출구는 바다를 통해서 다낭으로 가는 길밖에 없었다. 3월 25일 총 한 방 쏘지 않고 후에를 고스란히 점령했다. 정확하게 10시 3분에 우리의 깃발이 고도의 입구에 휘날리기 시작했다."

1968년 구정 공세 때는 28일 동안 이 국기가 꽂혀 있었지만, 이번에는 더 오래, 그대로 있었다. 후에를 함락시켰다는 보고를 받고 둥 장군은 담배에 불을 붙이면서 이렇게 말했다.

"오래 전에 나는 담배를 끊었다. 그런데 요즘처럼 어려운 문제가 풀리거나 승리의 소식을 들을 때마다 담배를 다시 물고 생각에 잠긴다."

그는 다시 10만 명의 남베트남군 병력이 주둔하고 있는 다낭에 3만 5,000명의 병력을 투입했다. 항구 도시 다낭의 인구는 피난민으로 2배가 늘어 300만 명에 육박하고 있었다. 항구에는 보트를 타고 피난가기 위한 사람들이 구름처럼 밀려들고 있었다.

3월 26일, 둥 장군이 이끄는 3만 5,000의 병사들은 시시각각 다낭에 접근하고 있었다. 미 국무부는 민간 비행기를 이용해서 10만 명의 남베트남군 병사들과 주요 민간인들을 피난길로 인솔하기 시작했다.

미군이 피난용 비행기로 첫번째 마련한 '월드 에어웨이World Airways'를 타려는 사람들이 너무 많이 몰려드는 바람에 민항기를 이용한 소개작전도 곧 무산되어 버렸다. 항공기가 끊어지자 몇 척 안 되는 보트를 타려는 병사들과 민간인들이 아귀다툼을 하고 있었다. 배가 뒤집히고 사람들은 물에 빠져 허우적거렸지만, 처음 벌어진 텔레비전 전쟁을 마지막까지 중계하려는 카메라맨들은 더욱 극적인 장면만 찾아다녔다.

후에 함락 직후 다낭 지역 남베트남군 사령관은 도주해 버렸다. 나머지 장교들도 군복을 벗어던지고 도망가기에 바빴다. 3월 30일, 포위된 지 32시간 만에 다낭도 함락의 대열에 참여하게 되었다. 지휘관을 잃은 10만 명의 남베트남 병사들은 고스란히 포로가 되었다.

티우는 "공산군이 들어왔을 때 무슨 일이 일어날 것인지 잘 알고 있었기 때문에 사람들이 피난길에 올랐다"고 말했다. 그러나 키 부통령은 "민간인들이 군인들에게 염증이 났기 때문에 도망간 것"이라면서 티우 대통령을 비난했다. 키 부통령의 이야기를 들어보자.

"나도 책임을 면할 생각은 없지만 마지막 붕괴는 우리의 잘못이 컸다. 정확하게 말하면 티우의 책임이 컸다. 반메투오트에서 전투가 시작되었을 때 사령관이 도망가 버렸다. 그후 어디서나 전투가 벌어지면 지휘관, 장교들이 맨 먼저 도망쳤다. 모든 부대장급 지휘관들은 티우가 임명했다."

그러나 티우 대통령은 키의 비난을 이렇게 반박했다.

"모두가 미국의 지원이 끝났고, 미국이 우리를 버릴 것이라는 것을 알고 있었기 때문에 군의 사기는 땅에 떨어진 상태였다."

티우 대통령은 "우리 군대는 방어가 가능한 지역에서 겨우 버티고 있기 때문에 미국의 지원이 없으면 그것마저도 어렵다"고 공개적으로 말한 바 있다. 티우의 예견대로 다낭이 함락되었다. 사이공에 있었던 미국 사람들은 "이제는 구제하기 어렵다"는 쪽으로 기울어졌다. 4월 초 CIA의 프랭크 스넵은 이렇게 판단했다.

"국토의 절반은 이미 북베트남에 점령당해 있었고, 남베트남 병력 15만 명은 전투부대로서의 기능을 상실했다. 우리에게 필요한 전략은 완전히 다른 것이 될 수밖에 없었다."

둥 장군의 군대는 이번 대공세에서 뜻밖에 포장도 뜯지 않은 10억 달러 상당의 미국 지원 물자까지 손에 넣었다. 포드 대통령의 명령을 받은 합동참모본부는 사이공의 위급한 상황을 파악한 다음 긴급 군수품 지원 자금 7억 달러를 요청했다. 마틴 대사는 미국이 오랫동안 주장했던 위기가 사이공에 다가왔다는 전문을 보냈지만, 상원이 추가 지원을 승인해 주리라는 기대는 하지 않았다. 마틴은 이런 말을 덧붙였다.

"만약 남베트남군이 싸울 의지가 있어도 미국의 추가 지원 없이는 전쟁을 이길 수 없다면, 미국은 그 전쟁을 결코 지원하지 않을 것이라는 뜻을 분명히 전달했다."

그러나 미 대사관에 있었던 CIA의 프랭크 스냅은 이런 견해를 보였다.

"마틴 대사는 처음부터 티우 대통령이 포기하지 말고 견뎌 내기를 희망했다. 마틴은 닉슨 시대의 '백악관 사고'를 그대로 유지하고 있었고, 키신저의 지정학적인 전망도 공감하고 있는 것으로 보였다. 베트남에서 겪게 될 미국의 망신이 세계 정치 질서에서 미국의 입장에 영향을 줄 것이라고 믿고 있었다."

워싱턴 주재 베트남 대사 부이 디엠은, 베트남의 현재 상황으로 볼 때 '티우가 미국의 지원을 유도할 수도 있을 것'이라는 환상을 이미 버렸다. 사이공으로 급히 돌아온 그는 국토의 절반이 이미 남의 땅이 되어 버린 것을 보고 고위층에 있는 친구들에게 "미국이 도와줄 가능성은 전혀 없다"고 말했다. 현실을 직시하라는 권유도 잃지 않았다.

티우 정권이 희망하고 미국이 원하는 가장 바람직한 현실이란 1954년 제네바협정에 포함되어 있었다가 종적을 감추어 버린 연합정부안이었다. 이 연합정부안은 1965년 미국이 참전하면서 비난의 대상이 되었었고, 1969년 평화 정착 가능성이 엿보이자 폐기되어 버렸다. 그러다가 1973년 평화협정안을 협의하면서 유력한 정치적인 해결 방안으로 채택될 뻔했다.

3월 31일 하노이는, 티우가 아닌 사이공 정부와 협상할 준비가 되어 있다고 발표했다. 대세가 자기들 쪽으로 기울자 하노이는 인민의 힘으로 티우 정권을 추방시켰다는 만족감을 드러낸 것이다. 이에 비해 축소된 땅이나마 자치권 협상에 마지막 희망을 걸고 있던 티우 정권의 일부 인사들은 급기야 티우의 퇴진을 요구하게 된다. 퇴진 요구를 거부한 티우는 이렇게 말했다.

"나는 아주 냉정하지만, '우리'는 매우 당황해하고 있다. 그러나 모두가 그런 것은 아니다. 병력의 1/3은 도망갔다. 그러나 모두가 그런 것은 아니다. 우리는 국토의 절반을 유린당했다. 그러나 전부를 잃은 것은 아니다. 우리에게는 힘이 남아 있다."

미국 언론들은 티우 대통령이 주장했던 이야기의 배경을 어디에서도 확인할 수 없었다고 보도했다. 4월 1일자 〈뉴욕타임스〉는 이렇게 쓰고 있다.

"북베트남 병사들은 농촌 지역을 파죽지세로 휩쓸었다. 간헐적인 저항이 있었을 뿐이었다. 전 국토가 무방비 상태였다."

같은 날 남베트남 정규군이 세번째로 큰 도시 퀴논을 포기하자, 스넵은 북쪽에 심어 둔 '세포' 정보원들이 보내 온 정보보고서들을 신중하게 분석했다. 보고서에는 이런 첩보가 들어 있었다.

"정치국원들이 다시 모여 새로운 결정을 내렸다. 1975년에 승리를 굳힐 것 같다."

며칠 전까지만 해도 승리를 위한 2년짜리 시간표에 모든 일정을 맞추고 있는 것처럼 보였는데, 지금은 분위기가 바뀌었다는 것이다. 예상하지 못한 급진전으로 승리가 눈앞에 다가서자 허둥대고 있는 것처럼 보인다는 보고도 있었다. 스넵의 증언을 다시 들어보자.

"4월 1일자 우리 정보원의 보고서는 상황을 정확하게 읽고 있었다. 4월 5일에는 하노이의 공산당 고위 지휘부에 침투해 있는 우리 정보원이 또 이런 사실을 확인하는 연락을 했다. 1주일 후에 다시 한 번 확인할 수 있었다. 나는 그 정보원에게 정기적으로 세부 정보를 제공해 주는 하선下線 세포를 직접 만났다. 그 조직원은 북베트남 사람들이 호치민의 생일인 5월 19일 이전에 사이공에 입성할 것이라고 말했다. 생일 잔치를 준비하기 위해 5월 1일쯤이 될 것이라는 말도 덧붙였다. 그의 정보는 정확했다. CIA는 당시 공산주의자들의 계획을 자세하게 본국에 보고했다."

둥 장군은 개인적으로 사이공 입성 시한을 지켜야 되는 다른 이유가 있었다. 그것은 5월 1일이 되어야 알 수 있는 일이었다. 하 반 라우는 남베트남을 인수하는 최후의 날짜가 이미 결정되어 있었다고 확인했다.

"후에와 다낭이 함락된 뒤에 우리 지도자들은 장마철이 시작되기 전에 전쟁을 끝마칠 수 있도록 준비를 서두르기로 결정했다. 1975년 4월이 끝나기 전이라는 뜻이다."

윌프레드 버체트의 이색적인 관찰은 매우 흥미롭다.

"마지막 공세를 시작할 때 그들의 우선 목표는 다낭이었다. 다낭만 접수하고 그곳에서 지구전을 펼치기 위해 버티기로 했다. 그런데 일이 쉽게 풀려 성도들이 하나 둘씩 스스로 무너지기 시작했다."

4월 첫째 주에 접어들자 해안 거점들이 하루에 하나씩 함락되었다. 처음에 퀴논, 다음에는 투이호아Tuy Hoa, 그리고 다음 날은 나트랑Nha Trang, 마지막으로 오랫동안 미군의 거대한 해군과 공군기지로 활용되면서 북베트남에 엄청난 전략적 손실을 입혔던 캄란 만이 넘어갔다. 둥 장군의 병사들은 해안으로 진격해 갔다. 버체트 기자의 설명을 들어보자.

"그들은 소탕작전에 필요한 병력을 후방에 남겨 둘 이유가 없었다. 지역에 사는 주민들이 부상병들을 치료하고 사이공측 잔류 병력도 다 처리했다. 주민들이 자청하고 나선 것이다. 작전이 재빠르게 성공할 수 있었던 요인은 바로 여기에 있었다."

작전 기간 내내 둥 장군은 더 빠르게 전진할 수 있다고 생각했다. 부하들을 독려하고 몰아붙였던 일들을 그는 이렇게 이야기해 주었다.

"지금은 빨리 서둘러야 할 때인데, 우리는 옛날 방식에 얽매어 있다. 이래서는 이길 수 없다. 뛰어야 한다!"

　병사들은 전리품으로 획득한 휴대용 무전기를 들고만 다녔지 사용하지는 못했다. 남베트남군이 버리고 간 수많은 트럭은 감옥에서 풀려 난 사람들이 운전했다. 그렇지만 대부분의 병사들은 뛰어서 이동했다. 버체트 기자의 이야기가 이어진다.

　"야전 지휘관 회의에서 사이공 함락 문제를 놓고 심각한 토의가 있었다. 둥 장군은 사이공까지 무조건 뛰어가야 한다고 강조했다. 사이공까지 가는 곳곳에 엄청난 양의 무기들이 숨겨져 있었다."

　최소한 몇십 년 동안은 남베트남을 꼼짝 못하게 할 수 있는 어마어마한 양의 무기와 탄약을 숨겨 두고 있었다는 뜻이다. 하 반 라우는 그때 상황을 이렇게 기억하고 있었다.

　"사이공을 포위하거나 공격하는 임무를 띠고 있던 병사들은 전투에 필요한 최소한의 무장만 하고 있었다. 일부는 차를 타고 전진했지만, 병사들 대부분은 뛰거나 걸었다. 하루에 50km씩 전진하는 강행군이었다. 둥 장군의 진격 목표를 달성하기 위해 우리는 끼니를 거르면서도 배고픔을 잊은 채 행군할 때도 있었다. 베트남 민족 통일을 위한 최종 목표 사이공이 눈앞에 아른거리고 있었기 때문이다."

　북베트남군 장병들을 야생마처럼 몰아세웠던 둥 장군의 말이다.

　"베트남 전 국토가 병사들의 발 빠른 행군 소리로 가득했다."

　사이공에서는 스넵이 조각난 6개 사단 규모의 남베트남 정규군으로 사이공을 방어하는 문제를 검토하고 있었다. 북베트남은 18개 사단으로 사이공을 압박하면서 맹렬한 기세로 진격중이었다. 사이공 정부가 마지막으로 기대하고 있었던 전투는, 중부 고원 지대 끝자락의 중심에 있는 쑤안록Xuan Loc에서 해안까지 방어선을 구축하고 버티는 것이었다. 쑤안록은 공산군이 점령할 경우 곧바로 사이공으로 들어올 수 있는 최후의 요충지였다. 둥 장군의 쑤안록 전투 회상은 인상적이다.

>>>>> 1975년 총공세 때 북베트남군 트럭들이 사이공을 향해 달리는 모습(위). 반 티엔 둥 장군이 지휘하는 사령부와 교신중인 북베트남 병사들(아래쪽).

"쑤안록 전투는 내가 경험한 전투 중에서 가장 처절한 전투였다. 시작부터 어려움은 알고 있었다. 4월 9일 우리 병사 4만 명이 남베트남군 제18사단 병력 5,000여 명이 지키는 쑤안록에 공격을 개시했다. 우리는 크게 얻어맞았다. 제18사단장은 레 민 다오Le Minh Dao 준장이었다. 정치적이지 않고 때묻지 않은 보기 드문 장군이었다. 정말 힘든 전투였다. 공격과 후퇴, 상상을 초월한 포 공격이 이어졌지만, 쑤안록은 넘어지지 않았다."

4월 10일 포드 대통령은 상원에 다시 한 번 남베트남에 제공할 군사적, 인도적인 지원금 10억 달러를 요청했다. 상하의원 합동연설에서 대통령은 '남베트남에 마지막으로 소생의 길을 열어 주기 위해 긴급 지원을 해야 한다' 면서 이렇게 호소했다.

"오랜 전쟁의 악몽은 끝났다. 우리의 헌정 질서도 회복되었다. 이제는 남베트남을 도와주어야 할 때이다. 미합중국은 개인을 위한 정부가 아니라, 법에 의해서 운영되는 정부라는 사실을 믿는다."

오랜 기간 전쟁 지지자였던 포드는 한때 존슨 대통령이 베트남전에 미지근한 태도를 보이자 상원에서 혹독하게 비판한 일이 있다. 키신저를 국무장관에 유임시켰던 포드는 마지막 남베트남 지원을 위해 25년간 상원의원을 지냈던 경력을 십분 활용했다. 상원에서 사이공과 하노이가 협상할 수 있는 시간을 주자고 호소했다. 포드와 키신저는 그 방법이 가능할 것이라고 믿었다. 프랭크 스넵의 판단을 들어보자.

"키신저는 소련의 의도에 말려들어서 '적당한 기간을 두고 협상하면 정치적인 타결을 볼 수 있을 것' 으로 믿고 있었다. 하노이를 협박할 때 가끔 활용했던 소련 대사 도브리닌이 이번에는 키신저를 속이고 있었다."

포드는 상원 연설을 기초한 키신저를 믿고 있었고, 4월 19일까지 10억 달러 지원이 집행되기를 바랐다. 그런데 스넵은 이미 군사적인 상황을 안정시킬 수 있는 원조 방법이 없다고 판단했다. 상원은 아직도 오랫동안 전임 대통령들에게 속았다는 분위기에 젖어 있었다. 상원은 미국인 철수 비용 2억 달러만 승인했다. 남베트남에 남아 있는 미국인들의 안전만이 유일한 관심사였다.

4월 19일 사이공 주재 미 대사관은 원조 대신 2주일 안에 철수하라는 명령을 받았다. 같은 날 사이공 근처의 가장 큰 공군기지인 비엔호아가 4일 동안의 집중 포격을 당한 끝에 적의 손에 들어갔다. 피난길은 인산인해를 이루고 있었다.

사이공의 마지막 정치적 혼란이 얼굴을 내밀었다. 명예로운 평화 정착을 위해 장기간 엄청난 전비를 들여 싸웠으나, 얻은 것이라고는 티우의 장기 집권밖에 없다는 데 생각이 미치자 미국은 남베트남 장성들과 함께 모든 책임을 티우에게 전가시켰다. 티우가 망명하고 정치 구조가 바뀐다면, 사이공은 살아남을 수 있을 것이라는 생각을 내비쳤다. 그러나 현실은 수많은 장성들이 국민들을 버린 것처럼 티우 대통령도 그런 길을 걸었다.

마틴 대사는 내키지 않는 심부름꾼이 되어야 했다.

"나는 티우 대통령을 만나서 군사, 정치적인 상황과 남베트남 행정부의 태도 등을 화제로 솔직한 이야기를 나누었다. 티우 자신은 연합정부에 대한 미련을 버렸지만, 행정부의 다른 사람들은 아직도 꿈을 가지고 있다는 이야기를 했다. 그들은 티우 대통령이 현직에 있으면 그나마 어렵다는 말까지 한다고 전했다."

티우 대통령은 이때를 다음과 같이 회고했다.

"마틴 대사는 나에게 '사임'이라는 말을 비치지 않았다. 마틴이 미국의 이익을 위해서 나를 이용했다고는 결코 생각하지 않았다. 그는 정말 베트남에 애정을 가지고 있는 사람이었다."

10년 전 디엠 정권이 붕괴되면서 티우가 등장했을 때, 미국이 접촉했던 트란 반 돈 장군이 중재자로 나서는 혼란이 다시 연출되었다. 돈 장군은 반디엠 쿠데타 이후 수많은 장성들이 숙청당할 때 물러난 인물이다. 그 동안 수출입 사업을 해오던 그는 2년 전 부수상으로 정치적 재기에 성공했었다.

돈 장군은 미국이 추진했던 '베트남화 계획'은 베트남 사람들끼리 만들어

낸 정부나 협약을 통한 평화를 의미한다고 생각했다. 군사적인 대치 상황이 비교적 안정적이었던 1973년부터 1974년 사이에 그는 북베트남과의 협상을 자임하고 나서기도 했다. 티우 대통령도 좋은 아이디어라고 생각했지만, 혼자서 결정할 만큼 자유로운 입장이 아니었다. 티우의 측근들도 반대했지만, 미국 또한 단호한 태도로 반대했었다. 왜 그랬을까? 의문을 가지는 것은 이제 부질없는 일이 되어 버렸다.

돈 장군은 조용하게 프랑스측에 접근했다. 마지막 순간에 프랑스 대사는 돈 장군에게 이렇게 말했다.

"사이공을 포화에서 구하고 싶거나, 베트남을 중립정부로 만들 생각에서 정치적인 타결을 바란다면 '빅 민'을 내세워라."

돈 장군이 왜 하필 '빅 민'이냐고 묻자, 프랑스 대사는 북베트남이 새로운 지도자로 생각하는 유일한 사람이 '빅 민'이라고 말했다. 돈 장군이 마틴 대사에게 물었을 때도 프랑스 대사에게서 들어서인지 대답 내용이 똑같았다. 스넵의 주장은 이런 것이었다.

"프랑스측은 마틴 대사를 돕기 위해 많은 노력을 하고 있었다. 마틴의 주요 관심사는 인도주의였다. 마틴은 미국인들의 철수를 지연시키면서까지 협상을 끌어내기 위한 모든 노력을 했다."

미국의 두옹 반 민 장군 지원은 혼란의 극치를 보였다. 1963년 반디엠 쿠데타의 주모자였던 그의 중립적인 발언은 존슨 대통령의 강경 조치에 따라 더 이상 주목을 끌지 못했었고, 미국의 독단적인 결정이 10년 이상 지속되었다. 논란의 여지는 있었지만, CIA 자료는 제3세력이라고 자칭했던 빅 민이 하노이 지도부에 형제 아니면 조카 한 사람을 두고 있었음을 보여준다. 그런 연유로 '빅 민'은 미국의 마지막 희망이 되었고, 티우는 사이공을 떠나 자신의 길을 가야 했다.

티우는 국민들이 자기가 평화 유지나 미국 원조의 장애물이었다는 비난을 하지 않기 바랐다. 평화협정은 지속성이 없었고, "하노이는 자기들이 어려운 입장에 있을 때만 협상 카드를 들고 나왔다"고 티우는 회고했다.

4월 21일 티우 대통령은 미국이 선심 공세의 일환으로 설치했던 전국적인 조직망의 텔레비전 방송을 통해 가벼운 미국 비난을 곁들인 사임 성명을 발표했다. 티우가 대통령직을 중립주의자 '빅 민'에게 인계하는 것을 완강하게 반대했기 때문에 결국 그의 오랜 각료인 트란 반 후옹Tran Van Huong에게 넘어갔다. 그날 쑤안록은 최후를 맞았다. 12일 동안 결사 항전했던 제18사단장 레 민 다오 장군은 미국에게 깊은 인상을 남겼다. 조금 일찍 훈련만 잘 시켰더라면 어떤 결과가 있었을까 하는 아쉬움을 남긴 군인이었다.

미국은 티우를 안전하게 외국으로 보내기로 했다. 스냅은 티우 대통령이 사임을 발표한 몇 시간 뒤에 탄손누트 공항으로 호송하라는 명령을 받았다.

"나와 동료들은 리무진 몇 대를 즉시 동원했다. 1963년 디엠이 살해되었던 악몽이 떠올라서 우리는 바짝 긴장했다. 특별히 삼엄한 경비를 명령한 다음 차를 몰아 티우가 사는 빌라에 도착했을 때, 보좌관들이 옷 가방을 들고 나왔다. 옷 가방을 리무진 트렁크에 집어던졌더니 금속들이 부딪치는 소리가 들렸다. 한 보좌관은 '그것이 티우의 마지막 재산'이라고 했다. 하지만 나는 티우가 이미 4월 초에 모든 재산과 가재 도구를 해외로 빼돌렸다는 것을 알고 있었다."

티우가 2~3톤의 금을 해외로 밀반출했다고 〈타임〉도 이미 보도했었다. 대통령 부인이 보이지 않아 이상하게 생각한 스냅의 동료 한 사람이 티우에게 물었다.

"영부인은 어디 계십니까?"

티우의 가벼운 대답이 이어졌다.

"그림 몇 점 사려고 며칠 전에 홍콩에 갔어요!"

북베트남군의 대포 소리는 사이공 외곽 지대에서 메아리를 일으키고 있었다. 포탄이 공항에도 날아들기 시작했다. 30년간 외딴 섬 같은 사이공에서 살았던 사이공 사람들은 한가한 저녁 나들이를 하고 있었다. 거리는 예전보다

>>>>> 북베트남군 수송 차량이 시 외곽 지대에서 진입해 오는 것과는 다르게 여전히 일상적인 모습을 보이고 있는 사이공 거리.

훨씬 북적거렸다. 산보하는 사람, 장사꾼, 피난민들로 웅성거렸다. 그때 이들을 아랑곳하지도 않는 검은 리무진 행렬이 그들의 지도자 티우를 해외로 밀어내기 위해 공항으로 달려가고 있었다.

평범한 날의 초저녁처럼 별이 선명하게 반짝이는 밤이었다. 스냅의 기억에 새겨진 사이공에서의 마지막 밤에 대한 묘사를 들어보자.

"공항 주위에서 예광탄이 터졌다. 승용차 앞자리에 앉아 있던 나는 차내 후사경을 통해 티우의 눈을 보았다. 우리가 공항 청사를 거쳐 외국으로 갈 비행기에 다가가자, 그의 눈에는 눈물이 고였다. 티우는 좌석에 몸을 기댄 채 '당신들이 했던 모든 것을 감사하게 생각한다'고 말했다. 나에게는 이 한마디가 '베트남에서 전사한 미군 5만 7,000명의 영혼에 감사한다'는 말로 들렸다. 표정을 정확하게 읽을 수 없었기 때문에 '무슨 뜻이냐'고 묻고 싶었지만, 나는 입을 다물고 이별의 악수를 했다. 티우는 눈물을 터뜨렸다. 수치스러운 장면을 보인 것에 대한 회한 같았다."

티우는 비행기에 올랐다. 옷 가방도 같이 실어 주었다. 마틴 대사가 공항에 나와 있었다. 단정한 옷차림에 뿔테 안경, 근엄한 학자 모습의 마틴은 '미국의 마지막 흔적에 이별을 고하는' 대사라는 직책에 어쩐지 어울리지 않는 듯했다.

티우는 망명하는 비행기에 미국 사람들에 대한 지울 수 없는 씁쓸함을 함께 싣고 갔다. 티우는 격분했을 때, 스넵에게 원색적인 비난을 퍼부었던 적이 있다.

"당신들이 우리를 버렸다. 우리를 팔아먹은 거야. 우리의 등 뒤에 칼을 꽂은 거라구. 당신들이 배신했어! 큰 나라가 작은 나라를 망쳐 놓은 거야!"

티우를 비행기에 실어 보냈던 스넵은 사이공 사회 분위기를 이렇게 전했다.

"남베트남 사람들 사이에서 티우를 비난하는 소리가 그치지 않았다. 부패를 너무 오랫동안 방치했다는 것이 비난의 핵심이었다. 그는 나약한 지도자였으며 군사적인 실수도 많이 범했다고 평가했다. 그런데 이상한 일은, 티우의 이런 실수에 책임을 추궁한다면 많은 군부 인사들이 응분의 징계나 조치를 당했어야 마땅했음에도 들리는 소문의 대부분은 '티우가 미국에 속았다'는 이야기뿐이었다."

티우가 떠난 다음 날인 4월 22일 아침부터 "사이공 변두리에서 들리던 총소리는 잠잠해졌고, 시가지도 정적이 감돌았다"고 트란 반 돈 장군은 말했다. 돈 장군의 말을 계속 들어보자.

"부유층은 모두 떠나고 반 티엔 둥 장군의 병력은 사이공 외곽 지대를 견고하게 포위하고 있었지만, 사이공 시내는 평상시와 다름없었다. 2년쯤 걸릴 것이라고 예상했던 마지막 공세가 시작된 지 44일 만에 남베트남 44개 성이 함락되거나 완전히 포위되었다. 사이공만 고도처럼 남아 있었다. 대부분의 사람들은 무슨 일이 일어나 정치적인 변화가 있을 것이라는 막연한 생각만 하고 있었다. 남베트남 사람들의 일부는 '남베트남을 여전히 남쪽 사람들이 통제할 수 있을 것'으로 기대했다. 그들의 그런 고정관념은 어쩌면 당연한 것이었을 수도 있다. 정말 많은 사람들이 그렇게 믿고 있었으니까…….”

　5월 1일을 1주일 남겨 놓고 있던 4월 23일, 반 티엔 둥 장군은 하노이에 “사이공은 머리가 없는 뱀과 같다”라고 전했다. 이 한마디만 봐서는 마르크스주의자가 아닌 구시대의 관리 같지만, 그는 이어 이렇게 보고했다.

　“우리의 군대는 ‘높이 치켜든 성스러운 해머hammer처럼’ 사이공에서 대단한 환영을 받고 있다.”

20 항복

The Ten Thousand Day War

나는 무전기에 귀를 기울이고 있었다. 수화기를 통해 사람들의 아우성이 생생하게 들렸다. 사람들이 자포자기한 상태라고 생각했다. '나는 미스터 론이오. 몇 년 동안 당신들과 함께 일했지 않소! 나를 구해 주시오.' '나는 미스터 호야오. 좀 구출해 주시오.' 모두 나와 함께 일했던 '세포'들이었다. 그러나 그들을 구할 방법이 없었다. 가슴 아픈 일이었다.
_CIA 정보원 프랭크 스넵

사이공 외곽에 자리잡은 지휘본부에서 반 티엔 둥 장군은 참모들을 사이공 시가지 지도 주위에 불러모아 놓고, 사이공 중심부를 향한 5개의 붉은 화살표를 가리키면서 작전 계획을 지시했다. 화살표 1개는 대통령궁과 정부 청사를 향하고 있었다. 워싱턴에서 방금 정부 청사에 도착한 부이 디엠 대사는 고위 관료들이 나누고 있는 딱한 대화 장면을 목격했다. 그들은 아직까지도 미국의 원조를 기다리고 있었다.

또 하나의 화살표는 탄손누트 공항을 겨냥하고 있었다. 그곳에 있었던 마틴 대사는 사이공 방어를 독려하기 위해 미국인들의 철수를 조금 완화시킬 필요가 있다고 느꼈다.

세번째 화살표는 남베트남군 사령부를 쳐다보고 있었다. 남베트남 육군참모총장 트란 반 돈 장군은 사이공 방어에 충분한 병력이 있으므로 협상을 통해 남북 연합정부를 세우자고 열을 올렸다.

네번째 화살표는 검은 파자마를 입은 거리의 행상들이 몰려 있는 경찰청으로 겨누고 있었고, 마지막 다섯번째 화살표는 항상 만원을 이룬 가운데 샴페인 잔이 춤을 추는 고급 술집 '세르클 스포르티프Cercle Sportif'를 살짝 비켜 미 대사관이 있는 거리를 가리키고 있었다. 미국인들로 북새통을 이루고 있는 대사관에서 스넵은 철수를 위한 마지막 점검을 하고 있었다.

둥 장군이 자랑하는 사이공 진격사단들은, 탄트라오 동굴에서 하류층 서민들로 구성된 게릴라 부대로 출범해 지금은 세계 제5위의 강병으로 성장해 있었다. 게릴라 공작원들이 먼저 5개의 공격 목표로 인도하면 10만 명의 병력이 일시에 사이공을 향해 돌진한다는 계획이었다.

사이공에도 10만 명의 남베트남군 병력이 있었으나, 실제 전투에 투입할 수 있는 병력은 3만 명에 불과했다. 둥 장군은 동원 가능한 병력을 모두 동원하라고 명령하는 한편, 양측의 피해를 최소화하라고 엄중 지시했다.

하노이는 둥 장군에게 미국과 '꼭두각시'가 '북베트남군의 공격을 사이공에서 막기 위해 외교적인 노력을 기울이고 있다'는 전문을 보냈다. 둥 장군은 미국 사람들이 안전하게 철수할 수 있도록 충분한 시간 여유를 준 다음, 완전한 승리를 위한 총력작전을 계획하고 있었다. 반면 CIA는 사이공이 다섯 방향에서 공격을 받아 1주일 이내에 점령당할 것이라는 정보를 비교적 소상하게 파악하고 있었다. 스넵의 이야기를 들어보자.

"우리 정보원들은 북베트남군이 사이공을 장악한 다음 전개할 일을 자세하게 들려주었다. 우리는 공산군의 총공격에 직면해 있었다. 대포를 동원해서 탄손누트 공항도 공격할 것이라는 사실을 알고 있었다."

스넵은 이 사실을 4월 23일에 알게 되었다고 말했다. 포드 대통령은 그날 이런 연설을 했다.

"우리는 베트남전에 개입하기 이전의 자부심을 가질 수 있게 되었다. 그러나 이러한 자부심을 다시 전쟁을 통해 얻을 수는 없다. 미국이 간여하는 전쟁은 이미 끝났다."

포드 대통령의 발표를 듣고 스넵은 '그렇다면, 왜 철수를 미뤄서 베트남에 있는 미국인들을 위험하게 만들고 있는지' 이해하기 어려웠다고 말했다. 키신저와 마틴은 그때까지도 구태의연한 외교놀음을 계속하고 있었다. 마틴은 여전히 평화 정착을 모색하여 많은 인명을 구하려고 했다.

〈타임〉은 "파리평화협상으로 얻은 키신저의 명성과 성과가 위협받고 있다"고 보도하면서 "키신저와 마틴이 미국 사람들의 철수작전 이후 게릴라들이 보복성 공격을 하지나 않을까 두려워 작전을 지연시키고 있다"는 기사도 함께 썼다.

〈뉴욕타임스〉도 "키신저가 미국 사람들의 완전 철수를 반대하고 있다"고 보도했다. 한 국방부 관리가 미국인 철수를 위해 보낸 비행기들의 절반이 1/3밖에 좌석이 차지 않은 채 돌아오고 있다는 사실을 흘렸다. 이런 사실이 알려진 다음부터 미국인들의 항공편 철수는 하루 500명에서 5,000명 선으로 늘어났다. 정치적인 오판이 철수를 지연시켰을 뿐 아니라, 마지막 순간에 미국의 위신까지 추락시켰다는 스넵의 비판은 정곡을 찌른 것이었다. 마틴 대사의 변명은 이런 것이었다.

"그때까지 상당한 수준의 전투 능력과 전투 의지를 가지고 있었던 사이공 방위 병력을 팽개치고, 남베트남 고위급 인사들을 전부 철수시킬 수는 없었다. 그때 남아 있던 미국인 5,000여 명은 심리적으로 중요한 역할을 했다."

마틴은 또 다른 혼란에 빠져 있었다. 사이공 경찰 총수의 개인적인 발언이기는 했지만, 그가 어떤 미국인에게 "만약 미국인들만 안전하게 공항을 통해 빠져 나가려 한다면, 가는 길이 무사하지 못할 것이다"라고 협박했다는 소식도 들려왔다.

스넵의 걱정은 좌석이 확보된 고위층이 아니라, 미국을 도왔던 수만 명에 달하는 중견 공무원들의 안전 문제였다. 국무부는 아무런 행동을 취하지 않았다. 과거 북베트남에 수없이 많은 최후통첩을 내렸던 키신저가 막상 상황이 반전되자 이제 미국이 해야 될 일에는 입을 다물고 있었다.

스넵의 정보 활동도 1주일밖에 남아 있지 않았다. 지난 몇 주일 동안 10만 명의 베트남인들이 해외로 나가기 위해 민간 항공권을 구입했으나, 모든 비행

Chapter 20 항복_593

기의 이착륙이 중단되고 있었다. 대사관이 집계한 대상자 명단에는 또 다른 14만 명이 등재되어 있었다. 스넵의 걱정은 바로 이 사람들의 대피 문제였다. 이들을 도와줄 아무런 방법이 없었다.

미국 언론은 사이공 시내에 공포 심리가 가득하다고 보도했다. 수천 명의 '베트남 탈출'을 기다리는 인파가 공항에 북적거리고 있었다. 미국인들에게 탈출 방법을 탐문해서 길이 보인다 싶으면 뇌물을 주기도 했다. 4월 24일자 〈뉴욕타임스〉는 이런 뉴스도 보도했다.

"미국에서 교육받은 후 남베트남 정부에서 일하던 어떤 경제학자는 임신 3개월 된 부인과 베트남을 탈출하기 위해 1만 달러의 뇌물을 제공하고, 공식적인 철수 대상자 명단에 포함될 수 있었다."

공무원들은 '북베트남이 대대적인 숙청에 나설 것'이라면서 오히려 공포감을 조장하고 다녔다. 시사주간지 〈타임〉은 만약의 사태가 오면 자살하기 위해 수면제와 진정제를 구입하는 사람들도 있다고 보도했다.

둥 장군의 군단 규모 병력은 이미 도하渡河 작전을 마치고 사이공 외곽 지대로 진입했다. 그들은 4월 25일 사이공 근교 30마일에 펼쳐진 방어선을 휩쓸었다. 퇴각하는 병사들과 민간인들은 사이공으로 몰려들었고, 검문소에서는 이들의 통제가 어렵게 되자 질서 유지를 위해 총을 쏘기도 했다.

서방 각국의 대사관들도 하나 둘 철수하기 시작했다. 기밀문서들은 불 속으로 던져졌고, 남베트남 사람들은 시가지 이곳 저곳에서 피어오르는 연기 속에서 자신들의 희망이 재로 변하는 것을 지켜봤다. 피난을 서두르던 한 사이공 시민은 이렇게 말했다.

"그들은 선조들에게 향불도 올리지 않는다고 들었습니다."

독일, 네덜란드, 타이, 일본, 오스트레일리아, 영국, 캐나다 대사관 직원들이 철수길을 재촉했다. 사파리 차림의 영국 대사는 '재규어' 승용차를 몰고 떠났고, 캐나다 대사는 1만 3,000마일이나 떨어진 본국으로 자신의 승용차까지 실어 보내면서 대사관에서 일했던 남베트남 사람들은 거들떠보지도 않았다.

북베트남과 외교 관계를 유지하고 있던 프랑스와 벨기에 대사관만 남았다. 미국인들은 조금 더 오래 남아 있었다. 한때 볼링장이었던 미국인 철수본부에는 "떠날 때 불을 끄시오!"라고 쓴 커다란 임시 간판이 하나 붙어 있었다.

키신저는 터널 끝에서 보일 듯 말 듯 깜박거리는 희미한 불빛을 여전히 지켜보고 있었다. 미국인들의 완전 철수는 결정되지 않았고, 마틴 대사는 키신저와 계속 접촉하고 있었다. 마틴의 이야기를 들어보자.

"우리는 현지에서 무슨 일이 벌어지고 있는지 상세한 내용을 키신저에게 계속 보고했다. 현재 처지에서 어떤 불평을 늘어놓을 입장이 아니었다. 우리는 사실 '희미한 불빛'을 되살려 보려는 노력을 포기하지 않았다. 협상 가능성이 전혀 없다고 단정하기는 어려웠다."

마틴과 협상의 중재를 자임하고 나섰던 부수상 트란 반 돈 장군의 이야기를 들어보자.

"프랑스측은 나에게 북베트남이 다른 사람이 아닌 '빅 민'하고만 대화하려 한다고 연락해 왔다. 매일 프랑스 대사관 사람들과 미국측 인사들을 만났다. 긴박한 시간을 보내면서 아마 누구보다도 마틴 대사를 제일 많이 만났을 것이다."

티우가 떠난 지 5일이 지난 4월 26일, 두옹 반 민 장군에게 정권을 넘기기로 합의했다. 외교상의 문제를 고려해서 국회는, 티우의 후임자인 71세의 후옹 대통령에게 차기 대통령 선택권을 위임했다. 민 장군은 공식적으로 28일 대통령에 취임했다. 그러나 마틴 대사는 "북베트남은 아직도 미국이 사이공에서 게임을 한다고 생각한다"고 말했다. 그래서인지 북베트남 군대는 집중적인 포사격을 계속했다.

4월 28일 이른 아침, 둥 장군은 사이공의 빈민가에 몇 발의 로켓포를 발사함으로써 '인내심이 한계에 달했다'는 의사 표시를 해왔다. 이날 포격으로 5,000명의 이재민이 발생했다. 새벽부터 각 방면에서 포위를 좁혀 오던 둥 장군의 군대는 사이공 외곽 1마일 지점에서 멈춰 섰다.

하노이의 정치국은 '우기가 다가오고 있으니 늦지 않도록 치밀하게 대처하라'는 명령을 하달했다. 둥 장군은 '뉴포트 다리Newport Bridge'를 점령한 직후 주력부대에게 '동쪽을 통해 시내로 진입하라'고 지시했다. 놀랍게도 남베트남군이 다리를 폭파하지 않았기 때문에 둥 장군의 주력부대는 1시간 만에 사이공 시내에 진입할 수 있었다.

이와 때를 같이해서 둥 장군은 "24시간 내에 항복하라!"는 방송을 내보냈다. 이 방송으로 사이공의 기강은 완전히 무너져 내렸다. 민 장군의 대통령 취임은 시민들에게 약탈을 부채질했다. 뉴포트 지역에 있는 미국인 면세점이 문을 닫자마자 수천 명의 민간인들과 탈영병들이 들이닥쳤다. 북베트남 탱크가 가까이 있는데도 물건 담는 수레의 행렬이 PX 앞에 장사진을 이룬 채 물건을 훔치고 있었다.

시민들은 칵테일용 체리에서부터 바비큐 소스에 이르기까지 먹을 수 있는 것은 모두 실어 냈다. 불과 몇 분 만에 식료품 매장과 창고가 텅 비어 버렸다. 화려했던 '사이공 시대'가 막을 내리는 순간이었다.

한편 대통령궁에서 열린 민 장군의 취임식에는 마틴 대사와 중재자 돈 장군이 아직 버리지 못한 희망을 가지고 참석했다. 돈 장군은 이렇게 말했다.

"마틴 대사와 나는 북베트남과 대화가 가능한 적임자를 앉혔다는 안도감을 느끼고 있었다."

이 대목에서는 스넵의 불만을 들어볼 필요가 있다.

"4월 28일 빅 민이 대통령에 취임하자, 마틴 대사는 협상을 통한 해결이 가능할 것으로 생각하고 있었다. 이 마지막 순간까지 가망 없는 협상에 목을 매달고 있었다."

대통령 취임 직후 '빅 민'은 방송 연설에서 깜짝 놀랄 만한 발표를 했다. '미국인은 즉각 베트남을 떠나라'는 내용이었다. 오랜 기간 그는 베트남의 제3세력화나 연립정부안을 옹호해 왔었다. 그는 구정 공세 때 초토화된 남부 미토 출신이었다. 그는 중립적인 태도 때문에 국외로 나가라는 압력을 두 번이나 받았었다. 대통령이 되기 전에 '빅 민'은 마틴 대사에게 개인적으로 '미국이 베트남을 떠나는 것이 좋겠다'고 부탁한 적이 있었다.

'빅 민' 대통령이 방송 연설에서 "모든 미국인은 24시간 내에 베트남을 떠나야 한다"고 공식 선언한 사실은 매우 충격적이었다. 중재자 트란 반 돈 장군은 깜짝 놀라 미 대사관에 전화를 걸어 대응책을 강구하자고 말했다. 미 대사관의 반응은 간단했다.

"모든 것은 다 끝났습니다. 떠나고 싶으면 내일 오후 2시까지 대사관으로 오십시오!"

대사관 꼭대기층에서 '빅 민'의 연설을 듣고 있었다는 스냅의 회고를 들어 보자.

"연설이 끝나기도 전에 북베트남 비행기들이 사이공 시가지 상공에서 공격하는 것을 볼 수 있었다. 오후 5시에서 6시 사이였다. 비행기들의 금속성이 들리는가 싶더니, 곧 바로 심한 폭격이 시작되었다. 모든 것이 끝났다는 것을 알았다. 대사는 남베트남 고위 인사들의 철수를 도와주기 위해 C-130 수송기를 대기시켰다. 마틴 대사는 지금 시점에서 협상이 이루어진다고 해도 우리의 남베트남 친구들을 국외로 철수시키는 것이 필요하다고 판단했다. 대사관과 탄손누트 공항 앞에는 인파가 장사진을 이루고 있었다. 남베트남 사람들은 우리보다 상황 판단이 훨씬 빨랐다."

그러나 전원을 철수시키기에는 시간이 너무 부족했다. 북베트남 조종사들이 몰고 온 전리품 비행기들이 사이공 시내를 한바탕 쓸고 간 다음 둥 장군의 대포들이 뒤따라 화력을 자랑했다. 둥 장군은 마음만 먹으면 사이공을 불바다로 만들어 버릴 화력을 보유하고 있었다. 29일 새벽이 오기 전 몇 시간 동안 그는 사이공 시가지 대신 탄손누트 공항을 쓸어 버렸다.

스냅은 미국인들의 빌딩가에 있는 자신의 아파트로 발길을 옮겼다. 옥상에는 비상시에 대비한 헬리포트가 있었다. 계단에 매달려 있는 사람들 틈을 겨우 비집고 들어와 잠깐 잠이 들었는데, 새벽 4시쯤 폭격의 진동으로 침대에서 떨어졌다고 한다. 마룻바닥에서 그는 "제기랄! 어떻게 된 거야?"라고 혼자 중얼거리면서 대사관에 무전을 연결했다.

"사람들이 밀려온다는 말만 들었다. 베트남 생활을 한 미국 사람들에게 가장 섬뜩한 충격을 주는 말은 '밀려온다'는 말이었다. 공항과 외곽 지대에 엄청난 포탄이 쏟아지는 한편, 로켓포는 어둠을 가르고 있었다. 나는 아파트 건물 옥상으로 올라가 봤다. 하늘은 온통 핵분열의 축소판 같았다. 탄손누트 공항에서 불길이 치솟고 있었다."

동터 오던 시간에 마틴 대사는 군사고문단 간부회의를 소집했다. 헬리콥터 외에는 사용할 수 없다는 결론을 내렸다. 마틴의 증언이다.

"직접 보기 위해 공항으로 나갔다. 포탄은 여전히 쏟아지고 있었다. 공항 폐쇄는 철수작전을 불가능하게 만들 수 있기 때문에 확인이 필요했다."

본격적인 철수작전은 마틴 대사가 그날 아침 용기를 내 직접 차를 몰고 혼란에 빠진 시내의 검문소를 거쳐 공항을 다녀온 다음부터 시작되었다. 시내 여기저기서 울부짖는 사람들의 목소리를 들을 수 있었다. 사이공은 아수라장이었다. 대사관으로 돌아온 마틴은 키신저에게 즉시 전화를 걸어 대통령에게 작전 '옵션Option-4' 시행을 보고해 달라고 부탁했다. 헬리콥터 철수작전 승인 요청이었다. 스넵의 말을 들어보자.

"1시간 후 백악관은 옵션-4를 승인했다. 실행 명령이 동시에 떨어진 것이다. 키신저는 마지막에 소련이 자신을 속였다는 것을 알았고, 마틴 또한 협상을 통해 해결할 수 있을 것이라는 환상에서 깨어났다."

남중국 해안에서 200마일 떨어진 곳에 44척의 전함으로 구성된 태스크포스팀이 철수 지원을 준비하고 있었다. 항공모함 행콕Hancock, 오키나와, 미드웨이Midway와 해병 기동타격대원들이 대기상태였다.

사이공의 건물 옥상에서 구축함까지 직접 수송이 가능한 거대한 '시 나이트 헬리콥터(Sea Knight : 바다의 검객)' 60대가 '속풍 작전Operation Frequent Wind'을 기다리고 숨을 몰아쉬었다. 사이공에는 13개의 건물 옥상에 미군 헬리콥터 착륙장이 있었다. 남아 있던 미국인 1,500명에게 미군 방송을 통해 각자 지정받은 해당 헬리포트로 나오라는 지침이 전달되었다.

4월 29일 자정에 신호가 발동되었다. 처음에는 미리 짜 맞춘 일기예보가 흘러나왔다. "지금 날씨는 화씨 105도, 점차 온도는 올라가겠습니다"라는 메시지였다. 다른 암호가 계속되었다. 빙 크로즈비의 감미로운 크리스마스 캐럴 「I'm dreaming Of A White Christmas」가 흘러나왔다. 이 메시지는 15분 간격으로 반복되었다.

남베트남에 주재하는 모든 미국 관리, 사업가, 언론인들은 가지고 있던 것을 모두 버리고 헬리포트를 향해 달리기 시작했다. 그들은 남베트남에서 수년씩 일한 사람들이었다. 남베트남을 빠져 나갈 여유는 몇 시간에 불과했다.

남베트남 정부의 고위 간부들은 미 대사관에 신고한 다음 우선 순위에 따라 출국하기 위한 조별 편성을 마친 상태였다. 전 육군참모총장 트란 반 돈 장군은 두옹 반 민 장군의 마지막 정부 출범에 일조했으나, 이제는 다른 사람들과 마찬가지로 해외로 빠져 나가야 할 운명이었다.

미 대사관에서는 아무도 행동 지침을 가르쳐 주는 사람 없이 '정문 쪽으로 가라'는 소리만 들렸다. 사이공 시민 절반이 미 대사관 앞으로 모여들었다. 돈 장군이 민 장군의 대통령 취임식에 참석한 지 하루가 지난 29일, 마틴의 가장 친한 친구 민 장군은 대통령궁에 있었고, 돈 장군은 해외로 탈출하기 위해 아우성치는 군중의 한 사람이 되어 있었다. 돈 장군의 회고를 들어보자.

"국외로 나갈 수 있는 시간은 하루밖에 없었다. 1975년 4월의 24시간은 1954년 프랑스가 베트남인들에게 남 또는 북으로 갈 수 있는 선택권을 부여했던 기간에 비유할 수 있었다. 그러나 그때는 1년 안에 남과 북을 선택하면 되었다."

사람들이 아우성치기 시작했다. "저기 돈 장군이 간다, 그를 따라가자"라고 외치며 사람들이 몰려들었다. 그들은 돈 장군이 달아나는 길을 알고 있다고 생각했다. 돈 장군은 이 빌딩에서 저 빌딩으로 사람들을 피해 달아났지만, 결국은 여러 사람들의 눈에 띄고 말았다고 한다.

미국인들이 아침부터 헬리포트가 있는 건물 옥상으로 밀려들자 혼란은 더해 갔다. 그런데 기다리던 헬리콥터는 나타나지 않았다. 정오가 지나고 오후 1시, 2시가 되어도 '바다의 검객' 은 시야에 들어오지 않았다. 구축함까지 왕복 2시간이 걸리는 거리였다. 둥 장군의 최후통첩 시간까지는 4시간이 남아 있었다. 프랭크 스넵의 이야기를 들어보자.

"수주일 동안 세운 계획이었지만, 긴급 상황이 눈앞에 닥치자 태평양함대와 워싱턴 사이에서 '속풍 작전' 이 혼선을 빚고 있었다. 철수작전을 지휘하고 있던 함대의 제독은 그날 오후까지 헬리콥터를 사이공으로 보내지 못했다. 그런데 우리 정보원들은 북베트남 병사들이 초조해지기 시작했다고 알려 왔다. 승리는 이미 둥 장군의 손안에 들어 있었으나, '미국이 시간을 벌기 위해 일부러 철수를 지연시키고 있다' 고 생각한다는 것이었다."

둥 장군은 지휘관들에게 무전으로 이런 명령을 내렸다.

"오후 6시까지 미국인들이 철수하지 않으면 사이공 중심부를 폭파하라. 그 시간이 되면 미 대사관이 혼란의 중심에 들어가 있을 것이다."

둥 장군은 미 대사관이 겪게 될 최악의 어려운 상황까지 예견하고 있었다. 그의 말을 들어보자.

"마틴 대사는 떠나는 순간까지 휴전을 통한 괴뢰정부의 설립에 미련을 버리지 못하고, 철수작전을 반신반의하고 있었던 것이 틀림없었다. 기다리면서 사태를 주시하자는 태도였다. 두옹 반 민 장군의 카드를 쓰기에는 너무 늦은 시간이었다."

둥 장군의 장거리 포대는 목표를 정확하게 겨냥하기 시작했다. 이때 영화의 클라이맥스를 장식하는 한 장면처럼 미 해병대가 탄 헬리콥터가 도착했다. 정확하게 말하면 미군이 베트남 땅을 다시 밟은 것이다. 첫번째 시 나이트 헬리콥터에서 130명의 무장 해병대원들이 쏟아져 나왔다. 수천 명이 정문과 울타리를 기어오르고 있는 미 대사관 건물을 평정하고 장악하기 위한 조치였다.

미 해병은 수년 동안 볼 수 없었던 민첩한 기동성을 다시 보여주었다. 헬리콥터는 대사관 옥상 외에 착륙할 곳이 없었다. 다른 헬리콥터들은 시내의 다른 건물 옥상에 있는 헬리포트에서 사람들을 끌어올렸다. 사이공 시내에 안도의 한숨이 돌았다.

사이공 상공에 미군 헬리콥터가 돌아다니는 광경을 다시 보게 된 남베트남 사람들은 미국인들이 떠나지 않는 것으로 착각했다. 결과적으로 사이공 시민들은 한 발 물러나 안심하고 있다가 미국인들의 철수를 도와준 꼴이 되어 버렸다. 그것은 역설적으로 마지막 날 아름다운 도시 사이공이 파괴되지 않은 이유가 되기도 했다. 스넵의 생생한 증언이 이어진다.

"대사관의 젊은 직원들 가운데는 베트남 친구들을 헬리콥터에 태우기 위해 자신의 목숨까지 내놓고 뛰어다니는 사람들이 있었다. 아우성치는 군중 속을 헤집고 들어가 친구들을 데리고 왔다. 마지막날 미국인의 명예를 약간이라도 느낄 수 있는 일이 있었다면, 그것은 위험한 일을 자기 일처럼 느끼고 행동했던 젊은 대사관 직원들의 헌신적인 노력 때문이었을 것이다."

마틴 대사는 베트남에서 미군의 마지막 죽음을 묘사하면서 해병들의 투철한 군인 정신을 이렇게 회고했다.

"4월 29일 마지막 순간까지 2명의 해병대원이 대사관 방어 진지를 지키고 있었다. 그때 적의 포탄이 이 병사들에게 날아들어 이들은 순직했다. 나는 이 순간과 이들 해병대원의 숭고한 군인 정신을 도저히 잊어버릴 수 없다."

마틴 대사의 회고를 좀더 들어보자.

"그날 나는 많은 영웅들이 태어나는 현장을 지켜봤다. 특히 헬리콥터 조종사들의 활약이 눈부셨다. 착륙하기 어려운 여건과 심리적인 압박감에도 불구하고, 그들은 지칠 줄 모르고 피난민을 실어 날랐다. 시가지에 미친 듯이 포탄이 쏟아졌다. 격렬한 전투가 벌어지는 현장에 헬리콥터가 착륙하는 상황과 다름없었다. 게릴라 대신 남베트남 시민들이 목숨을 걸고 달려들었다. 둥 장군은 포탄 공격을 사이공 시내에 가까이 접근시키면서, 미군이 이용할 수 있는 헬리포트 숫자가 차차 줄어드는 것을 관찰하고 있었다."

스냅은 둥 장군이 제시한 마지막 시각이 다가오자 "미국인과 손길이 닿았던 남베트남인들을 한 사람이라도 더 구하기 위해 죽을힘을 다했다"고 말했다. 몇 주일 전, 괌에 설치된 난민 캠프를 직접 확인했던 어떤 일본 언론인은 '사이공 철수' 작전을 강도 높게 비난했다. 극도로 혼란한 사이공에서 사람들을 싣고 함대로 옮겼다가, 또다시 괌으로 이송하는 철수 방식을 '상식 밖의 행동'이라면서 혹독하게 비판한 것이다.

남중국해에서는 '상식 밖의' 철수 방식 때문에 예정에도 없었던 남베트남 조종사들이 직접 몰고 온 수십 대의 헬리콥터들이 전함 갑판에 착륙을 시도하다가 바다에 빠지는 진풍경이 벌어졌다. 이때의 참담했던 광경을 〈타임〉은 이렇게 묘사했다.

"속속 도착하는 '바다의 검객'에게 착륙할 자리를 마련해 주기 위해 남베트남 조종사들이 몰고 온 25만 달러짜리 장비들이 빈 맥주 깡통처럼 버려졌다."

두 가지 부류가 사이공 최후의 영상을 장식했다. 빈곤을 운명처럼 받아들이고 살아온 기층 인민들과 '잃을 것이 너무 많아' 미친 듯 날뛰었던 엘리트 계층이었다. 이 두 부류가 똑같이 꿈을 꾸는 것처럼 정신을 못차리고 있었다.

북베트남 병사들이 수십 마일 앞까지 다가왔지만 천하태평인 사람들도 많았다. 함락된 지 오래된 롱칸Long Khanh 성에는 아직도 남베트남의 군사적인 승리를 상징하는 깃발들이 나부끼고 있었고, 사이공 성당 앞에 늘어선 포장마차 주변의 이국적인 분위기는 여전했다. 무장한 미 해병대원들이 대사관 담을 넘어 들어오려는 사람들의 손을 개머리판으로 후려치고 있는 동안, 젊은 여자들은 브리지트 바르도 주연의 「럼의 거리Boulevard du Rhum」를 낮 시간대에 보기 위해 '미니 렉스Mini Rex'로 몰려들었다.

대사관 구내에서 벌어진 광경을 스냅은 이렇게 전했다.

"평소에 건실했던 CIA의 어떤 직원이 코냑의 마지막 한 방울까지 마셔 버리는 것을 보았다. 대사관 뒤에 있는 면세점으로 쳐들어가서 포도주를 벌컥벌

컥 마셔 대는 사람도 있었다. 불타는 로마를 술에 취해 바라보는 안타까운 모습을 연상시켰다."

스넵은 무선통신을 24시간 가동하고 있었기 때문에 시시각각 들어오는 정보원들의 다급한 목소리를 듣고 있었다. 대사관 무선 수신기에는 애절한 호소가 갈수록 늘고 있었다.

"나는 대사관 꼭대기층에서 무전기에 귀를 기울이면서 우리 정보원들이 지방에서 보내는 메시지를 경청하던 중이었다. 그들은 각 지역의 철수 포인트에 기약 없이 그냥 남아 있었다. '나 미스터 론이오. 당신들과 몇 년간을 함께 일했지 않소! 꼭 좀 구해 주시오' 하는 낯익은 목소리에서부터 '나 미스터 호아요. 살려 주시오!' 하는 평소 친근했던 정보원들의 목소리가 이어지고 있었다. 그러나 고립된 그들을 구할 방법이 없었다. 그들은 CIA가 자신들을 버렸다고 말했다. 무전기에서 흘러나오는 그들의 절규는 비참했다."

마틴 대사는 평상심을 유지하고 있었다. 오후 늦게 부인을 데리러 집으로 갔다. 이때 대사를 수행했던 경호원의 이야기를 꼭 들어볼 필요가 있다.

"나는 마틴 대사 집 밖에서 초조함을 누르면서 꼭 11분을 기다렸다. 부인이 조그만 옷 가방 하나만을 달랑 들고 밖으로 뛰어나왔다. 내가 알기로 마틴 대사는 사이공 시내에 소문이 날까 봐 전날 저녁 아무런 짐도 싸지 않았었다. 대사는 자기 대신 부인이 혹독한 시련을 겪었다고 생각했다. 부인이 일생을 아껴 모은 귀중품조차 챙겨 나올 시간이 없었다."

숨막히는 긴장 속에 마지막 순간까지 철수 시간을 벌기 위해 안간힘을 쏟았던 스넵은 이렇게 회고하고 있다.

"오후 6시까지 1시간이 남아 있었다. 나는 빅 민을 통해 공산당 임시정부에 이런 메시지를 전달했다. '미국인은 떠난다. 사이공을 폭격하지 말라.' 나는 정각 6시가 되었을 때 대사관 집무실에 앉아 둥 장군이 정말 수분 내에 사이공을 초토화시킬 것인지를 지켜봤다. 6시에서 3분이 지났다. 대사관 담 밖에서 갑자기 커다란 폭발음이 들렸다. 나는 깜짝 놀라 창문 쪽으로 뛰어갔다. 밖에 있는 차량 1대가 폭발했다. 대사관 문 밖에 버려진 승용차 연료통에 누군가 성냥불을 집어넣어 폭발한 것이었다. 사이공 폭격은 일어나지 않았다."

마지막 순간까지 정보원들이 스넵에게 알려준 사실은 놀랄 만큼 정확했다. 정보원들은 이런 내용을 스넵에게 보고했었다.

"둥 장군은 공격 일정에 따라 파죽지세로 사이공 시내를 함락시킬 계획을 세웠다. 그러나 하노이에서 보고를 받고 있던 당 제1서기 레 두안이 말렸다. '사이공 공격 과정에서 미국인이 사망하게 되면 B-52 폭격기가 다시 돌아올 수도 있다'는 우려 때문에 '미국인들에게 충분한 시간 여유를 주라'는 명령이 있었다."

미국인들은 4월 30일 아침까지 기다릴 수 있다는 것을 알았다. 남베트남 내의 모든 미국 근거지는 대사관 옥상으로 축소되었다. 실낱같은 희망이 몇 분 간격으로 대사관 옥상에서 계단을 거쳐 문 밖에 전해졌다. 밤새 헬리콥터가 올 때마다 몇 사람이라도 더 구하기 위해 대사관 문이 열렸다가 닫혔다. 그때마다 직원들은 나머지 군중을 밀어내고 '쾅' 하는 소리와 함께 문을 닫았다.

생이별을 한 부부, 자식을 놓쳐 버린 부모들의 비명이 밤하늘에 메아리치고 있었다. 빠져 나갈 만한 사람들은 다 빠져 나갔다. 전 부통령 겸 공군 사령관인 구엔 카오 키는 더 이상의 저항이 무의미하다는 결정을 가장 빨리 내렸던 사람이었다. 그는 마지막 순간을 이렇게 말했다.

"탈출 헬리콥터를 타고 가서 구축함 미드웨이 호에 내렸다. 미군 제독의 인사를 받았다. 잠시 후 제독이 장교들과 사병들을 데리고 가 버렸다. 혼자 남아 20분 정도 울었다. 스스로 군인이라는 다짐을 수없이 하면서 울음을 참으려고 애썼지만, 흐르는 눈물이 그치지 않았다."

많은 남베트남 사람들은 이런 눈물을 일생 동안 흘려야 했다. 스넵은 사이공 최후의 날, 보다 많은 사람들을 구하지 못한 것을 가슴아파했다. 스넵은 애절했던 한 장면을 이렇게 회고했다.

"한번은 대사관 문이 큰소리를 내고 닫혀서 내다봤더니, 베트남 여인이 어린아이를 팔에 안고 있었다. 가까스로 그 여자와 어린이를 담을 넘겨 대사관 마당으로 끌어들였다. 그러나 남편까지 구하지는 못했다. 한 가족의 일생이 바뀐 것이다."

4월 30일 마지막 철수 헬리콥터에 스넵과 CIA의 기동대원들이 탑승했다. 헬리콥터 뒤쪽에 탄 기관총 사수들이 아래를 내려다보고 경계하는 가운데 스넵 일행은 대사관 옥상을 떠났다. 사이공 시내를 선회하는 헬기 창문으로 '미미 바Mimi's Bar'가 보였다. 사이공 시내에서 가장 유명한 술집으로 미국인들이 즐겨 찾던 곳이었다. 수많은 젊은 미군 병사들이 알거지가 되기도 했고, 순정을 바치기도 했던 곳이다.

헬리콥터는 다시 한 번 선회해서 기수를 함대가 있는 바다 쪽으로 돌렸다. 미군의 마지막 군사기지가 있었던 비엔호아가 불길에 휩싸이고 있었다. 스넵은, 불을 밝힌 선도차를 따라가는 북베트남 병사들의 행렬이 비엔호아 위쪽 길에서 뱀처럼 움직이는 것을 보았다.

둥 장군이 사이공 진입을 시작했다. 갑자기 예광탄이 헬리콥터 쪽으로 올라오는 것이 보였지만 곧바로 떨어졌다. 조금 지나자 회색 빛의 미 해군 구축함들이 웅장한 자태를 나타냈다. 구축함은 거대한 금속 누에고치처럼 헬리콥터를 감싸 안았다.

마틴 대사는 베트남에 마지막까지 남아 있었던 미국의 공직자였다. 4월 30일 오전 4시 30분 그는 자기 책상에 앉아서 '철수를 지연시켜 달라'는 청원을 해놓고 백악관의 회신을 기다리고 있었다. 그때 마지막 통첩을 받았다. 마틴 대사의 베트남 철수 감회를 들어보자.

"젊은 헬리콥터 조종사가 꼬깃꼬깃 접힌 메시지를 가지고 왔었다. 백악관에서 해군 철수지휘본부를 거쳐 대사관까지 도착한 것이었다. 이렇게 쓰여 있었다. '미국 대통령은 마틴 대사에게 이 헬리콥터로 철수할 것을 명령한다. 지금 무엇을 하고 있는가? 넬슨 제독과 망원경을 들고 누가 멀리 볼 수 있는지 내기 경쟁을 하고 있는가? 당신이 이길 수 없어!' 나는 35년 동안 미국의 관리로 일했다. 마지막 순간에 항명을 해서 명예를 손상시킬 수는 없었다. 나는 그 헬리콥터를 타고 철수했다."

마틴 대사가 타고 온 마지막 헬리콥터를 '게으른 용사Lazy Ace'라고 불렀다. 그날 하루 7,000명의 미국인과 베트남인이 철수했다. 미군은 사이공 포위 이후 5만 명을 공중 수송했다. 공중 철수가 시작되기 전에 15만 명이 베트남을 빠져 나갔을 것으로 추산되었다. 사이공 함락 이후에도 약 7만 명이 바다를 통해서 피난길에 올랐다.

4월에 발생했던 난민들 중 19만 명은 미국에 거주하고, 캐나다와 유럽에 각 4만 명씩 정착한 것으로 알려졌다. 이들의 외로움을 전 미국 주재 대사를 지낸 부이 디엠이 잘 대변해 주고 있다. 그는 베트남에 다시 돌아가기를 원한다면서 이렇게 말했다.

"나는 그 땅에 깊은 애정을 가지고 있는 베트남 사람이다. 전쟁의 종말이 너무나 비극적이었다. 수많은 베트남 가정이 파괴되어 버렸다."

마틴 대사가 철수를 끝내고 마지막에 느낀 감회는 안도감이었다고 한다. 대부분의 미국인들이 느낀 것과 크게 다르지 않았다. 미국이 참전했던 전쟁 중에서 가장 긴 전쟁이었지만, 공식적으로 '전쟁'이라고 한번도 부른 적이 없는 베트남전이 막을 내렸다. 그것은 충돌이었고, 개입이었고, 경험이었다.

역사가들은 베트남전의 실패를 미국의 나약함에서 찾기보다, 미국이 너무 강했기 때문에 일어난 일로 기록할 수 있을 것이다. 미국인들은 싸운 만큼 생각했었다. 아니 싸운 것 이상으로 생각만 했었다. 2년 전 미국은 자기들의 평화를 베트남에서 만들어 냈다. 많은 미국인들이 그렇게 느꼈다.

미국인들은 명예로운 평화를 수없이 들먹여 왔다. 이제 9,000마일이나 멀리 떨어진 인도차이나에서 겪은 고통을 떨쳐 버리고 그들이 희구했던 평화를 보고 있다. 그러나 8년 동안 미군이 개입했던 전쟁이 불과 8주일 사이에 무의미한 것으로 판명나자, 놀라움보다는 허탈감이 팽배했다.

남베트남은 지난 20년간 5번의 행정부가 바뀌는 사이에 자유 세계와 함께 성장해 왔다. 그런데 남베트남이 존재해야 할 명분이 55일 사이에 사라져 버렸다. 하지만 미국의 분위기는 달랐다. 대부분의 미국인들이 빠른 속도로 명예가 회복되어감을 느끼는 듯했다. 특히 백악관이 그랬다.

　미국인들의 심리에 미친 불필요한 상처는 아마도 수년간은 지속될 것이다. 베트남전의 끝은 대전의 역사에서도 찾아보기 힘든 경우에 해당된다. 자국민의 비판으로 병력 철수가 이루어진 베트남전의 정신적 상처는 점진적인 치유 과정을 거치게 될 것이다. 그러나 딘 러스크의 말을 되새겨 보면, 명예와 상처는 역시 베트남인들의 몫일 것이다.

　텔레비전의 영향을 가장 많이 받았던 이 전쟁은 역시 텔레비전에 의해 결말이 났다고 해도 지나친 말이 아니다. 텔레비전은 2개의 칼날을 가지고 있었다. 텔레비전이 현대전의 공포감을 부추기며 되풀이 방영하는 동안 미국 시민들은 자신들이 알고 있는 진실을 잠시 망각한 채 허상에 끌려가 버리고 말았다.

　많은 사람들은 전쟁의 잔인함이 적의 무자비함에서 파생한다고 믿고 있었다. 그러나 텔레비전은 꼭 그렇지만은 않다는 것도 보여주었다. 만약 카메라맨들이 미국의 명분을 취급하지 않았다면, 전쟁이 끝나는 순간까지 미군이 철수하면 피의 숙청을 주도할 것이라고 간주되었던 광신적이며 무자비하고 선동을 일삼는 적(?)이 내세우는 명분 또한 거론되지 않았을 테니까.

　전쟁의 마지막 국면에서 미국 언론은 자만에 빠져 있었고 용감하지 못했다. 몇 사람만 남고 대부분 허겁지겁 앞다투어 철수하는 바람에 미국 현대사에서 보기 드문 큰 뉴스를 놓쳐 버리는 어리석음을 보여주었다. 미국 기자로 등록은 했지만, 외국 태생인 몇 사람만 남아 있기를 결심했다.

　1975년 4월 30일 오전 7시 53분 11명의 미국 해병대원이 마지막 미군으로서 대사관의 성조기를 가지고 베트남을 떠났다. 맨 처음 미군 정보장교 패티 소령이 베트남에 공작요원으로 파견된 후, 어느덧 30년이라는 세월이 흘러간 것이다.

　둥 장군의 병력은 아무런 저항 없이 사이공에 입성했다. 질서정연하게 줄을

>>>>> 1975년 4월 30일, 사이공의 대통령궁에 들어서는 북베트남군 탱크. 사이공의 함락을 상징했다.

맞춘 북베트남 병사들은 사이공 시민들이 어리둥절한 표정으로 쳐다보는 가운데 거리를 행진했다. 오전 11시 탱크 1대가 대통령궁의 반쯤 열린 문을 밀어제치고 들어섰다.

병사 1명이 발코니로 뛰어올라가 남베트남임시혁명정부의 깃발을 게양했다. 역사적인 순간이었다. 텔레비전 전쟁에서 서방 기자들이 놓쳐 버린 값진 이 장면을 북베트남 사람들은 서방 언론을 위해 친절하게 재연해 주었다.

대통령궁에서 남베트남의 마지막 대통령 두옹 반 민은 특별방송을 통하여 남베트남군 병사들에게 "무기를 버리고 무조건 항복하라"고 명령했다. 그는 체포되어 어디론가 사라졌다. '빅 민'은 남베트남에 남았던 유일한 고위 장성이었으며, 그의 친구 트란 반 돈 장군은 '빅 민'의 개인적인 희생이 유혈사태와 사이공의 파괴를 막았다고 평가했다. 남베트남 고위 장교들 절반 이상이 베트남을 떠나고 없었다.

승리의 깃발이 올라갔다는 보고를 받은 둥 장군은 담배에 불을 붙였다. 1만 일 이상 전쟁을 겪은 둥 장군에게 그날 아침은 찬란함과 기쁨으로 충만해 있었다. 모든 것을 냉정하고 긍정적으로 볼 수 있는 밝은 아침이었다. 둥 장군은 전화로 하노이에 승전 보고를 하는 동안 폭죽이 터지는 소리를 들었다. 하노이에서 인산인해를 이룬 사람들이 거리로 몰려나와 해방의 노래를 부르는 소리가 수화기를 통해서 똑똑히 들렸다. 분단의 고통을 끝낸 하노이의 지도자들은 승리의 감격으로 목이 메어 있었다. 하 반 라우는 이렇게 말했다.

"그때의 감정은 말로 표현할 수 없었다. 모든 인민들은 숨을 다시 한 번 내쉬었다. 전쟁은 끝나고 평화가 왔다. 무엇보다 우리가 우리 땅의 진정한 주인이 되었다는 사실이 가슴을 뛰게 만들었다. 우리 힘으로 독립을 쟁취한 것이다."

1858년 프랑스 전함이 다낭에 닻을 내린 이후 처음으로 베트남 인민들은 외국인들의 굴레에서 벗어났다. 그런데 다른 견해를 가진 사람들도 있었다. 그날 정오 사이공의 항복 뉴스를 들은 남베트남의 전 지도자 중 한 사람은 백악관을 찾아가서 포드 대통령에게 2통의 편지를 내놓았다. 1973년 닉슨 대통령이 공식 서명한 편지였다.

전 대통령 구엔 반 티우를 달래기 위해서 작성했던 이 편지는 '북베트남의 군사적인 개입이 있을 때, 미국은 신속한 보복 조치를 취하겠다'는 약속을 담고 있었다. 티우는 미국 여론이 남베트남 난민의 수용을 반대하자, 이 편지를 전 기획성 장관인 구엔 반 홍Nguyen Van Hung에게 주었다. 홍은 이렇게 말했다.

"닉슨의 공식 서한을 백악관에 전달한 이유는 미국인들의 양심에 주의를 환기시켜 고통받는 베트남 사람들이 안전한 피난처를 찾을 수 있도록 돕기 위한 것이었다."

사이공에서 AP 통신의 피터 아네트 기자는 사무실에 있는 라디오를 통해 민 장군의 항복 소식을 들었다. 그는 6층이나 되는 계단을 뛰어내려가 '투도 거리'에서 북베남군의 시가 행진을 한동안 지켜봤다고 한다.

"나는 처음으로 덜컹거리는 탱크가 카라벨 호텔 앞으로 지나가는 것을 보았

>>>>> 사이공 대통령궁 앞에 모인 북베트남군 병력. 대통령궁을 독립궁으로 이름을 바꿨다. 사이공 시민들은 흥미롭다는 듯 조용히 지켜보고 있다.

다. 그 뒤로 딱딱한 헬멧을 쓴 병사들을 태운 6대의 트럭이 따라가고 있었다. 북베트남 병사들은 평생 처음 보는 높은 빌딩들에 눈이 휘둥그레져 있었다."

1962년부터 사이공에서 기사를 썼던 아네트 기자는 위험을 무릅쓰고라도 끝까지 사이공에 남아 있을 가치가 있다고 생각했다. 사이공 시가지에서 북베트남 군인들이 개선군으로 행군하는 장면을 목격한 아네트 기자의 증언을 들어보자.

"총격전은 일체 없었다. 사이공 시민들은 입을 벌린 채 놀라는 표정이 역력했다. 놀라기는 나도 마찬가지였다. 공산군을 태운 트럭들이 시내로 계속해 쏟아져 들어왔다."

패전의 여파나 후유증은 어느 곳에서도 찾아볼 수가 없었다. 하노이 병사들은 군중들과 쉽게 어울렸다. 암시장의 유혹에 빠져들기도 했고, PX에 산적해 있는 물건들을 고르느라 정신이 나간 듯도 했다. 병사들이 물건값을 친절하게

>>>>> 사이공 함락 2주일 후 독립궁 앞에서 거행된 남베트남임시혁명정부 해산 기념식.

지불하는 모습은 인상적이었다. 아네트 기자는 취재 체험기를 이렇게 들려주었다.

"사무실로 급히 돌아온 나는 뉴욕 본사에 전신 텔렉스로 이 뉴스를 급히 보냈다. 북베트남 군인들의 행군을 보고 겁먹은 남베트남 사람들이 나에게 몰려와 망명지를 찾아 달라고 말했지만, 내가 그들을 도와줄 방법은 없었다. 창문을 통해 밖을 내다보니, 북베트남 병사들이 시청 옆 작은 공원을 순찰하고 있었다. 미군 병사들이 베트남 여자 친구들과 데이트를 즐겨 하던 곳이다. 한 베트남 친구가 달려와 탱크가 대통령궁을 접수하고 민 대통령이 체포되었다는 소식을 전해 줬다. 총 한 방 쏘지 않고 이루어진 일이라고 했다."

모든 일이 순식간에 일어났고 빠르게 진척되고 있었다. 아네트 기자의 송고용 전신 텔렉스는 밀어닥치는 뉴스를 타전하느라 불이 날 지경이었다. 아네트 기자가 체험한 '전쟁의 끝'은 이런 것이었다.

"정오쯤 상황이 일단락되었다. 13년 동안 베트남전을 취재하면서 전쟁이 이런 방식으로 끝날 것이라고는 상상해 본 적이 없었다. 10년 전 라오스 문제를 해결한 방식에 준하는 정치적인 협상으로 끝나게 될 것으로 예상했으나, 결론은 완전히 다른 것이 되고 말았다. 격전으로 사이공이 폐허가 될 것이라는 추측도 했었다. 제2차 세계대전 후 유럽의 도시들도 연상해 봤다. 그래서 순식간에 이루어진 항복을 도저히 실감할 수가 없었다. 사이공이 항복하고 2시간이 채 지나지 않을 때 북베트남군 정보장교가 보좌관과 함께 전투복 차림 그대로 사무실에 들어섰다. 그는 'hello!'라는 인사말을 자연스럽게 하면서 여유 있는 표정을 하고 있었다. 우리는 전쟁 종료 상황을 어떻게 보도할 것인지, 둥 장군의 다음 조치 등을 화제로 허심탄회한 대화를 가졌다. 그가 마지막 전투 상황을 자세하게 설명하는 동안 우리는 미지근한 콜라와 케이크를 내놓았다. 그는 내가 궁금하게 여기는 모든 사항을 친절하게 답변해 주면서 '어떠한 제약도 하지 않을 테니 객관적으로 써달라'는 당부를 잊지 않았다. 나는 곧바로 이 기사를 뉴욕에 타전했다. 북베트남은 전쟁을 깨끗하게 마무리하고 싶어한다는 인상을 받았다. 그들은 실제로 그렇게 이끌어 갔다."

반 티엔 둥 장군은 5월 1일 '호치민운동본부Ho Chi Minh campaign head-quarter'에서 부하들이 안내하는 방으로 따라갔다. 테이블 위에는 캔디와 케이크, 음료수 외에 놀랍게도 한 병의 술까지 있었다. 그러나 반 티엔 둥 장군은 5월 1일까지는 사이공에 꼭 입성해야 될 이유를 가슴속에 묻어 두고 있었기 때문에, 한 장교가 일어나 "마침 오늘이 장군님의 생일입니다. 축하드립니다"라고 말했을 때도 엷은 미소만 띠고 있었다.

둥 장군은 민심 동향을 파악하기 위해 차를 몰고 시내로 나갔다. 유혈 흔적은 어느 곳에서도 찾을 수 없었고 기분이 한껏 고양된 인파만 곳곳에 가득했다. 둥 장군은 적군이 쓰던 기지에 쌓여 있는 헤아릴 수 없이 많은 군수 물자에 입을 다물지 못했다. 은행과 미국인 거주 지역, 호텔, 고층 건물 등 모두 새로운 것들이어서 놀라울 뿐이었다.

둥 장군 일행은 사이공의 합동참모본부에 들어가 보았다. 경찰총국장의 방에는 남베트남 지휘관들에 대한 신상명세서가 그대로 보관되어 있었다. 장교, 사병, 민간인들에 대한 생생한 정보를 담고 있던 최신 컴퓨터들의 전원도 켜져 있었다. 둥 장군을 수행하던 한 장교는 이런 소감을 밝혔다.

"미군의 컴퓨터도 우리의 의지를 뛰어넘을 수는 없었지요."

정치국원들은 새로운 시대의 도래를 상징하는 전승 기념 퍼레이드를 가지기로 결정했다. 디엔비엔푸 승리 21주년 기념일인 5월 7일 사이공에서 전쟁 승리 기념 행사가 성대하게 열렸다.

정치적인 판단은 민족과 역사에 맡겨졌다. 그리고 베트남 공산주의의 승리냐, 아니면 민족주의의 승리냐 하는 논란 역시 별개의 문제로 베트남 인민들의 판단에 맡겨졌다. 다만 한 가지 분명한 사실은 이제야 베트남은 하나의 독립국가가 되었다는 점이었다. 남북 베트남 인민들은 오랜 세월에 걸쳐 온갖 어려움을 꿋꿋이 극복해 낸 민족으로 우뚝 섰다.

한 세기에 걸친 외국인의 지배가 그들을 연옥으로 몰아넣었고, 그리고 또 다른 한 세기의 전쟁이 그들을 질곡으로 이끌었지만, 그들은 의연하게 부활했다. 인류 역사는 베트남 민족의 용기와 불굴의 정신을 높이 평가할 것이다. 아시아의 작은 국가가 스스로의 힘으로 민족 재통일을 이룩한 것보다 더 위대한 본보기가 이전에는 없었기 때문이다.

저자 후기

이 서글픈 전쟁의 성격과 아직도 치유되지 않은 전쟁의 원인은 여전히 우리가 풀어야 할 숙제로 남아 있다. 종전 후 남아 있던 미국의 전쟁 물자는 도시와 공장 건설에 사용되었고, 구정권은 철저히 숙청되었다. 그러나 피를 흘렸다는 이야기는 그렇게 많지 않았다. 150만 명이 노력봉사장에 배치되었으며, 20만 명에 이르는 고위 공무원과 중견 장교들은 '재교육장Re-education Camp'으로 보내졌다. '빅 민'도 예외는 아니었다. 그러나 그는 후에 공무원이 되었다고 전해졌다.

사람들은 일상 생활에서는 여전히 사이공이라고 불렀지만, 지도에서는 그런 지명이 사라지고 '호치민 시'가 되었다. 일평생 독립을 그렇게 갈망했던 호치민은 마지막 순간을 보지 못한 채 하노이 바딘 광장의 성묘聖廟에 명실상부한 국부로서 조용히 누워 있었다. 보 구엔 지압 장군과 사이공 해방의 지휘자였던 반 티엔 둥 장군은 소임을 마친 뒤 은퇴하여 시골에서 쉬기를 원했다. 그러나 조국 베트남은 두 사람의 경륜을 여전히 필요로 하고 있었다.

베트남이 통일된 지 2년 후인 1977년 9월 '베트남사회주의공화국Socialist Republic of Vietnam'이 유엔에 가입했다. 디엔비엔푸 전투에 참가하였고 초대 유엔 대사가 된 하 반 라우는 "이 기간 동안 1,500만 명의 사상자가 발생했습니다. 최소한 각 가정마다 1명씩은 전사 아니면 부상당한 사람이 있었지요. 부상자들을 돌보고 폐허가 된 나라를 재건하기 위하여 우리는 진정으로 평화를 원했습니다"라고 말했다.

소련은 전후 복구를 위하여 30억 달러를 지원했고, 베트남은 100여 개 국가와 외교 관계를 맺었다. 미국만 유일하게 중국과의 관계에 신경을 썼었기 때문에 하노이와의 관계 개선에 소홀했다.

역사는 희극인가, 비극인가?

새로운 인권 시대를 주창했던 미국의 카터 행정부는 중국이 캄보디아의 살육적인 크메르루주 정권을 지지하는 것에는 눈을 감아 버렸다. 이유인즉 중국과의 관계 개선이란 명분이었다. 1981년 봄 베트남과 캄보디아는 소련과 중국의 의미 없는 대리전에 빠져들었고, 동남아시아는 공산주의 두 강대국의 각축장이 되어 버렸다.

나는 25년 전에 베트남전의 드라마가 끝났어야 할 디엔비엔푸를 1979년 1월에 방문했다. 뒤틀어진 탱크, 녹슨 대포가 생생한 교훈을 남기고 있었지만, 안개는 그때나 지금이나 여전히 낮게 걸려 있었다. 카트리 장군의 지휘 초소는 1954년 그가 떠날 때 남겨진 그대로였다. 승자의 환호와 패자의 한숨이 같이 하고 있었으며, 앞으로 25년 동안 또 다른 사람들에게 이런 사실을 알려줄 것이라는 생각을 했다.

이 계곡의 주인공들이었던 지압 장군은 당시 젊은 나이로 지휘를 했었고, 반 티엔 둥 중위는 언덕배기를 수없이 오르내렸다. 불굴의 비제아는 프랑스군의 사기를 끝까지 유지했으나, 결국 포로가 되었다. 훗날 장군으로 진급한 후 프랑스 국회 부의장까지 지냈다. 품위를 지킨 군인 중의 군인 랑그레 대령은 장군으로 은퇴한 뒤 프랑스 농장에서 평화를 즐기고 있었다. 앙리 나바르 장군은 파리의 조그만 아파트에서 여생을 보내고 있었으며, 디엔비엔푸의 전설 즈느비에브 간호사는 의사와 결혼한 뒤 인자하고 품위 있는 할머니가 되어 있었다.

나는 디엔비엔푸에서 중국이 캄보디아 전쟁에 대한 응징이라는 명분을 들어 베트남을 침략했다는 라디오 방송을 들었다. 하노이에서는 수천 년 동안 원수지간이었던 중국을 비난하는 정치국원들의 기자회견이 있었다. 반 티엔 둥 장군은 나에게 웃으면서 중국은 미국에 비하여 훨씬 가벼운 상대라고 말했다.

베트남 지도자들의 평균 연령은 거의 70세가 되었다. 그래서 몇 사람의 비판자들은 비타협적이며 나이 든 그들이 평화를 지킬 수 없거나, 아니면 평화를 지킬 생각이 없다고 보았다. 그러나 27년간 수상을 지낸 팜 반 동은 베트남 지역의 평화, 안전을 위해 미국과의 외교적 관계 개선을 계속 추구하고 있었다. 일찍이 호치민이 식민주의를 배척하는 미국과의 우호 관계를 절실하게 원했던 것처럼, 팜 반 동도 그것을 원하고 있었다.

사이공에서는 여전히 거리의 행상들이 리글리 껌, 윈스턴 담배, 청량음료 7-up을 팔고 있었으며, 피폐화된 하노이의 젊은이들은 10여 년 전의 사이공 젊은이들을 점차 닮아 가는 모습을 보였다.

트란 반 돈, 부이 디엠은 1975년 베트남을 떠난 사람들과 마찬가지로 고국에 돌아갈 수 있는 날만을 기다리면서 플로리다, 워싱턴에서 음식점을 운영하고 있었고, 캘리포니아에 자리를 잡았던 구엔 카오 키는 이런 말을 남겼다.

"미국의 잘못이 있었다면 그것은 우리에게 너무 많은 것을 해주었다는 것이다."

그러나 '미스터 마틴'이란 가명으로 런던 외곽의 어마어마한 저택에 살며, 그곳을 '백악관'이라 부르던 구엔 반 티우는 다른 뉘앙스를 풍기고 있었다.

"미국은 베트남 사람들을 통제하려고 했지만, 끝내 그것을 관철시킬 만한 인내심이 없었다."

토스카나 농장에서 목장을 경영하겠다던 꿈을 버린 마틴 대사는 노스캐롤라이나를 선택했고, 로지는 가족들이 있는 매사추세츠의 비벌리로 돌아갔다. 워싱턴에 둥지를 튼 테일러 장군은 분명한 태도로 전쟁을 이렇게 후회하고 있었다.

"우리는 남베트남을 필두로 우리의 동맹국들에 대해 잘 몰랐습니다. 두번째로 우리의 적에 관해서도 아는 것이 없었고요. 마지막으로 변명할 수 없는 실수는 미국 국민을 몰랐다는 것입니다."

벙커 대사 또한 "뒤늦게 생각해 보면 누구든지 개입해서는 안 될 전쟁이었다고 말할 것이다"라는 감회를 털어놓았다.

보이지 않는 전쟁의 주역이었던 웨스트멀랜드는 사우스캐롤라이나 주지사 선거에서 실패했으며, 전형적인 군인으로 알려진 랜스데일은 버지니아에서 정부의 상담역으로 일하고 있었다.

전쟁은 끝났지만 매파와 비둘기파의 생각에는 변함이 없는 듯했다. 헤이그는 미국의 캄보디아 침공을 이렇게 합리화했다.

"무슨 이유에선지는 모르지만 전쟁이 끝난 후 베트남도 역시 캄보디아를 침공했다고 들었습니다. 베트남은 동서 양 진영의 문제를 떠나 더욱 중요한 의미를 가지고 있었기 때문에, 국력을 동원해서라도 좋은 결과를 얻어야 했습니다. 당시에는 전혀 시행하지 못했지만, 여러 가지 군사적인 조치를 취해야만 했습니다. 기동성 확보와 국민들의 지원이 뒤따라야 했지요. 충분히 이길 수 있는 전쟁이었습니다."

그러나 클라크 클리퍼드의 주장은 정반대였다.

"미국은 베트남전 개입을 심사숙고하지 않았습니다. 미국의 안보가 위태롭지 않다는 확신만 있었으면 군사 개입은 피했어야 했지요. 우리가 걱정했던 공산주의 세력의 확대라는 우려는 저 개인적인 생각으로는 옳지 않았다고 믿고 있습니다. 도미노 이론 또한 잘못된 판단이었지요."

슐레징거 교수의 이야기를 들어볼 차례이다.

"베트남전을 전후하여 우리가 뽑았던 사람들은 전부 매파였다. 나라의 명예를 지키기 위해서는 올바른 방법이 아니었다. 옳은 말을 했던 사람들은 정치적인 보상을 받지 못했다. 정부 내에서 전쟁을 가장 반대했던 풀브라이트는 상원에서 탈락했으며, 반전 대통령 후보였던 유진 매카시는 정치적인 기반을 상실하여 버지니아 농장으로 돌아가 다른 길을 걸었다. 시인으로서 새로운 명성을 얻었던 그의 시에는 '키신저는 자신이 옹호한 전쟁의 종말을 스스로 조작했다고 해서 노벨평화상을 받았다네. 그것이 훌륭한 외교라네!' 라는 대목이 있다."

첫번째 미군으로서 호치민에게 깊은 신뢰감을 가지고 있었던 베트남전의 산증인 패티는 플로리다에서 책을 쓰고 있었다. 그의 결론은 이랬다.

"당시 미국 정치계에는 미국의 자본주의가 세계를 지배한다는 유치한 낙관주의가 팽배했다. 베트남은 이런 미국 정치 현장에서 점점 더 커져 가는 화농이었다. 미국의 이런 생각은 잘되어 봐야 스스로의 고립만을 자초할 것이다."

1981년 참전용사협회에서 발행한 한 연구보고서는 참전용사의 70%가 대학원 과정에 등록했으나, 심리적인 장애로 정상적인 생활을 할 수 없어 과정 전체를 마친 사람은 소수였다고 발표했다. 훈장을 가장 많이 받은 군인 중 한 사람이었으며, 이 협회 회원이 된 데이브 크리스천 예비역 대위는 참전용사들의 카운슬러로 일하면서 총체적인 화해의 장을 이렇게 역설했다.

"미국 안에 여전히 높은 장벽이 있다. 이것부터 뿌리뽑아야 한다. 베트남인들도 우리와 똑같은 사람이다. 많은 가정이 고통을 받고 있다. 그들이 옳다고 믿었던 것에 우리와 마찬가지로 자식들을 바쳤기 때문이다. 모두의 명예가 똑같이 존중되어야 한다."

켄터키 주 바드스타운Bardstown은 미국의 중심부에 위치해 있다. 인구 5,800명이 사는 조그마한 도시이다. 4구의 시신이 돌아오던 날 딸을 낳은 지 5일밖에 되지 않은 한 젊은 여인은 이렇게 말했다.

"속았다는 기분이 들더군요. 딸도 아버지를 잃어버렸고요. 나의 상처는 다음의 문제였습니다."

이 책을 끝내면서 나의 생각은 간단하게 정리가 되었다.

"조국의 해방에 모든 것을 바쳤던 호치민, 반 티엔 둥, 그리고 많은 북베트남의 지도자와 인민들, 주어진 임무에 최선을 다했던 마틴 대사, 데이브 크리스천 대위, 즈느비에브 간호사……. 모두 맑은 영혼의 소유자들이었다."

참고문헌

Baskir, L. M. and Strauss, W. A., *Chance and Circumstance* (Alfred A. Knopf : New York, 1978)

Blaufarb, Douglas S., *The Counter-Insurgency Era, US Doctrine and Performance* (Free Press : New York, 1977)

Bonds, Ray (ed), *The Vietnam War* (Crown Publishers : New York, 1979)

Braestrup, Peter, *Big Story* (Westview Press : Colorado, 1977)

Burchett, Wilfred, *Vietnam : Inside Story of the Guerrilla War* (International Publishers : New York, 1965)

Devillers, Philippe and Lacouture, Jean, *End of a War* (Praeger : New York, 1969)

Dickson, Paul, *The Electronic Battlefield* (Indiana University Press : 1976)

Dung, Van Tien, *Our Great Spring Victory* (Monthly Review Press : London, 1977)

Emerson, Gloria, *Winners and Losers* (Random House : New York, 1977)

Fall, Bernard, *The Two Vietnams* (Praeger : New York, 1963)

Gabriel, Richard A. and Savage, Paul L., *Crisis in Command* (Farrar, Straus & Giroux : New York, 1978)

Giap, Vo Nguyen, *Unforgettable Days* (2nd ed. : Hanoi, 1978)

Halberstam, David, *The Best and the Brightest* (Random House : New York, 1972)

Haldeman, H. R., *The Ends of Power* (New York Times Book Co. : 1978)

Hersh, Seymour, *My Lai 4 : A Report on the Massacre and its Aftermath* (Random House : New York, 1970)

Kearns, Doris, *Lyndon Johnson and the American Dream* (Harper & Row : New York, 1976)

Kendrick, Alexander, *The Wound Within* (Little, Brown : Boston, 1974)

Kissinger, Henry, *The White House Years* (Little, Brown : Boston, 1975)

Lewy, Guenter, *America In Vietnam* (Oxford University Press : New York, 1978)

Littauer, R. and Uphoff, N. (eds), *The Airwar in Indochina* (Cornell University study,

Beacon Press : 1971)

Nalty, Bernard C., *Airpower and the Fight for Khe Sanh* (USAF, History Branch : Washington D.C., 1973)

Nixon, Richard M., *The Memoirs of Richard Nixon* (Grosset & Dunlap : New York, 1978)

Patti, Archimedes L. A., *Why Vietnam? Prelude to America's Albatross* (University of California Press : 1980)

The Pentagon Papers (Gravel Edition ; Beacon Press : Boston, 1972)

Porter, Gareth, *A Peace Denied* (University of Indiana Press : 1975)

Shawcross, William, *Sideshow : Kissinger, Nixon and the Destruction of Cambodia* (Simon and Schuster : New York, 1979)

Shore, Moyers S., *The Battle for Khe Sanh* (USMC, History Branch : Washington D.C., 1969)

Snepp, Frank, *Decent Interval* (Random House : New York, 1977)

Szulc, Tad, *The Illusion of Peace* (Viking Press : New York, 1978)

Walton, George, *The Tarnished Shield : A Report on Today's Army* (Dodd Publishers : New York, 1973)

Westmoreland, William C., *A Soldier Reports* (Doubleday : New York, 1976)

Westmoreland, William C., 'A War of Attrition', chapter in *The Lessons of Vietnam* edited by Frizzel, D. D. and Thompson, W. S. (Crane-Russak : New York, 1977)

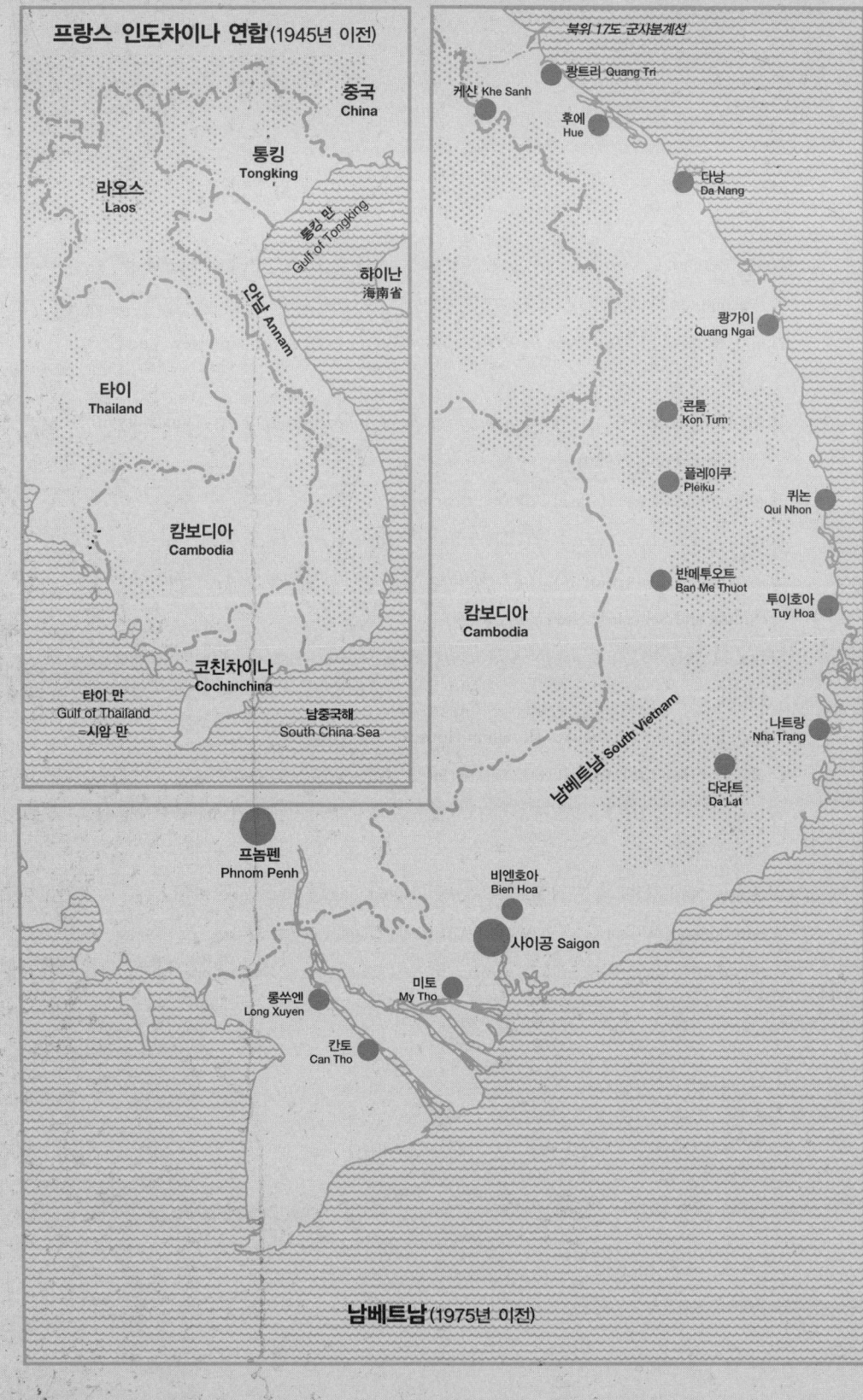

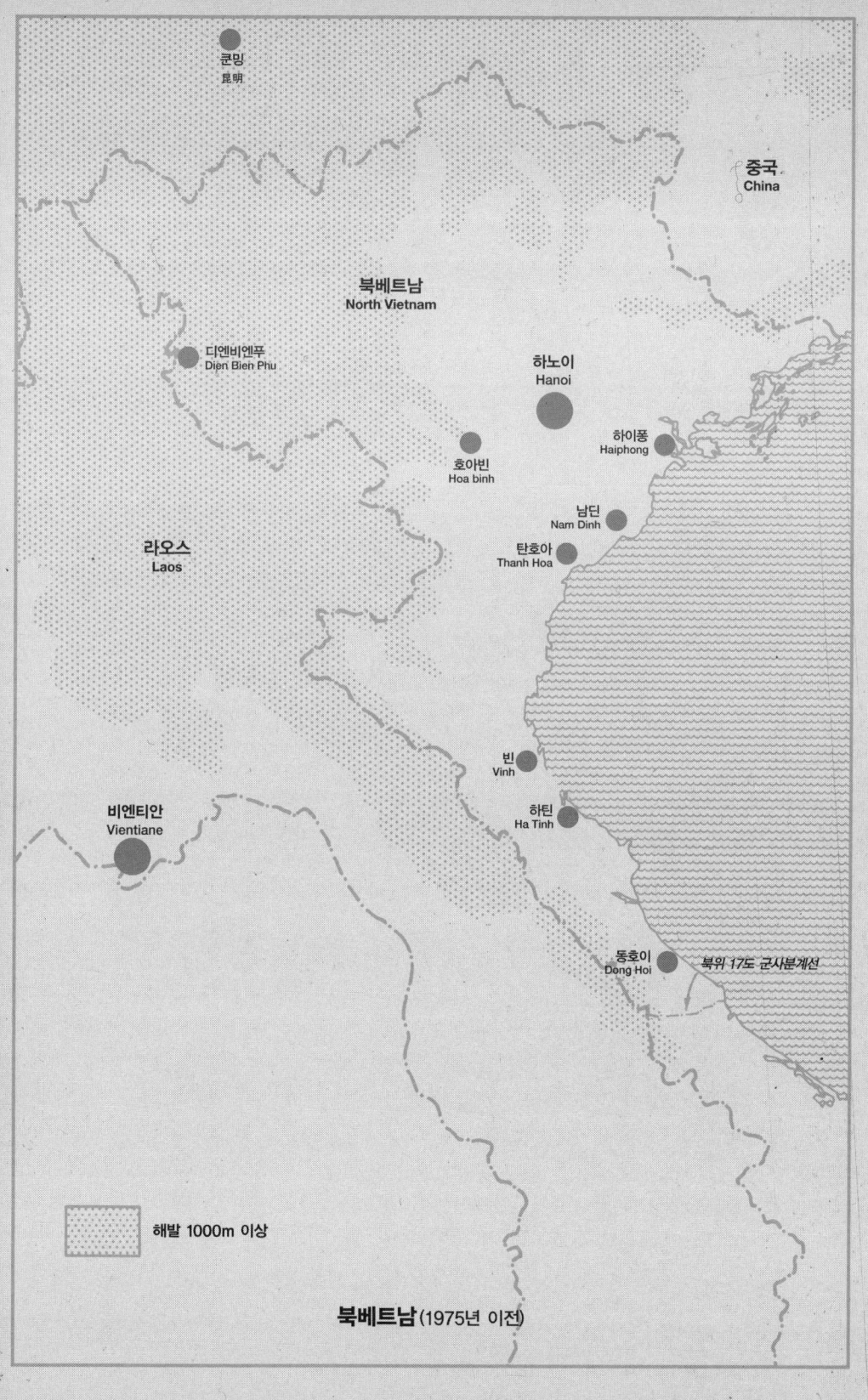